全国银行招聘考试
核心考点

陈小莉 主编

西北工业大学出版社
西 安

图书在版编目（CIP）数据

全国银行招聘考试核心考点/陈小莉主编.—西安：西北工业大学出版社，2021.1
ISBN 978-7-5612-7578-8

Ⅰ.①全… Ⅱ.①陈… Ⅲ.①银行-招聘-考试-中国-自学参考资料 Ⅳ.①F832

中国版本图书馆CIP数据核字(2021)第032493号

QUANGUO YINHANG ZHAOPIN KAOSHI HEXIN KAODIAN
全 国 银 行 招 聘 考 试 核 心 考 点

责任编辑：	李阿盟　　刘　敏	**策划编辑：**	杨　睿
责任校对：	胡莉巾	**装帧设计：**	任思琦

出版发行： 西北工业大学出版社
通讯地址： 西安市友谊西路127号　　　　**邮编：** 710072
电　　话： (029) 88491757，8493844
网　　址： www.nwpup.com
印 刷 者： 西安浩轩印务有限公司
开　　本： 787 mm×1 092 mm　　　1/16
印　　张： 38.125
字　　数： 813千字
版　　次： 2021年1月第1版　　　　2021年1月第1次印刷
定　　价： 99.00元

如有印装问题请与出版社联系调换

前　言

随着高校毕业生的逐年增加，大学生的就业问题已经成为应届生当前困局中最重要的一环。尤其是近年来，高校毕业生每年都在 800 万人左右，如何谋得一份安稳、有前景的工作已经成为应届生职业选择的首要问题。银行的工作具有高薪、稳定的特点，且相关银行招考是进入银行系统的有效途径。

银行招考单独组织、命题多样的特点，使得考生在备考时往往陷入求全、求多的套路之中，而社会上各类培训机构、培训班为了迎合考生的需要，又加重了考生的焦虑感，考生不得不同时投入大量的精力去迎合五个甚至十几个银行考试的笔试备考，既浪费了复习时间，又影响了复习效率。

为了解决考生的备考困惑，本书的编写组聚集了具有银行招考十年以上经验的行业核心师资和命题组特聘顾问，花费五年时间开发了"六步上岸攻略"，即：网申必杀→初面技巧→系统精讲→习题刷题→考前冲刺→面试通关。从大三暑假实习到银行招聘公告发布、从网上申请到笔试、从面试到最终的体检签约，提供报考规划、复习进度、实习、网申、笔试、面试全程指导视频和资料，为考生从银行招聘考试的"小白"到成功"上岸"的每一环节保驾护航。

本书的内容设计与组合上，从实战和真题着手研发，提取了近 10 年 3 家政策性银行、6 家国有股份制银行、8 家全国性股份制商业银行和 15 家城市商业银行的 38 742 道考试原题，从中精选了各行各年覆盖的知识要点，运用大数据进行命题建模分析，挑选出高频命题的要点和题型，形成了通用版基础教材和各个银行针对性教材两大系列，帮助考生在较短的时间内高效、准确地把握银行招考脉络。

下面就本书的特点以及创新之处向广大考生做简要的说明：

1. 它是一本全面掌握考试大纲的"指南针"

为了切准大学课程与银行笔试中的共通点，让每一个考生在复习时由"枯燥"变"有趣"，由"陌生"变"熟悉",本书根据银行招考的新变化和新趋势,在考点选择上,参照了大学货币银行学、会计学、微积分和经济法等教材的章节内容进行设计,并通过真题精选总结其中要点,深入、透彻解读招考内容,帮助考生放下"求多"的包袱,轻装上阵。

2. 它是一本简便入门的"工具书"

本书注重技巧与实战的结合,考点内容中除了增加易于背诵的成语、词汇和公式的小贴士和小技巧外,还将每个考点涉及的真题以练习题的方式归类,题量设置更符合强化练习的要求,方便考生根据最近几年的命题动向,掌握做题的方法和技巧,巩固重点、难点知识。

3. 它是一本查缺补漏的"错题集"

本书更注重阶段学习成果的测评,配套的《全国银行招聘考试冲刺套卷(上册)》和《全国银行招聘考试冲刺套卷(下册)》,便于考生在套题中自测复习的进度,熟悉考场的感觉。

本书由陈小莉主编,集合赵川、徐娜、冯晓刚、王彩利、周云、强玫、樊琛、胡滨、赵雷、王晓强、李娇、张玉婷、赵妍、刘谦等 20 多位银行考试命题研发中心的专家,历经 4 个多月呕心沥血的研发及对考题千百次的锤炼、打磨,最终把这本书呈现给各位考生。参与的编写人员将会一直秉承着"专注、专业"的研发理念,将"做实教育产品,用心服务学员"贯穿始终,陪伴各位考生不负韶华,实现人生的每一个梦想。

编 者
2020 年 12 月

目 录

第一篇　备考攻略 1

第二篇　EPI 通用素质能力测评 9

　　考情介绍 11

　　模块一　言语理解 13
　　　　第一章　选词填空 13
　　　　第二章　病句辨析 25
　　　　第三章　语句排序 29
　　　　第四章　中心理解 38
　　　　第五章　细节判断 55

　　模块二　逻辑推理 60
　　　　第一章　图形推理 60
　　　　第二章　逻辑判断 97
　　　　第三章　定义判断 131
　　　　第四章　类比推理 140
　　　　第五章　数字推理 147
　　　　第六章　机械推理与高数基础 153

　　模块三　数学运算 157
　　　　第一章　常用技巧与方法 157

I

  第二章 基本题型 ... 168

模块四 思维策略 ... 183
  第一章 计算类问题 ... 183
  第二章 策略类问题 ... 187

模块五 资料分析 ... 191

第三篇 综合基础知识 ... 207

模块一 经济部分 ... 209
  考情介绍 ... 209
  第一章 经济学导论 ... 211
  第二章 需求理论 ... 213
  第三章 生产和成本理论 ... 221
  第四章 市场结构理论 ... 227
  第五章 市场失灵 ... 233
  第六章 国民收入核算理论 ... 239
  第七章 国民收入决定理论 ... 243
  第八章 宏观经济现象 ... 247
  第九章 国际贸易理论与政策 ... 252

模块二 金融部分 ... 256
  考情介绍 ... 256
  第一章 货币与货币制度 ... 258
  第二章 信用 ... 266
  第三章 利率及其相关计算 ... 271
  第四章 金融市场 ... 276
  第五章 金融机构和金融制度 ... 292
  第六章 商业银行及其存贷业务 ... 300
  第七章 货币供求与货币政策 ... 308
  第八章 金融风险管理与金融监管 ... 318

第九章　汇率及其制度 328

模块三　会计与财务管理 334

考情介绍 334
第一章　会计概述 336
第二章　核心业务核算 353
第三章　财务报表 362
第四章　财务管理基础 369
第五章　财务分析与评价 374

模块四　法律 383

考情介绍 383
第一章　民法 385
第二章　刑法 402
第三章　商法 410
第四章　经济法 418

模块五　管理与市场营销 431

考情介绍 431
第一章　管理学 432
第二章　市场营销学 459

模块六　计算机 475

考情介绍 475
第一章　计算机基础知识 476
第二章　计算机网络基础 487
第三章　网络与信息安全 497
第四章　信息新技术 509

模块七　银行特色知识 523

第四篇　英语 531

考情介绍 533

模块一 单项选择 ··· 535

  第一章 词汇 ··· 535

  第二章 语法 ··· 562

模块二 阅读理解 ··· 574

模块三 完形填空 ··· 589

第五篇 认知个性测试 ··· 595

模块一 认知能力操作 ··· 596

模块二 心理测试 ··· 600

第一篇

备考攻略

第一类

部次き省

一、银行职业前景及职业路径

1. 银行职业前景及招聘概况

随着我国经济的快速发展和互联网+的不断延伸，在业务多元化及金融业混合行业经营的新态势下，商业银行逐渐向零售化、规模化的业态转型，各银行在竞争中为了更快地占据市场，陆续加大了对网点铺设、私人客户等多渠道的建设，自身盈利能力和资产质量不断提升，随之而来的是金融人才缺口逐渐增大。为了在市场中取得先机，各银行积极储备具备金融专业知识的人才，如国际金融人才、银行信贷人才、资本运作人才以及精通金融、法律和计算机等学科的复合型人才。

据近五年大学生就业满意度调查统计显示，金融行业平均薪酬水平高于其他行业30%~50%，就业满意度高达70%以上。与此同时，由于就业压力的不断加剧，大学生就业渠道也呈现出集中化的趋势，金融行业已连续十年成为大学毕业生职业选择的首选的十大行业之一。以2019年为例，本科毕业生就业率为91%，就业率呈缓慢下滑趋势，而同期银行招聘人数在4万人以上，这充分彰显出银行就业的独特优势。

由于银行内部岗位众多，发展路径也各不相同，大学生在选择银行就业时应注意根据自身的职业规划，选择符合自身专业条件、任职条件的岗位。一般来说，银行招聘主要分为两种，即校园招聘和社会招聘。

校园招聘是银行目前招聘人数最多、岗位最全、任职条件要求较低的一种招聘方式，每年发布两次考试信息（规模较小的地方性银行一年只发布一次招聘公告），一次在每年3月至5月，另一次在每年9月至次年1月，我们通常称前者为春招，称后者为秋招。

社会招聘是银行分支机构、网点人员临时性或常规性的补充，这类招聘往往要求报考人员具备一定的工作经历、操作经验，而且有招聘人数少、招聘时间不固定等特点。

无论是校园招聘还是社会招聘，银行发布的招聘职位类型大致可以分为以下五类：

（1）柜面业务类

柜面业务类一般指在银行柜台里直接与客户接触的工作，这类岗位一般分为对公柜面和对私柜面。对公柜面是以公司业务为主，包括企业电子银行、单位存款业务、信贷业务、机构业务、国际业务、资金清算、中间业务、资产推介、基金托管等。对私柜面是平时在银行常见的储蓄柜台，主要对个人开展存取款、开卡、汇款、网银、个人理财等业务。

（2）客户营销类

客户营销类一般指开展客户营销的工作，这类岗位一般分为对私（个人）客户经理和对公客户经理。对私（个人）客户经理的工作内容包括推销理财产品、个人贷款、第三方存管、信用卡业务等。对公客户经理主要负责推销公司业务，拉存款、贷款及其他公司融资业务等。

（3）产品支持类

产品支持类为银行的后勤性部门。通过分析客户与市场需求，设计金融产品与服务方案，制定并开展营销活动，为销售人员提供支持协助。

（4）风险控制类

风险控制类指为防控银行风险专门设置的岗位，落实全面风险管理要求，预防控制信用风险、市场风险和操作风险的发生，监测风险指标，管理控制运行风险等。

（5）信息科技类

信息科技类指开发和测试应用软件，安装和维护硬件系统，保障信息系统安全稳定及支持业务发展需求等岗位。

2. 银行职员的职业发展路径

银行职员的职业发展大体上分为技术路线、管理路线、营销路线三条主线，各有发展空间。银行的整体工作环境比较好，相对比较稳定，而且银行的职位涉及面比较广，只要有足够的实力，就会有很大的上升空间。同时，银行职员职业发展的三条线在一定程度可以交互发展。

（1）技术路线

技术路线并非指只与计算机有关的科技岗位，还包括风险评审、产品开发、方案设计和柜台业务能力等。其主要岗位包括主要柜台业务、财务会计、金融、信息技术、风险评估、产品开发、方案设计和内部审计等。

（2）管理路线

管理路线即行政路线，主要工作部门包括行长办公室、行政部、人力资源部、会计部和法律部等部门。

（3）营销路线

营销路线主要是客户服务、市场拓展等方面的岗位，主要工作部门包括公司金融部、个人金融部、资金财务部、离岸金融部和基金托管部等。

二、银行招聘的基本流程

银行校园招聘秋季招聘一般在每年9月至次年1月，春季招聘一般在每年3月至5月，整体流程既包括报名后的简历筛选、笔试、面试，也包括体检和签约后的最终确定。因此，银行的招聘流程大致持续3~5个月的时间。总体来说，银行的招聘流程可以分为以下几个阶段：

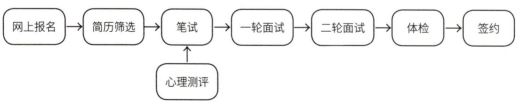

由于各银行招聘都是总行人力资源管理部门来组织的，因此在招聘中各家银行可能会在环节设置上有不同的体现。比如，近几年，中、农、工、建、交、邮储等六大行和部分全国性股份制银行都是在网上公告发布后陆续组织线上宣讲和线下宣讲，部分银行还会组织笔试前的初面环节等，以体现对人才选拔的严格要求。

1. 网上报名

银行在发布招聘公告时，会列明报考考生应具备的基本条件，并要求报考考生在银行指定的报考渠道，按照规定的时限投递简历（一般是银行官网人才招聘模块或在第三方网站指定模块），银行通过内设的筛选标准对考生简历信息进行审查和筛选，这个环节也常被称为网申环节。

网上报名结束之后，银行通过短信、电话、邮件等方式告知报考人员报名筛选的结果，因此报考人员在网申填报后，要及时关注官方的相关通知，保持电话的畅通，以免出现信息遗漏的情况，错失良机。

2. 笔试

银行的笔试试题一般为上机考试，报考考生需要在指定的参考地点参加统一的考试（个别股份制银行不限定地点，考生可在符合条件的电脑上参加），上机考试的题型基本上以客观题为主，包括单项选择题、多项选择题、判断题等。不参加上机考试的银行还有可能考查写作、简答等主观题。

3. 面试

目前，多数银行采取两轮面试的形式，但也有可能出现"一面定终身"，或者三轮面试乃至四轮面试的情况。面试的形式主要有无领导小组面试、半结构化面试两大类，也存在辩论、角色扮演等一些衍生形式，目的是考查报考者的语言表达能力、沟通能力以及应急应变能力等。面试是整个考试中最重要、最关键的环节。对于面试的几大类形式，考生可以进行系统、全面的准备，而完全不准备的考试胜算将降低很多，因为一般人在面对大量考官的面试时会出现情绪紧张的情况，过于紧张便容易出现大脑空白，导致发挥失常，所以需要提前进行系统的训练。

4. 体检

银行会按照笔试及面试的综合情况确定进入体检环节人员，体检一般采取差额或等额的方式，标准参照《公务员录用体检通用标准（试行）》（2010年修订）、《公务员录用体检操作手册》（2010年修订）执行。同时，鉴于银行的业务独特性，银行还会要求应聘者面部无明显缺陷、四肢无残疾以及无其他影响正常工作的身体状况。

5. 录用

体检结束后，银行会根据体检结果进行录用名单的核准，以确保人员能正常到岗。在录用过程中会同报考人员协商告知具体的工作事项、档案存档等一系列事宜，并签订两方协议或三方协议。

三、银行招聘的报考条件

1. 专业条件要求

由于银行人才缺口较大，除一些专业性较强的岗位外，银行招聘的岗位条件逐渐放开了对专业类别的限制，不再局限于经济、金融类专业，以便更好地吸纳多元化的人才。当前，银行招聘的主要专业涵盖了经济学、法学、理学、文学、工学、管理学等一级学科，尤其是近几年加大了对于理科、工科类考生的招聘力度，对大部分院校的毕业生的限制条件越来越少，契合了当前大部分专业学生的择业和就业。

2. 学历条件要求

各大银行对学校和学历会有一定的要求，对于这些标准，通常体现在简历筛选环节。境内外高等院校应届全日制毕业生（含本科生、硕士研究生、博士研究生）都可以报考，但在入职报到时需取得国家认可的报到证、毕业证、学位证以及教育部门的学历认证等材料。

3. 外语要求

英语是目前绝大多数银行对于报考人员的基本要求，特别是涉外业务的银行或涉外分行更是如此。英语的要求条件基本可以分为以下三种类型：

1) 本科生一般要求通过国家大学英语四级（CET4）考试（成绩在 425 分及以上），研究生一般要求通过国家大学英语六级（CET6）考试（成绩在 425 分及以上），或托业（TOEIC）听读公开考试 715 分及以上，或新托福（TOEFL-IBT）考试 85 分及以上，或雅思（IELTS）考试 6.5 分及以上。

2) 英语专业毕业生应至少达到专业英语四级水平。

3) 主修语种为其他外语的，应通过该语种相应水平的外语水平考试。

四、银行招聘的笔试内容

各个银行在笔试考试时，由于命题思路、命题单位的不同，笔试的题型题量、科目、难度均会有所不同，但整体上还是遵循综合测定报考人员的知识储备、反应能力和心理素质的原则。一般来说，各家银行考试中常见的笔试内容包括以下几方面。

1. 通用就业能力测评（简称"EPI"）

EPI 考核测评者的基本就业素质，通过对测评者言语、数字、推理等基本能力的考查来预测其未来的工作绩效。EPI 一般分为言语理解与表达、数学运算、思维策略、逻辑推理、资料分析、知觉速度以及工作记忆。

2. 英语

英语考试内容类似于托业（TOEIC）考试。托业考试的试题是从世界上所有在工作环境中使用英语的国家收集，并从口语和写作语言的样本中开发出来的，托业考试内容涵盖了广泛的日常商务活动英语。

3. 综合能力测试

各大银行综合能力测试部分考试内容各有不同，但是基本以时政、招聘银行常识、金融（金融学和商业银行）、经济学、会计（包括财务管理）、法律、管理学（含市场营销）、计算机网络常识和常识判断等为主要考点。

4. 性格测试及认知能力测试（一般不计分）

性格测试及认知能力测试考查的内容一般为个性和职场行为风格测评（Saville Consulting Wave）。Saville Consulting Wave 是由世界著名的测评内容提供商 Saville Consulting UK Ltd. 研发的个性测评产品，可全面评估个体在性格、才能、动机、胜任力特征和企业文化及环境适应五个方面的特征和倾向，从而预测个体的职场行为风格，进而为银行招考提供相关数据。

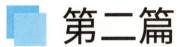

第二篇

EPI 通用素质能力测评

考情介绍

1. 六大行考情分析

银行	年份	考查方向
中国银行	2019	图形推理，逻辑推理，论证，选词填空，病句辨析，语句排序，
	2020	片段阅读，数学运算，数字推理，机械推理，思维策略，资料分析
中国农业银行	2019	语句填充，病句辨析，选词填空，语句排序，片段阅读，逻辑推理，
	2020	图形推理，数学运算，数字推理，思维策略，资料分析
中国工商银行	2019	片段阅读，图形推理，选词填空，语句排序，逻辑推理，定义判断，
	2020	数学运算，数字推理，机械推理，思维策略，高等数学
中国建设银行	2018	片段阅读，语句排序，选词填空，接语选择，病句辨析，图形推理，
	2019	定义判断，逻辑推理，数学运算，数字推理，思维策略，资料分析
交通银行	2019	选词填空，病句辨析，语句排序，定义判断，逻辑推理，图形推理，
	2020	片段阅读，数学运算，数字推理，思维策略，资料分析
中国邮政储蓄银行	2019	片段阅读，病句辨析，语句排序，词句理解，选词填空，图形推理，
	2020	逻辑推理，篇章阅读，数学运算，数字推理，思维策略，资料分析

通过上表不难看出，银行招聘考试涉及 EPI 部分的考点是比较多的。在作答该模块时，大部分银行都采取分模块计时的方式，即在该模块的作答中，既不可提前开始，也不可提前结束，每道题的答题时间为 54 秒左右。时间紧、任务重，是作答该模块的一大特点。

在 EPI 文科部分，片段阅读、选词填空、病句辨析、语句排序、图形推理和逻辑推理在每个银行的考试中都有涉及，个别银行近年还出现了新的考点，如中国工商银行和中国银行都出现了规则变换的题目，虽然难度不大，但需要考生快速找到做题规律，选择出正确选项。

在 EPI 理科部分，出现的高频考点有数学运算、数字推理、思维策略和资料分析等。在数学运算部分，需要掌握基础的运算规律和方法；在逻辑推理部分，考题和 EPI 文科的图形推理及判断推理等题混合排列，一些银行还出现了高等数学及物理的相关考点，因此需要考生综合掌握该部分的内容；在资料分析部分，需要考生快速定位题目相关的资料内容并进行计算。

2. 备考建议

全国各大商业银行在招聘考试过程中，EPI 模块都是必考部分，题量大、占比重，而且近年来出现了题型多元化、考点灵活化的趋势。通过对近几年全国各大商业银行考试真题的研究，建议广大考生在备考时，加大对 EPI 部分的学习。

一方面是由于该部分在各大银行的考试中都占到了较大的比例，平均题量在 50 道以上，且银行的考查有重理轻文的特点，EPI 理科的题目多于文科，但银行招考的试题难度普遍低于国考及省考。另一方面是由于 EPI 部分有较强的技巧性，只要掌握了各个考点的做题方法，就能够达到快速提分的效果。除此之外，考生也需在学习中积累相关的知识，对学到的做题技巧多加练习，做到有备无患。

总而言之，EPI 部分的考试涉及面广、考点丰富，但难度都不大，在备考过程中，考生需要做到全面、综合地掌握该部分的知识点，同时注意对上述高频考点的学习。本书将立足于各大商业银行最新考试内容，通过对基础知识点的陈述和最新经典例题的剖析，帮助大家拨开迷雾，探得 EPI 文科考试的精髓。

为了各位考生能顺利上岸，也结合考生在不同阶段的不同需求，推出各类辅导材料和课程，助力大家合理安排学习进度，帮助考生做到有的放矢，事半功倍，早日成功上岸！

模块一 言语理解

第一章 选词填空

选词填空要求考生从所给的四组词语中选出一组最恰当的填入题目中的空格或横线，使原来的语句句意完整连贯，表达准确。选词填空主要是考查考生对词义的辨别分析能力和对语句的理解把握能力，被辨析的词主要是同义词、近义词、关联词和成语。

考生要想在选词填空这题目中取得高分，首先需要掌握大量的词汇，对日常用词的意义、用法、搭配等有深刻的理解，并经常练习，培养良好的语感；其次，考生平时要多注意积累，并且通过长期的阅读训练来提高对各种词语的理解和运用能力。

核心考点一：词义辨析（备考指数：★★★）

一、题型特征

词义辨析题主要考查考生对词语的辨析能力，包含词义相近的词语、词组和成语等。辨析同义词的关键是同中求异，找出它们之间的细微区别。

1. 提问方式

依次填入横线部分/括号中最恰当的一项是……

依次填入句中括号内的词语，最恰当的一组是……

2. 注意事项

1）在做词义辨析的时候，注意不能仅凭语感，选词填空重点在逻辑，要把握前后文的逻辑关系，找准题目线索，同时注意特别生僻的词语要慎选，一般生僻词很少会作为正确答案。

2）选词填空对词汇量有一定要求。词汇量的积累不能依靠背词典，可以通过刷真题的方式积累词汇量。

二、解题思路

选词填空部分，需要从词义辨析和语境分析两方面进行考虑，一方面要理解词的意思和区别，另一方面要符合文段的语境。

1. 词语辨析类

从一组近义的实词或成语中进行辨析，寻找词与词之间的区别，即从选项入手，辨析词语进行匹配。

（1）做题步骤

从选项入手，看搭配、找对应；看选项、分组辨析（程度轻重、感情色彩）；优选语义丰富的选项。

（2）解题技巧

①拆词组词。

近义词考虑使用拆词组词，寻找两个词的区别。例如："刊误"和"勘误"。语素的不同使词义有异，"刊误"是"修改错误"之意，"刊"是"修改"之意（"不刊之论"的"刊"即此意）；而"勘误"的意思是列举更正书刊中文字的错误。

注意：拆词组词时不能离原词意思过远。

②整体搭配。

词语能拆就拆，不能拆就不要硬拆，若不能拆词、组词，可进行整体搭配，即观察该词经常和哪些词进行搭配。例如："交换"与"交流"。词语的搭配对象不同会使词义有异，"交换"常与一些具体词语搭配，如"礼物""意见"；"交流"常和一些抽象词语搭配，如"思想""经验"。某一空锁定了以后，需将其他空代入验证。

经典真题

1.（2020 中国工商银行总部·单选题）依次填入下列各句括号内的词语，与句意最贴切的一组是（　　）。

（1）近日，渝中法院法官快速化解一起民间借贷纠纷，促成当事人当庭达成调解协议，并获赠"（　　）调解、堪称最佳"锦旗一面，庭后原告代理人还在其朋友圈为渝中法官点赞。

（2）特斯拉 CEO 埃隆·马斯克（Elon Musk）星期一对美国证券交易委员会（以下简称"SEC"）进行了"反击"。在一份文件中称他最近有关公司汽车产量的推文没有（　　）法院判决，认为他藐视法院判决没有事实依据。

（3）人生在世，最可恨的就是胆小（　　）地过一辈子。可人有时却生性懦弱，毫无冒险之心，这无疑是导致失败的一大原因。

A. 悉心　违反　萎缩
B. 细心　违反　畏缩
C. 悉心　违犯　畏缩
D. 细心　违犯　萎缩

答案 C

解析 第一空，"悉心"的意思是尽心，全心，"细心"则是指心思细密。这里形容法官调解时耐心周到，因此填入"悉心"合适，排除 B、D 项。第二空，"违反"是指行为或思想意识不符合制度、规律、法律等的要求。"违犯"是指不遵守法律规则，这里是说某推文没有（　　）法院判决，主体是推文，对象是法院判决，因此应填入"违犯"更合适。第三空验证，"萎缩"是指物体干枯，缩小。"畏缩"意思是害怕而不敢向前，畏怯退缩。这里应该填入"畏缩"。故选C项。

2.（2019 中国工商银行春招·单选题）填入括号中最恰当的词语是（　　）。

（1）明月之下，（　　）的寒山掩映在静谧的夜色之中，再加上淡淡的腾起的雾气，如同一幅山水水墨画，浓淡几笔，影影绰绰，极具意境。

（2）这位老人今年已经89岁了，却还能如同年轻人一样玩倒立、蛙跳，这都要归功于他（　　）坚持体育锻炼的好习惯。

A. 苍茫　常年　　　　　　B. 苍茫　长年
C. 苍莽　常年　　　　　　D. 苍莽　长年

答案 C

解析 第一空修饰"寒山"。"苍茫"是指辽阔遥远而望不到边，"苍莽"是指无边无际的样子。其中，苍茫多指夜色、水域、大地等旷远、迷茫；苍莽多指树林、山岭、大地等广阔无边。因此，这里用"苍莽"更合适，排除A，B项。第二空搭配"坚持体育锻炼"。"常年"是指终年、常期，"长年"则是指一年到头、整年。这里是指体育训练，习惯用"常年"搭配。故选C项。

3.（2018 广发银行·单选题）填入下面括号中最恰当的词语是（　　）。

（1）20世纪30年代，美国为了（　　）在经济危机冲击下已濒临崩溃的银行体系，其国会在1933年通过《格拉斯－斯蒂格利法案》。

（2）安史之乱于公元755年12月16日（　　），公元763年2月17日平息，历时七年零二月，最终被大将郭子仪平定。

A. 挽救　暴发　　　　　　B. 挽救　爆发
C. 拯救　暴发　　　　　　D. 拯救　爆发

答案 B

解析 第一空，"挽救"和"拯救"的侧重点不同，"挽救"侧重于"挽"，是指从危险中救回来；"拯救"侧重于"拯"，是指援救，第一空搭配的对象是"已濒临崩溃的银行体系"，所以应强调从危险中将其救回来，"挽救"更合适，排除C，D项。第二空，"暴发"往往是指突然发财发迹，或突然发作，如山洪暴发；"爆发"是指因爆炸而破裂飞散，如火山爆发，或是指突然发生，如爆发起义、爆发战争。第二空搭配的对象是"安史之乱"，因此"爆发"合适，排除A项。故选B项。

2. 固定搭配类

（1）找准搭配对象

同一词语搭配不一样的词所表达的含义不一样，注意成语的适用范围，不能望文生义。

【例句1】博物馆里保存着大量有艺术价值的石刻作品，上面各种花鸟虫兽、人物形象栩栩如生，美轮美奂。

【解析】"美轮美奂"一般用来形容建筑物等高大华美，句中用来形容石刻作品是不合适的。

【例句2】家用电器降价刺激了市民消费欲的增长，原本趋于滞销的彩电，现在一下子成了炙手可热的商品。

【解析】"炙手可热"通常用来比喻气焰很盛，权势很大，不能用来形容家用电器。

（2）词性和句法功能

有的词语其词性和句法功能不同，观察括号处的词要与什么内容相搭配，要树立找搭配的意识。

例如："节约"（动）与"节俭"（形），"充分"（形）与"充满"（动），"品位"（名）与"品味"（动）。

经典真题

1.（2018中国农业银行单选题）下乡调研时，发现不少乡镇存在"逆向调研"的怪现象，即：先写好调研报告，根据报告"（　　）"问卷，再下基层找例证。这样一来，省时省力又省心，成了不少基层干部应付上级调研任务的（　　）。

依次填入上面括号中最恰当的词语是（　　）。

A. 量体裁衣　不传之秘　　　　B. 闭门造车　独门秘诀
C. 量身定做　拿手本领　　　　D. 凭空捏造　看家法宝

答案 C

解析 第一空，文段要表达的是根据报告来做问卷，空格后搭配"问卷"。根据语法或日常搭配可知，A项"量体裁衣"和B项"闭门造车"后不接宾语，填入空格不合适，排除。C项"量身定做"指按照尺寸定式制作，填入空格中可表示按照调研报告的内容制作与之相符的问卷，语义正确。D项"凭空捏造"指无根无据地编造、虚构，题干已经说了根据报告做问卷，因此是有依据的，该词填入不合适，排除。验证第二空，C项的"拿手本领"填入符合语境。故选C项。

2.（2018中国邮政储蓄银行·单选题）填入下面括号中最恰当的词语是（　　）。

（1）在烟草问题上，烟草公司与控烟义士各显神通，但双方（　　）的是，均将绝大部分精力集中于青年群体。

（2）在高等教育迅猛发展的过程中，中国大学招生数激增了五六倍，这意味着在未来的十几年里，高校将为制造业和高科技行业提供（　　）的劳动力。

A. 不谋而合　源源不断　　　　　B. 不谋而合　形形色色

C. 秘而不宣　形形色色　　　　　D. 秘而不宣　源源不断

答案 A

解析 第一空，通过后句的"均"字可知，该空要表达的是双方相同的、共通的，"不谋而合"指没有经过商量而见解一致，"秘而不宣"指保守秘密，不对外宣布，因此"不谋而合"符合句意，排除C、D项。第二空，大学招生数激增，导致的结果就是高校在未来能提供持续性的劳动力，"源源不断"指连续而不间断，"形形色色"形容事物品类繁多、各式各样，因此"源源不断"符合，排除B项。故选A项。

3.（2018浦发银行·单选题）在这个快速发展的时代，我们要有一双智慧的眼睛，去回味历史，（　　）美好的未来。

A. 展望　　　　　　　　　　B. 眺望

C. 仰望　　　　　　　　　　D. 凝望

答案 A

解析 空格处的句子要表达的意思是想象、期待美好的未来。A项"展望"是指往远处看、往将来看，符合语境，且"展望未来"为固定搭配。B项"眺望"是指从高处远望，C项"仰望"是指抬头向上看，D项"凝望"是指注目远望，均与"未来"搭配不当，无法体现出想象、期待美好的未来的意思，均排除。故选A项。

3. 程度轻重类

程度轻重是指相近的词语在表现程度和性质上面有轻重的差别。

（1）语气轻重的匹配

一般来说，正确选项的语气轻重程度和文段表达的语气轻重程度是相匹配的。

例如："轻视""蔑视"和"藐视"，"诬蔑"和"诬陷"，它们代表的语气都是从轻到重。

（2）词义的轻重

如果选项中有两个词语意思相近、相同，填入文中均可，此时可以对比程度的轻与重，即所填词语的程度与文段意思的轻重保持一致。

【例1】"缺陷""缺点"和"瑕疵"

【解析】这三个词表达的意思相同，均表示不足，但程度由重到轻。"瑕疵"词义比较轻，如瑕不掩瑜；"缺点"的程度比"瑕疵"稍微重一点，表示可以接受的不足；"缺陷"词义程度过重。

【例 2】"截然相反"和"大相径庭"

【解析】这两个词意思相近，需要对比程度的轻与重。"大相径庭"指差别比较大；"截然相反"指完全相反，程度相较于"大相径庭"更重。

(3) 程度词的提示

当文段中出现"似乎""好像"或"相对"等词时，往往填入程度轻的词语。

当文段中出现"必然""完全"或"绝对"等词时，往往填入程度重的词语。

经典真题

1.（2018 中国光大银行·单选题）依次填入下列各句括号内的词语，与句意最贴切的一组是（ ）。

（1）地方政府及其职能部门利用其行政职权对外地商家进入本地市场、本地企业及资本流出加以限制或歧视，就构成了地方保护主义，其（ ）是滥用行政职权限制市场竞争，获取地方利益。

（2）有人认为，要保持美国经济霸主的地位，强国就必须（ ）任何潜在竞争对手的发展，并且要采取"先发制人"的战略。

A. 企图　阻挡　　　　　　　B. 目的　阻止
C. 内涵　阻击　　　　　　　D. 实质　遏制

答案 D

解析 第一空，空格前的"其"为指代词，指代"地方保护主义"，"滥用行政职权限制市场竞争，获取地方利益"是对前文的同义替换。D 项"实质"是指事物的本质，符合文意，当选；C 项"内涵"意思尚可，暂时保留；A 项"企图"通常搭配人，而空格句的主语是"其"即"地方保护主义"，排除；B 项"目的"填入后搭配不当，因为如果填入"目的"，那么该句的主语应该是"地方政府及其职能部门"，但该句的主语是"地方保护主义"，排除。第二空，所填词语应与"发展"搭配，根据文意该句是要表达控制竞争对手发展的意思。D 项"遏制"指控制，符合题意；C 项"阻击"是指以防御手段阻止敌人的进攻，与"发展"搭配不当，排除。故选 D 项。

2.（2018 广发银行·单选题）学校食堂霉变的竹筷、黑斑的土豆等看上去让人（ ）的食品安全问题，却被一句"学校领导及子女都在这里吃"来回应，一句"领导也在吃"怎能充当学校食材的合格"标签"，简直是（ ），驴唇不对马嘴。

依次填入上面括号中最恰当的词语是（ ）。

A. 毛骨悚然　文不对题　　　B. 胆战心惊　装疯卖傻
C. 触目惊心　答非所问　　　D. 不寒而栗　圆凿方枘

答案 C

18

解析 第一空修饰"食品安全问题",根据"霉变的竹筷、黑斑的土豆"说明这类食品安全问题让人很震惊。"触目惊心"是指为所见的情况而震惊,意思符合。"毛骨悚然"形容恐惧惊骇的样子,"胆战心惊"形容害怕至极,"不寒而栗"是指恐惧心理引起的惊抖,三词均形容非常害怕,填入空格中语义过重,排除A、B、D三项。验证第二空,"圆凿方枘"比喻彼此不能相合,"答非所问"与"驴唇不对马嘴"构成并列关系,均指前言不搭后语。C项符合。故选C项。

3.(2019中国工商银行春招·单选题)填入括号中最恰当的词语是( )。

(1)在快速变化的现代社会,如果还抱着这些不适用的( )不放,那么,就有被时代抛弃的危险。

(2)这个地方山清水秀,酿酒用的高粱粒大饱满,酿酒用的泉水清澈甘甜,这才造就这种酒( )的酱香味道。

A.陈规　淳厚　　　　　　B.成规　淳厚
C.陈规　醇厚　　　　　　D.成规　醇厚

答案 C

解析 第一空,"陈规"指陈旧过时,不再适用的规矩、法度等。"成规"指一种已被接受的或风格化的处理方式,或题材类别。该空前面的修饰是"不适用的",因此这里应填入"陈规",排除B、D项。第二空,"淳厚"指淳朴敦厚。"醇厚"指口味纯正浓厚,亦指淳朴厚道,形容为人淳厚谦逊。这里是形容酒的味道,因此填入"醇厚"合适。故选C项。

4.感情色彩类

感情色彩,是指词语反映出来对于某件事物的情感倾向、态度以及评价等,分为褒义、中性和贬义三种类型。由于很多词语的指代对象、词语的感情色彩不明显,所以在运用这种技巧的时候,需要结合文段的语境,从而识别感情倾向。

(1)感情色彩保持一致

当两个选项意思相近,程度差不多时,可以考虑感情色彩,通过对比得出结果。所填词语的感情色彩要与文段的感情色彩保持一致。

(2)区别语体色彩的不同

区别语体色彩的不同,如"溜达"与"散步","聊天"与"谈话",就可以从口语和书面语的不同加以区别。

1.（2018 中国邮政储蓄银行·单选题）填入下面括号中最恰当的词语是（　　）。

（1）三权分立是由十七世纪英国资产阶级唯物主义哲学家和政治学家洛克（　　）的，十八世纪法国著名的启蒙学家孟德斯鸠则发展和完善了这一理论。

（2）儒家学说起源于东周春秋时期，汉武帝时，成为中国社会的正统思想。如果从孔子算起，（　　）至今已有两千五百余年的历史了。

A. 创始　延续　　　　　　B. 首创　绵延
C. 创始　绵延　　　　　　D. 首创　延续

答案 B

解析 第一空，三权分立是由洛克创立的，根据后文"孟德斯鸠则发展和完善了这一理论"可知，第一空强调洛克最先创造了三权分立这一理论，对应的是"首创"，排除 A、C 项。第二空，文段意在表达儒家学说从汉武帝开始至今一直是正统思想，"绵延"和"延续"都符合文意，但"绵延"相较而言更具有形象色彩，体现出像山脉一样绵延不绝的形象，因此，更合适。故选 B 项。

2.（2019 中国工商银行秋招·单选题）君子务本，本立而道生。发展文化金融是（　　）文化产业创新活力的需要，但有一点必须明确：走好文化与金融的融合之路，不能忘记文化这个本源和初心。金融这双翅膀要助力文化产业飞得更高，但不能改变文化产业飞的方向。近年来，我国影视领域因频现资本介入乱象饱受（　　），因此，在金融与文化的合作中，始终要把握好"度"，合适的"度"要建立在对内容为王和文化为魂的认知上，建立在文化产业要把社会效益放在首位的觉悟上。只有不忘初心，专注优质内容，才能让文化金融走上良性发展之道，才能让文化产业发展保有不竭动力，才能真正迎来文化金融发展的黄金时期。

请你选择恰当的词语补全这段文章。（　　）

A. 维持　责难　　　　　　B. 保持　诟病
C. 保持　责难　　　　　　D. 维持　诟病

答案 B

解析 该题是逻辑填空题。首先看第一个空，强调的是发展文化金融对于文化产业创新的重要性。"维持"强调保护、维护，"保持"是指维持某种状态使不消失或减弱。代入文段，"保持"更合适，排除 A、D 项。再看第二个空，"责难"强调指责、为难，"诟病"指出他人过失而加以非议。代入空格部分，"诟病"适合文意，排除 C 项。故选 B 项。

核心考点二：语境分析（备考指数：★★★）

一、题型特征

语境分析考点可以分解为以下两点：

1. 误用类型分析

由于成语约定俗成、相对固定，成语的使用往往有特定的范畴，而考试常考易用错的成语，因此应试者要能够归纳成语误用类型。

2. 语境分析

分析考查实词、成语使用的上下语境，这是考生选择正确答案最为重要的支撑。在选词填空中，无论是实词还是成语，都需要落实到具体的语境，做到正确、得体的使用。

二、解题思路

1. 关联关系

在选词填空中，尤其是成语填空中，关联词是较为明显的语境提示词。常见的关联关系主要有转折关系、递进关系和并列关系。

（1）转折关系

前后括号处，出现的标志词为但是、然而或却等。这时，所填词语的语义要相反，但是前后不能矛盾。

（2）递进关系

括号所在的语句包含递进关系的关联词。标志词为而且（在选词填空中，仅表递进）、更、甚至、特别或尤其等。此时，语义相近，程度前轻后重。

（3）并列关系

①同义并列，前后语义相近或相关。

标志符号：顿号（、）、逗号（，）。

标志词：和、同、及。

②反义并列，前后的语义相反。

标志词：不是……而是……、是……不是……、相反、反之等。反义并列和转折很像，两者有很大的交集，但也有区别。转折关系的重点在转折之后，反义并列除了前后意思相反，对前后句式是相同的，前后语义也没有侧重。

注意：没有典型标志词和标志符号，但前后两个句子句式相同，也可以表示并列。

📋 经典真题

1.（2018 广发银行·单选题）依次填入下列各句括号内的词语，与句意最贴切的一组是（　　）。

（1）教育部副部长在发言中指出，3年来我国已经初步建立了适合中国国情、符合教育规律的国家基础教育质量（　　）系统。

（2）某经济学家认为，央行近期上调存款准备金率以及增发央票（中央银行票据）（　　）对引导市场预期会有帮助，但需要采取更多的措施。

（3）金融活动日益广泛地（　　）到社会生活的各个方面，金融产品的推广、金融工具的使用与百姓的日常经济生活越来越密切。

A. 监测　固然　渗透　　　　B. 监控　固然　深入
C. 监测　纵然　渗透　　　　D. 监控　纵然　深入

答案 A

解析 第一空，"监测"是指监管并检测，"监控"指监测并进行控制，教育质量系统是无法有"控制"的功能，只能监管、监测现有情况，所以第一空填入"监测"合适，排除B、D项。第二空，"固然"意为虽然，表示转折关系，"纵然"表示假设关系，相当于"即使""纵使"。根据后文的"但需要"可知，文段表示的是转折关系，因此应填入"固然"，排除C项。故选A项。

2.（2019中国工商银行秋招·单选题）节约资源是保护生态环境的根本之策。扬汤止沸不如（　　），在保护生态环境问题上尤其要确立这个观点。大部分对生态环境造成破坏的原因是来自对资源的过度开发、粗放型使用。如果竭泽而渔，最后必然是什么鱼也没有了。因此，必须从资源使用这个源头抓起。

智慧长者指着文章中的空缺处说：请你帮我填入一个最恰当的词。（　　）

A. 斩草除根　　　　　　　　B. 雪中送炭
C. 抽刀断水　　　　　　　　D. 釜底抽薪

答案 D

解析 本题是逻辑填空题。阅读文段，空格部分内容要与扬汤止沸构成反义关系。"扬汤止沸"比喻办法不彻底，不能从根本上解决问题。分析选项，"斩草除根"强调除草时要连根除掉，使草不能再长，比喻除去祸根，以免后患；"雪中送炭"比喻在别人急需时给予物质上或精神上的帮助；"抽刀断水"比喻无济于事，反而会加速事态的发展；"釜底抽薪"比喻从根本上解决问题。从词义上看，釜底抽薪更适合在文段中与扬汤止沸形成反义关系，且符合语境。故选D项。

3.（2019中国工商银行总部·单选题）红石湖，空调难以（　　）的避暑胜地，天然的大氧吧，自然的循环系统，（　　）你会感受什么是云淡月影袭，山色与水同。

A. 望尘莫及　身临其境　　　B. 望其项背　设身处地
C. 望其项背　身临其境　　　D. 望尘莫及　设身处地

答案 C

解析 本题是逻辑填空题。考查成语辨析，首先看第一空，"望尘莫及"强调的是远远落在后面；"望其项背"强调能赶得上或比得上。根据文意，应该是空调比不上的避暑胜地，前面有难以，所以"望其项背"更合适，排除A、D项；再看第二个空，"设身处地"强调替别人的处地着想；"身临其境"强调亲自到了那个地方。文段中强调的是亲身体验，所以"身临其境"更合适，排除B项。故选C项。

2. 对应关系

对应关系是选词填空题中比较抽象的一个做题技巧，主要表现在文段中某个词语或句子与选项中的某个词语的语义相互对应。

（1）解释类对应

当文段没有出现关联词提示的时候，要在横线的前后找对应，理解文段意思才是王道。
①题干特点：分句，＿＿，分句。前后分句中部分词汇对横线处起到解释说明的作用。
②标志词：是、就是、即、无异于、无疑是、比如、例如等。标志词可能是对横线处的解释说明，需要对其进行概括。
③标点符号：冒号（：）、破折号（——）。引导的内容均起到解释说明的作用。

（2）重点词、句对应

①重点词对应。重点词包括主题词、指代词以及形象表达。

主题词：文段谈论的核心话题，有些题目单纯看搭配都可以，对比时要找最匹配文段核心话题的词语，即文段围绕哪一个词展开论述。

指代词：横线前后可能出现"这""这里""这是"等，根据指代词指代的对象判断。

形象表达：例如"在太空中凝视着地球"，"凝视"是拟人化表述，填入横线的词语也应比较形象。

②重点句对应。重点句包括中心句以及文段中的完整语句。找准对应关系，要基于对整个文段意思的理解与把握。

经典真题

1.（2018 中国银行·单选题）依次填入下列括号内的词语，最恰当的一组是（　　）。

（1）新车的外观设计极具侵略感，车头线条复杂凌厉，给人一种（　　）的感觉。

（2）经过一系列对此问题的分析，管理层决定实施代号为"前进"的计划，为挽救航空公司于绝境（　　），进行最后一搏。

A. 咄咄逼人　孤注一掷　　　　B. 咄咄逼人　破釜沉舟
C. 盛气凌人　孤注一掷　　　　D. 盛气凌人　破釜沉舟

答案 A

解析 第一空，"咄咄逼人"是指气势汹汹，使人难堪，也指形势发展迅速，给人压力；

"盛气凌人"是指以骄横的气势压人，形容傲慢自大。根据"侵略感"可知，新车给人带来一种压迫感，"咄咄逼人"符合文意，排除C、D项。第二空，"进行最后一搏"为对所填内容的解释。A项"孤注一掷"是指拿出所有的力量作最后一搏，符合文意；B项"破釜沉舟"是指下决心不顾一切干到底，不符合语境。故选A项。

2.（2018 广发银行·单选题）2016年虽然没有2015年海昏侯墓那样令公众（　　）的发现，或者也不适合用横空出世、石破天惊这样（　　）的词来形容，但一项项发现，有模有样，娓娓道来，也是绝对的让人喜出望外。

依次填入上面括号中最恰当的词语是（　　）。

A. 奔走相告　耸人听闻
B. 欢欣鼓舞　骇人听闻
C. 欣喜若狂　危言耸听
D. 奔走呼号　振聋发聩

答案 A

解析 首先从第二空入手，结合前后句，第二空所表达的意思是海昏侯墓的发现用很夸张的词来形容。A项"耸人听闻"是指故意说夸大或奇特的话，使人听了震惊，符合文意；B项"骇人听闻"指听起来令人害怕，文段没有表达"害怕"的意思，排除；C项"危言耸听"指故意说惊人的话，让听的人惊恐，文段用"横空出世、石破天惊"这样的词并不是要表达惊恐的效果，排除；D项"振聋发聩"比喻用语言文字唤醒糊涂麻木的人，语义不符，排除。再验证第一空，"奔走相告"，该词指有重大消息时，人们奔跑着相互转告，可以形容关于海昏侯墓的重大发现，符合文意；"欢欣鼓舞"是指心情高兴而精神振奋；"欣喜若狂"是指喜欢得像发了狂，形容高兴到极点；"奔走呼号"指为办成某事而到处宣传，以争取同情而支持。故选A项。

3.（2019 广发银行秋招·单选题）填入括号中恰当的词语是（　　）。

（1）谁也想不到眼前这个文质彬彬的年轻人居然做着让罪犯认罪（　　）、融入社会、遵守规则的工作。

（2）人到中年，生活的负担就会越来越重，除了（　　）子女，还要尽心尽力地做好工作。

A. 伏法　扶养
B. 伏法　抚养
C. 服法　抚养
D. 服法　扶养

答案 C

解析 第一空，"伏法"是指罪犯被执行死刑。"服法"是指罪犯承认了罪行，受到了法律惩处。文中的年轻人并没有提到被执行死刑，因此填入"服法"即可，排除A、B项。第二空，"抚养"主要是父母、祖父母、外祖父母等长辈对子女、孙子女、外孙子女等晚辈的抚育、教养。"扶养"是指平辈亲属之间尤其是夫妻之间依法发生的经济供养和生活扶助的权利义务关系。文中指的是养育"子女"，因此应填入"抚养"，排除D项。故选C项。

第二章 病句辨析

一、题型特征

病句是指不符合语言规范的句子。辨析和修改病句是衡量语言表达能力的重要标志，对考生来说，一方面要掌握病句的常见类型及辨识病句的方法，另一方面需要提高修改病句的语感能力。

1. 提问方式

下列句子中，没有语病的一项是……

下列各句中没有歧义或语病的一句是……

2. 注意事项

常见的病句类型主要有语序不当、搭配不当、成分残缺或赘余以及表意不明等。需要根据具体的情况，识别病句的类型，然后再进行分析和排除。

二、题型特点

1. 搭配不当

搭配不当主要是指句子成分的搭配不当，包括主谓搭配不当，动宾搭配不当，主宾搭配不当，定语、状语和中心语搭配不当及关联词搭配不当。

2. 语序不当

语序不当是多种多样的，要结合语意、语言结构等灵活分析。常见的情况有词语的先后顺序不当、修饰语和中心语的位置颠倒、多层修饰语语序不当以及关联词位置不当。

3. 成分残缺或赘余

成分残缺是指语句成分残缺，常见的有缺主语、缺谓语以及缺宾语和必要的修饰限制语。成分赘余是指语句结构完整，但仍添加了不必要的成分，常见的有语法成分重复、词义重复、语意堆砌。

4. 句式杂糅

句式杂糅是指把两个意思或两种句式杂糅在一句之中，造成结构混乱，意思不清。

5. 句式歧义

句式歧义是指产生两种及两种以上意思的句子。产生歧义的情况主要有一词多义、指代不明、关系含糊及修饰语句不定。

6. 不合逻辑

不合逻辑是指在表述中，或违反人们的逻辑思维，或违背客观现实情况，或前后矛盾，或顾此失彼等，造成表述不合逻辑。

经典真题

1.（2019 国家电网·单选题）下列各选项中，没有语病且句意明确的一项是（　　）。

A.为了让这次公司年会出彩，负责节目筹划的小王特地从戏剧学院请来专业老师创作了一台反映职工日常生活的幽默剧剧本

B.会计师事务所"走出去"的尝试有效扩展了会计服务业的发展空间，有力地支持了我国企业海外发展战略

C.劣质家居油漆对人的危害，主要体现在肝脾的损害上，并有可能引起功能全面衰竭，导致人的死亡

D.经过宣传，参加本次招聘活动的人数增加了不少，但在身份上，大多是以本地高校毕业生为主

答案 B

解析 A项"一台"和"幽默剧剧本"搭配不当，排除；B项没有错误，当选；C项后半句缺少定语，应改为"并有可能引起器官功能全面衰竭"，排除；D项句式杂糅，"大多是"和"以……为主"使用重复，排除。故选B项。

2.（2019 中国工商银行春招·单选题）下列句子中没有语病的一项是（　　）。

A.我们的报刊、杂志、电视和一切出版物，应该更有责任意识，多宣传一些具有正能量的事情，多去解决一些问题，而不是发牢骚

B.一到旅游旺季，景点的门票就涨价，说实话，工薪阶层难以承受三百元上下甚至五百元的景区票价

C.如何才能让大家都积极主动起来呢？关键的问题是意识在起决定性作用。意识上没有责任这两个字，自然就不能积极主动

D.如果真能做到加强人权司法保障，推进以审判为中心的刑事诉讼制度改革，不折不扣地落实疑罪从无等原则，就定能够减少乃至杜绝冤假错案

答案 D

解析 A项"报刊、杂志"和"一切出版物"语义重复，排除；B项"三百元上下甚至五百元"表述有误，应改为"三百元以上甚至五百元"，排除；C项"关键的问题"和"起决定性作用"搭配不当，应删掉"的问题"，排除。故选D项。

3.（2020 中国光大银行秋招·单选题）下列各句没有语病的是（　　）。

A.由于受到了不公正待遇，他投诉电视台《关注》节目组，希望节目组能够帮他解决困难

B.无论是耄耋老人还是垂髫稚子，我们大多数人都有过暂时性记忆差错的经历

C.职工食堂的饭菜质量非常高，其原材料来源都是来自市郊的有机农场

D. 楼下新开的超市里商品非常齐全，不仅包括了毛巾、香皂、洗发水、暖瓶、计算器等生活日用品，还包括各种瓜果蔬菜、肉蛋鱼虾等生鲜

答案 B

解析 A项表意不明，应该是"他到电视台《关注》节目组投诉"，排除；C项"其原材料来源都是来自……"表述重复，应删掉"来源"，排除；D项分类有误，计算器和毛巾、香皂等不属于同一品类，排除。故选B项。

4.（2020 中国光大银行秋招·单选题）下列没有语病的一句是（　　）。

A. 今天是报名截止日期的最后一天，协会又接到了五名新生的入会申请

B. 商场的这项举措深受广大人民群众所欢迎，因为它强化了安全措施，保护了人民群众的生命安全

C. 整篇文字呈菱形排列，词句婉约，文笔优美，从中可以看到作者对爱情的渴望和执着

D. 经理嘱咐几个部门的同事，新财年的工作一定要开拓新的市场

答案 C

解析 A项"截止日期"和"最后一天"成分赘余，应删掉其中一个；B项"深受"和"所"都表示被动，成分赘余，应删掉"所"；C项没有语病，当选；D项有歧义，经理嘱咐的是来自几个部门的同事，还是同一部门的几个同事，排除。故选C项。

5.（2019 交通银行秋招·单选题）下列各句中没有语病，句意明确的是（　　）。

A. 假期结束后在员工中存在的"放假综合征"问题，总经理表示可以理解

B. 他深情地看着怀里熟睡的婴儿，那是这个家族传承的希望

C. 红队对于蓝队的进攻早有防备，采取迂回战术迅速化解了危机

D. 全球化不仅为我国经济带来了积极的影响，而且我国的特色社会主义市场经济体制也使我们在竞争中更有优势

答案 C

解析 A项，缺少主语，应把介词"在"去掉；B项，"传承"一般修饰学文、技艺、教义等，与人搭配不当，应去掉"传承"，改为"那是这个家族的希望"；C项，没有语病；D项，关联词位置错误，应改为"不仅全球化为我国经济带来了积极的影响……"。故选C项。

6.（2020 交通银行秋招·单选题）下列各句中，有语病的一句是（　　）。

A. 渤海入海排污口排查整治将以改善渤海生态环境质量为核心，扎实做好"排查、监测、溯源、整治"四项任务

B. 武先生拍得当地一块约20亩的土地使用权，但由于长期遗留问题，武先生始终没能办成土地过户手续

C. 根据水务局和安监局联合开展的现场调查显示，此次火灾事件存在违规情况，对周边居民的影响已基本消除

D. 如何理顺人的关系、提升从业者的工作体验，或许是比探索、优化商业路径更重要也更迫切的需求

【答案】C

【解析】C项"根据……显示"为句式杂糅，应去掉"根据"或"显示"，其他句子都正确。故选C项。

第三章 语句排序

一、题型特征

语句排序题是语句表达部分的常考题型之一，要求考生把所给的 5 个或 6 个打乱顺序的句子重新排列组合，使文段表达流畅、通顺。

1. 提问方式

将以下 5 个（或 6 个）句子重新排列组合……

排列组合最连贯的是……

将以上句子重新排列，语序正确的是……

2. 注意事项

与片段阅读的文段完整体现不同，语句排序题的语句是杂乱无章的，只有正确答案才是完整的表述。由于语句排序比较耗费时间，对于银行招考来说，考生需要提高做题速度。

正确答案有时读起来可能也不是特别通顺，这是因为出题人有时会从不同文段中摘取一些句子进行拼凑，如（5）（1）出自文章第一段，（3）出现在第二段，（2）出现在第四段，（4）出现在第六段。因此，解题要用技巧，不要仅凭语感。

二、解题思路

1. 考查目的

这种题型表面上考查考生的语感能力，实际上是考查语言组织表达能力和逻辑思维能力，侧重考查语句之间内在的逻辑顺序。

2. 解题顺序

（1）从选项入手

语句排序题要从选项入手。切忌拿到题目后先自己排序或凭语感做题，需要根据选项和语句中的提示信息寻找解题的突破口，验证选项正确与否，继而排除错误选项。

（2）从句子间顺序入手

事物是普遍联系的，语句排序题中的句子是作为一个整体存在的，句子之间必然存在某种联系。因此，考生可以通过语句连贯的特性和排除选项的方法分析试题。

核心考点一：首尾句辨析（备考指数：★★★★）

在解答语句排序题时，首先要观察选项中哪些句子可以做首句，哪些句子可以做尾句，根据中心句或总领句来确定首句或者尾句，以此来快速排除无关的选项。

一、首句特征

1. 背景引入

如"随着""近年来""在……大背景/环境下"，常在中心理解题的开篇出现，故背景引入可以作为首句，但是并非背景引入一定为首句，要通过对比确定首句。

如果句子中的首字出现"这""它""又""再""那么""而且""因此"等词时，这个句子肯定不能做为首句。

2. 提出观点

提出观点，即引用某人的话语，如"有人说""人们普遍认为"等。文章一般先提出观点，然后进行解释说明、论证等；并非提出观点都是首句，一般也要通过对比来确定。

二、非首句特征

1. 关联词的后半部分

如句首出现"但是""因此"，则此句不可作为首句。如果一句话出现"虽然……但是"，该句可以作为首句，因为是完整的句子，与只有关联词后半部分的不完整语句不同。

2. 指代词单独出现

指代词一般不作为首句，除非是指代词在句子中已经有明确的指代对象。

人称代词，如他、她、它。例如："她还有些嚣张"中的"她"指代不明，该句不能作首句。

指示代词，如这、那。例如："那是发生在冬季的故事"中的"那是"为指示代词。单独出现的指示代词，或者指代不明的，一般不适合作为首句。

三、尾句特征

引出结论和提出对策的语句，一般来说适合作为尾句，但也不是所有的结论和对策都适合作为尾句，需要结合具体的语境来分析。

1) 引导结论的标志词：因此、所以、看来、于是、这。

2) 引导对策的标志词：应该、需要。

3) "因此+对策"是常见的尾句特征。

经典真题

1.（2019中国工商银行春招·单选题）下列句意排列连贯的一项是（　　）。

（1）盐对维持人体正常的新陈代谢，保持液体的酸碱平衡有密切的关系，是维持人生命的一种必要条件。

（2）此外，盐还是一种非常好的药物。用蒸馏水加上精制食盐配制的生理盐水，常常有效地用来抢救失液、失血严重的危急病人。

（3）人如果连续几天不吃盐，就会体软无力，接着发生种种疾病，日子一长难免死亡。

（4）正是由于人们每天都吃盐，所以不易察觉它的这些十分重要的作用。

A.（1）（4）（3）（2）　　　　B.（3）（2）（4）（1）
C.（3）（1）（2）（4）　　　　D.（1）（3）（2）（4）

答案 D

解析 首先判断首句，（1）提出"盐"对人体的重要性，（3）假设人不吃盐的严重后果，相较而言，先说重要性再谈后果逻辑更通顺，排除B、C项；（2）以"此外"开头，讲了盐的药用价值，因此前面应该讲盐的其他价值，（3）（2）捆绑，（4）总结盐的重要作用。故选D项。

2.（2020 中国工商银行总部·单选题）下列语句中排序最连贯的一项是（　）。

（1）新中国成立后，我们党不忘初心、牢记使命，正确处理改革发展稳定关系，为我国工业化顺利推进提供了根本保证。

（2）回顾我国工业化历程便会发现，中国共产党的领导是快速推进工业化的决定性因素。

（3）自18世纪英国率先开启工业革命以来，人类已经走过200多年的工业化历程。

（4）世人惊叹于我国工业化取得的伟大成就，众多国外学者也试图破解其中的奥秘。

（5）新中国成立后，在中国共产党领导下，我们仅仅用几十年时间，走完了发达国家几百年走过的工业化历程。

A.（3）（5）（2）（1）（4）
B.（3）（5）（4）（2）（1）
C.（5）（2）（1）（3）（4）
D.（5）（2）（3）（4）（1）

答案 B

解析 首先判断首句，（3）提出背景，（5）时间点在新中国成立后，相较而言，（3）作为大的时代背景，更适合做首句，排除C、D项。接着看（4）的位置，（4）是在说我国工业化取得的伟大成就，应该对应（5）说的我们仅仅用几十年时间走完了发达国家几百年走过的工业化历程，因此（5）（4）应该捆绑，且对比（1）（4）来看，（1）更适合做尾句。故选B项。

3.（2019 中国光大银行秋招·单选题）将以下5个句子重新排列组合：

（1）人们到千里之外、万里之遥，常会遭遇不同的文化与文明，这种相遇相交中，既有人类文明生活的一些共性法则，也有当地独特的文化、习俗乃至禁忌。

（2）而在陌生环境中，又容易产生道德弱化和行为上的破窗效应。

（3）在经济全球化的今天，"入乡问俗，入乡随俗"成为必修课。

（4）"旅，客处也"，某种意义上说，旅游也是一个文化交流与碰撞的过程。

（5）只有提升文明素质，了解国际礼仪，遵守国际交往习惯，才能很好地融入当地的文化与生活，享受旅游的快乐。

排列组合最连贯的是（　　）。

A.（3）（1）（4）（2）（5）
B.（4）（2）（1）（5）（3）
C.（4）（1）（2）（3）（5）
D.（3）（4）（1）（2）（5）

答案 C

解析 首先判断首句，（3）提出在经济全球化的背景下入乡随俗的重要性；（4）提出旅游这个话题，首句不好判断，再看其他句子。（1）说人们出去之后会遭遇不同文化与文明，对应（4）所说到的文化交流与碰撞，因此（4）（1）应当捆绑，排除A、B项。（3）说了入乡随俗的重要性，（5）继续说只有提升文明素质，才能享受旅游的快乐，因此（5）应该在（3）之后。排除D项。故选C项。

4.（2020 中国光大银行秋招·单选题）

（1）因为科学家的名字早就被我们用在了月球环形山上。

（2）水星上的环形山和月球上的环形山一样，都被人类命名了名字。

（3）水星表面和月球很像，到处都是环形山、大平原、盆地等地理地貌。

（4）这些名人的名字将永远与日月共存，以此来彰显他们为人类做出的杰出贡献。

（5）水星表面的环形山都是以那些著名文学家的名字命名的，为什么不用科学家的名字呢？

将以上五个句子重新排列，顺序正确的是（　　）。

A.（5）（1）（3）（2）（4）
B.（5）（1）（4）（2）（3）
C.（3）（2）（5）（1）（4）
D.（3）（4）（2）（1）（5）

答案 C

解析 首先判断首句，（3）引出水星表面和地球在地理地貌上的相似点，可以作为首句，（5）叙述火星表面的环形山命名特点，相较而言，（3）话题应包括（5）话题，所以（3）应在前面，排除A、B项。（5）句提出为什么，（1）句回答，（5）（1）应该捆绑，排除D项。故选C项。

5.（2019 广发银行秋招·单选题）下列语句，排序最恰当的一项是（　　）。

（1）博士学位点自主审核权更是被视作一项关键性办学自主权。

（2）这对激发高校办学活力、提高学科水平、加快创新人才培养具有重大意义。

（3）一直以来，高校开设新的博士点、硕士点必须经过严格的审批。

（4）根据政策，首批 20 所高校将同步获得自主审核权，如要新增博士学位点，高校自主审核程序走完后即可直接向上级部门报批。

（5）这实现了审核和批准的分离，只要内部审核充分，政府自然批准。

（6）学位授权审核制度是研究生教育的基础性制度。

A.（6）（3）（1）（4）（5）（2）
B.（6）（1）（4）（2）（5）（3）
C.（3）（1）（4）（6）（5）（2）
D.（3）（6）（1）（5）（2）（4）

答案 A

解析 观察选项，首句（3）（6）不好判断。发现（1）存在递进关联词"更"，强调"博士学位点自主审核权"，而（3）中提到的是"高校开设新的博士点、硕士点必须经过严格的审批"，因此两者之间存在递进关系，锁定（3）（1）顺序，排除 B、D 项。（5）出现代词"这"，那么"这"指代的内容应该是"审核和批注的分离"，而在 C 项中，（5）前面是（6），（6）只是提到了"学位授权审核制度"，体现不了"审核和批注的分离"，因此（6）（5）在一起不合适，排除。A 项（4）体现了"审核和批注的分离"，因此（4）（5）符合要求。故选 A 项。

核心考点二：中间捆绑（备考指数：★★★）

有时在判断完首句后，仍无法完全排除干扰选项，此时就需要确定捆绑分句，包括指代词捆绑、关联词捆绑、特殊信息捆绑。

一、关联词捆绑

1. 配套出现

例如：（1）"但是某人很坏"，（5）"虽然大家认为某人很好"，（5）出现"虽然"，（1）出现"但是"，两句话话题一致，且"虽然……但是"为配套关联词，捆绑（5）（1）。

2. 单独出现一个

单独出现一个的情况下，不可作首句，可作为破题点。例如："同时"表并列，前后含义相近，"甚至"表递进，"其实"表转折，"因此"表因果，"总之"表总分关系等。

如果一个句子中出现"之所以"，就要去寻找能和此句构成逻辑关系的句子，如"是因为",这样就能很快确定两句的前后逻辑顺序,从而排除错误选项。

二、指代词捆绑

指代词不可作为首句,但是可作为破题点。指代词如"这""那""他""其""该",在句子中遇到这些指代词时要找其指代的内容进行捆绑。

捆绑是要将两句话放在一起,中间不能放其他句子。

如果句子中出现双引号,要重点注意,双引号一般表示引用和强调,可以通过双引号在句子中找到特殊(共同)信息进行捆绑。

三、特殊信息捆绑

寻找特殊信息捆绑。如果六句话中,有五句话均提到"玉米",则"玉米"是普遍信息,不是特殊信息。如果六句话中,只有(1)和(6)提到"中国玉米",则"中国玉米"为特殊信息,可以利用特殊信息捆绑。

经典真题

1.(2019 广发银行秋招·单选题)下列语句,排序最恰当的一项是( )。

(1)不过对全国锦标赛等不少全国性赛事来说,多少还处于在体育场内少人问津的景象,看台上除了运动员自己的教练和队友外少有观众入席就座。

(2)对国内一些田径赛事来说,检验训练水平、选拔人才是办赛的主要目的,因此对推广赛事、提升观赛体验等方面缺少足够的关注。

(3)目前国内田径赛事正逐步增多,街头赛等融入商圈、校园的赛事也已积累了相对丰富的办法经验和一定的观众基础,令人眼前一亮。

(4)以此为基础,若能培育赛事文化、推动项目普及,则又能为赛事本身增添更多的"附加值"。

(5)不过未来之星联赛等很多案例也已说明,赛事是促进项目普及、推动全民健身的极佳场合。

A.(2)(5)(4)(3)(1)
B.(2)(3)(1)(5)(4)
C.(3)(1)(5)(4)(2)
D.(3)(1)(2)(5)(4)

答案 D

解析 观察选项,(2)提出的是当前国内一些田径赛事存在不关注推广赛事、提升观赛体验等方面的问题,而(3)谈论的是目前国内田径赛事积累了相对丰富的办法等，令人眼前一亮。而其他句子都是分析当前国内赛事存在的问题，因此（3）应在首句，其他描述存在问题的句子是一组，先排除A，B项。对比C，D项，发现最大的区别在于（2）的位置不同，（5）（4）谈论的是关于赛事普及的问题，是在解决（2）中的问题，应先提出问题，然后再解决问题，即先（2）再（5）（4），排除C项。故选D项。

2.（2019中国建设银行秋招·单选题）

（1）近年来，一个个"热词"聚焦社会热点，体现时代变化，蕴含着人们对自身生活、社会变革与人类发展的理性思考。

（2）人们从"八项规定""两学一做"中看到了我们党实现自我净化的努力，从"一带一路""天宫二号"中看到了国家的发展进步，从"洪荒之力""厉害了我的国"中看到了流行文化的变化，也从"获得感""撸起袖子加油干"中感到了百姓的期待……

（3）读懂一个时代，应该从读懂它的语言开始。

（4）在网络时代，语言成为社会发展的忠实记录仪和显微镜。

（5）语言不仅是从历史继承而来的财富，而且保持着与时代最为紧密的互动。

（6）语言既折射时代变迁，又在与时代的互动中，不断丰富着自身。

将以上6个句子重新排列，语序正确的一项是（　　）。

A.（5）（4）（1）（2）（6）（3）
B.（5）（3）（6）（4）（1）（2）
C.（3）（5）（4）（6）（2）（1）
D.（4）（5）（1）（2）（6）（3）

答案 A

解析 根据选项可知，首句可能为（3）（4）（5）句。（3）句利用"应该"给出对策，说明读懂时代应该从读懂语言开始；（4）句介绍网络时代语言的作用；（5）句给语言下了定义，引出话题。可知，应先介绍语言，引出话题，再详细说明语言的作用或论述以语言为对策，（5）句适合作为首句，排除C，D项。继续对比尾句，尾句可能为（2）（3）句。（2）句详细介绍了人们通过读懂热词，读懂了时代；（3）句总结概括出了对策，即人们应该通过读懂语言来读懂时代，因此对策作为尾句更为恰当。故选A项。

3.（2019交通银行春招·单选题）将以下6个句子重新排列组合：

（1）每年的山水大小，人们是靠听夜里冰的开启声来判断的。

（2）冬季出门赶车，拉爬犁，走的全是冰封江道，所以春风就是开江的讯号。

（3）长白山人常说，武开江是老天爷发怒了，要惩罚万物生灵，要杀生了，而这样的时候，江中的鱼和动物就会大量伤亡，这也正是长白山人狩猎和捕鱼的最好季节。

（4）早春，当长白山开始冰消雪化的时候，头三天都要刮一场大风，这预示着长白山中的江河就要跑冰排了。

（5）当桃花水下来的季节，就会如万只野兽在山间吼叫，这往往被称为"武开江"。

（6）山里人有一种顶风出门去办事的习俗，因为风一停，江河就会解冻，路也该泥泞了，山里人最怕春天泥泞的季节。

排列组合最连贯的是（　　）。

A．（4）（6）（1）（5）（2）（3）
B．（4）（6）（2）（1）（5）（3）
C．（6）（4）（1）（5）（2）（3）
D．（2）（6）（4）（1）（5）（3）

【答案】B

【解析】本题是语句排序题。分析选项，（4）句用背景引出话题，可做首句；（6）句属于论据，一般不做首句，排除C项。（2）句缺少主语，应该在文段之前体现，也不做首句，排除D项。观察A，B项，（2）句讲到了开江的讯号，（5）句是开江，按时间顺序，应该把（2）句放在（5）句之前，排除A项。故选B项。

4．（2019 宁波银行秋招·单选题）将以下6个句子重新排列组合：

（1）他们最担心的是航天员是否能够承受长期飞行的心理压力。

（2）在2005年5月，美国的NASA就进行了航天员在太空长时间的生活与工作是否和谐的模拟测验，测验的结果表明航天员在地面有限的空间中长期生活和工作在一起，相互关系容易变得十分紧张，他们很难创造和谐的工作和生活的气氛。

（3）因为这些航天员在地面进行的是短期飞行的心理训练，而没有进行长期飞行的心理训练。

（4）美国NASA的航天心理学家认为如果让3名国际空间站的航天员在空间站呆上一年，最可怕的莫过于心理健康，航天对他们最大的心理压力是对死亡的恐惧。

（5）对于航天专家来说，最担心的不是物资的补充，因为俄罗斯的"联盟号"货船已经送上去的物品足够航天员们在太空再停留一年。

（6）美国的哥伦比亚号航天飞机失事后，在国际空间站的三名航天员不能按时返回。

排列组合最连贯的是（　　）。

A．（2）（3）（6）（5）（1）（4）
B．（6）（5）（1）（3）（2）（4）
C．（6）（2）（5）（1）（4）（3）
D．（2）（1）（3）（6）（5）（4）

【答案】B

【解析】本题是语句排序题。根据选项分析（2）和（6）。（2）的时间在2005年，而哥伦比亚号失事时间在2003年，因此（6）在（2）之前，排除A，D项；（2）和（4）

论述的都与模拟实验有关，根据话题一致原则，应该放在一起，排除C项。故选B项。

5.（2019中国农业银行秋招·单选题）将以下5个句子重新排列组合：

（1）当然，从《旅游法》《关于进一步加强文明旅游工作的意见》至《暂行办法》，依法治理游客不文明的行为从未止步。

（2）游客行为自律了、景区服务到位了，法律效果才更明显。

（3）如果说文明道德是对出游行为的"软引导"，那么法律才是对文明行为的"硬约束"。

（4）正如前不久由国家旅游局依法制定的《游客不文明行为记录管理暂行办法》，就是以法律形式增加游客不文明行为的"道德成本"和"信用成本"，让任何无视公共文明的人不再"为所欲为"。

（5）而让文明与法治真正做到同步携手还是个系统工程、需要长期谋划，不可能一蹴而就。

排列组合最连贯的是（ ）。

A.（4）（1）（5）（2）（3）
B.（3）（4）（1）（5）（2）
C.（1）（5）（3）（2）（4）
D.（1）（5）（4）（3）（2）

答案 B

解析 首先判断首句，（1）句开头用到"当然"，属于承接句式，不适合做首句，排除C,D项；（3）句引出文明道德和法律对出游行为的各自作用，可以做首句，保留；（4）句开头说到"正如不久前……"，也是一个承接句式，前面应该有内容，不适合做首句，排除A项；再看B项内容，句子承接符合叙述逻辑，当选。故选B项。

第四章 中心理解

一、题型特征

中心理解题要求考生概括所给文段的主旨、中心思想、主要内容等，既指出作者写这篇文段的主要目的以及说明、反映什么思想，告诉什么事情，同时也包括作者的写作意图。

1. 提问方式

在考试中经常出现的提问方式有：

这段文字的主旨（主题、观点）是……

这段文字主要讲述（主要表达、主要介绍）的是……

这段文字主要（旨在、重在、意在）说明的是……

这段文字强调（论述、概括）的是……

对这段文字概括最准确的是……

在看到这些提问方式后，要明确考查的是中心理解题。

2. 注意事项

大概在 2014 年之前，主旨概括题和意图推断题两种题型的解题思路略有不同，但现在二者均归类为中心理解题，解题思路相同。

二、解题思路

1. 考查目的

中心理解题在片段阅读中非常重要，是言语理解与表达模块所有题型的基础。考生需要掌握分析文段、快速阅读、排除选项的方法和技巧。

2. 解题顺序

解答中心理解题时，一定要遵循做题思维，先读提问方式，明确题目类型；然后带着问题去读文段、找中心；最后选择对应的正确选项。

重点词语和行文脉络在中心理解题中需要结合使用，不可偏废和忽略。

核心考点一：关联关系（备考指数：★★★★）

关联词是帮助考生理解文段侧重点的标志性词汇，常见的类型包括转折、递进、因果、必要条件以及并列等关系。

一、转折关系

中心句常常出现在表示转折关系的关联词之后，如"但是""可是""不过""然而""却""其实""事实上""实际上""只是"等。因为语言在表达的过程中是讲求策略的，通过转折这一方式引起对方注意恰好符合这种语言策略，所以，在浏览文段的过程中，考生需要迅速寻找到表示转折关系的关联词，进而找到主题句即可准确作答。

1. 常见表转折关系的词汇

虽然……但是……、尽管……可是……、……不过……、……然而……、……却……、其实/事实上/实际上、尽管如此、虽然如此。

2. 解题思路

（1）转折之前非重点

在转折复句中，转折之前为委婉表达，如"随着……近年来"引导的句子，转折之前一般大致浏览即可，常常用来引导文段的背景。

（2）转折之后是重点

表示转折关系的关联词，如"虽然……但是……"中"但是"有提示重点的作用，重点关注转折之后的内容，转折前的内容要慎选。

（3）优选明确选项，无中生有的选项不能选

通过转折关系的关联词语找到文段重点，留意选项中针对重点部分的同义替换或者精简压缩的选项，这些往往是正确答案。

经典真题

1.（2019 中国工商银行·单选题）实体零售是商品流通的重要基础，是引导生产、扩大消费的重要载体。受经营成本攀升、消费需求结构变化、网络零售快速发展等因素影响，实体零售业近年来出现主要指标增速回落、部分企业经营困难、关店现象频发等问题，其经营模式的转型调整已成当务之急。事实上，提升零售业持续发展能力也已成为供给侧结构性改革的重要内容之一。

作者最想表达的观点是（ ）。

A. 调整实体零售业经营模式是当务之急

B. 提升零售业持续发展能力是改革的内容

C. 近年来，实体零售发展面临众多问题

D. 实体零售是商品流通的重要基础和载体

答案 A

解析 文段主要叙述了实体零售的重要性、目前面临的困难和当务之急，因此提出的对策应该是作者想要表达的重点。A 项"调整实体零售业经营模式是当务之急"对

应文段提出的对策，当选；B 项是后续的解释内容，而且"提升零售业持续发展能力"是"供给侧结构性改革的重要内容之一"，表述不准确，排除；C 项是背景，并非重点，排除；D 项对应文段第一句话，非重点，排除。故选 A 项。

2.（2020 中国工商银行总部·单选题）在过去的几年时间里，人工智能技术带着众多人工智能产品，已经走进了千家万户，预计到 2020 年，中国人工智能产业规模将超过 1 500 亿元，带动相关产业规模超过 1 万亿元，如此快速的增长和发展必然会产生大量的人才需求。与劳动密集型产业不同，人工智能行业属于智力密集型产业，对从业者的各方面要求较高。举例来说，你可能很了解医疗产业，但并不了解人工智能技术，或者虽然你很了解人工智能技术，但不了解医学所遇到的问题，这两种情况都不能在实践中实现有益的创新。

这段文字旨在说明（　　）。

A. 在人工智能时代，跨界人才最受欢迎

B. 人工智能产生的人才需求可以缓解目前的就业压力

C. 人工智能促使产业由劳动密集型向智力密集型转化

D. 人工智能发展势头良好

答案 A

解析 文段围绕人工智能话题展开，前面论述了其市场规模和引发的人才需求，后面强调了人工智能行业对从业者的高要求，通过例子可看出，要从事人工智能行业需要了解不同领域的知识。A 项说在人工智能时代，跨界人才受欢迎，与文段对人工智能产业论述的重点相符，保留；B 项说人工智能可缓解就业压力，不属于文段的重点内容，排除；C 项说人工智能促使产业由劳动密集型向智力密集型转化，但文段中所述的是人工智能属于智力密集型产业，并非促使其转化的原因，排除；D 项说人工智能发展势头好，并非重点，排除。故选 A 项。

3.（2019 中国光大银行秋招·单选题）迫使员工完成多项任务是管理层寻求压缩成本的合理手段，经济前景的不确定性以及前人曾在大规模裁员同时保持收入增长的例子，促使不少公司在营业额有了起色的今天仍然不愿增加人头数，他们不愿在经济形势还不明朗时投入招聘成本。有专家认为，员工将在这一趋势中获利，因为压力出人才，不过也有人觉得多任务可能会让员工忘记什么才是最重要的工作。

以下对这段话理解正确的一项是（　　）。

A. 迫使员工完成多项任务会导致员工忘记了自己的本职工作

B. 为了压缩成本，公司应该尽量少招聘员工，让员工都完成多项任务

C. 公司在经济形势明朗的情况下会扩充公司员工人数

D. 完成多项任务对员工而言可能会带来成功

答案 A

解析 文段开篇谈了迫使员工完成多项任务的原因,接着讲即使营业额好转依然不愿增加员工数,最后指出专家的说法,但之后用一个转折来强调迫使员工完成多项任务会导致其忘记最重要的工作。因此,转折之后的内容为作者要强调的重点。A 项与最后一句意思相符,当选;B 项是文段前面公司被迫之下的做法,与文意不符,排除;C 项是"他们不愿意在经济形势还不明朗时投入招聘成本"的反义引申,但文中并未说明,属于过度猜测,排除;D 项是文段中专家的说法,但并未说明员工完成多项任务会使之成功,表述不正确,排除。故选 A 项。

4.(2018 中国民生银行·单选题)当今世界科学技术发展的不平衡,由于国与国、地区与地区、集团与集团之间的科技保密而显得更为突出。然而,科学技术的所有发明创造本应是全人类的财富,任何国家、集团或个人都不应该也不可能长期据为己有。

这段话主要支持了这样一个观点,即( )。

A. 应该向国外学习先进的科学技术

B. 对科学的保密是有限的,迟早都要泄漏出去

C. 应该加强对科学技术的保密工作

D. 科学技术是全人类的财富,不应该也不可能长期保密

答案 D

解析 文段首先指出当今世界科学技术发展不平衡问题越来越突出,接着以转折词"然而"引出重点,科学技术的所有发明创造不应该也不可能长期被一部分人占有,同义转述即为 D 项。A 项"应该向国外学习"在文段中并未体现,排除;B 项文段强调的是"不应该保密",而不是"保密是有限的",排除;C 项"应加强保密"与文段表述相反,排除。故选 D 项。

二、递进关系

文段后面的句子比前面的句子有更进一层的意思,语义有轻重之分。在阅读文段时,如果无法把握文段脉络,可以运用关联词帮助解题。表示递进关系的关联词,前句说的是一般情况,后句强调或突出句子的重要性,常用"特别是""甚至"等程度递进的词语来连接。

1.常见表递进关系的词汇

更、还、尤其、甚至、正是、特别是、真正、根本、最(核心、突出)……

"不但……而且……"这种方式较为熟知,还有表示多重递进的复句,"不但……,而且……,甚至……",这种表达习惯可以帮助考生迅速、准确地寻找到中心句。

2.解题思路

(1)递进所在语句通常是重点

递进关系复句出现时，通过递进词判断核心句，作为解答该类文段的突破口。如果有两级递进，例如"不但……，而且……，甚至……"的关联词出现时，第二级递进是重点。

（2）结合行文脉络分析

递进关系的关联词是做题的辅助技巧，必要时需要结合行文脉络一起分析。

经典真题

（2019 中国光大银行秋招·单选题）在这样一个电子阅读如此方便的时代，曾经作为城市文化符号的实体书店已经走到了十字路口。面对网络的冲击和市场经济的压为，生存还是消亡，已成为一个非常严肃的话题。

这段文字作者的态度为（　　）。

A. 实体书店应得到关注和保护

B. 电子阅读的优势明显

C. 实体书店的价值已不再存在

D. 实体书店应让位于网络书店

答案 A

解析 文段是说在电子阅读的影响下，实体书店已经走到了生死存亡的时刻，并且这是一个非常严肃的话题，说明作者对实体书店的存在是很在乎的。A 项说实体书店应得到关注和保护，与作者在乎实体书店发展的心态符合，当选；B 项只谈了电子阅读，并非作者关注的主要内容，排除；C 项说实体书店的价值已经不再存在，文章并没有此种表述，排除；D 项说实体书店应让位于网络书店，与作者的态度不符，排除。故选 A 项。

三、因果关系

因果关系是指文段中的句子存在原因和结果的关系。文段经常在后续句中使用"因为""所以""正因为如此""由此看来"等引导词。因果复句中，结果往往比原因更重要，文段强调的是结果。当然，在因果关系的复句中也有特例，当用"之所以……，是因为……"关联对调来连接时，则更强调原因，需特别注意。

1. 常见因果关系的词汇

因为……所以……

由于……因此……

所以、因而、故而、于是、可见、看来、由此可见、总之、综上等。

2. 解题思路

（1）结论是重点

通常在一段话结束后都要用结论性的语句来总结和归纳，从而达到重申重点的目的。

因果关系复句出现时,重点一般出现在表示结论的关联词之后。

(2)略读过程,关注结果

当引导结论的标志词出现在尾句时,文段的重点一般出现在尾句,需重点关注,前文略读即可。正常语序下(因为……所以……),原因为结论服务,结论之后才是重点。而在倒序下,原因则是重点,解释产生结果的原因。

经典真题

1.(2019 广发银行秋招·单选题)一些平台在某种程度上存在回避责任、放任违法违规活动的牟利心理。如果真的有心监管,也不会总是等到事情闹大了才去处理。从长远来看,一个企业的价值导向决定了一个企业的未来。如果一个平台之名,让人一听想起的只是"低俗""猎奇""搞怪"等字眼,那么这样的企业必然是没有生命力的。如果说,流量和用户是一个平台企业基本追求的话,那么这个动力之源只能是为社会创造价值。而放眼如今的一些火爆平台,它们往往只看到了眼前的利润,而忽视了长久的健康发展。因此,将社会责任和人文价值扛起来,应成为一个企业的灵魂自觉,这也是企业赖以生存的血液。

从这段话中可以推知,作者同意的观点是( )。

A. 低俗、猎奇、搞怪的名字不会是一个有生命力企业的名字

B. 一个成功的企业一定有一个正确的价值导向

C. 一些火爆的平台只看到了眼前的利益,疯狂过后,必是死亡

D. 负责任的平台都是防患于未然的

答案 C

解析 文段中提到"放眼如今的一些火爆平台,它们往往只看到了眼前的利润,而忽视了长久的健康发展",因此火爆平台如果只注重眼前利益,没有长久的眼光,必然是没有生命力的,也就是必然会走向死亡,C项表述正确,符合作者的观点;A项,文中强调的只是"低俗"等字眼,这样的企业必然是没有生命力的,表述不准确,排除;B项,文中强调"从长远来看,一个企业的价值导向决定了一个企业的未来",因此应该是一个长远的企业一定是有正确的价值导向的,有时候价值导向错误,可能会获得暂时的成功,但不会长远,排除;D项,无中生有,原文没有提到"负责任的平台"和"防患于未然的"之间的关系,排除。故选C项。

2.(2018 中国邮政储蓄银行·单选题)唯物辩证法认为,整体处于统帅的决定地位,部分服从和服务于整体。部分是整体中的部分,部分离不开整体,离开了整体,部分也就不成其部分了。因此,大局的走向决定局部的命运。正因为大局在事物发展中起着主导的决定作用,找准全局性、大局性的问题,也就抓住了工作的重点和中心;掌握了大

局，也就掌握了工作成败的关键。

这段文字的主旨是（　　）。

A. 从大局着眼才能有效推进工作
B. 部分服从整体，局部服从大局
C. 整体决定部分，大局决定局部
D. 工作的重点和中心是找准大局

答案 A

解析 文段首先指出唯物辩证法的观点，接着由"因此"总结前文，即大局的走向决定局部的命运，后面"正因为"引导的两个分句进一步强调作者的观点，一方面找准大局就抓住了工作的重点和中心，另一方面掌握大局就掌握了工作成败的关键，因此文段重点在强调掌握大局对工作的意义，与此相符的为A项。B、C项的内容均是文段首句的内容，非重点，排除；D项是尾句的一个部分，表述片面，排除。故选A项。

3.（2019中国建设银行秋招·单选题）当下中国，数字经济正成为驱动高质量发展、引领经济社会革新的加速器。互联网大范围、深层次地拓展了发展空间，也带来了隐私保护的风险挑战。信息技术推动社会变革与信息安全风险不断加剧的矛盾这一世界性课题，日益摆在我们面前。可以说，平衡好信息开发利用与保护个人信息安全的关系，事关每个人的合法权益，也关乎数字经济能否真正行稳致远。

这段文字主要强调保障数字经济时代（　　）。

A. 个人信息安全的措施
B. 个人信息安全所面临的挑战
C. 个人信息安全的意义
D. 个人信息安全的背景

答案 C

解析 文段开篇论述数字经济对当下中国发展的重要性，紧接着指出数字经济发展的同时也带来了隐私保护的问题，并说明该问题的日益严重性，尾句通过"可以说"引出结论，强调开发利用和保护个人信息安全的重要作用，它关乎每个人的合法权益，关乎数字经济的长远发展，对应C项。A项"措施"文段并未详细介绍，无中生有，排除；B项"面临的挑战"为前文问题的表述，非重点，排除；D项"背景"为总结前文的内容，非重点，排除。故选C项。

四、必要条件关系

必要条件关系复句最常用关联词是："只有……才……"，即只有A才B。在阅读文段的过程中要注意寻找表示必要条件的关联词，以明确中心句的所在位置。有时虽然省略了引导词，但是后半句会出现"才"来引导结果，从这个标志也能够推测出"才"

之前的语句是文段的中心句。

还有一些关联词也表示必要条件复句，如"必须""需要""应该""应当""务必"等，中心句常出现在这类关联词之后。

对于必要条件复句来说，必要条件通常引导对策，考生要注意把握解决问题的语句。

1. 常见必要条件关系的词汇

只有……才……

应该、应当、必须、需要、亟须、亟待 + 做法。

通过（采取）……手段（途径、措施、方式、方法、渠道），才能……等。

2. 解题思路

（1）必要条件是重点

即"只有"和"才"之间的部分为重点，如只有买房才能结婚，即"买房"为重点。言语理解与表达模块中一般不考查前后推理（判断推理模块），如充分条件"只要……就……""如果……那么……"，在言语理解部分不会考查，就算出现一般也不作为正确答案。

（2）对策很重要

在考试中"只有……才……"这样典型的格式出现较少，经常出现其变形的格式，一般由动词引导，如呼吁、倡导、提倡、提醒、建议 + 做法，后面常跟对策（做法）。

对策是必要条件的一种同义替换。对策标志词可以出现在文段中，也可以出现在选项中。

经典真题

1.（2019 广发银行秋招·单选题）一份调查结果显示，有 55% 的人在等红灯或者堵车时偶尔看手机，这已成为马路安全又一新生"隐患"和"公害"。一条由商场设置的"低头族专用通道"，以不同的颜色和边上其他道路进行区分，然后涂写着"低头族专用通道"的字样，无疑会对过往行人产生强烈的提示和警示意义，对于更大范围地遏止"低头族"而言，这无疑也是一种贡献。更为关键的是，这条通道经过舆论发酵，被社会尤其是"低头族"治理的直接主管部门所关注，让他们感受到了社会对治理和遏止"低头族"的热切期待和需求程度，这对促进各地各相关部门进一步有效遏止"低头族"，具有不可小觑的推动力量。

这段文字的主旨是（　　）。

A. 为低头族专门开辟专用通道的做法并不可取

B. 低头族已经成为公共安全隐患，需要加以治理

C. 低头族通道促使相关部门采取治理措施

D. 治理低头族，人人有责

答案 C

解析 文段首句先描述了一份调查结果，说明看手机成为马路安全的又一新生隐患。接着提出当前的一种应对策略——"低头族专用通道"，随后就开始具体说明"低头族专用通道"的意义，首先会对过往行人产生强烈的提示和警示意义，最后又通过递进关联词"更为关键的是"，提出"低头族专用通道"能引起直接主管部门关注，促进相关部门进一步遏止"低头族"。因此，文段属于分总结构，重点在总，强调低头族通道促使相关部门采取治理措施，C项正确。A项"并不可取"表达消极倾向，原文都是强调专用通道的积极意义，排除；B、D项，表述模糊，都没有提到具体怎么治理低头族，排除。故选C项。

2.（2018 中国建设银行·单选题）得益于中国在互联网、大数据、云计算等领域的卓著进步，人工智能在国内发展迅猛。从娱乐、出行到支付手段，人工智能悄然改变着我们的生活。在可以预见的未来，中国的人工智能产业将在自动驾驶、智慧医疗、智慧金融等领域获得蓬勃发展。尽管如此，各行业将迈入人工智能时代，我们仍需谨慎界定人机之间的关系格局。未来，应通过对人工智能相关法律、伦理和社会问题的深入探讨，为智能社会划出法律和伦理道德的边界，让人工智能服务人类社会。

这段文字主要论述的是（ ）。

A. 在未来构建人机关系格局上，应发挥中国传统文化的优势
B. 人工智能在带来社会建设新机遇的同时，发展的不确定性也带来新挑战
C. 人工智能的发展应以法律和伦理为界
D. 中国在人工智能领域发展迅猛

答案 C

解析 文段首先指出人工智能在国内发展迅猛以及未来的发展前景，接着以"尽管如此"指出"需谨慎界定人机之间的关系格局"，并提出对策"应通过对人工智能相关法律、伦理和社会问题的深入探讨，为智能社会划出法律和伦理道德的边界"，因此文段的重点句为对策句，对应C项。A项文段未提及"中国传统文化"，排除；B项人工智能的问题并非文段重点，排除；D项人工智能在中国的发展现状不是文段重点，排除。故选C项。

3.（2019 中国建设银行秋招·单选题）移动互联网时代，平台企业拥有大量用户、掌握海量数据，对社会资源的整合调配能力与其它类型的企业不能同日而语。这一方面使得平台企业具有很强的"公共属性"，一处细小的产品设计都可能影响到公共安全和公共秩序；另一方面，也让平台企业在个人消费者面前具有更大的话语权和更强的议价能力。这两方面特点决定了平台企业必须肩负起更广泛的社会责任，加强自我约束，始终对公众诉求保持敏感，不能仗着自身体量大、用户多就任意挥霍用户信任。如果失去了对生命安全和公共利益的敬畏，网络平台的用户规模再庞大、商业模式再讨巧、算法

分配再新颖，也终将行之不远。

作者通过这段文字意在说明（　　）。

A. 安全是所有产品性能和服务质量所构成的一系列"0"前面的那个"1"，一失全无

B. 平台企业必须承担起相应的社会责任，不可将资本思维凌驾于公共利益之上

C. 各社会主体须担负起肩头的责任和应尽的义务，共同达成维护公共利益的共识

D. 平台企业打破了行业的边界，形成了资源的整合，推动了经济的增长

答案 B

解析 文段首先介绍平台企业的特点，并通过"一方面，另一方面"介绍了平台企业的公共属性和影响力。后利用"必须"提出对策，即平台企业应该肩负社会责任，不能辜负用户信任，并通过反面论证进一步强调对策，说明平台要对生命安全和公共利益保持敬畏，对应选项为B项。A、C项均未提及主题词"平台企业"，扩大概念范围，排除；D项"打破行业边界、形成资源整合"表述无中生有，排除。故选B项。

4.（2019广发银行秋招·单选题）知名品牌、重点品牌是行业核心竞争力的集中体现。只有坚定推进"大品牌、大市场、大企业"发展战略，集中行业力量保护好、培育好、发展好重点品牌，才能筑牢行业高质量发展路径的基础。从整体上来说，我国自行车品牌与国际品牌相比也存在一定差距。有业内人士提出，在质量上，我们的产品已经达到国际水平，但是品牌的培育需要一个过程。欧美自行车品牌大都有厚重的文化积淀，在市场培育方面也做得很好。在这方面，我们要抱着开放的心态，吸收国外品牌的优秀经验，借助共享单车带来的转型升级机遇，锻造好自己的品牌。

这段文字主要讨论的是（　　）。

A. 为什么品牌是行业核心竞争力的集中体现

B. 如何推进大品牌的发展战略

C. 与国外相比，我国自行车品牌的短板是什么

D. 如何利用共享单车带来的转型升级机遇提升我国自行车品牌

答案 D

解析 文段首句先提出知名品牌、重点品牌是行业核心竞争力的集中体现，接着说明只有推行这一战略，集中力量保护好重点品牌，才能筑牢行业高质量的发展路径。随后提出我国自行车品牌与国际品牌还存在一定差距，虽然在质量上，我们的产品已经达到国际水平，但是品牌的培育需要一个过程，而欧美自行车品牌大都有厚重的文化积淀，在市场培育方面做得很好。最后提出对策，强调我们要抱着开放的心态，吸收国外品牌的优秀经验，借助共享单车带来的转型升级机遇，锻造好自己的品牌。对策是重点，因此文段主要讨论的是如何利用共享单车带来的转型升级机遇，锻造我国的自行车品牌，答案选择D项。A、B项均没有提到主题词"自行车"，排除；C项，不是对策，排除。故选D项。

五、并列关系

并列关系复句分为两种情况，一种是正向并列，一种是反向并列。

正向并列：表示相关的几种情况并存。关联词：又、同样、同时、此外、另外、与此同时、加上（单用）；也……也……、又……又……、既……又……、一边……一边……、有的……有的……（双用）等。

反向并列：表示两种相反或相对的情况。关联词：不是……，而是……、是……不是……、有的……，有的不……等。

1. 常见必要条件关系的词汇

包含并列关联词和标点，如此外、另外、同时、以及、"；"等。

2. 解题思路

（1）概括全面、完整

并列关系复句没有重点，需要选择概况全面、完整的选项，可用对应分句作替换。

（2）选项特征明显，提取共性

两方面情况：和、及、与、同。

更多种情况：许多、一些、不同、各种、一系列。

3. 注意事项

如果无明显其他关联词语，结构也不工整，从开头到结尾数据很多，常为科技类文段，这时可以考虑并列关系。

经典真题

1.（2019 中国工商银行秋招·单选题）最先开始人工智能的可能还是那些基于图像识别、语音识别和自然语义理解等的人工智能技术，然后逐步展开。最近几年内以无人驾驶为核心的出行领域，可能会有越来越多的人工智能应用。其次，可能在教育、制造业、医疗、金融等领域出现越来越多的人工智能应用。如果在这几年中，量子计算机实现商用，那么人工智能的发展进程将会加速，将会在更大范围内实现人工智能的应用。

这段文字主要说明的是（　　）。

A. 人工智能将从点的突破形成面的突破，在某些领域先得到普及应用

B. 量子计算机商用后，才能从实质上推进人工智能发展

C. 无人驾驶是人工智能应用最多的领域

D. 人工智能的应用前景十分宏大

答案 A

解析 本题是中心理解题。文段结构是并列结构，从无人驾驶、教育医疗、量子等方面介绍了人工智能的开始、近几年和未来的发展。A 项是对于文段的总结概括，可选；

B、C 项都是片面的说法，排除；D 项在文段中无中生有，通过反推法可以排除。故选 A 项。

2. （2019 中国工商银行秋招·单选题）《山海经》在古代一直是被作为地理书看待的，《山海经》确实也像一部地理书，因为其中通篇皆是关于山川方国、珍奇博物的描写，但是，自汉迄清，任凭学者们上下求索，却谁也说不清书中那些山在何方，水流何处。现代学者因为受了西方神话学的影响，又见书中充斥看缪悠荒诞、非常奇怪之言论，因此又将此书视为神话之渊薮，但对于那些所谓神话的解释却仍是人言言殊，众说纷纭，到头来，《山海经》还是一个不解之谜。《山海经》，就像一个虚无缥缈的海外仙境，依然是烟波微茫信难求。

对这段文字概括最准确的是（　　）。

A.《山海经》内容荒诞怪异，实际研究价值并不高
B.《山海经》一书太过高深，现代学者的知识水平无法准确理解
C.现代学者倾向于将《山海经》定义为神话
D.现代学者对于《山海经》的研究各有见解，没有达成共识

答案 D

解析 本题为中心理解题。文段通过转折关系强调现代学者之言论，通过转折词"但"及总结词"到头来"得出文段的叙述重点。分析选项，A 项无中生有，排除；B 项曲解了文义，排除；C 项是文段重点之前的内容，排除；D 项为文段中心句的同义语复述，即对《山海经》的研究还未达成共识。故选 D 项。

3. （2019 广发银行秋招·单选题）为了防患于未然，以科技手段加强对考场的管理，同时严防高科技舞弊，已是各地高考安保的重点工作。今年高考期间，将有多地启用新建成的标准化考点，运用新技术、新手段保证考试阳光透明、公平公正。许多考场配备了金属探测仪、手机屏蔽仪，有的考场还通过人脸识别系统对考生身份做出现场验证。同时，各地公安机关对利用互联网和高科技手段组织考试作弊的"助考"团伙实施严厉打击。考试期间，一些地区还将启用无线电监测车加强监测检查，不给作弊分子可乘之机。

这段文字的主旨是（　　）。

A. 高科技舞弊一经查出，必将严惩
B. 高考期间，今年安保力度历史最强
C. 防范高科技舞弊是各地高考安保重中之重
D. 科技手段用于管理考场，严防高考作弊

答案 D

解析 文段首句提出观点，强调了两个方面：一是以科技手段加强对考场的管理；二是严防高科技舞弊。随后具体解释说明了措施：启用新建成的标准化考点；许多考场配备

了金属探测仪、手机屏蔽仪。因此，文段属于总分结构，主旨是第一句，D 项正确。A 项表述片面，文中强调的是严防作弊的方法，此项没有体现，排除；B 项"最强"表述太绝对，原文中没有提到，排除；C 项表述片面，文中强调的是如何防范舞弊，排除。故选 D 项。

核心考点二：文段脉络（备考指数：★★★）

行文脉络，是指谋篇布局、写作成文的思路。如果说重点词语是从微观层面分析文段的句子间关联，那么，行文脉络则是从宏观层面理清文段的结构。在做片段阅读部分的题目时，将两种思路结合使用，更有利于快速定位文段的核心内容，才能抓得快、狠、准。

行文脉络在中心理解题中常常体现出文段的行文结构、写作思路。常见的类型包括总—分、分—总、总—分—总、分—总—分、分—分等结构。一般来说，"分—分"行文结构与并列关系相同，所以在本节不再赘述。

一、总—分

这一类型的题目往往在段首就表明观点，或者通过援引别处来提出观点。后面的句子就从各方面进行论证，或用平实的语言解释其原因、方式和结果等，或用举例子的方式论证其观点的正确性，即"提出观点 + 解释说明"。

1. 总—分结构的特征

（1）常见的总—分结构

对策（观点）+ 正反论证（原因解释），中心句后为不同类型的解释说明。这种"观点 + 解释说明"的结构就是典型的总—分结构。

（2）总—分—总结构

对策（观点）+ 正反论证（原因解释）+ 重申评价，这种表述方式即为总—分—总结构，前、后的总句都很重要。

2. 解题思路

（1）中心句靠前

总—分结构的中心句一般处于相对靠前的位置，但不一定在首句。

（2）对比选项，优选概括全面的选项

一方面记牢中心句的特征，另一方面如果对中心句拿捏不准，可略读分述句，剩下的即是中心句。通过对比四个选项，优先选择能够全面概括中心句的选项。

📋 经 典 真 题

1.（2019 年国家电网·单选题）在经济不发达、物质匮乏的时代，婚姻的经济动机使得生产力缔结为有序化的家庭组织，并从事生产劳动、追逐物质财富。在物质获得一定满足后，财产继承及生产力的代际传递使得子嗣传承成为婚姻中的重要内容。在传统的、以家庭利益为本位的契约式婚姻中，一切以家族需要为核心，个人需要和情感是无足轻重的。

该段文字主要是为了批判（　　）。

A. 契约式婚姻对物质财富的追求

B. 传统婚姻对子嗣传承的重视

C. 契约式婚姻对个人需要的忽略

D. 传统婚姻对财产继承的重视

答案 C

解析 根据文段叙述可知，作者重点强调的是"在传统的、以家庭利益为本位的契约式婚姻中，一切以家族需要为核心，个人需要和情感是无足轻重的"是对契约式婚姻的批判，其核心是对个人的忽略。故选C项。

2. （2019中国工商银行秋招·单选题）读懂了前两页的资料后，后面第三页的字迹渐渐显现出来。这段文字是这样的，宇宙行以"客户为尊，服务如意"的服务文化核心理念为引领，以改革创新为驱动，持续提升服务效率和客户体验。2017年，本行稳步推进网点智能化改造及自助很行建设工作，积极创新网上银行、手机银行、电话银行产品和服务，智能化有效网点覆盖率达94%，智能设备全年共服务客户4.5亿人次；电子银行交易额同比提高7.7%；累计对700余家网点客户服务情况进行督导，充分运用自主研发的渠道评价反馈平台，实现客户对服务的即时评价与满意度监测。

工小星对这段文章似懂非懂。你帮告诉他一下这段文字旨在说明（　　）。

A. 发力绿色金融，彰显全球品牌

B. 践行智慧创新，锻造服务品质

C. 深耕普惠金融，倾情回馈社会

D. 坚守立行本源，创造卓越价值

答案 B

解析 本题是中心理解题。文段为总分结构，强调的是宇宙行的创新和服务，后面的内容是对于前面内容的援引论证。分析选项，A项无中生有，排除；B项分别对应文段的两个重点，可选；C项也是无中生有，排除；D项无中生有，排除。故选B项。

3. （2019中国工商银行春招·单选题）在人工智能与机器人研发备受投资机构追捧、已成为最具发展潜质的行业的背景下，有人可能会问：能工巧匠与工匠精神会不会显得不那么"时髦"？人类制造机器的根本目的是为人服务，人工智能可能引发的道德隐患与潜在风险已被人类警惕。人必须将自身置于核心位置，这是以人为本的应有之义。随着时代发展，人逐渐会从简单的机械的劳动中脱离出来，转向精密装备制造以及高层次的操控领域。比如，当下的精密数控机床技术愈发成熟，但能够操控此类机床的高级技工却比较缺乏。强调工匠精神，培养大国工匠，既是在激励人的主观能动性，又会随着时代与技术发展不断协调"匠与器"的关系。

这段文字的主旨是（ ）。

A. 人工智能与机器人是未来社会产业发展的方向

B. 能工巧匠将会被操控机器人的高级技工取代

C. 不管到什么时候，人都是最核心的，是无法被取代的

D. 人工智能与机器人的发展更需要能工巧匠和工匠精神

答案 D

解析 本段开头论述了人工智能与机器人发展的背景，接着讲人在此过程中的角色定位，最后提出工匠精神，即强调在这个背景下工匠精神的重要性。A项只强调了人工智能和机器人，片面，排除；B项论述与文意不符，排除；C项表述过于片面，文段是"工匠精神"，而不是"人"，排除；D项指出了人工智能与机器人和工匠精神的关系，是文段的主旨，当选。故选D项。

二、分—总

这一类型的题目往往在文段结尾才表明观点，或者通过提出措施、办法来解决文段中出现的问题。前面的句子从各方面进行论证，或解释其出现的原因、问题和影响等，或用举例子的方式论证解决方案的可行性。

1. 分—总结构的特征

（1）常见的分—总结构

"……，因此……"。当文段最后出现"因此、换言之、简而言之、换句话说"等标志词时，这些标志词之后是对前文的总结概括。

"提出问题—分析问题—解决问题""提出问题—解决问题—意义效果""解决问题"（对策、结论、评价）最重要，这种就是分—总结构。

（2）常见的分—总—分结构

"……，因此……+补充说明"，这种是典型的分—总—分结构，是分—总结构的变形。

2. 解题思路

（1）观点、结论、对策和评价一般是文段中心句的特征

根据典型的文段结构，判断文段的观点、结论、对策等，理清文段的核心观点句。通过举例说明、分析论证进行的分述句都不重要，可略读例子所表述的内容。

正确答案往往是中心句，是对文段的观点、结论、对策的同义替换。

（2）了解分述句，避免选项不全面

分述句的内容一般作为干扰选项，在考试中比较单一，主要有举例论证、罗列数据

资料、正反论证、原因解释、并列说明等情况，其主要作用是帮助理解文段中心，但本身并不是文段的重点。

错误选项往往是分述句，是围绕分句的解释说明和对分句的片面理解。

（3）关注代词指代的内容

近几年对代词考查概率相对较高，代词（"这""此""从这个意义上来说""从这个角度而言"）引导的尾句需要关注，指代词指代前文的内容，后面是对全文的总结概括。

经典真题

1.（2019中国民生银行·单选题）如今，世界上越来越多的人正在参加危险的体育活动。当然，总是有人寻求冒险，他们攀登最高的山峰，到世界未知的领域探险。但现在有的人从持续时间很短的冒险活动中寻求即时的刺激。蹦极就是一个典型，从高处以极快的速度落下，直到绳子阻止人撞击地面。和蹦极一样的活动还包括从高楼跳下和从悬崖顶跳入大海。心理学家认为人们普遍尝试冒险运动的原因是现代社会已经变得安全无趣，人们再也不需要像古人那样同恶劣的生存环境做斗争，这种冒险活动就自然成为人们排解的方法。

由材料可以推论出（　　）。

A. 现代社会比古代社会压力大

B. 古人不乐于尝试冒险运动

C. 现代社会比古代社会更友好

D. 即时的冒险活动排解了人们在安全上的无趣

答案 D

解析 文段首先指出越来越多的人正在参加危险的体育活动，接着以"蹦极"为例具体阐述，最后以心理学家的观点总结原因，即"现代社会已经变得安全无趣……这种冒险活动就自然成为人们排解的方法"，因此文段的重点在于尾句，同义转述的即为D项。A项"压力"、B项"古人不乐于尝试冒险运动"和C项"友好"在文段中均未体现，排除。故选D项。

2.（2019浦发银行秋招·单选题）中国社会科学院社会政策研究中心秘书长唐均接受采访时说，在二十世纪六七十年代左右的农村，生孩子就如同添双筷子，成本可以忽略不计，而现在生孩子所花费的成本太高，导致一些家庭负担不起，所以不敢要孩子。如今社会竞争激烈，在城市生活的老百姓会感到生活压力很大，他们不希望孩子刚出生就过一种很紧迫的生活。另外，一个国家富裕起来之后，老百姓一定会更关注自己的生活质量，把生儿育女放在相对次要的地位。

这段话支持的观点是（ ）。

A. 生孩子越来越难

B. 现代社会，人们更加关注自己的生活质量，生儿育女不再是最重要的事情

C. 社会竞争激烈使得一些家庭不敢要孩子

D. 农村生孩子比城市容易

答案 A

解析 文段首先通过"二十世纪六七十年代"与"现在"进行对比，指出现在农村生孩子成本高，不敢要孩子。接下来又指出城市百姓生活压力大，不希望孩子过紧迫生活，之后通过"另外"指出国家富裕后百姓将生儿育女放在次要地位，因此文段为并列结构，通过三个方面解释了现在百姓生孩子越来越难，对应A项。B项"生儿育女不再是最重要的"对应尾句，C项"社会竞争激烈"对应文段中间部分，两项均表述片面，排除；D项"农村生孩子比城市容易"无中生有，排除。故选A项。

第五章 细节判断

核心考点：细节判断（备考指数：★★★）

一、题型特征

细节判断题要求考生根据题干内容准确辨别题干的细节信息。细节题难度不大，技术含量不高，但是比较费时间。

1. 提问方式

下列说法中正确 / 不正确的一项是……

下列对文段理解错误的一项是……

下列说法符合 / 不符合文意的一项是……

从文段中可以得知 / 推出的是……

2. 注意事项

细节判断题的提问方式较单一，看清提问方式是要选择正确的还是不正确的，将"提问方式"圈画出来。

二、解题思路

审清题目要求，判断选择的方向，通过细心、耐心地查找、对比文段重点词语，准确把握细节信息，优选符合文段中心的选项。

三、常见错误选项特征

整体说来，细节判断题的设置"陷阱"主要有以下几种：

1. 无中生有

无中生有即题干中没有此意，而选项中凭空捏造出这种说法。

2. 程度偷换

某些词的程度相对适中，比如"几乎、大概、总体上、一定程度、可能、也许"等，这些词不能偷换成"绝对、一定、总是、等于、永远"等程度较强的词，否则会导致绝对化的错误。

3. 范围扩大或缩小

每个词所管辖的范围大小不同，做题时要确认阅读材料和选项中的相应细节表述从范围的角度来说是否吻合，是否有扩大或是缩小的处理。比如"没有、无""微乎其微、几乎没有、极少""某些、部分""大多数、许多、很多、大多、少说""一切、所有、都、完全、各个、全部"五组词，范围从小到大，不能等同。

4. 时态偷换

材料可能是将来时，可能是完成时，可能是进行时，选项不能混淆时态。表示完成时的词语有"已""已经""曾经""过""了"等，表示将来时的有"将""要""不久""很快"等，表示正在进行时的有"着""正在""在……中"等，它们之间不能混用。

5. 以偏概全

把其中一方面或者一部分所具有的某些特征说成所有同类事物所具有的特点，以部分代替整体，以局部代替全局，以个别代替全部，从而使考生做出错误判断。

6. 偷换条件

命题人在设置错误选项时经常把必要条件说成充分条件，所以考生在分析这样的选项时要注意条件关系的关联词，如"只有……才……"等。

经典真题

1.（2019 中国工商银行总部·单选题）研究发现，自然恢复模式土壤有机碳含量显著高于人工恢复模式和耕地，而短期内（9 年）人工恢复模式和耕地之间有机碳含量无显著差异。不考虑基岩出露对土壤有机碳储量影响，各植被类型之间有机碳储量无显著差异，剔除基岩出露影响后，自然恢复植被下有机碳储量显著高于人工恢复植被和耕地。方差分解表明，人工恢复方式下土壤有机碳含量和储量仅部分变异受环境因子（如基岩出露率、土壤容重、海拔）影响；而在自然恢复方式下，环境因子能有效解释有机碳含量和储量的大部分变异，且随着植被正向演替解释量逐渐增加，但有机碳含量和储量的环境驱动因子并不相同，前者受多个环境因子共同驱动（如土壤容重、基岩出露率、土层深度、pH 值等），后者则主要受基岩出露率驱动。

以下对这段文字的说法中正确的是（　　）。

A. 基岩出露会增加人工恢复植被和耕地的有机碳储量

B. 长期内人工恢复模式和耕地之间有机碳含量会有明显偏高

C. 种植不同植物会使土壤有机碳含量不同

D. 自然恢复方式更易受基岩出露的影响

答案 D

解析 该题是细节判断题。A 项对应"不考虑基岩出露对土壤有机碳储量影响，各植被类型之间有机碳储量无显著差异，剔除基岩出露影响后，自然恢复植被下有机碳储量显著高于人工恢复植被和耕地。"说明基岩出露对有机碳储量有负面影响，不能增加其储量，排除；B项对应"研究发现，自然恢复模式土壤有机碳含量显著高于人工恢复模式和耕地"，因此自然恢复模式的有机碳含量更高，说法错误，排除；C项文中并未提及，属于无中生有，排除；D项对应"剔除基岩出露影响后，自然恢复植被下有机碳储量显著高于人工恢复植被和耕地。"说明自然恢复方式受基岩出露影响更大，说法正确。故选D项。

2. （2020中国光大银行秋招·单选题）学者如果孜孜于衣食居住的安适，一定谈不上好学。同样，好学的目的也不是为了丰衣足食。心灵之养甚于居养之安。学习的目的是成为"有道"之人，名闻利养并非先务。这不是摈斥物质，而是强调学习就是学习，不要附带上物质目的。

根据文段可以推知以下哪项是正确的？（　　）
A. 为了丰衣足食的一定不是学者
B. 学者一定是过着不安逸的生活
C. 追求衣食居住安逸的学者一定不好学
D. 名闻利养一定不是学者该做的事情

答案 C

解析 文段主要论述了学者和追求物质之间的关系，核心是学者应该把主要目的放在治学和涵养心灵上，物质不应成为主要目标。A项说法过于绝对，文段是说"好学的目的也不是为了丰衣足食。"与文段意义不符，排除；B项属于无中生有，排除；C项对应原文第一句话，符合文意；D项对应文段中"名闻利养并非先务"，强调的是名闻利养不是首要的事情，而不是说不是学者该做的事情，属于偷换概念，排除。故选C项。

3. （2019广发银行秋招·单选题）推动取消高速公路省界收费站，政府主要是从降低物流成本的角度考虑，而这不仅对于物流企业是一大利好，对于每一个消费者、每一个司机来说，也都是好消息。可以想见的是，包括物流仓储设施用地减半征收土地使用税、挂车减半征收车辆购置税以及取消高速公路省界收费站在内的一系列措施，必然会大大减轻物流企业的负担，而运输成本降下来，今后"包邮啊，亲"的商品也就更多了。与此同时，一条高速任驰骋，不再为收费站排队发愁，对大车或者小车司机来说都很舒畅。此外，取消高速公路省界收费站，还可以进一步降低高速路的人力成本，从而助推他们更快地还完银行贷款，更早地实现免费通行。

根据文中的推断信息，可以知道下列选项中哪一项是对的？（　　）
A. 取消高速公路省界收费站，对哪一个群体来说都是一个好消息
B. 要想降低物流企业的负担，只有取消高速公路省界收费站
C. 只要取消高速公路省界收费，包邮商品就会更多
D. 如果取消高速公路省界收费，小车司机就会更快还完银行贷款

答案 A

解析 根据提问方式可知，该题是细节判断题。将选项信息和原文信息进行对比即可。A项文段开始提到"推动取消高速公路省界收费站，……，而这不仅对于物流企业是一大利好，对于每一个消费者、每一个司机来说，也都是好消息"，因此取消高速公路省界收费站，对哪一个群体来说都是一个好消息，此项表述正确；B项"只有"是属于必要条件关系，表述太绝对，原文只是强调取消高速公路省界收费站能降低物流企业的负担，并不是必须的，排除；C项文中提到"运输成本降下来，今后'包邮啊，亲'的商品也就更多了"，"只要……就"表述太绝对，两者不属于充分条件关系，排除；D项根据"取消高速公路省界收费站，还可以进一步降低高速路的人力成本，从而助推他们更快地还完银行贷款"可知，取消高速公路省界收费，是"助推"小车司机更快还完银行贷款，而不是一定可以，此项亦表述太绝对，排除。故选A项。

4.（2019中国建设银行秋招·单选题）好莱坞著名导演克里斯托弗·诺兰执导的科幻电影《星际穿越》，在全世界上映后迅速成为一部"现象级"电影，引发了人们探讨科幻电影乃至理论物理学的热潮。美国加州理工学院的天体物理学家肖恩·卡罗尔在与导演克里斯托弗·诺兰的对话中说，《星际穿越》上映后，就连在扑克牌桌旁边玩牌的陌生人都会过去找他询问有关虫洞和相对论的问题。观众对于其中涉及的有关物理学的疑问显然远远超过了对电影自身剧情的关注。这并不奇怪，因为这可能算得上是世界上第一部基本忠实地展现宇宙中各种奇妙的天体现象的电影，想要理解这部电影需要大量的物理学知识。

下列有关《星际穿越》上映后情况的表述，不正确的一项是（　　）。

A.《星际穿越》上映后，许多观众即便是陌生人也都会向天体物理学家肖恩·卡罗尔与导演克里斯托弗·诺兰请教虫洞和相对论的问题

B.《星际穿越》上映后，观众关注的焦点主要不在电影剧情自身，反而在电影中涉及的有关物理学的种种疑问

C.《星际穿越》在全世界上映后迅速引发了人们探讨科幻电影和理论物理学的热潮，成为一部"现象级"的电影

D.《星际穿越》基本忠实地展现了宇宙中各种奇妙的天体现象，上映后，人们发现理解这部电影需要了解大量的物理学知识

答案 A

解析 A项根据文段"《星际穿越》上映后，就连在扑克牌桌旁边玩牌的陌生人都会过去找他询问有关虫洞和相对论的问题"可知，文段中"他"指代的是"天体物理学家肖恩·卡罗尔"，而不是卡罗尔和诺兰两人，表述错误；B项根据文段"观众对于其中涉及的有关物理学的疑问显然远远超过了对电影自身剧情的关注"可知，表述正确；

C项根据文段"在全世界上映后迅速成为一部'现象级'电影，引发了人们探讨科幻电影乃至理论物理学的热潮"可知，表述正确；D项根据文段"因为这可能算得上是世界上第一部基本忠实地展现宇宙中各种奇妙的天体现象的电影，想要理解这部电影需要大量的物理学知识"可知，表述正确。本题为选非题。故选A项。

5.（2018广发银行·单选题）展望未来，社会、经济、政治等领域的进步，都值得期待。但是说"突破"，恐怕科学家技术的颠覆式创新才真正配得上。未来50年，人类拥有"脑机接口"，人脑可以轻易连到云端，快速修复和增强大脑功能，甚至借助神经元让人类做到某种意义上的永生。

下列说法中符合文意的一项是（　　）。

A. 50年后，人类与人工智能将实现融合
B. 展望未来，科技的颠覆创新才能真正值得期待
C. 人脑与神经元芯片结合，将实现人类的永生
D. 神经元芯片能快速修复和增强大脑功能

答案 A

解析 A项根据文段"人类拥有'脑机接口'，人脑可以轻易连到云端"可知，未来将实现人类与智能的相互融合，表述正确；B项根据文段"展望未来，……都值得期待"可知，该项表述错误，排除；C项根据文段"让人类做到某种意义上的永生"可知，该项的"实现人类的永生"属于偷换概念，排除；D项根据文段"人脑可以轻易连到云端，快速修复和增强大脑功能"可知，快速修复和增强大脑的并非是神经元芯片，该项表述错误，排除。故选A项。

模块二 逻辑推理

第一章 图形推理

图形推理是通用就业能力测试中一种非常重要的题型，几乎所有的银行招考考试都要涉及对图形推理的考查。该类题目是每道题给出一组或者两组图形，要求考生通过观察分析，找出图形排列的规律，选出符合规律的一项。图形推理考查的是考生观察、抽象和推理方面的能力。

图形推理主要分为平面推理和空间推理两大类。其中，平面推理包括位置类、样式类、属性类和数量类等规律，空间推理包括空间重构、立体拼合、截面图和三视图等类型。在全国银行招聘考试中，平面类的图形推理题型为必考题型，而空间类的图形推理题型属于选考题型。

考生在复习的过程中，要首先树立"元素"概念，然后逐步练习判断规律的能力，重点掌握特殊规律，在考试中就会有备无患。

核心考点一：位置类规律（备考指数：★★★）

一、题型特征

对于位置类图形推理题，一组图形中元素个数基本相同，不同的是局部元素位置有变化，这时就可以从位置的角度出发来解题。位置类题型分为平移、旋转和翻转三类。

二、解题思路

当题干的图形元素组成完全相同时，优先考虑位置规律。
（1）比较思维。既可以比较题干图形的差别，也可以比较选项中图形的差别。
（2）找到选项不同的部分，优先观察不同部分的规律，就可以快速选出答案。

三、解题技巧

1. 平移规律类

图形平移是指图形整体、某些部分或者其中的小元素按照一定的规则，在平面上进行有规律的移动。

（1）常见的平移规律

①平移的方向。直线方向分为上下平移和左右平移。时针方向分为顺时针和逆时针。

②平移的步数。即移动的格子数目，一般呈现恒定、递增或递减的规律。

③九宫格或十六宫格的平移方向。移动元素在内圈、外圈做不同运动时，需要分别考虑时针方向、直线方向的平移。

（2）解题思路

①找出图形（元素）移动的规律。上下移动、左右移动，顺时针方向、逆时针方向移动，元素在平移的过程中可能会有自上而下、自下而上、自左而右以及自右而左的特点。

②套用规律，推断位置。观察每一个元素平移的格数（步数），套用找出的规律，推断出题干所求图形各元素的位置。

③对比选项，选出正确答案。

经典真题

1.（2018 中国工商银行·单选题）从所给的四个选项中，选出一个最合适的填入，使之呈现一定的规律（　　）。

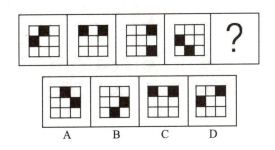

答案 A

解析 题干图形相似，优先考虑位置移动规律。第一个图形的两个黑方块各顺时针移动 1 格变成第二个图形，第二个图形的黑方块各顺时针移动 2 格到第三个图形，第三个图形黑方块顺时针移动 3 格到第四个图形，因此第四个图形的黑方块应顺时针移动 4 格到问号处的图形，A 项符合。故选 A 项。

2.（2018 中国工商银行·单选题）从所给的四个选项中，选出一个最合适的填入，使之呈现一定的规律（　　）。

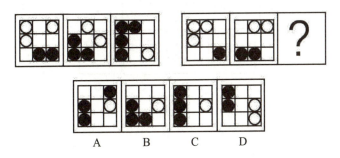

答案 C

解析 题干黑圆和白圆的数量不同，第一组图形白圆为3、2、1，黑圆为2、3、4，白圆数量递减，黑圆数量递增。第二组白圆为3、2、？，黑圆为1、2、？，因此问号处的白圆应为1个，黑圆应为3个，排除D项。第一组图形白圆的位置变化规律是：每次顺时针移动一格，并将顺时针最首端的白圆去掉；黑圆变化规律是：每次顺时针移动一格，并在顺时针尾端增加一个黑圆。第二组白圆和黑圆的变化也应符合这个规律，C项符合规律。故选C项。

3.（2018中信银行·单选题）从所给的四个选项中，选择最合适的一个填入问号处，使之呈现一定的规律（　　）。

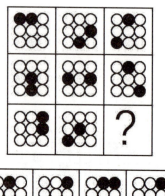

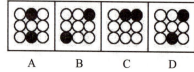

答案 D

解析 题干图形相同，考虑位置关系。从每行来看，没有明显的位置变化规律。考虑每列的位置变化，第一列，每个图形的两个黑圆都是相邻的，第二列，每个图形的其中一个黑圆要移动两格（只考虑最近距离）与另一个黑圆重合，第三列，前两个图形的其中一个黑圆移动三格（只考虑最近距离）与另一个黑圆重合。故选D项。

4.（2020中国工商银行秋招·单选题）根据以下图形的规律，问号处应填入的是（　　）。

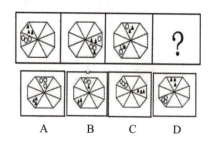

答案 A

解析 观察题干图形发现，元素的位置和数量均有变化，其中位置变化规律为两组元素其中一组（黑三角）沿顺时针方向每次走三格，另一组（圆圈）沿逆时针方向每次走三格，因此问号处的位置可先排除C项；再次观察数量变化规律，发现两种元素每走一次呈反向递增规律。故选A项。

2. 旋转规律类

旋转是指在同一个平面内图形整体或图形的某些元素按某一角度和方向进行有规律的旋转，根据旋转的方向可分为顺时针和逆时针两种。

（1）顺时针：图形的形状不变，仅顺时针改变一定的角度。

（2）逆时针：图形的形状不变，仅逆时针改变一定的角度。

（3）顺时针+逆时针：图形的部分顺时针改变一定角度，另一部分逆时针改变一定的角度。或者两者整体按一定规律旋转改变。

（4）常见的旋转角度：45°、90°、180°。

经典真题

1.（2018 中国农业银行·单选题）从所给的四个选项中，选出一个最合适的填入问号处，使之呈现一定的规律（　　）。

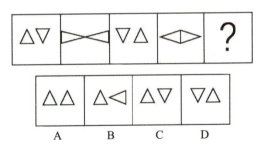

答案 C

解析 题干图形相同，考虑位置关系。题干图形的变化规律是左右两个三角形分别依次顺时针旋转90°到下一个图形，因此问号处的图形应由第四个图形中的两个三角形分别顺时针旋转90°，C项正确。故选C项。

2.（2018 中国工商银行·单选题）从所给的四个选项中，选出一个最合适的填入，使之呈现一定的规律（　　）。

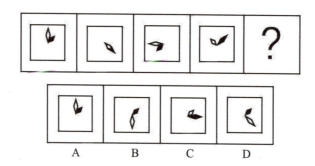

答案 B

解析 题干图形相似，考虑位置关系。观察可以发现，题干大四边形每次顺时针旋转135°，小四边形每次顺时针旋转90°，并且大四边形和小四边形每次旋转后颜色都会互换，第四幅图的黑色大四边形顺时针旋转135°且颜色变成白色后，第五幅图对应B项。故选B项。

3．（2020 中国工商银行·单选题）根据以下图形的规律，问号处应填入的是（　　）。

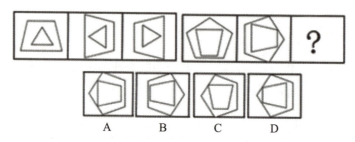

答案 D

解析 观察题干图形可知，图形位置变化明显，考虑考察位置变化规律。第一段第一个图形外部图形顺时针旋转90°，内部图形逆时针旋转了90°后，成为第二个图形，第二个图形左右翻转后成为第三个图形，根据此规律在第二段应用，前两幅图符合第一段规律，因此问号处应是第二段第二个图形左右翻转得到的。故选D项。

4．（2018 中国光大银行·单选题）从所给的四个选项中，选出一个最合适的填入，使之呈现一定的规律（　　）。

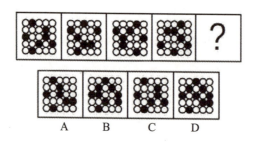

答案 C

解析 题干图形组成元素相同，优先考虑位置规律。通过观察发现，小黑点的位置移动没有规律，考虑图形间的整体位置规律，发现第一个图形整体顺时针旋转90°即为第二个图形，以此类推，因此问号处的图形应是第四个图形顺时针旋转90°，C项符合。故选C项。

5.（2018 广发银行·单选题）从所给的四个选项，选择最合适的一个填入问号处，使之呈现一定的规律（　　）。

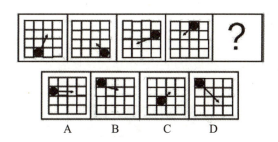

答案 B

解析 题干图形组成元素相同，考虑位置关系。通过观察可以发现，黑点沿着方格的最外圈每次逆时针移动两格，因此问号处的黑点应在左上角，排除A、C项。再观察箭头的指向，箭头的最前端均出现在方格的中间四格，位置是每次顺时针移动一格。故选B项。

6.（2018 广发银行秋招·单选题）从所给的四个选项中填入一个，使之呈现一定的规律（　　）。

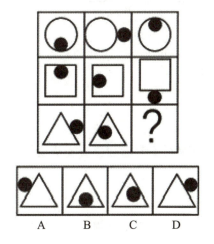

答案 B

解析 题干图形组成元素相似，考虑位置关系。通过观察可以发现，黑点每次围绕大图形逆时针移动一格方位，因此问号处的黑点应在底边上，B项符合。故选B项。

3. 翻转规律类

翻转是指图形以某条直线为轴进行翻动，翻转的方向一般分为上下翻转和左右翻转，翻转之后的图形一般呈现出对称的属性。

翻转分为左右翻、上下翻和旋转 180°：

（1）左右翻，只有左右互换（上下不变）。

（2）上下翻，只有上下互换（左右不变）。

（3）旋转 180°，上下、左右都互换。

经 典 真 题

从所给的四个选项中，选择最合适的一个填入，使之呈现一定的规律性（　　）。

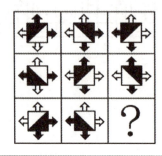

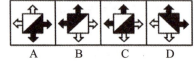

答案 A

解析 每行的第二个图形是由第一个图形整体顺时针旋转 90° 得到的；第三个图形由第二个图形整体左右翻转得到。第三行依此规律，问号处图形由前一个图形整体左右翻转得到。故选 A 项。

核心考点二：样式类规律（备考指数：★★★★）

一、题型特征

题干图形与图形之间有相似的线条和元素，但又不是完全一样，即为图形元素相似，这样就优先考虑样式规律。

常见的图形样式类题型包含样式遍历、加减同异和黑白叠加三种。

二、解题思路

当题干的图形元素组成相似时，优先考虑样式规律。

（1）观察选项找差异。

（2）验证特殊线条，利用排除法快速解题。

三、解题技巧

1. 样式遍历

遍历是指图形中均包含某些相似的元素，这些元素在总体数量和种类上变化不大，只是在排列顺序上有所不同。

样式遍历需要根据题干图形中给出的元素样式和特征判断，选出正确选项，不仅要求元素在一定范围内都要出现，而且出现的次数相同。

经典真题

1.（2019 中国工商银行春招·单选题）请从所给的选项中，选择唯一的一项填在问号处，使之呈现一定的规律性（　　）。

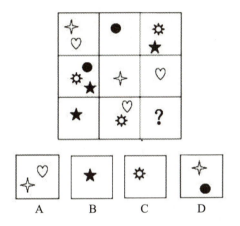

答案 D

解析 通过观察题干图形发现，前两行每一行都有五个不同的元素，考虑遍历规律，因此问号处应填入两个图形，且应是前面没有出现过的。故选 D 项。

2.（2018 中国农业银行·单选题）从所给的四个选项，选择最合适的一个填入问号处，使之呈现一定的规律（　　）。

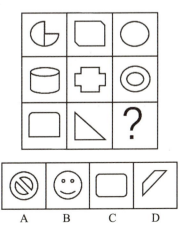

答案 B

解析 第一列图形都是直线加曲线图形，第二列是完全直线图形，第三列前两个是完全曲线图形，因此问号处应为完全曲线图形。A 项直线加曲线图形，B 项完全曲线图形，C 项直线加曲线图形，D 项完全直线图形。故选 B 项。

3.（2018 中国邮政储蓄银行·单选题）从所给的四个选项中，选出一个最合适的填入问号处，使之呈现一定的规律（　　）。

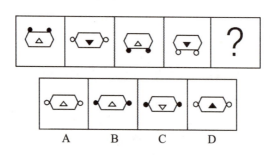

答案 B

解析 观察题干图形，可发现内部三角形依次黑白交替，因此问号处的内部三角形应该是白色且尖头朝上，排除 C、D 项。观察题干外部图形的小圆圈，也是依次黑白交替出现，因此问号处的小圆圈应该是黑色，排除 A 项。故选 B 项。

4.（2018 中国民生银行·单选题）从所给的四个选项，选择最合适的一个填入问号处，使之呈现一定的规律（　　）。

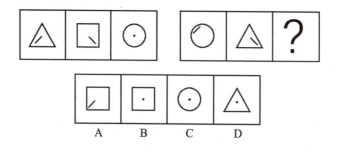

答案 B

解析 第一组的外部图形分别为三角形、正方形和圆圈，内部图形分别是左斜线、右斜线和黑点；第二组前两个图的外部图形为圆圈、三角形，内部图形为左斜线和右斜线，因此问号处图形的外部图形应该是正方形，内部图形是黑点。故选 B 项。

5.（2018 中国光大银行·单选题）从所给的四个选项中，选择最合适的一个填入，使之呈现一定的规律（　　）。

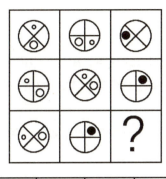

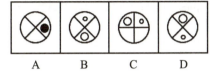

答案 C

解析 观察九宫格，可以发现每一行、每一列的元素不尽相同，位置变化无规律，因此可以考虑元素构成规律。第一行的图形分别为大小圆相对、大小圆相邻和黑圆；第二行也是大小圆相对、大小圆相邻和黑圆；第三行已经出现大小圆相对和黑圆，因此问号处应填入大小圆相邻的图形，C项符合。故选C项。

6.（2018中国农业银行秋招·单选题）从所给的四个选项中，选择最合适的一个填入问号处，使之呈现一定的规律性（ ）。

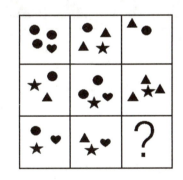

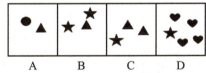

答案 D

解析 题干图形均为小图形，考虑小图形的总数、种类数均无规律，可考虑小图形的组合。八个格子中每个格子的小图形组合均是不相同的，可将选项代入，A项圆圈和三角形的组合在第一行第三个图形中已出现，排除；B项五角星和三角形的组合在第二行第三个图形中已出现，排除；C项与B项同理，该组合已出现过，排除；D项心形和五角星的组合在前面图形中均未出现，符合规律。故选D项。

2. 加减同异

（1）相加、相减

相加：两幅图形中所有的元素（或线条）相加，组成一幅新图形，重复的位置保留。

相减：两幅图形中所有的元素（或线条）相减，组成一幅新图形，重复的位置不保留。

（2）求同（去异存同）

求同是指将两幅图形叠加后，所有不同的元素（或线条）去掉，保留相同的部分。

（3）求异（去同存异）

求异是指将两幅图形叠加后，所有相同的元素（或线条）去掉，保留不同的部分。

经典真题

1.（2019 中国工商银行春招·单选题）请从所给的选项中，选择唯一的一项填在问号处，使之呈现一定的规律性（ ）。

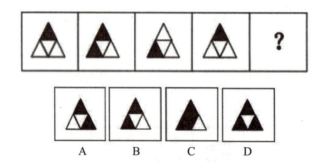

答案 B

解析 观察题干发现图形相似，因此考虑样式类规律。第一幅图与第二幅图外框不变内框图求异之后得到第三幅图，第二幅图和第三幅图外框不变内框图求异之后得到第四幅图，问号处应沿用此规律，B 项符合。故选 B 项。

2.（2018 中国民生银行单选题）从所给的四个选项中，选出一个最合适的填入问号处，使之呈现一定的规律（ ）。

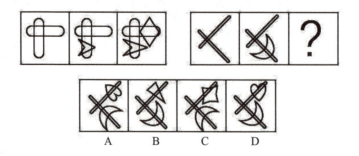

答案 D

[解析] 第一组中，第二个图形在第一个图形的基础上增加了一个四条直线的图形，第三个图形在第二个图形的基础上又增加了一个四条直线的图形。第二组中，第二个图形在第一个图形的基础上增加了一个两条曲线的图形，因此第三个图形应在第二个图形的基础上再增加一个两条曲线的图形，D项符合。故选D项。

3.（2018中国民生银行单选题）从所给的四个选项中，选择最合适的一个填入问号处，使之呈现一定的规律（　　）。

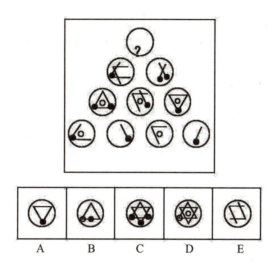

[答案] C

[解析] 题干图形元素相似，考虑加减同异。第三行左边两个图形去同存异后即为第二行最左边的图形，第三行右边两个图形去同存异后即为第二行右边的图形，所以每一个图形均是由下一行的两个图形去同存异得来的。因此，问号处的图形应由第二行的两个图形去同存异得到，C项符合。故选C项。

4.（2018中国光大银行·单选题）从所给的四个选项中，选择最合适的一个填入，使之呈现一定的规律性（　　）。

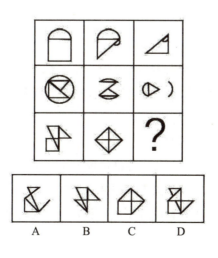

答案 A

解析 通过观察可发现，前两行图形中，第一个图形与第二个图形去同存异得到第三个图形，因此第三行问号处的图形也是由前两个图形去同存异得到的，A项符合。故选A项。

5.（2020 邮政集团·单选题）根据以下图形的规律，括号处应填入的是（　　）。

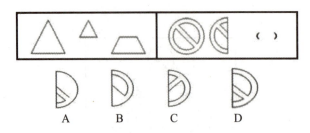

答案 D

解析 本题是图形推理题。图形为两段式，观察第一段，二图和三图求异可以得到一图。将该规律使用到第二段图形中，D项和二图求异可以得到一图，故选D项。

3.黑白叠加

黑白叠加所涉及的题目往往是以黑块、白块叠加后，颜色发生变化的形式出题的。

（1）题型特征

图形的外在轮廓和内部分割区域相同，相同区域"黑""白"颜色发生变化，且黑色数量不成规律。

（2）基本规律

同色叠加得一色，异色叠加得另一色。黑白叠加类题目包括以下四种情况：

①黑 + 黑 = ？

②黑 + 白 = ？

③白 + 白 = ？

④白 + 黑 = ？

每道题的四种情况都可能会有不同的结果，所以对每道题要具体分析。黑白叠加不仅仅局限于黑色和白色，还可以是图形、箭头等相同或者相类似的元素。

（3）注意事项

区别黑白叠加与位置类不同题目：

①各个图形中黑块数量相同，优先考虑位置规律。

②各个图形中黑块数量不同，优先考虑叠加规律。

位置类题目和黑白叠加类题目十分相似，若完全相同或者大多数的图形组成元素是相同的，优先考虑位置类规律。如果一幅图形的组成元素种类相同，但是数量不同，并且没有明显的数量变化，则优先考虑黑白叠加规律。

经典真题

1.（2018 中国银行·单选题）根据以下图形的规律，问号处应填入的是（　　）。

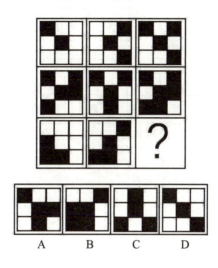

答案 B

解析 题干图形相似，考虑黑白叠加规律。观察可知，图一与图二相加得到图三。故选 B 项。

2.（2018 中国农业银行·单选题）从所给的四个选项中，选择最合适的一个填入问号处，使之呈现一定的规律性（　　）。

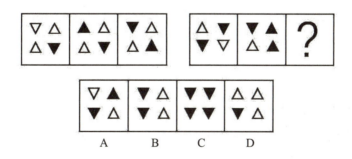

答案 C

解析 题干图形相似，考虑黑白叠加规律。第一组的规律是：白＋黑＝黑，白＋白＝白，黑＋黑＝黑。第二组图形中，左上角是白＋黑，因此问号处的左上角应是黑色，排除 A，D 项。第二组图形的右上角是黑＋黑，因此问号处的右上角应是黑色，排除 B 项。故选 C 项。

3.从所给四个选项中,选择最合适的一个填入问号处,使之呈现一定的规律性(   )。

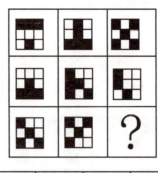

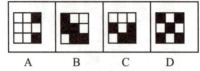

答案 A

解析 题干图形轮廓相同内部颜色不同,对九宫格先横后竖观察,优先考虑黑白叠加规律。观察第一横行,黑＋白＝黑,黑＋黑＝白,白＋白＝白,白＋黑＝黑,即同色为白,异色为黑(同白异黑)。验证第二行后确定规律一致,将此规律运用到第三行,中间黑块白色,排除B、D项;右上角应为黑色,排除C项。故选A项。

核心考点三:属性类规律(备考指数:★★★★)

一、题型特征

当题干的图形元素组成既不相同也不相似时,则优先考虑属性规律。但是如果图形属性规律的呈现方式更加直观,特征更加明显,一般优先考虑图形属性类。

常见的属性类题型包括对称性、曲直性和开闭性三种。

二、解题思路

1.熟悉单独考查属性规律

图形的内在属性规律包括对称(轴对称、中心对称)、曲直(全曲、全直、曲＋直)和开闭(全开、全闭)三种。

2.了解考点结合的考查方式

(1)注意属性规律和数量规律中的面、素、线等相结合的题目。

(2)掌握属性规律在分组分类中的出题形式。

3.特征识别

(1)元素组成完全相同,优先考虑位置规律(平移、旋转、翻转)。

（2）元素组成相似（线条重复出现），优先考虑样式规律（加减同异、黑白运算）。

（3）元素组成既不相同也不相似，优先考虑属性规律（对称、曲直、开闭）。

三、解题技巧

1. 对称性

（1）对称类型

①轴对称图形，即一个图形沿着一条直线对折后，两边部分能够完全重合。一个对称图形至少有一条对称轴，如字母 A、Y、等腰三角形、等边三角形等。

②中心对称图形，即一个图形旋转 180°后能和原图完全重合的图形，如字母 S、Z、平行四边形等。

③既轴对称又中心对称图形，既综合了轴对称和中心对称的特征，能对折重合，又能旋转 180°后重合，如正方形、圆形等。

（2）对称轴的方向和数量

当题干图形都显示出对称属性时，需要通过对称轴的方向和数量来区别。

对称轴的方向一般有横轴对称、竖轴对称、斜轴对称。

对称轴的数量一般在图形分类中考查，每一类图形有相同的对称轴条数。

经典真题

1.（2018 中国农业银行·单选题）从所给的四个选项中，选出一个最合适的填入问号处，使之呈现一定的规律（　　）。

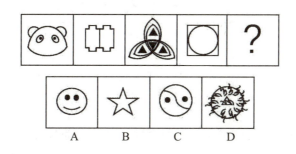

答案 B

解析 题干图形均为轴对称图形。A、B 项为轴对称图形，C 项为中心对称图形，D 项不是轴对称图形，排除 C、D 项。再观察图形，发现有些图形有多条对称轴，因此可再考虑对称轴的数量，题干图形对称轴数量依次为 1、2、3、4、？，因此问号处图形应该有 5 条对称轴，A 项只有 1 条，B 项有 5 条。故选 B 项。

2.（2018 中国农业银行·单选题）从所给的四个选项中，选择最合适的一个填入问号处，使之呈现一定的规律性（　　）。

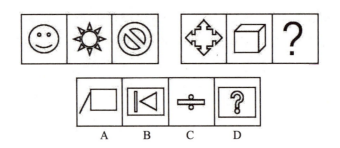

答案 C

解析 题干图形整齐、规则，考虑对称性。第一组图形均为轴对称图形，第二组前两个也是轴对称图形，A、D项不是轴对称图形，排除。第一组图形中，第一个图形有1条对称轴，第二个既是轴对称又是中心对称图形，第三个图形有2条对称轴。第二组图形中，第一个图形既是轴对称又是中心对称图形，第二个图形有1条对称轴，对照第一组的规律，问号处应是有2条对称轴的图形，B项只有1条对称轴，C项有2条对称轴。故选C项。

3.（2014年河北公务员·单选题）请从所给的四个选项中，选择最合适的一项填入问号处，使之呈现一定的规律（　　）。

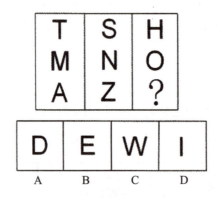

答案 D

解析 第一列字母均为轴对称图形，第二列字母均为中心对称图形，第三列的字母中呈现既是轴对称又是中心对称的规律。A、B、C三项都是轴对称图形。故选D项。

4.（2016年浙江公务员·单选题）从所给四个选项中，选择最合适的一个填入问号处，使之呈现一定的规律性（　　）。

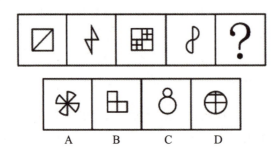

[答案] A

[解析] 题干图形均为中心对称图形（正着看和倒着看的图形完全一样），则问号处应选择中心对称图形，A 项符合。故选 A 项。

2. 曲直性

全部由直线组成的图形叫作直线图形，图形中出现曲线的图形叫作曲线图形。

"曲线 + 直线"的结合考查也是属性规律的常见题型，需要回归考点本身，发现比较直观的特征和属性。一般来说，曲直性与笔画、部分、点数量的结合考查比较常见。

经典真题

1.（2018 中国建设银行·单选题）请从所给的四个选项中，选择最合适的一个填入问号处，呈现一定的规律性（　　）。

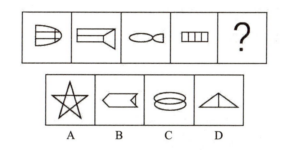

[答案] C

[解析] 题干第一个图和第三个图有曲线，第二个和第四个图形没有曲线，因此问号处的图形应与第一个和第三个图形的规律保持一致，即有曲线的图形。A，B，D 项为完全直线图形，C 项有曲线。故选 C 项。

2.（2018 中国民生银行·单选题）下列图形中，不同于其他图形的一项是（　　）。

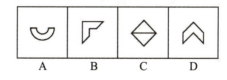

[答案] A

[解析] 考虑图形的曲直性。A 项为直线加曲线图形，B，C，D 项均为直线图形，所以不相同的为 A 项。故选 A 项。

3.（2017 年山东公务员·单选题）从所给的四个选项中，选出最合适的一个填入问号处，使之呈现一定的规律性（　　）。

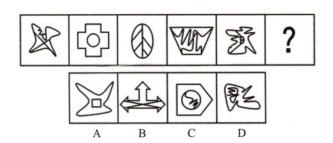

答案 C

解析 第1、3、5幅图的特征是外面是曲线，里面是直线。第2、4幅图的特征是外面是直线，里面是曲线。因此问号处即第6个图形的规律应该和第2、4图形保持一致，为外直内曲，C项符合。故选C项。

3. 开闭性

题干图形由全开放图或者全封闭图构成，往往考查图形的开放和封闭属性。
（1）开放图形，即图形不包含任何封闭空间。
（2）封闭图形，即图形外圈完全封闭的一种图形。

经典真题

1.（2015年国家公务员·单选题）把下面的六个图形分为两类，使每一类图形都有各自的共同特征或规律，分类正确的一项是（ ）。

A. ①②⑥，③④⑤ B. ①④⑤，②③⑥
C. ①②⑤，③④⑥ D. ①②③，④⑤⑥

答案 B

解析 图形元素组成不同，考虑属性或数量规律。①④⑤图形都有封闭区域；②③⑥图形都没有封闭区域，可以按照开放性和封闭性进行分组。故选B项。

核心考点四：数量类规律（备考指数：★★★★★）

一、题型特征

当题干的图形元素组成不同时，一般考查属性或数量规律。

元素组成既不相同也不相似且属性无规律，图形的局部显示一定的数量变化，通常从数量规律的角度解题。

常见的图形数量类题型包含点、线（笔画）、角、面和素五种。

二、解题思路

（1）元素组成既不相同也不相似，且属性无规律，考虑数量规律（点、线、角、面、素）。

（2）数量规律类题目要注意图形特征，若图形的数量变化比较明显，如出现三角形、四边形、五边形等，则优先考虑数量规律。

三、解题技巧

1. 点的数量

点是指线与线的交点。在图形推理中，只需要考虑线条相交得到的点，即交点，不考虑端点。端点没有与其他线条相交，因此端点不是交点。点的考查主要包括顶点、交点和切点。

（1）当题干出现线条与线条相交叉的情况时，优先考虑数交点的个数。数点时优先数"所有"交点。

（2）当题干的交点总数没有规律时，需要细化考虑直线与曲线的交点数，即属性中的"曲直性"+"数量类"的复合考点。

（3）点的细化考法——曲直交点。

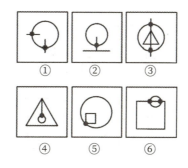

📝 经 典 真 题

1.（2018 中国银行·单选题）根据以下图形的规律，问号处应填入的是（　）。

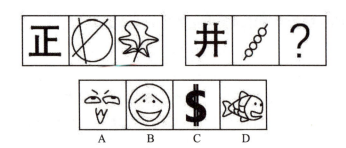

答案 C

解析 第一组图形的交点数为4、5、6，第二组图形的交点数为4、5、?，因此应该选择图形交点数为6的。A项交点2，B项交点2，C项交点6，D项交点22。故选C项。

2.（2018中国工商银行·单选题）从所给的四个选项中，选出一个最合适的填入问号处，使之呈现一定的规律（　　）。

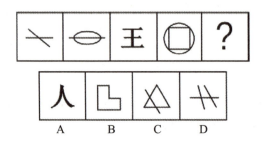

答案 C

解析 图形中组成不同，题干图形出现线条交叉的情况，考虑数数。交点个数分别为1、2、3、4、?，按照规律，问号处交点数为5。故选C项。

3.（2016年国家公务员·单选题）把下面的六个图形分为两类，使每一类图形都有各自的共同特征或规律，分类正确的一项是（　　）。

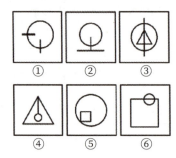

A.①②④，③⑤⑥　　　　　　B.①②⑤，③④⑥
C.①③④，②⑤⑥　　　　　　D.①③⑥，②④⑤

答案 D

解析 本题考查交点数。题干中每幅图中都由一个圆形以及其他元素构成,且主体元素与其他元素之间都存在交点,根据交点的个数可将图形分成两组。图①③⑥中交点数均为2,图②④⑤中交点数均为1。故选D项。

2.线的数量

当题目中的图形由多个线段组成时,则按照从整体到局部的规律,逐一寻找不同线条的个数规律。

数线的题目通常以多种方式考查,常见的是数直线和曲线,扩展的题型有一笔画问题,且多数题目是优先考虑曲线、直线分开数。

(1)数直线特征图

当图形中出现多边形、单一直线时,优先考虑数直线。

(2)数曲线特征图

当图形中出现全曲线图、圆、弧、单一曲线、波浪线、多个圆等时,优先考虑数曲线。

(3)数直线/曲线的方法

"V"有2条直线,"S"有1条曲线,即平滑过渡的为1条线,有折点的为2条线。

经典真题

1.(2018中国农业银行·单选题)从所给的四个选项中,选择最合适的一个填入问号处,使之呈现一定的规律性( )。

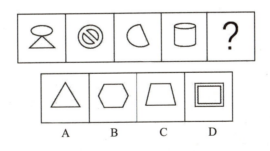

答案 A

解析 观察选项,选项图形均为直线图形,因此可考虑题干图形的直线线条数。由题干图形直线线条数依次是:3、2、1、2、? 可知,规律是对称的,问号处的直线线条数应该是3。故选A项。

2.(2018中国邮政储蓄银行·单选题)请从所给的选择项中,选择唯一的一项填在问号处,使之呈现一定的规律( )。

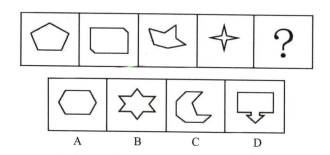

答案 C

解析 题干均为直线图形，优先考虑数直线线条数。题干图形的直线线条数依次是5、6、7、8、？，因此问号处应为9条直线的图形。A项6条，B项12条，C项9条，D项11条。故选C项。

3.（2018中国光大银行·单选题）从所给的四个选项中，选择最合适的一个填入，使之呈现一定的规律（　　）。

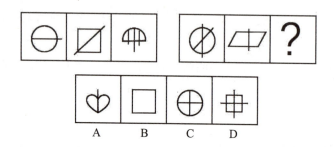

答案 A

解析 题干图形组成元素不同，考虑数量规律。通过观察可以发现每个图形都有露头的线段，因此可考虑露头线段的数量，第一组图形露头线段的数量分别为1、2、3，第二组露头线段数分别为3、2，因此问号处应填入露头线段数为1条的图形，A项符合。B、C项没有露头线段，D项有4条露头线段，均排除。故选A项。

4.（2018中信银行·单选题）从所给的四个选项中，选择最合适的一个填入问号处，使之呈现一定的规律（　　）。

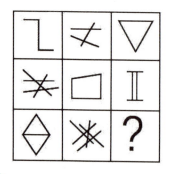
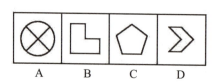

答案 C

解析 题干图形均为直线图形，可考虑直线条数。第一行每个图形都有3条直线，第二行都有4条直线，第三行都有5条直线。A项2条直线，B项6条直线，C项5条直线，D项6条直线。故选C项。

5.从所给的四个选项，选择最合适的一个填入问号处，使之呈现一定的规律（　　）。

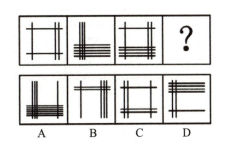

答案 C

解析 题干图形横线的数量依次为2、5、5，没有明显规律。竖线的数量依次为3、3、3，因此问号处应有3条竖线。故选C项。

3. 角的数量

数角类的题目图形一般都是由直线构成，直线与直线相交形成角。根据角的度数大小，又可以把角分成锐角、直角、钝角。

在角的数量类题目中，先数总体角的个数，如果没有明显规律就需要将角细分，分别去找部分规律。

经典真题

1.（2018 中国银行·单选题）根据以下图形的规律，问号处应填入的是（　　）。

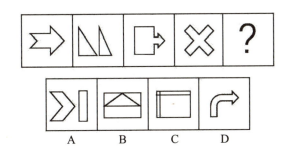

答案 A

解析 题干图形元素构成不同，无明显属性规律，考虑数量规律。图形中的内角数量依次为5、6、7、8、?。A项内角数为9，B项为13，C项为16，D项为5。故选A项。

2.（2015年河南公务员·单选题）从所给的四个选项中，选择最合适的一个填入问号处，使之呈现一定规律（　　）。

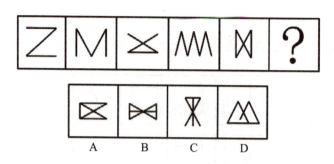

答案 D

解析 题干图形中出现的角较多，考虑数量规律。观察发现，题干中角数量分别为2、3、6、5、8，不存在规律，但观察发现图1、图2、图4的角都是锐角。题干锐角数量分别为2、3、4、5、6，则下一个图形应该有7个锐角，选项中锐角数量分别为8、8、6、7个，只有D项符合。故选D项。

3.（2013年国家公务员·单选题）把下面的六个图形分为两类，使每一类图形都有各自的共同特征或规律，分类正确的一项是（　　）。

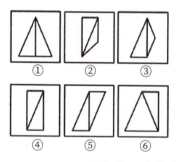

A.①④⑥，②③⑤　　　　　B.①④⑤，②③⑥
C.①②⑤，③④⑥　　　　　D.①③⑥，②④⑤

答案 B

解析 题干中每个图形都由两个三角形组成，且都包含直角三角形，所以数直角三角形的个数。①④⑤中都包含两个直角三角形，②③⑥中都包含一个直角三角形。故选B项。

4. 面的数量

面也称封闭区域，是指图形中由封闭线条围成的一个个空白。

面的数就是封闭区域的数目，一般是数目呈现规律性变化。

(1) 图形被分割、封闭空间明显

面是白色的，黑色的不是面。

(2) 生活化图形、粗线条图形中间留空白区域

生活化图形考虑属性规律（开闭性）和面数量（黑色粗线条留白的区域）规律。

(3) 注意事项

常考复合考点，将属性类和数量类的规律结合考查。

经典真题

1.（2018 中国农业银行·单选题）从所给的四个选项中，选择最合适的一个填入问号处，使之呈现一定的规律性（　　）。

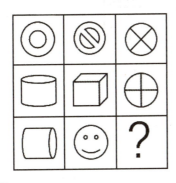
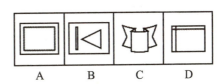

答案 D

解析 题干图形不同，考虑数量规律。第一行和第二行图形封闭空间的个数依次是 2、3、4，第三行前两个图形的封闭空间是 2、3，因此问号处图形的封闭空间个数是 4。A 项 2 个，B 项 3 个，C 项 5 个，D 项 4 个。故选 D 项。

2.（2018 中国工商银行·单选题）从所给的四个选项中，选出一个最合适的填入，使之呈现一定的规律（　　）。

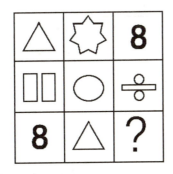
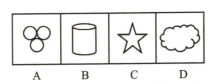

答案 C

解析 题干图形完全不同，每个图形都有封闭空间。第一行，由直线构成的封闭

空间有 2 个，由曲线构成的封闭空间也有 2 个，二者数量相同。第二行，由直线构成的封闭空间有 3 个，由曲线构成的封闭空间也有 3 个，二者数量相同。第三行，已经出现 2 个由曲线构成的封闭空间和 1 个由直线构成的封闭空间，因此，需要补充 1 个由直线构成的封闭空间。故选 C 项。

3.（2018 交通银行·单选题）从所给的四个选项，选择最合适的一个填入问号处，使之呈现一定的规律（ ）。

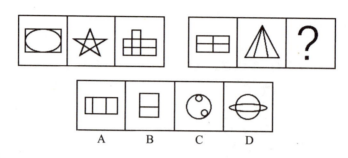

答案 B

解析 题干图形相异，考虑数量规律。每个图形都有封闭空间，优先数封闭空间的数量，第一组图形封闭空间分别为 5、6、7，第二组图形封闭空间分别为 4、3、？，则问号处图形的封闭空间个数应为 2。B 项符合；A，C 项均为 3 个封闭空间；D 项 5 个封闭空间。故选 B 项。

4.（2018 中国光大银行·单选题）从所给的四个选项中，选择最合适的一个填入，使之呈现一定的规律性（ ）。

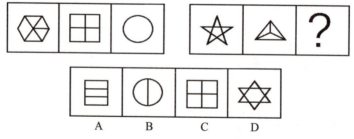

答案 A

解析 题干图形组成元素不同，考虑数量规律。每个图形都有封闭空间，考虑封闭空间数量，第一组封闭空间的数量为 5、4、1，即第一个图形的封闭空间数量等于第二个和第三个图形封闭空间的数量之和；第二组图形的封闭空间数量为 6、3、？，因此问号处应填封闭空间数量为 3 的图形。A 项 3 个，B 项 2 个，C 项 4 个，D 项 7 个。故选 A 项。

5. 从所给的四个选项，选择最合适的一个填入问号处，使之呈现一定的规律（ ）。

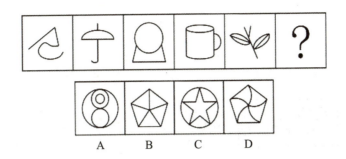

答案 D

解析 题干中面的数量依次为：0、1、2、3、4，问号处图形应为5个面，C项为6个面，排除。A，B，D项均为5个面，考虑比较选项找区别。题干图形都是曲线＋直线的组合图形，问号处也应为曲＋直图形，A项全曲，B项全直，排除。故选D项。

5.素的数量

"素"是指元素的种类，或图形的组成部分。元素一般考查孤立的图形，少数情况下也会把图形种类归结为一类元素，进而考查不同图形之间的数量变化。

元素的数量变化包括两种情况：一种是元素数量上的变化，另一种是元素种类上的变化。

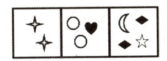

1) 元素种类：长相相同即为一种元素，上图元素种类数依次为：1、2、3。

2) 元素数量：不考虑长相，上图元素数量依次为：2、3、4。

3) 元素种类和元素数量可能复合考查，元素数量类考题较多，建议优先考虑数元素种类。

经典真题

1.（2018 中国银行·单选题）根据以下图形的规律，问号处应填入的是（　　）。

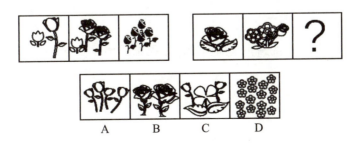

答案 A

解析 题干图形相异，考虑元素数量。第一组图形花朵的数量为2、3、5，第二组图形的数量为1、3、？。A项为4，B项为2，C项为2，D项为16。故选A项。

2.（2018中国银行·单选题）根据以下图形的规律，问号处应填入的是（　　）。

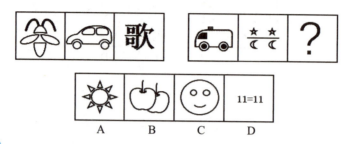

答案 D

解析 题干中每个图形由多个部分组成，第一组图形的部分数为4、5、6，第二组图形的部分数为4、5、？。A项为9个部分，B项1个，C项4个，D项6个。故选D项。

3.（2018中国工商银行·单选题）从所给的四个选项中，选出一个最合适的填入问号处，使之呈现一定的规律（　　）。

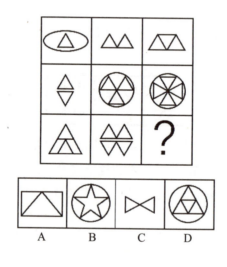

答案 D

解析 题干中图形组成各不相同，其中三角形的数量出现较多，考虑数量规律。第一行图形的三角形个数为1、2、3；第二行的个数为2、3、4。规律为每一行的三角形个数呈递增规律，第三行为3、4、5。故选D项。

4.（2018交通银行·单选题）从所给的四个选项，选择最合适的一个填入问号处，使之呈现一定的规律（　　）。

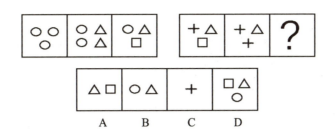

答案 C

解析 题干均为小图形，可考虑小图形的种类数。第一组图的图形种类数分别是 1、2、3，第二组图形的种类数分别是 3、2、？，则问号处应为 1 种小图形，C 项符合；A、B 项均为 2 种小图形；D 项为 3 种小图形。故选 C 项。

5.（2019 国家电网·单选题）根据以下图形的规律，问号处应该填写的是（　　）。

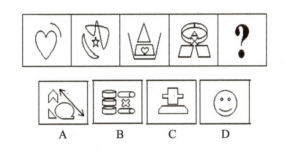

答案 B

解析 观察发现题干图形较杂乱，考虑元素数量，从第一幅图开始，元素数量分别为 2、3、4、5，因此问号处应填入一个有 6 个元素的图形。故选 B 项。

核心考点五：空间类规律（备考指数：★★★★）

一、题型特征

常见的空间重构图形有四面体、六面体和八面体。主要考查考生平面与空间图形之间的转化和辨识能力。

经常出现的提问方式有：

左边给定的是纸盒外表面的展开图，右边哪一项能由它折叠而成？

左图是给定的立体图形，右边下面哪一项是该立体图形的展开图？

二、解题思路

1. 折叠方向

平面图为纸盒的外表面，需要注意折叠的方向。折叠后必须保证图形中的图案位于外表面。

2. 排除思维

在空间重构题目中，学习的所有方法、技巧都是用来排除错误选项的。在立体图形中，可以利用相对关系和相邻关系排除错误选项。

三、解题技巧

1. 相对面的判定

六面体图形中，折纸盒与拆纸盒问题是常见考点。

（1）折纸盒

题干往往给出一平面展开图，四个选项均为立体图形，提问方式一般为"将题干图形折叠后，得到的图形是？"

（2）拆纸盒

题干往往给出一立体图形，四个选项均为平面展开图，提问方式一般为"将题干图形展开后应为？"

（3）相对面

同行或同列相隔一个面的两个面是相对面。"Z"字形两端，紧贴着"Z"字中轴的两个面是相对面。

（4）相邻面

有公共边的两个面是相邻面。一串四个面，首尾两个面是相邻面。

经典真题

1.（2018 中国光大银行·单选题）左边给定的是纸盒的外表面，下列哪一项不能由它折叠而成？（　　）

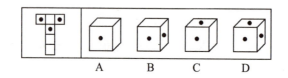

答案 D

解析 题干展开的图形中，含有黑点的三个面，其中有两个面是相对面，不能相邻，所以不可能同时出现三个黑点面相邻的图形。故选 D 项。

2.（2018 中国光大银行·单选题）左边给定的是纸盒的外表面，下列哪一项能由它折叠而成？（　　）

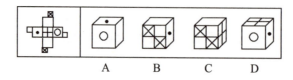

答案 B

解析 A项正面和顶面在展开的图形中是相对面，不能相邻，排除；C项正面和侧面在展开的图形中是相对面，不能相邻，排除；D项正面和侧面在展开的图形中为相对面，不能相邻，排除。故选B项。

3.（2018 广发银行·单选题）左边给定的是纸盒的外表面，下列哪一项能由它折叠而成？（　　）

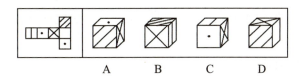

答案 A

解析

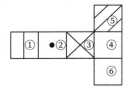

A项由面②③⑤组成，相对位置正确；B项由面①③⑤组成，展开的图形中，面①和③是相对面，不能相邻，排除；C项顶面①和侧面③在展开的图形中为相对面，不能相邻，排除；D项由面③④⑤构成，如果顶面是③，侧面是④，正面应该是⑥，而D项的正面是⑤，错误，排除。故选A项。

4. 左边给定的是纸盒的外表面，下面哪一项能由它折叠而成？（　　）

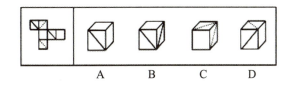

答案 D

解析 A项出现两个空白面（同行隔一个面），是相对面，不可能同时出现，排除；B项出现两个斜线面（"Z"字两端），是相对面，不可能同时出现，排除；C项出现两个虚线面（同列隔一个面），是相对面，不可能同时出现，排除。故选D项。

2. 相邻面的判定

在六面体的图形中，折叠前、后相邻关系保持不变。

（1）公共边的识别

两个面的公共边是唯一的，呈直角的两条边为公共边。

（2）解题方法

①相对位置法。

图形方向明显，图形之间相对位置不变，考虑相对位置法。

②画边法排除错误相邻关系。

a. 结合选项，确定特殊面的唯一点或唯一边。

唯一点是指一个特殊面的唯一的一个点，能够区别其他点。折、拆纸盒的实质就是点与点重合、边与边重合的过程，当确定两个点重合并确定该点放置的位置时，该纸盒也就确定了。

b. 顺时针或逆时针方向描边。

对于立方体纸盒，折成后只能看到图形的三个面，时针法就是比较这三个面在立体图形与平面图形中的旋转方向来判断选项的正确与否。

描边时确定一个点，选择其中一个方向，但要保证全程方向一致。

c. 题干与选项对应面不一致——排除。

将展开图和立体图进行匹配，根据"公共边"不变的思维，排除不符合的选项。

经典真题

1.（2018 中国银行·单选题）下面给定的是纸盒的外表面，哪一项由它折叠而成？（　　）

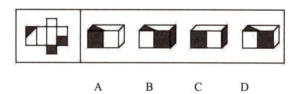

答案　B

解析　考查空间重构。将展开图各个面分别编号为 1、2、3、4、5、6，如下图所示：

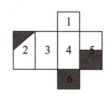

A 项错误，展开图中面 2 的三角形与面 6 不相交，与面 5 白色的边相交；B 项正确；C 项错误，展开图中面 5 蓝色部分与面 6 有公共边；D 项错误，展开图中面 2 三角形的边与面 1 有公共边。故选 B 项。

2.（2018 中国建设银行·单选题）下面给定的是消掉一个角的纸盒，下列哪一项不是由它展开而成？（　　）

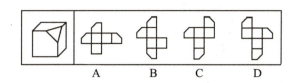

答案 C

解析 题干立体图形消掉的角是一个三角形,三角形三个顶点发散出的三条线是两两相邻的公共边,如图 1 所示。A 项如图 2 所示,该展开图中三角形三个顶点发散出的三条线是两两相邻的公共边,正确;B 项如图 3 所示,该展开图中三角形三个顶点发散出的三条线是两两相邻的公共边,正确;C 项如图 4 所示,从已找到的 a 边可以看出,最下方的 a 边不是从三角形的顶点出发的,因此该展开图不可能折叠成题干的立体图形,错误;D 项如图 5 所示,该展开图中三角形三个顶点发散出的三条线是两两相邻的公共边,正确。故选 C 项。

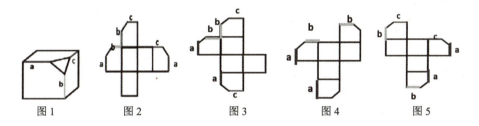

图 1　　图 2　　图 3　　图 4　　图 5

3.(2018 中国光大银行·单选题)左边给定的是纸盒的外表面,下列哪一项能由它折叠而成?(　)

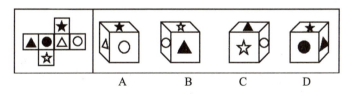

答案 A

解析 A 项正确;B 项假设正面和侧面正确,顶面应该是黑色五角星的面,而 B 项顶面是白色五角星的面,错误,排除;C 项假设正面正确,在展开的图形中,白色五角星的顶角对着的是黑色圆,而 C 项白色五角星顶角对着的是黑色三角形,错误,排除;D 项在展开图形中,黑色三角形在黑色圆的左边,而 D 项和黑色三角形在黑色圆的右边,错误,排除。故选 A 项。

4. 左边给定的是纸盒外表面的展开图,右边哪一项能由它折叠而成?(　)

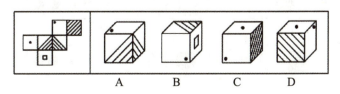

答案 A

解析 本题考查空间重构。左上角有小黑点的一面与中间有小正方形的一面是相对面，根据相对面不相邻的原则，排除B项；假如C项的顶面和右侧面的方位是正确的，那么左侧面的小黑点应位于左上角，排除C项；D项最右侧面进行描边，从黑点起顺时针描边，第3条边与全阴影的面相邻，而对已知图形中对应的面进行顺时针描边，第2条边与全阴影面相邻，排除D项。故选A项。

核心考点六：规则变换规律（备考指数：★★）

一、题型特征

规则变换题是一些银行在2020年秋招中新增的题型，其出题形式为给定一组图形，这组图形之间通过一些变换规则，改变了原图形的样式、颜色或数量，要求考生通过观察给定的题干图形，找出变换规律，再根据该变换规律解答后面的题目。这类题往往是一个题干下有3~5个小题，做题时都是以观察题干得到的规律为基础，再把该规律应用于题目中。

考试中常出现的提问方式有：

假设下图中的字母代表某种变换规则，请观察后回答下列问题，选择问号处最合适的一项。

假设下图中的图形代表某种变化规则，请观察后回答下列问题，选择问号处最合适的一项。

二、解题思路

(1) 读清楚提问方式，找到代表变换规则的字母或图形。

(2) 仔细观察图形变换前后的区别，找到变换规律。

(3) 把变换规律应用于题目中，注意代表变换规则的字母或图形的叠加使用。

经典真题

1.（2020中国工商银行秋招·单选题）假设下图中的字母代表某种变换规则，请观察后回答下列问题，选择问号处最合适的一项。（　　）

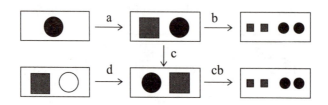

(1)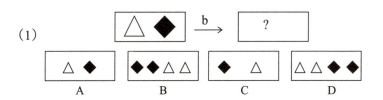

答案 D

解析 根据题干图形的变换规则可知，a 代表增加元素，b 代表将元素成倍增加，c 代表转变元素的位置，d 代表转变元素位置的同时改变其中一个元素的颜色。本题是应用 b 规则，因此应成倍增加元素数量。故选 D 项。

(2)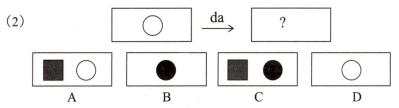

答案 C

解析 根据题干图形的变换规则可知，a 代表增加元素，b 代表将元素成倍增加，c 代表转变元素的位置，d 代表转变元素位置的同时改变其中一个元素的颜色。本题是应用 da 规则，因此应先变题干元素的颜色，再增加一个元素。故选 C 项。

(3)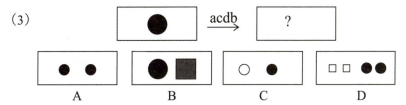

答案 D

解析 根据题干图形的变换规则可知，a 代表增加元素，b 代表将元素成倍增加，c 代表转变元素的位置，d 代表转变元素位置的同时改变其中一个元素的颜色。本题是应用 acdb 规则，因此应先增加一个元素，接着改变位置，然后再次改变位置且改变其中一个元素的颜色，最后将元素成倍增加。故选 D 项。

(4)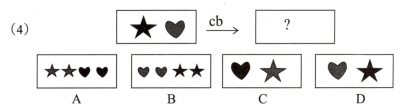

答案 B

解析 根据题干图形的变换规则可知，a 代表增加元素，b 代表将元素成倍增加，

c 代表转变元素的位置，d 代表转变元素位置的同时改变其中一个元素的颜色。本题是应用 cb 规则，因此应先转变元素位置，再将元素成倍增加。故选 B 项。

2.（2020 中国银行秋招·单选题）假设下图中的图形代表某种变化规则，请观察后回答下列问题，选择问号处最合适的一项。（　　）

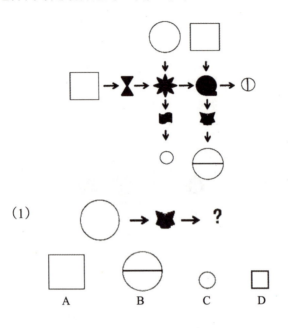

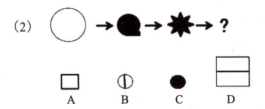

A　　B　　C　　D

答案 A

解析 通过观察题干发现 ✦ 的变化规则应为缩小；● 的变化规则应为加线条；⧖ 的变化规则应为变形；🐱 的变化规则应为变形，因此图形经过 🐱 之后应变化样式而不改变大小。故选 A 项。

(2) ○ → ● → ✦ → ?

A　　B　　C　　D

答案 B

解析 通过观察题干发现 ✦ 的变化规则应为缩小；● 的变化规则应为加线条；因此圆形经过这两个变化规则之后，应缩小且加线条。故选 B 项。

第二章 逻辑判断

逻辑判断主要考查考生对各种事物关系的分析推理能力，涉及对词语概念、事物关系和文字材料的理解、比较、组合、演绎以及归纳等。

核心考点一：翻译推理（备考指数：★★★★）

一、题型特征

翻译推理题的内容涉及自然和社会生活的各个领域，强调对逻辑关系的正确把握，侧重考查对各种信息的理解、分析、综合、判断、推理等思维能力。

1. 提问方式

由此可以推出（不可以推出）的是？

以下哪项不是对上述内容的推理？

由上述内容最可能推出的结论是？

以下哪项如果为真，可以得出上述结论？

2. 逻辑关联词

题干和选项中出现比较明显的逻辑关联词，如"如果……就……""只有……才……"等，说明考查翻译推理题，这时可以结合题干找逻辑关联词。

二、解题思路

1. 先翻译

将题干中逻辑关联词所在句子翻译成用箭头推出的关系，即用箭头及前后端的内容表示一个句子。翻译是基础，如果翻译的是错误的，题目是无法做对的。

2. 再推理

学会翻译规则和推理规则。这类题目从"背"开始，再通过练习加快解题速度。

三、解题技巧

1. 条件命题的翻译规则

（1）翻译规则之"前推后"

充分条件命题的逻辑形式：如果 p 那么 q（$p \rightarrow q$）。其中，"如果……那么……"是联结词，p 和 q 分别是前件和后件。

①典型逻辑关联词。

如果……那么……

只要……就……

所有……都……

为了……一定……

……是……的充分条件

②等价关联词（前→后）。

"如果"的等价关联词为：假如、一旦、假若、要想。

"所有"的等价关联词为：凡是、任何、全部。

"那么"的等价关联词为：就、都、一定、必须。

③推理规则。

看到上面的这些关联词，一定是前推后，翻译为：前→后，即：前半句→后半句。

肯定前件则肯定后件（公式：$p \to q$），否定后件则否定前件（公式：非 $q \to$ 非 p）；肯定后件不能肯定前件，否定前件也不能否定后件。

（2）翻译规则之"后推前"

必要条件命题的逻辑形式：只有 p 才 q（$p \leftarrow q$）。其中，"只有……才……"是联结词，p 和 q 分别是前件和后件。

①典型逻辑关联词。

只有……才……

不……不……

除非……否则不……

……是……的基础/假设/前提/关键

……是……的必要条件

②等价关联词（后→前）。

"必要条件"的等价关联词为：必不可少、先决条件、基础、前提、关键、必要假设。

"不 A，不 B"的关联词翻译为"$B \to A$"，可以写成"$\neg A \to \neg B$"，二者是逆否等价关系。

"除非 A，否则不 B"翻译为"$B \to A$"

"除非 A，否则 B"翻译为"$\neg B \to A$"

③推理规则。

看到上面的这些关联词，一定是后推前，翻译为：后→前，即：后半句→前半句。

肯定后件则肯定前件（公式：$p \leftarrow q$），否定前件则否定后件（公式：非 $p \to$ 非 q）；否定后件不能否定前件，肯定前件也不能肯定后件。

经 典 真 题

1.（2019 中国工商银行春招·单选题）如果预约上专家号，小军就去医院做检查。只要小军去医院，他一定去找杨医生。除非杨医生不上班，否则李医生不会接待小军。已知，李医生接待了小军。

那么，下列说法正确的是（　　）。

A. 杨医生和李医生之间，小军只能选一个
B. 小军找过杨医生，但杨医生不在医院
C. 小军没有预约上专家号
D. 不能确定杨医生是不是上班

答案 C

解析 本题是翻译推理题。首先翻译题干，"如果预约上专家号，小军就去医院做检查"翻译为：预约上专家号→去医院做检查；"只要小军去医院，他一定去找杨医生"翻译为：去医院检查→找杨医生；"除非杨医生不上班，否则李医生不会接待小军"翻译为：李医生接待小李→杨医生不上班，综合前两个翻译，可以得到：预约上专家号→去医院做检查→找杨医生。由于李医生接待了小李，可推出杨医生不上班，杨医生不上班是否定了前两个推理的后件，由于否后必否前，因此小军没有预约上专家号。故选 C 项。

2.（2019 中国农业银行秋招·单选题）如果"企业只有创新才能赢得更好的未来"这句话为真，下列可能发生的情况是（　　）。

（1）企业创新了，但是业绩平平。
（2）企业没有创新，但发展迅速。
（3）企业没有创新，很快倒闭了。
（4）企业不断地在推出新产品、新技术，企业净利润每年都以 50% 的速度增长。

A.（2）（3）和（4）　　　　B.（3）和（4）
C.（1）（3）和（4）　　　　D. 只有（4）

答案 C

解析 本题是翻译推理题。首先翻译题干：企业赢得更好的未来→创新。（1）企业创新了，但是业绩平平。通过肯定题干后件，得不到确定性的结论，则有可能发生。（2）企业没有创新，但发展迅速。根据逆否等价原则，否后必否前，由企业没有创新推出不能赢得更好地未来，与发展迅速矛盾，则必然为假，排除。（3）企业没有创新，很快倒闭了。根据逆否等价原则，否后必否前，由"企业没有创新"可以推出"不能赢得更好地未来"，即很快倒闭，则必然能发生。（4）企业不断的在推出新产品、新技术，企业净利润每年都以 50% 的速度增长，即企业有很好的发展。通过肯定后件，得不到确定性的结论，则有可能发生。根据上述信息，可知（1）（3）（4）可能会发生。故选 C 项。

3.（2020招商银行·单选题）张军打算周六出去游玩，查找资料后发现：（1）如果去动物园，就不能去植物园；（2）植物园和科技馆只能择其一；（3）科技馆和植物园不都去游玩。

实际上，周六当天张军的行程没有符合上述任何一条。那么，他所游玩的地方，说法正确的是（　　）。

A. 去了动物园、植物园，没有去科技馆

B. 去了动物园、植物园和科技馆

C. 去了科技馆，没有去动物园、植物园

D. 动物园、植物园和科技馆都没有去

答案 B

解析 本题是翻译推理题。首先翻译题干条件：（1）动物园→¬植物园；（2）要么植物园，要么科技馆；（3）要么科技馆，要么植物园。由于张军的行程没有符合上述任何一条，因此他的行程应符合上述条件的矛盾关系，（1）的矛盾关系为：动物园且植物园，（2）（3）的矛盾关系为：植物园和科技馆都去或植物园和科技馆都不去。由于张军肯定去了动物园和植物园，因此他也应该去了科技馆，所以这三个地方他都去了。故选B项。

4.（2018广发银行·单选题）已知命题"如果公路被冰雪覆盖了，汽车就不会按时回来"为真，那么，以下哪项命题为假？（　　）

（1）若公路被冰雪覆盖为真，那么汽车肯定不会按时回来。

（2）若公路未被冰雪覆盖为真，那么汽车肯定会按时回来。

（3）若汽车按时回来为真，那么公路一定没有被冰雪覆盖。

（4）若汽车没有按时回来，那么公路一定被冰雪覆盖。

A. 只有（1）和（3）　　　　B. 只有（3）和（4）

C. 只有（2）和（3）　　　　D. 只有（2）和（4）

答案 D

解析 本题是翻译推理题。首先翻译题干：公路被冰雪覆盖→汽车不按时回来。（1）公路被冰雪覆盖→汽车不按时回来，与题干推理一致，正确；（2）公路未被冰雪覆盖是否定题干推理的前件，无法推出确定结论，错误；（3）汽车按时回来→未被冰雪，否后推否前，为题干推理的逆否命题，正确；（4）汽车没有按时回来是肯定题干推理的后件，无法推出确定性的结论，错误。故选D项。

5.（2020中国工商银行总部单选题）学校体育部规定：凡是选修了公共体育课的学生，除非不是本科生，否则只有参加体育测试，才能获得学分。由此可知（　　）。

A. 王鹏是一名本科生，他没有选修公共体育课，所以他不能参加体育测试

B. 李辉是一名硕士研究生，选修了公共体育课，他必须要参加体育测试才能获得学分

C. 张华是一名硕士研究生，选修了公共体育课，他可以不参加体育测试就能获得学分

D. 小丽是一名本科生，选修了公共体育课，可以不用参加体育测试就能获得学分

答案 C

解析 本题属于翻译推理，根据题干条件"凡是选修了公共体育课的学生，除非不是本科生，否则只有参加体育测试，才能获得学分"可以得出推理链：选修公共体育课→¬体育测试→¬本科→获得学分，因此，只有 C 项满足推理链上的所有条件。故选 C 项。

2. 条件命题的推理规则

（1）推理规则之"逆否等价"

逆否等价是指将原命题两个分句的顺序"逆"转过来，然后加上"否"定形式，得到的新命题与原命题等价。一般常用"¬"表示"不"。

①符号表示：$A \to B = \neg B \to \neg A$。

②推理规则：肯前必肯后，否后必否前。否前、肯后无必然结论。

（2）推理规则之"递推规则"

递推规则是逻辑学中的三段论的命题推理形式，指两个命题的共同元素（话题）必须一次出现在箭头前，一次出现在箭头后，可以推出一个新的命题。

①符号表示：$A \to B$，$B \to C$ 成立，则可以得到 $A \to C$ 成立。

【例题】已知：人民教师（A）都是知识分子（B），知识分子（B）都是应该受到尊重的（C）。

根据递推规则得出，人民教师（A）都是应该受到尊重的（C）。

②注意事项。

如果递推项都在箭头前，或都在箭头后，不能使用递推规则。

例如：$A \to B$，$A \to C$ 同时成立，B、C 之间不能进行任何推理。

经典真题

1.（2018 中国邮政储蓄银行·单选题）小明、小兰、小亮、小军四人商量周末出游。小明说：小兰去，我就肯定去；小兰说：小亮去我就不去；小亮说：无论小军去不去，我都去；小军说：小明、小兰中至少有一人去，我就去。

以下哪项推论可能是正确的？（　　）

A. 小明、小亮、小军三个人去了

B. 小明一个人去了

C. 四个人都去了

D. 小兰、小亮两个人去了

答案 A

解析 整理题干信息：（1）小兰→小明，（2）小亮→小兰不去，（3）小亮去，（4）小明或小兰→小军。根据条件（3）可知，小亮一定去，排除B项。再根据条件（2）可知，小亮去了，则小兰不去，排除C、D项。故选A项。

2.（2018 中国邮政储蓄银行·单选题）朝阳中学的一些英语老师取得了英语八级证书。因此，朝阳中学的有些女老师取得了英语八级证书。

以下哪项为真，最能支持上述论证？（　　）

A. 朝阳中学的英语老师都是女老师
B. 朝阳中学的女老师中有些是英语老师
C. 朝阳中学的英语老师中有些不是女老师
D. 朝阳中学的一些女英语老师并没有取得英语八级证书

答案 A

解析 根据三段论的推理规则，任何一个有效的三段论推理至少要有一个"所有"引导的前提句。题干的前提条件提及"一些英语老师"，题干的结论也是"有些女老师"，因此需要补充"所有"引导的前提句，四个选项中只有A项提及"都是"，符合要求，BCD三项都是"有些"引导的句子，不符合题意，排除。故选A项。

3.（2018 中国民生银行·单选题）"如果不想当将军就不是好士兵"，此句与哪句话相等？（　　）

A. 好士兵都想当将军
B. 只想当将军的士兵不是好士兵
C. 不好的士兵不想当将军
D. 想当将军的士兵就是好士兵

答案 A

解析 首先翻译题干：不想当将军→不是好士兵。A项，好士兵→想当将军，否后推否前，为题干的逆否命题，与题干为等价关系，正确；B项想当将军→不是好士兵，"想当将军"是否定题干推理的前件，推不出确定的结论，即不确定他是不是好士兵，排除；C项不好的士兵→不想当将军，"不好的士兵"是否定题干推理的后件，推不出确定的结论，排除；D项想当将军→好士兵，"想当将军"是否定题干推理的前件，推不出确定的结论，排除。故选A项。

4.（2020 中国光大银行·单选题）作为一个优秀的企业家，首先要做到的就是让企业营利。只要企业能够营利，那么他的管理素质就是好的。

这句话与下列哪一项的意思最为接近？（　　）

A. 管理素质好的企业家所在的企业一定是营利的
B. 只有管理素质好才是一个优秀的企业家
C. 只有让企业营利，企业家才是有好的管理素质

D. 企业能够营利是因为有一个优秀的企业家

答案 B

解析 本题是翻译推理题。首先，翻译题干内容可得到：优秀企业家→企业营利→管理素质好。A 项是由管理素质好→企业营利，与题干推理关系不符，排除；B 项是优秀企业家→管理素质好，和题干推出关系一致，保留；C 项是好的管理素质→企业营利，与题干推理关系不一致，排除；D 项无关选项，排除。故选 B 项。

---

3. 推理规则之"且""或"关系

（1）"且"关系（二者同时成立）

"且"关系，又称"和"关系，是逻辑学中的联言命题形式，通过联结词连接两个或两个以上分句命题而成，是判定几种事物情况同时存在的命题。

①逻辑形式：$p \wedge q$。

②常用联结词："……和……""既……又……""不但……而且……""虽然……但是……"等，言语理解与表达模块中表示并列关系、递进关系、转折关系的语词都是"并且"的同义关联词。

③推理规则：p 和 q 同时为真时，则命题为真。p 和 q 有一个或两个为假时，则命题为假；反之，若联言命题为真，则 p 和 q 都为真；若联言命题为假，则 p 和 q 至少有一个为假。

（2）"或"关系（二者至少一个成立）

"或"关系，是选言命题的常见形式，表示由"或"连接的分句命题中，至少有一个情况成立的命题。

①逻辑形式：$p \vee q$。

②常用联结词：……或者（或）……；……和……至少一个。

③推理规则。

否定前句→后句成立，否定后句→前句成立。

当 p、q 中至少有一个为真时，则命题为真；若 p、q 都为假时，命题才是假。

④注意事项。

a. 二选一的情况："要么……要么……""不是……就是……"等联结词，表示二选一。

推理规则：p 和 q 不能同时为真，也不能同时为假。

b. 至多一个的情况：p 或 q 至多有一个。翻译为：$\neg p$ 或 $\neg q$，表示至多只有一个为真。

（3）德·摩根定律

① $\neg (A 且 B) = \neg A 或 \neg B$。

② $\neg (A 或 B) = \neg A 且 \neg B$。

推理规则为："¬"表示进去，"且""或"互变，"并非"是对整句话的否定。

📝 **经典真题**

1.（2019 中国工商银行·单选题）工小星说：我也曾积极参与宣传月的活动呢，有一次宣传月活动，需要有人在周末值班。如果工小星和工小妹都不值班的话，那么工小弟就一定得来值班。

上述问题增加哪一项就可以得出工小星来值班了的结论？（　　）

A. 工小弟来值班了　　　　　　　B. 工小弟没有值班
C. 工小妹没有值班　　　　　　　D. 工小妹和工小弟都没有值班

答案 D

解析 本题是翻译推理题。根据题干"如果工小星和工小妹都不值班的话，那么工小弟就一定得来值班"可知"非工小星且非工小妹→工小弟"。现在要求工小星来值班，则"非工小弟→工小星或工小妹"。或关系成立，且工小星值班，则工小弟和工小妹都不能来值班。故选 D 项。

2. 或者被告是有罪的，或者他是疯子；如果他有罪，则他应当被处死；如果他是疯子，则他应该永远接受住院，如果证据不够有力，则被告不应该被处死。

现知，证据不够有力，那么根据已知条件可以推知（　　）。

A. 被告应该被处死　　　　　　　B. 被告是有罪的
C. 被告应该永远接受住院治疗　　D. 被告既无罪又不是疯子

答案 C

解析 题干逻辑翻译为：（1）有罪或疯子；（2）有罪→处死；（3）疯子→住院；（4）¬有力→¬处死；（5）¬有力。从确定信息（5）入手，根据（4）得到：¬有力→¬处死；根据（2）得到：¬处死→¬有罪；根据（1）得到：¬有罪→疯子；根据（3）得到：疯子→住院。结合递推规则可得到的结论：¬有力→¬处死→¬有罪→疯子→住院，对应 C 项。将（5）代入（4），得到：¬有力→¬处死，排除 A 项；结合（2）得到：¬有罪，排除 B 项；结合（1），排除 D 项。故选 C 项。

核心考点二：真假推理（备考指数：★★★）

一、题型特征

真假推理题是逻辑判断模块中的高频考点，也是逻辑学的直言命题中衍生出来的一种题型。其特点在于题干中给出的诸多条件是真假不确定的，解决此类题目的关键点在于确定唯一假或唯一真的范围，先找确定的关系，然后再根据其他条件的真假来解题。

1. 提问方式

由此可以推出的是……

假设以上陈述为真，则以下哪项一定为真？

2. 常见的分句关系类型

常见的分句类型包含"所有 A 是 B""所有 A 不是 B""有的 A 是 B""有的 A 不是 B"四种类型。

3. 注意事项

题干中的分句出现"所有 A 是 B""有的 A 是 B"等逻辑词，需要结合其他几个分句信息，推出唯一真或者唯一假的结论。

二、解题思路

确定唯一真或唯一假的方法有两种：一种是找具有矛盾关系的两个命题，另一种是找具有反对关系的两个命题。

1. 明确矛盾关系

（1）矛盾关系

矛盾关系是指主题一致的两个命题之间的关系是必有一真一假，这里的主题一致是指两个命题的主语和谓语必须相同。常用的矛盾关系有：

① A 与 $\neg A$；

②"所有 A 都是 B"与"有的 A 不是 B"；

③"所有 A 都不是 B"与"有的 A 是 B"；

④"$A \rightarrow B$"与"A 且 $\neg B$"；

⑤"A 或 B"与"$\neg A$ 且 $\neg B$"；

⑥"A 且 B"与"$\neg A$ 或 $\neg B$"。

（2）做题原则

①条件只有一真，真话在矛盾中，其余全假。

②条件只有一假，假话在矛盾中，其余全真。

经典真题

1.（2020 中国光大银行·单选题）清明节期间学校组织郊游活动，同学们自愿参加。小红说："我们学校的同学都参加了郊游"，小丽说："别人我不知道，反正我参加"，小明说："我家有事，我就不参加了"，小新说："我看到有些人没有参加"。

假如只有一个人说的是真话，那么（　　）一定为真。

A. 该校所有人都参加了郊游　　B. 该校所有人都没有参加郊游

C. 小明回家扫墓了　　　　　　D. 小丽没有参加郊游

答案 D

解析 根据题干条件可知，小红：所有人都参加；小丽：小丽参加；小明：¬小明；小新：有的没有参加。由于只有一个人说的是真话，且小红和小新的话是矛盾的，因此真话在小红和小新之中，所以小丽和小明的话都是假话，他们的矛盾命题即为真，故小丽没有参加，小明参加了。故选 D 项。

2.（2018 中国工商银行·单选题）经过长时间旅行，大家都有点口渴了。列车员为大家端来了茶水，一共有四壶茶，每个茶壶都写着一句话。

假如只有一个为真话，那么（　　）为真。

A. 第一个："本茶壶中有红茶"
B. 第二个："所有的茶壶里都有绿茶"
C. 第三个："本茶壶中没有白茶"
D. 第四个："有些茶壶中没有绿茶"

答案 D

解析 本题是真假推理题。分析四个茶壶上写的话，可以发现第二个和第四个茶壶上的话为矛盾关系，必有一真一假，又因为只有一个为真话，则唯一的一个真话在第二个和第四个茶壶上，所以第一个和第三个茶壶所写为假，因此第三个茶壶有白茶，则第二个茶壶所写为假，最终可以得到第四个茶壶所写为真。故选 D 项。

3.（2018 交通银行·单选题）法庭上，法官正试图对甲、乙、丙三个嫌疑犯的身份作出判断。他们三个人要么是专说假话的小偷，要么是绝对诚实的君子。法官依次向他们提出问题。他先问甲："你是什么人？"甲说的是地方方言，法官听不懂，于是法官问乙和丙："甲回答的是什么？"对此，乙说："甲说他是君子。"丙则答道："甲说他是小偷。"

根据以上情况，法官对乙和丙的身份作出了正确的判断，他的判断是（　　）。

A. 乙是君子，丙是君子　　　　B. 乙是君子，丙是小偷
C. 乙是小偷，丙是小偷　　　　D. 乙是小偷，丙是君子

答案 B

解析 本题是真假推理题。题干重要信息为乙丙的两句话，而甲无论是君子还是小偷他都不会说：我是小偷，因为如果甲是君子，君子说真话，甲会说：我是君子；如果甲是小偷，小偷说假话，甲会说：我是君子。所以题干丙说：甲说他是小偷，这句话是一定不会成立的。因此丙说假话，则甲是君子，由此推出乙说真话，乙是君子。故选 B 项。

4.（2019 中国工商银行·单选题）在一次的期末考试成绩出来后，甲、乙、丙、丁分别得到了前四名，但其他同学均不知道谁是第一名。甲说："是丙。"乙说："不是我。"丙说："不是我。"丁说："是甲"。已知他们四人中只有一个人猜对了。

那么，第一名是哪位同学？（　　）

A. 丁同学　　　　　　　　B. 丙同学

C. 乙同学　　　　　　　　D. 甲同学

答案 C

解析 本题是真假推理题。根据甲乙丙丁四个人的说法可知，甲和丙的话矛盾，则真话必定在他们之中，因此乙和丁说的话是假的，由于乙说不是他，其矛盾是真的，因此第一名应该是乙。故选 C 项。

2. 反对关系

（1）常用的反对关系

①"有的 A 是 B"与"有的 A 不是 B"，必有一真。

②"所有 A 是 B"与"所有 A 不是 B"，必有一假。

③带"有的"分句翻译，不能应用逆否等价规则。

（2）做题原则

没有矛盾找反对，绕过反对看其余。

①条件只有一真，找到"有的是"和"有的不"，其余全假。

②条件只有一假，找到"所有都是"和"所有都不"，其余全真。

经典真题

1.（2019 交通银行·单选题）某个班级有 45 名学生，甲乙丙是这个班级里的三个学生，甲说：我们班里有些人是转校生，乙说：我知道，学习委员是转校生。丙说：我们班里有些人不是转校生。他们三个人中只有一个人说对了。

那么，下列说法中正确的是（　　）。

A. 45 人都不是转校生　　　　B. 只有一个人不是转校生

C. 只有一个人是转校生　　　　D. 45 人都是转校生

答案 A

解析 本题是真假推理题。首先找出题干矛盾命题。已知甲和丙的话可以同时为真，但不可能同时为假，而只有一个人说对了，所以乙说的一定是假话，学习委员不是转校生。接着看其余。已知乙说的是假话，因此可知丙说的是真话，甲说的是假话，所以甲的矛盾命题说的是真话，即所有人都不是转校生。故选 A 项。

2. （2020 邮政集团·单选题）小张，小李和小王同在一个工厂上班。

小张说："我们工厂有人已经吃饭了。"

小李说："工厂里的小胡和小郭都没有吃饭。"

小王说："工厂里有人没有吃饭。"

假设三人中只有一个人没有说谎，那么下列判断一定为真的是（ ）。

A. 小胡可能没有吃饭
B. 小郭可能　没有吃饭
C. 该工厂所有人都吃饭了
D. 该工厂所有人都没有吃饭

答案 C

解析 本题是真假推理题。分析题干，小张和小王之间的内容属于反对关系，通过小李的话可以得到有些人没有吃饭，又根据两个"有的"必有一真，所以小李说的是假话，所以真话是所有人都吃饭了。故选 C 项。

3. （2019 中国工商银行·单选题）学校最近购进了一批电脑作为教师职工的办公电脑，对此，A、B、C 三个人各有看法。A 说："有的教师职工没有分到电脑。"B 说："并非所有的教师职工都没有分到电脑。"C 说："学校教务处的小张，到现在还没分到电脑呢。"

如果上述三句只有一句是真的，则以下哪一项一定为假？（ ）

A. 招生处的小李分到了电脑
B. 学校所有教师职工都分到了电脑
C. 学校只有部分教师职工分到了电脑
D. 教务处的小张分到了电脑

答案 C

解析 本题是真假推理题。首先翻译 B 说的话，"并非所有的教师职工都没有分到电脑。"等于"有的教师职工分到了电脑"。A 说"有的教师职工没有分到电脑。"两个"有的"必有一真，故真话一定在 A 和 B 之间，C 说的话就是假的，所以小张肯定分到了电脑。由于小张分到了电脑，则 B 的话"有的教师职工分到了电脑"为真，A 的话为假，"有的教师职工没有分到电脑"的矛盾关系"所有教师职工都分到了电脑"为真，本题问一定为假的命题，由于所有职工都分到了电脑为真，则 A 项小李分到了电脑为真；B 项为真；C 项只有部分教职工分到了电脑为假；D 项小张分到电脑为真。故选 C 项。

4. （2019 广发银行·单选题）某公司有 40 人，甲乙丙是这个公司的员工。甲说："有些员工在使用公司开发的产品。"乙说："有些员工没有在用公司开发的产品。"丙说："据我所知，经理就没有在用公司开发的产品。"

已知，三人中只有一个人说的话是真的。那么，下列哪项为真？（ ）

A. 有且只有一个人在用公司的产品

B. 该公司所有员工都没有使用公司的产品

C. 有且只有一个人没有使用公司的产品

D. 该公司所有员工都在使用公司的产品

答案 D

解析 本题是真假推理题。分析题干，甲："有些员工在使用公司开发的产品。"乙："有些员工没有在用公司开发的产品。"丙："经理就没有在用公司开发的产品。"甲、乙说的话为反对关系，"有的用"和"有的不用"至少有一真，而三人中只有一人说了真话，所以丙的话一定为假，即经理在用公司开发的产品，所以甲的话是真的，乙的话是假的。根据乙的话"有些员工没有在用公司开发的产品"是假的，可以推出，所有员工都在使用公司开发的产品。故选 D 项。

核心考点三：分析推理（备考指数：★★★★）

一、题型特征

分析推理题是题干给出两组及以上的对象（如甲、乙、丙、丁），再给出两种以上信息（如年龄、性别、身高、职业、专业等），需要对各种信息进行一一匹配。

二、解题思路

1. 信息优先原则

分析推理时，应该遵循优先原则：最大信息优先、确定信息优先。找到最大信息（即题干中出现次数最多的词），把和最大信息有关的条件列出来，通过最大信息得到一个确定信息，再从确定信息出发进行后续推理。

2. 排除法和代入法

一些题目给出的信息较乱、较多，可以考虑排除法、代入法。

三、解题技巧

1. 排除法、代入法

（1）当题干条件确定时，根据已知信息和条件可以直接排除选项。

排除法是一种通用方法，即使无法排除所有的选项，也可以排除其中几个选项，因此解题时可以优先使用排除法，节省做题时间。

（2）当题干条件不确定，或者真假未知时，则优先考虑代入法。

提问方式中出现"可能"，如"以下可能对的是"，优先考虑代入法。

经典真题

1.（2019 国家电网·单选题）甲乙丙丁分别买了四支股票。当问到他们各自的股票行情时，甲说："丙的涨幅最快，我的第三。"乙说："我的涨幅最快，丁的最慢。"丙说："丁的涨幅第二快，我的第三。"丁未表态。

如果他们每个人的话都只有一半说对，一半说错，则以下推断不正确的是（　　）。

A. 甲的涨幅是第三快 B. 丁的涨幅是第二快
C. 乙的涨幅是第一快 D. 丙的涨幅是第三快

答案　D

解析　本题是分析推理题。由于每个人的话一半说对，一半说错，因此应使用代入法。A 项代入后，符合题干要求，排除；B 项代入后符合题干要求，排除；C 项代入后符合题干要求，排除；D 项代入后甲说的两句话都是错误，与题干不符，当选。故选 D 项。

2.（2019 中国工商银行总部·单选题）3 位心脏病专家（A、B、C）和 4 位内科专家（D、E、F、G）要参加两次会诊，每次会诊有三位专家参加即可，这三位专家中至少有一名心脏科专家和一名内科专家，每位专家只能参加一次会诊，且必须遵循以下条件：

（1）A 和 G 不能参加同一次会诊；

（2）D 和 F 不能参加同一次会诊；

（3）C 不能与 F 和 G 参加同一次会诊；

（4）B 参加一次会诊时，F 就要参加另一次会诊。

下列选项中（　　）列出了可能的两次会诊的名单。

A. A、C、E 和 B、D、F B. A、D、G 和 B、E、F
C. A、E、F 和 B、D、G D. B、C、D 和 E、F、G

答案　C

解析　本题是分析推理题，使用代入法。A 项不满足上面的条件（2），排除；B 项不满足上面的条件（1）和（4），排除；C 项以上条件都满足，当选；D 项不满足这三位专家中至少有一名心脏科专家和一名内科专家的前提条件，排除。故选 C 项。

3. 赵先生、钱先生、孙先生、李先生四人参加一项技能比赛，获得了比赛的前四名。据了解，他们之间有以下关系：

（1）孙先生和李先生经常相约一起打篮球；

（2）第一名和第三名在这次比赛中刚认识；

（3）第二名不会骑自行车，也不打篮球；

（4）赵先生的名次比钱先生的名次靠前；

（5）钱先生和李先生每天一起骑自行车上班。

根据以上条件，可以判断此次比赛的第一、二、三、四名次的获得者分别是（　　）。

A. 孙先生、赵先生、钱先生、李先生
B. 李先生、赵先生、孙先生、钱先生
C. 李先生、孙先生、赵先生、钱先生
D. 孙先生、李先生、赵先生、钱先生

答案 A

解析 本题是分析推理题。根据（1）无法排除选项，结合（2）可知，孙先生和李先生不可能同时是第一名和第三名。B项，李先生是第一名，孙先生是第三名，排除。结合（1）和（3）"第二名不打篮球"可知，第二名不是李先生和孙先生。C项孙先生是第二名、D项李先生是第二名，排除。故选A项。

4. 最近上映了一部很受欢迎的电影，小刘购买了4张座位连在一起的电影票，邀请小马、小杨、小廖一同去观看。四人各自随机拿了一张电影票，此时他们分别猜了一下座位情况：

小刘说："我好像是坐在小马旁边。"
小马说："我的左手边不是小刘就是小杨。"
小杨说："我肯定是坐在小廖旁边。"
小廖说："小刘应该是坐在我的左手边。"

假如他们四人都猜错了，那么他们面向银幕从左到右的正确座位可能是（　）。

A. 小廖、小马、小杨、小刘　　B. 小刘、小杨、小廖、小马
C. 小马、小廖、小杨、小刘　　D. 小杨、小刘、小廖、小马

答案 A

解析 本题是分析推理题。题干说明"四人都猜错了"，采用代入法。根据小刘的话可得，小刘不在小马旁边；根据小马的话可得，小马左边既不是小刘也不是小杨；根据小杨的话可得，小杨不在小廖旁边；根据小廖的话可得，小刘不在小廖的左手边。根据第三句话可以排除BC项，根据第四句话可以排除D项。故选A项。

2. 其他辅助技巧

（1）符号：题干涉及年龄、成绩、收入、身高等大小比较，考虑用符号（＞、＜、＝）辅助解题。

（2）表格：当题干条件中对象和信息较多时，可以借助列表推理。把已知条件列入表格，可以辅助推理出正确答案。

经典真题

1.（2019 中国工商银行总部·单选题）某市发生一起入室盗窃案，经过警方连日侦破，犯罪嫌疑人锁定为甲、乙、丙、丁中的两人。经审讯：

甲说：不是我干的。

乙说：是丁干的。

丙说：是乙干的。

丁说：案发时我不在本市。

经过调查，这四人中有两人说了真话，罪犯是（　　）。

A.乙和丙　　　　　　　　B.丙和丁

C.甲和丁　　　　　　　　D.乙和丁

答案 B

解析 本题是分析推理题。将选项代入题干进行对比，如下表所示：

		条件甲 (¬甲)	条件乙 (丁)	条件丙 (乙)	条件丁 (¬丁)	结论
A	乙和丙	√	×	√	√	三对一错
B	丙和丁	√	√	×	×	二对二错
C	甲和丁	×	√	×	×	一对三错
D	乙和丁	√	√	√	×	三对一错

根据表格可以发现，只有 B 项满足只有两人说真话的条件。故选 B 项。

2.（2018 中国建设银行·单选题）作为某分行 2017 年新员工入职培训的一个重要环节，"我与前辈面对面"分享会邀请到甲、乙、丙三位职场前辈，向新员工们分享自己的成长经历和故事。三人中，一位是支行行长、一位是客户经理、一位是柜员。现在只知道：丙比柜员年龄大、甲和客户经理不同岁，客户经理比乙年龄小。

以下哪项结论是由以上论述所推出的？（　　）

A.甲不是柜员　　　　　　　　B.客户经理比甲年龄小

C.客户经理比支行行长年龄大　　D.柜员年龄最小

答案 D

解析 本题是分析推理题。根据"甲和客户经理不同岁，客户经理比乙年龄小"可知，甲和乙都不是客户经理，丙是客户经理，再根据"丙比柜员年龄大，客户经理比乙年龄小"可以排列出顺序，即乙＞丙＞柜员，则乙是行长，甲是柜员，综合整理：乙（行长）＞丙（客户经理）＞柜员（甲）。故选 D 项。

3.上半年，国家食品药品监督管理局对市面上常见的 6 种抗生素进行了药效比较，得到结果如下：甲药比乙药有效，丙药的毒副作用比丁药大，戊药的药效最差，乙药与己药的药效相同。

由此可知（　　）。

A. 甲药与丁药的药效相同　　B. 戊药的毒副作用最大

C. 甲药是最有效的药物　　D. 己药比甲药的药效差

答案 D

解析 本题是分析推理题。根据题干条件：（1）甲＞乙；（2）丙毒＞丁毒；（3）戊最差；（4）乙＝己。（1）（3）（4）可以串联为：甲＞（乙＝己）＞戊。一共6种抗生素，已知其中4种的药效，剩余两种抗生素的药效无法确定。A项"甲药"与"丁药"的药效比较在题干中未涉及，排除；B项题干只说明"丙毒＞丁毒"，未提及"戊药"的毒副作用，排除；C项题干只说明"甲＞（乙＝己）＞戊"，不确定甲与所有药比较是否是最有效的，排除；D项题干说明"甲＞己"，当选。故选D项。

核心考点四：归纳推理（备考指数：★★）

一、题型特征

1. 提问方式

题干：类似言语题目、无逻辑关联词，比言语的细节题目简单。

问题：由此可以推出 / 不能推出？

翻译题也是这种问法，但是日常结论题的题干没有逻辑关联词，翻译题题干存在逻辑关联词。

2. 注意事项

日常结论题要求能从题干的某一句话推出即可，并不是对整个文段的总结。

二、解题思路

1. 不选的情况

（1）逻辑错误：题干为"A 导致 B"，选项为"B 导致 A"，因果倒置。

（2）无中生有：题干讨论的是"火锅"，选项为"烤肉在中国也是很受欢迎的"，即无中生有。

（3）偷换概念：题干为"博尔特的跑步速度很快"，选项为"博尔特的跑步速率很快"，二者不是一个概念。

2. 慎选的情况

（1）比较关系：比……、越来越……、更……。

（2）绝对词：一定、必须、肯定、只要……就……、只有……才……。

（3）程度：最 / 极大 / 很……。

（4）范围的扩大。

3. 优选的情况

可能性的词汇：可能、有的、有些……、或许……，遇到这样的选项可以先不看，先看其他的选项，如果其他选项都不太好，可以直接选择该项。如果存在一个和题干一模一样的选项，再对比择优选择。

经典真题

1.（2020 中国工商银行秋招·单选题）埃博拉病毒颗粒外表有许多突出的糖蛋白（Glycoprotein，GP）三聚体，是机体识别并产生极强免疫反应的病毒分子。在病毒囊膜的内侧还有多个蛋白质分子，又称为基质蛋白。科学家发现，基质蛋白 VP40 和 GP 蛋白能自动组装成与埃博拉病毒颗粒相似的空壳，即 VLP。由于 VLP 不含有埃博拉病毒的核酸成分，因而不具有感染性。最主要的是，VLP 保留了病毒 GP 蛋白质的高免疫原性，所以 VLP 是发展抗埃博拉病毒疫苗的首选。利用这个特性，科学家可以在实验室里大量生产 VLP。用这样的 VLP 作为疫苗给人类接种，可以激活机体针对埃博拉病毒 GP 蛋白的免疫反应，接种疫苗的人就可能抵御埃博拉病毒的感染了。

根据以上材料，可以推断出（ ）。

A. 因为 VLP 保留了病毒 GP 蛋白质的高免疫原性，所以 VLP 不具感染性，可以用作抗埃博拉病毒疫苗

B. 埃博拉病毒的感染性是由病毒的核酸成分引起的

C. 接种 VLP 疫苗的人就能抵御埃博拉病毒的感染了

D. 目前世界上已经出现了可以对抗埃博拉病毒的疫苗

答案 B

解析 A 项中说 VLP 不具有感染性是由于其保留了病毒 GP 蛋白质的高免疫原性，但题干讲的是"由于 VLP 不含有埃博拉病毒的核酸成分，因而不具有感染性。"与题干内容不符，不可以推出，排除。B 项说埃博拉病毒的感染性是由病毒的核酸成分引起的，对应原文"由于 VLP 不含有埃博拉病毒的核酸成分，因而不具有感染性。"可以推出，保留。C 项文段最后说的是接种疫苗的人可能抵御埃博拉病毒感染，并不是一定的，表述过于绝对，排除。D 项说已经出现该疫苗，文段说的是可以在实验室大量生产，但到底有没有，文段并未说明，排除。故选 B 项。

2.（2018 中国邮政储蓄银行·单选题）研究表明，蜂巢是一个真正的民主社会。当蜜蜂需要找个新家时，地点的选择是由许多蜜蜂投票的。比如，根据这一地点的大小、湿度和周围鲜花多少等"质量"参数，每只蜜蜂都用舞蹈投票，当跳某种舞蹈的蜜蜂数目足够多时，大多数的意见也就倾向于该舞蹈所代表的地点。蜜蜂不仅投票决定"迁都"，在候选蜂后的决斗中，工蜂也会以某种方式干预"选举"的走向，选择对整个蜂巢的发

展最有好处的那位当女王。

根据文段，以下推论正确的是（　　）。

A. 少数服从多数是蜜蜂选择新家的标准

B. 哪只候选蜂后能够胜出取决于工蜂的喜好

C. 蜜蜂的民主社会比人类更加完善

D. 蜜蜂的舞蹈能够传递出信息

答案 D

解析 A项根据文段"当跳某种舞蹈的蜜蜂数目足够多时，大多数的意见也就倾向于该舞蹈所代表的地点"，这只是客观地描述蜜蜂的选择新家的民主方式，并未说大多数的意见就是最后选择新家的标准，该项说法绝对，排除；B项，题干说的是工蜂会"干预"选举走向，该项的"取决于"表述绝对，排除；C项题干未提人类的民主，因此无法做比较，排除；D项根据"每只蜜蜂都用舞蹈投票，当跳某种舞蹈的蜜蜂数目足够多时，大多数的意见也就倾向于该舞蹈所代表的地点"可知，蜜蜂的舞蹈可以进行投票，投票属于信息传递的一种方式，正确。故选 D 项。

3.（2019 国家电网·单选题）害怕是造成焦虑和焦虑障碍的主要原因。这种最原始的认识让我们把各种事情和具体的征兆，以及可能预见到的危险环境联系到了一起。比如，在很早以前的热带草原上，人类就应该已经懂得了草丛里发出的瑟瑟声响，或突然受惊飞起的鸟群都预示着有猛兽可能出现——知道利用这些警示拼命逃离危险。如果没有这种判断危险征兆的能力，我们早就成了别人的盘中餐了。

根据该段文字无法推出的是（　　）。

A. 不焦虑说明不害怕

B. 利用警示逃离危险是人类特有的能力

C. 判断危险征兆的能力可以保护我们自己

D. 懂得害怕是一种原始认识

答案 B

解析 A项由文段第一句话可以推出；B项文段并未提及利用警示逃离危险是人类的特有能力，无法推出；C项从文段最后一句话可以推出；D项从文段第二句话可以推出。故选 B 项。

核心考点五：加强论证（备考指数：★★★★）

一、题型特征

1.提问方式

提问方式中带有"加强""支持""假设""前提"等关键词。

如果以下各项为真，最能加强（支持、赞同、证明）上述论断的是？

以下哪项为真，是上述论断的前提（假设、必要条件）？

如果以下各项为真，最不能加强上述论断的是？

二、解题思路

1. 明确论证三要素

论证涉及三要素：论点、论据、论证。

加强论证的两种方法：加强论据、加强论证（搭桥）。

2. 对比择优

做论证题目，建议将所有选项看完，因为有时会涉及择优比较。

三、解题技巧

1. 加强论证之搭桥

为了证明论点或论据的真实性，可以强化论点和论据之间的联系，加强论证即为搭桥。

（1）明确论点和论据

当题干中出现提问方式为前提、假设、必要条件时，明确论点和论据讨论的话题和内容。

（2）建立联系

通过"搭桥"的方法在两者之间建立联系。当选项中出现论点和论据中的关键词，肯定论点和论据之间的关系。

（3）对比选项

对比各个选项，排除其他因素的影响（干扰项、无关项、不明确项），选择加强力度最大的一项。

加强论证中搭桥的力度最强，搭桥项应同时包含论点和论据的关键词。

（4）注意事项

搭桥顺序是从论据推出论点。若只有一个选项同时包含论点和论据的关键词，则可以直接选择；若有两个选项同时包含论点和论据的关键词，需选择搭桥方向正确的选项。

经典真题

1.（2018 中国建设银行·单选题）去年，韩春雨及其团队在《自然·生物技术》上发表了题为"利用 NgAgo 进行 DNA 引导的基因组编辑"的论文。然而，某研究者根据论文提供的实验方案无法重复该论文所报告的基因编辑功能。该位科学家由此得出结论：最初的实验结果是由错误的实验方法造成的。

以下哪项是这位科学家推理的假设？（　　）

A. 最初的实验结果使得某个理论原则受到质疑，而该原则本身的根据是不充分的

B. 重复实验不会像最初实验那样由于错误的实验方法而导致有问题的结果

C. 由于没有足够详细地记录最初的实验，所以不大可能完全重复这一实验

D. 如果实验的结果是正确的，则在相同条件下进行实验应得到相同的结果

答案 B

解析 论点：最初的实验结果是由错误的实验方法造成的。论据：根据论文提供的实验方案无法重复该论文所报告的基因编辑功能。A项，指出最初的实验结果导致某个理论收到质疑，题干论点强调的是最初的实验结果是由错误的实验方法造成的，二者讨论的话题不一致，是无关选项；B项，该句的意思是"正确的实验方法可以重复实验并得出最初的实验结果"；而题干的论据和论点之间存在概念的跳跃，要加强题干论证，就必须建立关系，而B项化简过后的逆否命题表达的正是这个意思，可以加强；C项，指出重复实验很困难，这与论点说的不是一个话题，不能加强；D项，讨论实验结果的正确性，而题干论点讨论实验方法的正确与否，是无关选项。故选B项。

2.（2018 广发银行·单选题）某大学邀请经济学家甲来做报告，结果到场人数超过1 000人；这一次该大学准备邀请经济学家乙来做报告，估计到场人数仍会超过1 000人。

那么，以下哪项假设为真，上述推断成立？（　）

A. 这次报告会比上次多出一小时的时间，足够吸引更多的学生

B. 很多同学错过了前面的报告，正好在这次得到精神上的补偿

C. 该大学加大了这次报告的宣传力度，有更多的同学知晓

D. 经济学家甲和乙对学生的吸引程度差不多

答案 D

解析 论点：这一次该大学准备邀请经济学家乙来做报告，估计到场人数仍会超过1 000人。论据：某大学邀请经济学家甲来做报告，结果到场人数超过1 000人。A项，时间越长，是否就越能吸引学生，二者关系不确定，不能加强；B项，错过前面报告的同学是否一定会参加这次的报告，不确定，不能加强；C项，宣传力度大，学生知道的多，但是否一定会去参加，不确定，不能加强；D项，既然甲和乙对学生的吸引程度差不多，那么甲做报告时到场人数超过1 000人，那么乙做报告时到场人数也会超过1 000人，建立了题干论据和论点之间的关系，可以加强。故选D项。

3.（2019 广发银行秋招·单选题）甲：欧阳是红尘服饰的代言人。乙：那不太可能，他可是只用朝阳服饰公司的产品。

对话中，乙的话中隐含的一个前提是（　）。

A. 一般来说，所有代言人只用代言公司的产品

B. 欧阳是红尘服饰和朝阳服饰两家的代言人

C. 欧阳并不是朝阳服饰的代言人

D. 红尘服饰和朝阳服饰隶属一家公司

答案 A

解析 论点：欧阳不是红尘服饰的代言人。论据：欧阳只用朝阳服饰公司的产品。逐一分析选项。A项题干指出欧阳只用朝阳公司的产品，说明他不用红尘公司的产品，若代言人只用代言公司的产品，则说明欧阳不是红尘公司的代言人，可以加强，当选；B项欧阳是红尘服饰和朝阳服饰两家的代言人，直接否定了论点，无法加强，排除；C项欧阳不是朝阳服饰代言人并不能说明他不是红尘服饰代言人，是无关选项，不能加强，排除；D项红尘服饰和朝阳服饰隶属一家公司，但是没有说明两家隶属公司所用的代言人是否是同一个人，无法加强，排除。故选A项。

4.配方奶被阪崎肠杆菌污染主要有两个来源：一是奶粉本身就含有少量阪崎肠杆菌；二是通过周围的环境和被细菌污染的器具或者双手进入配方奶。因此，世界卫生组织建议用不低于70摄氏度的水来冲调婴儿的配方奶。

以下陈述如果为真，哪项是上述结论的前提？（　　）

A. 婴幼儿腹泻的主要原因是阪崎肠杆菌

B. 70摄氏度以上的水可杀死阪崎肠杆菌

C. 水温低于70摄氏度不会影响奶粉的营养

D. 绝大多数细菌无法在沸水中存活

答案 B

解析 论点：世界卫生组织建议用不低于70摄氏度的水来冲调婴儿的配方奶。论据：配方奶被阪崎肠杆菌污染主要有两个来源……或者双手进入配方奶。A项与论点"不低于70摄氏度的水"无关，排除；B项包含论点"70摄氏度的水"和论据"阪崎肠杆菌"的关键词，当选；C项"水温低于70摄氏度"与题干"不低于70摄氏度的水"主体不一致，排除；D项"沸水"在正常情况下是100摄氏度，题干是"不低于70摄氏度的水"，范围不一致，排除。故选B项。

2.加强论证之补充论据

（1）必要条件

①必要条件：选项为论点成立的必要条件，没它不行。

②提问方式为前提、假设、必要条件、支持论证，且无搭桥选项。

（2）解释原因和举例支持

①解释原因：说明论点成立的原因。

②举例支持：证明论点成立的例子。

③加强力度：必要条件通常不与解释原因和举例支持同时出现。解释原因的加强力度大于举例支持（解释原因＞举例支持）。

④注意：类比选项一般不选，优先选择表达意义明确的选项。

经典真题

1.（2018 中国银行、交通银行·单选题）经过一项持续 10 年的努力研究，研究者发现了 238 个负责老化的特定基因，这些基因一旦被删除，在实验室测试中会显著延长酵母细胞寿命。因此，删除人类中的相同基因也能大大提升人类寿命。

如果以下各项为真，最能支持科学家观点的是（　　）。

A. 这些特定基因删除后人类将会死亡
B. 人类不含有酵母细胞中的这些特定基因
C. 研究表明这些基因在人类中只影响衰老
D. 研究者发现删除某些基因酵母寿命可以延长 60%

答案 C

解析 论点：删除人类中的相同基因也能大大提升人类寿命。论据：238 个负责老化的特定基因一旦被删除，在实验室测试中会显著延长酵母细胞寿命。A 项删除特定基因人类不但不会提升寿命反而会死亡，直接削弱结论，不能加强，排除；B 项人类压根就没有特定基因，因此就无法谈及"删除特定基因"，不能加强，排除；C 项这些基因"只"影响衰老，那么删除这些基因只会提升人类寿命，而不会造成其他负面作用，可以加强；D 项"某些基因"不等同于题干的"238 个负责老化的特定基因"，并且未提及人类，无法加强题干结论，排除。故选 C 项。

2.（2018 中国邮政储蓄银行·单选题）在一项实验中，研究人员人工诱发白鼠心脏缺血性伤害，这与人心脏病发作时的情况一样。通过对比发观，在 24 小时内、1 周和 2 周内吃高脂食物的白鼠与那些在 6 周内食用高脂食物及以素食为主的白鼠相比，在抵挡心脏缺血性伤害方面更有优势，它们的心脏受到的伤害更小。由此，研究人员得出结论：短期摄入高脂食物有益于心脏健康。

以下哪项为真，最能支持题干的结论？（　　）

A. 高脂食物增加血液黏稠程度，长时间食用这类食物会增加心脏的负担
B. 高脂食物对心脏的危害一般都需要经过 2 周及以上才能真正地显现出来
C. 抵抗心脏缺血性伤害的能力并不等于"心脏健康"
D. 24 小时内吃高脂食物的白鼠比那些 2 周内的更能抵挡心脏缺血性伤害

答案 D

解析 本题为加强型题目。论点：短期摄入高脂食物有益于心脏健康。论据：通

过对比发现，……它们的心脏受到的伤害更小。A项长时间食用高脂食物会增加心脏的负担，而题干论点讨论的是"短期摄入高脂食物"是否有益心脏健康，二者讨论话题不一致，不能加强；B项提及高脂食物对心脏有危害，而题干论点讨论是的"高脂食物对心脏有益"，是无关选项，不能加强；C项指出论据和论点涉及的概念不一致，削弱论证关系，不能加强；D项通过对比试验，说明短时间内吃高脂食物的白鼠更能抵挡心脏缺血性伤害，补充论据加强题干论点。故选D项。

3.（2019中国建设银行秋招·单选题）宇宙加速膨胀是因为物质之间相互排斥，减速膨胀是因为物质之间相互吸引。因此，要在此基础上解释宇宙的加速或减速膨胀，必须要有不同特性的物质在不同的时期占主导地位，从而产生强大的排斥力或吸引力。粒子物理标准模型中的所有粒子都产生吸引的引力，然而星系转动曲线的研究表明，在星系里面还有大量的、看不到的物质，这些物质可以产生非常强大的吸引性引力。

以上论证如果为真，则星系转动曲线研究结论隐含了下列哪一项前提？（　　）

A. 星系转动曲线的研究说明存在超大质量、看不到的黑洞
B. 星系转动曲线的研究说明这个时期的宇宙正在加速膨胀
C. 粒子物理标准模型中的粒子不是唯一的，存在其它粒子
D. 粒子物理标准模型中的所有粒子产生的吸引性引力不足

答案 D

解析 论点：在星系里面还有大量的、看不到的物质，这些物质可以产生非常强大的吸引性引力。A项论点和论据中没有提到黑洞，该项是无关选项，不能加强，排除；B项星系转动曲线的研究应该说明的是这个时期的宇宙正在减速膨胀，与题干所给已知信息不符，无法加强，排除；C项粒子的唯一性和题干所讨论的论点产生吸引性引力无关，不能加强，排除；D项题干背景明确说明，要在此基础上解释宇宙的加速或减速膨胀，必须要有不同特性的物质在不同的时期占主导地位，从而产生强大的排斥力或吸引力。粒子物理标准模型中的所有粒子已经都能产生吸引力了，只有它们产生的吸引性引力不足，才需要其他物质有强大的吸引力，该项是论点成立的一个必要条件，补充论据，可以加强，当选。故选D项。

核心考点六：削弱论证（备考指数：★★★★）

一、题型特征

1. 提问方式
提问方式中带有"削弱""质疑""反驳""否定"等关键词。
如果以下各项为真，最能质疑（反驳、削弱、反对）上述论断的是？
以下哪项如果为真，无法支持研究者的观点？

2. 注意

（1）最不能质疑：使用排除法，将质疑项排除。"不能质疑"包含两种情况，加强项和无关项。

（2）质疑力度最弱：少见的问法，约等于"不能质疑"的题目，不需要在能质疑的选项中比较力度。

二、解题思路

1. 明确论证三要素

论证涉及三要素：论点、论据、论证。加强、削弱题目针对的是论证三要素。

2. 削弱论证的三种方法：否定论点、削弱论据、削弱论证（拆桥）。

三、解题技巧

1. 削弱论证之否定论点

否定论点是最强的削弱方式，考查较多。

（1）选项特征

否定论点，即选项与论点表述的意思相反。

常见错误选项：讨论的主体不一致、讨论的话题不一致、不明确选项。

（2）解题步骤

①找出论点；

②想出与论点相反意思的表述；

③寻找对应选项。

（3）削弱论点

①直接削弱论点；

②举例削弱论点，第一种削弱力度强于第二种。

（4）注意事项

论证题中对策一般都不选，因为论证是以论据来支撑、解释论点的过程，论证讨论的是为什么（why），加强论证是在讨论为何对，削弱论证是在讨论为何不对，而对策讨论的是应该怎么办（how）。

经典真题

1.（2018 中国建设银行·单选题）有统计显示，在"挑战杯"全国大学生课外学术科技作品竞赛中，由指导老师推荐的作品所取得的成绩要好于大学生自荐的作品。因此，相较于大学生自身的创新意识、科学素养和动手能力，是否有指导老师的推荐对于一个作品能否获奖更为重要。

下列哪项如果为真，最能削弱上述论证？（　　）

A. 指导老师科研及参赛经验丰富，比大学生本人更了解一个作品是否具有创新性

B. 获奖的作品中，大多数都无法吸引企业的兴趣，从而成为促进高校科技成果向现实生产力转化的有效方式

C. 对于一个作品能否注册专利、能否吸引企业投资者来说，指导老师的作用相较于大学生自身的素质，就显得不那么重要了

D. 指导老师在决定一个作品能否参赛时，通常要与该作品的设计者面谈，了解其创新意识、问题素养和动手能力

答案 D

解析 论点：相较于大学生自身的创新意识、科学素养和动手能力，是否有指导老师的推荐对于一个作品能否获奖更为重要。论据：在"挑战杯"全国大学生课外学术科技作品竞赛中，由指导老师推荐的作品所取得的成绩要好于大学生自荐的作品。A项指导老师经验丰富，更了解作品是否具有创新性，加强题干结论，不能削弱；B、C项与题干讨论的能否获奖无关，不能削弱；D项说明指导老师之所以推荐参赛，是基于对参赛者的创新意识、问题素养和动手能力的了解，所以最根本的还是参赛者本身的素质，可以削弱。故选D项。

2.（2017年云南公务员·单选题）与意大利、德国等欧洲国家不同，美国被一些球迷称为"足球荒漠"，他们认为在美国，足球一直被视为边缘运动。

下列各项如果为真，最能反驳这一看法的是（　　）。

A. 美国足球队在世界杯等多项国际重大比赛上获得了傲人成绩，其在国际足联的排名有时甚至超过英格兰等传统足球强国

B. 美国足球联赛起步虽晚，但发展飞速，现在其联赛水平已经超过阿根廷、巴西等传统足球强国

C. 足球已经成为美国12～24岁年轻人的第二运动，其青少年足球人口绝对数量位居世界第一

D. 因为缺乏相应的足球文化土壤的培育，所以在美国从事足球运动的人都是真正热爱足球的人，没有复杂商业运作的足球运动更加纯粹

答案 C

解析 论点：足球一直被视为边缘运动。"足球荒漠"指没有人玩足球。削弱论点：足球不是边缘运动，在美国很火热，很多人玩。A项"傲人成绩"没有说明玩的人是否多，无关选项，排除；B项"联赛水平"与玩的人是否多无关，话题不一致，排除；C项"第二运动""世界第一"说明玩的人多，直接否定论点，当选；D项没有提及玩的人是多还是少，只是说明玩得认真，排除。故选C项。

2. 削弱论证之拆桥

削弱论证,即"拆桥",是指破坏论点和论据之间的联系,从论据不能推出论点。

(1) 考虑拆桥的情况

①没有否定论点的选项。

②提问方式为"削弱论证"时,优先考虑拆桥。

③论点和论据讨论的话题不一致,考虑拆桥。

(2) 选项特征

选项中包含论点、论据中的关键词,并否定论点和论据之间的必然联系。

(3) 力度比较

否定论点 > 拆桥 > 否定论据。

经典真题

1.(2018 中国建设银行·单选题)美国电动汽车 Tesla 使用的电池是由近 7 000 块松下 18650 型电池通过串联、并联结合在一起的大电池包。Tesla 电池动力系统的安全性一直受到汽车界的质疑。一位电池专家说,18650 型电池在美国的起火概率是百万分之 0.2,那么,7 000 块小电池组成的电池包的起火概率就是百分之 0.14,以 Tesla 目前的销量来看,这将导致它几乎每个月发生一次电池起火事故。

如果以下陈述为真,哪一项最有力地削弱了专家的判断?( )

A.18650 型电池具有能量密度大、稳定、一致性好的特点

B. 全球每年生产数十亿块 18650 型电池,其安全级别不断提高

C.Tesla 有非常先进的电池管理系统,会自动断开工作异常的电池单元的输出

D.18650 型电池可循环充电次数多,因此大大延长了电池的使用寿命

答案 C

解析 论点:以 Tesla 目前的销量来看,这将导致它几乎每个月发生一次电池起火事故。论据:Tesla 使用的电池是……那么,7 000 块小电池组成的电池包的起火概率就是百分之 0.14。A 项,18650 型电池能量密度大、稳定、一致性好,拥有这些优点不代表该电池就不会起火,不能削弱;B 项,安全级别不断提高,不代表就能减少起火概率的发生,不能削弱;C 项,电池管理系统会自动断开工作异常的电池单元的输出,这样如果有电池有异常,则会断电,因此会避免火灾的发生,可以削弱;D 项,电池的使用寿命与其是否会起火无关,不能削弱。故选 C 项。

2.(2019 中国建设银行秋招·单选题)某市为了发展文化强市战略,在 2013 年、2015 年先后建成了两个图书馆,2013 年底共办理市民借书证 7 万张,到 2015 年底共办理市民借书证 13 万张。2016 年,该市又在新区建立了第三个图书馆。截至 2017 年底,

全市共计办理市民借书证 20 万张。市政府由此认为，该项举措是有实效的，因为在短短的几年间，光顾图书馆的市民增加了近两倍。

以下哪项如果为真，最能削弱上述结论？（　　）

A. 图书馆要不断购置新书，维护成本也很高，这会影响该市其他文化设施建设

B. 该市有两所高等学校，许多在校生也办理了这 3 个图书馆的借书证

C. 很多办理了第一个图书馆借书证的市民又办理了另外两个图书馆的借书证

D. 该市新区建设发展迅速，几年间很多外来人大量涌入新区

答案 C

解析 论点：该项举措是有实效的。论据：因为在短短的几年间，光顾图书馆的市民增加了近两倍。本题的论点是对政策有效的肯定，论据是光顾图书馆的市民增加了近两倍。这种题目没办法通过直接否定论点（本政策无效）的方式来削弱，可以考虑补充一些能证明光顾图书馆的市民没有增加的理由。A 项说的是图书馆的维护成本高，与论点建图书馆对发展文化强市有实效没有关系，论题不一致，属于无关选项，排除；B 项，两所高校的学生也办理了借书证，说明建立的图书馆对这两所高校的学生有帮助，有一定的实效，对论题有一定的加强，是加强论据，排除；C 项说的是一个市民办理三个借阅证，这样就是说明看书的人并不一定在增加，只是一人办多证，是对论据的否定，当选；D 项该市在这 4 年间有很多外来人口涌入，只是说该市的人口多了，跟看书的人数没有直接的关系，排除。故选 C 项。

3.（2017 年广州公务员·单选题）某人因为心理疾病尝试了几种不同的心理疗法：精神分析疗法、认知行为疗法以及沙盘游戏疗法。他说："心理治疗过程让我非常不快乐，因此，这些疗法是无效的。"

以下哪项如果为真，将最有力质疑上述的结论？（　　）

A. 几种不同心理疗法所针对的心理疾病是不同的

B. 尝试多种心理疗法的人要比只尝试一种疗法的人快乐

C. 同时尝试不同心理疗法能够更容易找到可以起作用的方法

D. 治疗效果好的人在治疗过程中往往感觉不快乐

答案 D

解析 论点：这些疗法是无效的。论据：心理治疗过程让某人非常不快乐。A 项说明"针对的心理疾病是不同的"，但是未提及"疗效"，排除；B 项说明在比较，题干未涉及比较，排除；C 项"不同心理疗法"不确定是否为题干中的"这些疗法"，"更容易找到"不代表一定找到，排除；D 项说明不快乐的最终结果是有效的，断开"不快乐"和"无效"之间的联系，削弱论证。故选 D 项。

3. 削弱论证之否定论据

（1）否定论据的形式

否定论据，一般有两种形式：

①论据有错误，直接否定论据。

②论据没有错，否定论据的可行性。

（2）考虑否定论据的情况

①题干中出现支持方、反对方观点相反的情况，经常采用否定论据来削弱。

②结论是预测（预测无法验证的历史或者未来），或者建议（典型提示词：建议、应该等）时，经常采用否定论据来削弱。

经典真题

1.（2018 中国建设银行·单选题）对于通过延迟退休年龄来解决养老金缺口问题的提议，很多网友心存疑虑，认为让本应退休的老年人继续留在职位上，会挤压年轻人的就业空间，加重年轻人求职的问题。专家对此解释说：晚退休人群既是生产者也是消费者，他们的消费可以创造新的就业岗位。

如果以下陈述为真，则哪一项最能强有力地质疑专家的解释？（　　）

A. 专家的解释基于在职老年人的消费能力明显高于退休的同龄人这一未经证实的假定

B. 延迟退休年龄会遭到在民营企业工作的人的反对

C. 只有通过刺激经济发展才能从根本上降低失业率

D. 老年人的消费能力不如年轻人强

答案 A

解析 论点：晚退休人群既是生产者也是消费者，他们的消费可以创造新的就业岗位。A 项说明在职老年人的消费能力是否会高于退休的同龄人不确定，如果在职老年人的消费能力低于退休的同龄人，那么晚退休就不会有积极意义，所以该项指出专家得出结论的前提是未经证实的，削弱了题干结论；B 项晚退休遭到在民营企业工作的人的反对，这与题干结论无关，不能削弱；C 项降低失业率与题干论点无关，论点说的是老年人的消费可以创造新的就业岗位，即提高就业率，不能削弱；D 项老年人的消费能力不如年轻人，这和老年人是否能促进就业无关，排除。故选 A 项。

2.（2019 中国工商银行总部·单选题）在一次实验中，等质的实验对象被分成两组。其中一组被试服用了真正的药片，而另一组则服用的是面粉，但被告知是一种非常昂贵的进口药。实验结束后，得出的结论是：精神上的自我暗示可以帮助患者康复。

以下哪项为真，则能削弱上述观点？（　　）

A. 有数据显示，精神上的愉悦能够刺激人体产生抵抗酶，自动修复机体的组织

B. 保持良好的心情有助于增强个体的免疫力，有效地抵御病患

C. 与熟人聊天是一种宣泄情绪，保持身心顺畅的方式

D. 经过统计分析，二组实验对象的恢复状况虽然看起来有差异，但并不显著

答案 D

解析 本题是削弱类题型。论点：精神上的自我暗示可以帮助患者康复。论据：对比实验。分析选项，A项表述属于对题干观点的加强，排除；B项和文段无关，文段强调的是康复，B项说的是抵御，排除；C项和文段无关，属于无关选项，排除；D项通过论据削弱，可以削弱文段观点，可选。故选D项。

---

4. 因果论证

（1）题型特征

①论点包含因果关系。

常见句式：……是……的原因，……导致……，……使得……，……有助于（有利于）……

②文段给出一种现象或一个问题，论点是阐释原因。

常见结构：研究发现……；专家认为……

③注意。

因果论证有两种特殊的削弱方式，即因果倒置和他因削弱，这两种方式只能应用在因果论证中。

（2）因果倒置

①题干特点：题干通过两个因素相关得出两者的因果关系。

②解题核心。

a. 直接指出题干所述的因果关系不成立。

b. 除了原因条件之外还有其他不同的条件，因此不能得出其因果关系。

c. 原因条件相同时，结果也可能不同，因此不能得出其因果关系。

（3）他因削弱

①题干特点：题干由对样本、部分的调查、研究、问卷和实验结果得出针对整体的结论。

②解题核心。

a. 所调查的样本特殊，没有代表性，不能推广到整体；

b. 与整体相关的其他事实，这一事实足以影响到整体；

c. 他因削弱是一种可能性削弱，力度在所有削弱中是最弱的。

经典真题

1.（2018 中国建设银行·单选题）为预测"十三五"期间企业的人才需求情况，《职场先锋》杂志对 150 家企业进行了一次问卷调查，结果显示，超过半数的答卷都把高级经营管理人才选为企业的重要支撑。这说明，企业高级经营管理人才的需求呈现上升趋势，企业重技术轻管理的现象已经成为过去。

以下哪项如果为真，将最能削弱上述的结论？（　　）

A.《职场先锋》并不是一份很有影响力的杂志

B.被调查的虽然有 150 家企业，但总人数不超过 200

C.被调查者 90% 以上是企业的高级经营管理者

D.目前企业高级经营管理人才的平均收入，高出其他岗位一大截

答案 C

解析 论点：企业高级经营管理人才的需求呈现上升趋势，企业重技术轻管理的现象已经成为过去。论据：《职场先锋》杂志……为企业的重要支撑。A 项没有影响力不代表调查结果不可靠，不能削弱；B 项说明调查的样本数量少，结果可能不够科学，可以削弱；C 项说明被调查的绝大多数都是说企业的高级经营管理者，他们自然会认为高级经营管理人才很重要，调查对象不具有代表性，可以削弱，B 项没有 C 项力度强；D 项企业高级经营管理人才的平均收入的高低与题干结论无关，不能削弱。故选 C 项。

2.（2019 中国建设银行·单选题）针对国内消费价格上涨的现象，各位专家学者纷纷表达自己的看法。一位经济学家指出，本轮物价上涨主要表现为食品价格的上涨，其根本原因则在于流动性过剩，表现为有过多的货币投放量，这些多余的资金需要寻找投资出路，于是就有了投资或经济过热现象，流动性过剩为当前物价上涨埋下隐患。

以下哪项如果为真，能够削弱上述经济学家的观点？（　　）

A.究竟是什么原因导致本轮消费价格上涨还在进一步研究中

B.这位经济学家此前在国内的经济学界一直名不见经传

C.据一项权威调查显示，80% 的食品生产者表示成本提高是食品价格上涨的原因

D.实践证明，当市场上流动性不足时往往导致供过于求，消费价格下调

答案 C

解析 论点：本轮物价上涨主要表现为食品价格的上涨，其根本原因则在于流动性过剩，表现为有过多的货币投放量，这些多余的资金需要寻找投资出路，于是就有了投资或经济过热现象，流动性过剩为当前物价上涨埋下隐患。A 项"原因还在进一步研究中"属于不明确选项，无法削弱，排除；B 项"这位经济学家此前一直名不见经传"不能说明其观点是否正确，无法削弱，排除；C 项"成本提高是食品价格上涨的原因"，而题干论点中说明食品价格上涨的根本原因是流动性过剩，选项提出了另一个原因，可

以削弱，当选；D 项讨论的是"流动性不足"，而论点讨论的是"流动性过剩"，是无关项，无法削弱，排除。故选 C 项。

核心考点七：形式推理（备考指数：★★★）

一、提问方式

与上述推理结构最为相似的是……

与上述论证方式相似的是……

二、解题思路

逻辑一致是前提，句式相同选更优。不考虑推理是否正确，只考虑推理形式与题干是否一致。

经 典 真 题

1.（2018 中国建设银行·单选题）某风险投资公司在评价一个项目时说："我们挑选投资项目，主要是看项目的技术门槛和未来市场需求量，而不是当前的业务增长率。现在新的可投资项目这么多，短期内发展很迅速但很快就被其他项目追赶上来的也不少，这显然不是我们想要的。这个项目在一年内营业额就增加了 3 倍，倒是很有必要怀疑它将来的状况。"

下列与该风险投资公司评价项目的逻辑最为类似的一项是（   ）。

A. 社会自由秩序由心态自由秩序与法律自由秩序共同构成，审美道德论构建的是心态自由秩序，政治正义论构建的是法律自由秩序

B. 中国男足国家队主教练马塞洛·里皮在选拔队员时，除了关注球员们的技术水平，更注重他们在联赛中的状态以及发展潜力

C. 在这个讲究商业发展的电影行业，通过票房评价一部电影的好坏并不靠谱，一部电影即使票房再高，观众的口碑也不一定好

D. 演员想在演艺事业上获得成功，才华和努力两者缺一不可，那些失败的演员，要么没有才华，要么不够努力

答案 C

解析 题干提及挑选投资项目，主要是看项目的技术门槛和未来市场需求量，而不是当前的业务增长率，后举例说明业务增长量高的不一定是好项目。因此题干的结构是：对于 a，主要看 b 而不是 c，然后举例。A 项，对于社会自由秩序，要看心态自由秩序与法律自由秩序，并没有否定一个因素，与题干结构不一致，排除；B 项，对于选

拔队员，既要关注球员们的技术水平，又要注重他们在联赛中的状态以及发展潜力，并没有否定一个因素，与题干结构不一致，排除；C项，对于电影的好坏，要看口碑而不是票房，后举例票房高的评价不一定好，与题干结构一致；D项，演员要想成功，才华和努力两者缺一不可，并没有否定一个因素，与题干结构不一致，排除。故选C项。

2.（2013年国家公务员·单选题）我国的佛教寺庙分布于全国各地，普济寺是我国的佛教寺庙，所以普济寺分布于我国各地。

下列选项中所犯逻辑错误与上述推理最为相似的是（　　）。

A. 父母酗酒的孩子爱冒险，小华爱冒险，所以小华的父母酗酒

B. 文明公民都是遵纪守法的，有些大学生遵纪守法，所以有些大学生是文明公民

C. 寒门学子上大学机会减少，大学生小飞不是寒门学子，所以小飞上大学的机会不会减少

D. 现在的独生子女娇生惯养，何况他还是三代单传的独苗呢

答案 D

解析 题干推理逻辑为：佛教寺庙→全国各地，普济寺→佛教寺庙，所以，普济寺→全国各地。题干将"我国的佛教寺庙"这一普遍概念的特性"分布于全国各地"，赋予了"普济寺"这一个体概念，导致逻辑错误。A项，父母酗酒→孩子冒险，小华冒险→小华的父母酗酒，"小华冒险"是肯定后件，无法推出绝对表达的结论；B项，文明公民→遵纪守法，有些大学生→遵纪守法，所以有些大学生→文明公民，"遵纪守法"是肯定后件，无法推出绝对表达的结论；C项，寒门学子→上学机会少，小飞→¬寒门学子，所以，小飞→¬上学机会少，"¬寒门学子"是否定前件，无法推出绝对表达的结论；D项，独生子女→娇生惯养，他→独生子女，所以他→娇生惯养，将"现在的独生子女"这一普遍概念的特性"娇生惯养"，赋予了"他"这一个体概念，与题干逻辑错误相似。故选D项。

3.（2019中国工商银行·单选题）小明是一个物理迷，一天，他说，反物质是存在的，因为到目前为止，还没有任何证据能够证明反物质是不存在的。

以下哪项的推理方式与小明的相同？（　　）

A. 有人质疑卖药的人，他说，我们没有看到那些吃了你的药病就好了的人，所以，没有办法相信你所说的话

B. 世上没有任何事情是绝对的，所以，当你说道你的结论是绝对正确时，它本身就是错误的

C. 要证明我是错的，那首先应该证明你是对的

D. 你说的这件事可能是真的，主要是因为我没有办法证明你说的这件事是假的

答案 D

[解析] 小明的推理方式为：由于不能证明该物质不存在，因此它是存在的。A项的推理方式为：由于看不到药效，所以认为药没有效，与题干推理方式不同，排除；B项的推理方式为：由于没有事情是绝对的，故你说结论正确的说法是错误的，属于自相矛盾，与题干推理方式不同，排除；C项的推理方式为：要证明A事物错，首先应该证明B事物对，与题干推理方式不同，排除；D项的推理方式为：由于我不能证明该事物是假的，所以认为他是真的，与题干推理方式相同。故选D项。

第三章 定义判断

定义判断是给定一个概念的定义,然后给出一组典型的例证,要求从中选出最符合或不符合题意的一项。

核心考点一:单定义判断(备考指数:★★★)

一、题型特征

定义判断的出题形式比较固定,即每道题先给出关于某个概念的定义,然后分别在选项中列出四种情况,要求从中选出最符合或不符合该定义的选项。

1. 提问方式

下列属于/不属于……的是……

根据以上定义,下列选项中属于(涉及)……的一项是……

2. 注意

1)给定的定义是正确的,不容置疑的。

2)定义判断模块涉及的概念很多,如文学、经济、法律、社会学、农业、政治心理学等专业概念,但是出题人并非考查专业知识,无需理解定义的全部内容或严谨与否,只提取定义的关键信息即可。

二、解题思路

1. 看清提问

看清提问方式,题干是要求选出最符合还是不符合题意的一项。要求考生审题要清楚,明确优先阅读的重点,再解题。

2. 抓准信息

识别定义中的有效信息,找准关键词和关键句,避免来回反复重读。

3. 比较选项

逐一分析选项,采用对比的方法进行排除,优先选择更符合题干要求的选项。

三、解题技巧

1. 提炼核心要点

无论定义项有多长,但是总有一些限制这个定义是否成立的核心要点。做题的时候能否辨别这些核心要点决定了考生能否迅速的判断选项。常见的核心要点如表3-1所示。

表 3-1 常见核心要点

要素核心成分	阐述
主体	行为或事件的发动者、当事方。主体一般位于定义项的前面,除了要重点关注主体本身外,还要特别注意主体的修饰词,如主体的数量、性质等。一般来说,有明显主体的定义多为法律类、行政类定义。主体一般可作为定义的要点,有的题目仅仅依靠区分主体就可以得到正确答案
客体	行为或事件的承受者、被指向者,也就是通常所说的对象。单独以客体为要点的定义比较少,很多定义中的客体都是省略的,即使出现一般也需和其他要素结合在一起才能判断
原因	行为或者事件发生的原因。这类信息一般也是定义的要点,常常会跟在"由于""出于"等词语的后面
目的	即主观要素,也就是行为者主观上具有什么样的动机、意图,追求一种什么样的目的。一般会用"达到什么目的""为了……""确保……"等表示
方式	行为或事件发出方所采用的方式、方法或手段。一般表示为"通过什么方式""通过什么手段"等表达
条件	行为或事件发生的前提。常见的有:"以……为前提""以……为基础""在……条件下""……时"等
结果	行为或事件所达到的效果,结果一般跟在"造成""导致"等词语后面

大多数定义判断不能仅仅依靠一个要点来辨别,而是要通过多个要点来确定答案。而且不同定义的要点类型也是不同的,往往是各种要点的自由组合,有的是主体和目的,有的是方法和结果,有的是主体、客体、方法、结果的综合,因此,在查找要点时一定要全面考虑。

经典真题

1.（2018 中国建设银行·单选题）心理记账是人们在心理上对结果进行分类、编码、估价和预算等的过程。消费者在决策时可能根据不同的任务进行相应的心理记账。

根据上述定义,下列不属于典型心理记账的是（　　）。

A. 王某出差常选星级酒店,因为它比旅馆更可能提供免费网络和自助早餐
B. 相比丢了 50 元钱的人,丢了电影票的人更不可能会掏钱买票去看电影
C. 损失 100 元钱给人心理带来的痛苦要比获得 100 元奖金带来的高兴更强烈
D. 小赵在两家不同银行都有储蓄卡,但他总是去离家更近的银行取款

答案 D

解析 心理记账的关键词是:消费者在心理上对结果进行分类、编码、估价和预算等的过程。A 项在王某心里,星级酒店比旅馆更可能提供免费网络和自助早餐,这就是王某在心理对选择进行分类、估价、预算的过程,符合定义;B 项人们会在心里比较

丢 50 元和丢电影票的损失程度，符合在心理上进行分类和估价，符合定义；C 项损失 100 元带来的痛苦和获得 100 元带来的高兴就是人们心理上进行的分类和估价，符合定义；D 项选择离家更近的银行不是对结果进行分类、编码、估价和预算等的过程，不符合定义。故选 D 项。

2.（2018 中国光大银行·单选题）经济补偿金是用人单位解除劳动合同时，给予劳动者的经济补偿。经济补偿金是在劳动合同解除或终止后，用人单位依法一次性支付给劳动者的经济上的补助。经济补偿按劳动者在本单位工作的年限，每满一年支付一个月工资的标准向劳动者支付。按规定未列入工资总额的各种劳动报酬及其他劳动收入不算在补偿金的计算中。

下列款项属于经济补偿金的是（　　）。

A. 小李在新公司实习了一个月，但因为不符合公司的要求而离开，公司付给了他一个月的工资

B. 由于金融危机，公司倒闭，公司付给每个员工一定数量的遣散费

C. 老刘因为工伤而无法继续工作，公司一次性赔付给老刘 2 万块钱

D. 小王结束了长达 5 年的为杂志业余撰稿的工作，杂志社给了小王一笔感谢金

答案 B

解析 经济补偿金的关键词为：用人单位解除劳动合同时，给予劳动者的经济补偿。A 项小李在实习期因不符合要求而离开，实习期意味着并没有签订正式劳动合同，不符合关键词；B 项公司倒闭，意味着与员工解除劳动合同，付给员工的遣散费就是给予劳动者的经济补偿，符合定义；C 项公司赔付老刘 2 万元是因为工伤，并非因为解除劳动合同而给予的补偿，不符合关键词；D 项小王是业余撰稿，则与杂志社不存在合同关系，不符合关键词。故选 B 项。

3.（2018 广发银行·单选题）潜意识，是指潜藏在我们一般意识底下的一股神秘力量，是相对于"意识"的一种思想，又称"右脑意识""宇宙意识"，也就是存在但却未被开发与利用的能力。潜能的动力深藏在我们的深层意识当中。

根据上述定义，下列属于潜意识的是（　　）。

A. 小李在考试前不断告诉自己不要紧张，但两腿还是不停打颤

B. 小明很不想参加第二天的会议，结果第二天早上就睡过头了

C. 武警战士在听到领导的命令后，会自觉地去执行

D. 小王总觉得自己拥有超能力，只是没有开发出来

答案 A

解析 潜意识的关键词为：存在但却未被开发与利用的能力。A 项小李潜意识是"不要紧张"，但"两腿还是不停打颤"说明这种能力未被利用上，符合定义；B 项不想参加

最终也因睡过头而未参加，没有体现出"未被开发与利用的能力"，不符合定义；C项听到命令后就去执行，属于一般意识，不是潜意识，不符合定义；D项"觉得自己有超能力"，并不是真实存在的，不符合"存在但却未被开发与利用的能力"，不符合定义。故选A项。

4.（2019国家电网·单选题）正当防卫是指为了使国家、公共利益、本人或者他人的人身、财产和其他权利免受正在进行的不法侵害，而采取的制止不法侵害的行为，对不法侵害人造成损害的，属于正当防卫，不负刑事责任。

下列属于正当防卫的是（　　）。

A. 李某和孙某因纠纷结仇，一次，李某听他人说孙某意欲找人暴打自己一顿，于是李某决定先下手为强，将孙某打伤

B. 陈某夜遇抢劫，在与抢劫者搏斗中，陈某用其随身携带的锋利水果刀将抢劫者的颈部划伤，抢劫者后因失血过多死亡

C. 黄某半夜听到小偷在其家中偷东西，小偷被发现后仓皇逃跑，黄某一路追打，最后追上小偷并一棒击中其头部，小偷身亡

D. 王某在回家路上，看到一个大孩子欺负一个小孩子，王某看不过去，过去狠狠打了大孩子几个耳光

答案 B

解析 根据正当防卫的定义，A项李某在对方没有暴打自己的时候先动手，不属于"正在进行的不法侵害"，排除；B项陈某在与抢劫者搏斗中划伤对方，致使其死亡，属于正当防卫，当选；C项中小偷已经仓皇逃跑，黄某还一路追打，不属于"正在进行的不法侵害"，排除；D项王某打大孩子，不属于"制止不法侵害的行为"，排除。故选B项。

5.（2020年工商银行总部·单选题）偏见是指人们以不充分或不正确的信息为根据而形成对某人、某群体或某事物的一种片面乃至错误的看法和态度。

根据上述定义，下列行为属于偏见的是（　　）。

A. 小刘与小钱本是一对恋人，接触一段时间以后小刘发现小钱性格不好，便向其提出了分手

B. 老张认为家庭经济条件优越的孩子都是纨绔子弟，打心眼里瞧不起这些人

C. 小李视力不好，在征兵时被拒绝参军入伍

D. 张某认为德国品牌的汽车在质量和性能上都优于其他国家生产的汽车，所以张某只选择购买大众系列的汽车

答案 B

解析 本题是定义判断题。定义中的主体词有：不充分或不正确的信息，片面乃至错误的看法和态度。A项小刘通过接触发现小钱性格不好，不是"不充分或不正确的信息"，排除；B项老张认为家庭经济条件优越的孩子都是纨绔子弟，属于"不充分或

不正确的信息",他打心眼里瞧不起这些人,属于"片面乃至错误的看法和态度",当选;C项小李视力不好被拒绝参军入伍,属于客观条件未达到,不是看法和态度的原因,排除;D项张某认为德国汽车好且选择购买,无法体现是否"不充分或不正确的信息",不属于偏见,排除。故选B项。

2. 归纳关键信息

归纳关键信息是指在分析考题的时候归纳与定义项直接相关的有效信息,比如关键词、关键语句、关键成分以及对关键组成的拆分,常结合排除选项的方法。

归纳关键信息也是提取有用信息,剔除无用信息和干扰信息的过程。此题类型考查考生筛选和整合信息的能力。

(1) 找到定义的关键信息:准确归纳定义的关键词或关键句,要掌握如何在繁复的材料中提取直接相关信息的能力。

(2) 归纳概括出关键信息:对筛选出来的直接相关信息进行重新组合,粗略概括。

(3) 择优选择:对比各选项,选出符合或者不符合定义的一项。

经典真题

1.(2018中国建设银行·单选题)数据挖掘是指从大量的存储数据中利用统计、情报检索、模式识别、在线分析处理和专家系统(依靠过去的经验)等方法或技术,发现隐含在其中、事先不知道但又是潜在有用的信息和知识的信息处理过程。

根据上述定义,下列不属于数据挖掘应用的是(   )。

A. 某零售企业根据客户的历史交易记录测算客户购买产品的概率并向客户推送高购买概率产品信息,进行精准化营销,经营业绩大幅提升

B. 某通信公司研发的"天盾"反欺诈平台汇聚、利用海量标签数据,研究诈骗电话行为模式,形成通讯信息诈骗的数据围捕手段,构建诈骗治理防护技术体系

C. 某商业银行创新引入生物识别、行为捕捉等技术,实现客户信息采集从单纯的社会属性、生产交易等结构化数据,拓展到社会行为、消费习惯、地理位置、视频音频等半结构化和非结构化数据

D. 某保险公司结合船舶档案数据、船舶PSC检查记录以及气象、航线、货种等,构建船舶风险评估模型,针对每条船、每个航次、每票货物设置有区别的费率,满足个性化的需求

答案 C

解析 数据挖掘的关键词是:从大量的存储数据中;发现隐含在其中、事先不知道但又是潜在有用的信息和知识。C项银行引入技术,拓展数据,并没有涉及对数据的

挖掘，也不符合"现隐含在其中、事先不知道但又是潜在有用的信息和知识"，不符合定义。因此，A，B，D项均符合定义。故选C项。

2.（2018中国光大银行·单选题）委托代理即委托人授权代理人处理事务或完成工作，代理人接受委托并以委托人的名义在授权范围内办理委托事务。

下列不属于委托代理关系的是（　　）。

A. 国家与国企经理　　　　B. 官员与选民
C. 医生与病人　　　　　　D. 保险人与被保险人

答案　D

解析　A项国家是国企的所有人，国企经理负责国有企业的生产经营工作，二者是委托代理关系，符合关键词；B项官员是由选民选举而产生，受选民的委托为选民的利益而从事政治活动，符合关键词；C项医生受病人委托为病人诊治疾病，开处方药，二者是委托代理关系，符合关键词；D项保险人与被保险人属于合同关系，保险人接受被保险人的投保并签订保险合同，二者不是委托代理关系，不符合定义。故选D项。

3.（2018广发银行·单选题）刺猬法则：为了研究刺猬在寒冷冬天的生活习性，生物学家做了一个实验，把十几只刺猬放到户外的空地上，这些刺猬被冻得浑身发抖，为了取暖，他们只好紧紧地靠在一起，而互相靠拢后，又因为忍受不了彼此身上的长刺，很快又要各自分开。然而，天气太冷，他们只好又靠在一起，在彼此的磨合中，终于找到了一个适中的距离，即可以相互取暖，又不至于被彼此刺疼。"刺猬法则"强调在人际关系交往中的"心理距离效应"。

在实际工作中，管理人员应用"刺猬法则"无法做到的是（　　）。

A. 可以避免下属的防备和紧张
B. 可以避免下属对自己的恭维、奉承
C. 可以在获得下属尊重的同时，又能保证在工作中不丧失原则
D. 可以与员工做到心与心的交流

答案　D

解析　"刺猬法则"的关键词是：在人际关系交往中的"心理距离效应"，即保持适中的距离。A，B，C项均符合定义。D项做到心与心的交流需要彼此近距离接触，不符合题干要点"保持适当距离"，不符合定义。故选D项。

4.（2018广发银行·单选题）所谓外包（Outsourcing），是指企业为维持组织竞争核心能力，且因组织人力不足的困境，可将组织的非核心业务委托给外部的专业公司，以降低运营成本，提高品质，集中人力资源，提高顾客满意度。

根据上述定义，下列不属于外包的是（　　）。

A. 电脑制造厂商将运输业务分包给某运输公司

B. 手机制造厂商将电子屏幕制造分包给某电子元件厂商
C. 建筑公司将一部分建筑工程分包给另外一家建筑公司
D. 食品加工厂将包装业务分包给某塑料制品厂商

答案 C

解析 外包的关键词为：将组织的非核心业务委托给外部的专业公司。A项运输业为电脑制造厂的非核心业务，将其外包出去，符合定义；B项电子屏幕制造为手机制造厂的非核心业务，将其外包出去，符合定义；C项建筑工程为建筑公司的核心业务，将其外包出去，不符合定义；D项包装业务为食品加工厂的非核心业务，将其外包出去，符合定义。故选C项。

5.（2020中国光大银行·单选题）外包指企业为维持组织核心竞争能力，且因组织人力不足的困境，将组织的非核心业务委托给外部的专业公司，以降低运营成本，提高品质，集中人力资源，提高顾客的满意度。

下列选项中，不属于外包的是（ ）。

A. 某企业将内部突发性、季节性的人力需求委托给人力派遣公司，由人力派遣公司负责安排后到企业上班
B. 庆典负责人与家政公司达成协议，将庆典期间的清洁工作交予家政公司负责
C. 某公司将一些简单的业务交给刚到公司不熟悉业务流程的员工处理
D. 某商场由于员工不足，于是请人才市场的负责人帮忙招聘员工

答案 C

解析 本题是选非题。根据外包概念，A项符合概念内容，排除；B项符合概念内容，排除；C项公司将简单业务交给不熟悉业务流程的员工，不属于将非核心业务委托给外部的专业公司，不属于外包，当选；D项符合概念内容，排除。故选C项。

核心考点二：多定义判断（备考指数：★★）

一、题型特征

多定义判断，即题干先给出关于两个或两个以上概念的定义，就其中一个进行提问，要求从选项中选出最符合或不符合该定义的选项。

多定义判断是对既有的定义判断考查形式进行了创新和发展，使原本仅存在于单一定义与选项间的比较成为了定义间、定义与选项之间、甚至选项之间的多重比较，考查在面对大量繁复工作时，快速获取有效信息的能力。

二、解题思路

多定义判断题型难度较大，是考生失分的主要题型。其实，多定义判断只是在单定义判断的基础上增加了定义和典型例证。

在解答多定义判断题目的过程中，除了应用单定义判断的解题方法外，还可以选择代入法或排除法。

1. 代入法

把握题干定义核心要素，将关键信息代入选项定义中进行对比，排除不符合定义范畴的选项。代入法是解决此类问题最常用的方法，可以帮助考生快速剔除错误选项。

2. 排除法

结合前两种方法，将题干中所给定义的核心要素和关键信息与选项对比，只要选项中有与题干中的要素成分或关键信息不符的内容就立即排除。

经典真题

1.（2020 邮政集团·单选题）受上司支配的时间：用于完成上司下达的工作任务。对于这些工作，经理们不能掉以轻心，否则会立即受到直接处罚。

受组织支配的时间：用于满足同级人员提出的积极支持的要求，若置若罔闻，也会招致惩罚，尽管惩罚并不总是直接的或迅速的。

由个人支配的时间：用于完成经理们自己想出的或者同意去做的事情，然而，其中一部分时间会被下属占用，称为受下属支配的时间。剩余时间属于经理自己，称为自己支配的时间。由个人支配的时间不会导致受罚。

根据以上定义，在企业环境下，下列行为策略中，错误的是（　　）。

A. 作为经理，应增加受上司和受组织支配的时间，以完成任务
B. 作为经理，应最大限度减少或消除受下属支配的时间，以增加个人支配时间
C. 作为员工，应减少受组织支配的时间，以增加受上司支配的时间，用其完成任务
D. 作为员工，应最大限度减少由个人支配的时间，以增加受上司和受组织支配的时间

答案 B

解析 阅读文段，分析选项。A、C、D 项表述符合题干要求。B 项个人支配时间由下属支配时间和自己支配时间组成，减少下属支配时间，并不一定能增加个人支配时间，B 项说法错误，可选。故选 B 项。

2.（2016 年北京公务员·单选题）兼并，指的是一个企业收购另一个企业的行为，通常以一个企业收购另一企业股票的形式产生。它主要形式包括：（1）纵向兼并，发生在两个企业处在生产过程的不同阶段的时候；（2）横向兼并，发生在两个企业处在同一市场中的情况下；（3）混合兼并，发生在两个企业在两个没有关联的市场中各自

经营的场合。

根据上述定义，下列选项正确的是（　　）。

A. 甲果汁公司收购乙可乐公司，属于横向兼并

B. 甲手机公司收购乙电脑公司，属于纵向兼并

C. 甲面粉厂被乙面包厂收购，属于混合兼并

D. 甲商品房开发公司收购乙物业管理公司，属于混合兼并

答案 A

解析 选项逐一对应题干定义。A项果汁公司和可乐公司都属于饮料市场，属于横向兼并，当选；B项手机和电脑不是生产过程的不同阶段，不属于纵向兼并，排除；C项面粉是制作面包的原材料，属于纵向兼并，不属于混合兼并，排除；D项开发公司和物业管理公司有关系，不是混合兼并，排除。故选A项。

第四章 类比推理

类比推理是给出一组文字，通过分析题目文字的内在逻辑，在选项中找出与之对应或类似的逻辑关系。

核心考点一：语义关系（备考指数：★★）

词义是词的内容，是主体对客观事物现象的反映，包含着人们对客观事物各种特点的认识。词义所反映的是有关客观事物现象的一般或本质的特点。词义包括词的本义和引申义，一个词的最初含义称作本义。以本义为出发点，根据它反映的事物或现象的各个特点，词在发展过程中又会产生若干个与本义相关但并不相同的意义，即为该词的引申义。

近义词、反义词和象征义是类比推理中常见的三种语义关系。

一、近义词

近义词是指词语意义相同或相近的词语。例如，"前瞻"和"预见"，"敬佩"和"佩服"是近义词，"标新立异"和"特立独行"都有新的意思。

二、反义词

反义词是指词语意义相反的词语。例如："名副其实"和"名不副实"，"熙熙攘攘"和"冷冷清清"，"别具一格"和"普普通通"都是反义词。

三、象征义

1. 动物象征意义

喜鹊—喜讯　乌鸦—不吉　狐狸—狡猾　杜鹃—悲哀　青鸟—爱情　鱼雁—来信

2. 植物象征意义

莲花—洁净　菊花—高洁　豆蔻—青春年华　红豆—纯真爱情

3. 地点象征意义

东篱—远离尘嚣　蓬山—仙境　新亭—忧国伤时　桃源—脱离尘世　长亭—送别

4. 颜色象征意义

红色—热情　黄色—高贵　蓝色—平静　金色—富贵　绿色—和平　白色—纯洁

经典真题

1. 索取：施舍（　　）。

A. 推辞：推倭 　　　　　　　B. 搜索：咨询

C. 谈论：比较 　　　　　　　D. 创新：守旧

答案 D

解析 先看题干，索取和施舍是反义词。选项中只有创新和守旧是反义词。故选D项。

2. 客户：借贷：还贷（　　）。

A. 住户：租房：退租 　　　　B. 学生：上学：放学

C. 储户：存款：取款 　　　　D. 演员：表演：演技

答案 C

解析 题干的借贷和还贷是一组反义词，C项也是一组反义词，同时和题干在形式和意思上也最为相似。故选C项。

3. 后果：结果：成果（　　）。

A. 信心：信念：信仰 　　　　B. 妄想：遐想：理想

C. 反动：反对：反思 　　　　D. 思维：思想：思绪

答案 B

解析 后果、结果和成果三个是同义词，三者属于全同关系。同时后果、结果和成果依次是为贬义、中性和褒义，这是第二个特征。A项信心与信念不是同义，不属于全同关系，排除；B项妄想、遐想和理想是同义，属于全同关系，且依次为贬义、中性和褒义，与题干关系相符；C项反对与反思不是同义，不属于全同关系，排除；D项思维、思想和思绪并没有贬义、中性和褒义区别，不符合题干逻辑。故选B项。

核心考点二：逻辑关系（备考指数：★★）

一、题型特征

逻辑关系主要包括全同关系、包含关系、并列关系和交叉关系。常用的方法是遣词造句法。注意遣词造句尽量简单，删减不必要的修饰语。

二、逻辑关系

1. 全同关系

全同关系指两个词的词义相等，指向同一种事物。常见的有书面语与口语、古今名称不同等。

【常见辨析】

① 俗语和雅语，如：土豆：马铃薯。

② 古今称呼不同，如：妻子：拙荆。

③ 英语音译，如：罗曼蒂克：浪漫。

④ 缩略语与地名简称，如：初级中学：初中，陕西：秦。

经典真题

山东：鲁（　　）。

A. 马铃薯：土豆　　　　　　　B. 李白：诗

C. 罗曼蒂克：悲剧　　　　　　D. 手足：男子

答案 A

解析 题干中"山东"的简称就是"鲁"，因此这是两个全同关系的词。A项马铃薯又叫土豆，这是两个全同关系的词，符合题意；B项李白与诗相关，但与诗不是全同关系，排除；C项罗曼蒂克代表浪漫，与悲剧成反义词，排除；D项手足代表兄弟，与男子无关，排除。故选A项。

2. 包含关系

有一大一小的区分。

（1）种属关系：A是B的一种，比如"玫瑰"是"植物"的一种。

（2）组成关系：A是B的组成部分，比如"鼠标"是"电脑"的组成部分。

经典真题

1. 海啸：灾难（　　）。

A. 地震：重建　　　　　　　B. 团圆：幸福

C. 飓风：痛苦　　　　　　　D. 洪水：损失

答案 B

解析 根据题干判断题干词语间逻辑关系，题干两词是种属关系，即海啸是一种灾难。B项团圆是一种幸福，也属于种属关系，与题干逻辑关系相同，当选。故选B项。

2. 战士：坦克：武器装备（　　）

A. 记者：相机：镜头　　　　　B. 农民：镰刀：农具

C. 矿工：矿灯：照明　　　　　D. 商人：计算：资产

答案 B

解析 种属关系。坦克是武器装备中的一种，战士作战使用坦克；镰刀是农具中的一种，农民耕种使用镰刀。故选 B 项。

3. 并列关系
(1) 反对关系：如"玫瑰"和"牡丹"，"红色"和"白色"，如图中 A 和 B。
(2) 矛盾关系：如"开"和"关"，"生"和"死"，如图中 C 和 D。

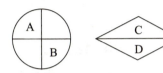

 经 典 真 题

1. 电脑：软件：硬件（　　）。
A. 一天：白天：黑夜　　　　B. 中国史：古代史：现代史
C. 宇宙：太阳系：银河系　　D. 手机：屏幕：主板

答案 A

解析 分析题干，电脑包含软件和硬件，软件和硬件为并列关系中的矛盾关系。A 项一天包含白天与黑夜，白天和黑夜是并列关系中的矛盾关系，符合题意；B 项中国史包括古代史和现代史，但古代史和现代史不是矛盾关系而是反对关系，与题干不符，排除；C 项银河系包含太阳系，两者为组成关系，不是并列关系，排除；D 项手机包含屏幕和主板，但屏幕和主板是并列中的反对关系，排除。故选 A 项。

2. "存折"对于（　　）相当于"栅栏"对于（　　）。
A. 储户；牛羊　　　　B. 存款；绿地
C. 虚拟；实物　　　　D. 银行卡；围墙

答案 D

解析 存折与银行卡属于并列关系，作用都一样，栅栏与围墙属于并列关系，作用都一样。故选 D 项。

4. 交叉关系
交叉关系是指两者在逻辑关系上存在重叠。

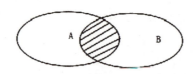

交叉关系可以进行遣词造句：有的 A 是 B，有的 A 不是 B；有的 B 是 A，有的 B 不是 A。

📋 经典真题

1. 军人：医生：军医（　　）。

   A. 司机：警察：交警　　　B. 舞蹈：说唱：二人转

   C. 学科：研究：科研　　　D. 汽车：电动车：电动汽车

   答案 D

   解析 军人和医生交叉的就是军医；汽车与电动车交叉得到电动汽车。故选 D 项。

2. 研究生：公务员（　　）。

   A. 大象：狼　　　　　　　B. 女士：科学家

   C. 铅笔：橡皮　　　　　　D. 海洋：轮船

   答案 B

   解析 本题是交叉型考题。有些公务员是研究生，类似有些科学家是女士；其他三项都是属于不同类型事物，之间没有相关关系或交叉关系。故选 B 项。

核心考点三：语法关系（备考指数：★★）

汉语语法关系虽复杂，但只考查基础知识。常考的语法关系有：主谓关系、主宾关系、动宾关系和修辞关系。

一、主谓关系

主语和谓语是短语中的两个成分，前一个成分把主题提出，后一个成分对这个主题加以陈述。所以，主语常由名词性成分充当，而谓语常由动词性和形容词性成分充当。

二、主宾关系

在一句话里有主有次，首先说到的词语称作主要词语（即主语），有时候说完主语后还要介绍与主语行为有关的次要词语，该词语就称作宾语。主宾关系是类比推理中比较特殊的语法关系，可以通过添加谓语造句来进行推理。

三、动宾关系

动宾关系是指前一个成分由动词充当，起支配作用；后一个成分受动词支配，表示动作行为所涉及的人或事物，常用名词、代词等充当。

动宾短语在汉语里使用频率很高，宾语和动词之间的关系也多种多样。

动宾短语可以由动词和名词构成，如"写字""玩球"；可以由动词和代词构成，如"找谁""是什么"；还可以由动词和形容词组成，如"保持安静""爱热闹"等。

四、解题思路

类比推理类的题目有时候需要我们添加必要的词，通过造句来发现所给词语之间的关系，此时要注意：

1) 尽量少加词，一个最好。否则可能会因添加的词过多，对原题的逻辑关系产生曲解。

2) 句义要完整，造出的句子要能充分体现出两个词之间的逻辑关系。

经典真题

1. 庸俗：文章（ ）。

A. 木头：木炭   B. 谬误：语法

C. 饼干：面粉   D. 花哨：猴子

答案 B

解析 "庸俗"与"文章"是一种描述关系，选项中"谬误"和"语法"有此种关系。故选 B 项。

2. 法律：约束（ ）。

A. 新闻：广播   B. 政策：规范

C. 历史：借鉴   D. 制度：学问

答案 B

解析 首先弄清题干词语之间的关系，可以判断题干的关系是主谓关系，从选项中选择表达主谓关系的一对词，B 项是一对表达主谓关系的词。故选 B 项。

核心考点四：对应关系（备考指数：★★★）

一、题型特征

对应关系的题目主要包括职业关系、功能配套关系、属性对应关系、因果对应关系等。对应关系常常作为二级辨析角度来考查。

二、对应关系

1. 职业关系

职业与主要工作或主要工作场所。如，教师：教书。

2. 功能关系

产品及主要功能。如，算盘：计算。

3. 属性关系

产品及所具有的本质属性。如，醋：酸。

4. 关联词对应关系

两个词之间存在逻辑关联词关系，如表 4-1 所示。

表 4-1 逻辑对应关系

逻辑联系	含义	示例
因果关系	A 是 B 的原因，或 A 导致 B	（1）违章：罚款；（2）盗窃：入狱
顺承关系	A 与 B 存在时间先后顺序	（1）上诉：开庭；（2）买票：登机
目的关系	A 是 B 的目的 /B 是 A 的手段	（1）广告：宣传；（2）散心：旅游

经典真题

1.（2020 中国工商银行总部·单选题）类比推理：高铁对客运正如毛笔对（ ）。

A. 顺滑　　　　　　　　B. 书写

C. 笔架　　　　　　　　D. 砚台

答案 B

解析 高铁的功能是进行客运，两者为对应关系，毛笔的功能是书写。故选 B 项。

2. 算盘：计算器（ ）。

A. 运动鞋：皮鞋　　　　B. 步梯：电梯

C. 电脑：鼠标　　　　　D. 门窗：车窗

答案 B

解析 首先分析题干，本题考查对应关系。算盘和计算器都有计算功能，为功能的对应关系，且后者比前者更先进。其次逐一分析选项，A 项运动鞋和皮鞋都有穿着的功能，但两者无先进之分，与题干不符；B 项步梯和电梯都有到达高楼层的功能，为对应关系，且后者比前者更先进，符合题意；C 项鼠标是电脑的组成部分，为组成关系，与题干不符；D 项门窗和车窗都有挡光的功能，但两者无先进之分，与题干不符。故选 B 项。

第五章 数字推理

数字推理题是通过所给数字，找出数字之间的规律，从而确定空缺数字的答案。这类题目往往需要考生具有一定的数字敏感性，掌握一定的解题方法和技巧。数字推理分很多种类，如等差数列、等比数列、和数列、差数列、积数列等，其中，等差数列、平方数列、立方数列及其变式、组合数列等一直是考试的热点，考生应多加注意。

核心考点一：基础数列（备考指数：★★★★★）

一、题型特征

基础数列包括等差数列、等比数列、质数列和合数列等。这些数列是数字推理中最基本的几种数列，通常会结合其他数列一起考查。考生需要熟练掌握。

二、解题思路

1. 等差数列

等差数列是指从第二项起，每一项与它的前一项的差等于同一个常数，这个常数叫做等差数列的公差，整个数字序列呈现依次递增或递减的趋势。等差数列的通项公式为 $a_n = a_1 + (n-1)d$（d 为公差，n 为自然数）。等差数列及相关公式如表 5-1 所示。

表 5-1 等差数列及相关变式

题型	定义	示例
等差数列	差等于同一个常数	2，4，6，8，10
二级等差数列	通过一次作差得到等差数列	2，5，11，20，32
三级等差数列	通过两次作差得到等差数列	3，10，21，35，51
等差数列变式	通过一次或多次作差得到其他基本数列或其变式	1，2，6，15，31

"作差法"是解决此类问题的主要方法，即利用相邻两项作差得到一个新数列，进而分析这个新数列的规律，从而推知原数列的规律。一般情况下整个数字序列呈现依次递增或递减的趋势，且增幅（减幅）不大。当解题思路不明确时，优先考虑此法。

2. 等比数列

等比数列是指从第二项起，每一项与它前面一项的比等于同一个非零常数，整个数字序列依次递增或递减的一组数。等比数列的通项公式为 $a_n = a_1 \times q^{n-1}$（q 为公比，n 为自然数)。等比数列及相关公式如表 5-2 所示。

表 5-2 等比数列及相关变式

题型	定义	示例
等比数列	比等于同一个非零常数	2,4,8,16,32
二级等比数列	通过一次作商得到等比数列	1,1,2,8,64
三级等比数列	通过两次作商得到等比数列	1,1,1,2,16
等比数列变式	通过一次或多次作商得到其他基本数列或其变式	4,10,30,105,420

"做商法"是解决此类问题的主要方法,即利用相邻两项做商得到一个新数列,进而分析这个新数列的规律,从而推知原数列的规律。一般来说,做商法的使用条件是数列之间存在明显的倍数关系。

3. 质数列、合数列

(1) 质数列:2,3,5,7,11,13,17,…

(2) 合数列:4,6,8,9,10,12,14,…

经典真题

1.(2019 中国银行春招·单选题)90,56,30,12,( )。

A.6   B.4

C.8   D.2

答案 D

解析 根据数列起伏规律,优先考虑作差。由作差后得到的新数列:−34,−26,−18,( )可知该数列为公差为 8 的等差数列,则等差数列的下一项为 −18+8=−10,因此题干所求下一项应为 12−10=2。故选 D 项。

2.(2019 年农业银行秋招·单选题)64,32,32,48,96,( )。

A.176   B.192

C.216   D.240

答案 D

解析 观察数列,发现存在明显的倍数关系,考虑做商。后项除前项得到的新数列为 0.5,1,1.5,2,是公差为 0.5 的等差数列,下一项为 2.5,则所求项为 96×2.5=240。故选 D 项。

3.(2019 广发银行秋招·单选题)4,6,10,14,22,26,34,( )。

A.56   B.68

C.42   D.38

答案 D

解析 数列项数较多，作差及递推均无规律。观察数字变化幅度较小，且均为偶数，将原数列数字分别除以 2 可得，2，3，5，7，11，13，17，为质数数列，下一项应为 19，则所求项为 19×2=38。故选 D 项。

核心考点二：复杂数列（备考指数：★★★★★）

一、题型特征

复杂数列包括幂数列、分数数列、分组数列和递推数列等。复杂数列有一定的难度，需要良好的数字敏感性，通常与基础数列结合考查。考生需要特别记忆一些平方数、立方数来提高数字敏感性。

二、解题思路

1. 幂数列

在数字推理中，考查的多次方数列，主要是考查平方、立方数列及变幂次数列，每种数列都有其自身的特点，如表 5-3 所示。

表 5-3 幂数列及相关变式

题型	定义	示例
平方数列	底数为一定规律的一串平方数构成的数列	1，4，9，16，25
立方数列	底数为一定规律的一串立方数构成的数列	1，8，27，64，125
幂数列的变形	在多次方数列的基础上加减某一常数构成的数列	2，5，10，17，26

幂数列的解题思路：

1) 观察数字特征，找出与各选项相同或相近的平方数（或立方数）。

2) 算出底数并判断修正方法，然后逐一验证。

3) 单调递增的多次方数列会有明显的增幅。

2. 分数数列

分数数列是数列中出现分数的数列，分数数列是较特殊的，通常存在着分子分母分别成规律或分子分母交叉成规律两种情况。

分数数列的解题思路：

1) 整化分：当数列中含有少量整数时，需要以整化分的形式将其统一。

2) 约分：当分数的分子和分母含有相同因子时，应将其化为最简形式。

3) 广义通分：当分子（分母）容易一致时，应将其化为相同数。

4) 反约分：同时扩大数列中分子与分母。其目的是将分母或分子变成一个基础数列，再观察其规律。

3. 组合数列

组合数列通常是将数列进行合理的分组，将每一组作为一个整体，整体之间或整体内部满足某种规律，如表 5-4 所示。

表 5-4 组合数列类型

题型	定义	示例
奇偶组合数列	奇数项和偶数项分别呈现为一个有规律的数列，即原数列中是由奇偶两组数列结合而成的	1，2，2，4，3，6
分组组合数列	将原数列相邻数字分为独立的几组，然后考查组内数字或组间数字在运算关系上的联系，分组时以连续两项作为一组	1，2，4，6，8，11
数位组合数列	各项对应位置上的数组成一个简单数列，数列每一项分成的几个部分之间有相同或相似的联系	212，335，458，5711

组合数列的解题思路：

（1）间隔组合数列，一般项数较多，无明显的递增或递减规律，数列的偶数项、奇数项分别构成有一定规律的新数列。

（2）分组组合数列，一般项数较多，无明显的递增或递减规律，相邻数字分为独立的一组。

（3）数位组合数列，"拆分法"是数位组合数列常用的方法，"拆分法"即是将每一项的数字分成两个或三个部分，使每一部分分别呈现一定的规律性或组成有一定规律的新数列。这类数列一般具有数字位数较多或出现小数，且比较整齐的特点。

4. 递推数列

若尝试了数列每项间的求和、求差、作商后并未发现规律，且原数列的每项中没有之前所述的特征，可尝试将数列的第一项做四则运算看能否凑出第二项，或将前两项做四则运算看是否能凑出第三项，接下来再以数列的其他项验证此规律。

5. 特殊数列

特殊数列是数列的规律需要结合选项来验证的一类数列，此类数列并不能直接计算出未知项，而只能从选项对比中选出。例如：数列已知项是奇、偶、奇、偶交叉排布的，那么根据排布规则确定未知项的奇偶性，直接选出答案。

特殊数列的常见规律：

（1）奇偶性；

（2）单调性；

（3）数字各位之和/差相等，或者呈某一规律；

（4）数列各项都有某个相同的约数。

经典真题

1.（2018 中国邮政储蓄银行秋招·单选题）319，221，141，79，（　　）。

A.35　　　　　　　　　　　B.40

C.45　　　　　　　　　　　D.50

答案 A

解析 题干数列为平方数列。$319=18^2-5$，$221=15^2-4$，$141=12^2-3$，$79=9^2-2$，其中，18，15，12，9 构成公差为 -3 的等差数列，下一项应是 $6^2-1=35$。故选 A 项。

2.（2019 浦发银行秋招·单选题）$\dfrac{3}{5}$，$\dfrac{4}{7}$，$\dfrac{7}{11}$，$\dfrac{12}{17}$，$\dfrac{19}{25}$，（　　）。

A.$\dfrac{28}{35}$　　　　　　　　　　B.$\dfrac{26}{35}$

C.$\dfrac{28}{37}$　　　　　　　　　　D.$\dfrac{26}{37}$

答案 A

解析 题干数列为分数数列，分开看分子和分母。分母部分作差可得等差数列 2，4，6，8，（10），即连续偶数列，则括号中所填数的分母为 25+10=35；分子部分作差可得等差数列 1，3，5，7，（9），即连续偶数列，则括号中所填数的分子为 19+9=28。则括号中数字为 $\dfrac{28}{35}$。故选 A 项。

3.（2019 中国农业银行秋招·单选题）15，36，19，33，23，30，27，（　　）。

A.21　　　　　　　　　　　B.27

C.17　　　　　　　　　　　D.29

答案 B

解析 题干数列项数较多，优先考虑分组数列。数列奇数项为：15，19，23，27，是公差为 4 的等差数列；偶数项是 36，33，30，（　　），是公差为 -3 的等差数列，则所求项为 30-3=27。故选 B 项。

4.（2019 中国农业银行秋招·单选题）1，5，3，13，37，（　　）。

A.503　　　　　　　　　　B.481

C.511　　　　　　　　　　D.479

答案 D

解析 观察题干数列，无明显特征，且不是多级数列，考虑递推规律。发现 1×5-2=3，5×3-2=13，3×13-2=37，即第一项×第二项-2=第三项，则所求项为 13×37-2=481-2=479。故选 D 项。

核心考点三：平面数列（备考指数：★★★★）

一、题型特征

数字推理还会出现圆圈形、三角形或数字阵型等其他以图形的形式给出数字间关系的题型。

二、解题思路

对于此类的数字推理题目，通常是要找到特殊位置的数字间的关系，并由已知验证所推得的规律，最后进行未知项的求解。

经典真题

（2018光大银行秋招·单选题）从所给的四个选项中，选择最合适的一个填入，使之呈现一定的规律性（　　）。

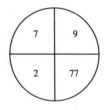 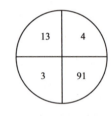 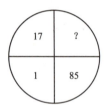

A.4　　　　　　　　　　B.7

C.3　　　　　　　　　　D.15

答案 A

解析 分析题干图形的数字规律为：7×（2+9）=77，13×（3+4）=91，即：左上数字×（左下数字＋右上数字）＝右下数字。故选A项。

第六章 机械推理与高数基础

机械推理与高数在银行招聘考试中出现较少，只有个别银行如工商银行、中国银行会考到这一部分内容，并且不是每年都会考查。题目的难度跨度较大，有的题目需要较多的基础知识，如求复杂式子的极限、胡克定理的计算等；有的题目则只是简单的滑轮、杠杆推理，不需要专门复习基础知识也能解决。这一部分内容建议考生根据自身基础选择性学习。

核心考点一：机械推理（备考指数：★★）

一、题型特征

机械推理这种题型主要是考查考生对物体的空间关系、物体的基本运动规律等机械运动的理解与判断能力。它包括力学、运动学、机械学以及热力学等相关内容。在每一道机械推理题中，命题者都会建立一个物体作机械运动的模型，然后要求考生根据自己所掌握的物理学知识，对该物体运动所遵循的规律及影响该物体运动的各个要素作出明晰的判断。

二、解题思路

1. 杠杆原理

杠杆原理亦称"杠杆平衡条件"。要使杠杆平衡，作用在杠杆上的两个力矩（力与力臂的乘积）大小必须相等，即：动力 × 动力臂 = 阻力 × 阻力臂，用代数式表示为 $F_1 \times L_1 = F_2 \times L_2$。

2. 滑轮原理

滑轮有两种：定滑轮和动滑轮，两种滑轮组合成为滑轮组。

1）定滑轮：使用时，滑轮的位置固定不变；定滑轮实质是等臂杠杆，不省力也不费力，但可以改变作用力方向。

2）动滑轮：使用时，滑轮随重物一起移动；动滑轮实质是动力臂为阻力臂2倍的杠杆，省 $\frac{1}{2}$ 力但多费1倍距离。

3. 齿轮传动

齿轮是一种机械传动装置。首先可以传递运动，其次可以改变运动的速度，再次可以改变运动的方向。题目常考查判断传动方向，判断方法如下：

1）内啮合齿轮传动（外齿轮与内齿轮啮合传动）：转动方向相同；

2）外啮合齿轮传动（外齿轮与外齿轮啮合传动）：转动方向相反。

4.弹簧

胡克的弹性定律指出：在弹性限度内，弹簧的弹力 F 和弹簧的伸长变化量 x 成正比，即 $F=-kx$（k 是物质的弹性系数，它由材料的性质所决定，负号表示弹簧所产生的弹力与其伸长（或压缩）的方向相反）。

弹簧的串并联问题：

1）串联：劲度系数关系 $\frac{1}{k}=\frac{1}{k_1}+\frac{1}{k_2}$。

2）并联：劲度系数关系 $k=k_1+k_2$。

结论：弹簧越串越软，越并越硬。

经典真题

（2020 中国工商银行秋招·单选题）如图所示，直齿轮 E 首先开始以一定的速度往右运动，带轮 D 和齿轮 F 固定在一起可以绕着相同的圆心以相同的角速度旋转，且圆心位置不变，带轮 B 和 C 亦然，带轮 A 的旋转中心（即圆心）固定不动，则此时带轮 A 的旋转方向是（　　）。

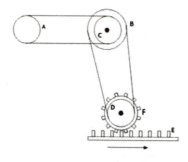

A. 顺时针　　　　　　　　B. 逆时针
C. 两者都有可能　　　　　D. 不动

答案 B

解析 由题干图形可知，E 向右移动时，D 和 F 逆时针转动，带动 C 和 B 逆时针转动，带动 A 逆时针转动。故选 B 项。

核心考点二：高数基础知识（备考指数：★★）

一、题型特征

高等数学的对象及方法都较为复杂，主要内容包括极限、微积分、空间解析几何与线性代数、级数、常微分方程等，需要多年的学习才能掌握。参加银行招聘的考生并不需要深入掌握高等数学，复习一些基础概念即可。

二、解题思路

1. 函数极限

设函数 $f(x)$ 在点 x_0 的某一去心邻域内有定义,如果存在常数 A,对于任意给定的正数 ε(无论它多么小),总存在正数 δ,使得当 x 满足不等式 $0<|x-x_0|<\delta$ 时,对应的函数值 $f(x)$ 都满足不等式:$|f(x)-A|<\varepsilon$,那么常数 A 就叫作函数 $f(x)$ 当 $x \to x_0$ 时的极限,记作 $\lim\limits_{x \to x_0} f(x)=A$。

求函数极限的方法:

1) 利用函数连续性:$\lim\limits_{x \to a} f(x) = f(a)$(就是直接将趋向值代入函数自变量中,此时要求分母不能为 0)。

2) 恒等变形:当分母等于零时,就不能将趋向值直接代入分母,可以通过因式分解或通过约分使分母不会为零。

3) 通过已知极限求解。已知两个重要极限:$\lim\limits_{x \to 0} \dfrac{\sin x}{x}=1$、$\lim\limits_{x \to \infty}(1+\dfrac{1}{x})^x = e$。

4) 采用洛必达法则求极限:当遇到分式 $\dfrac{0}{0}$ 或者 $\dfrac{\infty}{\infty}$ 时可以采用洛必达法则求解,其他形式也可以通过变换成此形式求解。(洛必达法则:符合形式的分式的极限等于分式的分子分母同时求导)

2. 导数

导数是微积分中的重要基础概念。当自变量的增量趋于零时,因变量的增量与自变量的增量之商的极限。一个函数存在导数时,称这个函数可导或者可微分。可导的函数一定连续,不连续的函数一定不可导。导数实质上就是一个求极限的过程。

设函数 $y=f(x)$ 在点 x_0 的某个邻域内有定义,当自变量 x 在 x_0 处有增量 Δx($(x_0+\Delta x)$ 也在该邻域内)时,相应的函数取得增量 $\Delta y=f(x_0+\Delta x)-f(x_0)$,如果 Δy 与 Δx 之比当 $\Delta x \to 0$ 时极限存在,则称函数 $y=f(x)$ 在点 x_0 处可导,并称这个极限值为函数 $y=f(x)$ 在点 x_0 处的导数记为 $f'(x_0)$。常见函数的导函数如表 6-1 所示。

表 6-1 常见函数的导函数

序号	原函数	导函数
1	$y=c$(c 为常数)	$y'=0$
2	$y=x^n$	$y'=nx^{n-1}$
3	$y=a^x$	$y'=a^x \ln a$
4	$y=e^x$	$y'=e^x$
5	$y=\log_a x$	$y'=\dfrac{1}{x \ln a}$
5	$y=\ln x$	$y'=\dfrac{1}{x}$
6	$y=\sin x$	$y'=\cos x$
7	$y=\cos x$	$y'=-\sin x$

求导的常用公式：

1) $y=f[g(x)]$，$y'=f'[g(x)]g'(x)$（$f'[g(x)]$ 中把 $g(x)$ 看作整个变量，而 $g'(x)$ 中把 x 看作变量）。

2) $y=\dfrac{u}{v}$，$y'=\dfrac{u'v-uv'}{v^2}$。

3) $y=f(x)$ 的反函数是 $x=g(y)$，则有 $y'=\dfrac{1}{x'}$。

经 典 真 题

（2020 中国工商银行秋招·单选题）设 $f(x)$ 在 $x=a$ 的某个领域内有定义，则 $f(x)$ 在 $x=a$ 可导的充要条件为（　　）。

A. $\lim\limits_{h\to 0}\dfrac{f(a+2h)-f(a+h)}{h}$ 存在

B. $\lim\limits_{h\to 0}\dfrac{f(a+h)-f(a-h)}{2h}$ 存在

C. $\lim\limits_{h\to 0}\dfrac{f(a)-f(a-h)}{h}$ 存在

D. $\lim\limits_{h\to +\infty}h[f(a+\dfrac{1}{h})-f(a)]$ 存在

E. $\lim\limits_{h\to +\infty}h[f(a-\dfrac{2}{h})-f(a)]$ 存在

【答案】C

【解析】C 项 $\lim\limits_{h\to 0}\dfrac{f(a)-f(a-h)}{h}=\lim\limits_{-h\to 0}\dfrac{f[a+(-h)]-f(a)}{-h}$，符合定义 $\lim\limits_{a\to 0}\dfrac{f(x+a)-f(x)}{a}$；A，B 项都缺少 $f(a)$ 连续这一条件；D，E 项从形式上就与定义不符。故选 C 项。

模块三 数学运算

第一章 常用技巧与方法

数学运算是通用就业能力测试科目中的固定题型，主要是一些初等数学应用题。数学运算的每道题给出一道算术题或者是表达数量关系的一段文字，要求考生熟练运用加、减、乘、除等基本运算法则，利用基本的数学知识，准确、迅速地计算出结果。

考生想要掌握数学运算首先需要掌握一些常用的技巧与方法，这些常用技巧与方法贯穿于所有的数学运算题型之中，是数学运算的核心。

核心考点一：倍数特性法（备考指数：★★★★★）

一、题型特征

倍数特性法是一种常见的解题方法，通常情况下会与其它的题型结合考查，主要考查点在其奇偶特性和整除特性上。观察近几年银行考题的数学运算部分，倍数特性法是重点核心考点，许多考生在解题时容易忽略倍数特性法中包含的特性，因此需要强化训练。

这类题目在读题时往往会被错综复杂的量与量间的关系干扰而不知从何处解题，但只要掌握了该方法，这类题目便迎刃而解。

二、解题思路

1. 奇偶特性

(1) 整数的和差判定

公式：奇数 ± 奇数 = 偶数；偶数 ± 偶数 = 偶数；偶数 ± 奇数 = 奇数。

推论：两奇两偶都为偶，一奇一偶则为奇。

两个数的和与差奇偶性相同。

(2) 整数的乘积判定

公式：奇数 × 奇数 = 奇数；偶数 × 偶数 = 偶数；偶数 × 奇数 = 偶数。

推论：若 n 个数相乘积为偶数，则至少有一个是偶数；

若 n 个数相乘积为奇数，则每一个都是奇数。

2. 整除特性（见表1-1）

表1-1 常见整数的整除判定

分类	常见整数	整除判定法则	
局部看	2、5	判断原数末一位是否能被2、5整除	
	4、25	判断原数末两位是否能被4、25整除	
	8、125	判断原数末三位是否能被8、125整除	
整体看	3、9	判断原数各个位数字相加所得的和是否能被3、9整除	
	7、11、13	判断原数末三位数与剩下数位数字组成的数之差是否能被7、11、13整除	
		7	将三位数abc前两位构成的两位数ab减去个位数字c二倍的结果，即判断ab－2c是否能被7整除
		11	判断原数奇数位数字之和减去偶数位数字之和所得的数能否被11整除
其他合数	6	将6拆成2和3的乘积，即最终要判断原数是否能被2和3同时整除	
	12	将12拆成3和4的乘积（拆成互质的两个数）即最重要判断是否能被3和4同时整除	

经典真题

1.（2020交通银行秋招·单选题）甲乙两家商店共有180件童装，其中甲店中73%的是女童装，乙门店20%是女童装，那么，乙店有（　　）件男童装。

A.36 B.64

C.54 D.13

答案 B

解析 由题意可知，甲店童装总数为100的倍数，又因为甲乙两家店共有180件童装，则甲店共有童装100件，则乙店共有80件，因此乙店的男童装数为$80\times\frac{4}{5}=64$件。故选B项。

2.（2019中国农业银行秋招·单选题）某医院妇产科对2017年新出生婴儿的体重进行了相关统计，有$\frac{1}{16}$的新生儿体重在8斤以上，有$\frac{1}{5}$的新生儿体重在7~8斤之间，有$\frac{1}{2}$的新生儿体重在6~7斤之间，有$\frac{1}{18}$的新生儿体重在5~6斤之间，其余的新生儿体重不足5斤。该医院妇产科2017年至少有（　　）名婴儿出生。

A. 1 156 B. 1 218

C. 1 360 D. 1 440

答案 D

解析 根据新生儿数量一定是整数，所以一定是16，5，2，18的倍数，根据是5的倍数，尾数一定是0或5，排除A、B项；根据是18的倍数，所以一定是9的倍数，排除 C 项；只有 D 项符合。故选 D 项。

3.（2019 中国光大银行秋招·单选题）7 袋面的重量分别是 24 千克，30 千克，34 千克，40 千克，44 千克，48 千克，52 千克。小明取走一袋，剩下的由小刚，小芳，小花取走。已知小刚和小芳取走的重量恰好相同，并且是小花取走的 2 倍。小明先取走的那一袋的重量是（　）千克。

A.24　　　　　　　　　　B.40
C.48　　　　　　　　　　D.52

答案 D

解析 设小明先取走的那一袋的重量为 a 千克，小花取走的重量为 b 千克，则小刚取走的重量＝小芳取走的重量＝$2b$ 千克。可得 $a+b+2b+2b=24+30+34+40+44+48+52$，即 $a+5b=272$，$5b=272-a$，则 $272-a$ 能被 5 整除，只有 52 千克符合。故选 D 项。

核心考点二：方程法（备考指数：★★★★）

一、题型特征

方程法是一种最常见的数学运算解题方法，几乎所有的题型都可以用方程法解答。虽然方程法解题步骤较多、耗时较长，并不适合在对解题速度要求较高的 EPI 考试中频繁使用。但是考生仍需掌握方程法解题这一基本功。

二、解题思路

1. 方程的概念和分类

1）方程：含有未知数的等式。

2）分类：普通方程、不定方程。

普通方程是指未知数个数等于独立方程个数的方程或方程组。

不定方程是指未知数的个数多于方程个数的方程或方程组。

2. 设未知数的技巧

1）直接设：设题目问题所问的量为未知数。

2）间接设：若题干中某个量与其它量的关系较多，则设该量为未知数。

3. 列方程的技巧

1）找等量关系；

2）固定公式。

4. 普通方程的常见解法

普通方程的常见解法有代入消元法、加减消元法、换元法、赋值法、参数法等。

例：$\begin{cases} x+2y+3z=18 \\ x+3y+5z=36 \end{cases}$ 求 $x+y+z$？

1）换元法：令 $A=x+y+z$，则原式可化为 $\begin{cases} A+y+2z=18 \\ A+2y+4z=36 \end{cases}$，令 $B=y+2z \Rightarrow \begin{cases} A+B=18 \\ A+2B=36 \end{cases}$ 求解出 A 即 $x+y+z$。

2）赋值法：令 $z=0$，则原式可化为 $\begin{cases} x+2y=18 \\ x+3y=36 \end{cases}$ 求解出 x、y，最终可得 $x+y+z$。

3）参数法：$\dfrac{x}{2x+15}=\dfrac{5}{7}$，令 $\dfrac{x}{2x+15}=\dfrac{5a}{7a}$，则有 $\begin{cases} x=5a \\ 2x+15=7a \end{cases}$ 解得 $\begin{cases} a=-5 \\ x=-25 \end{cases}$。

5. 不定方程的常见解法

不定方程通常通过整除特性、尾数特性、奇偶特性等进行代入排除。

（1）整除特性：$A+B=C$，式中任意两项能被某整数 a 整除，则另一项也能被 a 整除。

（2）尾数特性：利用尾数特性分析各未知数取值（未知数系数为 5，通常需分析尾数特性）。

（3）奇偶特性：奇 + 奇 = 偶，奇 + 偶 = 奇，偶 + 偶 = 偶。

经典真题

1.（2020 邮政集团秋招·单选题）某大型公司共有四个事业部，不算第一事业部，其余三个事业部的总人数是 323 人，不算第四事业部，其余三个业部的总人数是 356 人，第二、三事业部的总人数比第一、四事业部的人数少 10 人，则这四个事业部共有（　　）人。

A.409　　　　　　　　　　B.435

C.443　　　　　　　　　　D.456

答案 D

解析 根据题意列方程组 $\begin{cases} 二+三+四=323 \\ 一+二+三=356 \\ 二+三+10=一+四 \end{cases}$，将（二+三）、（一+四）分别当作整体来计算，解得（二+三）=223、（一+四）=233，则共有 223+233=456 人。故选 D 项。

2.（2019 国家开发银行秋招·单选题）饲养池里养了一批泥蛙，第一次抓了 50 只做好标记放回池子里，然后随机抓上 1 000 只，发现有标记的泥蛙 4 只。池子里大约有（　　）只泥蛙。

A.12 500　　　　　　　　　B.15 000

C.20 000　　　　　　　　　D.25 000

答案 A

解析 设池子中大约有 x 只泥蛙，根据题意有：$\dfrac{50}{x}=\dfrac{4}{1\,000}$，化简得 $4x=50\,000$，解得 $x=12\,500$ 只。故选 A 项。

核心考点三：赋值法（备考指数：★★★★★）

一、题型特征

赋值法是以简化运算为目的，给题中的某未知量赋特殊值，从而可以快速求解的方法。常用于以下几种情形：

（1）题干描述某量具有任意性：如任意矩形（可看作正方形），动点（可找特殊点）；题干中没有具体的数值，条件都是以分数、百分数、比例倍数等形式给出的。

（2）某两个或两个以上的数据间有比例关系：如对于 $A=B\times C$ 可对其中某个量进行赋值。

（3）题中所得为复杂方程：如 $\begin{cases}3x+7y+z=32\\4x+10y+z=43\end{cases}$ 求 $x+y+z$？可以将 x、y、z 中的某一个直接赋值为 0 简化计算。

二、解题思路

以简化运算为原则进行赋值。赋值要尽可能小，并且使得运算尽可能为整数运算。常见赋值思路：

（1）优先选择对工作总量、路程等不变量进行赋值。

（2）依据题目中所给的已知量，在赋值时优先赋值未知量为已知量的最小公倍数。

（3）如果题目中并没有不变量，而给出了一些比例关系，通常结合比例关系进行赋值，将比例关系转化为具体的数值即可。

经典真题

1.（2019 广发银行秋招·单选题）商店出售某电子产品，4 月份的利润率是 14%，5 月份时，该电子产品的进价降低了 5%，但仍保持原来售价不变，那么，该电子产品在 5 月份的利润率是多少？（　　）

A.20%　　　　　　　　　　B.18%

C.16%　　　　　　　　　　D.14%

答案 A

解析 采用赋值法，假设 4 月份进价为 100 元，则售价为 100×（1+14%）=114 元；5 月份售价不变，进价变为 100×（1-5%）=95 元，那么 5 月份利润率 = $\dfrac{114-95}{95}$ = $\dfrac{19}{95}$ =20%。故选 A 项。

2.（2019 交通银行秋招·单选题）校学生会主席改选中，需要得到总人数 $\dfrac{4}{5}$ 的选票才能当选。统计了 $\dfrac{2}{3}$ 的选票时，小明得到的选票数量已经达到了当前统计票数的 $\dfrac{3}{4}$，他还需

要得到剩下选票的几分之几才能达到当选标准？（　　）

A. $\dfrac{1}{3}$　　　　　　　　　　B. $\dfrac{9}{10}$

C. $\dfrac{4}{5}$　　　　　　　　　　D. $\dfrac{8}{11}$

答案 B

解析 采用赋值法，假设赋值总人数为 60，则当选的标准是要得到 $60\times\dfrac{4}{5}=48$ 票。现已统计了 $60\times\dfrac{2}{3}=40$ 票，且小明已得票 $40\times\dfrac{3}{4}=30$ 票，则小明还需再得 48-30=18 票才能当选，即占剩下选票的 $\dfrac{18}{60-40}=\dfrac{9}{10}$。故选 B 项。

核心考点四：比例法（备考指数：★★★★★）

一、题型特征

比例表示量与量之间份数的关系，比例法的核心就是要弄清楚每一份具体代表的具体值，再根据不同的份数，计算出对应的具体值。比例法是一种十分高效的解题方法，通常会与工程问题、行程问题等题型结合考查。掌握了比例法可以说是掌握了很多题目解题的钥匙。

该考点的难度跨度很大，既有很简单的题目，也有难度较高的题目，是 EPI 中必须掌握的方法。

二、解题思路

1. 比例的计算

1）比例计算的核心要弄清楚每一份具体代表的具体值。再根据不同的份数，计算出对应的具体值即可。

2）比例数之间是可以相加减的。

例：甲和乙之比是 5:3，那么甲比乙多 2 份，甲和乙总共是 8 份。

2. 比例的统一

题干中往往是两组比例，并且不同比例维度中有一个是不变量。有可能是部分量，也有可能是整体量。解题时要将不同比例关系的不变量化为相等。

（1）部分量不变

已知 $A:B$=1:2，$B:C$=3:4，则有

A	B	C	比例统一后	A	B	C
1	2		→	3	6	8
	3	4				

(2) 整体量不变

例：一单位原有党员与非党员的比为 3:5，一段时间后陆续有 15 名非党员入党，此时党员与非党员之比变为 9:7，求现有党员人数。

	党员	非党员	总数
原有	3	5	8
15 名非党员入党			
现有	9	7	16

原有比例 5:3 与现有比例 9:7 中，总数实际量不变，则将各量比例关系中总量化为相等：

	党员	非党员	总数
原有	6	10	16
15 名非党员入党			
现有	9	7	16

即现有党员比原有党员多了 3 份，真实值为 15 人，所以 1 份有 5 人，因此，现有党员人数有 9 份，即 45 人。

3. 正反比

正反比关系是指两种相关联的量，一种量变化，另一种量也随着变化。如果这两种量中相对应的比值一定，那么它们的关系称为正比例关系；如果这两种量中相对应的积一定，它们的关系称为反比例关系。即：

1）正比：变化趋势相同，比值一定；

2）反比：变化趋势相反，乘积一定。

注意：如果是三者呈反比关系，谨记其是倒数比。例如：路程一定时，速度之比是 $2:3$，则时间之比是 $3:2$。如果速度之比是 $2:3:5$，则时间之比是 $\frac{1}{2}:\frac{1}{3}:\frac{1}{5}$。

经典真题

1.（2019 交通银行秋招·单选题）一次海边素质拓展活动中，所有人分成了甲乙丙丁四个组，计划搜集若干贝壳。甲队的数额是另外三队总和的一半，乙队的数额是另外三队总和的三分之一、丙队的数额是另外三队总和的四分之一、丁队的数额是 130 个。那么，甲团队的数额是多少个？（　　）

A. 400 B. 300
C. 500 D. 200

答案 D

解析 由题意可知，甲乙丙丁四组所搜集贝壳数额总数为恒量，即可化为整体量不变的比例统一问题，可得表（1）：

甲	乙	丙	丁	总
1				3
	1			4
		1		5
表（1）				

甲	乙	丙	丁	总
20	15	12		60
表（2）				

将比例统一后可得表（2），计算出丁所占的份数为 60−(20+15+12)=13，对应的真实值为 130，可得 1 份对应的真实值为 10，则甲队搜集到的贝壳数额为 20×10=200。故选 D 项。

2.（2018 中国建设银行秋招·单选题）现有一批产品要质检，组长将这批产品平均分为两组，分别安排甲、乙两人质检。两人从早上 10 点同时开工，最后甲在当天 12 点 50 分完成，乙在当天 14 点完成。甲中途休息了 10 分钟，乙中途休息了 20 分钟。则甲、乙两人的工作效率之比为（　　）。

A.7:4　　　　　　　　　　B.9:5

C.3:1　　　　　　　　　　D.11:8

【答案】D

【解析】此题为工程问题。由题干知，甲乙的工作量相等，则甲，乙两人的工作效率之比与时间之比成反比，时间之比为 160:220=8:11，效率之比为 11:8。故选 D 项。

核心考点五：十字交叉法（备考指数：★★★）

一、题型特征

1）题干中描述的概念用比值来表示。例如：浓度 = $\dfrac{溶质质量}{溶液质量}$，比重 = $\dfrac{部分}{整体}$，平均分 = $\dfrac{总成绩}{人数}$，房价 = $\dfrac{总价}{总面积}$。

2）混合过程。例如：两种不同的溶液混合；男生和女生平均分的混合；购买基金、股票各自利润率的混合。

二、解题思路

1. 方法步骤

1）第一列分别写混合之前两量的情况。

2）第二列写混合后的情况。

3）第三列交叉作差。

4）第四列为第三列交叉作差后的最简比。

5）第五列为真实值。

2. 方法特征

1）第三、四、五列的最简比相等。

2）第一列之差等于第三列的和。

3）真实值代表原比值量的分母部分。

经典真题

（2019 宁波银行秋招·单选题）某人把 60 000 元投资于股票和债券，其中股票的年回报率为 6%，债券的年回报率为 10%。如果这个人一年的总投资收益为 4 200 元，那么他用了（　　）元钱买债券。

A. 45 000　　　　　　　　B. 4 800

C. 6 000　　　　　　　　D. 15 000

答案 D

解析 比例的混合问题，用十字交叉法求解。平均收益为 $\dfrac{4\,200}{60\,000}=7\%$。

用了 15 000 元钱买债券。故选 D 项。

核心考点六：极值思想（备考指数：★★★★）

一、题型特征

极值问题就是问最大是多少或者最小是多少一类的问题，是 EPI 中很常见的一类问法，需要考生具备一定的统筹能力。

常见的题型有：

1. 均值不等式

均值不等式多应用在利润类问题和几何类问题中。

1）在利润类问题中题干往往会问售价定到多少利润最大，或是问利润最大是多少等；

2）在几何类问题中往往求最大面积是多少或者要用的材料最少是多少。

2. 和定极值

和定极值类问题在问法上经常出现："最……最……""排名第几……最……"这样的类似表述。

3. 最不利原则

最不利问题在问法上出现"至少……保证……"或类似表述。

二、解题思路

1. 均值不等式

均值不等式的简单表述：和定可求积最大；积定可求和最小。

（1）若两数相加是一个定值，那么当且仅当两数相等时，积可取到最大值。

（2）若两数乘积是一个定值，那么当且仅当两数相等时，和可取到最小值。

2. 和定极值

和定极值的分类：

（1）正向极值：求最大数的最大值和最小数的最小值。

（2）逆向极值：求最大数的最小值和最小数的最大值。

（3）混合极值：求中间某项的最小值或最大值。

和定极值的解题方法：

（1）排序定位：根据主体个数进行排序，定位要求的主体。

（2）反向构造数列：当若干自然数的加和一定时，若要使其中一个数的值尽可能地大，则其他的数应尽可能小；反之，若要使其中一个数的值尽可能地小，则其他的数应尽可能大。

（3）加和求解：总数一定，用加和求所求主体个数。

（4）取整：若结果不为整数，需要结合题目条件进行取整。问最大则向下取整；问最小则向上取整。

3. 最不利原则

构造"最不利"的情况，即在题目所需保证的要求不被实现的情况下，尽可能地取到最多。在所构造的"最不利"的情况下加 1，即可得到正确答案。

经典真题

1.（2018 中国工商银行秋招单选题）截取完铁条后，这家参展商需要圈一块展台场地，他们将一根长 56 米的绳子截成 4 段，首尾相接拼成一个四边形作为展台场地，该四边形的最大面积是（ ）平方米。

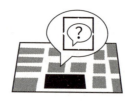

A. 195　　　　　　　　　　　　B. 192
C. 196　　　　　　　　　　　　D. 225

答案　C

解析　根据题意，由于周长一定，四边形为正方形时面积最大，此时正方形的边长为 56÷4=14 米，面积为 14×14=196 平方米。故选 C 项。

2.（2019 中国农业银行秋招·单选题）将 50 名新员工分给 7 个不同的部门，每个部门分到的新员工数各不相同，分的最多的那个部门至少可以分到（　　）名新员工。

A. 9　　　　　　　　　　　　B. 10
C. 11　　　　　　　　　　　　D. 12

答案　C

解析　根据题意，若使分的最多的部门人数尽可能最少，则让其他部门的人数尽可能多，又由于各部门人数各不相同，则设分得人数最多的部门分得的人数为 x，列表如下：

1	2	3	4	5	6	7
x	$x-1$	$x-2$	$x-3$	$x-4$	$x-5$	$x-6$

则 $x+(x-1)+(x-2)+(x-3)+(x-4)+(x-5)+(x-6)=50$，解得 $x=10\cdots1$，余的一个人只能分给人数最多的部门。则分的最多的那个部门至少可以分到 10+1=11 名新员工。故选 C 项。

3.（2019 浦发银行秋招·单选题）在一个盒子中有 8 个黑色玩具，4 个白色玩具，2 个灰色玩具。至少从中取出多少个玩具才能保证其中有白色玩具？（　　）

A. 9　　　　　　　　　　　　B. 10
C. 11　　　　　　　　　　　　D. 12

答案　C

解析　最不利情况为：取到 8 个黑色，2 个灰色，此时剩下 4 个为白色，只要再取一个就会出现白色玩具，即至少取出 8+2+1=11 个玩具，才能保证其中有白色玩具。故选 C 项。

第二章 基本题型

数学运算测试的范围很广，例如工程问题、行程问题、容斥问题、几何问题、年龄问题以及其他问题等。虽然它们涉及的数学知识或原理都不超过高中学业水平，但考试作答时间是有限的。要想在有限的时间里作答获取高分，就要求考生具备较高的运算能力和技巧。

核心考点一：行程问题（备考指数：★★★★★）

一、题型特征

行程问题一直是银行招考中的一个热点，几乎是每年必考的一类题型。在行程问题中，常考的知识点有相遇问题、追击问题、流水行船问题、牛吃草问题等等，而前三类问题为考试的重点题型。每种类型都有固定的、可套用的解题方法，行程问题是数学运算中解题思路最广、方法最灵活的类型。考生需将每种类型相关知识点掌握，并加以细致分析，最后熟练运用，这样在考试中就可以顺利解答了。

二、解题思路

1. 核心公式

路程 = 速度 × 时间（$s=vt$）

平均速度相关公式：

1）平均速度 = 总路程 ÷ 总时间；

2）等距离平均速度：$\bar{v}=\dfrac{2v_1 \times v_2}{v_1+v_2}$。

2. 相遇问题和追击问题

1）相遇问题（相遇时两者时间相同），如图 2-1 所示。

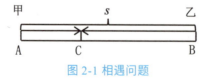

图 2-1 相遇问题

如图 2-1 所示，甲、乙两人分别从 A、B 两地相向出发，t 时刻在 C 点相遇，则有 $s=AB=AC+BC=(v_1+v_2)t$。

2）追击问题（追到时两者时间相同），如图 2-2 所示。

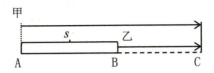

图 2-2 追击问题

如图 2-2 所示，甲、乙两人分别从 A、B 两地同向出发，t 时刻在 C 点甲追上乙，则有 $s=AB=AC-BC=(v_1-v_2)t$。

3）两地相向出发多次相遇，如图 2-3 所示。

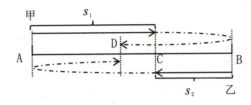

图 2-3 两地相向出发多次相遇

如图 2-3 所示，甲、乙两人分别从 A、B 两地相向出发，t_1 时刻在 C 点第一次相遇，相遇后继续向前走，走到相对地点时立刻掉头，t_2 时刻在 D 点第二次相遇。可得

$$s=s_1+s_2=v_1t_1+v_2t_1 \quad ①$$

$$2s=s_{12}+s_{22}=v_1t_2+v_2t_2 \quad ②$$

由①②可得 $t_2=2t_1$，$s_{12}=2s_1$，$s_{22}=2s_2$，通过这些数据可得表 2-1。

表 2-1 两地相向出发多次相遇

	$s_\text{总}$	s_1	s_2	t
$0 \to 1$	s	s_1	s_2	t
$1 \to 2$	$2s$	$2s_1$	$2s_2$	$2t$
$2 \to 3$	$2s$	$2s_1$	$2s_2$	$2t$
…	…	…	…	…
$(n-1) \to n$	$2s$	$2s_1$	$2s_2$	$2t$

	$s_\text{总}$	s_1	s_2	t
$0 \to 1$	s	s_1	s_2	t
$0 \to 2$	$3s$	$3s_1$	$3s_2$	$3t$
$0 \to 3$	$5s$	$5s_1$	$5s_2$	$5t$
…	…	…	…	…
$0 \to n$	$(2n-1)s$	$(2n-1)s_1$	$(2n-1)s_2$	$(2n-1)t$

即：$(2n-1)s=(v_1+v_2)t$。

4）环形跑道。s 为两者最初相距的距离，C 为环形周长，n 为相遇次数，t 为总时间，$v_1 > v_2$。

一地同时出发：$2ns=(v_1+v_2)t$；

环形相遇问题：$nC=(v_1+v_2)t$；

环形追击问题：$nC=(v_1-v_2)t$。

3. 流水行船问题

在流水行船问题中，主要涉及到的量是船顺水和逆水航行时的速度 $v_顺$，$v_逆$，船在静水中的速度 $v_船$ 和水速 $v_水$，基本公式和推导公式如下：

1）基本公式：$v_顺=v_船+v_水$；$v_逆=v_船-v_水$。

2）推导公式：$v_船=\dfrac{v_顺+v_逆}{2}$；$v_水=\dfrac{v_顺-v_逆}{2}$。

4. 牛吃草问题

牛吃草问题可等效为一维的行程问题。如图 2-4 所示，设原来的草量为 Y，以 N 的速度去消耗，原物以 x 的速度增长，消耗完用时为 t，则有 $Y=(N-x)t=(N-x)t=(N-x)t$，此消彼长（即追及问题）；$Y=(N+x)t=(N+x)t=(N+x)t$，此消彼消（即相遇问题）。

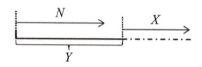

图 2-4 牛吃草问题

5. 钟表问题

钟表问题一般考察点在时针和分针之间的夹角，比如在题目中会问："过多久之后时针和分针夹角为××度"，该类问题核心是将时针和分针的速度牢记，套用行程问题中的追及公式即可求解。

时针速度和分针速度分别为：$v_时=\dfrac{30°}{60}=0.5°/\text{min}$；$v_分=\dfrac{360°}{60}=6°/\text{min}$。

经典真题

1.（2019 广发银行秋招·单选题）甲乙两地位于一座小山的两侧，因此，从甲地往乙地需要先上坡然后再下坡，没有平坦路。小明驱车上坡时速度是每小时 10 千米，下坡时每小时 40 千米，他在甲乙两地之间往返一次一共用了 2.5 个小时，期间并没有停留。那么，甲乙两地之间的距离是多少公里？（　　）

A．70　　　　　　　　　　　B．60

C．40　　　　　　　　　　　D．20

答案 D

解析 由题意可知，小明在甲乙两地往返所走路程中，上坡与下坡总路程相等，则可使用等距离平均速度公式 $v_{均}=\dfrac{2v_1v_2}{v_1+v_2}=\dfrac{2\times10\times40}{10+40}=\dfrac{800}{5}=16\text{km}/\text{h}$，往返共用时 2.5h，可知往返路程为 16×2.5=40km，单程为 20km。故选 D 项。

2.（2018 中国邮政储蓄银行秋招·单选题）连日大雨，雨水以恒定流量灌入到农田中，现在要将农田中的水抽干，如果用 5 台抽水机 40 小时可以抽完，如果用 10 台抽水机 15 小时可以抽完。现在用 14 台抽水机，那么，（　）可以把水抽完。

A.10 小时　　　　　　　　B.9 小时
C.8 小时　　　　　　　　D.7 小时

答案 A

解析 牛吃草问题。设每台抽水机每小时的工作量为特值 1，雨水灌入到农田的流量为 x；现在用 14 台抽水机，那还需时间 t 可以把水抽完，由题干知，$(5-x)\times40=(10-x)\times15=(14-x)\times t$，则可以计算出 $x=2$，$t=10$。故选 A 项。

3.（2019 交通银行秋招·单选题）某幼儿园组织学生排成一队前往甲地，学生每分钟步行 30 米。队尾的苗老师以每分钟步行 50 米的速度赶到队首，然后立即返回队尾，用了 5 分钟。那么，队伍的长度是多少米？（　）

A.80　　　　　　　　　　B.100
C.60　　　　　　　　　　D.120

答案 A

解析 设队伍长为 x 米，苗老师赶到队首所用时间为 t。由题意可知，苗老师赶到队首的过程中是追击问题，可得 $x=(50-30)t$ ①；返回队尾的过程中是相遇问题，可得 $x=(50+30)(5-t)$ ②。由①，②可解出 $x=80$，$t=4$，即队伍长为 80 米。故选 A 项。

核心考点二：工程问题（备考指数：★★★★★）

一、题型特征

日常生活中做某一件事、制造某种产品、完成某项任务、完成某项工程等问题一般都要涉及到工作总量、工作效率、工作时间这三个量。探讨这三个数量之间关系的应用题，我们都把它们叫作工程问题。

二、解题思路

1. 普通工程问题

普通工程问题可以直接采用核心公式：工作总量 = 工作效率 × 工作时间（$W=Pt$）

计算。一般运用方程法（见模块三第一章核心考点二），比例法（见模块三第一章核心考点四）求解。

2. 多者合作问题

（1）已知时间赋值总量类：题目中分别给出各个个体完成某项工程所需的时间。

【例题】甲完成 A 工程需要 10 天，乙完成 A 工程需要 12 天，丙完成 A 工程需要 15 天。

解此类问题时首先赋值工作总量为各自单独完成这项工程所需要时间的最小公倍数，再根据核心公式求出各自的工作效率，最后找出等量关系进行求解。

（2）已知效率比赋值效率类：题目中给出效率的比例关系，或经分析可得个体间的比例关系。

【例题 1】甲、乙、丙三人的工作效率之比为 1∶2∶3。

【例题 2】甲做一天相当于乙做两天，相当于丙做三天。

解此类问题时首先赋值各自工作效率为统一最简比中的比例数，再根据核心公式求出工作总量，最后找出等量关系进行求解。

3. 交替合作问题

交替合作问题是指题干中给定每个个体之间以某种特定的交替方式进行合作完成某项工程。

解此类问题时首先求出一个交替周期所用的时间以及所完成的工作量，再根据交替方式进行分析：

（1）正正交替：用以此种交替方式完成的工作量除以一个周期完成的工作量，可得工作了几个整周期，而后分析剩余工作量的情况。

（2）正负交替：保留峰值后分析。

经典真题

1.（2018 中国工商银行秋招·单选题）某公司希望你能帮助他们，把产品介绍翻译成中文。你马上联系了中国的翻译公司，请他们派出 2 名翻译人员进行翻译。

甲翻译员　　　乙翻译员
12 小时完成　　9 小时完成

如果按照甲先乙后的顺序，每人每次 1 小时轮流进行翻译，你帮他们计算一下，完成这件翻译工作需要（　　）小时。

A.10　　　　　　　　　　B.$\dfrac{31}{3}$

C.11   D.$\frac{29}{3}$

答案 B

解析 本题是工程问题中的交替循环问题。可以设总工作量为特值36,

	甲	乙	甲	乙	……
工作效率	3	4	3	4	……
工作时间	1	1	1	1	……

由上表可以看出,甲乙各1小时为一个循环周期,一个周期内的总工作量为 $3\times1+4\times1=7$,由 $36\div7=5\cdots1$ 可知,共有5个周期,工作量余1,还需甲工作 $\frac{1}{3}$ 个小时,总用时为 $2\times5+\frac{1}{3}=\frac{31}{3}$。故选B项。

2.(2019交通银行秋招·单选题)加工一批零件,如果每天做5个,则比计划晚两天,如果每天做6个,则比计划提前3天。那么,这批零件一共（   ）个。

A.60   B.120
C.28   D.150

答案 D

解析 设原计划天数为 x,则有 $5(x+2)=6(x-3)$,解得 $x=28$,则这批零件共有 $5(x+2)=150$ 个。故选D项。

核心考点三：经济利润问题（备考指数：★★★★）

一、题型特征

经济利润问题主要考查进价、售价、利润、折扣等日常经济数据之间的关系,是数学运算里难度一般的一类题型,也是银行招聘考试最常考查的题目。解决利润问题,首先要明白利润问题里的常用词汇成本、定价、利润率、打折的意义,通过分析产品买卖前后的价格变化,从而根据公式解决这类问题。

二、解题思路

1. 基础公式

1) 利润 = 售价 − 成本；

2) 折扣 = $\frac{售价}{定价}$；

3) 利润率 = $\frac{利润}{成本}$ = $\frac{售价-成本}{成本}$ = $\frac{售价}{成本}-1$；

4) 售价 = 成本 × (1 + 利润率) $\Rightarrow$ 成本 = $\frac{售价}{1+利润率}$。

2. 分段计费问题

当题目中出现分区间计费，超过某个部分按照某个价格收费时，即是分段计费问题。解此类问题时要找出分段计费的分段点，弄清每一段的价格依次为多少，再分段列方程进行求解即可。

📋 经 典 真 题

1.（2018 交通银行秋招·单选题）某设备的进价为 5 000 元，正常售价为 8 000 元。现在由于积压严重，厂商不得不打折处理，但是尽管打折，厂商会要求成本利润率不低于 20%，请问销售价格最低能降到（ ）。

A. 八折　　　　　　　　　　B. 七五折
C. 八五折　　　　　　　　　D. 七折

答案 B

解析 根据题意，已知已知该设备的利润率最低为 20%，由公式售价 = 成本 ×（1+ 利润率），则有该商品的最低售价应为 5 000×（1+20%）=6 000，即最低折扣为 $\frac{6\,000}{8\,000}=0.75$，即七五折。故选 B 项。

2.（2019 招商银行秋招·单选题）某超市本月白酒进价比上个月低了 5%，但超市并没有调整价格，仍然按照上个月价格销售。那么，本月的白酒利润率就比上个月提高了 6%。超市这个月的白酒利润率是多少？（ ）

A.10%　　　　　　　　　　B.14%
C.20%　　　　　　　　　　D.24%

答案 C

解析 设白酒上月进价为 100 元，利润为 x 元，则利润率为 $x\%$，本月进价为 100×（1−5%）=95 元，售价不变，则本月利润为 $(x+5)$ 元，利润率为 $\frac{x+5}{95}$。可得，$\frac{x+5}{95}=x\%+6\%$，解得 $x=14$ 元，则本月利润率为 $x\%+6\%=14\%+6\%=20\%$。故选 C 项。

核心考点四：排列组合与概率（备考指数：★★★★）

一、题型特征

排列组合与概率问题几乎每年都会出现在银行招聘考试中。面对这种问题不仅要掌握解题技巧和方法，还要了解生活中的一些常识。例如，排座位、下棋、主客场比赛、打靶等情况，这些都是概率问题和排列组合问题出现的背景，不同情况对应不同的解题思路。

二、解题思路

1. 排列组合

（1）基本计数原理

基本计数原理为：分类用加法；分步用乘法。

（2）排列数和组合数

排列数是指从 n 个不同元素中任取 m 个元素排成一列，称此为一个排列，此种排列的总数即为排列数（元素顺序会影响最终结果）。计算公式为：$A_n^m = \dfrac{n!}{(n-m)!} = n \times (n-1) \times (n-2) \times \ldots \times (n-m+1)$。例：$A_5^2 = 5 \times 4$，$A_7^3 = 7 \times 6 \times 5$。

组合数是指从 n 个不同元素中任取 m 个元素并成一组，称此为一个组合，此种组合的总数即为组合数（元素顺序不会影响最终结果）。计算公式为：$C_n^m = \dfrac{n!}{(n-m)! \times m!} = \dfrac{n \times (n-1) \times (n-2) \times \ldots \times (n-m+1)}{m \times (m-1) \times (m-2) \times \ldots \times 1}$；$C_n^m = C_n^{n-m}$。例：$C_5^2 = \dfrac{5 \times 4}{2 \times 1}$，$C_7^3 = \dfrac{7 \times 6 \times 5}{3 \times 2 \times 1}$；$C_7^5 = \dfrac{7 \times 6 \times 5 \times 4 \times 3}{5 \times 4 \times 3 \times 2 \times 1} = C_7^2 = \dfrac{7 \times 6}{2 \times 1}$。

（3）常用方法

优限法：优先考虑有特殊要求的元素。

捆绑法：将若干个必须相邻的元素看作一个整体。

插空法：若干个元素必须不相邻，则将其插到其它元素间的空位中。

隔板法：将 n 个相同元素分给 m 个对象，每个对象至少分得一个。

（4）全错位排列

全错位排列是指当题目中要求不能一一对应时，比如：n 把钥匙对应 n 个锁，要求每个锁和一把不能打开它的钥匙放进一个信封，这就是全错位排列。D_n 表示 n 个数字的全错位排列，有：$D_n = (n-1)(D_{n-1} + D_{n-2})$。常考的值：$D_1 = 0$，$D_2 = 1$，$D_3 = 2$，$D_4 = 9$，$D_5 = 44$。

2. 概率问题

概率基本公式：概率 = $\dfrac{\text{满足条件的情况数}}{\text{总情况数}}$。

（1）古典型概率

如果试验中可能出现的结果有 n 个，而事件 A 包含的结果有 m 个，那么事件 A 发生的概率 $P(A) = \dfrac{m}{n}$（$0 \leq P(A) \leq 1$）。

（2）多次独立重复试验

多次独立重复试验是指在同样的条件下重复的、各次之间相互独立的一种试验。这种试验只有两种结果：发生或不发生。每次发生的概率都是相同的。如果某一次试验中事件 A 发生的概率为 P，则该试验重复 n 次，事件 A 出现 m 次的概率为 $P_n(m) = C_n^m P^m (1-p)^{n-m}$（$m = 0, 1, 2, \cdots, n$）。

经典真题

1. （2018 中国银行秋招·单选题）某学校举行围棋大赛，共有 14 名选手参加，先分成两组参加单循环比赛，每组 7 人，然后根据积分由两组的前三名再进行单循环比赛，决出冠亚军，请问共需要（　　）场。

　　A.57　　　　　　　　　　B.60
　　C.56　　　　　　　　　　D.54

【答案】A

【解析】单循环比赛就是每 2 人都要赛 1 场，根据题意可知，14 名选手分成两组参加单循环比赛，比赛的场数为 $C_7^2 \times 2 = 42$ 场；两组的前三名再进行单循环比赛，比赛的场数为 $C_6^2 = 15$ 场，因此共需要比赛的场数为 42+15=57 场。故选 A 项。

2. （2018 中国建设银行秋招·单选题）某银行有三项业务要招标，共有 5 家公司前来投标，且每家公司都对 3 项业务发出了投标申请，最终发现每项业务都有且只有 1 家公司中标。若 5 家公司在各项业务中中标的概率均相等，则这 3 项业务由同一家公司中标的概率为（　　）。

　　A.$\dfrac{1}{243}$　　　　　　　B.$\dfrac{1}{125}$
　　C.$\dfrac{1}{81}$　　　　　　　D.$\dfrac{1}{25}$

【答案】D

【解析】概率问题。总中标情况数有 5×5×5=125 种，3 项业务由同一家公司中标的情况数有 5 种，所求概率为 $\dfrac{5}{125} = \dfrac{1}{25}$。故选 D 项。

核心考点五：容斥问题（备考指数：★★★）

一、题型特征

在数学运算的考查中，容斥原理题看起来复杂多变，让考生一时找不着头绪。但该题型还是有着非常明显的内在规律，只要考生能够掌握该题型的规律，看似复杂的问题就能迎刃而解，下面就该题型分两种情况进行剖析，相信能够给考生带来一定的帮助。

二、解题思路

容斥原理指先把包含于某内容中的所有对象的数目计算出来，然后再把计数时重复计算的数目排斥出去，使得计算的结果既无遗漏又无重复。

解题时要确保每个区域都为一层。

1. 两集合容斥

(1) 文氏图法

标数据时切记要由内向外标。

(2) 公式法

如图 2-5 所示,可得两集合容斥公式:$A+B-A\cap B=I-\bar{A}\cap\bar{B}$。

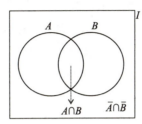

图 2-5 两集合容斥

2. 三集合容斥

(1) 三集合容斥公式

如图 2-6 所示,可得三集合容斥公式:$A+B+C-A\cap B-A\cap C-B\cap C+A\cap B\cap C=I-\bar{A}\cap\bar{B}\cap\bar{C}$。

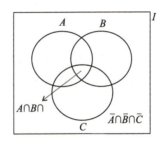

图 2-6 三集合容斥

(2) 三集合容斥公式变形式

如图 2-7 所示,可得三集合容斥公式:$A+B+C-S-2A\cap B\cap C=I-\bar{A}\cap\bar{B}\cap\bar{C}$。

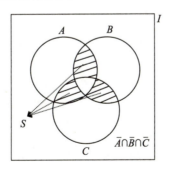

图 2-7 三集合容斥变形

3. 容斥极值

(1) 两集合容斥极值公式为:$(A\cap B)_{min}=A+B-I$。

(2) 三集合容斥极值公式为:$(A\cap B\cap C)_{min}=A+B+C-2I$。

(3) 四集合容斥极值公式为：$(A\cap B\cap C\cap D)_{min}=A+B+C+D-3I$。

经典真题

（2019 交通银行秋招·单选题）一项关于运动，读书，音乐三项爱好调查中，喜欢运动的有 49 人，喜欢读书的 36 人，喜欢音乐有 28 人。调查中发现每人至少喜欢其中一项，只喜欢其中两项的有 13 人，喜欢三项的有 9 人。那么，被调查的总人数是多少人呢？（　　）

A.82　　　　　　　　　　B.77
C.87　　　　　　　　　　D.92

答案 A

解析 由三集合容斥公式变形式 $A+B+C-S-2A\cap B\cap C=I-\bar{A}\cap\bar{B}\cap\bar{C}$，其中 S 为只喜欢两项的人数，因为题中说每人至少喜欢其中一项，则 $\bar{A}\cap\bar{B}\cap\bar{C}=0$，代入已知数据可得：被调查总人数为 $I=49+36+28-13-2\times9=82$ 人。故选 A 项。

核心考点六：几何问题（备考指数：★★★★）

一、题型特征

几何问题一般有平面几何和立体几何两种情况，需要一定的空间思维能力。考生首先要掌握常见平面和立体图形的面积、体积公式，还要熟悉常用的解题方法方能应对几何问题。

二、解题思路

1. 常见公式

常见平面图形的周长及面积公式，如表 2-2 所示；常见立体图形的表面积及体积公式，如表 2-3 所示。

表 2-2　常见平面图形周长及面积公式

平面图形	周长	面积	备注
三角形	$a+b+c$	$\frac{1}{2}ah$；$\frac{1}{2}ab\sin C$	C 为 a、b 边夹角
正方形	$4a$	a^2	
长方形	$2(a+b)$	ab	
平行四边形		ah	
梯形		$\frac{1}{2}(a+b)h$	
圆形	$2\pi r$	πr^2	

续表

平面图形	周长	面积	备注
扇形	$2r+\dfrac{n\pi r}{180}$	$\dfrac{n\pi r^2}{360}$	n 为扇形圆心角度数
菱形		对角线乘积的一半	包括正方形

表 2-3 常见立体图形表面积及体积公式

立体图形	表面积	体积	备注
正方体	$6a^2$	a^3	
长方体	$2(ab+ac+bc)$	abc	
圆锥体		$\dfrac{1}{3}\pi r^2 h$	
圆柱体	$2\pi r^2+2\pi rh$	$\pi r^2 h$	
棱锥体		$\dfrac{1}{3}Sh$	
棱柱体		Sh	
球体	$4\pi r^2$	$\dfrac{4}{3}\pi r^3$	

2. 相似图形

相似图形是指对应角相等，对应边成比例的两个图形。相似图形的性质有：相似比 = 周长比 = 边长比；面积比 = 相似比的平方；体积比 = 相似比的立方。

经典真题

1.（2019 中国光大银行秋招·单选题）下图中正方形的边长为 6cm，已知正三角形覆盖了正方形 $\dfrac{1}{2}$ 的面积，正方形覆盖了正三角形 $\dfrac{3}{4}$ 的面积。三角形的面积为（　）平方厘米。

A. 20　　　　　　　　　　B. 24
C. 18　　　　　　　　　　D. 36

答案 B

解析 三角形面积为 a，正方形和三角形互相覆盖的面积相同，则有：$\dfrac{3}{4}\times a=\dfrac{1}{2}\times 6\times 6$，化简为 $3\times a=12\times 6$，解得 $a=24$。故选 B 项。

2.（2019 中国银行春招·单选题）某自然保护区是一块长方形区域，长 25 千米，宽 8 千米。管理人员需要设置监测塔，将保护区的每一片区域都置于监测之下。但是每个监测塔的监视半径只为 5 千米。为此，最少需要设置多少个监测塔？（　　）

A.7　　　　　　　　　　B.6

C.8　　　　　　　　　　D.5

[答案] D

[解析] 要使设置的检测塔数尽可能的少，则应使每一个检测塔覆盖的面积尽可能的多，如图所示。

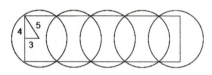

根据勾股定理，$5^2 - 4^2 = 3^2$，即一个圆能覆盖整个长方形的宽度，而长度最多覆盖 $3×2=6$ 千米，$25÷6=4…1$，因此最多需要设置 $4+1=5$ 个监测塔。故选 D 项。

核心考点七：溶液问题（备考指数：★★★）

一、题型特征

浓度问题相对简单，也是考试中的常考题型。只要掌握了浓度问题的公式，弄清楚溶质与溶剂的变化，正确答题还是相对容易的。但是要想快速解题，就需要多加练习，熟练运用解决浓度问题的各种方法。

二、解题思路

溶液问题的基础公式为：浓度 = $\dfrac{溶质质量}{溶液质量}$。

1. 多种溶液混合

多种溶液混合的基本公式为：混合溶液浓度 = $\dfrac{溶质质量之和}{溶液质量之和}$。通常用方程法（见模块三第一章核心考点二）、十字交叉法（见模块三第一章核心考点五）求解。

2. 溶质或溶液不变

加水或蒸发水属于溶质不变类，溶液混合总量不变属于溶液不变类。通常用赋值法（见模块三第一章核心考点三）求解。

经典真题

（2019 招商银行秋招·单选题）初始状态下有糖水溶液若干，其浓度为 4%，仅仅蒸发部分水分，其浓度变为 10%，然后加入浓度为 4% 的糖水溶液 300 克，混合后的糖水浓度为 6.4%，那么，初始状态下糖水溶液中的纯水是多少克？（　）

A.480　　　　　　　　　B.300
C.500　　　　　　　　　D.200

答案 A

解析 设最初的糖水溶液为 x 克，蒸发部分水后，浓度由 4% 变为 10%，则此时糖水溶液变为 $\frac{4\% x}{10\%}=0.4x$，又知混合后的糖水浓度为 6.4%，可得方程 $\frac{4\% x+300\times 4\%}{0.4x+300}=6.4\%$，解得 $x=500$ 克，则初始状态下糖水溶液中的纯水为 $500\times(1-4\%)=480$ 克。故选 A 项。

核心考点八：年龄和时间问题（备考指数：★★★★）

一、题型特征

年龄问题是指研究人们年龄变化的问题。考试中经常涉及两人或者多人年龄之间的和差、倍数关系。常见的考查方式为：3 年前，母子年龄的和是 49 岁，现在母亲的年龄是儿子的 4 倍，母亲和儿子今年各多少岁？

时间问题是计算日期、星期一类的问题。一般给定某一个日期，要求推算之前或之后某天的日期或星期。

该考点的整体难度不大，掌握基本的技巧和方法后，在考场上遇到时就能够快速作答得分。

二、解题思路

1. 年龄问题

年龄问题中涉及的基础知识有：

1）年龄（一般考虑周岁，不考虑虚岁）＝现在年份－出生年份；

2）任何时候两个人的年龄差不变；

3）两人年龄间的倍数关系随着时间的推移而变小。

通常用代入排除、结合常识半猜半做、列方程等方法求解。

2. 时间问题

时间问题中涉及到的基础知识有：

（1）平年与闰年

平年：365 天，52 周零 1 天（平年的 2 月有 28 天）；

闰年：366 天，52 周零 2 天（闰年的 2 月有 29 天）。

注意：闰年分为普通闰年和世纪闰年，公历年份是 4 的倍数，一般是闰年；公历年份是整百数的,年份数必须是 400 的倍数才是闰年。

(2)大月和小月

大月(31 天):1、3、5、7、8、10、12;

小月(30 天):4、6、8、11。

(3)十二生肖

鼠、牛、虎、兔、龙、蛇、马、羊、猴、鸡、狗、猪。

星期和日期问题侧重于对日期的推算,找准规律,掌握典型题目的解题方法即可。

经典真题

1.(2018 中国工商银行秋招·单选题)新增加的两个节目中,有两个小演员。一个是弟弟今年 8 岁,另外一个是姐姐今年 12 岁。弟弟给你出了一个有趣的问题,当弟弟和姐姐的岁数和是 36 岁时,姐姐多少岁?( )

A.22　　　　　　　　　　　　B.20

C.24　　　　　　　　　　　　D.18

答案 B

解析 由题干知,无论以后哪一年,姐姐始终比弟弟大 12－8=4 岁,若设姐姐当时 x 岁,则弟弟为 $x-4$,由 $x+x-4=36$,解得 $x=20$。故选 B 项。

2.(2019 浦发银行秋招)2010 年的 7 月 1 日是星期四,那么 2020 年的 7 月 1 日是星期几?( )

A. 星期二　　　　　　　　　　B. 星期三

C. 星期四　　　　　　　　　　D. 星期五

答案 B

解析 2010-2020 中有 7 个平年,3 个闰年(2012 年,2016 年,2020 年),一个平年有 52 周加 1 天,一个闰年有 52 周加 2 天。不考虑整周,则过了 7 个平年和 3 个闰年,即加了 2×3+1×7=13 天,即星期四过了 13 天后应为星期三。故选 B 项。

模块四 思维策略

第一章 计算类问题

计算类问题在银行招聘考试中出现的频率很高，主要考察考生的计算能力和对数字的敏感性。通常给出复杂的算式或是多个复杂的分数要求比较大小，这类问题一般都可以通过变形简化计算，并不需要烦琐的计算，因此掌握变形和比较的技巧至关重要。

核心考点一：算式计算 （备考指数：★★★★★）

一、题型特征

算式计算类问题主要是题干中给出一个看起来比较复杂的算式，需要对其求解。对于"复杂"算式，在解题过程中需要对原式进行适当变形，或使用尾数法，从而达到巧解的目的。

二、解题思路（见表1-1）

表1-1 算式计算解题思路

算式计算解题思路		举例
原式适当变形	分式裂项：$\frac{1}{n(n+1)} = \frac{1}{n} - \frac{1}{n+1}$	$\frac{1}{10} \times \frac{1}{11} + \frac{1}{11} \times \frac{1}{12} + \frac{1}{12} = \frac{1}{10} - \frac{1}{11} + \frac{1}{11} - \frac{1}{12} + \frac{1}{12} = \frac{1}{10}$
	项与项的组合	$3-2+4-2+5-2+\cdots+102-2 = (3+4+\cdots+102) - 2 \times 100$
	分数、小数间的转化	$3 \times 7\frac{3}{4} + 23.25 \div \frac{1}{3} = 3 \times (7.75 + 23.25)$
	化繁为整	$20\,182\,018 \times 2\,019 = 2\,019 \times [2\,018 \times (10\,000+1)]$
	凑出相同项	$7\,643 \times 2\,819 - 7\,644 \times 2\,818 = (7\,644-1)(2\,818+1) - 7\,644 \times 2\,818$
尾数法	多项相加（末位相同看末两位）	$425+683+343+234+357+7\,894$
	幂次数相加（注意位数对称）	$1.5^3 + 1.4^3 + 1.3^3 + 1.2^3 + 1.1^3$
	多项相乘	$87 \times 924 \times 3\,628 \times 16 \times 20$

📋 **经典真题**

1.（2018 中国银行秋招·单选题）$1\,221 \times 457 + 3\,663 \times 112 + 10\,989 \times 23$（　）。

A.12 194 800　　　　　　　　　　B.12 210 000

C.12 211 221　　　　　　　　　　D.12 213 600

答案 B

解析 原式 =111×11×457+333×11×112+111×11×9×23=111×11×(457+336+207)=1 221×1 000=12 210 000。故选 B 项。

2.（2018 中国农业银行秋招·单选题）1 253 823+6 403 924+2 704 025+8 004 126+1 004 227=（　　）。

A.18 816 255　　　　　　　　　　B.19 080 755

C.19 240 115　　　　　　　　　　D.19 370 125

答案 D

解析 本题利用尾数法求解。观察选项，从百位数开始，选项有所不同，则只需要算每位数字的后三位即可，823+924+25+126+227=125。故选 D 项。

3.（2019 中国光大银行秋招·单选题）$\frac{6}{220}+\frac{6}{264}+\frac{6}{312}+\frac{6}{364}+\frac{6}{420}=$（　　）。

A.$\frac{1}{15}$　　　　　　　　　　B.$\frac{1}{10}$

C.$\frac{2}{25}$　　　　　　　　　　D.$\frac{2}{35}$

答案 B

解析 算式计算。

原式 $=\frac{6}{220}+\frac{6}{264}+\frac{6}{312}+\frac{6}{364}+\frac{6}{420}=\frac{3}{110}+\frac{3}{132}+\frac{3}{156}+\frac{3}{182}+\frac{3}{210}$

$=3\times\left(\frac{1}{10}-\frac{1}{11}+\frac{1}{11}-\frac{1}{12}+\frac{1}{12}-\frac{1}{13}+\frac{1}{13}-\frac{1}{14}+\frac{1}{14}-\frac{1}{15}\right)=\frac{3}{10}-\frac{1}{5}=\frac{1}{10}$。

故选 B 项。

核心考点二：运算推理（备考指数：★★★）

一、题型特征

运算推理是题干中给出某一种运算规则，要按该种运算规则求解出题目问题中的算式结果。解题时只需分析出题干中所给的运算规则，该类问题便迎刃而解。

二、解题思路

（1）同一数字连续运算。此时算式中的数字有的代表数字，有的代表运算的次数。

（2）不同数字混合运算。此时运算规则为加减乘除四则运算及幂运算的混合。

经 典 真 题

（2019 平安银行秋招·单选题）定义 3△4=3+4+5+6=18，6△5=6+7+8+9+10=40，则依照此规律，(18△16)+2△3=（　　）。

A.177 　　　　　　　　　　B.198
C.206 　　　　　　　　　　D.417

答案 D

解析 分析题干所给出的运算法则为：$a \triangle b$ 的结果为以 a 为首项，项数为 b，公差为 1 的等差数列之和。由此可得，$18\triangle16+2\triangle3=\dfrac{(18+33)\times16}{2}+\dfrac{(2+4)\times3}{2}=417$（等差数列前 n 项之和公式为 $S_n=\dfrac{(a_1+a_n)n}{2}$）。故选 D 项。

核心考点三：比较类问题（备考指数：★★★）

一、题型特征

比较类问题主要是比较几个分数的大小，相关知识也会应用在资料分析的计算和比较中。在解题过程中需要灵活运用以下几种比较方法，从而达到解题目的。

二、解题思路

1. 利用分数的性质

利用分数的性质：分子大分母小，则分数值大；分子小分母大，则分数值小。例如：$\dfrac{4}{7}<\dfrac{5}{6}$。

2. 利用中间数

利用中间数判断分数的大小，常用的中间数有 $\dfrac{1}{2}$，$\dfrac{1}{3}$，1，…。例如，比较 $\dfrac{45}{88}$，$\dfrac{47}{96}$，利用中间数 $\dfrac{1}{2}$ 可得 $\dfrac{45}{88}>\dfrac{1}{2}>\dfrac{47}{96}$。

3. 利用首数

直接计算分数的商，通过商的第一位或者第二位来比较大小。例如，比较 $\dfrac{6225}{1532}$，$\dfrac{7846}{1577}$，分别计算得 $\dfrac{6225}{1532}=4+$，$\dfrac{7846}{1577}=5+$，故 $\dfrac{6225}{1532}<\dfrac{7846}{1577}$。

4. 同位比较法

比较分子分母扩大的倍数，当分子扩大的倍数大于分母扩大的倍数时分数变大；当分子扩大的倍数小于分母扩大的倍数时分数变小。即比较分子和分母谁"跑得快"，分子跑得快时分数变大；分母跑得快时分数变小。例如：比较 $\dfrac{2}{3}$，$\dfrac{6}{9}$，由于 $\dfrac{6}{9}=\dfrac{2\times3}{3\times3}$，分子分母扩大倍数相同，故$\frac{2}{3}=\frac{6}{9}$。比较$\frac{40}{349}$，$\frac{80}{706}$，由于40到80正好是两倍，349到706扩大了2倍多，分母扩大更多，分数变小，故$\frac{40}{349}>\frac{80}{706}$。

5. 差分法

两分数比较时，其中一个分数的分子与分母略大于另一个分数。可以通过比较形如$\frac{A+\Delta A}{B+\Delta B}$与$\frac{A}{B}$的大小来判断原分数的大小。

定义分子、分母都较大的分数称为"大分数"；与之相比的分数称为"小分数"；大分数和小分数分子、分母分别作差，得到的差组成的新分数称为"差分数"。（例如：$\frac{5}{6}$和$\frac{9}{11}$比较大小，$\frac{9}{11}$为大分数，$\frac{5}{6}$为小分数，$\frac{9-5}{11-6}=\frac{4}{5}$为差分数。）用"差分数"代替"大分数"与"小分数"作比较：

(1) 若差分数 > 小分数，则大分数 > 小分数；

(2) 若差分数 < 小分数，则大分数 < 小分数；

(3) 若差分数 = 小分数，则大分数 = 小分数。

"差分法"的过程相当于扩大两个相隔很近的分数之间的差距，一般比较"差分数"与"小分数"的大小时，常和直除法一起使用。

> **经典真题**

（2018 中国光大银行秋招·单选题）$\frac{1}{3}$，$\frac{3}{7}$，$\frac{7}{13}$，$\frac{13}{29}$中，数值最大的分数是（　）。

A. $\frac{1}{3}$　　　　　　　　　　B. $\frac{3}{7}$

C. $\frac{7}{13}$　　　　　　　　　 D. $\frac{13}{29}$

答案 C

解析 比较大小。由题干知，$\frac{1}{3}=\frac{3}{9}<\frac{3}{7}$，$\frac{7}{13}=\frac{14}{26}>\frac{13}{29}$，$\frac{3}{7}=\frac{6}{14}<\frac{7}{13}$。故选C项。

第二章 策略类问题

策略类问题涵盖的范围非常广，不仅限于计数策略和统筹策略，这类问题还需要考生在面对题目时首先找到合适的策略，再进行计算。不同题目对应不同的策略，而这些策略往往并不通用，所以这一部分需要在题目中多多积累有用的策略。

核心考点一：计数类问题（备考指数：★★★）

一、题型特征

1. 循环计数问题

循环计数问题是指对同一数字的连续运算。此时算式中的数字有的代表数字，有的代表运算的次数。

2. 比赛、比分问题

比赛、比分问题中一般会给出比赛规则或者得分规则，需要计算比赛共进行了多少场或者得分是多少。

二、解题思路

1. 循环计数问题

此类问题需要从 1 开始枚举，直到找出循环的规律，再判断问题中的数字是处于循环周期的第几位，找出对应的尾数。

2. 比赛、比分问题

此类问题要有整体考虑的意识。在比赛问题中，由于一场比赛有至少两支队伍参加，总场次跟总队伍数相关，所以要先计算总场次再考虑每支队伍的参赛情况；在比分问题中，往往每一场比赛的总得分数是固定的（例如：第一名 3 分、第二名 2 分、第三名 1 分，则每场总分为 6 分，或者胜队得 1 分、负队 -1 分、平局 0 分，则总分为 0 分），所以要先计算总分数再考虑每支队伍的得分情况。

经典真题

1. （2018 中国农业银行秋招·单选题）$2^{2001}+3^{2002}+5^{2003}$ 的尾数是（　　）。

A. 5
B. 3
C. 6
D. 2

答案 C

解析 计算问题。2，3，5 的尾数可以有以下规律：

次方	1	2	3	4	5	6	……
2^n 的尾数	2	4	8	6	2	4	……
3^n 的尾数	3	9	7	1	3	9	……
5^n 的尾数	5	5	5	5	5	5	……

从上表看出，2^n 的尾数是以 2，4，8，6 为一个周期进行循环，2001÷4…1，因此尾数为 2；同理，3^n 的尾数以 3，9，7，1 为一个周期进行循环，2002÷4…2，因此尾数为 9；5^n 的尾数为 5；则所求的尾数为 2+9+5=6。故选 C 项。

2.（2020 中国光大银行秋招·单选题）甲乙丙丁四人分在一组打比赛，每两个人之间都要比赛一场。已知：丙比赛了 1 场，丁比赛了 2 场，甲比赛了 3 场，那么，乙还有（　　）场比赛要打。

A.1　　　　　　　　　　　　B.2

C.3　　　　　　　　　　　　D. 数据不足，无法判断

答案 A

解析 由题意根据该场比赛的规则可知每队都应该参加三场比赛。甲比赛了三场，即甲和乙丙丁各打了一场；丙比赛了一场，即是和甲比赛的；丁比赛了两场，即一场和甲、一场和乙，此时乙已经比了两场，则乙还需要和丙比赛一场。故选 A 项。

核心考点二：简单统筹问题（备考指数：★★★★）

一、题型特征

统筹类问题是指通盘规划某些问题，比如说多个仓库放有不同数量的货物，集中在哪一个仓库运费最少？多人排队打水时，如何能让排队等待的总时间最短？这类问题看似复杂，但只要掌握每种题型对应的最核心的统筹原则就能快速解决。

二、解题思路

1. 空瓶换水

如果用 m 个空瓶可换 1 瓶水，即有：$(m-1)$ 空瓶 =1 水。

2. 种树问题

如果一段路的总长为 m，种树间隔为 n，则有：两端都可种 $\frac{m}{n}+1$ 棵；只种一端可种 $\frac{m}{n}$ 棵；两端都不种可种 $\frac{m}{n}-1$ 棵。

3. 货物集中

货物集中问题不需要考虑仓库之间的距离，只需要分析要转移的货物量。

4. 排队取水

排队取水问题只需要让打的最快的人先取水，第二快的人其次，以此类推，就能保证等待的总时间最短。

经典真题

1.（2019 中国农业发展银行秋招·单选题）烟酒批发部规定：凡在本店购买啤酒并退回酒瓶的，每 6 个酒瓶可兑换 1 瓶啤酒。小王拿 72 个空酒瓶去批发部兑换，那么，最终他可兑换（ ）瓶啤酒。

A.13　　　　　　　　　　　B.14

C.12　　　　　　　　　　　D.15

答案 B

解析 此题为空瓶换酒问题。根据题意有：6 瓶 = 1 瓶 + 1 酒，化简得到：5 瓶 = 1 酒。72 个空瓶有 $\frac{72}{5}=14.4$，向下取整，可以换 14 瓶。故选 B 项。

2.（2019 中国工商银行总部秋招·单选题）在一条公路上每隔 100 公里有一个仓库，共有 5 个仓库，一号仓库存有 10 吨货物，二号仓库存有 20 吨货物，五号仓库存有 40 吨货物，其余两个仓库是空的。现在要把所有的货物集中存放在一个仓库里，如果每吨货物运输 1 公里需要 0.5 元运输费，则最少需要运费（ ）。

A. 4 500 元　　　　　　　　B. 5 000 元

C. 5 500 元　　　　　　　　D. 6 000 元

答案 B

解析 用天平法，假设天平在 1、2 中间，右边重，向右移动；在 2、3 之间，右边重，向右移动，以此类推；当天平移动到 5 的右边时，左边重，再向左移动，故最后应选在 5 号仓库集中货物。此时运费为：$10 \times 400 \times 0.5 + 20 \times 300 \times 0.5 = 5000$。故选 B 项。

核心考点三：规划最优类问题（备考指数：★★★）

一、题型特征

规划最优类问题是要找到一种最优的方法去完成对某个事件的规划。例如：与经济类有关的计算最少成本或者最大收益；与工程类相关的计算如何安排工作使得性价比最高，或是在给定的条件下可完成的最大工程量；与行程相关的以某种运输方式最节省能耗。这些题目看似纷繁复杂，但只要抓住不同类别题目的解题切入点，便可迎刃而解。

二、解题思路

此类问题的解题关键是要找出各个方案的"性价比"进行比较。例如先计算每个个体的花费，或是通过设未知数的方式列出不等式，通过分析已知条件，最终找到所求量的上限；行程相关问题中会涉及计算某种运输方式最节省能耗，此时要分析并计算单个个体的耗能，从而多用能耗少的个体去运输。

经典真题

（2020 中国银行秋招·单选题）某公司组织 125 人外出旅游，包车时有大车小车之分，大车可载 15 名员工，小车可载 10 名员工，不管坐满与否，大车包车费用是 80 元，小车是 50 元。从花钱最少角度考虑，最佳方案是（　　）。

A.3 辆大车，8 辆小车　　　　B.1 辆大车，11 辆小车
C.5 辆大车，5 辆小车　　　　D.7 辆大车，2 辆小车

【答案】B

【解析】由题意可知，对于大车平均每人花费为 $\frac{80}{15}=\frac{16}{3}$ >小车平均每人花费 $\frac{50}{10}=5$，即小车更划算一些，为了花钱最少，应多用小车。代入小车数目最多的 B 项，1 辆大车和 11 辆小车可乘坐 15+11×10=125 人，刚好为总人数。故选 B 项。

模块五 资料分析

资料分析材料主要来源于各行各业的统计数据和统计报告，其中涉及了大量的统计术语和概念，这些统计术语和概念往往成为考生快速、准确分析资料的重要障碍。要想做好资料分析类题目，首先要对一些基本的概念和公式有所了解，然后会运用速算、估算技巧快速解题。建议参加银行招考的考生，注意对常考的统计术语进行合理的归类，并从概念、公式等基本入手，结合实例，系统复习。

核心考点一：速算技巧（备考指数：★★★★★）

一、题型特征

资料分析部分的数据量大，数据复杂。要想快速而准确地做好资料分析，掌握一些相应的速算方法是十分必要的。资料分析中，常用的速算方法有尾数法、首数法以及特征数字法等。运用速算方法，总的原则是根据选项的布局来确定估算的尺度，根据数据的特征来选择相应的速算方法。如果真正地掌握了速算方法这个核心点，那么对于资料分析中的计算问题，就会事半功倍。

二、解题思路

1. 尾数法

尾数法，是通过运算结果的末尾数字来确定最终选项，适于选项尾数各不相同的简单加减法运算。

注意事项：

1）注意小数点位置对齐（注意补"0"）。

2）加减混合运算时要先加后减，减法的尾数要注意借位问题。

3）选项末一位相同时，看末两位。

2. 首数法（直除法）

首数法，是指在比较或者计算较复杂分数时，通过"直接相除"的方式得到商的首位（首一位或两位），从而得出正确答案的速算方式。

注意事项：

1）分子不变，分母保留三位有效数字。

（若分子也保留三位并没有使运算简便，且会带来误差；若分子、分母都变了，则无法判断估算结果是大于真实值还是小于真实值，所以要保证只有一个变量才可以进行放缩。）

2）首位数相同时看首两位。

3）选项中的数据可为作商提供依据。

4）当商 n 差一点时，可以估算结果为 $n-0.3$ 到 $n-0.1$ 之间。例如：不够商 5 只差一点时，可以选择 4.7 到 4.9 之间的选项。

3. 特征分数法

特征分数法，是指在计算数值或者比较数值大小的时候，把其中的一个或者多个数字转化为分数的速算方式。常见的特征分数如表 1-1 所示。

表 1-1 常见的特征分数

$\frac{1}{2}=50\%$	$\frac{1}{3}\approx 33.3\%$	$\frac{1}{4}=25\%$	$\frac{1}{5}=20\%$
$\frac{1}{6}\approx 16.7\%$	$\frac{1}{7}\approx 14.3\%$	$\frac{1}{8}=12.5\%$	$\frac{1}{9}\approx 11.1\%$
$\frac{1}{11}\approx 9.1\%$	$\frac{1}{12}\approx 8.3\%$	$\frac{1}{13}\approx 7.7\%$	$\frac{1}{14}\approx 7.1\%$
$\frac{1}{15}\approx 6.7\%$	$\frac{1}{16}\approx 6.3\%$	$\frac{1}{17}\approx 5.9\%$	$\frac{1}{18}\approx 5.5\%$

注意事项：

1）可以直接使用。例如：$76\,524\times 25\% = 76\,524\times \frac{1}{4}$。

2）可以结合使用。例如：$76\,524\times 66.7\% = 76\,524\times \frac{2}{3}$。

3）整数也可以使用。例如：$\frac{111}{83}\times\frac{143}{125}=\frac{\frac{1}{9}}{\frac{1}{12}}\times\frac{\frac{1}{7}}{\frac{1}{8}}$。

4）接近特征分数时可以放缩。例如：$76\,524\times 16.5\% < 76\,524\times\frac{1}{6}$，用 $\frac{1}{6}$ 估算的值比实际值大，所以要选择比估算值偏小的选项。

5）在两个特征分数之间时可以取中间数。例如：$\frac{76\,524}{13.4\%}\approx\frac{76\,524}{\frac{1}{7.5}}$。

6）形如 $\frac{Y}{1\pm r}\times r$ 的算式可以利用公式：$\frac{Y}{1\pm r}\times r = \frac{Y}{1\pm\frac{1}{n}}\times\frac{1}{n}=\frac{Y}{n\pm 1}$。

4. 公式法

公式法就是在计算较为复杂的数据时，通过合理转化公式，降低计算难度，简化计算步骤的方法。熟练地掌握一些常用公式，可以大大提高做题效率。

增长率化除为乘近似公式：当 r 较小时（$|r|<5\%$），有：$\frac{Y}{1+r}\approx Y(1-r)$。（实际上约等号左边略大于右边，$r$ 越小，误差越小，误差量级为 r^2。）

经典真题

1. (2019 广发银行秋招·单选题) 对 16 个行业门类的约 98.3 万家规模以上企业法人单位调查显示，2017 年全部规模以上企业就业人员年平均工资为 61 578 元，比 2016 年增长 7.3%。

根据资料可知，2016 年全部规模以上企业就业人员年均工资比 2017 年大约少多少元？（　　）

A. 5 382　　　　　　　　B. 6 026
C. 4 189　　　　　　　　D. 3 268

答案 C

解析 由题干"2016 年全部规模以上企业就业人员年均工资比 2017 年大约少多少元"判定该题是增长量计算问题。定位文字材料"2017 年全部规模以上企业就业人员年平均工资为 61 578 元，比 2016 年增长 7.3%。"可知 2017 年全部规模以上企业就业人员年均工资的增长量 $=\dfrac{61\,578}{1+7.3\%}\times 7.3\% \approx \dfrac{61\,578}{\frac{15}{14}}\times\dfrac{1}{14}=\dfrac{61\,578}{15}\approx 4\,105$ 元，即 2016 年全部规模以上企业就业人员年均工资比 2017 年大约少 4 105 元，与 C 项最接近。故选 C 项。

2. （2019 中国建设银行秋招·单选题）

2018 年 6 月份全国铁路主要指标完成情况					
指标	计算单位	本月	同比增长 /(%)	当年累计	同比增长 /(%)
一、铁路运输					
1. 旅客发送量	万人	27 834	15.6	161 818	8.0
2. 旅客周转量	亿人公里	1 120.95	8.5	6 868.23	4.1
3. 货运总发送量	万吨	32 950	10.1	195 751	7.7
4. 货运总周转量	亿吨公里	2 379.53	10.2	13 880.54	5.5
二、铁路固定资产投资累计完成额	亿元	3 127.12	0.1	3 127.12	0.1
2018 年 7 月份全国铁路主要指标完成情况					
指标	计算单位	本月	同比增长 /(%)	当年累计	同比增长 /(%)
一、铁路运输					
1. 旅客发送量	万人	32 276	9.9	194 094	8.3
2. 旅客周转量	亿人公里	1 477.73	5.7	8 345.96	4.4
3. 货运总发送量	万吨	33 712	8.7	229 462	7.9
4. 货运总周转量	亿吨公里	2 420.73	9.6	16 301.27	6.1
二、铁路固定资产投资累计完成额	亿元	3 750.21	-1.4	3 750.21	-1.4

2018年8月份全国铁路主要指标完成情况					
指标	计算单位	本月	同比增长/(%)	当年累计	同比增长/(%)
一、铁路运输					
1.旅客发送量	万人	34 340	11.9	228 434	8.8
2.旅客周转量	亿人公里	1 573.78	8.2	9 919.74	5.0
3.货运总发送量	万吨	33 714	6.7	263 176	7.7
4.货运总周转量	亿吨公里	2 423.15	7.1	18 724.42	6.2
二、铁路固定资产投资累计完成额	亿元	4 612.31	1.7	4 612.31	1.7

2018年6~8月份全国铁路共完成旅客发送量（　　）万人。

A.100 376　　　　　　　　B.94 450

C.4 612.31　　　　　　　D.228 434

【答案】B

【解析】由定位表格可得：2018年6—8月份全国铁路共完成旅客发送量分别为27 834万人、32 276万人、34 340万人。需要将这三个数字加和，观察选项尾数不同，根据尾数法计算，个位数字为0，只有B项满足。故选B项。

核心考点二：增长（备考指数：★★★★★）

一、题型特征

增长及增长相关的概念是资料分析中最常考的概念，所占题量超过一半。这部分内容需要考生准确而迅速地区分出各个概念，如基期和现期、增长率和增长量。增长及增长相关概念的公式较多，考试需要熟练掌握。

二、解题思路

1.基本统计概念

（1）现期与基期

资料中作为对比参照的时期称为基期，描述基期的具体数值称为基期量。相对于基期的时期称为现期，描述现期的具体数值称为现期量。一般来说，时间在前为基期，时间在后为现期；"比"之后是基期，"比"之前是现期。

（2）同比与环比

同比是指与历史同期相比较，即题干中所给最大时间量之间的相邻比较。

环比是指与相邻的上个统计周期相比较，即题干中所给最小时间量之间的相邻比较。

（3）百分数与百分点

百分数是指用一百做分母的分数，数学中用"%"表示，在文章中一般写作"百分之多少"。

百分点是指不同时期以百分数形式表示的相对指标（增速等）的变动幅度。

2. 增长量和增长率（见表1-2）

表1-2 增长量和增长率相关概念

	增长量	增长率（增速、增幅）
概念	社会经济现象在一定时期内增长或减少的绝对量	现期值与基期值之间进行比较的一种相对指标
特征	现在比过去增长/下降某个具体值	现在比过去增长/下降……%
计算公式	增长量 = 现期量 − 基期量 = 基期量 × 增长率 = $\dfrac{现期}{1+增长率}$ × 增长率	增长率 = $\dfrac{现期量-基期量}{基期量}$ = $\dfrac{增长量}{基期量}$ = $\dfrac{增长量}{现期量-增长量}$

相关拓展：

1）增长率在报表中还被称为增速或增幅，一般情况下，三者含义相同；特殊语境下，增幅还可以指具体数值的增加。例如：某企业9月份的产值和上月相比，有了200万元的增幅，这里增幅就是指具体数值的增加。

2）增速较小的时候，例如：增长8%通常都用百分数表示；增速较大的时候，例如增长280%时，通常不用百分数表示，而是写成增长2.8倍。

3. 基期与现期的计算

根据增长率的公式可以得到：基期 = $\dfrac{现期}{1+增长率}$；现期=基期×(1+增长率)。

4. 隔年增长率

所求值间隔一个统计周期时，通常需要用到两期混合增长率公式。如：求2016年相对于2014年的增长率。基本公式：$r=r_1+r_2+r_1 \times r_2$。当 r_1，r_2 相对较小，即 $r_1 \times r_2<0.01$ 时，上面的式子可化简为 $r=r_1+r_2$。

5. 年均增长量/率

（1）年均增长量

年均增长量是时间序列中的逐期增长量的平均数，它表明信息在一定时间段内平均每期增加（或减少）的数量。计算公式为：年均增长量 = $\dfrac{现期-基期}{年份差}$（年份差 = 现期年份 − 基期年份）。

（2）年均增长率

年均增长率是反映某种信息在一个较长时期中逐期递增的平均速度，通常以百分数形式表示。

计算公式为：现期值 = 基期值 × (1+ 年均增长率)^n，其中，n 为年份差。

（1）当年均增长率较小时，采用现期值估算公式：$A(1+x)^n \approx A(1+nx)$；

（2）当年均增长率较大时，可采用代入排除法求解。

经典真题

1．（2018 平安银行秋招·单选题）

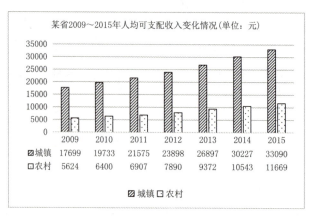

2015 年该省城镇和农村的人均可支配收入的同比增长率分别约是（　　）。

A.9.5%，10.7%　　　　　　　　B.8.7%，9.6%

C.8.5%，9.5%　　　　　　　　D.7%，8.5%

答案 A

解析 根据图表可得，2015 年城镇可支配收入为 33 090 元，2014 年为 30 227 元。则城镇人均可支配收入增长率和农村人均可支配收入增长率可分别求得为 $\dfrac{33\,090-30\,227}{30\,227}=\dfrac{2\,863}{30\,227}\approx 9.5\%$，$\dfrac{11\,669-10\,543}{10\,543}=\dfrac{1\,126}{10\,543}\approx 10.7\%$。故选 A 项。

2．（2018 中信银行秋招·单选题）HDC 是以生产和经营化妆品为主的公司。产品分为彩妆类和护肤类两大系列。下表是 HDC 公司某年 1~7 月份的产品销售情况。请根据图表信息回答问题。

HDC 公司某年 1—7 月份的产品销售情况				
	7月份		1—7月份	
	销售额（万元）	同比增长（%）	销售额（万元）	同比增长（%）
总体销售情况	24 339	10.5	165 916	10.4
新产品销售情况	11 005	7.3	77 265	7.3
国内销售情况	20 996	10.3	142 847	10.2
海外销售情况	3 343	11.9	23 069	11.6
护肤类产品	2 601	12.2	148 319	10.3
彩妆类产品	21 738	10.3	17 597	11.6

前一年 7 月份的总体销售额为（ ）万。

A.22 026 B.23 228

C.25 412 D.27 194

答案 A

解析 此题为基期量问题。由表格第一行数据可知，前一年 7 月份的总体销售额为 $\dfrac{24\,339}{1+10.5\%}$，首两位均商 2。故选 A 项。

3.（2019 中国光大银行秋招·单选题）广东省 2017 年前三季度运输情况分析：旅客运输保持增长，高铁出行稳步提高。前三季度，全省完成客运量 11.18 亿人，同比增长 5.2%，增幅比上年同期提高 0.7 个百分点，比上半年回落 0.4 个百分点；

广东省 2015 年前三季度完成客运量（ ）亿人。

A.11.18 B.10.63

C.10.17 D. 无法确定

答案 C

解析 根据题干"广东省 2015 年前三季度完成客运量多少亿人"，材料时间为 2017 年。由题意可知，（2017 年）前三季度全省完成客运量 11.18 亿人，同比增长 5.2%，增幅比上年同期提高 0.7 个百分点，则 2016 年前三季度增速为 5.2%－0.7%＝4.5%。根据隔年增长率公式，2017 年前三季度相对于 2015 年的增速为 $r=r_1+r_2+r_1\times r_2=5.2\%+4.5\%+5.2\%\times4.5\%\approx10\%$，2015 年前三季度完成客运量为 $\dfrac{现期量}{1+隔年增长量}=\dfrac{11.18}{1+10\%}\approx10.16$。故选 C 项。

4.（2019 中国光大银行春招·单选题）根据第二次全国经济普查结果，2008 年末，交通运输、仓储和邮政业企业法人单位资产总计 74 807.4 亿元，比 2004 年末增长 109.2%。在资产总计中，交通运输业、仓储业和邮政业分别占 90.3%、7.6% 和 2.1%。

2008 年与 2004 年相比，交通运输、仓储和邮政业企业法人单位资产的年均增长率为（ ）。

A.26.3% B.21.84%

C.22.46% D.27.3%

答案 B

解析 由题意"2008 年末，交通运输、仓储和邮政业企业法人单位资产总计 74 807.4 亿元，比 2004 年末增长 109.2%"，可求得 2004 年的交通运输、仓储和邮政业企业法人单位资产总值为 $\dfrac{74\,807.4}{1+109.2\%}\approx35\,758.8$ 亿元。代入四个选项中最小的 B 项，可得 $35\,758.8\times(1+21.84\%)^4\approx78\,803$ 亿元，大于 2008 年的 74 807.4 亿元，因此四个选项中只有 B 项最接近真实值。故选 B 项。

核心考点三：比重（备考指数：★★★★）

一、题型特征

比重是重要的统计概念，常见的考点有现期比重、基期比重、比重的变化量等。这几个考点都有对应的公式，需要熟练掌握。

（1）现期比重：当前统计周期中的比重。

（2）基期比重：所求与题目中材料时间靠前的比重，即为基期比重问题。如：材料中已知 2014 年数据，所求 2013 年某量占某量的比重，即为求基期比重。

（3）比重的变化趋势：题目中已知部分和整体的增长率，且题干中出现：××占××的比重与上年相比上升或下降……时，通常会是比重升降问题。

（4）比重的变化量：题干主要是某一部分现期占整体的比重比上一时期也就是基期所占的比重高或者低多少个百分点。如：2018 年玉米占粮食的比重比上年同期比重（　　）多少个百分点。

二、解题思路

1. 现期比重

比重是指部分在整体中所占的比例。已知部分量为 A，整体量为 B，则现期比重 $=\dfrac{A}{B}$。比重有如下特点：

（1）比重区间在 0~100% 之间；

（2）各部分比重之和等于 1；

（3）抓住"占""其中"这两个关键词；

（4）比重做差，是比重的变化量，结果读作百分点。

2. 基期比重

已知部分量为 A，部分对应的同比增速为 a，整体量为 B，整体对应的同比增速为 b，则所求基期比重为：$\dfrac{A}{B} \times \dfrac{1+b}{1+a}$。

（1）如 a 与 b 相差不大，此时基期比重着重看 $\dfrac{A}{B}$；

（2）如 a 与 b 相差较大，此时两部分都需要进行计算，但是在计算时可以算一部分，再观察并结合选项排除答案。

3. 比重的变化趋势

已知部分量为 A，部分对应的同比增速为 a，整体量为 B，整体对应的同比增速为 b：

（1）$a-b>0$ 时，现期比重大于基期比重，比重上升；

（2）$a-b=0$ 时，现期比重等于基期比重，比重不变；

（3）$a-b<0$ 时，现期比重小于基期比重，比重下降。

4. 比重的变化量

已知部分量为 A，部分对应的同比增速为 a，整体量为 B，整体对应的同比增速为 b，则所求比重的变化量为：$\dfrac{A}{B} \times \dfrac{a-b}{1+a}$。根据公式不难看出，最终的计算结果小于 $|a-b|$。

  经 典 真 题

1.（2019 交通银行秋招·单选题）上海人口老龄化呈现以下特点：一是总量规模大，增量速度快。2017 年上海 60 岁及以上常住人口达到（　　）万人，65 岁及以上常住人口达到 345.78 万人，分别比上年增加 37.6 万人和 26.99 万人。……四是 80 岁及以上高龄老人群体持续扩大。2017 年上海 80 岁及以上老年常住人口为 82.77 万人，比上年增加 1.29 万人，占全市 60 岁及以上老年人口的比重为 15.4%（见图 4）。

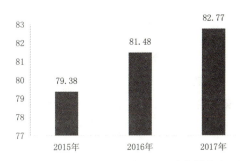

图 4　2015—2017 年本市 80 岁及以上老年常住人口总量

根据上下文，文章第二段括号中应填的数字为（　　）。

A.539.12　　　　　　　　　　B.537.47

C.544.28　　　　　　　　　　D.535.96

答案 B

解析 题干要求在"2017 年上海 60 岁及以上常住人口达到（　　）万人"里填空，根据题意"2017 年上海 80 岁及以上老年常住人口为 82.77 万人，占全市 60 岁及以上老年人口比重为 15.4%"，即求现期比重，可得 2017 年上海 60 岁及以上常住人口为 $\dfrac{82.77}{15.4\%} \approx 537.47$ 万人。故选 B 项。

2.（2018 中国建设银行秋招·单选题）

2016 年 Y 市文化产业增加值构成及与 X 省比较（单位：亿元）		
	Y 市	X 省
文化及相关产业	77.75	807.96
其中：文化产品制造业；	42.91	406.23
文化产品贸易业；	9.13	100.42
文化服务业	25.71	301.31

与全省结构相比，Y 市文化产品制造业增加值占文化及其相关产品增加值的比重约比全省水平（　　）。

A. 高 11 个百分点　　　　　　B. 低 5 个百分点

C. 低 11 个百分点　　　　　　D. 高 5 个百分点

答案 D

解析 此题为比重差值计算。由表格数据可以得出，$\dfrac{42.91}{77.75} - \dfrac{406.23}{807.96} \approx 4.9\%$。故选 D 项。

核心考点四：平均数（备考指数：★★★）

一、题型特征

平均数与比重类似，都是两数之比，常见的考点有现期平均数、基期平均数、平均数的变化量、平均数的变化率等。

1）现期平均数：当前统计周期中的平均数。

2）基期平均数：题目所求为上一时期的平均数。

3）平均数的变化趋势即变化量：题干中出现某一平均数与上年相比上升或下降……时，通常会是平均数的变化量问题。

4）平均数的增长率：题目的问法，如"××的平均产量同比上年增长了/下降了百分之几"。

二、解题思路

1. 现期平均数

平均数是表示一组数据集中趋势的量数，是指在一组数据中所有数据之和再除以这组数据的个数所得的商。

已知总量为 A，份数为 B，则现期平均数 $= \dfrac{A}{B}$。例如：平均分 $= \dfrac{总分}{人数}$，房价 $= \dfrac{总价}{面积}$。

平均数的注意事项：

1）要注意关键字"每"，"每"之后是分母；

2）要注意单位，可以确定谁是分母谁是分子。

2. 基期平均数

已知总数为 A，总数对应的同比增速为 a，份数为 B，份数对应的同比增速为 b，则所求基期平均数为：$\dfrac{A}{B} \times \dfrac{1+b}{1+a}$。

1）如 a 与 b 相差不大，此时基期平均数着重看 $\dfrac{A}{B}$；

2）如 a 与 b 相差较大，此时两部分都需要进行计算，但是在计算时可以算一部分，再观察并结合选项排除答案。

3. 平均数增长量及变化趋势的判定

已知总数为 A，对应的同比增速为 a，份数为 B，对应的同比增速为 b，则所求平均数的变化量为：$\dfrac{A}{B} \times \dfrac{a-b}{1+a}$。

1）若 $a-b>0$，现期平均数大于基期平均数，平均数增大；

2）若 $a-b<0$，现期平均数小于基期平均数，平均数减少。

4. 平均数增长率计算

已知总数为 A，对应的同比增速为 a，份数为 B，对应的同比增速为 b，则所求平均数的变化量为：$\dfrac{a-b}{1+b}$。

 经 典 真 题

1.（2020 中国光大银行秋招·单选题）

2017 年 6 月全省主要食品价格及走势					
品种	规格等级	计量单位	平均价格	比上月升降/(%)	比上年同月升降/(%)
大米	粳米	元/千克	5.84	0.57	0.17
大米	籼米	元/千克	4.60	0.00	0.00
面粉	特一粉	元/千克	4.11	0.00	3.18
面粉	特二粉	元/千克	3.75	0.09	1.53
豆制品	豆腐	元/千克	4.14	−0.32	−0.80
花生油	压榨一级	元/千克	27.03	−0.17	−0.05
大豆油	5L 桶装	元/千克	10.07	0.50	5.63
调和油	5L 桶装	元/千克	12.31	−0.03	0.71
猪肉	后腿肉	元/千克	33.89	1.64	31.88
猪肉	五花肉	元/千克	33.08	2.62	37.69
牛肉	腿肉	元/千克	58.17	−0.33	0.73
羊肉	腿肉	元/千克	53.75	−0.31	−6.38
鸡	白条鸡	元/千克	14.82	−1.35	0.47
鸡	鸡胸肉	元/千克	17.26	−0.46	−2.47
鸭	白条鸭	元/千克	13.55	−0.34	−1.84
鸡蛋	散装鲜鸡蛋	元/千克	7.04	−0.89	2.27
鲤鱼	鲜活	元/千克	13.42	3.58	−12.99
草鱼	鲜活	元/千克	14.47	6.76	3.16
带鱼	中等	元/千克	22.92	1.64	8.56
大白菜	中等	元/千克	1.84	−11.80	−36.66
大葱	中等	元/千克	4.34	−33.21	14.32
芹菜	中等	元/千克	2.90	−15.27	−28.96
黄瓜	中等	元/千克	2.08	−8.36	−28.24
西红柿	中等	元/千克	2.09	−43.09	−23.94
四季豆	中等	元/千克	3.92	−32.28	−22.49
土豆	中等	元/千克	3.52	−26.80	−0.56
苹果	富士	元/千克	8.08	5.62	−16.56
香蕉	国产	元/千克	5.37	10.65	10.05

2016年6月，食用油的平均价格为（　　）元/千克。

A.16.70　　　　　　　　　　B.16.26

C.16.47　　　　　　　　　　D.8.13

答案 B

解析 由表可得，食用油有花生油（27.03元/千克，-0.05%）、大豆油（10.07元/千克，5.63%）、调和油（12.31元/千克，0.71%），求得各自的基期（2016年6月）平均值分别为 $\frac{27.03}{1-0.05\%}\approx 27.04$ 元/千克、$\frac{10.07}{1+5.63\%}\approx 9.53$ 元/千克、$\frac{12.31}{1+0.71\%}\approx 12.22$ 元/千克，则2016年6月食用油的平均价格为 $\frac{27.04+9.53+12.22}{3}\approx 16.26$ 元/千克。故选B项。

2.（2018 中国光大银行秋招·单选题）某年1—10月，全国商品房销售面积4.5亿平方米，同比下降16.5%。其中，商品住宅销售面积下降17.0%；商品房销售额17 590亿元，同比下降17.4%。其中，商品住宅销售额下降18.2%。截至10月末，全国商品房空置面积1.33亿平方米，同比增长13.1%，增幅比1—9月提高2.9个百分点。其中，空置商品住宅6 835万平方米，同比增长18%，增幅比1—9月提高3.9个百分点。

本年1—10月，全国商品房住宅平均销售价格和上一年度同期相比是（　　）。

A. 下降　　　　　　　　　　B. 不变

C. 上涨　　　　　　　　　　D. 无法判断

答案 A

解析 此题为平均量的增长率比较大小。平均销售价格＝销售额/销售面积，由文字段落可知，销售额增长率为-17.4%＜销售面积增长率为-16.5%，平均量下降。故选A项。

核心考点五：倍数（备考指数：★★★）

一、题型特征

倍数与平均数和比重类似，也是两数之比，常见的考点有现期倍数、基期倍数。

1）现期倍数：当前统计周期中的倍数。

2）基期倍数：所求为上一时期的倍数。例如，资料已知今年的两个量分别是A和B，但题干问的是上一年的两个量的倍数关系。

二、解题思路

1. 现期倍数

A 是 B 的多少倍，则现期倍数 $=\frac{A}{B}$。而 $\frac{A}{B}-1$ 表示的是 A 比 B 多几倍，即可当作增长率使用。

2. 成数与翻番

1）成数：几成相当于十分之几。

2）翻番："番"是按几何级数计算的，"倍"是按算术级数计算的。翻一番为原来的 2 倍；翻二番为原来的 4 倍；翻三番为原来的 8 倍。依此类推，翻 n 番为原来的 2^n 倍。

3. 基期倍数

已知第一个为 A，对应的同比增速为 a，另一个量为 B，对应的同比增速为 b，则所求基期倍数为：$\dfrac{A}{B} \times \dfrac{1+b}{1+a}$。

1）如 a 与 b 相差不大，此时基期倍数着重看 $\dfrac{A}{B}$；

2）如 a 与 b 相差较大，此时两部分都需要进行计算，但是在计算时可以算一部分，再观察并结合选项排除答案。

 经典真题

（2019 中国民生银行秋招·单选题）某调查公司小样本调查了某地区学生的父母学历情况，得到了以下信息。

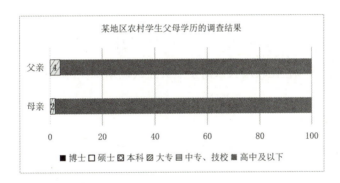

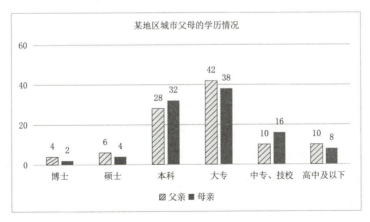

请根据相关信息，回答问题。

市区学生中，父母学历为大专及以上学历的学生人数是农村学生的（ ）倍。

A. 10　　　　　　　　B. 19
C. 26　　　　　　　　D. 38

答案 C

解析 由题意得，该题所求为现期倍数。由柱状图1及柱状图2得，城市、农村父母大专及以上学历对应的学生人数，则所求倍数为 $\frac{4+2+6+4+28+32+42+38}{4+2}=26$ 倍。故选C项。

核心考点六：比较类问题（备考指数：★★★）

一、题型特征

很多题目会以"增长率最大的是下列哪一项？""关于增长量以下排序正确的是？"这一类的比较方式提问。如果正常计算之后再比较的话，计算量往往过大，所以需要掌握一些比较的技巧。

二、解题思路

1. 增长量的比较

由于增长量 = $\frac{现期}{1+增长率} \times$ 增长率，其中（1+增长率）的影响幅度大大小于增长率独立的影响幅度，所以在比较增长量时重点关注（现期×增长率）即可。

2. 增长率的比较

（1）已知现期基期

此时比较增长率时可通过 $\frac{现期}{基期}$ 来比较，也可以通过 $\frac{增长量}{基期}$ 来比较。当增长量比较接近时，用 $\frac{增长量}{基期}$ 更加快捷。

（2）已知增长量和现期

此时比较增长率时可通过 $\frac{增长量}{现期}$ 来比较。

经典真题

（2018中国光大银行秋招·单选题）去年全年粮食种植面积10 987万公顷，比上年增加89万公顷；棉花种植面积485万公顷，减少10万公顷；油料种植面积1 392万公顷，增加32万公顷；糖料种植面积192万公顷，增加3万公顷。全年粮食产量54 641万吨，比上年增加1 559万吨，增产2.9%。其中，夏粮产量12 310万吨，减产0.3%；早稻产量3 132万吨，减产6.1%；秋粮产量39 199万吨，增产4.8%。

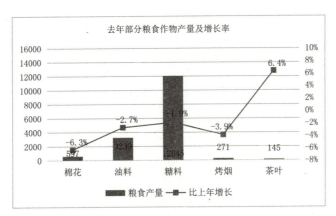

去年，我国粮食作物（棉花，油料，糖料）种植面积同比增长率降序排列为（　）。

A. 棉花，油料，糖料
B. 糖料，棉花，油料
C. 油料，棉花，糖料
D. 油料，糖料，棉花

答案 D

解析 此题为增长率比较大小。由图可知，棉花增长率为负，其余两个为正，则只需比较油料和糖料。可以通过 $\dfrac{增长量}{现期}$ 来比较，油料为 $\dfrac{32}{1\,392}$，糖料为 $\dfrac{3}{192}$。利用同位比较法可以看出油料增长率更大，增长率为油料＞糖料＞棉花。故选 D 项。

第三篇

综合基础知识

第二部分

实证政策分析

模块一 经济部分

考情介绍

1. 六大银行考情分析

银行	年份	考查方向
中国银行	2020	需求与供给理论、弹性理论、市场失灵、国民收入理论、IS-LM 模型、宏观经济现象
	2019	
中国农业银行	2020	成本理论、市场失灵、国民收入理论、乘数理论
	2019	
中国工商银行	2020	微宏观经济学导论、市场理论、成本理论、市场失灵、国民收入理论
	2019	
中国建设银行	2020	需求与供给理论、市场理论、生产理论、国民收入理论、宏观经济现象
	2019	
交通银行	2020	需求与供给理论、成本理论、市场失灵、国民收入理论、IS-LM 模型、宏观经济现象
	2019	
中国邮政储蓄银行	2020	需求与供给理论、效用论、生产理论、成本理论、市场失灵、国民收入理论、凯恩斯消费理论、总需求-总供给理论
	2019	

在银行招聘考试中，"经济部分"属于综合知识中的必考内容，各银行在招聘考试中对经济模块的考查在题型题量、考试内容和考试难度上大体相似。

1）在考试题型上，大部分银行为单选题，仅个别银行考查多选题，如建设银行；在题量上，各银行一般均在 3~10 题之间，题量占比较少。

2）在考试内容上，由于经济学本身的学科特点，各银行考查内容和考查范围大体一致，总体上包括"微观经济学"和"宏观经济学"两大部分内容，知识点较为固定。但从各银行考查题目来看，经济部分考查的内容比较单一，都是围绕重点章节的知识点进行考查，偶尔会涉及偏难的知识点。

3）在考试难度上，各银行考查"经济部分"的基础知识，难度较低，但若出现内容较偏的知识点，则难度较高。

2. 备考建议

（1）知己知彼，百战不殆

对考情的了解犹如你把握出题人的命题方向，掌握方向你才不会浪费复习的时间，做到有针对性的备考。但是在很多时候大家拿到手中的真题后，觉得银行的经济学题目考的纷繁杂乱，没有章法，但其实不然。我们可以从历年真题的统计中了解到，微观经济学的考试题量占比要比宏观经济学高，而且对于微观经济学知识点的考查，重点都是在供求理论、成本理论、市场理论、市场失灵这几章中，偏难一点的考试还会在市场理论中出现博弈论，但基本上偏难的题目只是偶尔会出现，所以大家不必担心。通过对考情的详细了解，做到"手中有粮，心中不慌"，真正有的放矢的备考，减少时间的损耗。

（2）学而不思则罔，思而不学则殆

《论语·为政》中子曰："学而不思则罔，思而不学则殆"，告诫我们要善于理论联系实际、归纳总结，理解性记忆是最好的学习方法。我们很多同学在复习的时候都是一头扎进书堆，习惯性地从第一章看到最后一章，看完书了也不知道书中讲的什么内容，反而浪费了更多的复习时间。前面我们介绍过银行的考试一般都有侧重点，一方面，我们可以在复习过程中，将重点章节的知识点摸透、弄懂，做大量的习题，不断总结和巩固，直到合上书在脑海中构建出各个章节的知识脉络，才能够达到我们的复习目标；另一方面，我们对于一些比较难理解、出现频次比较高的名词，可以做一总结，比如"边际效用、边际产量、边际成本、边际收益、边际消费倾向、边际储蓄倾向"，这些都是与"边际"相关的名词，我们在复习过程中可以对"边际"一词做一总结，此后遇到相关的名词，直接套用。

（3）合抱之木，生于毫末；九层之台，起于累土

银行招聘考试近年来千变万化，各行考题更是各有千秋。尤其是经济学的知识很多都是基础性的知识点，由浅及深，学会联系性学习。比如，微观经济学中的"供求理论"与宏观经济学中的"总需求－总供给模型"，微观经济学中的"无差异曲线、预算线"与"等产量曲线与等成本线"等，都是一一对应的，学懂最为基础的，就能够由表及里，举一反三。

第一章 经济学导论

核心考点一：经济学定义及相关理论（备考指数：★★）

一、经济学的基本概念

经济学是一门研究人类行为及如何将有限或者稀缺资源进行合理配置和利用的社会科学。传统上，经济学被划分为两大分支，微观经济学和宏观经济学，如表1-1所示。

表1-1 微观经济学与宏观经济学的含义

分类	含义
微观经济学	以单个经济单位为研究对象，通过研究单个经济单位的经济行为和相应的经济变量的单项数值如何决定来说明价格机制如何解决社会的稀缺资源配置问题
宏观经济学	以整个国民经济为考查对象，研究经济中各有关总量的决定及其变动，以解决失业、通货膨胀、经济波动、国际收支等问题，实现长期稳定的发展

二、稀缺性

稀缺性是指现实中人们在某段时间内所拥有的资源数量不能满足人们的欲望时的一种状态。它反映人类欲望的无限性与资源的有限性的矛盾。

核心考点二：微观经济学与宏观经济学理论比较（备考指数：★★★★）

一、微观经济学与宏观经济学理论的相同点

（1）两者都是研究市场经济中的经济活动参与者的行为及后果。

（2）两者都是通过需求曲线和供给曲线决定价格和产量。需求曲线一般是向右下倾斜的，供给曲线一般是向右上倾斜的，有相同的供求曲线形状，其交点都决定价格和产量。

二、微观经济学与宏观经济学理论的不同点

1890年，马歇尔的《经济学原理》出版，标志着微观经济学的产生；1936年，凯恩斯的《就业、利息和货币通论》（简称《通论》）出版，标志着宏观经济学的产生。两者的理论对比如表1-2所示。

表 1-2 微观经济学与宏观经济学理论对比

分类	基本假设	研究对象	研究目标	核心理论	研究方法
微观经济学	理性人假设	单个经济主体	从研究单个经济主体的利益最大化行为入手，来解决稀缺社会资源的最优配置问题	价格理论	个量分析法
宏观经济学	市场失灵，市场不完善	整个国民经济	一国经济如何实现经济持续增长、充分就业、物价稳定和国际收支平衡，其目的是对宏观经济波动和经济增长作出经济解释	国民收入决定理论	总量分析法

提示：理性人假设是在经济活动中，经济主体所追求的唯一目标是自身经济利益的最大化，亦即以最小的经济代价获取最大的经济利益。消费者追求最大限度的自身满足，生产者追求最大限度的自身利润。经济主体所有行为都是理性的、有意识的。

经典真题

1．（2019 中信银行秋招·单选题）经济学上的"经济人"的含义是（　　）。

A. 董事长　　　　　　　　B. 总经理

C. 理性人　　　　　　　　D. 经纪人

答案 C

解析 "经济人"或"理性人"，是指参与经济活动的每一个人都是利己的，每个人都以自身利益最大化为目标，其经济行为是完全合乎理性的。故选 C 项。

2．（2019 中国银行秋招·单选题）经济学是对社会以及人如何使用（　　）的研究。

A. 货币　　　　　　　　　B. 资源

C. 成本　　　　　　　　　D. 黄金

答案 B

解析 经济学是对社会以及在社会中生存的人如何使用资源的研究，是关于我们如何利用稀缺资源满足需求的社会科学。故选 B 项。

第二章 需求理论

核心考点一：需求（备考指数：★★★）

一、需求的含义

1. 含义

需求是指在某一特定时期内在各种可能的价格水平下，消费者对某种商品或服务愿意而且能够购买的数量。

2. 构成要素

1）消费者愿意购买，即有购买欲望。

2）消费者能够购买，即有支付能力。

提示：市场需求就是所有消费者需求的总和。

二、需求函数、需求规律和需求曲线

1. 需求函数

需求函数表示一种商品的需求量和该商品的价格之间存在着一一对应关系的函数，用公式表示如下：

$$Q = a - bp$$

其中，a，b 是大于 0 的常数。

2. 需求规律

需求规律表示一般的需求量与价格的变动呈反方向变化，即商品价格提高，则消费者对它的购买量就会减少；反之，商品价格降低，则消费者对它的购买量就会增加。

3. 需求曲线

需求曲线表示商品的价格和需求量之间呈反方向变动的关系，其曲线向右下方倾斜，斜率为负值，如图 2-1 所示。

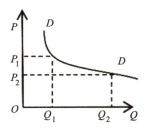

图 2-1 需求曲线

三、影响需求（量）的因素

1. 价格因素

商品自身的价格因素是影响需求数量最重要的因素。一般来说，商品自身价格上升，将引起需求量减少。

2. 非价格因素

1）消费者的收入：一般来说，消费者收入增加，将引起商品需求增加（低档品除外）。

2）消费者的偏好：消费者偏好程度增强时，对该商品的需求就会增加。

3）替代品的价格：替代品是指使用价值相近，可以相互替代来满足人们同一需要的商品，如牛肉和猪肉。一般来说，替代品价格的提高将引起该商品需求的增加。

4）互补品的价格：互补品是指使用价值上必须互相补充才能满足人们某种需要的商品，如汽车和汽油。一般来说，互补品价格的提高将引起该商品需求的减少。

5）消费者的价格预期：如果预期未来价格上涨，会刺激消费者提前购买；如果预期未来价格将下跌，许多消费者会推迟购买。

6）其他因素：如商品的品种、质量、广告宣传、地理位置、季节、国家政策等。

四、需求量和需求的变动

经济分析中，特别要注意区分需求量的变动与需求的变动，如表 2-1 所示。

表 2-1 需求（量）变动的表现

项目	需求量变动	需求变动
概念	在其他因素不变时，由某商品价格变动所引起的该商品的需求量的变动，表现为同一条需求曲线上点的移动	在某商品价格不变的条件下，由于其他因素变动所引起的该商品的需求的变动，表现为整条需求曲线的移动
影响因素	自身价格因素	非价格因素
图形表示		

经典真题

1.（2019 中信银行秋招·单选题）（　　）现象可以用需求定律解释。

A. 计算机价格下降导致销售量增加

B. 药品价格上涨会使药品质量提高

C. 汽油价格提高，汽车销量下降
D. 春季气候宜人，旅游人数增加

答案 A

解析 需求定理是在其他因素（非价格因素）不变的条件下，商品的价格和需求量之间反向变动的关系，即价格越低，需求量越多；价格越高，需求量越少。由此可见，需求定理强调的是商品自身价格和需求量之间反向变动的关系。A项正确，计算机的价格和需求量之间呈反向变动的关系。B项错误，药品价格上涨与药品质量之间虽然存在一定的关系，但这种关系并不是需求定理的体现。C项错误，汽油的价格和汽车需求量之间呈反向变动的关系，但并不是商品自身价格变动造成的需求量的变动；D项错误，与需求定理无关。故选A项。

2.（2019 中国光大银行秋招·多选题）已知苹果和桔子互为替代品，其他因素不变的情况下，以下哪种变动会使苹果的需求曲线发生移动？（　　）

A. 苹果的价格上涨　　　　B. 桔子的价格上涨
C. 苹果的产量增加　　　　D. 桔子的产量增加
E. 消费者的收入增加

答案 BDE

解析 苹果非自身价格发生变化，会使苹果的需求曲线发生移动，而苹果自身价格变化不会使苹果的需求曲线发生移动。非自身价格因素包括：收入水平、相关商品价格、消费者对价格的预期、消费者偏好以及其他因素。桔子的价格上涨，使苹果的价格相对较低，对苹果的需求增加，其需求曲线向右移动；苹果的产量增加，使苹果的供给曲线向右移动；桔子的产量增加，桔子的供给曲线向右移动，使桔子的价格降低，相对而言，苹果的价格升高，使苹果的需求曲线向左移动；消费者的收入增加，使苹果的需求曲线向右移动。故选BDE项。

3.（2019 交通银行秋招·单选题）哪一因素不会引起手机的需求曲线明显右移？（　　）

A. 预期价格的上升　　　　B. 收入的增加
C. 钻戒的价格上升　　　　D. 手机种类的增加

答案 C

解析 手机的需求曲线的左右移动是受到非价格因素的影响，如消费者的收入、消费者的偏好、相关商品价格、消费者的价格预期等。预期价格上升，说明现在的价格相对较低，消费者对手机需求会增加，曲线右移；消费者收入增加，增加手机需求，曲线右移；手机种类增加，相应会增加手机需求，曲线右移。钻石的价格和手机的需求没有必然联系，不属于替代品或互补品。故选C项。

核心考点二：需求价格弹性（备考指数：★★★★）

一、需求价格弹性的含义与分类

弹性指某一物体受外力作用而做出的反应程度。在经济学领域中，用来说明经济变量间某变量对另一变量变化的反应程度。弹性在经济学中主要分成三种，有需求价格弹性、需求交叉弹性和需求收入弹性。需求价格弹性的内容如表 2-2 所示。

表 2-2 需求价格弹性的含义及分类

项目	具体内容				
定义	需求价格弹性是指需求量对价格变动的反应程度，是需求量变动百分比与价格变动百分比的比率，用公式表示为：$E_d = -\dfrac{\Delta Q/Q}{\Delta P/P} = -\dfrac{\Delta Q}{\Delta P} \times \dfrac{P}{Q}$。式中，$E_d$ 代表需求价格弹性系数，P 和 ΔQ 分别表示价格和价格的变动量，Q 和 ΔP 分别表示需求量和需求量的变动量				
类型	（1）需求富有弹性 $E_d>1$：需求量变动百分数大于价格变动百分数	（2）需求单一弹性 $E_d=1$：需求量变动百分数等于价格变动百分数	（3）需求缺乏弹性 $E_d<1$：需求量变动百分数小于价格变动百分数	（4）需求完全弹性 $E_d \to \infty$：价格变动无穷小，而需求量变动率无穷大	（5）需求完全无弹性 $E_d=0$：需求量对商品价格的变动不敏感
图形表示	$E_d>1$ 图	$E_d=1$ 图	$E_d<1$ 图	$E_d=\infty$ 图	$E_d=0$ 图

二、需求价格弹性与总收益的关系

（1）$E_d>1$ 时，价格下降，销售收入增加；价格上升，销售收入减少（薄利多销）。

（2）$E_d<1$ 时，价格上升，销售收入增加；价格下降，销售收入减少。

（3）$E_d=1$ 时，价格变动不会引起销售收入的变动。

经典真题

1.（2019 中国银行秋招·单选题）价格变动对总收益的影响取决于（　　）。

A. 需求价格弹性　　　　　　　　B. 供给价格弹性

C. 供给数量弹性　　　　　　　　D. 需求收入弹性

答案 A

解析 当价格变动时，总收益也在变动。但是，价格上升并不总是增加总收益。

总收益的变动取决于需求价格弹性。（1）如果价格下降增加了总收益，需求是富有弹性的；（2）如果价格下降减少了总收益，需求是缺乏弹性的；（3）如果价格下降而总收益不变，需求是单位弹性。故选 A 项。

2．（2018 中信银行秋招·单选题）如果一条直线型的需求曲线与一条曲线形的需求曲线相切，则在切点处两曲线的需求弹性（　　）。

A．相同
B．不同
C．可能相同也可能不同
D．依切点所在的位置而定

答案 A

解析 当一条直线型的需求曲线与一条曲线形的需求曲线相切时，切点处的斜率相等，纵截距与横截距之比也相等，在切点处这条直线型的需求曲线与曲线形的需求曲线需求价格弹性相同。故选 A 项。

3．（2019 中国银行秋招·单选题）手机的需求富有价格弹性，如果某品牌手机的价格突然上升，那么（　　）。

A．生产者收益下降
B．生产者收益不变
C．生产者收益不确定，取决于卖出商品的数量
D．生产者收益增加

答案 A

解析 根据题干，手机的需求富有价格弹性，当品牌手机的价格上升时，其需求量减少的幅度将高于价格上升的幅度，总收益下降。故选 A 项。

核心考点三：需求交叉弹性（备考指数：★★★★）

一、需求交叉弹性的含义

需求交叉弹性是指一定时期内一种商品的需求量的变动对于与它相关商品价格变动的反应程度。

二、需求交叉弹性的公式

$$E_{XY} = \frac{\Delta Q_Y / Q_Y}{\Delta P_X / P_X}$$

三、需求交叉弹性的类型

1) $E_{XY} > 0$ 是替代品。X 商品的价格 P 上升（下降）引起 Y 商品的需求量 Q 上升（下降），这说明商品 X 和商品 Y 之间为替代关系。

2) $E_{XY} < 0$ 是互补品。X 商品的价格 P 上升（下降）引起 Y 商品的需求量 Q 下降（上

升),这说明商品 X 和商品 Y 之间为互补关系。

3) $E_{XY} = 0$ 是独立无关的商品。即相关产品价格的变化不影响需求(如包子与石油),两种商品既不相互竞争,也不相互补充。

经典真题

(2019 中国工商银行总行秋招·单选题)市场中替代品需求的交叉价格弹性通常为( )。

A. 负数　　　　　　　　　　B. 均衡
C. 正数　　　　　　　　　　D. 无相关性

【答案】C

【解析】某商品价格上升,其需求量下降,会导致该商品的替代品需求上升,因此某商品价格变动和其替代品需求变动呈同方向变动,替代品需求的交叉价格弹性为正数。故选 C 项。

核心考点四:需求收入弹性(备考指数:★★★★)

一、需求收入弹性的含义

需求收入弹性是指一定时期内消费者对某种商品的需求量的变动对于消费者收入变动的反应程度。

二、需求收入弹性的公式

$$E_I = \frac{\Delta Q/Q}{\Delta I/I}$$

三、需求收入弹性的类型

(1) $0 < E_I < 1$ 是必需品。它表明收入弹性小,即需求数量的相应增加比例小于收入的增加比例。

(2) $E_I > 1$ 是高档品。它表明收入弹性大,即需求数量的相应增加比例大于收入的增加比例。

(3) $E_I < 0$ 是低档品。它表明收入增加时需求量降低,收入降低时需求量增加。

经典真题

(2018 中信银行秋招·单选题)劣质品的需求的收入弹性为( )。

A. 正　　　　　　　　　　　B. 负

C. 零　　　　　　　　　　D. 难以确定

答案 B

解析 需求的收入弹性分为三类：（1）$0 < E_I < 1$是必需品。它表明收入弹性小，即需求数量的相应增加比例小于收入的增加比例。（2）$E_I > 1$是高档品。它表明收入弹性大，即需求数量的相应增加比例大于收入的增加比例。（3）$E_I < 0$是低档品。它表明收入增加时需求量降低，收入降低时需求量增加。题干中描述的劣质品即是低档品，它的需求收入弹性为负数。故选B项。

核心考点五：替代效应与收入效应（备考指数：★★★★）

需求曲线向右下方倾斜是由价格变化的两种效应决定的，即总效应 = 收入效应 + 替代效应。

一、收入效应

收入效应是指在名义收入不变的情况下，因为该商品价格的变化引起的消费者实际收入发生变化所导致消费者所购买的该商品数量的变化。

二、替代效应

替代效应是指在实际收入不变的情况下，因为该商品价格的变化引起的相对价格变化所导致的该商品需求数量的变化。

三、不同商品的收入效应与替代效应

两种效应与价格变化的关系取决于商品的种类，如表2-3所示。

表2-3 替代效应与收入效应

商品类别	替代效应与价格的关系	收入效应与价格的关系	总效应与价格的关系	需求曲线的形状
正常商品	反方向变化	反方向变化	反方向变化	向右下方倾斜
低档商品	反方向变化（大）	同方向变化（小）	反方向变化	向右下方倾斜
吉芬商品	反方向变化（小）	同方向变化（大）	同方向变化	向右上方倾斜

📝 **经典真题**

1.（2018 中国邮政储蓄银行秋招·单选题）关于总效应、收入效应、替代效应的表述，不正确的是（　　）。

A. 一种商品价格变化的收入效应是指完全由名义收入而引起的商品需求量的变化

B. 替代效应是在商品的相对价格发生变化，而消费者的实际收入不变的情况下，商品需求量的变化

C. 总效应与收入效应、替代效应之间的关系是：总效应等于收入效应加替代效应

D. 某商品价格变化的总效应是当消费者从一个均衡点移动到另一个均衡点时，该商品需求量的总变动

答案 A

解析 A 项错误，收入效应是指在名义收入不变的情况下，某种商品价格变化引起的消费者实际收入发生变化所导致消费者所购买的该商品数量的变化。如果某种商品价格上涨，而消费者的名义收入不变，那么就意味着消费者的实际收入相对于该种商品的价格上升而言在减少，购买能力在下降，从而对该种商品的需求会减少；反之亦然。B 项正确，替代效应是指消费者实际收入不变的情况下，商品的相对价格发生变化而引起的消费者商品需求量的变动。C 项正确，总效应与收入效应、替代效应之间的关系是：总效应等于收入效应加替代效应。D 项正确，某商品价格变化的总效应是当消费者从一个均衡点移动到另一个均衡点时，该商品需求量的总变动。故选 A 项。

2.（2018 中信银行秋招·单选题）某劣质商品的价格下降，在其他情况不变时（　）。

A. 替代效应和收入效应相互加强导致该商品需求量增加

B. 替代效应和收入效应相互减弱导致该商品需求量减少

C. 替代效应倾向于减少该商品的需求量，而收入效应倾向于增加其需求量

D. 替代效应倾向于增加该商品的需求量，而收入效应倾向于减少其需求量

答案 D

解析 劣质品的价格和替代效应成反方向变动关系，与收入效应成同方向变动关系。所有商品的替代效应都会在价格下降时倾向于增加该商品的需求量，当劣质品价格下降时，消费者的实际收入增加，会倾向于减少该商品的需求量。故选 D 项。

3.（2019 中国邮政储蓄银行秋招·单选题）根据替代效应与收入效应的特征，我们可以判断出吉芬商品和低档品之间的关系是（　）。

A. 吉芬商品不一定是低档品，低档品一定是吉芬商品

B. 吉芬商品一定是低档品，低档品也一定是吉芬商品

C. 吉芬商品一定是低档品，低档品不一定是吉芬商品

D. 吉芬商品不一定是低档品，低档品也不一定是吉芬商品

答案 C

解析 吉芬商品和低档商品的替代效应都是反方向的，收入效应都是同方向的，而吉芬商品的收入效应是大于替代效应的，低档商品的收入效应是小于替代效应的，所以吉芬商品一定是低档商品，但低档商品不一定是吉芬商品。故选 C 项。

第三章 生产和成本理论

核心考点一：生产理论（备考指数：★★★）

一、生产函数

1. 生产的概念

生产就是将投入转变成产出的过程。

2. 生产要素

生产要素一般被划分为劳动、资本、土地和企业家才能等类型，如表 3-1 所示。

表 3-1 生产要素

类型	具体含义
劳动	生产活动中提供的体力和智力的总和
资本	表现为实物形态和货币形态
土地	包括土地本身及地上和地下的一切自然资源
企业家才能	企业家建立和经营管理企业的各种能力

3. 生产函数的含义

生产函数表示在某一时期内，在技术不变的情况下，生产中所使用的各种生产要素的数量与所能生产的最大产量之间的函数关系。假定生产中投入的各种生产要素为 X_1, X_2, X_3, $\cdots$, X_n，Q 为所能生产的最大产量，则生产函数可以表示为

$$Q = f(X_1, X_1, \cdots, X_n)$$

4. 生产函数的分类

（1）短期生产函数：是指生产者来不及调整全部生产要素的数量，但是至少有一种生产要素投入数量固定不变的时间周期的函数，其中，生产要素投入分为不变投入和可变投入。

（2）长期生产函数：是指在考查时间足够长时，存在两种或两种以上的生产要素投入都可以变动，即生产要素不存在不变投入，此时生产函数称为长期生产函数。

二、短期生产函数

1. 短期生产函数

短期生产函数可以表示为 $Q = f(L, K_0)$。其中，L 代表劳动的投入数量；K_0 代表资本投入数量，是固定不变的。

资本投入数量固定不变时，总产量的变化只取决于劳动投入数量 L 的变化。随着劳动投入数量的变化，会引起总产量、平均产量和边际产量的变化。

2. 总产量、平均产量、边际产量

1) 总产量（TP_L）：是指投入一定量的劳动要素所带来的用实物单位衡量的产出总量。

2) 平均产量（AP_L）：是指总产量除以总投入的单位数。

3) 边际产量（MP_L）：是指在其他投入保持不变的条件下，由于新增一单位的投入而带来的总产量的增加量。

3. 三个产量曲线（见图3-1）

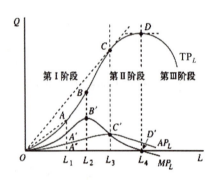

图3-1 产量曲线

1) $MP_L > AP_L$，AP_L 递增；$MP_L = AP_L$，AP_L 最大；$MP_L < AP_L$，AP_L 递减。

2) 只要 $MP_L > 0$，则 TP_L 就递增；$MP_L = 0$，TP_L 最大。

4. 边际产量递减规律

在短期生产过程中，技术水平和其他投入保持不变的条件下，连续等量地把某一种可变生产要素增加到其他一种或几种数量不变的生产要素过程中，当这种可变生产要素的投入量小于某一特定值时，增加该要素投入所带来的边际产量是递增的；当这种可变要素的投入量连续增加并超过这个特定值时，增加该要素投入所带来的边际产量是递减的。

5. 生产的三个阶段

1) 第Ⅰ阶段：平均产量不断增加，且达到最大值。此时，可变要素投入不足，生产者只要增加可变要素劳动的投入量，就可以增加总产量。

2) 第Ⅱ阶段：平均产量和边际产量减少，但是总产量增加。此时，生产者处于短期生产的最优决策区间。

3) 第Ⅲ阶段：总产量减少，资本投入不足。

经典真题

1.（2018浦发银行秋招·单选题）边际收益递减规律指增加某种生产要素的投入，当该生产要素投入数量增加到一定程度以后，增加一单位该要素所带来的效益增加量是递减的,边际收益递减规律发生作用的前提条件是( )。

A.连续地投入某种生产要素而保持其他生产要素不变

B.生产技术不变

C.按比例同时增加各种生产要素

D.A 和 B

答案 D

解析 边际收益递减规律或边际产量递减规律,是指在短期生产过程中,在其他条件(如技术水平)不变的前提下,增加某种生产要素的投入,当该生产要素投入数量增加到一定程度以后,增加一单位该要素所带来的效益增加量是递减的,边际收益递减规律是以技术水平和其他生产要素的投入数量保持不变为条件的。故选 D 项。

2.(2019 中信银行秋招·单选题)当( ),平均产量曲线与边际产量曲线相交。

A.边际产量为 0　　　　　　B.总产量最小

C.平均产量最大　　　　　　D.总产量最大

答案 C

解析 当边际产量大于平均产量时,平均产量递增;当边际产量小于平均产量时,平均产量递减;当平均产量与边际产量相等时(即平均产量曲线与边际产量曲线相交),平均产量达到最大值。故选 C 项。

3.(2019 浙商银行秋招·单选题)以下有关生产函数的表述正确的是( )。

A.在一定时期内至少有一种投入要素使用量不能改变的生产函数是长期生产函数

B.微观经济学通常以两种可变生产要素的生产函数考查短期生产理论

C.设短期内资本数量不变,仅劳动可随产量变化,则生产函数可称为短期生产函数

D.微观经济学通常以一种可变生产要素的生产函数考查长期生产理论

答案 C

解析 生产函数是指投入量与产出量之间关系的函数。生产函数根据生产要素是否可以完全变动分为长期生产和短期生产。A 项错误,在一定时期内至少有一种投入要素使用量不能改变的生产函数是短期生产函数。B 项错误,微观经济学通常以两种可变生产要素的生产函数考查长期生产理论。C 项正确,在短期生产中,一般假设短期内资本数量不变,仅劳动可随产量变化。D 项错误,微观经济学通常以一种可变生产要素的生产函数考查短期生产理论。故选 C 项。

核心考点二：成本理论（备考指数：★★★★）

一、成本函数

1. 成本与利润的含义

成本又称生产费用，是生产过程中企业对所购买的各种生产要素的货币支出，也可以说是企业在生产经营过程中所支付的物质费用和人工费用。然而，在经济学的分析中，仅从这样的角度来理解成本概念是不够的。为此，经济学家提出了机会成本、显性成本和隐性成本等成本概念。

利润是企业家的经营成果，是企业经营效果的综合反映，也是其最终成果的具体体现。它是一种颇为特别的经济学概念，可以分为经济利润和正常利润两类。各种成本及利润的分类，如表3-2所示。

表3-2 各种成本及利润的分类

概念		含义
机会成本		当一种生产要素被用于生产单位某产品时所放弃使用的相同要素在其他生产用途中所得到的最高收入
经济成本	显性成本	企业购买或租用的生产要素所实际支付的货币支出
	隐性成本	企业本身所拥有的并且被用于该企业生产过程的那些生产要素的总价格
经济利润		也称超额利润、企业的利润，计算公式为： 经济利润＝总收益－总成本＝总收益－（显性成本＋隐性成本） 企业所追求的最大利润，即最大的经济利润
正常利润		与经济利润相对，是指企业对自己所提供的企业家才能的报酬支付 正常利润是生产成本的一部分，是作为隐性成本的一部分计入成本的，故经济利润中不包括正常利润

2. 短期成本函数

短期成本函数可分为固定成本与可变成本，即 $C = B + f(Q)$，其中 B 为固定成本；$f(Q)$ 为可变成本；C 为总成本。

长期成本函数没有固定成本（从长期看一切生产要素都是可变的），即 $C = f(Q)$。

（1）短期总成本（TC）

短期总成本（TC）＝总固定成本（TFC）＋总可变成本（TVC）

固定成本，是指在短期内不随产量增减而变动的那部分成本，如厂房设备的折旧、管理人员的工资费用等。

可变成本，是指随产量变动而变动的那部分成本，如原材料、燃料和动力以及生产工人的工资费用等。

（2）平均成本（AC）

平均成本是总成本除以总产量所得之商，即平均成本等于平均不变成本和平均可变成本之和。它用公式表示为

$$AC(Q) = TC(Q)/Q = AFC + AVC(Q)$$

（3）边际成本（MC）

边际成本是指每一单位新增生产的产品所带来的总成本的增量。在每一个产量水平上的边际成本 MC 值就是相应的总成本 TC。它用公式表示为

$$MC(Q) = \triangle TC(Q)/\triangle Q, \text{ 或者 } MC(Q) = dTC/dQ$$

在短期生产函数中，边际产量的递增阶段对应的是边际成本的递减阶段，边际产量的递减阶段对应的是边际成本的递增阶段，与边际产量的最大值相对应的是边际成本的最小值。正因为如此，在边际报酬递减规律作用下的边际成本 MC 曲线表现出先降后升的"U"型特征。

二、成本曲线

1. 短期成本曲线（见图 3-2 和图 3-3）

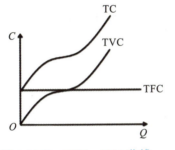

图 3-2 TC、TVC、TFC 曲线

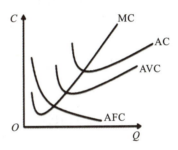

图 3-3 MC、AC、AVC、AFC 曲线

2. 短期成本曲线的特征

（1）TFC 是一条水平直线；

（2）TC 曲线是 TVC 曲线和 TFC 曲线的叠加线；

（3）MC、AC、AVC 中，MC 曲线最早变化；

（4）AVC、AC 和 MC 相交于 AVC 和 AC 的最低点；

（5）随着产量 Q 的增加，AFC 逐渐递减，无限趋近于横轴，但是不会与横轴有交点。

经典真题

1.（2019 中信银行秋招·单选题）（　　）的说法是正确的。

A. 购买原料支出是不变成本　　B. 投资厂房设备的利息是可变成本

C. 商标注册支出是可变成本　　D. 设备折旧是不变成本

答案 D

【解析】可变成本是指随产量变化而变化的成本；不变成本是指不随产量变化而变化的成本。A项错误，生产过程中产量越多需要的原材料越多，则属于可变成本。B项错误，投资厂房设备的利息是不变成本。C项错误，一般来说商标注册是按照注册次数收取费用，不是随产量变动而变动的，属于不变成本。D项正确，设备折旧是设备购买之初就确定好的，一般不随产量变动而变动，属于不变成本。故选D项。

2.（2019中国农业银行秋招·单选题）边际成本曲线自下而上穿过平均成本曲线后，平均成本的变化趋势是（　　）。

A. 平均成本上升　　　　　　B. 平均成本下降
C. 平均成本先上升后下降　　D. 平均成本不变

【答案】A

【解析】平均成本曲线是一条先下降后上升的曲线，当平均成本曲线最低点与边际成本曲线相交时，边际成本曲线自下而上穿过平均成本曲线之后，平均成本曲线是一条向右上方倾斜的曲线，所以平均成本上升。故选A项。

3.（2019宁波银行秋招·单选题）假定某网球运动员的年薪为12万元，若从事其他职业，他的最高年收入只有8万元，那么该运动员从事网球运动的机会成本为（　　）。

A. 12万元　　　　　　B. 8万元
C. 4万元　　　　　　　D. 2万元

【答案】B

【解析】机会成本是使用相同生产要素所放弃的在其他生产用途中的最高收入，则从事网球运动的该运动员的机会成本就是8万元。故选B项。

第四章 市场结构理论

核心考点一：完全竞争市场（备考指数：★★★★）

一、完全竞争市场的含义、特征及厂商的需求曲线

1. 完全竞争市场的含义

完全竞争市场又称为纯粹竞争市场，是一种竞争不受任何阻碍和干扰的市场结构。

2. 完全竞争市场的特征

（1）市场上有大量的买者和卖者

每一个买者或卖者只能被动地接受市场价格，即价格接受者，每个人对市场价格都没有控制的力量。

（2）每一个厂商生产的商品都是完全同质的

每一个厂商既不会提价，也没有必要降价。

（3）所有的资源都具有完全的流动性

厂商进出一个行业是完全自由的，所有资源可以在各厂商之间、各行业之间完全地自由流动，能及时地投向获得最大利润的生产、退出亏损的生产，缺乏效率的企业将被淘汰。

（4）信息是完全的

市场中每一个从事交易活动的人都准确地掌握与自己的经济决策有关的全部信息，买者和卖者都知道既定的价格并按此进行交易。

上述条件很严格，在现实经济生活中几乎是不存在的，但从完全竞争市场模型可以得出市场机制及其配置资源的原理。西方经济学家认为仅农产品市场比较接近完全竞争市场。

3. 完全竞争市场及厂商的需求曲线

（1）完全竞争市场的需求曲线

在完全竞争市场上，价格是由整个行业的供给和需求曲线决定的。整个行业的需求曲线是一条向右下方倾斜的曲线，供给曲线是一条向右上方倾斜的曲线，两条曲线交点的价格就是整个行业的均衡价格，如图4-1所示。

（2）完全竞争厂商的需求曲线

完全竞争厂商的需求曲线是一条平行于横轴的水平线，如图4-2所示。

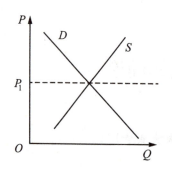
图 4-1 完全竞争市场的需求曲线

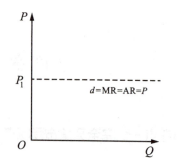
图 4-2 完全竞争厂商的需求曲线

4. 完全竞争厂商的收益曲线

总收益（TR）：企业出售一定数量的产品获得的收入。

平均收益（AR）：总收益与销售量之比。

边际收益（MR）：增加一个单位产品的销售时总收益的增加量。

在完全竞争市场上，边际收益＝平均收益＝单价。单个厂商的平均收益曲线 AR、边际收益曲线 MR、需求曲线 d 是同一条线，如图 4-2 所示。

二、完全竞争厂商的短期均衡

1. 厂商实现最大利润的均衡条件分析

1）当 MR＞MC 时，即厂商增加一单位产量得到的总收益的增加量大于所付出的总成本的增加量，只要增加产量就有利润可图；

2）当 MR＝MC 时，厂商获得了增加产量的全部好处；

3）当 MR＜MC 时，即厂商增加一单位产量得到的总收益的增加量小于所付出的总成本的增加量，只要减少产量就有利润可图。

利润最大化原则，对于完全竞争市场和不完全竞争市场条件下厂商的短期和长期生产分析都适用。

因此，厂商实现最大利润的均衡条件为

$$MR = MC$$

2. 完全竞争厂商的短期均衡

在短期，厂商通过对产量的调整来实现 MR=MC 的利润最大化的均衡条件。此时，各厂商生产成本与收益的关系可能使厂商处于不同的收益状态，五种均衡情形如表 4-1 所示。

表 4-1 完全竞争厂商的短期均衡

五种情形	图形表示
（1）当 SAC 曲线最低点低于 d 曲线时，厂商获得利润，继续生产	
（2）当厂商的需求曲线 d 相切于 SAC 曲线的最低点时，SMC 曲线在这一点与 SAC 曲线相交，这一点恰好也是 MR=SMC 的利润最大化的均衡点，即 E 点。在这一均衡点上，厂商既无利润，也无亏损，因此也被称为厂商的收支相抵点	
（3）当厂商的需求曲线 d 低于 SAC 曲线的最低点，但高于 AVC 曲线的最低点时，厂商是亏损的。但由于此时厂商的平均收益 AR 大于平均可变成本 AVC，所以厂商虽然亏损，但仍应该继续生产	
（4）当厂商的需求曲线 d 相切于 AVC 曲线最低点 E 时，厂商处于亏损状态，在这一均衡点上，厂商处于关闭企业的临界。也就是说，在这一停产临界点，厂商生产或不生产的结果都是一样的	
（5）当厂商的需求曲线 d 低于 AVC 曲线的最低点时，厂商亏损，应该立即停产	

总结：

1）当 $P \leq AVC$ 时，厂商停止营业；

2）当 $AVC < P < AC$ 时，厂商继续营业会处于亏损，但仍应该继续生产，生产可以减少亏损；

3）当 $P = AC$ 时，盈亏相抵，收支平衡，企业经济利润为零，但是有正常利润；

4）当 $P > AC$ 时，企业有盈余，不仅能够弥补可变成本还可以弥补固定成本。

综上所述，当完全竞争厂商处于短期均衡（$MR = SMC$）时，完全竞争厂商的利润可以大于零，也可以等于零或者小于零。

经典真题

1.（2019 中信银行秋招·单选题）（　　）在下列行业中，较接近完全竞争模式。

A. 兵器制造业　　　　　　B. 航空制造业
C. 烟草业　　　　　　　　D. 日用小商品制造业

答案 D

解析 完全竞争市场的特点有：市场上有大量的买者和卖者；每一个厂商生产的商品都是完全同质的；生产要素可以在各行业之间自由流动；生产者和消费者都能及时获取市场的全部信息。兵器制造业、航空制造业、烟草业一般都属于垄断或寡头垄断行业，厂商数量很少，只有日用小商品制造业最接近。故选 D 项。

2.（2018 中国建设银行秋招·单选题）某完全竞争企业面临的产品市场价格为每个 100 元，平均成本为 140 元，其中平均固定成本为每个 30 元，原材料中有一部分的平均变动成本由过去每个 50 元下降为 35 元，则该企业当前的正确决策是（　　）。

A. 按 150 元价格销售　　　　B. 按 140 元价格销售
C. 短期内继续生产　　　　　D. 立即停产

答案 C

解析 在短期，厂商在给定的生产规模下，通过对产量的调整来实现 MR=SMC 的利润最大化的均衡条件。此时，厂商的短期均衡有以下几种情况：当 $P > AC$ 时，经济利润大于零，有超额利润；当 $P=AC$ 时，经济利润等于零，但正常利润实现，厂商的收支相抵；当 $AVC < P < AC$ 时，厂商虽然亏损，但仍继续生产，因为生产可以弥补一部分不变成本；当 $AVC=P < AC$ 时，厂商可以继续生产，也可以不生产，厂商生产或不生产的结果都是一样的；当 $P < AVC < AC$ 时，厂商将停止生产。当企业平均成本为 140 元，平均固定成本为 30 元时，AVC=AC－AFC=140－30=110＞100（产品价格），厂商应该停止生产。但由于原材料中有一部分的平均变动成本由过去每个 50 元下降为 35 元，因此企业当前的 AVC=110－15=95＜100（产品价格），所以企业应该选择按 100 元价格继续生产。故选 C 项。

3.（2018 中信银行秋招·单选题）在一般情况下，厂商得到的价格若低于（　　）就停止营业。

A. 平均成本　　　　　　　B. 边际成本
C. 平均可变成本　　　　　D. 平均固定成本

答案 C

解析 厂商在利润最大化的均衡条件 MR=MC 下，当 $P > AC$ 时，经济利润大于零，有超额利润；当 $P=AC$ 时，经济利润等于零，但正常利润实现，厂商的收支相抵；

当 AVC < P < AC 时，厂商虽然亏损，但仍继续生产，因为生产可以弥补一部分不变成本；当 AVC=P < AC 时，厂商可以继续生产，也可以不生产，厂商生产或不生产结果是一样的；当 P < AVC < AC 时，厂商将停止生产。故选 C 项。

核心考点二：完全垄断市场（备考指数：★★★★）

一、完全垄断市场的含义及成因

1. 完全垄断市场的含义

完全垄断市场是一种整个行业只有一个生产者的市场结构。

2. 完全垄断市场的特征

1）只有一个生产者，因而它是价格的决定者，而不是价格的接受者；

2）完全垄断者的产品是没有合适替代品的独特性产品；

3）其他企业进入这一市场非常困难。

3. 完全垄断市场形成的原因

1）政府垄断，指政府对某一行业实行完全垄断；

2）对某些特殊原材料的单独控制而形成的对这些资源和产品的完全垄断；

3）对某些产品的专利权而形成的完全垄断；

4）自然垄断，指当行业中只有一家企业能够有效率地进行生产，或者当一个企业能以低于两个或更多企业的成本为整个市场供给一种产品时，这个行业就是自然垄断。

二、完全垄断厂商的价格歧视

价格歧视也叫差别定价，是指企业为了获取更大的利润，对同一产品规定不同的价格。对于价格歧视的分类共有三种，如表 4-2 所示。

表 4-2 价格歧视的分类

项目	具体内容
分类	（1）一级价格歧视，是指企业对每一单位产品都按照消费者所愿意支付的最高价格出售 （2）二级价格歧视，是指按不同价格出售不同批量的产品 （3）三级价格歧视，是指将消费者分为具有不同需求价格弹性的两组或更多组，分别对各组消费者按不同的价格收取
前提	卖方具有垄断地位
基本原则	（1）不同市场上的边际收益相等并且等于边际成本 （2）对需求价格弹性较小的市场规定较高的价格，实行"少销厚利" （3）对需求价格弹性较大的市场规定较低的价格，实行"薄利多销"
基本条件	（1）必须有可能根据不同的需求价格弹性划分出两组或两组以上的不同消费者 （2）市场必须是能够有效地隔离开的，同一产品不能在不同市场之间流动

经典真题

1.（2019 中国建设银行秋招·单选题） 在线差旅、交通出行、网络购物等诸多网络平台企业纷纷被曝出可能存在大数据"杀熟"行为——购买同样的产品或服务，老客户反而要比新客户花钱更多。针对网络平台企业的"杀熟"行为，以下说法正确的是（ ）。

　　A. 这是一级价格歧视在互联网经济中的运用，利用了新老客户需求价格弹性不同

　　B. 这是一级价格歧视在互联网经济中的运用，利用了新老客户收入价格弹性不同

　　C. 这是二级价格歧视在互联网经济中的运用，利用了新老客户收入价格弹性不同

　　D. 这是二级价格歧视在互联网经济中的运用，利用了新老客户需求价格弹性不同

答案 D

解析 价格歧视，是指厂商在同一时期对同一产品索取不同价格的行为。根据价格歧视的程度，可把价格歧视分为三个等级：一级价格歧视、二级价格歧视和三级价格歧视。一级价格歧视，是指企业对每一单位产品都按照消费者所愿意支付的最高价格出售，一级价格歧视剥夺了全部的消费者剩余，本题中显然不是，A、B 项错误。二级价格歧视是指按照不同价格出售不同批量的产品。老客户消费次数多，对产品的需求量大，且老客户对品牌忠诚度高，对价格不敏感，需求价格弹性小。因此，厂商对老客户定高价，属于二级价格歧视。故选 D 项。

2.（2019 中国工商银行总行秋招·单选题） 以下哪项可用于判断企业属于自然垄断？（ ）

　　A. 边际收益递减　　　　　　B. 平均总成本递减

　　C. 边际成本递减　　　　　　D. 平均收益递减

答案 B

解析 自然垄断产生的原因是规模经济的存在，随着厂商生产规模的扩大，由于生产要素的有机结合，厂商的平均成本随之减少。故选 B 项。

3.（2020 中国银行秋招·单选题） 火车票、旅游景点都实行学生票，以低于原价的价格出售同样的服务。从经济学角度看，该经济行为的根本动因是（ ）。

　　A. 学生无固定收入，理应支付较少的费用

　　B. 企业可以通过不同群体获得收入

　　C. 学生的支付能力较低，且是乘车旅游的主要群体

　　D. 体现的是尊老爱幼的中华传统美德

答案 B

解析 火车票、旅游景点票实行学生票，在经济学中是一种价格歧视的表现，是垄断企业通过差别价格来获取超额利润的一种定价策略。故选 B 项。

第五章 市场失灵

核心考点一：市场失灵的含义（备考指数：★★★）

1. 市场失灵的含义

市场机制不能充分地发挥作用而导致的资源配置缺乏效率或资源配置失当的情况叫市场失灵，或者说存在帕累托改进。

与市场失灵相对的概念叫资源的最优配置，是指资源的任何重新分配已经不可能使任何一个人的境况变好而不使一个人的境况变坏，这种状态又被称为帕累托最优状态。帕累托最优状态又被称作经济效率。

2. 帕累托最优需要满足的条件

帕累托最优状态所必须满足的条件包括交换的最优条件、生产的最优条件、交换和生产的最优条件。

（1）交换的帕累托最优条件；

（2）生产的帕累托最优条件；

（3）生产和交换的帕累托最优条件。

经典真题

（2017交通银行秋招·单选题）西方经济学家认为，所谓的市场失灵就是指市场失去（ ）。

A. 效率　　　　　　　　B. 合作

C. 竞争　　　　　　　　D. 公平

【答案】A

【解析】市场失灵是指市场机制在很多场合无法有效率地配置资源。也就是说，当市场配置资源时出现了低效率或无效率。故选A项。

核心考点二：垄断与市场失灵（备考指数：★★）

一、垄断导致市场失灵的原因

在不完全竞争市场上，生产者不再是完全的价格接受者，而是完全的或不完全的价格决定者，生产者也存在着各种各样的进入障碍，资源已不可能在部门之间自由流动。生产者生产的产量不是最大的产量，市场价格也不是最低的价格。由于不完全竞争市场的广泛存在，市场机制很难充分有效地发挥作用，资源就不可能实现最优配置。

二、政府对垄断的干预

政府对垄断的干预一般有以下两种方法：

第一，法律手段。政府可以通过法律手段来限制垄断和反对不正当竞争。比如，政府制定的反不正当竞争法和反垄断法。

第二，公共管制。政府对垄断行业进行公共管制，主要是对垄断行业的产品或服务的价格进行管制或规定限价，或规定利润率。

经典真题

（2020 中国工商银行秋招·单选题）美国对德比尔斯公司进入市场采取重组的法律规定，其实质是反垄断规定。除此之外，以下哪项是反垄断的常用措施？（　　）

A. 制定相关反垄断法律，促进竞争
B. 进行价格管制
C. 规定利润率
D. 以上都对

答案 D

解析 反垄断措施常用的手段有制定相关反垄断法律，促进竞争、进行价格管制、规定利润率。故选 D 项。

核心考点三：外部性与市场失灵（备考指数：★★★★）

一、外部性的含义及分类

外部性是指某个人或某个企业的经济活动对他人或其他企业造成了影响，但却没有为此付出代价或得到收益。

外部性主要分为外部经济（即正外部性）和外部不经济（即负外部性）。其具体分类及影响如表 5-1 所示。

表 5-1 外部性的分类及影响

外部性	分类	外部经济（正外性）	某人或某企业的经济活动会给社会上其他成员带来好处，但该人或该企业却不能由此得到补偿。例如，你种树别人乘凉 【提示】其产出水平就会低于社会最优产出水平

续表

外部性	分类	外部不经济（负外性）	某人或某企业的经济活动会给社会上其他成员带来损害，但该人或该企业却不必为这种损害进行补偿。例如，工业生产过程中的废水废气污染农田使农场主受损，吸烟造成室内空气污染等【提示】其产出水平就会大于社会最优产出水平
	影响		由于外部性或外部影响的存在，市场机制不能有效地进行资源配置，即使在完全竞争条件下，整个市场的资源配置也不可能达到帕累托最优状态

二、政府对外部性的干预

政府对外部性的干预一般有以下几个方法：

第一，政府对负外部性的企业使用税收手段。

第二，政府对正外部性的企业给予政府补贴。

第三，合并相关企业的方法即外部性得以"内部化"。

第四，明晰产权。外部性之所以存在并导致资源配置失当都是由于产权界定不清晰。关于这一点，科斯认为只要财产权是明确的，并且交易成本是零或很小，那么无论在开始时将财产权赋予谁，市场均衡的最终结果都是有效率的，都会实现资源配置的帕累托最优，该理论被称为科斯定理。进一步看，还可以认为，一旦考虑到交易成本，产权的初始界定对经济运行的效率就会产生十分重要的影响。从而可以引申出一个重要结论：不同的产权制度，会导致不同的资源配置效率。

经典真题

1.（2019浦发银行秋招·单选题）某企业对刚入职的新员工进行了为期半个月的免费培训，结果在培训结束后，许多新员工都跳槽了，转到其他单位工作了，这种情况属于（　）。

A. 生产的外部经济 　　　　B. 消费的外部经济
C. 生产的外部不经济　　　D. 消费的外部不经济

答案 A

解析 生产的外部性是指在生产过程中给其他成员带来好的影响，但没有因此而获得额外收益。员工培训就是生产的外部经济。故选A项。

2.（2018中国银行秋招·单选题）科斯定理通常受到（　）的影响，使私人间无法达成协议。

A. 管制　　　　　　　　　B. 需求
C. 价格　　　　　　　　　D. 交易成本

答案 D

解析 关于科斯定理，比较流行的说法是：只要财产权是明确的，并且交易成本为零或者很小，那么无论在开始时将财产权赋予谁，市场均衡的最终结果都是有效率的，实现资源配置的帕累托最优。在科斯定理中，重要假设就是交易成本为零或者很小，这一点在现实中很难实现，所以私人间无法达成协议。故选 D 项。

核心考点四：公共物品与市场失灵（备考指数：★★★★）

一、公共物品的含义及特点

公共物品是指满足社会公共需要的物品，与私人物品相对应。私人物品的特征：一是竞争性，二是排他性。对于公共物品而言，其特点与分类如表 5-2 所示。

表 5-2 公共物品的特点与分类

公共物品		
特点	非竞争性	消费者对某一种公共物品的消费并不影响其他人对该公共物品的消费
	非排他性	公共物品可以由任何消费者进行消费，其中任何一个消费者都不会被排除在外
分类	纯公共物品	具有完全的非竞争性和完全的非排他性，一般通过纳税间接购买而被动消费，消费时无法分割，只能由政府提供，如国防、治安等
	准公共物品	具有有限的非竞争性和非排他性，可以部分间接购买，部分直接购买，消费时可以部分分割，政府和私人皆可以提供，如教育、医疗卫生、收费公路等

二、政府对公共物品的干预

由于公共物品的特点容易导致市场失灵，这就需要政府承担起公共物品主要提供者的职责。例如，政府提供国防、治安、消防和公共卫生等。

 经典真题

（2019 交通银行秋招·单选题）一般来说，社会自发状态下公共物品的生产往往低于社会理想的水平，其根本原因在于（ ）。

A. 社会成员存在"搭便车"的倾向

B. 社会文明程度低

C. 公共物品成本过高，无法均摊

D. 公共产品生产较为困难

答案 A

解析 公共物品，是指满足社会公共需要的物品。公共物品的特点：第一，非竞争性，即消费者对某一种公共物品的消费并不影响其他人对该公共物品的消费。第二，非排他性，即公共物品可以由任何消费者进行消费，其中任何一个消费者都不会被排除在外。公共物品的这两个基本特征决定了在绝大多数的公共物品消费中必然经常出现"搭便车"现象。搭便车是指某个人不进行购买而消费某种物品。之所以产生搭便车问题，是因为如果一个人支付多少费用对他能消费的物品量没有影响，那么就会刺激这个人不为这种物品付费。换言之，如果一个人不用购买就可以消费某种物品，他就不会去购买，就会导致社会自发状态下公共物品的生产往往低于社会理想的水平。故选 A 项。

核心考点五：信息不对称与市场失灵（备考指数：★★★）

一、信息不对称的含义及影响

信息不对称是指某项经济活动中，某一参与者比对方拥有更多的影响其决策的信息，如保险市场、劳动力市场和旧车市场。其具体影响与表现如表 5-3 所示。

表 5-3 信息不对称的影响与表现

信息不对称	影响	市场机制实现资源帕累托最优配置的功能必然受到影响，进而导致市场失灵
	表现	逆向选择	由于交易双方信息不对称，市场价格下降会导致某些商品或服务的需求曲线向左下方弯曲，最终结果是劣质商品或服务驱逐优质商品或服务，以致市场萎缩甚至消失，比如，保险市场等
		道德风险	由于信息不对称，市场的一方不能观察到另一方的行动，则另一方就可能采取不利于对方的行动，比如，保险市场等

二、政府对信息不对称的干预

为了解决因信息不对称所造成的市场失灵，政府对许多商品的说明、质量标准和广告都做出了具体的法律规定，政府还通过多种方式为消费者提供信息服务。

经典真题

（2018 中国工商银行秋招·单选题）由交易双方信息不对称和市场价格下降产生的劣质品驱逐优质品，进而出现市场交易产品平均质量下降的现象称为（　）。

A. 市场失衡　　　　　　　B. 市场扭曲
C. 逆向选择　　　　　　　D. 劣品选择

答案 C

解析 逆向选择，是指由交易双方信息不对称和市场价格下降产生的劣质品驱逐优质品，进而出现市场交易产品平均质量下降的现象。消费者常常根据商品的价格来判断商品的"平均"质量。随着某种商品的价格下降，市场上该商品的供给量会减少，在减少的供给量中，主要是质量较高的商品，因为生产高质量产品在较低价格之下将不再划算，其结果是，剩下来的商品的平均质量下降，造成劣质品驱逐优质品的现象。故选C项。

第六章 国民收入核算理论

核心考点一：国内生产总值的定义及形态（备考指数：★★★）

一、国内生产总值的含义

国内生产总值（GDP），是指经济社会（即一国或一地区）在一定时期内运用生产要素所生产的全部最终产品（产品和劳务）的市场价值的总和，是目前世界各国（或地区）普遍使用的衡量经济活动总量的基本指标。它的内涵包括以下几个方面：

（1）GDP 是一国范围内生产的最终产品的市场价值，因而是一个地域概念。

（2）GDP 是计算一定时期内生产的最终产品的市场价值，因而是流量而不是存量。

（3）GDP 是一定时期（往往为 1 年）所生产而不是所售卖掉的最终产品价值。

（4）GDP 测量的是最终产品的价值，中间产品价值不计入 GDP，否则会造成重复计算。

（5）GDP 是一个市场价值概念，各种最终产品的价值都是用货币加以衡量的。

（6）GDP 一般仅指市场活动导致的价值。家务劳动、自给自足等非市场活动不计入 GDP 当中。

二、国内生产总值的形态

国内生产总值有三种形态，即价值形态、收入形态和产品形态。具体内容如表6-1所示。

表 6-1 国内生产总值的形态

形态	含义
价值形态	是所有常住单位在一定时期内生产的全部货物和服务价值超过同期投入的全部非固定资产货物和服务价值的差额，即所有常住单位的增加值之和
收入形态	是所有常住单位在一定时期内创造并分配给常住单位和非常住单位的初次收入之和
产品形态	是所有常住单位在一定时期内最终使用的货物和服务价值减去货物和服务进口价值

经典真题

1.（2018中信银行秋招·单选题）作为经济财富的一种测定，GDP 的基本缺点是（　　）。

A. 它测定的是一国国民生产的全部产品的市场价值

B. 它不能测定私人产出产量

C. 它所用的社会成本太多

D. 它不能测定与存货增加相联系的生产

【答案】B

【解析】国内生产总值（GDP），是指经济社会（即一国或一地区）在一定时期内运用生产要素所生产的全部最终产品（产品和劳务）的市场价值的总和。A 项错误，GDP 是一个地域概念。B 项正确，GDP 衡量的是进入市场交换的最终产品和劳务的价值，对于私人劳动和产出是无法测定的。C 项错误，GDP 虽然作为核算国民经济活动的核心指标，但也有局限性，主要表现为它不能反映 GDP 生产过程中所付出的代价，而不是代价一定就很大。D 项错误，GDP 支出法核算中，投资分为固定资产投资和存货投资。故选 B 项。

2.（2019 建设银行秋招·单选题）居民人均可支配收入，通常是指家庭总收入扣除个人缴纳的个人所得税及社会保障支出后的收入水平。下列经济指标中，会对居民人均可支配收入产生最直接影响的是（　　）。

A. 居民消费价格指数　　B. 国内生产总值

C. 基尼系数　　D. 恩格尔系数

【答案】B

【解析】国内生产总值（GDP），是指经济社会（即一国或一地区）在一定时期内运用生产要素所生产的全部最终产品（产品和劳务）的市场价值的总和，常被认为是衡量一个国家（或地区）经济状况的指标。GDP 的核算有三种方法，即生产法、收入法和支出法，三种方法从不同的角度反映国民经济生产活动的成果。收入法核算 GDP，就是从收入的角度，把生产要素在生产中所得到的各种收入相加来计算的 GDP，即把劳动所得到的工资、土地所有者得到的地租、资本所得到的利息以及企业家才能得到的利润相加来计算 GDP。所以，国内生产总值对人均可支配收入有直接影响。一般而言，GDP 越高，人均可支配收入越高。故选 B 项。

核心考点二：国内生产总值的核算方法（备考指数：★★★★）

在实际核算中，国内生产总值的核算方法有三种，即生产法、收入法和支出法。具体内容如表 6-2 所示。

表 6-2 国内生产总值的核算方法

核算方法	含义
生产法	从生产的角度，通过核算各个企业在一定时期生产的最终产品的市场价值
收入法	（1）从生产过程中创造原始收入的角度，核算的国内生产总值 （2）收入法国内生产总值＝劳动者报酬＋固定资产折旧＋生产税净额＋营业盈余 （3）劳动者报酬包括工资总额、福利费和其他实物形式的劳动报酬，为居民所得；固定资产折旧和营业盈余为企业、单位所得；生产税净额为政府所得

续表

核算方法	含义
支出法	（1）从社会最终使用的角度，核算的国内生产总值 （2）从最终使用的产品去向的角度，核算的国内生产总值：一是用于最终消费；二是用于投资即资本形成；三是用于出口，则支出法国内生产总值＝最终消费＋资本形成总额＋净出口 （3）最终消费包括居民消费和政府消费；资本形成总额包括固定资本形成和存货增加；净出口是一定时期货物和服务出口总值减进口总值后的差额 （4）运用支出法核算国内生产总值，可以计算资本的形成率和最终消费率 （5）如果对居民和政府的支出再分开核算，则支出法国内生产总值＝居民消费支出＋固定投资支出＋政府购买＋净出口 （6）如果用字母 C 表示居民消费，用 I 表示投资，用 G 表示政府购买，用 $(X-M)$ 表示净出口，用支出法计算 GDP 的公式可以表示为：$GDP=C+I+G+(X-M)$

经典真题

1.（2019 交通银行秋招·单选题）GDP 是衡量经济发展状况的重要指标，那么，下列表述中不会计入 GDP 的是（　　）。

A. 甲请假一天粉刷自家新房，节省了 300 元人工费

B. 某家庭雇佣小时工，每月支出 3000 元人民币

C. 某家庭在春节时购买了 500 元人民币的烟花

D. 节假日，某家庭外出旅游，支出的费用 2 万元人民币

答案 A

解析 国内生产总值是指经济社会（即一国或一地区）在一定时期内运用生产要素所生产的全部最终产品（产品和劳务）的市场价值的总和。本题专门考查对"市场价值"的理解，即进行有偿交易。A 项错误，甲粉刷自家新房，没有进行交换，不符合"市场价值"意义，不计入 GDP。B 项正确，雇佣小时工付费是劳务或服务买卖的有偿行为，符合"市场价值"意义，计入 GDP。C 项正确，购买烟花是商品买卖的有偿行为，符合"市场价值"意义，计入 GDP。D 项正确，外出旅游花费是旅游期间商品或服务买卖的有偿行为，符合"市场价值"意义，计入 GDP。故选 A 项。

2.（2019 中信银行秋招·单选题）（　　）不列入国内生产总值核算。

A. 房地产经纪人收取的佣金　　B. 保险公司收到的家庭财产保费

C. 出口到国外的一批货物　　　D. 政府转移支付

答案 D

解析 国内生产总值是指经济社会（即一国或一地区）在一定时期内运用生产要

素所生产的全部最终产品（产品和劳务）的市场价值的总和。A 项正确，房产经纪人为他人提供中介服务收取佣金，属于出售服务的收入，计入 GDP。B 项正确，保险公司为被保险家庭提供保险服务收取费用，属于出售服务的收入，计入 GDP。C 项正确，出口到国外的货物，是出售本国生产的产品获得的收入，计入 GDP。D 项错误，政府转移支付只是简单地把收入从一些人或一些组织转移到另一些人或另一些组织，没有相应的产品或劳务的交换发生，不能计入 GDP。故选 D 项。

3.（2018 中国银行秋招·多选题）在我国的统计实践中，收入法核算 GDP 分为若干项，包括以下的（　　）。

A. 劳动者报酬　　　　　B. 生产税净额

C. 固定资产折旧　　　　D. 营业盈余

【答案】ABCD

【解析】收入法是从企业生产成本角度核算的 GDP。在中国的统计实践中，收入法核算 GDP＝要素报酬＋固定资产折旧＋生产税净额＋营业盈余。故选 ABCD 项。

第七章 国民收入决定理论

核心考点一：凯恩斯消费理论（备考指数：★★★）

一、凯恩斯消费函数与储蓄函数

凯恩斯消费理论的前提假设有三点：

第一，收入是影响消费最重要的因素，随着收入的增加，消费也会增加，但是消费的增加不及收入增加得多；

第二，边际消费倾向递减；

第三，平均消费倾向递减。

基于这三点假设，凯恩斯建立了消费函数和储蓄函数，其具体含义及公式如表7-1所示。

表7-1 凯恩斯消费函数与储蓄函数

名称	含义	公式
消费函数	凯恩斯认为，随着收入的增加，消费的增加不及收入增加得多，消费和收入的这种关系的函数被称为消费函数或消费倾向	$c = \alpha + \beta y$ 其中，α 为自发消费，β 为边际消费倾向
储蓄函数	凯恩斯认为，储蓄是收入中未被消费的部分。由消费随收入增加而增加的比率是递减的，则可知储蓄随收入增加而增加。储蓄与收入的这种关系的函数被称为储蓄函数	$s = -\alpha + (1-\beta)y$ 其中，$1-\beta$ 为边际储蓄倾向

二、MPC、MPS、APC和APS的含义及关系

1. 边际消费倾向（MPC）

边际消费倾向（MPC）是指消费的增量ΔC和收入的增量ΔY之比率，也就是增加的每单位收入中用于增加消费部分的比率。

2. 边际储蓄倾向（MPS）

边际储蓄倾向（MPS）是指储蓄的增量ΔS和收入的增量ΔY之比率，也就是增加的每单位收入中用于增加储蓄部分的比率。

3. 平均消费倾向（APC）

平均消费倾向（APC）是指消费总量C在收入总量Y中所占的比例。

4. 平均储蓄倾向（APS）

平均储蓄倾向（APS）是指储蓄总量 S 在收入总量 Y 中所占的比例。

边际消费倾向（MPC）、边际储蓄倾向（MPS）、平均消费倾向（APC）和边际消费倾向（MPC）的具体公式、取值范围以及相互之间的关系，如表 7-2 所示。

表 7-2　MPC、MPS、APC 和 APS 的关系

项目	公式	取值范围	关系
边际消费倾向（MPC）	$MPC = \dfrac{\Delta C}{\Delta Y} = \beta$	0<MPC<1	（1）消费函数和储蓄函数互为补数，之和等于收入 （2）MPC+MPS=1 （3）APC+APS=1 （4）MPC<APC （5）MPS>APS
边际储蓄倾向（MPS）	$MPS = \dfrac{\Delta S}{\Delta Y} = 1-\beta$	0<MPS<1	
平均消费倾向（APC）	$APC = \dfrac{C}{Y}$	APC 可能大于 1、等于 1、或小于 1	
平均储蓄倾向（APS）	$APS = \dfrac{S}{Y}$	—	

经典真题

1.（2018 中信银行秋招·单选题）根据凯恩斯绝对收入假说，随着收入增加，（　　）。

A. 消费增加，储蓄下降　　　　B. 消费下降，储蓄增加

C. 消费增加，储蓄增加　　　　D. 消费下降，储蓄下降

答案 C

解析 凯恩斯认为，消费和收入的函数关系可以表示为 $c=\alpha+\beta y$，β 为边际消费倾向，其值介于 0 与 1 之间，所以当收入 y 增加时，消费 c 也会增加；储蓄和收入的函数关系可以表示为 $s=y-c=y-(\alpha+\beta y)=-\alpha+(1-\beta)y$，$\beta$ 为边际消费倾向，其值介于 0 与 1 之间，故（$1-\beta$）也介于 0 与 1 之间，当收入 y 增加时，储蓄 s 也会增加。故选 C 项。

2.（2017 中信银行秋招·单选题）不同的消费函数有不同的斜率，消费函数的斜率取决于（　　）。

A. 边际消费倾向　　　　　　　B. 与可支配收入无关的消费总量

C. 边际替代率　　　　　　　　D. 平均消费倾向

答案 A

解析 消费函数是指反映消费支出与影响消费支出的因素之间的函数关系式。凯恩斯理论假定，在影响消费的各种因素中，收入是具有决定性意义的因素，收入的变化决定消费的变化。如果消费和收入之间存在线性关系，则边际消费倾向为常数，这时消费函数可以表示为 $c=\alpha+\beta y$。式中，α 为自发消费部分，β 为边际消费倾向，β 和 y 的乘积表示收入引致的消费。因此，消费函数的斜率取决于边际消费倾向。故选 A 项。

3.（2019 民生银行秋招·多选题）两部门模型中，投资乘数等于（　　）。

A. 收入变化除以投资变化　　B. 投资变化除以收入变化

C. 边际储蓄倾向的倒数　　　D.（1－MPS）的倒数

E.（1－MPC）的倒数

答案 ACE

解析 投资乘数是指国民收入变化与带来这种变化的投资变化的比值。投资乘数=1/（1－MPC），其中 MPC 是边际消费倾向，1－MPC 是边际储蓄倾向。故选 ACE 项。

核心考点二：乘数理论（备考指数：★★★）

乘数又叫倍数，是指每单位外生变量（如政府支出）的变化带来的引致变量（如 GDP）的变动情况。乘数主要分为五种类型，分别是投资乘数、政府购买乘数、税收乘数、政府转移支出乘数和平衡预算乘数。其具体定义和公式如表 7-3 所示。

表 7-3　五种投资乘数的定义与公式

类型	定义	公式
投资乘数	收入变动对引起这种变动的投资变动的比率	$\dfrac{1}{1-\beta}$
政府购买乘数	收入变动对引起这种变动的政府购买支出变动的比率	$\dfrac{1}{1-\beta}$
税收乘数	收入变动与引起这种变动的税收变动的比率	$\dfrac{-\beta}{1-\beta}$
政府转移支出乘数	收入变动与引起这种变动的政府转移支付变动的比率	$\dfrac{\beta}{1-\beta}$
平衡预算乘数	政府收入和支出同时以相等数量增加或减少时，国民收入变动与政府收支变动的比率。在平衡预算条件下，等量增加政府购买和税收会继续保持平衡预算	平衡预算乘数 = 政府购买乘数 + 税收乘数 = 1

经典真题

1.（2019 中国农业银行秋招·单选题）在政府购买支出乘数的注意问题中，以下说法不正确的是（　　）。

A. 政府购买支出乘数是一把双刃剑，利用它既能引起国民收入的数倍增加，也能引起国民收入的数倍减少

B. 在拟用购买支出的增减影响需求乃至国民收入时，首先要考虑实际 GDP 与潜在 GDP 差额的大小

C. 政府购买支出乘数发挥作用以资源未得到充分利用为前提，或以不存在"瓶颈产业"为条件

D. 在一般分析中，以价格变化为假定前提，实际生活中价格的变动将抵消部分乘数效应

【答案】D

【解析】在政府购买支出乘数分析中，以价格不变为假定前提，实际生活中价格的变动将抵消部分乘数效应。故选D项。

2.（2017 中信银行秋招·单选题）可采取多种措施使国民收入增加，则下列哪种情况可能使国民收入增加的最多？（　　）

A. 政府对高速公路的抚养开支增加 250 亿美元

B. 政府转移支付增加 250 亿美元

C. 政府增加购买 250 亿元，同时增加税收 250 亿元

D. 个人所得税减少 250 亿美元

【答案】A

【解析】A项政府对高速公路抚养开支增加250亿美元，即政府购买增加250亿美元，根据政府购买支出乘数 $k_g = \frac{\Delta y}{\Delta g} = \frac{1}{1-\beta}$，得出国民收入会增加 $\frac{250}{1-\beta}$。B项政府转移支付增加250亿美元，根据政府转移支付乘数，$k_{tr} = \frac{\Delta y}{\Delta tr} = \frac{\beta}{1-\beta}$，得出国民收入增加 $\frac{250\beta}{1-\beta}$。C项由于平衡预算乘数为1，所以政府增加购买250亿元，同时增加税收250亿元，国民收入会增加250亿美元。D项个人所得税减少250亿美元，根据税收乘数，$k_t = \frac{\Delta y}{\Delta t} = -\frac{\beta}{1-\beta}$，国民收入增加 $\frac{250\beta}{1-\beta}$。由于β大于0小于1，所以 $\frac{250}{1-\beta}$ 最大。故选A项。

3.（2020 交通银行秋招·单选题）增加国民投资 300 元比降低税收 300 元对 GDP 的影响程度（　　）。

A. 更小　　　　　　　　B. 不确定

C. 相同　　　　　　　　D. 更大

【答案】D

【解析】增加国民投资300元，根据投资乘数可知，$K_i = \frac{1}{1-\beta}$（0<β<1），国民收入增加 $300 \times K_i$ 元；降低税收300元，根据税收乘数可知，$K_t = -\frac{\beta}{1-\beta}$（0<β<1），国民收入增加 $300 \times K_t$，且 $K_i > K_t$，说明前者对GDP的影响程度更大。故选D项。

第八章 宏观经济现象

核心考点一：失业（备考指数：★★★★）

一、失业水平的统计

失业是指有劳动能力并愿意就业，但在目前没有从事有报酬或收入的工作的现象。按照国际劳工组织的统计标准，凡是在规定年龄内在一定期间（如一周或一天）内属于下列情况的人员均属于失业人口：没有工作；当前可以工作；正在寻找工作。对失业水平的统计我国和发达国家并不完全相同，具体内容如表8-1所示。

表8-1 失业水平的统计

名称	内容
失业水平的统计	（1）在发达国家，失业率是反映一个国家或地区劳动力资源利用状况最重要的指标，是失业总人数与民用劳动力总人数的比率，即： 失业率 =（失业总人数 / 民用劳动力总人数）×100%
	（2）我国统计部门计算和公布的就业与失业水平方面的指标主要是登记城镇失业率。2018年，我国首次正式公布城镇调查失业率
	（3）我国和发达国家计算失业率的区别：我国只计算城镇地区的失业率，而没有计算覆盖全国城镇和农村地区的统一的失业率
	（4）自然失业率，现在一般称为非加速通货膨胀失业率，是从一个较长期的变动趋势来看，在某一个国家或地区，劳动力市场供求处于均衡状态，价格总水平处于稳定状态时的失业率

二、失业的类型

失业主要分为自愿失业和非自愿失业。自愿失业是指劳动者不愿意接受现行的工资水平而宁愿不工作的一种状态，也可以说是工资水平下降时劳动者自愿退出劳动力队伍的情况；非自愿失业也叫周期性失业，是指劳动者在现行工资水平下找不到工作的状态，或是指总需求相对不足减少劳动力派生需求所导致的失业，具体内容如表8-2所示。

表8-2 失业的类型

名称		含义
自愿失业	摩擦性失业	从一个工作转换到另一个工作的过程中出现的失业
	结构性失业	由于产业结构调整所造成的失业，如新产业兴起、旧产业衰落
非自愿失业		与经济周期密切相系，经济繁荣与高涨时期，失业率比较低；经济衰退或萧条阶段，失业率比较高

经典真题

1.（2019 中信银行秋招·单选题）部分人不适应技术进步对工作岗位的新要求而产生的失业，属于（   ）。

　　A. 自愿性失业　　　　　　　B. 摩擦性失业
　　C. 技术性失业　　　　　　　D. 结构性失业

答案 D

解析 自愿失业是"非自愿失业"的对称，是指工人由于不接受现行的工资或比现行工资稍低的工资而出现的自我意愿失业现象。摩擦性失业是指由于劳动力缺乏流动性，信息交流不完全以及市场组织不健全所造成的失业。技术性失业是指在经济增长过程中，技术进步的必然趋势是生产中越来越广泛地采用了资本、技术密集型手段，先进的设备替代了工人的劳动，对劳动需求的减小就会使失业相对增加。此类失业一般规模相对较大。结构性失业是指由于经济结构（包括产业结构、产品结构、地区结构等）发生了变化，现有劳动力的知识、技能、观念、区域分布等不适应这种变化，与市场需求不匹配而引发的失业。很明显，现有市场需要掌握新的技能，部分人不适应技术进步对工作岗位的新要求而面临的失业属于结构性失业。故选 D 项。

2.（2017 中信银行秋招·单选题）失业有不同的类型，周期性失业是指（   ）。

　　A. 经济中由于正常的劳动力流动而引起的失业
　　B. 由于总需求不足而引起的短期失业
　　C. 由于经济中一些难以克服的原因引起的失业
　　D. 由于经济中一些制度上的原因引起的失业

答案 B

解析 周期性失业又称为总需求不足的失业，是由于整体经济的支出和产出水平下降，即总需求不足而引起的短期失业，一般出现在经济周期的萧条阶段。这种失业与经济中的周期性波动是一致的。在复苏和繁荣阶段，各厂商争先扩充生产，就业人数普遍增加；在衰退和谷底阶段，由于社会需求不足，前景暗淡，各厂商又纷纷压缩生产，大量裁减雇员，形成令人头疼的失业大军。故选 B 项。

核心考点二：奥肯定律与菲利普斯曲线（备考指数：★★★）

奥肯定律和菲利普斯曲线都与失业相关，奥肯定律描述失业与 GDP 之间的关系，菲利普斯曲线描述失业与通货膨胀之间的关系。其具体内容如表 8-3 所示。

表 8-3 奥肯定律与菲利普斯曲线

名称		内容
奥肯定律	含义	美国经济学家阿瑟·奥肯在 20 世纪 60 年代初提出了美国的产出与失业之间的一个数量关系，即相对于自然失业率即充分就业状态下的失业率，失业率每提高一个百分点，实际 GDP 就会相对于潜在 GDP 下降两个百分点
	政策含义	表明了在经济增长和就业之间存在一定的正相关关系。政府应当把促进经济增长作为增加就业或降低失业的主要途径
菲利普斯曲线	含义	以英国经济学家菲利普斯命名的描述通货膨胀率与失业率之间的替代关系，二者存在负相关关系。当失业率降低时，通货膨胀率就会趋于上升；反之，当失业率上升时，通货膨胀率就会趋于下降。美国经济学家弗里德曼认为，通货膨胀和失业之间所谓的替代关系只在短期内是存在的，而在长期内则是不存在的。从长期看，菲利普斯曲线是一条与横轴垂直的直线
	政策含义	政府在进行决策时，可以用高通货膨胀率来换取低失业率，或者用高失业率来换取低通货膨胀率

经典真题

1.（2020 中国工商银行秋招·单选题）失业率与通货膨胀率之间呈现（ ）关系。

A. 正向　　　　　　　　　　　B. 反向
C. 无关　　　　　　　　　　　D. 以上都不对

【答案】B

【解析】根据短期菲利普斯曲线可知，失业率与通货膨胀率之间呈现反向变动关系。故选 B 项。

2.（2020 交通银行秋招·单选题）关于失业和通胀，下列说法错误的是（ ）。

A. 失业统计时不会考虑军人和监狱服刑人员
B. GDP 折算指数有时可以作为价格水平指标
C. 在产业结构合理时，依旧可能出现结构性失业
D. 菲利普斯曲线支持了"相机抉择"
E. 失业率高于 4% 时，政府部门应采取紧缩政策

【答案】E

【解析】A 项正确，关于失业者，一般是在排除了学生、军人、囚徒等不可雇佣者后，符合失业条件的劳动年龄人口。B 项正确，如果从消费角度看，价格水平可以用消费价格指数 CPI 来描述；如果从国民收入角度看，价格水平可以用 GDP 折算指数表示。C 项正确，结构性失业，是指由于经济结构（包括产业结构、产品结构、地区结构等）发生了变化，现有劳动力的知识、技能、观念、区域分布等不合适这种变化，与市场需求不匹配而引发

的失业。结构性失业和摩擦性失业属于自然失业，而自然失业是指劳动市场处于供求稳定状态下的失业，稳定状态是指即不会造成通货膨胀，也不会导致通货紧缩的状态。D项正确，相机抉择是指政府通过对宏观经济形势的分析和判断，然后根据经济运行的基本状况决定借助外力，采取相对应的扩张性或紧缩性财政政策。相机抉择是政府利用国家财力有意识干预经济运行的行为。菲利普斯曲线反映了失业率和通货膨胀率之间的反向变动关系，当失业率高时，则通货膨胀率低；当失业率低时，则通货膨胀率高。E项错误，当失业率高时，经济处于低迷状态，应采取扩张性政策。故选E项。

3.（2018交通银行秋招·单选题）以下关于奥肯定律的内容，表述正确的是（　）。
A. 失业率每高于自然失业率一个百分点，实际GNP将低于潜在GNP两个百分点
B. 失业率每高于自然失业率一个百分点，实际GDP将低于潜在GDP两个百分点
C. 失业率每高于自然失业率两个百分点，实际GNP将低于潜在GNP一个百分点
D. 失业率每高于自然失业率两个百分点，实际GDP将低于潜在GDP一个百分点

答案 B。

解析 奥肯定律是由美国经济学家阿瑟·奥肯提出的，用来近似地描述失业率和实际GDP之间的交替关系。其内容是：失业率每高于自然失业率一个百分点，实际GDP将低于潜在GDP两个百分点。故选B项。

核心考点三：洛伦兹曲线和基尼系数（备考指数：★★）

一、洛伦兹曲线

洛伦兹曲线是用来衡量一个国家的贫富差距程度。一般来讲，它反映了收入分配的不平等程度。曲线弯曲程度越大，收入分配越不平等；反之亦然，如图8-1所示。

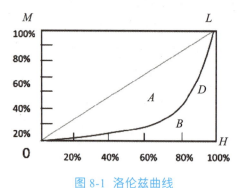

图8-1 洛伦兹曲线

二、基尼系数

将洛伦兹曲线与45°线之间的部分A叫作"不平等面积"，"完全不平等面积"为

$A+B$,不平等面积与完全不平等面积之比为基尼系数。基尼系数是衡量一个国家贫富差距的标准。它的计算公式为

$$G = \frac{A}{A+B}$$

其中,$0 \leqslant G \leqslant 1$。

第九章 国际贸易理论与政策

核心考点一：影响国际贸易的因素（备考指数：★★）

影响国际贸易的因素主要表现在对出口贸易和进口贸易两个方面，具体内容如表 9-1 所示。

表 9-1 影响国际贸易的因素

名称	内容
影响出口贸易的因素	（1）自然资源的丰裕程度 （2）生产能力和技术水平的高低 （3）汇率水平的高低（一国货币汇率下跌，即对外贬值，出口增加，本国旅游收入和其他劳务收入也会增加） （4）国际市场的需求水平和需求结构变动的影响
影响进口贸易的因素	（1）一国的经济总量或总产出水平 （2）汇率水平（汇率上升即货币升值，进口增加） （3）国际市场商品的供给情况和价格水平的高低

经典真题

（2019 民生银行秋招·单选题）与工资水平更低的国家进行贸易（　　）。

A. 必然使高工资国降低实际工资

B. 可能提高两国的人均实际收入

C. 低工资国家将进一步降低实际工资

D. 可能使两国的人均实际收入下降

答案 B

解析 如果一个国家在本国生产一种产品的机会成本（用其他产品来衡量）低于在其他国家生产该产品的机会成本，则这个国家在生产该种产品上就拥有比较优势。如果每个国家都出口本国具有比较优势的商品，则两国间的贸易能使两国都受益。所以，与工资水平更低的国家进行贸易，可能会出现两国人均收入都获得提高的结果。故选 B 项。

核心考点二：政府对国际贸易的干预（备考指数：★★★）

政府对国际贸易干预或限制的目的主要是保护国内产业免受国外竞争者的损害，维持本国的经济增长和国际收支平衡。政府对国际贸易的干预包括对进口贸易的干预和对出口贸易的干预两方面。具体内容如表 9-2 所示。

表 9-2 政府对国际贸易的干预

政府对国际贸易的干预	干预方式	具体内容
对进口贸易的干预	关税限制（关税壁垒）	国家通过征收高额进口关税来限制外国商品进口的一种外贸政策
	非关税限制（非关税壁垒）	采用关税以外的手段对外国商品进口设置障碍的各种措施。它包括： （1）进口配额：是指一国在一定时期内，对某些产品的进口数量和金额加以直接限制的措施 （2）自愿出口限制：是指商品出口国在进口国的要求或压力下，自愿地限制某些商品在一定时期内的出口数量或出口金额 （3）歧视性公共采购：是指一国政府根据本国有关法律制度，给予国内的供应商优先获得政府公共采购订单的措施，是对外国供应商的一种歧视 （4）技术标准：是指为了限制外国某些产品的进口，常常规定一些外国企业难以掌握的技术标准，从而阻止外国产品进口 （5）卫生检疫标准：是指一国对进口的动植物及其制品、食品、化妆品等所采取的必要的卫生检疫，以免疫病或害虫传入本国，进口国常常以不符合卫生标准为理由，限制外国某些产品的进口
对出口贸易的干预	出口补贴	出口补贴分为直接补贴和间接补贴： （1）直接补贴：是政府直接以现金形式弥补出口企业国际市场价格与本国国内市场价格的差价 （2）间接补贴：是对出口企业在出口商品时给予财政上的优惠待遇，如出口退税、出口信贷等

 经典真题

（2019 交通银行春招·单选题）在总体关税水平较低的情况下少数产品维持的高关税，该情形的规范术语是（　　）。

A. 关税壁垒　　　　　　　　B. 关税高峰
C. 关税特例　　　　　　　　D. 关税例外

答案 B

解析 关税高峰是指在总体关税水平较低的情况下少数产品维持的高关税。特定产品的高关税不合理地阻碍了其他国家相关产品的正常出口，造成贸易壁垒。故选 B 项。

核心考点三：倾销与反倾销（备考指数：★★）

一、倾销

1. 倾销的界定

倾销是指出口商以低于正常价值的价格向进口国销售产品，因此给进口国产业造成损害的行为。确定产品正常价值可依据三个标准，具体内容如表 9-3 所示。

表 9-3 确定产品正常价值标准

确定产品正常价值可依据的标准	原产国标准：按相同或类似产品在正常交易过程中出口国国内销售的可比价格确定
	第三国标准：按照相同或类似产品在正常交易过程中出口国向第三国出口的最高可比价格确定
	按照同类产品在原产国的生产成本加合理销售费、管理费、一般费用和利润确定

2. 倾销的类型

在国际贸易中，倾销通常有四种类型，如表 9-4 所示。

表 9-4 国际贸易倾销的类型

类型	含义
掠夺性倾销	出口企业为在国外市场上达到排除竞争对手、获取超额垄断利润的目的，在短期内以不合理的低价向该市场销售产品，一旦竞争对手被排除，再重新提高产品销售价格的行为
持续性倾销	出口企业为长期占领市场、实现利润最大化目标而无限期的持续以低价向国外市场出口产品的行为
隐蔽性倾销	出口企业按国际市场的正常价格出售产品给进口商，但进口商则以低价在进口国市场上抛售，其亏损部分由出口企业予以补偿的行为
偶然性倾销	出口国国内存在的大量剩余产品，为处理这些产品而以倾销方式向国外市场抛售的行为

3. 倾销的影响

在国际贸易中，倾销主要是对进口国、出口国以及第三国产生影响，如表 9-5 所示。

表 9-5 倾销的影响

影响对象	影响内容
进口国	（1）倾销会挤占进口国相同产品生产商的市场份额，会阻碍进口国相关产业的发展 （2）倾销会向进口国市场的生产者和消费者传递错误的价格信号，扭曲进口国市场秩序 （3）发达国家新兴产业的产品倾销将抑制发展中国家新兴产业的建立和发展

续表

影响对象	影响内容
出口国	（1）倾销容易引发出口国国内相似产品生产厂商的过度价格竞争，扰乱出口国市场秩序 （2）倾销企业为弥补在出口倾销中带来的损失，通常会利用出口国市场需求弹性小的状况来维持较高的垄断价格，损害了出口国消费者的利益
第三国	在进口国市场上存在第三国同类产品竞争的情况下，倾销会导致进口国对第三国产品的需求下降，使第三国在进口国的市场份额减少

二、反倾销

反倾销属于贸易救济措施，是指进口国针对价格倾销这种不公平的贸易行为而采取征收反倾销税等措施来抵消不利影响的行为。反倾销税的税额不得超过所裁定的倾销幅度。反倾销税的纳税义务人是倾销产品的进口商，出口商不得直接或间接替进口商承担纳税义务。

世界贸易组织规定，对出口国某一产品征收反倾销税必须符合以下要求：

第一，该产品存在以低于正常价值水平进入另一国市场的事实；

第二，倾销对某一成员国的相关产业造成重大损失；

第三，损害与低价倾销之间存在因果关系。

经 典 真 题

（2019交通银行春招·单选题）原产地规则也称"货物原产地规则"，是指一国根据国家法令或国际协定确定的原则制定并实施的，以确定生产或制造货物的国家或地区的具体规定，其主要内容不包括（　　）。

A. 说明文件　　　　　　　　B. 证明文件

C. 原产地标准　　　　　　　D. 直接运输原则

答案 A

解析 原产地规则的主要内容包括原产地标准、直接运输原则和证明文件等。其中，最重要的是原产地标准。原产地标准多由各国自行规定，很不统一。海关合作理事会具体规定了原产地标准，供签订"京都公约"的各国采用。故选A项。

模块二 金融部分

考情介绍

1. 六大行考情分析

银行	年份	考查方向
中国工商银行	2020年	货币职能、信用形式、利率、收益率、货币市场、资本市场、商业银行业务、货币政策、金融风险、汇率及其影响、国际收支
	2019年	
中国农业银行	2020年	货币职能、利率、货币市场、资本市场、商业银行业务、货币供给、货币政策、金融风险、汇率及其影响
	2019年	
中国银行	2020年	利率、收益率、货币市场、资本市场、商业银行业务、货币政策、金融风险、金融监管、汇率、国际收支调节
	2019年	
中国建设银行	2020年	利率、资本市场、金融衍生品市场、商业银行业务、货币供给、货币政策、金融风险、金融监管
	2019年	
交通银行	2020年	货币职能、货币制度、利率、资本市场、金融衍生品市场、金融机构、货币供给、金融风险、国际收支、汇率制度
	2019年	
中国邮政储蓄银行	2020年	货币制度、利率及收益率、信用形式、资本市场、货币供给、货币政策、商业银行业务、金融风险、汇率制度
	2019年	

金融专业知识是银行考试的必考点，也是难点。从历年各行的考试情况来看，各行金融专业知识的考查范围、题量、难度等都有所不同。

（1）各行关于金融知识的考查范围十分广泛，从微观金融——货币与货币制度、信用、利率与收益率、金融市场、金融机构，再到宏观金融——货币需求与供给、宏观经济现象、宏观经济政策、金融风险与金融监管、国际金融理论、金融创新等都有所涉及。

（2）金融部分相对其他专业知识，考查题量更大，平均考查20道左右，建行、中行题量较多，农行较少，其他行居中。

（3）各行考试的题型基本为单选和多选两类，个别银行在出题形式上会选择材料题（如工商银行、中行），材料题中会同时涉及单选和多选。

（4）考题难度上，各行难度水平也有所差异。一般工行、建行及中行三大行的题目难度较大，尤其是多选题，要求考生对一些考点进行深度和全面性熟练掌握。

2. 备考建议

（1）举网以纲，千目皆张

很多考生面对金融部分时，往往落入"老虎吃天，无从下口"的困境，要么望而却步，主动放弃复习，要么无的放矢、不分轻重缓急。我们从上述考情统计中可以发现，一些考点频繁考查，尤其是一些的核心考点，几近必考。核心考点的出现为考生复习寻得了突破口，因此建议考生以核心考点为纲，跳出不分主次的学习"窠臼"。考生要先得到大概率考查题目的分数，这样做的性价比最高，再以此为基础，复习边沿知识、拓展其他知识。

（2）要勤于学，也要善于思

银行考试涉及科目众多，金融专业知识又相对庞杂，在短暂的备考过程中，刻苦努力固然重要，但也要注意总结归纳，找到合适的方式方法，因地制宜，这样才能事半功倍。例如，金融计算类题目，在记住公式的同时，也要注意易错点（如期限转换、利率转换）以及与其它相似公式的区别；金融工具类型、汇率种类等偏记忆的知识，死记硬背则容易遗忘，要记忆每一种类的关键不同点，才能厘清彼此；金融时政，则要注意多听多思多联想，如央行货币政策、统计报告，银保监新规等。这些金融要闻利于课本理论与实际的结合，加深理解与记忆，同时对于后期的面试也可能大有裨益。

（3）积跬步、至千里；积小流、成江海

银行考试近年来不断翻新变化，各行考题亦是各有千秋。金融知识浩如烟海，我们不可能面面俱到，掌握每一个知识点。但专业知识也极易拉开分差。鉴于此，考生在熟练掌握传统理论知识和核心考点的基础上，也要注意日常的积累和迁移，这样就能提高作答的正确率，使自己处于积极局面。

第一章 货币与货币制度

核心考点一：货币职能（备考指数：★★★）

一、货币的定义

金属货币制度下，货币是商品生产和商品交换发展到一定历史阶段的必然产物，是固定充当一般等价物的特殊商品；现行经济制度下，货币被认为是一种由于具有普遍可接受性而作为购买手段，并能够清偿债务的支付手段。货币的本质是一般等价物。

二、货币的职能

在发达的商品经济条件下，货币具有价值尺度、流通手段、支付手段、贮藏手段、世界货币五大职能。其中，价值尺度和流通手段是货币最基本的职能，如表1-1所示。

表1-1 货币职能

货币职能	具体内容
价值尺度	含义：货币表现商品的价值并衡量商品价值量的大小，将其表现为各种各样的价格 特点：可以是观念上的货币但必须是足值的
流通手段	含义：货币充当商品流通的媒介时所发挥的职能 特点：必须是现实的货币但不需要有足值的货币本体
支付手段	含义：货币作为独立的价值形式进行单方面运动时执行的职能 特点：实现跨期购买和延期支付（赊购赊销、清偿债务、支付工资、租金、赋税、捐赠、赔款、财政收支、银行信用等）
贮藏手段	含义：货币退出流通，处于静止时被当作财富保存所发挥的职能 特点：是足值和现实的货币，同时可自发调节货币流通量，起"蓄水池"作用
世界货币	含义：货币跨越国界，在世界市场上发挥一般等价物的作用 特点：表现为国际间的一般支付手段、购买手段和财富转移

经典真题

1.（2020中国光大银行秋招·单选题）货币的（　　）功能是使货币区别于股票、债券和住宅的主要功能。

A. 支付手段　　　　　　　　B. 交易媒介

C. 记账单位　　　　　　　　D. 价值储藏

答案 B

解析 交易媒介是使货币区别于股票、债券和住宅的主要功能。当一种商品要求实际转化为与自己价值相等的另一种商品时,需要一个为社会所公认的媒介,即货币。故选 B 项。

2.(2020 交通银行秋招·单选题)下列哪一种货币职能可以没有真实货币?( )

A. 流通手段 B. 支付手段
C. 贮藏手段 D. 价值尺度

答案 D

解析 价值尺度就是把商品的价值表现为一定的价格,执行价值尺度的货币可以是观念上的货币。故选 D 项。

3.(2019 中国工商银行秋招·多选题)由于货币属于商品,因此它同所有商品一样也具有使用价值和交换价值。当处在不同形式的价值运动中的时候,货币所表现出来的作用也不尽相同。以下属于货币基本职能的是( )。

A. 支付手段 B. 贮藏手段
C. 价值尺度 D. 流通手段

答案 CD

解析 货币的职能包括价值尺度、流通手段、支付手段、贮藏手段和世界货币。其中,价值尺度和流通手段属于货币的基本职能。故选 C,D 项。

4.(2018 中国建设银行·单选题)货币本质上是一种所有者与市场关于交换权的契约,根本上是所有者相互之间的约定。货币具有多种职能,在支付租金、赋税等的时候发挥的职能是( )。

A. 贮藏手段 B. 支付手段
C. 流通手段 D. 价值尺度

答案 B

解析 支付手段是指货币作为独立的价值形式进行单方面运动。货币被用来清偿债务或支付赋税、租金、工资等,就是货币支付手段的职能。故选 B 项。

核心考点二:货币制度(备考指数:★★)

一、货币制度的内容

所谓货币制度是指一个国家以法律形式确定的该国货币流通结构、体系和组织形式,简称"币制"。货币制度是随着资本主义经济制度的建立而逐步形成的。它主要包括货币种类、货币材料、货币单位、货币的发行与流通、货币支付能力等。

1. 规定货币材料

规定货币材料是货币制度中最基本和最重要的内容。

2. 规定货币名称及单位

在金属货币制度下，价格标准就是铸造单位货币的法定含金量，同时还要确定货币名称、货币单位和每一货币单位所含的货币金属的重量和价值量。

3. 规定本位币和辅币

本位币和辅币的含义及特点，如表 1-2 所示。

表 1-2 本位币和辅币的含义及特点

类别	内容
本位币	含义：本位币又称主币，是一个国家法定的作为价格标准的主要计价货币
	特点：①具有无限法偿能力；②可以自由铸造；③在金属货币流通条件下，铸币是足值的货币
辅币	含义：辅币即辅助货币，是本位币单位以下的小额货币，主要用来辅助大面额货币的流通，供日常零星交易或找零之用
	特点：①辅币以贱金属铸造，一般是不足值货币；②辅币与本币自由兑换；③辅币是有限法偿货币

4. 有限法偿和无限法偿

（1）有限法偿

有限法偿是指在一次支付中，若超过规定的数额，收款人有权拒收，但在法定限额内不能拒收。有限法偿主要是针对辅币而言的。

（2）无限法偿

无限法偿是指不论支付数额多大，属于何种性质的支付（买东西、还账、缴税等），对方都不能拒绝接受。本位货币具有无限法偿的资格。

5. 建立准备制度

货币发行准备制度是为约束货币发行规模维护货币信用而制定的，要求货币发行者在发行货币时必须以某种金属或资产作为发行准备。

在金属货币制度下，货币发行以法律规定的贵金属作为发行准备；在现代信用货币制度下，货币发行准备制度的内容比较复杂，各国的规定也不一样，常见的是商品物资准备和外汇准备等。

二、货币制度演变

1. 银本位制

银本位制是以白银为本位货币的货币制度，银币可以自由铸造和自由熔化，并具有无限法偿能力，白银或银币可以自由输入输出。

2. 金银复本位制

金银复本位制是由国家法律规定的以金币和银币同时作为本位币，二者均可自由铸造，自由输入输出，金银都是无限法偿的货币制度。

(1) 平行本位制

平行本位制是金币和银币，按其实际价值流通，其兑换比率完全由市场比价决定，国家不规定金币和银币之间的法定比价。这种制度使得金银比价经常发生变动，一定程度上造成了商品价格体系和债务关系的混乱。

(2) 双本位制

国家以法律形式规定金银的比价，官方的金银比价与市场上金银的比价并存，但这与价值规律的自发作用相矛盾，于是就出现了"劣币驱逐良币"的现象。

所谓"劣币驱逐良币"的规律，就是在两种实际价值不同而面额价值相同的通货同时流通的情况下，实际价值较高的通货（所谓良币）必然会被人们熔化、输出而退出流通领域，而实际价值较低的通货（所谓劣币）反而会充斥市场，也称之为格雷欣法则。

(3) 跛行本位制

跛行本位制是指国家法律规定金币和银币同为本位货币，并规定其兑换的法定比价，但是政府同时又规定金币可以自由铸造而银币不能自由铸造的制度。

金银复本位制是向金本位制的过渡阶段。

3. 金本位制

(1) 金币本位制

金币本位制是国家规定以一定重量和成色的金铸币作为本位币的货币制度。其主要特点是：①主币可以自由铸造和自由熔化，从而保证黄金在货币制度中处于主导地位；②辅币和银行券可以自由兑换为金币，代表一定数量的黄金进行流通，以避免出现通货膨胀现象；③黄金可以自由地输出输入，从而保证世界市场的统一和汇率的相对稳定。

(2) 金块本位制

金块本位制，亦称"生金本位制"，是国内不准铸造、不准流通金币，只发行代表一定含金量的银行券（或纸币）来流通，银行券可以按一定比例兑换黄金的货币制度。

(3) 金汇兑本位制

金汇兑本位制称"虚金本位制"，在这种制度下，国家并不铸造金铸币，也不允许公民自由铸造金铸币。流通界没有金币流通，只有银行券在流通，银行券可以兑换外汇，外汇可以兑换黄金。

4. 不兑现的信用本位制

不兑现的信用本位制：①纸币为本位货币，黄金非货币化；②纸币不能兑换金银；③纸币通过信用渠道发行，由法律强制流通；④纸币发行可以自由变动，不受一国所拥有的金属数量的限制。

三、人民币制度

人民币是我国的法定货币，人民币的主币单位为"元"，辅币的名称为"角"和"分"。人民币采取不兑现纸币的形式，人民币没有含金量的规定，也不与任何外币确定正式的联系，是一种不兑现的信用货币。

经典真题

1.（2019 交通银行秋招·单选题）为了稳定货币，各国都建立了准备金制度，这是货币制度的一项重要内容。准备金有三方面的用途，其中不包括（　　）。

　　A. 调节国内金属货币流通　　B. 稳定国内证券市场稳定
　　C. 支付存款和兑换银行券　　D. 作为国际收支

【答案】B

【解析】为了稳定货币，各国都建立了准备金制度，这是货币制度的一项重要内容。准备金有三方面的用途：作为国际收支、调节国内金属货币流通以及支付存款和兑换银行券。故选 B 项。

2.（2019 中国光大银行秋招·单选题）黄金准备制度又称黄金储备制度，是国家规定的黄金储备保管机构和管理黄金的制度。黄金储备的用途包括（　　）。

　　Ⅰ. 作为国际支付的准备金，也就是作为世界货币的准备金；
　　Ⅱ. 作为时而扩大时而收缩的国内金属流通的准备金；
　　Ⅲ. 作为支付存款和兑换银行券的准备金。

　　A. Ⅰ、Ⅱ、Ⅲ　　　　　　　B. Ⅱ、Ⅲ
　　C. Ⅰ、Ⅲ　　　　　　　　　D. Ⅰ、Ⅱ

【答案】A

【解析】黄金准备制度又称黄金储备制度，是国家规定的黄金储备保管机构和管理黄金的制度。黄金准备有三种用途：一是作为国际支付的准备金，也就是作为世界货币的准备金；二是作为时而扩大时而收缩的国内金属流通的准备金；三是作为支付存款和兑换银行券的准备金。故选 A 项。

3.（2018 中国银行秋招·单选题）国内中央银行以外汇作为准备金发行纸币流通，但一般人们难以直接到国外用外汇去兑换黄金，此制度称为（　　）。

　　A. 金圆本位制　　　　　　　B. 拟金本位制
　　C. 黄金本位制　　　　　　　D. 虚金本位制

【答案】D

【解析】金汇兑本位制又称"虚金本位制"，该国货币一般与另一个实行金本位制或金块本位制国家的货币保持固定的比价，并在后者存放外汇或黄金作为平准基金，从而间接实行了金本位制。其他货币在国内不能兑换黄金，而只能兑换与黄金有联系的外汇，外汇在国外可以兑换黄金。这实际上是把黄金存于国外，国内中央银行以外汇作为准备金发行纸币流通。但一般人们难以直接到国外用外汇去兑换黄金，所以称"虚金本位制"。故选 D 项。

核心考点三：国际货币体系（备考指数：★★★★★）

一、国际金本位制

国际金本位制是历史上第一个国际货币制度，是建立在各主要资本主义国家都实行金铸币本位制的基础之上的，其具体内容如表 1-3 所示。

表 1-3 国际金本位制

项目	具体内容
内含	（1）铸币平价构成各国货币的中心汇率 （2）市场汇率围绕铸币平价波动，波动范围为黄金输送点
特征	（1）黄金是最主要的储备资产 （2）汇率制度是固定汇率制，避免了由汇率剧烈波动所引发的风险 （3）国际收支不均衡的调节，存在"物价与现金流动机制"的自动调节机制

二、布雷顿森林体系

1944 年 7 月在美国的布雷顿森林召开的有 44 个国家参加的布雷顿森林会议，通过了以美国怀特方案为基础的《国际货币基金协定》和《国际复兴开发银行协定》，总称《布雷顿森林协定》，从而形成了以美元为中心的国际货币体系，即布雷顿森林体系。其具体内容如表 1-4 所示。

表 1-4 布雷顿森林体系

项目	具体内容
变化	（1）建立一个永久性国际金融机构：国际货币基金组织（IMF） （2）实行双挂钩的固定汇率制（美元－黄金、其他国货币－美元） （3）取消对经常账户交易的外汇管制，但对国际资本流动做出一定限制
特征	（1）美元与黄金挂钩，取得等同于黄金的地位，成为最主要的国际储备货币 （2）实行以美元为中心的、可调整的固定汇率制度，美国以外的国家需要承担本国货币与美元汇率保持稳定的义务 （3）基金组织是国际货币体系的核心
崩溃	1973 年布雷顿森林体系彻底崩溃

三、牙买加体系

布雷顿森林体系瓦解后，1976年IMF通过《牙买加协定》，确认了布雷顿森林体系崩溃后浮动汇率的合法性，继续维持全球多边自由支付原则。牙买加体系实际上是以美元为中心的多元化储备货币体系。牙买加体系的具体内容如表1-5所示。

表1-5 牙买加体系

项目	具体内容
变化	（1）浮动汇率合法化 （2）黄金非货币化：废除黄金官价，取消以黄金清偿债务的义务 （3）扩大特别提款权的作用：成员国之间可以应用 （4）扩大发展中国家的资金融通且增加会员国的基金份额
特征	（1）国际储备多样化 （2）汇率制度安排多元化 （3）黄金非货币化 （4）通过多种国际收支调节机制解决国际收支失衡
发展	（1）运行良好，极大地加强了国际间的经济往来 （2）美元主导，其他货币也得到提升 （3）缺陷：政策不协调、发展中国家话语权弱

📋 经典真题

1.（2019中国民生银行秋招·单选题）金本位制下外汇汇率上下波动的幅度受制于（　　）。

A. 黄金储备状况　　　　　　B. 外汇储备状况

C. 黄金输送点　　　　　　　D. 外汇政策

答案　C

解析　金本位制下决定汇率的基础是铸币平价，外汇汇率上下波动的幅度受制于黄金输送点。汇率波动的最高界限是铸币平价加运金费用，即黄金输出点；汇率波动的最低界限是铸币平价减运金费用，即黄金输入点。故选C项。

2.（2018中国民生银行秋招·单选题）规定了各国货币与美元挂钩，美元与黄金挂钩的国际货币体系是（　　）。

A. 金本位体系　　　　　　　B. 金汇兑本位体系

C. 布雷顿森林体系　　　　　D. 牙买加体系

答案　C

解析　布雷顿森林体系是指第二次世界大战后确立的以美元为中心的资本主义世界货币体系，美元直接与黄金挂钩，各国货币和美元挂钩，即"双挂钩"。故选C项。

3.（2019 中信银行秋招·单选题）（　　）是布雷顿森林体系崩溃的直接原因。

A. 特别提款权的出现　　　　　　B. 许多发达国家采用浮动汇率制

C. 美国黄金储备减少　　　　　　D. 美国经济全面衰退

答案 C

解析 特别提款权及浮动汇率制只是布雷顿森林体系崩溃过程中伴随的现象或结果。美元作为国际储备货币形成美元逆差，加上发动对外战争导致国内黄金储备大量外流等，都不断加剧了美国国际收支逆差，动摇了美元的地位，使美元承受巨大冲击和压力、不断出现下浮波动。因此，美国收支严重逆差和美国黄金储备减少都是布雷顿森林体系崩溃的直接原因。故选 C 项。

4.（2017 交通银行秋招·单选题）以美元为中心的国际货币制度能在一个较长的时期内顺利运行，与美国的经济实力和黄金储备分不开，要维持布雷顿森林体系的运转，需具备三项基本条件，但这三项条件却又是矛盾的，这便是（　　）。

A. 黄油猫悖论　　　　　　　　　B. 布雷顿难题

C. 连锁店悖论　　　　　　　　　D. 特里芬难题

答案 D

解析 要维持布雷顿森林体系的运转，需具备三项基本条件：①美国国际收支保持顺差，美元对外价值稳定；②美国的黄金储备充足；③黄金价格维持在官价水平。但这三项条件却又是矛盾的，这便是特里芬难题。故选 D 项。

第二章 信用

核心考点一：信用的概述（备考指数：★★）

一、信用的含义

信用是借贷行为的总称，即商品或货币的所有者将商品赊销或将货币贷放出去，借者按约定时间偿付购货款或归还借款本金并支付一定的利息。在借贷活动中，双方构成的债权债务关系是一种信用关系，这种信用关系是以还本付息为条件的价值单方面让渡。

二、信用的本质

信用的本质体现在以下几个方面：

（1）信用不是一般的借贷行为，是以偿还本息为条件的。

（2）信用是价值运动的一种特殊形式。价值运动的形式有多种，而信用是通过一系列的借贷—偿还—支付过程实现的。

（3）信用是一种债权债务关系。贷出方为债权人，借入方为债务人，信用关系是债权债务关系的统一。

三、信用的特征

信用具有以下五项特征：

（1）信用的标的是一种所有权与使用权相分离的资金，反映一种债权债务关系。

（2）信用以还本付息为条件。

（3）信用以相互信任为基础。

（4）信用以收益最大化为目标。

（5）信用具有特殊的运动形式 $G-G'$。

四、高利贷信用

利率超过银行同期贷款利率的4倍就属于高利贷。极高的利率是高利贷的基本特征。高利贷具有资本的剥削方式，却不具有资本的生产方式。

在历史上，高利贷也具有一定的积极作用，它促进了资本主义社会两大基本前提的形成。

经典真题

1. （2019中信银行秋招·单选题）（　　）是信用的基本特征。
   A. 以偿还为条件的价值单方面转移
   B. 无条件的价值单方面让渡
   C. 平等的价值交换
   D. 无偿的赠与或援助

   答案 A

   解析 从经济学层面看，信用是指在商品交换或者其他经济活动中授信人在充分信任受信人能够实现其承诺的基础上，用契约关系向受信人放贷，并保障自己的本金能够回流和增值的价值运动。所以，以偿还为条件的价值单方面转移是信用的基本特征。故选A项。

2. （2020中国农业发展银行秋招·单选题）高利贷信用是最古老的信用形态，是通过贷放货币或实物以收取高额利息为目的的一种信用关系，以下说法不正确的是（　　）。
   A. 高利贷对生产有着破坏作用　　B. 民间高利贷大多没有信贷担保
   C. 高利贷的利率均为单利　　　　D. 高利贷一般是非生产性

   答案 C

   解析 高利贷既有复利计息也有单利计息，一般都是双方自行约定。故选C项。

核心考点二：信用的主要形式（备考指数：★★★）

一、商业信用

1. 定义

商业信用是指工商企业之间相互提供的、与商品交易直接相联系的信用形式。它包括企业之间以赊销、分期付款等形式提供的信用以及以预付定金等形式提供的信用。它的发生过程包括两个同时发生的经济行为，即买卖行为和借贷行为。

2. 局限性

商业信用规模受企业能提供的资本数量的限制；商业信用的供求有严格的方向性；商业信用一般针对短期借贷；商业信用的信用链条具有不稳定性。

二、银行信用

1. 定义

银行信用是指各种金融机构，特别是银行以存、放款等多种业务形式提供的货币形态的信用。

2. 特点

银行信用以银行和各类金融机构为媒介，债权人主要是银行，也包括其他金融机构，债务人主要是工商企业和个人。它有以下几个特点：

1）银行信用是以货币形态提供的。

2）银行信用克服了商业信用在数量和期限上的局限性。

3）银行利用其信息优势，有效地解决了借贷双方的信息不对称以及由此产生的逆向选择和道德风险问题，其结果是降低了信用风险。

4）银行信用是间接融资。

3. 地位与作用

银行信用的特点，使它在整个经济社会信用体系中占据核心地位，发挥着主导作用。

三、国家信用

1. 定义

国家信用是指国家及其附属机构作为债务人或债权人，依据信用原则向社会公众和国外政府举债或向债务国放债的一种信用形式。

2. 国家信用工具

国家信用工具包括以下四类：

1）公债：这是一种长期负债，一般在 1 年以上甚至 10 年或 10 年以上。

2）国库券：这是一种短期负债，以 1 年以下居多，一般为 1 个月、3 个月或 6 个月等。

3）专项债券：这是一种指明用途的债券，如中国发行的国家重点建设债券等。

4）财政透支或借款。

3. 国债

国债被称为"金边债券"，具有较高的流动性和安全性，以及比较稳定的收益。

四、消费信用

1. 定义

消费信用是指工商企业、银行和其他金融机构为消费者提供的、用于满足其消费需求的一种信用形式。消费信用提供的对象可以是商品、货币或劳务等。

2. 主体

消费信用的主体包括债权人和债务人两个方面。

1）债权人：工商企业、银行、其他金融机构。

2）债务人：消费者。

3. 分类

企业为消费者提供的是直接信用；银行为消费者提供的是间接信用。

4.形式

消费信用主要有赊销、分期付款以及消费贷款等形式。

5.作用

消费信用为消费者提供提前消费的条件，刺激人们的消费，促进商品的销售和生产，推动技术进步和经济增长。

五、国际信用

1.国际商业信用

国际商业信用是指出口商以延期付款方式向进口商提供的信用。它包括延期付款、补偿贸易、来料加工等形式。

2.国际银行信用

国际银行信用是指进出口银行为进出口双方提供的信用。国际银行信用的形式是出口信贷（买方信贷和卖方信贷）。

（1）买方信贷：是由出口方的银行直接将贷款提供给进口商或者进口商的联系银行的出口信贷形式，贷款用于向出口商支付货款。由于贷款直接提供给买方，所以称为买方信贷。

（2）卖方信贷：是出口商的联系银行向出口商（卖方）提供的信贷，出口商可以利用这笔资金向外国进口商提供延期分期付款的信贷。

经典真题

1.（2018交通银行秋招·单选题）以下关于商业信用的表述不正确的是（　　）。

A.商业信用是资本主义信用制度的基础

B.信用就是"使商品资本向货币转化得以预先实现的形式"

C.商业信用体现的是从事再生产的资本之间相互提供信用的关系

D.商业信用的存在可以杜绝赊购方到期无力偿还的信用风险

答案 D

解析 商业信用在开始的时候就伴随着赊购方到期无力偿还的信用风险，这些风险是不能够杜绝的。故选D项。

2.（2019广发银行秋招·单选题）进口商从外国出口商方面以商品形态获得的信用，然后定期清偿债务，该信用属于（　　）。

A.长期信用　　　　　　　　B.公司信用

C.社会信用　　　　　　　　D.直接信用

答案 B

解析 B 项正确，公司信用是进口信用的一种方式，进口商从外国出口商方面以商品形态获得的信用，然后定期清偿债务。D 项公司信用虽也属于直接信用，但由于本题描述的就是公司信用的定义，所以 B 项更加精准。故选 B 项。

3.（2019 广发银行秋招·多选题）从各国信用消费的构成来看，信用消费的主体部分包括（　　）。

A. 信用卡贷款　　　　　B. 住房信贷
C. 汽车信贷　　　　　　D. 旅游贷款

答案 ABC

解析 信用消费通常称之为消费信贷，即商业银行对消费者个人发放的、用于购买耐用消费品或支付其他费用的贷款方式。它以刺激消费、扩大商品销售和加速资金周转为目的。从各国信用消费的构成来看，住房信用消费、汽车信用消费和信用卡消费所占比例在 90% 以上，是信用消费的主体部分。故选 ABC 项。

第三章 利率及其相关计算

核心考点一：利率及其种类（备考指数：★★★）

一、利率的定义

利率是利息率的简称，是借款人在单位时间内应支付的利息与借贷资金的比率。利率的高低不仅反映了金融市场上资金的借贷成本，而且反映了特定借贷资金的风险溢价。

二、利率的种类

1. 按计算日期不同

按计算日期不同，利率分为年利率（%）、月利率（‰）和日利率（0.1‰）。

$$年利率 = 月利率 \times 12 = 日利率 \times 360$$

2. 按性质不同

按性质不同，利率分为名义利率和实际利率。

（1）名义利率是以名义货币表示的利率，是没有剔除价格变动影响的利率。

（2）实际利率是名义利率扣除通胀因素后的真实利率。

3. 按形成方式不同

按形成方式不同，利率分为官方利率、公定利率和市场利率。

（1）市场利率是在市场机制下可以自由变动的利率。

（2）官方利率是由政府金融管理部门或央行确定的利率。

（3）公定利率是由非政府部门的民间金融组织为维护公平竞争所确定的利率，对本行业成员具有约束性。

4. 按是否浮动不同

按是否浮动，利率分为固定利率和浮动利率。

（1）固定利率是在借贷期内不做调整的利率。

（2）浮动利率是在借贷期内可定期调整的利率。

经典真题

1.（2019 宁波银行秋招·单选题）以下关于利率的表述，错误的是（　　）。

A. 利率通常以一年期利息与本金的百分比计算

B. 利率是单位货币在单位时间内的利息水平

C. 利率是确定周期内借贷资本总额同利息额的比例

D. 利率是一定时期内利息额同借贷资本总额的比率

答案 C

解析 A 项正确，利率通常以一年期利息与本金的百分比计算；B 项正确，利率是单位货币在单位时间内的利息水平，表明利息的多少；D 项正确，利率是指一定时期内利息额与借贷资金额（本金）的比率。故选 C 项。

2.（2020 中国银行秋招·多选题）在我国的传统利息标准中，以下说法正确的包括哪项？（　　）

A. 我国传统利息标准中，每十毫为一分

B. 某公司的贷款年息是 7 分，表示年利率为 7%

C. 某笔贷款的月息为 2 厘，表示月利率为 0.2%

D. 某公司的贷款日息是 2 毫，表示日利率为 0.2%

答案 BC

解析 我国传统利息标准中，每十毫为一厘，十厘为一分。年利率用百分数表示即分位；月利率用千分数表示即厘位，月息 2 厘为 2‰，则为 0.2%；日利率用万分数表示即毫位，日息 2 毫为万分之 2，则为 0.02%。故选 BC 项。

核心考点二：利率的计算（备考指数：★★★★★）

一、单利与复利

计算利息时，根据上期利息是否计入下期计算可分为单利（仅按最初的本金计算，上期利息不计入下期本金）和复利（上期利息计入下期本金）两种类型。在我国，活期储蓄存款按复利计息，每个季度（季度末 20 号）结息一次。定期存款、定活两便、零存整取、整存整取、整存零取等其他储蓄存款按单利计息。两种计算方式如表 3-1 所示。

表 3-1 单利与复利的计算

类目	单利	复利	连续复利
特征	上期本金所产生的利息不计入下期计息本金	复利也称利滚利，每一期所产生的利息加入本金构成下期计息本金	每年计息次数越多，最终利息越大
公式	$I = P \times r \times n$	$I = FV - P = P[(1+r)^n - 1]$	$I = P \times (e^{rn} - 1)$
本利和	$FV_N = P \times (1 + r \times n)$	一次计息：$FV_N = P \times (1+r)^n$ 多次计息：$FV_N = P \times \left(1 + \dfrac{r}{m}\right)^{nm}$	$FV_N = P \times e^{rn}$

二、现值与终值

现值又称在用价值,是现在和将来(或过去)的一笔支付或支付流在今天的价值。

终值又称将来值或本息和,是指现在一定量的资金在未来某一时点上的价值。两种计算方式如表 3-2 所示。

表 3-2 现值与终值的计算

项目		计算
现值	系列现金流	$PV = \dfrac{A_1}{1+r} + \dfrac{A_2}{(1+r)^2} + \cdots + \dfrac{A_n}{(1+r)^n} = \sum\limits_{i=1}^{n} \dfrac{A_i}{(1+r)^i}$ 式中,A_i 表示第 i 年末的现金流量($i=1,2,\cdots,n$);r 为年贴现率
	一年内多次付息	$PV = \dfrac{A_n}{(1+\dfrac{r}{m})^{nm}}$ 式中,A_n 表示第 n 年末的现金流量,m 为年计息次数,r 为贴现率
	连续复利	$PV = \dfrac{A_n}{e^{rn}}$
终值	单利	$FV_N = P \times (1+r \times n)$
	复利	$FV_N = P \times (1+r)^n$

 经典真题

1.(2019 中国银行秋招·单选题)在确定的借贷周期内,按复利的( )越多,其收入比值越高。

A. 本息和　　　　　　　　B. 本金

C. 计息次数　　　　　　　D. 利率

答案 C

解析 在确定的借贷周期内,按复利的计息次数越多,其收入比值越高,是以递减的速度上升。故选 C 项。

2.(2020 中国银行秋招·单选题)小王使用某商业银行信用卡消费 12 000 元,采取分期付款,手续费率为 4.79%,共分 6 期。手续费一次性收取时,则首期还款额为( )。

A.2 350 元　　　　　　　　B.2 574.80 元

C.2 000 元　　　　　　　　D.2 450 元

答案 B

解析 一次性收取的手续费为 12 000×4.79%=574.8 元,消费的本金总金额分 6 期,每期的偿还本金为 2 000 元,则首月还款额为 2 574.8 元。故选 B 项。

3.（2020 中国银行秋招·单选题）按每年 5% 的利率计算，每年支付 2 000 美元的 10 年期期末年金的现值为 15 443.47。以相同的利率和年金数额计算的 10 年期期初年金的现值最接近下列哪一项？（　　）

A.17 026　　　　　　　　B.17 443
C.16 216　　　　　　　　D.14 708

答案 C

解析 根据公式，期末年金（每期期末支付）现值计算为 $P_1 = \sum_{t=1}^{10} \frac{2\,000}{(1+5\%)^t} = 15443.47$，现计算期初（每期期初支付）年金现值，即 $P_2 = \sum_{t=0}^{9} \frac{2\,000}{(1+5\%)^t}$，则 $P_2 = P_1 \times (1+5\%) = 16\,215.64$。故选 C 项。

核心考点三：收益率的计算（备考指数：★★★★）

一、名义收益率、实际收益率与本期收益率

名义收益率、实际收益率与本期收益率的具体含义及计算，如表 3-3 所示。

表 3-3　名义收益率、实际收益率与本期收益率的含义及计算

类目	含义	公式
名义收益率	名义收益率是票面收益与债券面值之比	$r = \dfrac{C}{F} = \dfrac{\text{票面收益（年利息）}}{\text{债券面值}}$
实际收益率	实际收益率是剔除通货膨胀因素后的收益率	$r = $ 名义收益率 $-$ 通货膨胀率
本期收益率	本期收益率是本期获得的债券利息与债券本期市场价格的比率	$r = \dfrac{C}{P} = \dfrac{\text{本期获得的债券利息}}{\text{债券本期市场价格}}$

二、到期收益率与持有期收益率

到期收益率又称最终收益率，是使从债券工具上获得的未来现金流的现值等于债券当前市场价格的贴现率。持有期收益率是指投资者从购入到卖出这段持有期限里所能得到的收益率。两种收益率的具体内容如表 3-4 所示。

表 3-4　到期收益率与持有期收益率的计算

收益率	计算
到期收益率	因为 $P = \dfrac{F}{(1+r)^n}$，所以 $r = \left[\dfrac{F}{P}\right]^{\frac{1}{n}} - 1$ 式中，P 为债券价格；F 为面值；r 为到期收益率；n 为债券期限

续表

持有期收益率	$r = \dfrac{\dfrac{P_n - P_0}{T} + C}{P_0}$ 式中，r 为持有期收益率；C 为债券票面收益（年利息）；P_n 为债券的卖出价；P_0 为债券的买入价；T 为买入债券到卖出债券的时间（以年计算）

经典真题

1.（2020 中国邮政储蓄银行秋招·单选题）面值为 1 000 美元的贴现发行债券，1 年后到期，售价为 930 美元。它的到期收益率为（　　）。

A. 7.52% B. 7.14%

C. 6.83% D. 6.83%

答案 A

解析 根据到期收益率计算公式：$P = \dfrac{F}{(1+r)^n}$，有 1 000/(1+r)=930，得出 r=7.52%。故选 A 项。

2.（2019 中国邮政储蓄银行春招·单选题）在债券收益分析中，从买入债券到卖出债券期间所获得的年平均收益称为（　　）。

A. 当期收益率 B. 持有期收益率

C. 到期收益率 D. 赎回收益率

答案 B

解析 持有期收益率是指从购入到卖出这段特有的期限里所能得到的收益率。持有期收益率和到期收益率的差别在于将来值不同。债券持有期收益率能综合反映债券持有期间的利息收入情况和资本损益水平。故选 B 项。

第四章 金融市场

核心考点一：金融市场概述（备考指数：★★）

一、金融市场的含义

金融市场是资金融通市场，是指资金供应者和资金需求者双方通过金融工具进行交易而融通资金的市场。或者它也可以认为，金融市场是实现货币借贷和资金融通、办理各种票据和有价证券交易活动的市场。

二、金融市场的构成要素

金融市场构成要素主要有金融市场主体、金融市场客体、金融市场中介和金融市场价格。其中，金融市场主体和金融市场客体构成了金融市场最基本的要素。

1. 金融市场主体

金融市场主体是指金融市场上交易的参与者。在这些参与者中，既有资金的供给者，又有资金的需求者。金融市场主体的构成元素如表 4-1 所示。

表 4-1 金融市场主体的构成元素

金融市场主体	扮演角色
家庭	主要的资金供给者
企业	既是重要的资金需求者和供给者，又是金融衍生品市场上的套期保值主体
政府	通常是资金的需求者
金融机构	最活跃的交易者，充当资金供给者、需求者和中介等多重角色
金融调控及监管机构（中央银行）	处于一种特殊的地位，既是金融市场中重要的交易主体，又是金融调控及监管机构之一

2. 金融市场客体

金融市场客体即金融工具，是指金融市场上的交易对象或交易标的物。金融工具具有期限性（偿还期限）、流动性、收益性、风险性等特征，其内容如表 4-2 所示。

表 4-2 金融工具的特征

项目		内容
特征	期限性	债权凭证的偿还期
	流动性	(1) 金融工具在市场上能够迅速转化为现金而不致遭受损失的能力 (2) 流动性大小取决于能否迅速变现和变现时损失的大小

续表

项目		内容
特征	收益性	收益来源于股息或利息、出售差价
	风险性	预定收益及本金遭受损失的可能性，主要来源于信用风险和市场风险
关系		（1）期限越长，流动性越低，风险越大，收益越高 （2）流动性与其他三大性质之间呈反比关系

3. 金融市场价格

价格机制在金融市场中发挥着极为关键的作用，是金融市场高速运行的基础。价格与投资者的利益密切相关，价格引导资金的流向。

三、金融市场的分类

按照不同的标准，可以对金融市场进行不同的分类，如表 4-3 所示。

表 4-3　金融市场的分类

分类标准		具体内容
标的物		货币市场、债券市场、股票市场、外汇市场、衍生品市场、保险市场、黄金市场
交易中介的地位和性质	直接金融市场	直接金融市场是指资金需求者直接向资金供给者融通资金的市场
	间接金融市场	间接金融市场是指以银行等信用中介机构作为媒介进行资金融通的市场
交易性质	发行市场	发行市场又称一级市场或初级市场，是指新发行的债券或票据等金融工具最初从发行者手中出售到投资者手中的市场
	流通市场	流通市场又称二级市场或次级市场，是指对已发行的债券或票据等金融工具进行转让交易的市场，包括证券交易所和场外交易市场
有无固定场所	场内市场	场内市场又称证券交易所市场，是证券买卖双方公开交易的场所，是一个高度组织化、集中进行证券交易的市场，是整个证券市场的核心
	场外市场	场外市场又称柜台市场（OTC）或店头市场，是指在交易所市场外由证券买卖双方当面议价成交的市场
交易期限	货币市场	以期限在一年以内的短期金融工具为交易标的物的金融市场
	资本市场	以期限在一年以上的金融资产为交易标的物的金融市场

四、金融市场的功能

1. 微观经济功能

（1）融资功能

融资功能可形象地称为资金的蓄水池功能，是指金融市场具有将社会闲散资金聚集成大额资金并调节资金余缺的功能，发挥着融通资金的"媒介器"作用。这是金融市场最基本、最主要的功能。

（2）财富功能

金融市场上销售的金融工具为投资者提供了储存财富、保存货币购买力、保有资产和财富增值的途径。

（3）避险功能

避险功能为市场参与者提供了防范风险的手段，有保险和套期保值两种方式。

（4）交易功能

交易功能是指借助金融市场的交易组织、交易规则和信用制度，以及丰富的可供选择的金融产品和便利的金融资产交易方式，为各种期限、内容不同的金融工具互换提供了必需的条件，可以降低交易成本，便利金融工具交易。

2. 宏观经济功能

（1）资源配置功能

资源配置功能是指金融市场通过将资源从效率低的部门转移到效率高的部门，使社会经济资源有效地配置在效率高或效用大的部门，实现稀缺资源的合理配置和有效利用。

（2）调节功能

调节功能是指金融市场可以通过其特有的资本聚集功能以及引导资本合理配置的机制，发挥对经济的调节作用。

（3）反映功能

反映功能是指金融市场可以反映经济运行状况，常被看做国民经济的"晴雨表"和"气象台"。

经典真题

1.（2019 中国银行秋招·单选题）金融市场主体中，扮演资金需求者和资金供给者双重角色，同时是最活跃的交易者是（　　）。

A. 政府　　　　　　　　B. 金融机构

C. 企业　　　　　　　　D. 家庭

答案 B

解析 金融机构是金融市场中最活跃的交易者，扮演资金需求者和资金供给者双重角色。故选 B 项。

2.（2019 中国工商银行总行·单选题）金融产品的收益往往与风险匹配，在此原则下，以下产品（期限相同）按照利率从小到大顺序应依次排列为（　　）。

A. 银行储蓄存款、国债、企业债券

B. 企业债券、银行储蓄存款、国债

C. 国债、银行储蓄存款、企业债券

D. 企业债券、国债、银行储蓄存款

答案 C

解析 收益往往与风险匹配，利率越大风险越大，利率越小安全性越高。国债的风险最小，其次是存款、债券。故选C项。

3.（2019中国光大银行秋招·单选题）借助于金融市场的交易组织、交易规则和信用制度，以及丰富的可供选择的金融产品和便利的金融资产交易方式，为各种期限、内容不同的金融工具互相转换提供了必需的条件，可以降低交易成本，便利金融工具实现交易的金融市场功能是（　　）。

A. 货币资金融通功能　　　　B. 优化资源配置功能

C. 交易及定价功能　　　　　D. 经济调节功能

答案 C

解析 交易及定价功能是指借助金融市场的交易组织、交易规则和信用制度，以及丰富的可供选择金融产品和便利的金融资产交易方式，为各种期限、内容不同的金融工具互相转换提供了必需的条件，可以降低交易成本，便利金融工具实现交易。故选C项。

核心考点二：货币市场（备考指数：★★★★）

货币市场是指一年期以内的短期资金融通市场。其特点是期限短、风险小、流动性强、对利率敏感、"准货币"特性、交易量大、交易频繁，从某种意义上可称为资金批发市场。货币市场包括同业拆借市场、票据市场、回购协议市场、银行承兑汇票市场、短期政府债券市场和大额可转让定期存单市场等子市场。

一、同业拆借市场

同业拆借市场是具有法人资格的金融机构或经过法人授权的金融分支机构之间进行短期资金头寸调节、融通的市场。其具体内容如表4-4所示。

表4-4 同业拆借市场

项目	内容
特点	（1）期限短。同业拆借市场的期限最长不得超过1年，以隔夜头寸拆借为主 （2）参与者广泛。商业银行、非银行金融机构和中介机构都是主要参与者 （3）交易对象。金融机构存放在中央银行账户上的超额存款准备金 （4）信用拆借。金融机构主要以其信誉参加拆借活动
功能	（1）调剂金融机构间资金余缺，提高资金使用效率 （2）同业拆借市场是中央银行实施货币政策，进行金融宏观调控的重要载体 （3）同业拆借市场可及时反映资金供求变化，提高金融资产的盈利水平

二、回购协议市场

回购协议市场又称证券购回协议市场,是指通过回购协议进行短期资金融通交易的场所,市场活动由正回购与逆回购组成。其具体内容如表 4-5 所示。

表 4-5 回购协议市场

项目	内容	
性质	回购协议市场实际上是一笔以证券为质押品而进行的短期资金融通	
标的物	(1) 国库券等政府债券或其他有担保债券 (2) 商业票据 (3) 大额可转让定期存单	
类型	质押式回购（365 天）	资金融入方（正回购方）在将债券出质给资金融出方（逆回购方）融入资金的同时,双方约定在将来某一日期由正回购方按约定回购利率计算的资金额向逆回购方返还资金,逆回购解除出质债券上质权的融资行为
	买断式回购（91 天）	债券持有人（正回购方）将债券卖给债券购买方（逆回购方）的同时,交易双方约定在未来某一日期,正回购方再以约定价格从逆回购方买回相等数量同种债券的交易行为
作用	(1) 增加了证券的运用途径和闲置资金的灵活性 (2) 是中央银行进行公开市场操作的重要工具 (3) 降低交易者的市场风险、降低运营成本,增强市场竞争能力和稳定性 (4) 有助于推动银行间同业拆借行为规范化、扩大国债交易规模	

三、商业票据市场

商业票据是公司为了筹措资金,以贴现的方式出售给投资者的一种短期无担保的信用凭证。商业票据市场就是公司发行商业票据并进行交易的市场。各类商业票据的具体内容如表 4-6 所示。

表 4-6 商业票据

票据	内容
支票	支票是出票人签发的,委托办理支票存款业务的银行或者其他金融机构在见票时无条件支付确定的金额给收款人或者持票人的票据
本票	本票是出票人签发的,承诺自己在见票时无条件支付确定的金额给收款人或者持票人的票据。《中华人民共和国票据法》所称的本票是指银行本票
汇票	汇票是出票人签发的,委托付款人在见票时,或者在指定日期无条件支付确定的金额给收款人或者持票人的票据,根据出票人不同,可分为商业汇票和银行汇票

四、银行承兑汇票市场

由银行作为汇票的付款人，承诺在汇票到期日支付汇票金额的票据，称为银行承兑汇票，以此为交易对象的市场就是银行承兑汇票市场。

银行承兑汇票市场包括一级市场和二级市场。

（1）一级市场：一级市场是发行市场，涉及汇票的出票和承兑行为。

（2）二级市场：二级市场是流通市场，涉及汇票的贴现与再贴现行为。

五、大额可转让定期存单（CDs）市场

大额可转让定期存单（CDs）是银行发行的有固定面额、可转让流通的存款凭证。大额可转让定期存单产生于美国，是银行业为逃避金融法规约束而创造的金融创新工具。其具体内容如表 4-7 所示。

表 4-7 传统的定期存单与大额可转让定期存单的区别

传统的定期存单	大额可转让定期存单（CDs）
记名、不可流通转让	不记名、可流通转让
金额不固定	面额固定且较大
可提前支取，仅损失利息收入	不可提前支取，只能在二级市场流通转让
依照期限长短有不同的固定利率	既有固定利率，也有浮动利率，一般高于同期限的定期存款利率

经典真题

1.（2019 中国银行秋招·单选题）金融市场中，融资期限在 1 年以内的，通常称为（　　）。

A. 期货市场　　　　　　　　B. 证券市场

C. 资本市场　　　　　　　　D. 货币市场

答案　D

解析　货币市场的期限在 1 年以内，资本市场的期限在 1 年以上。故选 D 项。

2.（2019 宁波银行秋招·单选题）同业拆借是临时调剂性借贷行为，它可以发生在（　　）。

A. 个人和商业银行之间　　　B. 商业银行和某重工企业之间

C. 证券商和个人之间　　　　D. 商业银行和证券商之间

答案　D

解析　同业拆借是金融机构之间进行短期、临时性头寸调剂的市场。参与主体是指具有法人资格的金融机构及经法人授权的金融分支机构之间进行短期资金融通的行为，一些国家特指吸收公众存款的金融机构之间的短期资金融通，目的在于调剂头寸和临时性资金余缺。故选 D 项。

3.（2019 中国银行秋招·单选题）商业银行间，纯粹以信用为基础，没有任何担保的借款业务是（　　）。

A. 同业拆借　　　　　　　B. 债券回购

C. 中央银行借款　　　　　D. 金融债券

答案 A

解析 同业拆借基本上是信用拆借，拆借活动在金融机构之间进行，市场准入条件较严格，金融机构主要以其信誉参与拆借活动。故选 A 项。

4.（2020 中国银行秋招·多选题）在银行间债券市场回购业务中，债券持有人（正回购方）将债券卖给债券购买方（逆回购方）的同时，交易双方约定在未来某一日期，正回购方再以约定价格从逆回购方买回相等数量同种债券的交易行为，称为（　　）。

A. 质押式回购　　　　　　B. 约定式回购

C. 开放式回购　　　　　　D. 买断式回购

答案 CD

解析 债券开放式回购（买断式回购）是指债券持有人（正回购方）将一笔债券卖给债券购买方（逆回购方）的同时，交易双方约定在未来某一日期，再由卖方（正回购方）以约定价格从买方（逆回购方）购回相等数量同种债券的交易行为。故选 CD 项。

核心考点三：资本市场（备考指数：★★★★★）

资本市场是融资期限在一年以上的长期资金交易市场。资本市场的交易对象主要是政府中长期公债、公司债券和股票等有价证券以及银行中长期贷款。其特点有以下几个方面：

1）交易工具期限较长。

2）交易的目的主要是为解决长期投资性资金的供求需要。

3）融通的资金量大。

4）交易工具收益较高，而流动性较差，有一定的风险性和投机性。

在我国，资本市场主要包括股票市场、债券市场（期限在一年以上）和证券投资基金市场。

一、股票市场

1. 股票

股票是股份公司发行的所有权凭证，是股份公司为筹集资金而发行给各个股东作为持股凭证并借以取得股息和红利的一种有价证券。

2. 股票的分类

（1）按股东权利划分

优先股：优先股具有剩余财产分配优先，股息固定且分配优先，无决策权和参与权，可以获得与公司利润挂钩的浮动收益权，风险较低等特征。

普通股：普通股具有优先认购权，有决策权、参与权和投票表决权，股息不固定，风险较高等特征。

（2）按发行和交易方式划分

A股即人民币普通股，是指由中国境内公司发行，供境内机构、组织或个人以人民币认购和交易的普通股股票。

B股即人民币特种股票，是指以人民币标明面值，以外币认购和买卖，在中国境内证券交易所上市交易的股票。

H股是指注册地在内地，上市地在香港的外资股票。

N股是指在注册地在内地，在美国纽约证券交易所挂牌上市的外资股票。

S股是指注册地在内地，在新加坡交易所挂牌上市的企业股票。

3.股票市场的分类

股票市场按照发行与交易机制的不同可以划分为发行市场和流通市场。

（1）股票发行市场也叫股票的一级市场，是股票发行者为扩充经营资本，按照一定的法律规定和发行程序，向投资者出售新股票所形成的市场。

（2）股票流通市场是筹资者和投资者之间交易股票的流通市场，也叫二级市场，是已发行股票在投资者之间进行交易的市场。

4.我国股票市场的组成部分

（1）主板市场。主板市场也称为一级市场，是指一个国家或地区证券发行、上市及交易的主要场所。主板市场上多为成熟的大型企业，是资本市场最重要的组成部分，有"国民经济晴雨表"之称。

（2）中小板市场。中小板市场主要安排具有成长性和科技含量高、规模相对较小的公司。

（3）创业板市场。创业板市场也称为二板市场，是指专门协助高成长的新兴创新公司筹资的资本市场。创业板的上市要求低于成熟的主板市场，门槛低且风险较高。

（4）三板市场。三板市场的全称为"代办股份转让系统"，是指具有代办非上市公司股份转让服务业务资格的证券公司采用电子交易的方式，为非上市公司提供的股份特别转让服务。

二、债券市场

1.债券

债券是一种金融契约，是政府、金融机构、工商企业等直接向社会借债筹集资金时，向投资者发行，同时承诺按一定利率支付利息并按约定条件偿还本金的债权债务凭证。

2. 债券的特征

（1）偿还性：债务人必须按规定的偿还期向债权人支付利息和偿还本金。

（2）流动性：在到期日之前，债券一般都可在流通市场上自由转让变现，债券市场越发达，债券发行人的信用程度越高，债券期限越短时，流动性越强。

（3）收益性：债券收益来自定期利息收入以及二级市场上出售债券时获得的买卖价差。

（4）安全性：债券的发行人信誉较高，利率固定且二级市场价格稳定，破产时可优先请求偿还。

3. 债券的分类

（1）按发行主体的不同

政府债券：是政府为筹集资金而向出资者出具并承诺在一定时期支付利息和偿还本金的债务凭证。

金融债券：是由银行和非银行金融机构发行的债券。在英、美等欧美国家，金融机构发行的债券归类于公司债券。在中国及日本等国家，金融机构发行的债券称为金融债券。

公司债券：是公司依照法定程序发行、约定在一定期限内还本付息的有价证券。公司债券的持有人是公司的债权人，而不是公司的所有者，这是与股票持有者最大的不同点。债券持有人有按约定条件向公司取得利息和到期收回本金的权利，取得利息优先于股东分红，公司破产清算时，也先于股东而收回本金。但债券持有者不能参与公司的经营、管理等各项活动。

（2）按利率是否浮动

固定利率债券：是指在发行时规定利率在整个偿还期内不变的债券。固定利率债券不考虑市场变化因素，因而其筹资成本和投资收益可以事先预计，不确定性较小。

浮动利率债券：是指发行时规定债券利率随市场利率定期浮动的债券，也就是说，债券利率在偿还期内可以进行变动和调整。

（3）按利息支付方式

附息债券：是指在债券券面上附有息票的债券，或是按照债券票面载明的利率及支付方式支付利息的债券。

贴现债券：是期限比较短的折现债券，又称贴息债券，是投资者购买的以贴现方式发行的债券。

息票累积债券：与附息债券相似，这类债券也规定了票面利率，但是债券持有人必须在债券到期时一次性获得本息，存续期没有利息支付。

（4）外国债券与欧洲债券

外国债券是指外国借款人所在国与发行市场所在国具有不同的国籍并以发行市场所在国的货币为面值所发行的债券，如扬基债券、猛犬债券、武士债券、熊猫债券等。

扬基债券是在美国债券市场上发行的外国债券，即美国以外的政府、金融机构、工商企业和国际组织在美国国内市场发行的、以美元为计值货币的债券。猛犬债券是指非英国借款人在英国市场上发行的以英镑计价的债券。武士债券是指在日本债券市场上发行的外国债券，即日本以外的政府、金融机构、工商企业和国际组织在日本国内市场发行的、以日元为计值货币的债券。熊猫债券是指境外借款人在中国发行的以人民币计价的债券。

欧洲债券是指一国政府、金融机构和工商企业在国际市场上发行的以可以自由兑换的第三国货币标值并还本付息的债券。其票面金额货币并非发行国家当地货币的债券。欧洲债券不受任何国家资本市场的限制，免扣缴税，其面额可以以发行者当地的通货或其他通货为计价单位。

4. 我国的债券市场

目前，我国债券市场形成了以银行间市场、交易所市场和商业银行柜台市场三个子市场在内的统一分层的市场体系。

1）银行间市场是债券市场的主体，市场参与者是各类机构的投资者，属于大宗交易市场（批发市场）。其实行双边谈判成交，结算方式是逐笔结算。

2）交易所市场是由各类社会投资者参与、集中撮合交易的零售市场，结算方式是净额结算。

3）商业银行柜台市场是银行间市场的延伸，也属于零售市场。商业银行柜台市场的交易品种是现券交易。

三、证券投资基金市场

1. 证券投资基金

证券投资基金通过发售基金份额或收益凭证，将众多投资者分散的资金集中起来，由专业管理人员投资于股票、债券或其他金融资产，并将投资收益按投资份额分配给基金持有者。它是一种利益共享、风险共担的集合投资方式，其本质是股票、债券和其他证券投资的机构化。

2. 证券投资基金的特点

证券投资基金具有：集合理财，专业管理；组合投资，分散风险；利益共享，风险共担；严格监管，信息透明；独立托管，保障安全等特点。

3. 证券投资基金的分类

证券投资基金分类的具体内容如表 4-8 所示。

表 4-8 证券投资基金的分类

基金类型		内容
运作方式	开放式基金	基金规模不固定，投资者可随时申购或赎回基金份额
	封闭式基金	规模在发行前已确定，在发行完毕后的规定期间内，基金规模固定不变

续表

组织形态	公司型基金	依据公司章程设立，基金投资者是公司的股东，按照其所持股份分享投资收益，承担有限责任
	契约型基金	依据投资者、基金管理人、托管人之间所签署的基金合同设立，基金投资者权利主要体现在合同条款上
投资理念	主动型基金	力图超过业绩比较基准的基金
	被动型基金	不主动寻求超越市场的表现，一般选取特定的指数作为跟踪的对象，试图复制指数跟踪市场表现，即指数型基金
募集方式	公募基金	面向社会公众公开发售的基金
	私募基金	以非公开方式向特定投资者募集资金而设立的基金
资产配置比例	偏股型基金	股票配置比例为50%~70%，债券配置比例20%~40%
	偏债型基金	债券的配置比例较高，股票的配置比例相对较低
	股债平衡型基金	股票和债券的配置比例比较平衡，通常分别为40%~60%
	灵活配置型基金	股票和债券的配置比例可以随市场状况进行调整

4. 特殊类型基金

（1）FOF（基金中的基金）

FOF是一种专门投资于其他证券投资基金的基金。

（2）ETF（交易型开放式指数基金）

ETF是一种跟踪"标的指数"变化且在交易所上市的开放式基金，既可以向基金管理公司申购或赎回（每个交易日实施公布净值），也可以像封闭式基金一样在证券市场（证券交易所）买卖。ETF的申购和赎回必须以一篮子股票换取基金份额或者以基金份额换回一篮子股票。

（3）LOF（上市开放式基金）

LOF的申购和赎回都是基金份额与现金的交易。

（4）QDII（合格境内机构投资者）基金

QDII基金是一国境内设立，经中国有关部门批准从事境外证券市场的股票、债券等有价证券业务的证券投资基金。

1.（2020中国农业发展银行秋招·单选题）金融市场是实现货币借贷和资金融通、办理各种票据和有价证券交易活动的市场，按交易标的物可划分为货币市场、资本市场等。其中，与货币市场相比，关于资本市场特点表述不正确的是（　）。

A. 融资期限长　　　　　　B. 流动性较大
C. 资金借贷量大　　　　　D. 价格变动幅度大

答案 B

解析 资本市场是资金的偿还期限为一年以上的金融市场。与货币市场相比，其融资期限较长流动性差，资金借贷的金额高，价格的变动幅度较大。故选 B 项。

2.（2019 中国银行秋招·单选题）中国债券市场的主体是（　　）。

A. 机构投资者　　　　　　B. 商业银行柜台
C. 交易所市场　　　　　　D. 银行间市场

答案 D

解析 我国的债券市场由银行间债券市场、交易所债券市场和银行柜台债券市场三个部分组成。其中，银行间债券市场是主体。故选 D 项。

3.（2020 中国银行秋招·多选题）公司债券和商业票据的区别在于（　　）。

A. 票面收益性不同　　　　B. 流动性不同
C. 发行意图不同　　　　　D. 期限不同

答案 ABCD

解析 商业票据是短期无担保本票，是一种零息债券，是一种贴现工具，发行目的是弥补短期资金需求；公司债券是长期的，既有无息的也有附息的，发行目的是补充中长期资金需求。故选 ABCD 项。

4.（2018 中信银行秋招·单选题）我国股票市场上的 H 股是指（　　）。

A. 在我国国内发行、供国内投资者用人民币购买的普通股票

B. 在我国国内发行、以外币买卖的特种普通股票

C. 我国境内注册的公司在香港发行并在香港联合交易所上市的普通股票

D. 我国境内注册的公司在新加坡发行并在新加坡股票交易所上市的普通股票

答案 C

解析 H 股是指以港元计价在香港发行并上市的境内企业的股票。故选 C 项。

5.（2019 浦发银行秋招·单选题）证券投资基金是一种利益共享风险共担的集合证券投资方式，根据组织形态的不同可分为（　　）。

A. 开放式投资基金和封闭式投资基金

B. 收入型基金和成长型基金

C. 公司型投资基金和契约型投资基金

D. 国内基金和国际基金

答案 C

【解析】根据组织形式的不同，证券投资基金可分为公司型证券投资基金和契约型证券投资基金。公司型基金是指由证券投资公司发行的证券投资基金证券；契约型基金是指由证券投资基金管理公司作为基金发起人所发行的证券投资基金证券。根据基金的运作方式不同分为开放式基金和封闭式基金。故选 C 项。

核心考点四：金融衍生品市场（备考指数：★★★）

一、金融衍生品市场概述

1. 金融衍生品

金融衍生品又称金融衍生工具，是建立在基础产品或基础变量之上，其价格取决于基础金融产品价格（或数值）变动的派生金融产品。基础变量不仅包括现货金融产品，也包括金融衍生工具，主要有利率、汇率、通胀率、价格指数、各类资产价格及信用等级。金融衍生品主要有金融远期、金融期货、金融期权、金融互换和信用衍生品等。与传统金融工具相比，金融衍生品有跨期性、杠杆性、联动性、高风险性的特征。

2. 金融衍生品市场的交易主体

1）套期保值者（风险对冲者）：主要是为了降低交易风险和不确定性。

2）套利者：利用不同市场的定价差异，同时在两个以上的市场中进行衍生品交易，以获得无风险收益。

3）投机者：是指在金融市场上通过"买空卖空""卖空买空"，希望以较小的资金来博取利润的投资者，一般要承受一定的风险。

4）经纪人：作为交易的中介，以促成交易、收取佣金为目的。

二、金融远期

金融远期是指交易双方约定在未来某一确定日期按事先商定的价格（利率、汇率或股票价格），以预先确定的方式买卖一定数量的某种金融资产的合约。其具体内容如表4-9所示。

表 4-9 金融远期

金融远期		内容
特点		一种非标准化的合约类型，没有固定的交易场所
主要类型	远期利率协议	买卖双方同意在未来的一定时间内，以商定的名义本金和期限为基础，由一方将协定利率与参照利率之间差额的贴现额度付给另一方的协议
	远期外汇合约	约定未来按照预先约定的汇率进行外汇交割的合约
	远期股票合约	在将来某一特定日期按照特定价格交付一定数量的单个股票或一篮子股票的协议

三、金融期货

金融期货是指协议双方约定在将来某一特定时间按规定的条件买入或卖出一定标准数量的某种金融工具的标准化协议。其具体内容如表 4-10 所示。

表 4-10 金融期货

期货		内容
交易目的	投机	在金融期货市场上，根据对一定时期内期货合约价格变化的预期进行期货交易以获取利润
	套期保值	通过金融期货交易控制由于汇率、利率和股票价格等变动带来的风险
主要类型	货币期货	依赖于外汇或本币，标的资产为外汇或本币
	利率期货	依赖于债务证券，标的资产为国库券、中期国债、长期国债
	股指期货	依赖于股票价格指数，标的资产为股票价格指数

四、金融期权

1. 期权的定义

期权实际是一种契约，赋予持有人在未来某一特定的时间内按买卖双方约定的价格，买进或卖出一定数量的某种金融资产权利。

2. 期权的种类

1）按照买方权利的不同，期权合约可分为看涨期权和看跌期权两种类型。

看涨期权的买方有权在某一确定的时间或确定的时间之内，以确定的价格购买相关资产；看跌期权的买方则有权在某一确定时间或确定的时间之内，以确定的价格出售相关资产。

期权的特点：期权买卖双方权利与义务、收益与亏损具有非对称性，即买方有权利无义务、卖方有义务无权利；买方损失有限收益无限，卖方收益有限损失无限。

2）按行权日期不同，期权分为欧式期权和美式期权。

欧式期权的持有者只有在到期日才能执行期权，美式期权持有者在到期日前的任何时间都可执行期权。

3）按期权的内涵价值的不同，期权分为实值期权、虚值期权和平值期权。

平值期权是指行权价格等于标的期货合约价格的期权合约。实值期权是指看涨期权（看跌期权）的行权价格低于（高于）标的期货合约标的的市场价格的期权合约。虚值期权是指看涨期权（看跌期权）的行权价格高于（低于）标的期货合约标的的市场价格的期权合约。

五、互换和信用衍生品

1. 金融互换

金融互换是两个或两个以上的交易者按事先商定的条件，在约定的时间内交换一系列现金流的交易形式。金融互换分为货币互换、利率互换和交叉互换三种类型。互换合约实质上可以分解为一系列远期合约组合。

2. 信用衍生品

信用衍生品是一种使信用风险从其他风险类型中分离出来，并从一方转让给另一方的金融合约。

信用违约互换（CDS）是最常用的一种信用衍生产品，它规定信用风险保护的买方向信用风险保护的卖方定期支付固定的费用或一次性支付保险费，当信用事件发生时，卖方向买方赔偿因信用事件所导致的基础资产面值的损失部分。

CDS 只能转移风险不能消灭风险，而且 CDS 几乎全部是柜台交易、不透明，反而可能累积更大的风险。

经典真题

1.（2019 中国建设银行秋招·单选题）我国金融衍生品市场作为新生事物历经了 20 多年的发展，逐步进入健康稳定发展、经济功能日益显现的良性轨道。关于金融衍生品，下列说法错误的是（　　）。

A. 金融衍生品又称金融衍生工具，其价格决定基础金融产品的价格

B. 金融衍生品的基础变量种类繁多，主要包括利率、汇率、价格指数、各类资产价格等

C. 金融衍生品具有杠杆性、联动性、高风险性及跨期性等特征

D. 金融衍生品合约中需载明交易品种、价格、数量、交割时间及地点等

答案 A

解析 金融衍生品又称金融衍生工具，是指建立在基础产品或基础变量之上，其价格取决于基础金融产品价格变动的派生金融产品，因此 A 项错误。故选 A 项。

2.（2019 中国工商银行总行·单选题）由交易双方约定在未来某个特定日期，依交易时所约定的币种、汇率和金额进行交割的交易是（　　）。

A. 期货　　　　　　　　B. 期权
C. 远期　　　　　　　　D. 互换

答案 C

解析 远期外汇交易是由交易双方约定在未来某个特定日期，依交易时所约定的币种、汇率和金额进行交割的外汇交易。故选 C 项。

3.（2019 中国工商银行总行·单选题）当约定价大于市价时，以下（　）是虚值期权。

A. 看涨期权　　　　　　B. 看跌期权

C. 美式期权　　　　　　D. 欧式期权

答案　A

解析　当约定价大于市价，对于看涨期权，行权时以约定价买入标的物会产生损失，属于虚值期权；对于看跌期权，行权时以约定价卖出标的物会产生收益，属于实值期权。故选 A 项。

第五章 金融机构和金融制度

核心考点一：金融机构的性质与职能（备考指数：★★）

一、金融机构的性质

狭义的金融机构，是指金融活动的中介机构，即在间接融资领域中作为资金余缺双方交易的媒介，专门从事货币、信贷活动的机构，主要指中央银行和商业银行等金融机构。

广义的金融机构，是指所有从事金融活动的机构，包括直接融资领域中的金融机构（充当投资者和筹资者之间的经纪人）、间接融资领域的金融机构和各种提供金融服务的机构。

二、金融机构的职能

1. 促进资金融通

金融机构可以促进资金的融通，间接金融机构借助于信用中介这一角色，吸收闲散资金再提供给资金需求者，从而实现资金融通；直接金融机构可以为投融资提供各种金融服务。

2. 便利支付结算

金融机构通过办理存款等业务在账户上实现资金转移、代理客户支付从而发挥支付中介职能。

3. 降低交易成本和风险

金融机构具有规模化经营的特点，可以通过专业化、规模化、集中化的优势，为借贷双方牵线搭桥，从而有效地降低交易成本。同时也可以通过各种业务、技术来管理、分散、转移、控制、减轻各种风险。

4. 减少信息成本

由于信息不对称会产生逆向选择和道德风险，为了降低这种风险，势必需要投入大量成本进行信息搜集与分析，而金融机构可以改善信息不对称正是由于其具有强大的信息收集、信息筛选和信息分析优势，可以选择合适的借款人和投资项目，对所投资的项目进行专业化的监控，有利于投融资活动的正常进行。

5. 反映和调节经济活动

金融机构可以通过信贷、结算、出纳以及有价证券的买卖等反映国民经济各个部门的情况。同时还可以通过信贷、利率、汇率和结算等经济杠杆来调节经济。

经典真题

（2020 中国农业发展银行秋招·单选题）金融中介机构是指从事投融资活动和提供各种金融服务的机构，它们是为投资者和筹资者牵线搭桥、媒介资金融通，为客户提供备种金融服务的机构或组织，其功能主要有信用创造等方面，但不包括（　　）。

A. 基金管理　　　　　　　　B. 清算支付
C. 资源配置　　　　　　　　D. 信息提供

答案 A

解析 金融中介机构的功能主要有充当信用中介，促进资金融通，进而合理配置资源、充当支付中介，便利支付结算、提供金融服务，降低交易成本、解决信息不对称问题、转移和分散金融风险。故选 A 项。

核心考点二：金融机构的种类（备考指数：★★）

一、按融资方式分类

1. 直接金融机构

直接金融机构是在直接融资领域，为投资者和筹资者提供中介服务的金融机构。其主要的直接金融机构有投资银行等。

2. 间接金融机构

间接金融机构一方面以债务人的身份从资金盈余者的手中筹集资金，一方面又以债权人的身份向资金的短缺者提供资金，是以间接融资为特征的金融机构。商业银行是典型的间接金融机构。

二、按从事金融活动的目的分类

1. 金融调控监管机构

金融调控监管机构是指承担金融宏观调控和金融监管的责任，不以盈利为目的的金融机构，如央行、证监会、银保监会。

2. 金融运行机构

金融运行机构是指以盈利为目的，通过向公众提供金融产品和金融服务而开展经营的金融机构，如商业银行、投资银行、证券公司、保险公司、信托公司等。

三、按业务分类

按业务的不同，金融机构分为银行与非银行金融机构，如图 5-1 所示。

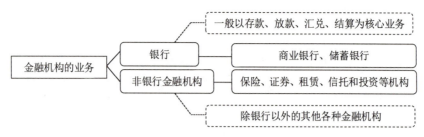

图 5-1 银行与非银行金融机构

四、按资金来源分类

1. 存款性金融机构

存款性金融机构是指吸收个人或机构存款，并发放贷款的金融机构，主要包括商业银行、储蓄银行、信用合作社等机构。其具体内容如表 5-1 所示。

表 5-1 存款性金融机构

存款性金融机构	内容
商业银行	以吸收存款、发放贷款、办理结算和金融服务为主要业务，以营利为目标，与其他金融机构相比，吸收活期存款、创造信用货币是商业银行最明显的特征
储蓄银行	专门吸收居民储蓄存款，主要进行长期投资
信用合作社	城乡居民集资合股组成的合作金融组织，为合作社员办理存、贷款业务，其资金来源于社员缴纳的股金和存入的存款，放款对象主要是本社社员

2. 投资性金融机构

投资性金融机构是指在直接融资领域为投资活动提供中介服务或直接参与投资活动的机构，主要包括投资银行、证券投资基金等形式的机构。投资银行与证券投资基金的具体内容如表 5-2 所示。

表 5-2 投资性金融机构

投资性金融机构	内容
投资银行	（1）以从事证券投资业务为主，是典型的投资性金融机构 （2）主要资金来源：发行自己的股票和债券筹资 （3）基本特征：综合性，即几乎包括了全部资本市场业务 （4）具体业务：对公司股票和债券进行直接投资，提供中长期贷款，为公司代办发行或包销股票债券，参与公司的创建、重组、并购活动、提供投资和财务咨询服务等
证券投资基金	（1）投资者收益来源：分红、基金份额交易的差价 （2）优势：投资组合、分散风险、专家理财、规模经济

3. 契约型金融机构

契约型金融机构是指以契约方式吸收持约人的资金，而后按照契约规定承担向持约人履行赔付或资金返还业务的金融机构。契约型金融机构主要包括保险公司、养老基金和退休基金等形式的机构，其具体内容如表 5-3 所示。

表 5-3 契约型金融机构

契约型金融机构	内容
保险公司	（1）资金来源：投保人缴纳的保险费 （2）资金运用：保留一部分应付赔偿，其余部分作为长期性资金，投资于政府债券和公司股票、债券，以及发放不动产抵押贷款、保单贷款
养老基金 退休基金	（1）以契约形式组织预缴资金，再以年金形式发放 （2）资金来源：劳资双方的积聚、运用积聚资金的收益 （3）资金运用：投资于公司债券、股票以及政府债券

4. 政策性金融机构

政策性金融机构是指政府创立或担保、以贯彻国家产业政策和区域发展政策为目的的、具有特殊的融资原则、不以营利为目标的金融机构。我国的政策性金融机构以国家开发银行、中国进出口银行和中国农业发展银行为代表。

 经典真题

1.（2019 中国银行秋招·单选题）商业银行属于（   ）金融机构。

A. 间接 B. 中介

C. 直接 D. 代理

答案 A

解析 直接金融机构是在直接融资领域，为投资者和筹资者提供中介服务的金融机构，包括投资银行、证券公司等。间接金融机构是指一方面以债务人的身份从资金盈余者手中筹集资金，一方面又以债权人的身份向资金短缺者提供资金，以间接融资为特征的金融机构。商业银行是最典型的间接金融机构。故选 A 项。

2.（2019 中国银行春招·多选题）我国境内设立的（   ）等吸收存款的银行业金融机构，应按照《存款保险条例》的规定投保存款保险。

A. 商业银行 B. 消费金融公司

C. 农村信用合作社 D. 农村合作银行

答案 ACD

解析《存款保险条例》第二条规定：凡在我国境内设立的商业银行、农村合作银行、农村信用合作社等吸收存款的银行业金融机构，应当依照本条例的规定投保存款保险，储户人民币存款和外币存款均享受保险保障。故选 ACD 项。

核心考点三：中央银行及其制度（备考指数：★★★）

一、中央银行的性质和起源

1. 中央银行的性质

中央银行是金融管理机构，它代表国家管理金融，制定和执行金融方针政策，主要采用经济手段对金融经济领域进行调节和控制。中央银行是一国最高的货币金融管理机构，当代各国的中央银行均居于本国金融体系的领导和核心地位。

2. 最早成立的中央银行

瑞典银行是最早成立的中央银行，于 1656 年成立，1897 年开始获得货币发行权，全面履行中央银行职能。

英格兰银行于 1694 年成立，被公认为近代中央银行的鼻祖。

二、中央银行的组织形式

1. 单一式中央银行制度

单一式中央银行制度细分为一元式中央银行制度和二元式中央银行制度。

1）一元式中央银行制度，即一个国家只设立一家统一的中央银行执行央行职能的制度，一般为总分行制。一元式中央行制度具有组织完善、机构健全、权力集中、职能齐全等特点，其被世界大多数国家采用，我国目前也采用这种制度。

2）二元式中央银行制度，是一国建立中央与地方两级相对独立的中央银行机构，分别行使金融调控和管理职能，不同等级的中央银行共同组成一个复合式统一的中央银行体系。二元式中央行制度具有权力与职能相对分散、分支机构较少等特点。目前美国和德国采用这种制度。

2. 复合式中央银行制度

复合式中央银行既是中央银行，又是商业银行。例如，1984 年 1 月 1 日前的中国人民银行，就是复合式中央银行。

3. 跨国中央银行制度

跨国中央银行制度即由若干国家联合组建一家中央银行，由这家中央银行在其成员国范围内行使全部或部分中央银行职能的中央银行制度。欧元区的欧洲中央银行是典型的跨国中央银行。

4. 准中央银行制度

准中央银行制度是指在一个国家或地区不设置真正专业化、具备完全职能的中央银行，而是设立若干类似央行的机构执行部分中央银行的职能。

准中央银行制度的特点：权力分散、职能分解。采用这种制度的国家和地区有香港、新加坡等。

三、中央银行的资本制度

中央银行的资本金一般由实收资本、留存利润、财政拨款等构成。

1. 全部资本由国家所有的资本结构

这种制度具有国有化的性质，目前大多数国家的资本结构是国有形式，如英国、法国、德国、加拿大、中国、瑞典、俄罗斯、印度等。

2. 国家和民间混合所有的资本结构

这种制度中，一般国有资本占 50% 以上，有的国家各占 50%。国家拥有中央银行的经营管理和决策权，私人只有分红的权利。采用此种结构的国家有日本、墨西哥、巴基斯坦、比利时和卡塔尔。

3. 全部资本非国家所有的资本结构

美国、意大利、瑞士等少数国家的中央银行是这种资本结构。

4. 无资本金的资本结构

韩国中央银行是目前唯一的没有资本金的中央银行。

5. 资本为多国共有的资本结构

货币联盟中成员国共同组建的中央银行资本金是由各成员国按商定比例认缴，各国按认缴比例拥有对中央银行的所有权。

四、中央银行的职能

1. 发行的银行

发行的银行是指中央银行是一国货币发行的单位。

2. 银行的银行

银行的银行是指中央银行行使保管商业银行存款准备金、充当最后贷款人（再贷款、再贴现）、票据清算职能。

3. 政府的银行

政府的银行是指中央银行经理国库、代表政府参与国际金融活动。

4. 管理金融的银行

管理金融的银行，其职责主要表现在：

1）根据国情合理制定实施货币政策。
2）制定颁行各种金融法规、金融业务规章，监督管理各金融机构的业务活动。
3）管理境内金融市场。

五、中央银行的业务

按金融业务活动性质，中央银行业务可分为负债业务、资产业务和中间业务。

1）负债业务：存款准备金、货币发行、经理国库。

2）资产业务：再贷款、再贴现、国债买卖与储备占款。

3）中间业务：资产清算业务是中央银行的主要中间业务，这类业务包括集中办理票据交换、结清交换差额以及办理异地资金转移。

六、中央银行新型流动性管理工具

1. 常备借贷便利（SLF）

借鉴国际经验，中国人民银行于 2013 年初创设了常备借贷便利。它是中国人民银行正常的流动性供给渠道，主要功能是满足金融机构期限较长的大额流动性需求。它的对象主要为政策性银行和全国性商业银行，期限为 1~3 个月。利率水平根据货币政策调控、引导市场利率的需要等综合确定。常备借贷便利以抵押方式发放，合格抵押品包括高信用评级的债券类资产及优质信贷资产等。

常备借贷便利的主要特点有以下几个方面：

1）由金融机构主动发起，金融机构可根据自身流动性需求申请常备借贷便利。

2）常备借贷便利是中央银行与金融机构"一对一"交易，针对性强。

3）常备借贷便利的交易对手覆盖面广，通常覆盖存款金融机构。

2. 中期借贷便利（MLF）

中期借贷便利于 2014 年 9 月由中国人民银行创设。中期借贷便利是中央银行提供中期基础货币的货币政策工具，对象为符合宏观审慎管理要求的商业银行和政策性银行，可通过招标方式开展。它的发放方式为质押方式，并需要提供国债、央行票据、政策性金融债、高等级信用债等优质债券作为合格质押品。

中期借贷便利利率发挥中期政策利率的作用，通过调节向金融机构中期融资的成本来对金融机构的资产负债表和市场预期产生影响，引导其向符合国家政策导向的实体经济部门提供低成本资金，促进降低社会融资成本。

3. 临时流动性便利（TLF）

2017 年 1 月 20 日央行创设临时性流动性便利。为保障春节前现金投放的集中性需求，促进银行体系流动性和货币市场平稳运行，人民银行通过"临时流动性便利"为在现金投放中占比高的几家大型商业银行提供了临时流动性支持，操作期限为 28 天，资金成本与同期限公开市场操作利率大致相同。这一操作可通过市场机制更有效地实现流动性的传导。

临时流动性便利的主要特点有以下几个方面：

1）操作对象主要针对五大行。针对在现金投放中占比高的几家大型商业银行提供临时流动性支持。

2）操作期限为 28 天，有利于平稳度过春节前后的资金面紧张时期。

3）TLF 的操作利率与同期限公开市场操作利率大致相同，但不需要抵押券。

经典真题

1.（2019 交通银行秋招·单选题） 以下银行不属于中央银行的是（　）。

A. 德意志联邦银行　　　　B. 新西兰储备银行

C. 英格兰银行　　　　　　D. 美国银行

答案 D

解析 美国联邦储备系统(the Federal Reserve System)，简称为"美联储"(Federal Reserve)，负责履行美国中央银行的职责。美国银行属于商业银行。故选 D 项。

2.（2020 中国农业银行秋招·单选题） 以下哪项属于中央银行的负债业务？（　）

A. 证券买卖业务　　　　　B. 再贴现业务

C. 发行货币　　　　　　　D. 对金融机构放款

答案 C

解析 中央银行的负债业务是指资金来源的业务，包括发行货币、代理国库、发行央行票据等。中央银行的资产业务是指资金运用的业务，包括对金融机构放款（再贷款、再贴现）、证券买卖业务等。故选 C 项。

3.（2017 中国邮政储蓄银行秋招·单选题） 常备借贷便利以抵押方式发放，合格抵押品包括高信用评级的债券类资产及优质信贷资产等，以下关于常备借贷便利这个货币政策工具的特点，表述不正确的是（　）。

A. 由金融机构主动发起，金融机构可根据自身流动性需求申请常备借贷便利

B. 常备借贷便利是中央银行与金融机构"一对一"交易，针对性强

C. 常备借贷便利是中央银行与会融机构"一对多"交易，灵活性强

D. 常备借贷便利的交易对手覆盖面广，通常覆盖存款金融机构

答案 C

解析 常备借贷便利（简称"SLF"）是全球大多数中央银行都设立的货币政策工具，其主要作用是提高货币调控效果，有效防范银行体系流动性风险，增强对货币市场利率的调控效力。其主要特点：一是由金融机构主动发起，金融机构可根据自身流动性需求申请常备借贷便利；二是常备借贷便利是中央银行与金融机构"一对一"交易，针对性强；三是常备借贷便利的交易对手覆盖面广，通常覆盖存款金融机构。故选 C 项。

第六章 商业银行及其存贷业务

核心考点一：商业银行概述（备考指数：★★★）

一、商业银行的性质

商业银行是以经营金融资产和金融负债为最主要对象，并提供相关金融服务以获取利润为目标的货币资金经营企业。银行业最早的发源地是意大利，但最早的现代商业银行产生于英格兰，即1694年历史上的第一家股份制商业银行——英格兰银行。

（1）商业银行具有一般企业的特征，即依法经营、独立核算、自负盈亏、照章纳税、追求利润最大化等。

（2）商业银行是一种特殊企业，即它是以货币和信用为经营对象的金融中介机构，商业银行经营面对的是本行业的特殊风险。

（3）商业银行是一种特殊的金融企业，即它能提供更多、更全面的金融服务，能够吸收活期存款，而其他金融机构不能吸收活期存款。

二、商业银行的功能

商业银行具有信用中介、支付中介、信用创造和金融服务四大功能。其具体内容如表6-1所示。

表6-1 商业银行的功能及其内容

功能	内容
信用中介	商业银行的最基本、最能反映其经营活动特征的职能。商业银行通过负债业务吸收闲散资金，再通过资产业务投向经济各部门
支付中介	为客户办理货币收付有关的技术性服务时所发挥的功能，如货币结算、货币收付等业务
信用创造	商业银行通过吸收存款、发放贷款或从事投资业务，得以增加银行的资金来源、扩大社会信用供给量
金融服务	商业银行在提供信用中介和支付中介过程中，利用所获得的大量信息，运用计算机网络等先进手段和工具为客户提供其他服务，如财务咨询

三、商业银行的组织形式

目前,商业银行组织有四种类型:单一制、总分行制、持股公司制、连锁银行制。

1. 单一制

单一制是指不设立或不能设立分支机构的商业银行组织形式。

2. 总分行制

总分行制是指可设立分支机构的商业银行组织形式,下属所有分支都由总行领导指挥。

3. 持股公司制

持股公司制是指由一个集团成立控股公司,再由该控股公司控制若干独立的银行的商业银行组织形式。

4. 连锁银行制

连锁银行制是指由某个集团控制若干银行并统一行动的商业银行组织形式。其与持股公司制的区别在于是否存在控股公司。

商业银行各组织形式的优缺点如表 6-2 所示。

表 6-2 商业银行组织形式的优缺点

形式	单一制	总分行制	持股公司制	连锁银行制
优点	(1) 防止垄断,利于竞争 (2) 利于银行与地方政府的协调 (3) 独立、灵活 (4) 管理层次少,效率高	(1) 利于扩大规模 (2) 利于调剂资金,转移风险 (3) 利于国家控制与管理 (4) 资金来源广泛,利于提高其竞争力	(1) 能有效扩大资本总量,增强银行实力以及抵御风险的能力 (2) 弥补单一制的不足	(1) 能有效扩大资本总量,增强银行实力以及抵御风险的能力 (2) 弥补单一制的不足
缺点	(1) 未发挥规模效应 (2) 资金实力较弱	(1) 易形成垄断 (2) 内部层次多,管理效率低	(1) 易形成集中与垄断 (2) 一定程度限制了银行的独立自主性	(1) 易形成集中与垄断 (2) 一定程度限制了银行的独立自主性

四、银行卡与单位结算账户

1. 银行卡

银行卡是指由发卡银行向单位和个人发行的具有消费信用、转账结算、存取现金等全部或部分功能的信用支付工具。银行卡一般包括借记卡、贷记卡和准贷记卡三类,三种卡片的区别如表 6-3 所示。

表 6-3 借记卡、贷记卡和准贷记卡

类别	借记卡	准贷记卡	贷记卡
使用条件	与储户的储蓄存款账户相联结,不具备透支功能	持卡人须先按发卡银行的要求交存一定金额的备用金,当备用金账户余额不足支付时,可在规定的信用额度内透支	发卡行给予持卡人一定的信用额度,持卡人可在信用额度内先消费后还款
透支计息	—	不享受免息还款期和最低还款;透支利息按月计收单利,利率为日利率万分之五,并根据央行此项利率而调整	非现金交易享受免息还款期（≤60 天）待遇;贷记卡取现、最低还款按月计收复利,利率为日利率的万分之五,并根据央行此项利率而调整
存款计息	借记卡（不含储值卡）的存款计息（采用积数法）	按准贷记卡的存款计息（采用积数法）	对贷记卡和储值卡的存款不计息

2. 单位结算账户

单位银行结算账户按用途分为基本存款账户、一般存款账户、专用存款账户和临时存款账户。开立基本存款账户、临时存款账户和预算单位开立专用存款账户须经中国人民银行核准。四种账户的具体内容如表 6-4 所示。

表 6-4 单位结算账户

类型	内容
基本存款账户	存款人因办理日常转账结算和现金收付需要开立的银行结算账户,只能有一个此账户
一般存款账户	企业可以通过一般存款账户办理转账结算和现金缴存,但不能进行现金支取,可以办理多个此账户
临时存款账户	设立临时机构、异地临时经营活动、注册验资时开立的账户。有效期最长不得超过两年。企业可以通过本账户办理转账结算和根据国家现金管理的规定办理现金收付
专用存款账户	为基本建设资金、期货交易保证金、信托基金、金融机构存放同业资金、政策性房地产开发资金、单位银行卡备用金、住房基金、社保基金、收入汇缴资金和业务支出资金、组织机构经费等专门开设的账户。该账户是企业对特定用途的资金,由存款人向开户银行出具相应的证明即可开立账户

经典真题

1.（2019 宁波银行秋招·单选题）商业银行通过吸收活期存款、发放贷款,从而增加银行的资金来源、扩大社会货币供应量。这句话主要体现了商业银行的（　　）。

A. 信用中介的职能　　　　　　B. 金融服务的职能

C. 信用创造的职能　　　　　D. 调节经济的职能

答案 C

解析 信用创造是指商业银行通过吸收活期存款、发放贷款，从而增加银行的资金来源、扩大社会货币供应量。故选 C 项。

2.（2018 中国邮政储蓄银行秋招·单选题）受国际和国内政治、经济、法律等多方面因素的影响，世界各国商业银行的组织形式可以分为若干种。某一集团或某一人购买若干独立银行的多数股票，从而控制这些银行的体制，称为（　　）。

A. 分支银行制　　　　　　B. 集团银行制
C. 单一银行制　　　　　　D. 连锁银行制

答案 D

解析 连锁银行制是指由某一个人或某一个集团购买若干家独立银行的多数股票，从而控制这些银行的组织形式。这些被控制的银行在法律上是独立的，但实际上其所有权却控制在某一个人或某一个集团手中，其业务和经营管理由这个人或这个集团决策控制。故选 D 项。

3.（2019 中信银行秋招·单选题）因注册验资等临时需要，存款人可以申请开立（　　）。

A. 专用存款账户　　　　　B. 基本存款账户
C. 一般存款账户　　　　　D. 临时存款账户

答案 D

解析 专用存款账户是存款人对其特定用途的资金进行专项管理和使用而开立的银行结算账户，如基本建设资金、期货交易保证金、信托基金、金融机构存放同业资金等。基本存款账户主要用于办理日常转账结算和现金收付。一般存款账户是存款人因借款或其他结算需要，在基本存款账户开户银行以外的银行营业机构开立的银行结算账户。临时存款账户是指设立临时机构、异地临时经营活动、注册验资时开立的单位活期存款账户。故选 D 项。

核心考点二：存款业务（备考指数：★★★★★）

一、负债业务概述

商业银行负债业务是指反映其资金来源的业务，主要包括存款（被动负债、最主要的负债）、借款（同业借款、向中央银行借款、发行金融债券、向国际金融市场借款、回购协议、短期资金的占用）和自有资金。

二、存款

存款分为个人存款（储蓄存款）业务、对公存款业务和外币存款业务。

1. 个人存款业务

个人存款业务的种类及其具体内容如表 6-5 所示。

表 6-5 个人存款业务

种类		业务内容
活期存款		一元起存，存款计息起点为元，分段计息算至厘位，利息算至分位（四舍五入）。除活期存款计算复利外，其他存款一律不计复利
定期存款	整存整取	50 元起存，存期有 3 个月、6 个月、1 年、2 年、3 年、5 年
	零存整取	5 元起存，存期有 1 年、3 年、5 年
	整存零取	1 000 元起存，存期有 1 年、3 年、5 年，可 1 个月、3 个月或半年支取一次。本金可全部（不可部分）提前支取，利息期满时结
	存本取息	5 000 元起存，存期有 1 年、3 年、5 年，可以 1 个月或几个月取息一次。本金可全部（不可部分）提前支取，不得提前支取利息
定活两便储蓄存款		开户时不约定存期，一次性存入本金，随时可以支取，银行根据客户存款的实际存期按规定计息
个人通知存款		5 万元起存，开户时不约定存期，预先确定品种（一天、七天通知储蓄存款两个品种），支取时只要提前一定时间通知银行约定支取日期及金额
教育储蓄存款		50 元起存，本金合计最高限额为 2 万元，分次计入，到期一次支取本息，免利息税。针对小学四年级（含）以上学生。存期分为 1、3、6 年，利率分别按 1、3、5 年期整存整取利率，提前支取时必须全额支取

2. 对公存款业务

对公存款业务包括单位活期存款、单位定期存款、单位通知存款和单位协定存款，后三者具体内容如表 6-6 所示。

表 6-6 对公存款业务

种类	业务内容
单位定期存款	单位类客户约定期限、整笔收入、到期一次性支取本息
单位通知存款	不论实际存期多长，分为 1 天、7 天通知存款两个品种
单位协定存款	单位类客户通过与商业银行签订合同的形式约定合同期限、确定结算账户需要保留的基本存款额度，对超过基本存款额度的存款按中国人民银行规定的上浮利率计息、对基本存款额度按活期存款利率计息

3. 外币存款

目前，我国银行开办的外币存款业务币种有：美元、欧元、日元、港元、英镑、澳大利亚元、加拿大元、瑞士法郎、新加坡元共 9 种。

经典真题

1.（2018 浦发银行秋招·单选题）获取资金是商业银行开展业务的基础，除股东投资、利润留存外，（　）是银行最主要的资金来源渠道。

A. 向央行借款　　　　　　B. 存款

C. 发行债券　　　　　　　D. 同业拆借

答案 B

解析 商业银行负债业务是反映资金来源的的业务，主要由自有资本、存款和借款构成。其中，存款是银行最主要的资金来源渠道，是银行的生命线。故选 B 项。

2.（2019 中国银行秋招·单选题）我国银行对活期存款实行按（　）结息。

A. 自然月　　　　　　　　B.6 个月

C. 季度　　　　　　　　　D. 自然年

答案 C

解析 我国对活期存款实行按季度结息，每季度末月的 20 日为结息日，次日付息。故选 C 项。

3.（2019 中国银行秋招·单选题）定期存款的存期内如有利率调整，按（　）利率计息。

A. 按存期平均利率　　　　B. 存单到期日挂牌公告

C. 存单开户日挂牌公告　　D. 存期最低利率

答案 C

解析 定期存款在存期内遇有利率调整，按存单开户日挂牌公告的相应定期存款利率计息。故选 C 项。

核心考点三：贷款业务（备考指数：★★★★★）

一、资产业务概述

资产业务是指商业银行运用其吸收的资金，从事各种信用活动，以获取利润的业务，主要包括现金资产、贷款业务和投资业务。资产业务反映的是商业银行资金的去处。

二、贷款业务

1. 贷款的分类

贷款是指经批准可以经营贷款业务的金融机构对借款人提供的并按约定的利率和期限还本付息的货币资金。贷款业务形成了商业银行最主要的资产，是银行最主要的资金运用。贷款业务有多种分类标准，不同标准下的贷款类型如表 6-7 所示。

表 6-7 贷款类型

标准	类型
客户类型	个人贷款、公司贷款
期限	长期贷款（>5 年）、中期贷款（1<T≤5 年）、短期贷款（≤1 年）
贷款主体	自营贷款、委托贷款、特定贷款
借款部门	工业企业贷款、商业企业贷款、农业贷款、其他部门贷款
贷款用途	生产经营性贷款、消费贷款、科技开发贷款
贷款保障程度	信用贷款、担保贷款

2. 贴现、转贴现与再贴现

（1）贴现是收款人或持票人将未到期的银行承兑汇票或商业承兑汇票向银行申请贴现，银行按票面金额扣除贴现利息后将余款支付给收款人的一项银行授信业务。

（2）转贴现是指商业银行在资金临时不足时，将已贴现且未到期的票据交给其他商业银行或贴现机构给予贴现，以取得资金融通。

（3）再贴现是指商业银行或其他金融机构将贴现所获得的未到期票据，向中央银行做的票据转让。再贴现是中央银行向商业银行提供资金的一种方式。

3. 贷款质量分类

我国自 2002 年开始全面实施国际银行业普遍认同的"贷款五级分类法"，将贷款分为正常、关注、次级、可疑、损失五类，其中前两类称为正常贷款，后三类称为不良贷款。

（1）正常类贷款：借款人能够履行合同，没有足够理由怀疑贷款本息不能按时足额偿还。

（2）关注类贷款：尽管借款人目前有能力偿还贷款本息，但存在一些可能对偿还产生不利影响的因素，如果这些因素继续下去，借款人的偿还能力会受到影响。

（3）次级类贷款：借款人的还款能力出现明显问题，完全依靠其正常营业收入无法足额偿还贷款本息，需要通过处分资产或对外融资乃至执行抵押担保来还款付息。本息逾期 90 天以上的贷款亦划为次级。

（4）可疑类贷款：借款人无法足额偿还贷款本息，即使执行抵押或担保，也肯定要造成一部分损失，只是因为存在借款人重组、兼并、合并、抵押物处理和未决诉讼等待定因素，损失金额的多少还不能确定。本息逾期 180 天以上的贷款亦划为可疑。

（5）损失类贷款：采取所有可能的措施和一切必要的法律程序之后，本息仍然无法收回，或只能收回极少部分。本息逾期 1 年以上的贷款亦划为损失类贷款。

4. 发放贷款的审查标准

各国贷款发放的审查标准一般采用"6C"原则，即品德(Character)、能力(Capacity)、资本(Capital)、担保(Collateral)、经营条件(Condition)、连续性(Continuity)原则。

1.（2019中国工商银行秋招·多选题）在贷款的种类划分中，根据借款人信用的不同，贷款可分为若干种，属于担保贷款的有（　　）。

A．质押贷款　　　　　　　　B．保证贷款

C．委托贷款　　　　　　　　D．特定贷款

答案 AB

解析 担保贷款包括抵押贷款、质押贷款、保证贷款。故选AB项。

2.（2019中国银行春招·多选题）个人贷款通常可分为（　　）。

A 住房贷款　　　　　　　　B．信用卡透支

C．经营贷款　　　　　　　　D．消费贷款

答案 ABCD

解析 个人贷款是指以自然人为借款人的贷款，主要分为四大类：个人住房贷款、个人消费贷款、个人经营贷款和个人信用卡透支。故选ABCD项。

3.（2020中国银行秋招·多选题）以下关于商业银行贷款风险分类，说法正确的是（　　）。

A．按照贷款风险程度的不同，贷款实行五级分类，其中后两类为不良贷款

B．次级贷款的特征是借款人无法足额偿还贷款本息，即使执行担保，也要造成较大损失

C．尽管借款人目前有能力偿还贷款本息，但仍然存在一些可能对偿还产生不利影响的因素，符合此特征的贷款应归为关注类贷款

D 可疑贷款属于不良贷款

答案 CD

解析 A项错误，按照贷款风险程度的不同，贷款实行五级分类，其中后三类为不良贷款。B项错误，次级贷款的特征是借款人还款能力出现明显问题，完全依靠经营收入无法足额偿还贷款本息，即使执行担保，也可能会造成一定损失的贷款。故选CD项。

第七章 货币供求与货币政策

核心考点一：货币需求（备考指数：★★★★）

一、货币需求概述

货币需求是指社会各部门在既定的收入或财富范围内能够而且愿意以货币形式持有的数量，反映的是社会各阶层对执行流通手段、支付手段和价值贮藏手段的货币需求。在产品经济以及半货币化条件下，货币需求强度较低；在市场经济条件下，社会经济主体的货币需求强度较高。

二、马克思的货币需求理论

马克思关于流通中货币量的分析是以金币流通为假设条件，其理论基础是劳动价值论。马克思的货币需求公式为：

$$M=PQ/V$$

式中，P 是商品价格；Q 是待售商品数量；V 是货币流通的平均速度；M 是货币需求量。该公式表明货币需求量取决于价格的水平、进入流通的商品数量和货币的流通速度三个因素。

三、传统的货币数量论

1. 费雪方程式

欧文·费雪（Fisher）于1911年出版的《货币的购买力》一书，是货币数量论的代表作。在该书中，费雪提出了著名的"交易方程式"，也被称为费雪方程式，即：

$$MV=PT$$

式中，M 表示一定时期内流通中的货币平均数；V 是货币流通速度；P 是各类商品价格的加权平均数；T 是各类商品的交易数量。费雪方程式经常表示为：$P=MV/T$。

费雪方程式强调货币的交易手段职能，认为速度 V、交易量 T 在短期内基本不变，可视为常数。物价 P 的水平随货币量 M 的变化而变化。

费雪方程式重视货币支出的数量和速度，重视宏观层面交易，因此也称为"现金交易数量说"。

2. 剑桥方程式

剑桥学派代表人物庇古和马歇尔等新古典学派经济学家是现金余额数量说的提出

者。他们认为，人们持有货币的原因在于货币的两个功能：交易媒介功能和财富贮藏功能。剑桥学派讨论人们以怎样的方式持有自己的资产的问题。剑桥方程式为：

$$M_d = KPY$$

式中，M_d 表示名义货币总需求；P 是价格水平；Y 是总收入；K 是以货币形式保存的财富占名义总收入的比例，即货币量与名义所得的比例。

剑桥方程式是从货币存量方面分析，说明人们以不同形式资产保存财富时，希望货币在里面占有多少比例，因此也称为"现金余额数量说"。

四、凯恩斯的货币需求理论

1. 凯恩斯货币需求理论

凯恩斯认为，人们对货币需求的行为取决于三种动机：交易动机、预防动机和投机动机。前两种动机称为消费性货币需求，与收入正相关。第三种动机称为投资性货币需求，与利率负相关。凯恩斯货币需求函数可表示为：

$$M = L_1 + L_2 = L_1(\overset{+}{y}) + L_2(\overset{-}{r})$$

式中，L_1 表示交易动机和预防动机产生的货币需；L_2 表示投机动机产生的货币需求。

2. 流动性陷阱

流动性陷阱是指当一定时期的利率水平降低到不能再低时，人们就会产生利率上升而债券价格下降的预期，此时无论增加多少货币，人们都不会买债券，都会被人们储存起来，货币的利率需求弹性就会变得无限大。发生流动性陷阱时，再宽松的货币政策也无法改变市场利率，使得货币政策失效，此时应采用财政政策。

五、弗里德曼的货币需求理论

货币学派代表人物弗里德曼是以微观主体行为作为分析的出发点，看重货币数量与物价水平之间的因果联系。其货币需求函数为：

$$M_d/p = f\left(y,\ w;\ r_m,\ r_b,\ r_e,\ \frac{1}{p}\frac{dp}{dt};\ u\right)$$

式中，M_d 为名义货币需求；P 为一般价格水平；y 为恒久性收入（正相关）；w 为非人力财富占总财富的比例（负相关）；r_m 为货币的预期收益率；r_b 为债券的预期收益率；r_e 为股票的预期收益率；$\frac{1}{p}\cdot\frac{dp}{dt}$ 为价格的预期变动率；u 为其他变量。

弗里德曼需求理论表明：在货币需求中，利率的影响很小，恒久性收入是货币需求的决定因素，货币需求函数是相对稳定的。

经典真题

1.（2018 民生银行秋招·多选题） 凯恩斯的"流动性偏好理论"认为，人们的货币需求是由（ ）所决定。

　　A. 交易动机　　　　　　　　B. 预防动机
　　C. 安全动机　　　　　　　　D. 投机动机

答案 ABD

解析 人们的流动性偏好的动机有三种：交易动机、预防动机和投机动机。其中，因交易动机和预防动机带来的货币需求与利率没有直接关系，它是收入的函数，并且与收入成正比；而投机动机带来的货币需求则与利率成反比。故选 ABD 项。

2.（2017 民生银行秋招·单选题） 流通中的货币数量对物价具有决定性作用，而全社会一定时期一定物价水平下的总交易量与所需要的名义货币量之间也存在着一个比例关系，描述它的货币需求计算公式是 $MV=PT$，即（ ）。

　　A. 剑桥方程式　　　　　　　B. 交易方程式
　　C. 现金余额方程式　　　　　D. 希克斯·汉森模型

答案 B

解析 美国经济学家欧文·费雪在《货币的购买力》一书中提出了交易方程式：$MV=PT$，也被称为费雪方程式。故选 B 项。

3.（2019 中信银行秋招·单选题） 凯恩斯的货币需求函数非常重视（ ）。

　　A. 利率的作用　　　　　　　B. 恒久收入的作用
　　C. 人力资本的影响　　　　　D. 汇率的作用

答案 A

解析 凯恩斯货币需求函数由下列两个部分组成：$M=M_1+M_2=L_1(Y)+L_2(r)$，式中 $L_1(Y)$ 代表与收入 Y 相关的交易需求，$L_2(r)$ 代表与利率 r 相关的投机性货币需求。在凯恩斯的货币需求理论中，强调利率在货币政策中的作用，因此凯恩斯的货币需求函数非常重视利率因素。故选 A 项。

4.（2018 民生银行秋招·单选题） 以下关于货币需求量的表述中，符合马克思货币需求理论的是（ ）。

　　A. 货币需要量与商品数量、价格水平成反比
　　B. 货币需要量与货币流通速度成正比
　　C. 货币需要量与商品价格总额成正比
　　D. 货币需要量与货币流通速度及商品价格总额无关

答案 C

解析 马克思认为在金币流通条件下执行流通手段的货币必要量取决于商品价格总额和货币流通速度,其与货币流通速度成反比,与商品价格总额成正比。故选 C 项。

核心考点二: 货币供给(备考指数:★★★)

一、货币供给概述

货币供给是指在某一时间点上货币存量由各经济主体持有的由银行体系提供的债务总量决定,是一个动态的存量,包括现金和存款货币。货币供给包括货币供给行为和货币供应量两个方面。

货币供给的参与者包括中央银行(最重要的参与者,负责发行货币、实施货币政策)、存款机构(商业银行、储蓄机构、信用社等)和储户(持有存款的机构和个人)。

货币供应量等于现金和存款之和,设 Ms 为货币供给量,m 表示货币乘数,MB 是基础货币,那么整个货币供给计量模型为:$Ms = m \cdot MB$。

二、基础货币

基础货币又称高能货币(货币基数或强力货币),是起创造存款作用的商业银行创造更多货币的基础。通常把流通中的现金和准备金称为中央银行的货币负债,也称之为基础货币或储备货币。基础货币的特征及具体内容如表 7-1 所示。

表 7-1 基础货币构成、特征及投放

基础货币	内容
具体构成	$MB = C + R_r + R_t + R_e$ 其中,C 为流通中现金;R_r 为活期存款准备金;R_t 为定期存款准备金;R_e 为超额存款准备金
基本特征	(1)是中央银行的货币性负债,而不是中央银行资产或非货币性负债,是中央银行通过自身的资产业务供给出来的 (2)通过由中央银行直接控制和调节变量对它的影响,达到调节和控制供给量的目的 (3)支撑商业银行负债的基础,商业银行不持有基础货币就不能创造信用 (4)在实行准备金制度下,基础货币被整个银行体系运用的结果能产生数倍于它自身的量
央行投放渠道	(1)对商业银行等金融机构的再贴现、再贷款 (2)收购金、银、外汇等储备资产投放的货币 (3)购买政府部门的债券 (4)购回央行票据等

三、货币乘数

货币乘数是指基础货币的变动所引起的货币供给变动的倍数，即增加一单位基础货币最终所导致增加的数倍货币供应量。

货币乘数一般受中央银行决定法定准备金率 r_d，商业银行决定的超额准备金率 r_e，以及由储户决定现金漏损率 c 的影响。货币乘数可表示为

$$m = \frac{1+c}{r_d + r_e + c}$$

若考虑定期存款准备金率 r_t，t 表示定期存款同活期存款总额的比例，可进一步将其修正为

$$m = \frac{1+c}{r_d + r_e + c + r_t \cdot t}$$

综上所述，货币乘数与法定存款准备金率、超额存款准备金率、现金漏损率以及定期存款准备金率皆负相关。

四、货币层次

货币层次是指各国中央银行在统计货币供给口径时，以金融资产流动性的大小作为标准，并根据自身政策目的的特点和需要所划分的层次。

1. 划分标准——流动性

流动性是指金融资产能及时转变为现实购买力并不蒙受损失的能力。

2. 货币层次的划分

根据流动性大小，各国央行一般将货币层次划分为：M0、M1、M2、M3。M0流动性最强；M1是狭义货币，代表人们的直接购买力；M2是广义货币，不仅包括人们的直接购买力，也包括人们的潜在购买力。货币每一层次的具体构成如表7-2所示。

表 7-2 货币层次的具体构成

货币层次	构成
M0	M0= 流通中的现金
M1	M1=M0+ 活期存款 + 信用卡存款
M2	M2=M1+ 储蓄存款 + 企业定期存款 + 信托类存款 + 短期可变现工具
M3	M3=M2+ 金融债券 + 商业票据 + 大额可转让定期存单等

经典真题

1.（2017民生银行秋招·单选题）货币乘数的大小由四个因素决定，以下因素选项

定义不正确的是（　　）。

A. 储蓄存款与活期存款的比率　　B. 法定准备金率
C. 超额准备金率　　D. 现金比率

答案 A

解析 货币乘数的大小决定了货币供给扩张能力的大小。货币乘数的大小由以下四个因素决定：法定准备金率、超额准备金率、现金比率、定期存款与活期存款的比率。故选 A 项。

2.（2017 民生银行秋招·单选题）为了考查各种具有不同流动性的资产对经济的影响，各国中央银行对货币供给的层次进行了划分。在中国，M1 加企事业单位定期存款和居民储蓄存款构成（　　）。

A. 狭义货币供应量　　B. 广义货币供应量
C. 准货币　　D. 货币供应量

答案 B

解析 广义货币供应量 M2=M1+储蓄存款+定期存款+短期可变现工具。故选 B 项。

3.（2019 交通银行秋招·单选题）如果消费者动用储蓄存款进行消费，货币构成将发生的变化是（　　）。

A. M1 减少，M2 减少　　B. M2 不变，M1 减少
C. M1 减少，M2 增加　　D. M2 不变，M1 增加

答案 D

解析 消费者动用储蓄，从银行取出定期存款，并在市场上消费。这样市场上的现金增加，即 M1 增加。但是，由于消费者的行为只是使储蓄变成现金，而储蓄和现金都归于 M2 的范畴，因此，这种行为只导致 M2 结构的变化，并不影响 M2 量的变动。故选 D 项。

核心考点三：货币政策（备考指数：★★★★★）

一、货币政策概述

1. 定义

货币政策是中央银行为了实现特定的经济目标而采取的各种控制、调节货币供应量或信用总量的方针、政策、措施的总称。货币政策构成要素包括货币政策目标、实现目标所运用货币政策工具、货币政策效果。

2. 类型

1）宽松的货币政策：一般实施降低法定存款准备金率、降低再贴现率、公开市场业务、

买进证券等操作。

2）紧缩的货币政策：通过提高利率，紧缩信贷，减少货币供给，从而抑制投资，压缩总需求，防止经济过热。

3）稳健的货币政策：是一种指导方针和理念，不是针对货币政策操作层面。

二、货币政策目标

1. 最终目标

货币政策目标包括最终目标和中介指标（操作目标、中间目标）两类，两者之间的关系可表示为：

货币政策工具→操作目标→中介目标→最终目标

一般认为，货币政策最终目标有物价稳定、充分就业、经济增长、国际收支平衡四个。

1）物价稳定：是指物价总水平短期内不发生显著波动，进而维持国内币值的稳定。一般认为物价上涨率在4%以下是比较合理的。

2）充分就业：是指凡是有能力并愿意参加工作的人，都能在较合理的情况下找到适当的工作。一般认为，5%以下的失业率即为充分就业。

3）经济增长：是指发展速度加快、结构优化和效率提高三者统一。一般以国民生产总值（GNP）保持较高的增速，不能停滞，更不能出现负增长为目标。

4）国际收支平衡：是一国国际收支中收入和支出基本持平的状态，分为静态平衡和动态平衡。

静态平衡是指以一个年度周期内国际收支平衡为目标的平衡；动态平衡是指以一定时期（如3年、5年）内国际收支平衡为目标的平衡。

2. 中介指标

货币政策中介指标是指中央银行为实现其货币政策的最终目标而设置的可供观察和调整的指标。它包括操作目标和中间目标两类。

1）中介指标选择标准

一般来讲，货币政策中介指标应符合四大标准：可测性；可控性；相关性；抗干扰性。

2）操作目标和中间目标

操作目标是指近期中介指标，是央行货币政策工具的直接作用对象，间接影响货币政策的最终目标；中间目标是指远期中介指标，间接接受货币政策工具的作用，但直接作用于货币政策最终目标。它们的具体内容如表7-3所示。

表 7-3 货币政策中介指标

类型	操作目标	中介目标
指标	（1）短期利率（如同业拆借利率） （2）存款准备金率 （3）基础货币	（1）货币供应量 （2）中长期利率（如中长期债券利率） （3）银行信贷规模 （4）汇率

三、货币政策工具

1. 搭建具体框架

货币政策工具的框架构建，如图 7-1 所示。

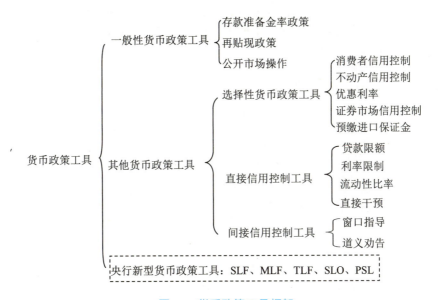

图 7-1 货币政策工具框架

2. 货币政策工具的内涵

一般性货币政策工具和其他货币政策工具的具体内容，如表 7-4 和表 7-5 所示。

表 7-4 一般性货币政策工具的内容

类目	作用于经济的途径	优点	缺点
存款准备金率政策	（1）对货币乘数的影响 （2）对超额准备金的影响 （3）宣示效果	（1）央行完全自主实施 （2）作用迅速 （3）公平松紧信用，可影响所有的金融机构	（1）作用猛烈、缺乏弹性 （2）政策效果受超额准备金影响
再贴现政策	（1）借款成本效果 （2）宣示效果 （3）结构调节效果	（1）利于央行发挥最后贷款人作用 （2）机动灵活，兼顾总量和结构 （3）票据融资，风险小	央行缺乏主动权，主动权在商业银行

续表

类目	作用于经济的途径	优点	缺点
公开市场操作	（1）通过影响利率来影响经济 （2）通过影响银行存款准备金来影响经济	（1）主动权在央行 （2）富有弹性 （3）可连续、交叉进行，可修正货币政策 （4）稳定证券市场	（1）时滞较长 （2）干扰因素多，效果不确定

表 7-5 其他货币政策工具的内容

类目	具体内容
选择性货币政策工具	（1）消费者信用控制：控制不动产以外的耐用消费品的销售融资 （2）不动产信用控制：抑制房地产及其他不动产的交易投机 （3）优惠利率：对重点发展的部门或产业采取优惠措施 （4）证券市场信用控制：对有关证券交易的各种贷款进行限制 （5）预缴进口保证金：要求进口商预缴相当于进口商品总值一定比例的保证金，以抑制进口的过快增长
直接信用控制工具	（1）贷款限额：规定贷款的最高限额 （2）利率限制：规定存款利率上限，规定贷款利率下限 （3）流动性比率：规定商业银行总资产中流动性资产占比 （4）直接干预：直接对商业银行的信贷业务进行合理干预
间接信用控制工具	（1）道义劝告：央行利用地位和声望，口头或书面通告、指示 （2）窗口指导：央行根据具体情况，规定商业银行的季度贷款增减额

四、货币政策传导机制

货币政策传导机制的基本途径如图 7-2 所示。

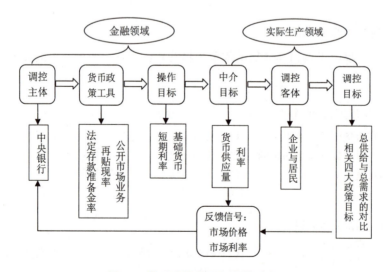

图 7-2 货币政策传导机制的途径

本节主要介绍两种传导机制理论，即凯恩斯学派的传导机制理论和货币学派的传导机制理论。两种理论的机理与侧重点如表 7-6 所示。

表 7-6 货币政策传导机制理论

学派	传导机理	特点	结论
凯恩斯学派	M（货币供给）→r（利率）→I（投资）→E（支出）→Y（总收入）	强调利率的作用	货币政策在增加国民收入的效果上，主要取决于投资的利率弹性（正相关）和货币需求的利率弹性（负相关）
货币学派	M（货币供给）→E（支出）→I（投资）→y（名义收入）	强调货币供应量的作用	货币供应量的变动直接影响名义国民收入（货币中性）

经典真题

1.（2019 中国工商银行总行·单选题）根据对总产出的影响方面，可把货币政策分为扩张性货币政策和紧缩性货币政策。运用货币政策所采取的主要措施包括若干方面，以下说法不准确的是（　　）。

　　A. 调整再贴现率　　　　　　B. 全面性信用管制
　　C. 改变存款准备金率　　　　D. 推行公开市场业务

答案 B

解析 运用货币政策所采取的主要措施包括七个方面：①控制货币发行；②控制和调节对政府的贷款；③推行公开市场业务；④改变存款准备金率；⑤调整再贴现率；⑥选择性信用管制；⑦直接信用管制。故选 B 项。

2.（2019 中国银行春招·多选题）中国货币政策中介目标和操作目标的选择标准是（　　）。

　　A. 可控性　　　　　　　　　B. 相关性
　　C. 可观测性　　　　　　　　D. 可逆转性

答案 ABC

解析 要使货币政策操作目标和中介目标有效地发挥作用，必须同时满足可测性、可控性及相关性三个基本标准。故选 ABC 项。

3.（2019 中信银行秋招·单选题）（　　）属于我国目前最主要的货币政策中介目标。

　　A. 基础货币　　　　　　　　B. 货币供应量
　　C. 利率　　　　　　　　　　D. 汇率

答案 B

解析 目前，我国主要是通过调整基础货币（操作目标），进而影响流通中的货币供应量（中介目标），最终实现货币政策最终目标。故选 B 项。

第八章 金融风险管理与金融监管

核心考点一：金融风险类型（备考指数：★★★★★）

一、金融风险的类型

1. 金融风险

金融风险是指有关主体在从事金融活动中，因某些因素发生意外变动而蒙受经济损失的可能性。

2. 类型

金融风险按不同的划分标准可分为不同的类型，具体如表8-1所示。

表8-1 金融风险的类型

划分标准	风险类型
按金融风险能否分散（性质）	（1）系统性风险；（2）非系统性风险
按市场主体对风险的认知	（1）主观风险；（2）客观风险
按风险的成因 （风险的形态）	（1）信用风险；（2）市场风险；（3）操作风险； （4）流动性风险；（5）法律风险；（6）合规风险； （7）国家风险；（8）声誉风险

二、金融风险的具体内容

1. 系统性风险与非系统性风险

系统性风险与非系统性风险的具体内容如表8-2所示。

表8-2 系统性风险与非系统性风险

类型	内容
系统性风险	金融机构从事金融活动或交易所在的整个系统因外部因素的冲击或内部因素的牵连而发生剧烈波动、危机或瘫痪，使单个金融机构不能幸免，从而有遭受经济损失的可能性
非系统性风险	因个别公司特殊状况造成的风险。这类风险只与公司本身相联系，与整个市场没有关系

2. 商业银行风险

（1）信用风险

信用风险有狭义和广义之分。广义的信用风险是指交易对方所有背信弃义、违反约定的风险。狭义的信用风险是指交易对方在货币资金借贷中还款违约的风险。其具体定义是有关主体在享有债权时，由于债务人不能如期、足额还本付息，而出现蒙受经济损失的可能性。狭义的信用风险的最大承受者是商业银行。

(2) 市场风险

市场风险是指因市场价格发生意外变动，而使商业银行蒙受经济损失的风险。它包括汇率风险、利率风险和投资风险三种类型，具体内容如表 8-3 所示。

表 8-3 三种市场风险

类型	内容
汇率风险	有关主体在不同货币的相互兑换或折算中，因汇率在一定时间内发生意外变动，而出现蒙受经济损失的可能性
利率风险	市场利率变动的不确定性给商业银行造成损失的可能性
投资风险	有关主体在股票市场、金融衍生产品市场投资中，因股票价格、金融衍生产品价格发生意外变动，而出现蒙受经济损失的可能性

3. 操作风险

巴塞尔银行监管委员会对操作风险的正式定义是指由于不完善或有问题的内部操作过程、人员、系统或外部事件而导致的直接或间接损失的风险。这一定义包含了法律风险，但是不包含策略性风险和声誉风险。

4. 流动性风险

流动性风险是指无法以合理成本及时获取充足的资金，用于偿付到期债务、履行其他支付义务和满足正常业务开展的其他资金需求的风险。流动性风险与信用风险、市场风险和操作风险相比，形成原因更加复杂，涉及范围更广，通常被视为一种多维风险。

5. 法律风险

法律风险是指金融机构与雇员或客户签署的合同等文件，违反有关法律法规，或有关条款在法律上不具备可实施性，或其未能适当地对客户履行法律或法规上的职责，因而出现蒙受经济损失的可能性。

6. 合规风险

合规风险是指银行因未能遵循法律、监管规定、规则、自律性组织制定的有关准则、以及适用于银行自身业务活动的行为准则，而出现可能遭受法律制裁或监管处罚、重大财务损失或声誉损失的风险。

7. 国家风险

国家风险是指由于国家政治、经济、社会变化及事件，导致该国家或地区借款人或债务人没有能力或者拒绝偿付债务而带来的损失。常见的国家风险有主权风险和转移风险。

8.声誉风险

声誉风险是指由商业银行经营、管理及其他行为或外部事件导致利益相关方对商业银行负面评价的风险。

经典真题

1.（2018 浦发银行秋招·单选题）商业银行近年来加大了债券业务投资，但不当的债券投资会引发相应风险，如果因为发债主体无法偿还商业银行投资本息，这类风险是（ ）。

A. 信贷风险   B. 操作风险

C. 信用风险   D. 市场风险

答案 C

解析 信用风险又称违约风险，是指交易对手未能履行约定契约中的义务而造成经济损失的风险，即受信人不能履行还本付息的责任而使授信人的预期收益与实际收益发生偏离的可能性，它是金融风险的主要类型。因发债主体无法偿还商业银行投资本息而造成的风险属于信用风险。故选 C 项。

2.（2018 民生银行秋招·单选题）按风险能否分散可以将金融风险分为（ ）。

A. 纯粹风险、投机风险   B. 系统风险、非系统风险

C. 主观风险、客观风险   D. 信用风险、操作风险

答案 B

解析 按风险能否分散可以将金融风险分为系统风险和非系统风险。系统性风险是不可分散风险，非系统性风险是可分散风险，可以通过组合投资来分散非系统性风险。故选 B 项。

3.（2018 中信银行秋招·单选题）以下属于市场风险的是（ ）。

A. 某企业计算机房因洪水损毁

B. 某企业因汇率变化导致出口结汇减少

C. 某企业因产品设计脱离市场，导致新产品销路不畅

D. 某企业在贷款到期时未能从银行如愿续贷

答案 B

解析 市场风险是指因市场价格的不利变动而使银行表内和表外业务发生损失的风险，包括利率风险、汇率风险、股票价格风险、商品价格风险四大类。B 项汇率变化导致出口结汇减少属于市场风险中的汇率风险；A 和 C 项指运营风险；D 项指财务风险。故选 B 项。

核心考点二：金融风险管理方法（备考指数：★★★★）

一、金融风险管理概述

1. 金融风险管理流程

商业银行的风险管理流程可以概括为：风险识别、风险计量（评估）、风险监测和风险控制四个主要步骤。

2. 全面风险管理思想

全面风险管理（20世纪80年代以后）自20世纪70年代以来，金融的风险日益增大。首先，在20世纪70年代金融自由化中，许多国家和地区取消利率管制和汇率管制，使得利率、汇率以及金融资产的价格波动剧烈，导致金融风险提高。其次，随着互联网技术和经济全球化的发展，在20世纪80年代金融风险扩散的速度加快。近年来，商业银行的风险管理备受关注并在管理系统中占有重要地位。

二、风险管理策略

风险管理的策略主要包括风险分散、风险转移、风险对冲、风险规避和风险补偿五种。

（1）风险分散：是指商业银行通过的资产结构多样化，将风险分摊。

（2）风险转移：是指通过合同或非合同的方式将风险转嫁给另一个人或单位的一种风险处理方式。一般包括保险转移（如出口信贷保险）和非保险转移（如保证担保）。

（3）风险对冲：是指投资或购买与标的资产收益波动负相关的资产或衍生品，是管理利率风险、汇率风险、股票风险和商品风险非常有效的办法，一般包括自我对冲和市场对冲两种形式。

（4）风险规避：是指在考虑到某项活动存在风险损失的可能性较大时，采取主动放弃或加以改变，以避免与该项活动相关的风险的策略。

（5）风险补偿：是指事前（损失发生以前）对风险承担的价格补偿。对于那些无法通过风险分散、风险对冲或风险转移进行管理，而且又无法规避、不得不承担的风险，投资者可以采取在交易价格上附加风险溢价，即通过提高风险回报的方式，获得承担风险的价格补偿。

三、市场风险管理

市场风险控制的基本方法包括限额管理、市场风险对冲和经济资本配置。

市场风险的评估方法主要有风险累积聚集法、概率法、灵敏度法、波动性法、风险价值法(VaR法)、极限测试法和情景分析法等。

四、流动性风险管理

商业银行流动性风险管理主要从保持资产的流动性，保持负债的流动性，进行资产和负债流动性的综合管理，实现资产与负债在期限或流动性上的匹配这三个方面进行。

五、信用风险管理

信用风险管理需要从机制管理、过程管理、风险控制方法等方面进行系统学习，尤其是过程管理中的事前（5C、3C）、事中（五级分类，具体内容可见第六章）管理内容。信用风险管理的框架如图 8-1 所示。

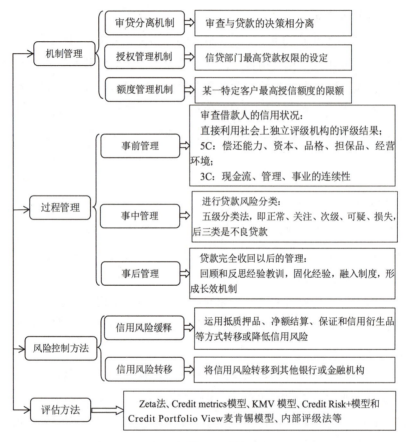

图 8-1 信用风险管理

六、其他风险管理

1. 操作风险管理

操作风险管理政策是商业银行操作风险管理的总纲领，操作风险管理方法一般包括：董事会的监督控制，高级管理层的职责，适当的组织架构，操作风险管理政策、方法、程序以及计提操作风险所需资本的规定。

操作风险的评估方法主要有基本指标法、标准化法、内部测量法和损失分布法。

2. 法律风险和合规风险的管理

法律风险和合规风险管理主要有：政策层面确立合规基调，建立合规文化，识别、评估、报告合规风险，建立合规风险预警与整改机制，将合规纳入考核范畴并实行问责机制，持续改进等。

3.国家风险的管理

国家层面上，可与他国签订投资保护协定、设立官方的保险公司等。企业层面上，可建立国家风险评级与报告制度、设定科学的国际贷款审贷程序等。

经 典 真 题

1.（2018 中国银行秋招·单选题）以下哪项是利率风险管理的重要工具？（　　）

A.久期管理　　　　　　　　B.内部资金转移定价

C.收益率曲线　　　　　　　D.缺口管理

答案 D

解析 管理利率风险的工具和方法主要包括利率敏感性缺口管理、持续期缺口管理和利用利率衍生工具套期保值。故选 D 项。

2.（2018 中国农业银行春招·单选题）根据《商业银行资本管理办法（试行）》，（　　）不属于商业银行操作风险计量方法。

A.内部模型法　　　　　　　B.基本指标法

C.标准法　　　　　　　　　D.高级计量法

答案 A

解析 《商业银行资本管理办法（试行）》第 95 条：商业银行可采用基本指标法、标准法或高级计量法计量操作风险资本要求。故选 A 项。

3.（2019 中国工商银行总行·单选题）下列属于"风险转移"的风险管理策略是（　　）。

A.购买保险　　　　　　　　B.上调利率

C.设立风险容忍度　　　　　D.购买投资组合

答案 A

解析 风险转移包括保险转移（如出口信贷保险）和非保险转移（如保证担保）。故选 A 项。

核心考点三：金融监管的内容与方法（备考指数：★★★★★）

一、商业银行资本

商业银行资本是银行从事经营活动必须注入的资金，可以用来吸收银行的经营亏损、缓冲意外损失、保护银行的正常经营，为银行注册、组织营业以及存款进入前的经营提供启动资金等。根据不同的管理需要和本质特性，商业银行经营管理中有三种意义上的资本。

1. 账面资本

账面资本也叫会计资本，是指银行持股人的永久性资本投入，即资产负债表上的所有者权益。它主要包括普通股股本/实收资本、资本公积、盈余公积、未分配利润、一般风险准备等。它是银行资本金的静态反映，反映了银行实际拥有的资本水平。

2. 经济资本

经济资本又称为风险资本，是指在一定的置信度和期限下，为了覆盖和抵御银行超出预期的经济损失（非预期损失）所需要持有的资本数额，是银行抵御风险所要求拥有的资本，并不必然等于银行所持有的账面资本，可能大于账面资本，也可能小于账面资本。

3. 监管资本

监管资本是指监管当局规定为了满足监管要求，促进银行审慎经营，维持金融体系稳定而规定银行必须持有的资本。监管当局一般是规定银行必须持有的最低资本量，所以监管资本又称最低资本。

二、市场准入监管

1. 市场准入监管

市场准入监管四个环节的具体内容如表 8-4 所示。

表 8-4 市场准入监管

环节	具体内容
审批注册机构	（1）表明银行监管当局允许金融机构进入市场，依法对其监督 （2）进入市场的金融机构接受监管机构的监管
审批注册资本	（1）对进入市场的机构进行最低资本限制 （2）对资本金是否及时入账、股东资格、股东条件和股本构成等监督审核
审批高管资格	对银行机构法定代表人及其他高级管理人员的任职资格进行审查 （1）必要的学识 （2）金融业务的熟悉程度
审批业务范围	监管机构对进入市场的机构进行业务范围的管制

三、市场运营监管

市场运营监管的主要内容包括资本充足性、资产安全性、流动适当性、收益合理性及内控有效性五个方面。

1. 资本充足性

根据我国《商业银行资本管理办法（试行）》等文件的规定，资本充足性的相关指标如表 8-5 所示。

表 8-5 资本充足性相关指标要求

指标	核心一级资本充足率	一级资本充足率	资本充足率	储备资本要求	逆周期资本要求	系统重要性银行附加资本要求	并表与未并表杠杆率
要求	≥ 5%	≥ 6%	≥ 8%	≥ 2.5%	0~2.5%	1%	均不得低于4%

2. 资产安全性

资产安全性监管的重点是银行机构风险的分布、资产集中程度和关系人贷款。资产安全性的相关指标要求如表 8-6 所示。

表 8-6 资产安全性相关指标要求

类型	指标	要求
信用风险相关指标	不良资产率	≤ 4%
	不良贷款率	≤ 5%
	单一集团客户授信集中度	≤ 15%
	单一客户贷款集中度	≤ 10%
	全部关联度	≤ 50%
贷款损失准备	贷款拨备率	1.5%~2.5%
	拨备覆盖率	120%~150%

3. 流动适度性

银行机构的流动能力包括可用于立即支付的现金头寸和在短期内可以兑现或出售的高质量可变现资产两部分，对银行机构的流动性监管指标及要求如表 8-7 所示。

表 8-7 流动性监管指标及要求

指标	流动性比例	核心负债比例	流动性缺口率	流动性覆盖率
要求	≥ 25%	≥ 60%	≥ -10%	≥ 100%

4. 收益合理性

收益是银行机构业务经营成果的综合反映，根据《商业银行风险监管核心指标（试行）》，我国关于营利能力的指标包括：成本收入比不应高于 35%，或营业费用加折旧与营业收入之比不高于 45%；资产利润率不应低于 0.6%；资本利润率不应低于 11%。

5. 内控有效

我国银行内部控制目标有：保证国家有关法律法规及规章的贯彻实行；保证商业银行发展目标与经营目标的实现；保证商业银行风险管理的有效性；保证商业银行业务记录、会计信息、财务信息和其他管理信息的真实、准确、完整和及时。

四、商行监管基本方法

银行业监管基本方法包括现场监督和现场检查两种。如果考虑整体风险，还应包括并表监管。现场检查完后，监管当局一般要对银行进行评级，监管的方法和具体内容如表 8-8 所示。

表 8-8 商行监管的基本方法

方法	内容
非现场监督	非现场监督是建立在对单个银行并表的基础上收集、分析其经营稳健性和安全性的一种方式
现场检查	现场检查是通过监管机构实地作业来评估银行经营稳健性和安全性的一种方式，包括合规性检查和风险性检查两大方面
并表监管	并表监管又称合并监管，是指银行监管机构应具备了解银行和集团的整体结构，以及其他与监管银行集团所属公司的银行监管机构进行协调的能力
监管评级	监管评级是指用统一的标准来识别和度量风险，国际上通行的评级制度是"骆驼评级制度"（CAMELS）：①资本充足性（Capital Adequacy），②资产质量（Asset Quality），③经营管理能力（Management Quality）；④盈利水平（Earnings），⑤流动性（Liquidity），⑥市场敏感性（Sensitivity）

经典真题

1.（2019 中国银行秋招·单选题）经济资本是根据银行资产的（　　）计算出来的虚拟资本。

A. 经营情况　　　　　　B. 资产情况

C. 风险程度　　　　　　D. 信用程度

答案 C

解析 经济资本是银行为了弥补非预期损失所需要的资本。它是根据银行资产的风险程度的大小计算出来的。故选 C 项。

2.（2018 交通银行秋招·单选题）"骆驼"评价体系的主要内容是通过对金融机构资本的充足程度、资产质量、管理水平、盈利水平和流动性等五项考评指标进行评价。以下表述不正确的是（　　）。

A. 随时满足存款客户的取款需要和贷款客户的贷款要求的能力，流动性强为第五级

B. 资本充足率（资本/风险资产），要求这一比率达到 6.5%~7%

C. 净利润与盈利资产之比在 1% 以上为第一、二级，若该比率在 0~1% 之间为第三、四级

D. 有问题放款与基础资本的比率，一般要求该比率低于 15%

答案 A

解析 根据"骆驼"评价体系，随时满足存款客户的取款需要和贷款客户的贷款要求的能力，流动性强为第一级、流动性资金不足以在任何时候或明显不能在任何时候满足各方面的需要的分别为第三级和第四级。故选 A 项。

3.（2020 中国银行秋招·多选题）以下哪项不是商业银行核心一级资本组成部分？（　）

A. 可转债　　　　　　　B. 商誉

C. 优先股　　　　　　　D. 实收资本

答案 ABC

解析 核心一级资本是银行资本中最核心的部分，承担风险和吸收损失的能力也最强，主要包括六项：实收资本或普通股、资本公积、盈余公积、一般风险准备、未分配利润、少数股东资本可计入部分。优先股属于其他一级资本，可转债属于二级资本，商誉属于资本扣除项。故选 ABC 项。

第九章 汇率及其制度

核心考点一：汇率（备考指数：★★★★）

一、汇率的定义与标价

1. 定义

汇率又称汇价，是指一种货币与另一种货币之间兑换或折算的比率，也称一种货币用另一种货币表示的价格。

2. 标价方法

汇率有两种标价方法：直接标价法和间接标价法。

1）直接标价法：又称应付标价法，是以一定整数单位的外国货币为标准，折算为若干单位的本国货币。目前，我国和其他绝大多数国家均采用此法。

2）间接标价法：又称应收标价法，是以一定整数单位的本国货币为标准，折算为若干单位的外国货币。目前，英、美联邦制等少数国家采用此法。

二、汇率的种类

从不同角度可以将汇率分为不同的种类，具体如表 9-1 所示。

表 9-1 汇率的种类

划分标准	分类
按汇率的制定方法	基本汇率、套算汇率
按商行对外汇的买卖	买入汇率、卖出汇率
按外汇交易与交割的时间	即期汇率、远期汇率
按汇率的形成机制	官方汇率、市场汇率
按商行报出汇率的时间	开盘汇率、收盘汇率
按外汇交易的支付通知方式	电汇汇率、信汇汇率、票汇汇率
按汇率制度	固定汇率、浮动汇率
按汇率水平研究的需要	双边汇率、有效汇率、实际有效汇率

经典真题

1.（2019 中国银行秋招·多选题）银行的汇率报价可分为（ ）。

A. 中间汇率	B. 浮动汇率
C. 卖出汇率	D. 买入汇率

答案 CD

解析 外汇报价一般为双向报价，即由报价方同时报出自己的买入价和卖出价，由客户自行决定买卖方向。中间汇率是买入汇率和卖出汇率的平均数，这种汇率一般适用于报刊上汇率的报导、银行间外汇头寸的结算、外汇银行在年度决算时对各种外汇头寸的估价等，一般不公布，需要时进行折算即可。故选 CD 项。

2.（2019 中国银行春招·单选题）中国人民币汇率采用（ ）。

A. 直接标价法	B. 委托标价法
C. 三方标价法	D. 间接标价法

答案 A

解析 人民币汇率采用的是直接标价法，即直接用人民币标价外币，如 1 美元 =7 人民币。故选 A 项。

3.（2018 中国工商银行秋招·单选题）在基础汇率的基础上计算出来的本币与非关键货币之间的汇率，规范的术语称为（ ）。

A. 折算汇率	B. 换算汇率
C. 套算汇率	D. 基本汇率

答案 C

解析 套算汇率是在基础汇率的基础上套算出来的本币与非关键货币之间的汇率。套算汇率又称为交叉汇率，是指两种货币都通过各自对第三国的汇率算出来的汇率。故选 C 项。

核心考点二：汇率的变动与影响（备考指数：★★★）

一、汇率变动的决定因素

影响汇率变动的因素较多，不同因素影响下汇率变动的方向不同，具体如表 9-2 所示。

表 9-2 汇率变动的影响因素

影响汇率变动因素	汇率变动结果
国际收支状况	顺差本币升值、逆差本币贬值
国内外利率水平	利率越高，本币升值
通货膨胀	通货膨胀率越高，本币贬值
货币管理局的干预	销售外汇，本币升值，外币贬值；买进外汇，外币升值，本币贬值
国家宏观政策	紧缩的政策，本币汇率上升；扩张的政策，本币汇率下降
市场预期心理	某种货币被看好，该种货币需求增加，刺激该种货币汇率上升

二、汇率变动的经济影响

汇率变动对经济可产生直接影响和间接影响。汇率变动产生的直接经济影响包括国际收支、外汇储备和形成汇率风险三个方面。而主要通过国际收支传导所产生的间接影响包括经济增长和产业竞争力、产业结构两个方面。

汇率变动所产生的几个主要项目的变动情况，具体如表9-3所示。

表9-3 汇率变动的经济影响

汇率变动的影响	结果
贸易收支	本币贬值，出口增加，进口减少；本币升值，进口增加，出口减少
非贸易收支	本币贬值，促进旅游等非贸易项目的竞争力
外债压力	本币贬值，外债压力加重；本币升值，外债压力减轻
资本流动	本币贬值，资本流出；本币升值，资本流入
物价水平	本币贬值，国内物价上升；本币升值，国内物价下降
经济增长与就业	本币贬值，促进经济增长与就业；本币升值，不利于经济增长与就业

经典真题

1．(2019 中信银行秋招·单选题) ( ) 是影响外汇市场汇率变化的最主要因素。

A．经济增长　　　　　　　B．国际收支状况
C．货币政策　　　　　　　D．人们的预期

答案 B

解析 汇率是指一国货币与另一国货币的比率或比价，或者说是用一国货币表示的另一国货币的价格。影响汇率的因素有很多，如国际收支状况、经济增长、物价水平、货币政策、人们的预期等。其中，国际收支状况是最重要的影响因素，如果一国国际收支为顺差，则外汇收入大于外汇支出，外汇储备增加，该国对于外汇的供给大于对外汇的需求，同时外国对于该国货币需求增加，则该国外汇汇率下降，本币对外升值；如果为逆差，反之。故选B项。

2．(2019 民生银行秋招·单选题) 通常情况下，一国国际收支发生顺差时，外汇汇率就会 ( )。

A．上升　　　　　　　　　B．下降
C．不变　　　　　　　　　D．不确定

答案 B

解析 顺差即出口大于进口，即收到的外币多于需要付出的外币，本币升值，外汇汇率下降。故选B项。

3.(2019中国工商银行总行单选题)在限制自由贸易的国家中,某物品的国内价格低,开放贸易的经济影响正确的是哪项?(   )

A. 该物品国内消费者剩余增加 B. 该国经济福利减少
C. 成为该物品进口国 D. 成为该物品出口国

答案 D

解析 该国一旦允许自由贸易,因价格优势国外对该物品进口增加,国内价格会上升到等于世界价格,国内消费者剩余减少。故选 D 项。

核心考点三: 汇率制度(备考指数:★★★★★)

一、固定汇率制、浮动汇率制与中间汇率制

汇率制度是指一国货币当局对本国货币汇率确定与变动的基本模式所做的一系列安排。这些制度性安排包括中心汇率水平、汇率的波动幅度、影响和干预汇率变动的机制和方式等。

1. 固定汇率制

固定汇率是指各国货币受汇率平价的制约,市场汇率只能围绕平价在很小的幅度内上下波动的汇率制度。历史上曾经出现两种固定汇率制度——国际金本位制下的固定汇率制度和布雷顿森林体系下的固定汇率制度。

2. 浮动汇率制

浮动汇率是指没有汇率平价和波动幅度的约束,市场汇率随着外汇供求状况变动而变动的汇率制度。根据官方是否干预,浮动汇率制分为自由浮动与管理浮动;根据汇率浮动是否结成国际联合,浮动汇率制分为单独浮动与联合浮动。

3. 中间汇率制

中间汇率制包括传统盯住汇率(汇率波幅<1%)、有波幅(水平区间)的盯住汇率(汇率波幅至少>1%)、爬行盯住汇率(货币当局根据一系列经济指标频繁地、小幅度调整平价)和有波幅(水平区间)的爬行盯住汇率四类。

二、国际货币基金对现行汇率制度的划分

在现行国际货币体系下,各国可以自行安排其汇率制度,从而形成多种汇率制度并存的格局。目前,根据国际货币基金的划分,按照汇率弹性由小到大,汇率制度主要有七类,每一类的具体内容如表 9-4 所示。

表 9-4 国际货币基金对现行汇率制度的划分

类别	具体内容
货币局制	官方通过立法明确规定本币与某一关键货币保持按固定汇率结算，同时对本币发行做特殊限制，以确保履行法定义务。中国香港的联系汇率制就是一种货币局制
传统的盯住汇率制	官方将本币实际或公开地按照固定汇率盯住一种主要国际货币或一篮子货币，汇率波动幅度不超过 ±1%
水平区间内盯住汇率制	类似于传统的盯住汇率制，不同的是汇率波动幅度大于 ±1%
爬行盯住汇率制	官方按照预先宣布的固定汇率，根据若干量化指标的变动，定期小幅度调整汇率
爬行区间盯住汇率制	水平区间内的盯住汇率制与爬行盯住汇率制的结合，与爬行盯住汇率制不同的是汇率波动的幅度要大
事先不公布汇率目标的管理浮动	官方在不特别指明或事先承诺汇率目标的情况下，通过积极干预外汇市场来影响汇率变动
单独浮动	汇率由市场决定，官方即使干预外汇市场，目的也只是缩小汇率的波动幅度，防止汇率过度波动，而不是确立一个汇率水平

经典真题

1.（2020 中国邮政储蓄银行秋招·单选题）下列关于货币局制度，正确的是（ ）。

A. 货币局制度下，锚货币的选择具有一定的任意性

B. 中国香港、保加利亚和爱沙尼亚实施的是货币局制度

C. 最早的货币局制度出现于 1983 年

D. 货币局制度是浮动汇率的一种形式

答案 B

解析 A 项错误，货币局制度下，本币对锚货币的汇率锁定要求锚货币币值稳定、信用良好、具有完全的可兑换性并被国际社会广泛接受，并不是具有一定的任意性；C 项错误，最早的货币局制度是 1849 年在毛里求斯设立的；D 项错误，货币局制度是一种固定汇率制度。目前，实行货币局制度的国家和地区主要是中国香港特区、阿根廷、波黑、文莱、保加利亚、爱沙尼亚、立陶宛和吉布提。故选 B 项。

2.（2019 中国邮政储蓄银行春招·单选题）在国际汇率制度中，一国货币与其他某一种或某一篮子货币之间保持比较稳定的比价，即（ ）。

A. 浮动汇率制   B. 盯住汇率制

C. 弹性汇率制   D. 刚性汇率制

答案 B

解析 盯住汇率制是指一国使本币同某外国货币或一篮子货币保持固定比价的汇率制度。在盯住汇率制中，一国货币与其他某一种或某一篮子货币之间保持比较稳定的比价，即盯住所选择的货币。本国货币随所选货币的波动而波动，但相互之间的比价相对固定或只在小范围内浮动，一般幅度不超过1%。故选 B 项。

3.（2018 中国民生银行秋招·多选题）一国货币当局按照本国经济利益的需要，不时地干预外汇市场，以使本国货币汇率升降朝有利于本国的方向发展的汇率制度称为（ ）。

A. 肮脏浮动汇率制　　　　B. 管理浮动汇率制
C. 自由浮动汇率制　　　　D. 固定汇率制

答案 AB

解析 有管理的浮动汇率制度被称为不纯净的浮动汇率或肮脏浮动汇率，是指一国货币当局按照本国经济利益的需要，不时地干预外汇市场，以使本国货币汇率升降朝有利于本国的方向发展的汇率制度。故选 AB 项。

模块三 会计与财务管理

考情介绍

1. 考情分析

银行	年份	考查方向
中国银行	2020	财务管理原则、资金时间价值、盈亏平衡点、财务分析
	2019	
中国农业银行	2020	财务分析、项目投资决策、资金时间价值、量本利分析、存货的核算、支付结算、固定资产核算
	2019	
中国工商银行	2020	投融资管理、资金时间价值、财务分析、账务处理程序
	2019	
中国建设银行	2020	风险与收益的衡量、财务分析、营运资金的管理、固定资产核算
	2019	
交通银行	2020	资金时间价值、未考查会计内容
	2019	
中国邮政储蓄银行	2020	会计科目资产负债表、营业外收入的核算内容、会计科目和账户、借贷记账法、会计要素、增值税的计算、消费税的征税范围
	2019	

在银行招聘考试中，"会计与财务管理"模块属于综合知识中的非重点内容，各银行在招考中对本模块的考查在题型题量、考试难度和考试内容上有所不同。

（1）在考试题型上，大部分银行为单选题，仅个别银行考查多选题，如建设银行；在题量上，一般在3～10题之间，建设银行和邮政储蓄银行题量较多，交通银行最少或甚至不考，其他银行多为4题左右。

（2）在考试内容上，各银行侧重点不同，总体上包括"会计"和"财务管理"两大部分内容，范围较广。最近几年，随着管理会计在企业的广泛应用，在命题趋势上"会计"部分的内容逐年减少，"财务管理"部分内容逐年增加，考查重点偏移。同时考查方向侧重与银行工作需要相关的内容，如"财务分析""资金时间价值——利息和利率"等知识点。

（3）在考试难度上，各银行考查"会计和财务管理"的基础知识，难度较低。

2. 备考建议

（1）现代会计的两大分支

现代会计按照其报告的对象不同分为财务会计和管理会计两类。财务会计的职能主要是对企业过去发生的交易进行记账、算账和报账，对外部提供其决策所需要的会计信息；管理会计的主要职能是对企业未来将发生的资金运动进行财务预测、计划、决策和评价，提供管理层决策所需要信息以有助于其管理。财务会计要严格执行会计政策；管理会计有一系列丰富的管理工具和方法，可以根据企业管理活动自行适用。在学习财务会计知识时，重在政策；在学习管理会计时，重在公式。

（2）讲求方法、轻松上手

隔行如隔山，在很多人眼中会计很难学，有很多需要记忆的知识点，这主要缘于大家开始学习时从财务会计上手，财务会计就是按照财政部所制定的规定完成对单位货币资金变动的反映，其具有很强的"政策性"，会计人员就是贯彻和落实"会计政策"，按政策办事的。如果了解到这一点，我们就知道会计学习的基本逻辑就是"理解政策、掌握政策和运用政策来解决实际问题"。我们不是政策的制定者而是政策的执行者，所以学习时更加需要注意如何去运用而不是探究为什么。有人会说，"学会计就是背吧"，这种说法有失偏颇，任何规则都有其科学性，会计亦是如此，同时会计的实务性很强，大家在理解政策的基础上更易学好会计知识。

（3）明确方向，事半功倍

各银行招聘考试中，会计学的内容虽考查范围很广，但在重点突出。因此要明确备考方向，抓住重点内容学习，对部分不常考的内容进行战略性放弃，以节约学习时间提升学习效率，达到事半功倍的效果。通常"财务会计"的重点内容包括"会计基础知识"中的"会计要素、会计科目、会计账户、复式记账"，"管理会计"的重点内容包括"资金时间价值、风险与收益、本量利和财务报表分析"等知识点。

（4）学练结合，稳操胜券

学习的最终落脚点是考点，因此必须要"学""练""测"结合，在练习的过程中查漏补缺，才能达到应试水平并取得优异成绩。

第一章 会计概述

核心考点一：会计基本假设、会计基础和会计信息质量要求（备考指数：★★★★）

一、会计基本假设

会计基本假设是对会计核算所处时间、空间环境等所作的合理假定，是企业会计确认、计量和报告的前提。

会计基本假设包括会计主体、持续经营、会计分期和货币计量。其具体内容如表1-1所示。

表 1-1 会计基本假设的内容

项目	概念	关注事项
会计主体	会计工作服务的特定对象，如公司、合伙企业、分公司、个体工商户等，是企业会计确认、计量和报告的空间范围	会计主体与法律主体并非对等的概念。一般而言，凡是法人主体必为会计主体，但会计主体不一定是法人主体
持续经营	在可以预见的未来，企业将会按当前的规模和状态经营下去，不会停业，也不会大规模削减业务	会计确认、计量和报告应当以企业持续、正常的生产经营活动为前提
会计分期	将一个持续经营的生产经营活动划分为若干连续的、长短相同的期间。会计分期以公历起讫，分为年度、半年度、季度和半年度	由于会计分期，才产生了当期与其他期间的差别，从而形成了权责发生制和收付实现制不同的记账基础，进而出现了折旧、摊销等会计处理方法
货币计量	会计主体在会计确认、计量和报告时以货币计量，反映会计主体的生产经营活动	企业会计核算应当以人民币为记账本位币，但业务收支以外币为主的企业可选择某种外币作为记账本位币

二、会计基础

会计基础，是指会计确认、计量和报告的基础，具体包括权责发生制和收付实现制。其具体内容如表1-2所示。

表 1-2 会计基础的内容

项目	概念	关注事项
权责发生制	收入、费用的确认应当以收入和费用的实际发生而非实际收支作为确认的标准。凡是属于当期的收入无论款项是否收付,均确认为当期的收入(如应收款项和应付款项);凡是不属于当期的收入,即使款项已经收付,也不能作为当期的收入和款项(如预收款项和预付款项)	企业应当以权责发生制为基础进行会计确认、计量和报告
收付实现制	以实际收到或支付现金作为确认收入和费用的标准,是与权责发生制相对应的一种会计基础	在我国,政府会计由预算会计和财务会计构成。其中,预算会计采用收付实现制,国务院另有规定的,依照其规定;财务会计采用权责发生制

三、会计信息质量要求

会计信息质量要求是对企业财务报告所提供会计信息质量的基本要求,是使财务报告所提供会计信息对投资者等信息使用者决策有用应具备的基本特征,其具体内容如表 1-3 所示。

表 1-3 会计信息质量要求的具体内容

项目	概念
可靠性	要求企业应当以实际发生的交易或者事项为依据进行确认、计量和报告,如实反映符合确认和计量要求的会计要素及其他相关信息,保证会计信息真实可靠、内容完整。这是会计核算的最基本要求
相关性	要求企业提供的会计信息应当与投资者等财务报告使用者的经济决策需要相关,有助于财务会计报告使用者对企业过去、现在或者未来的情况作出评价或者预测
可理解性	要求企业提供的会计信息应当清晰明了,便于投资者等财务报告使用者理解和使用
可比性	要求同一企业不同时期发生的相同或者相似的交易或者事项,应当采用一致的会计政策,不得随意变更。确需变更的,应当在附注中说明(纵向可比); 要求企业的会计核算应当按照国家统一的会计制度的规定进行,不同企业发生的相同或者相似的交易或事项,应当采用规定的会计政策、确保会计信息口径一致、相互可比(横向可比)
实质重于形式	要求企业应当按照交易或者事项的经济实质进行会计确认、计量和报告,不应仅以交易或者事项的法律形式为依据,如融资租入的固定资产视为承租企业的资产体现了实质重于形式的要求
重要性	要求企业提供的会计信息应当反映与企业财务状况、经营成果和现金流量有关的所有重要交易或者事项,如果某会计信息的省略或者错报会影响投资者等财务报告使用者据此作出决策,该信息就具有重要性。重要性的应用需要依赖职业判断,企业应当根据其所处的环境和实际情况,从项目的性质和金额大小两方面加以判断

续表

项目	概念
谨慎性	要求企业对交易或者事项进行会计确认、计量和报告时应当保持谨慎，不应高估资产或者收益、低估负债或者费用。例如，资产的减值计提、固定资产加速折旧的核算等就体现了谨慎性的要求
及时性	要求企业对于已经发生的交易或者事项，应当及时进行会计确认、计量和报告，不得提前或者延后。及时收集会计信息、及时处理会计信息、及时传递会计信息。及时性制约着相关性和可靠性

经典真题

（2018 中国邮政储蓄银行秋招·单选题）对会计核算的最基本要求是（　　）。

A. 谨慎性　　　　　　　B. 及时性

C. 可比性　　　　　　　D. 真实性

【答案】D

【解析】可靠性也称为真实性，是企业应以实际发生的交易或者事项为依据进行确认、计量和报告，是会计核算的最基本要求。故选 D 项。

核心考点二：会计要素及会计等式（备考指数：★★★★）

一、会计要素

会计要素是根据交易或者事项的经济特征所确定的财务会计对象和基本分类。会计要素包括资产、负债、所有者权益、收入、费用和利润六个方面。其中，资产、负债和所有者权益属于某一特定日期财务状况的静态要素。收入、费用和利润是反映一定时期经营成果的动态要素。任何企业的资金运动都要划分为这六个方面来开展会计核算。同时，六要素不仅是会计核算的构成要素，也是财务报表的构成要素，其中，资产、负债、所有者权益是资产负债表的要素，收入、费用和利润是利润表的要素。

1. 资产

资产会计要素的具体内容如表 1-4 所示。

表 1-4 资产的定义、特征和分类

项目	具体内容
定义	资产是指企业过去的交易或者事项形成的、由企业拥有或者控制的、预期会给企业带来经济利益的资源

续表

项目	具体内容
特征	资产应同时满足以下三个特征： （1）资产是由企业过去的交易或事项所形成的，即资产必须是现实的资产，而不能是预期的资产 （2）资产应为企业拥有或者控制的资源 （3）资产预期会给企业带来经济利益
分类	资产按流动性分为流动资产和非流动资产： （1）流动资产：是指可以在一年或者超过一年的一个营业周期内变现或者运用的资产。它包括货币资金、应收及预付款项和存货等 （2）非流动资产：是指不能在一年或者超过一年的一个营业周期内变现或者耗用的资产，是除流动资产以外的资产。它包括固定资产、无形资产和长期的股权和债权投资等

2. 负债

负债会计要素的具体内容如表 1-5 所示。

表 1-5 负债的定义、特征和分类

项目	具体内容
定义	负债是指企业过去的交易或者事项形成的、预期会导致经济利益流出企业的现时义务
特征	负债应同时满足以下三个特征： （1）负债是由企业过去的交易或者事项形成的 （2）负债预期会导致经济利益流出企业 （3）负债是企业承担的现时义务
分类	负债按偿还期限分为流动负债和非流动负债： （1）流动负债：是指企业将在一年或超过一年的一个营业周期内偿还的债务。它包括短期借款、应付及预收款项等 （2）非流动负债：是指超过一年或者超过一年的一个营业周期偿还的负债，是除流动负债以外的负债。它包括长期借款、应付债券及长期应付款等

3. 所有者权益

所有者权益的具体内容如表 1-6 所示。

表 1-6 所有者权益的定义、特征、来源和构成

项目	具体内容
定义	所有者权益又称净资产，是指企业资产扣除负债后，由所有者享有的剩余权益
特征	所有者权益应同时满足以下三个特征： （1）所有者凭借所有者权益能够参与企业的利润分配 （2）企业清算时，只有在清偿所有负债后，所有者权益才会返还给所有者 （3）除非发生减资、清算或分配现金股利，否则企业不需要偿还所有者权益
来源	所有者投入的资本、留存收益和直接计入所有者权益的利得和损失

续表

项目	具体内容
构成	（1）实收资本：是指投资者按照企业章程，或合同、协议的约定，实际投入企业的资本 （2）资本公积：是指投资者或者他人投入到企业、所有权归属于投资者、并且在投入金额上超过法定资本部分的金额 （3）盈余公积：是指企业按照有关规定从净利润中提取的积累资金，包括法定盈余公积和任意盈余公积，法定盈余公积按税后净利润的10%提取，提至注册资本的50%可不再提取 （4）未分配利润：是指企业实现的净利润经过弥补亏损、提取盈余公积和向投资者分配利润后留存在企业的、历年结存的利润 （5）其他综合收益：是指企业根据会计准则规定未在当期损益中确认的各项利得和损失。①利得是指由企业非日常活动所形成的、会导致所有者权益增加的、与所有者投入资本无关的经济利益的流入。它分为直接计入所有者权益的利得和直接计入当期利润的利得。②损失是指由企业非日常活动所发生的、会导致所有者权益减少的、与向所有者分配利润无关的经济利益的流出。它分为直接计入所有者权益的损失和直接计入当期利润的损失

4. 收入

收入会计要素的具体内容如表1-7所示。

表1-7 收入的定义、特征和分类

项目	具体内容
定义	收入是指企业在日常活动中所形成的、会导致所有者权益增加的、与所有者投入资本无关的经济利益的总流入
特征	收入应同时满足以下三个特征： （1）收入是企业在日常活动中形成的 （2）收入会导致所有者权益的增加 （3）收入是与所有者投入资本无关的经济利益的总流入
分类	按经营业务的主次不同，分为主营业务收入和其他业务收入

5. 费用

费用会计要素的具体内容如表1-8所示。

表1-8 费用的定义、特征和构成

项目	具体内容
定义	费用是指企业在日常活动所发生的、会导致所有者权益减少的、与向所有者分配利润无关的经济利益的总流出
特征	费用应同时满足以下三个特征： （1）费用是企业在日常活动中发生的 （2）费用会导致所有者权益减少 （3）费用是与向所有者分配利润无关的经济利益的总流出

续表

项目	具体内容
构成	通常包括营业成本（含主营业务成本和其他业务成本）、税金及附加、管理费用、销售费用、财务费用、研发费用以及资产减值损失等。其中，管理费用、销售费用、财务费用和研发费用称为期间费用

6. 利润

利润会计要素的具体内容如表 1-9 所示。

表 1-9 利润的定义和构成

项目	具体内容
定义	利润是指企业在一定会计期间的经营成果
构成	利润包括收入减去费用后的净额以及直接计入当期损益的利得和损失，即营业利润和非营业活动产生的利润，具体包括营业利润、利润总额和净利润三个层次

二、会计等式

会计等式是指反映各项会计要素之间基本关系的表达式。

1. 会计等式的表现形式

（1）静态会计等式

资产＝负债＋所有者权益，也表达为"资产＝权益"，是用以反映企业某一特定时点资产、负债和所有者权益三者之间平衡关系的会计等式，具有恒等性。这一等式是复式记账法的理论基础，也是编制资产负债表的依据。

（2）动态会计等式

①收入－费用＝利润，是用以反映企业一定时期收入、费用和利润之间恒等关系的会计等式。这一等式反映了利润的实现过程，是编制利润表的依据。

②资产＝负债＋所有者权益＋（收入－费用），动态反映了财务状况和经营成果之间的平衡关系。

2. 交易或事项对会计等式的影响共有九种类型，具体情形如表 1-10 所示。

表 1-10 交易、事项对会计等式的影响

序号	资产	=	负债	+	所有者权益	举例
1	一增一减					用银行存款购买固定资产 5 万元
2	增		增			借入银行短期借款 2 万元
3	增				增	接受所有者投入现金 5 万元
4	减		减			银行存款偿还短期借款 2 万元
5	减				减	用银行存款退回所有者投入资本 5 万元

续表

序号	资产	=	负债	+	所有者权益	举例
6			一增一减			已到期的应付票据 3 万元因无力支付转作应付账款
7			增		减	向投资者宣告分配现金股利 1 万元
8			减		增	经批准将已发行公司债权 100 万元转为实收资本
9					一增一减	经批准用资本公积 100 万元转增实收资本

经典真题

1.（2020 中国邮政储蓄银行秋招·单选题）某企业向银行贷款 50 万元，这项业务引起（　　）的增减变化。

　　A. 收入　　　　　　　　　　B. 费用
　　C. 所有者权益　　　　　　　D. 负债

答案 D

解析 某企业向银行贷款 50 万元，这项业务引起了企业的负债增加 50 万元，同时企业收到银行的款项，引起资产增加 50 万元，这是资产和负债的同时增加。故选 D 项。

2.（2019 中国邮政储蓄银行春招·单选题）会计要素可分为动态要素和静态要素，以下属于静态要素的是（　　）。

　　A. 利润　　　　　　　　　　B. 费用
　　C. 资产　　　　　　　　　　D. 收入

答案 C

解析 静态要素是反映特定日期的存量要素，动态要素是反映某一时期增减量的要素；资产、负债和所有者权益是反映某一特定日期财务状况的静态要素，收入、费用和利润是反映某一时期经营成果的动态要素。故选 C 项。

3.（2018 浦发银行秋招·单选题）利润表是反映企业在一定会计期间经营成果的报表，也称为损益表，编制利润表的基本平衡式是（　　）。

　　A. 收入＝利润　　　　　　　B. 成本费用＝利润
　　C. 收入＝成本费用　　　　　D. 收入－成本费用＝利润

答案 D

解析 利润表是依据"收入－费用＝利润"来编制的。故选 D 项。

核心考点三：会计科目和账户（备考指数：★★★）

一、会计科目

1. 定义

会计科目简称科目，是对会计要素具体内容进行分类核算的项目，是进行会计核算和提供会计信息的基础。会计科目的设置是为了统一会计核算的口径。

2. 分类

会计科目可以按照其反映的经济内容以及提供信息的详细程度及其统驭关系进行分类，具体内容如表 1-11 所示。

表 1-11 会计科目的分类

分类	科目类别	具体内容
按其反映的经济内容	资产类	（1）流动资产类科目：库存现金、银行存款、预付账款、应收账款、原材料、库存商品等 （2）非流动资产科目：长期股权投资、固定资产、无形资产等
	负债类	（1）流动负债类科目：短期借款、应付账款、应付职工薪酬、应交税费等 （2）非流动负债科目：长期借款、应付债券、长期应付款等
	所有者权益类	实收资本、资本公积、盈余公积、未分配利润、其他综合收益等
	共同类	既有资产性质又有负债性质的会计科目，包括清算资金往来、货币兑换、衍生工具、套期工具、被套期项目
	成本类	生产成本、制造费用、研发费用等
	损益类	（1）收入类科目：主营业务收入、其他业务收入等 （2）费用类科目：主营业务成本、其他业务成本、销售费用、管理费用、财务费用等
按提供信息的详细程度及其统驭关系	总分类科目	总分类科目又称总账科目或一级科目，是对会计要素的具体内容进行总括分类、提供总括信息的会计科目，如应收账款
	明细分类科目	明细分类科目又称明细科目，是对总分类科目作进一步分类、提供更为详细和具体的会计信息的科目，如应收账款——A 公司、应收账款——B 公司

二、账户

1. 定义

账户是根据会计科目设置的、具有一定格式和结构、用以分类反映会计要素增减变动情况及其结果的载体。账户结构中包括账户名称、编制日期、凭证字号、摘要以及金额。

2. 账户的四个金额要素关系

期末余额 = 期初余额 + 本期增加发生额 − 本期减少发生额。

3. 分类

账户可以按照其反映的经济内容以及提供信息的详细程度及其统驭关系进行分类，具体内容如表 1-12 所示。

表 1-12 账户的分类

分类	具体内容
按其反映的经济内容	资产类、负债类、所有者权益类、收入类、损益类、成本类账户
按提供信息的详细程度及其统驭关系	总分类账户和明细分类账户，总分类账户是只反映总金额的账户、明细分类账户是进行详细登记的账户

4. 账户与会计科目的联系和区别

账户与会计科目既有联系又有区别，具体内容如表 1-13 所示。

表 1-13 账户与会计科目的联系和区别

项目	具体内容
联系	会计科目与账户都是对会计对象具体内容（会计要素）的科学分类，两者设置口径一致、性质相同。会计科目是账户的名称，也是设置账户的依据；账户是会计科目的具体运用。会计科目的性质决定了账户的性质。账户的分类和会计科目的分类内容一致
区别	账户有自己的格式或结构，可用来连续、系统、全面地记录反映某种经济业务的增减变化及其结果。会计科目仅仅是账户的名称，不存在结构

经典真题

1.（2019 中国邮政储蓄银行春招·单选题）为了连续、系统、全面地核算和监督经济活动所引起的各项会计要素的增减变化，就有必要对会计对象的具体内容按照其不同的特点和经济管理要求进行科学的分类，对会计要素的具体内容进行分类核算的项目，称为（　）。

A. 会计条目　　　　　　　　B. 会计科目
C. 会计项目　　　　　　　　D. 会计内容

答案 B

解析 为了连续、系统、全面地核算和监督经济活动所引起的各项会计要素的增减变化，就有必要对会计要素的具体内容按照其不同的特点和经济管理要求进行科学的分类，并事先确定分类核算的项目名称，规定其核算内容。这种对会计要素的具体内容进行分类核算的项目，称为会计科目。故选 B 项。

2.（2019 中国邮政储蓄银行春招·单选题）设置账户是会计核算的重要方法之一，

以下关于会计账户的表述，不正确的是（　　）。

A. 会计科目规定的核算内容就是账户应记录反映的经济内容
B. 账户根据会计科目设置，会计科目的名称就是账户的名称
C. 账户是反映资产、负债和所有者权益增减变动的记账实体
D. 账户是会计科目简称，是对会计对象进行具体核算的名称

[答案] D

[解析] 账户是根据会计科目设置的，具有一定格式和结构，用于分类核算会计要素增减变动情况及其结果的载体。会计科目是账户的名称，也是设置账户的依据；账户是科目的具体运用。但账户不等于会计科目，账户与会计科目既有联系又有区别。故选 D 项。

3.（2014 年交通银行·单选题）在会计核算中，资金运动的具体内容是通过在账簿中设置（　　）来反映的。

A. 账户　　　　　　　B. 会计科目
C. 单元　　　　　　　D. 内容

[答案] A

[解析] 账户是根据会计科目设置的，能反映企业资金运动的载体。账户存在于账簿之中，账簿中的每一账页就是账户的存在形式和载体。故选 A 项。

核心考点四：借贷记账法（备考指数：★★★★★）

一、复式记账法

复式记账法是指对发生的每一项经济业务，都要以相等的金额，在相互联系的两个或两个以上的账户中进行记录的记账方法。

复式记账法主要有借贷记账法、增减记账法和收付记账法三种。

二、借贷记账法

1. 定义和记账规则

"借贷记账法"是指以"借""贷"为记账符号的一种复式记账法。此处的"借"和"贷"是记账的符号，表示增加或减少，无任何经济含义或债权债务含义。

借贷记账法的记账规则是"有借必有贷，借贷必相等"。

2. 借贷记账法的账户结构

借贷记账法下，账户的左方称为借方，右方称为贷方。所有账户的借方和贷方按相反方向记录增加数和减少数，即一方登记增加额，另一方就登记减少额。

"借"表示增加还是"贷"表示增加，则取决于账户的性质及结构。

在借贷记账法下，不同类别账户的借贷方所反映的经济内容是不同的。通常情况下，资产类、成本类和费用类账户的增加用"借"表示，减少用"贷"来表示；负债类、所有者权益类和收入类账户的增加用"贷"表示，减少用"借"表示。

（1）资产类和成本类账户的结构

借方	资产和成本类账户	贷方
期初余额		
本期增加额	本期减少额	
期末余额		

账户金额计算公式：期末余额＝期初余额＋借方本期发生额－贷方本期发生额

（2）负债类和所有者权益类账户的结构

借方	负债类和所有者权益类账户	贷方
本期减少额	期初余额	
	本期增加额	
	期末余额	

账户金额计算公式：期末余额＝期初余额＋贷方本期发生额－借方本期发生额

（3）损益类账户结构

费用类账户借方登记增加额，贷方登记减少额，期末无余额。

借方	费用类账户	贷方
本期增加额	本期减少额	
本期借方发生额合计	本期贷方发生额合计	

收入类账户借方登记减少额，贷方登记增加额，期末无余额。

借方	收入类账户	贷方
本期减少额	本期增加额	
本期借方发生额合计	本期贷方发生额合计	

三、会计分录

会计分录是对某项经济业务事项标明其应借应贷账户及其金额的记录，其具体内容如表1-14所示。

表1-14 会计分录要素和分类

项目	具体内容
定义	会计分录是指对某项经济业务事项标明其应借应贷账户及其金额的记录
三要素	账户的名称（会计科目）、记账方向的符号（借方或贷方）、金额

续表

项目	具体内容
分类	（1）简单会计分录：是指只涉及一个账户借方和另一个账户贷方的会计分录，即一借一贷的会计分录 （2）复合会计分录：是指由两个以上（不含两个）对应账户所组成的会计分录，即一借多贷或一贷多借或多借多贷的会计分录
应用举例	甲公司收到投资人李某投入的资本100万元，存入银行。此项业务企业的实收资本增加100万元，同时引起银行存款增加100万元，实收资本是所有者权益类账户，增加记贷方；银行存款是资产类账户，增加记借方，这笔业务的会计分录如下： 借：银行存款 100 　　贷：实收资本——李某　100

四、借贷记账法下的试算平衡

借贷记账法下的试算平衡是根据借贷记账法的记账规则和资产与权益的恒等关系，通过对所有发生额和余额的汇总计算与比较，来检查记录是否正确的一种方法，其分类和局限性如表1-15所示。

表1-15 借贷记账法下试算平衡分类和其局限性

项目		具体内容
分类	发生额试算平衡	全部账户本期借方发生额合计＝全部账户本期贷方发生额合计
	余额的试算平衡	（1）全部账户的借方期初余额合计＝全部账户的贷方期初余额合计 （2）全部账户的借方期末余额合计＝全部账户的贷方期末余额合计
局限性		只能查错，不能查对。当出现重记、漏记、记账方向错误和会计科目使用错误时无法查找出来

经典真题

1.（2019中国邮政储蓄银行春招·单选题）在复式记账法基本原理的表述中，不正确的是（　　）。

A. 按照会计等式，任何一项经济业务参会引起资产与权益之间至少一个项目发生增减变动

B. 复式记账法的理论依据是"资产＝负债＋所有者权益"的会计等式

C. 对每一笔经济业务的发生，都可以以相等金额在两个或两个相关账户中做等额双重记录

D. 这种记账如实反映了经济事物的客观联系，是一种科学的记账方法

 A

【解析】复式记账法是指对于每一笔经济业务,都必须用相等的金额在两个或两个以上相互联系的账户中进行登记,全面、系统地反映会计要素增减变化的一种记账方法。根据会计等式"资产＝负债＋所有者权益",它不仅会引起资产或者权益类项目的增减变动,还有可能引起负债类项目的增减变动。故选A项。

2.（2019中国邮政储蓄银行春招·单选题）余额按照时间不同,分为期初余额和期末余额,对于资产、成本、费用类账户其基本关系为（　　）。

A. 期末余额＝期初余额＋本期借方发生额－本期贷方发生额
B. 期末余额＝期初余额＋本期增加发生额－本期减少发生额
C. 期末余额＝期初余额＋本期贷方发生额－本期借方发生额
D. 期末余额＝期初余额－本期增加发生额＋期减少发生额

【答案】A

【解析】资产、成本、费用类账户的增加用"借"表示,减少用"贷"表示,其余额计算公式为:期末余额＝期初余额＋本期借方发生额－本期贷方发生额。故选A项。

核心考点五：会计凭证与会计账簿（备考指数：★★★★）

一、会计凭证

会计凭证,是指记录经济业务发生或者完成情况的书面证明,是登记账簿的依据。会计凭证按照填制程序和用途可分为原始凭证和记账凭证。

1. 原始凭证

（1）定义

原始凭证又称单据,是指在经济业务发生或完成时取得或填制的,用以记录或证明经济业务的发生或完成情况的原始凭据。原始凭证的作用主要是记载经济业务的发生过程和具体内容。常用的原始凭证有现金收据、发货票、增值税专用（或普通）发票、差旅费报销单、产品入库单、领料单等。

（2）分类

原始凭证可以按照取得来源、格式以及填制的手续和内容进行分类,具体内容如表1-16所示。

表1-16　原始凭证的分类

分类依据	具体分类	解释说明
按照取得来源	自制原始凭证	自制原始凭证是指由本单位有关部门和人员,在执行或完成某项经济业务时填制仅供本单位内部使用的原始凭证,如收料单、领料单、限额领料单、产品入库单、产品出库单、借款单、职工薪酬表、折旧计算表等

续表

分类依据	具体分类	解释说明
按照取得来源	外来原始凭证	外来原始凭证是指在经济业务发生或完成时，从其他单位或个人直接取得的原始凭证，如购买原材料取得的增值税专用发票、银行转来的各种结算凭证、对外支付款项时取得的收据、职工出差报销的飞机票车船票等
按照格式	通用凭证	通用凭证是指由有关部门统一印制、在一定范围内使用的具有统一格式和使用方法的原始凭证，如某省（市）印制的在该省（市）通用的发票、收据等
	专用凭证	专有凭证是指由单位自行印制、仅在本单位内部使用的原始凭证。常见的专用凭证有收料单、领料单、工资费用分配表、折旧计算表等
按照填制的手续和内容	一次凭证	一次凭证是指一次填制完成，只记录一笔经济业务且仅一次有效的原始凭证，如发票、收据、收料单、发货票、银行结算凭证、支票存根、出库单等
	累计凭证	累计凭证是指在一定时期内多次记录发生的同类型经济业务且多次有效的原始凭证，如限额领料单等
	汇总凭证	汇总凭证是指对一定时期内反映经济业务内容相同的若干张原始凭证，按照一定标准综合填制的原始凭证，如发出材料汇总表、工资结算汇总表等

2. 记账凭证

（1）定义

记账凭证，又称记账凭单，是指会计人员根据审核无误的原始凭证，按照经济业务的内容加以归类，并据以确定会计分录后填制的会计凭证，作为登记账簿的直接依据。记账凭证的作用主要是确定会计分录，进行账簿登记，反映经济业务的发生或完成情况，监督企业经济活动，明确相关人员的责任。

（2）分类

记账凭证可以按照用途和填列方式进行分类，具体内容如表1-17所示。

表1-17 记账凭证的分类

分类依据	具体分类	解释说明
按照用途	专用记账凭证	专用记账凭证是指分类反映经济业务的记账凭证，按其反映的经济业务内容，可分为收款凭证、付款凭证和转账凭证 （1）收款凭证，是指用于记录库存现金和银行存款收款业务的记账凭证 （2）付款凭证，是指用于记录现金和银行存款付款业务的记账凭证 （3）转账凭证，是指用于记录不涉及现金和银行存款业务的记账凭证。它是登记明细账和总账等有关账簿的依据
	通用记账凭证	通用记账凭证是指用来反映所有经济业务的记账凭证，为各类经济业务所共同使用，其格式与转账凭证基本相同

续表

分类依据	具体分类	解释说明
按照填列方式	单式凭证	单式凭证是指将一项经济业务涉及的各个会计科目分别填制凭证，即一张凭证中只填列一个会计科目的记账凭证
	复式凭证	在每张凭证上填列一笔会计分录的全部账户名称的凭证

二、会计账簿

1. 定义

会计账簿，简称"账簿"，是指由一定格式的账页组成的，以经过审核的会计凭证为依据，全面、系统、连续地记录各项经济业务的簿籍，是连接会计凭证和会计报表的中间环节。

2. 分类

会计账簿可以按照用途、账页格式以及外形特征进行分类，具体内容如表1-18所示。

表1-18 会计账簿的分类

分类依据	具体分类	解释说明
按照用途	序时账簿	序时账簿，又称日记账，是按照经济业务发生时间的先后顺序逐日、逐笔登记的账簿
	分类账簿	分类账簿是指按照分类账户设置登记的账簿。按其反映经济业务的详略程度，可分为总分类账簿和明细分类账簿
	备查账簿	备查账簿又称辅助登记簿或补充登记簿，是指对某些在序时账簿和分类账簿中未能记载或记载不全的经济业务进行补充登记的账簿
按照账页格式	三栏式账簿	设有借方、贷方和余额三个金额栏目的账簿，如现金日记账、银行存款日记账，资本类、债权债务类明细账，总分类账等
	多栏式账簿	在账簿的两个金额栏目（借方和贷方）按需要分设若干专栏的账簿
	数量金额式账簿	在账簿的借方、贷方和余额三个栏目内，每个栏目再分设数量、单价和金额三小栏，借以反映财产物资的实物数量和价值量的账簿
按照外形特征	订本式账簿	在启用前将编有顺序页码的一定数量账页装订成册的账簿。库存现金日记账、银行存款日记账以及总分类账一般都使用订本式账簿
	活页式账簿	将一定数量的账页置于活页夹内，可根据记账内容的变化而随时增加或减少部分账页的账簿。明细账通常采用活页式账簿
	卡片式账簿	将一定数量的卡片式账页存放于专设的卡片箱中，可以根据需要随时增添账页的账簿，如固定资产卡片式账簿

3. 对账

对账，是对账簿记录所进行的核对，也就是核对账目。对账工作一般在记账之后结账之前，即在月末进行。

对账一般包括账证核对、账账核对和账实核对。其具体内容如表 1-19 所示。

表 1-19 对账的分类

具体分类	解释说明
账证核对	将账簿记录与会计凭证核对，核对账簿记录与原始凭证、记账凭证的时间、凭证字号、内容、金额等是否一致，记账方向是否相符，做到账证相符
账账核对	（1）总分类账簿之间的核对 （2）总分类账簿与所辖明细分类账簿之间的核对 （3）总分类账簿与序时账簿之间的核对 （4）明细分类账簿之间的核对
账实核对	各项财产物资、债权债务等账面余额与实有数额之间的核对： （1）库存现金日记账账面余额与库存现金实际库存数逐日核对是否相符 （2）银行存款日记账账面余额与银行对账单的余额定期核对是否相符 （3）各项财产物资明细账账面余额与财产物资的实有数额定期核对是否相符 （4）有关债权债务明细账账面余额与对方单位的账面记录核对是否相符

4. 结账

结账是将账簿记录定期结算清楚的会计工作。在一定时期结束时（如月末、季末或年末），为了编制财务报表，需要进行结账，具体包括月结、季结和年结。它通常包括两个方面：一是结清各种损益类账户，并据以计算确定本期利润；二是结出各资产、负债和所有者权益账户的本期发生额合计和期末余额。

5. 错账更正

错账更正的方法一般有划线更正法、红字更正法和补充登记法三种，各方法的适用情况如表 1-20 所示。

表 1-20 错帐更正方法的分类

具体分类	适用情况
划线更正法	结账前发现账簿记录有文字或数字错误，而记账凭证没有错误，应当采用划线更正法
红字更正法	（1）记账后发现记账凭证中的应借、应贷会计科目有错误所引起的记账错误 （2）记账后发现记账凭证和账簿记录中应借、应贷会计科目无误，只是所记金额大于应记金额所引起的记账错误
补充登记法	在记账后，发现记账凭证与账簿中所记金额小于应记金额，而科目对应关系无误时采用的一种更正方法

经典真题

1.（2020 中国邮政储蓄银行秋招·单选题）记账凭证按其适用的经济业务，分为如下两类，即（　　）。

A. 专用记账凭证和通用记账凭证

B. 原始记账凭证和分类记账凭证

C. 直接记账凭证和间接记账凭证

D. 单一记账凭证和汇总记账凭证

【答案】A

【解析】记账凭证按其适用的经济业务,可分为专用记账凭证和通用记账凭证。故选A项。

2.(2018中信银行秋招·单选题)企业银行存款日记账与银行对账单的核对属于(　　)。

A. 账实核对　　　　　　　　B. 账账核对

C. 账证核对　　　　　　　　D. 账表核对

【答案】A

【解析】账实核对是指将各项财产物资、债权债务等账面余额与实有数额进行核对,做到账实相符。故选A项。

3.(2017中国邮政储蓄银行秋招·单选题)关于账簿与账户的关系,下列表述中不正确的是(　　)。

A. 账簿序时、分类地记载经济业务,是在总账户中完成的

B. 账簿只是一个外在形式,账户才是它的真实内容

C. 账簿中的每一账页就是账户的存在形式和载体

D. 账簿与账户的关系是形式和内容的关系

【答案】A

【解析】账户是根据会计科目开设的,账户存在于账簿之中,账簿的每一页就是账户的存在形式和载体,没有账簿,账户就无法存在;账簿序时、分类地记载经济业务,是在明细分类账或记账账户中完成的。账簿只是一个外在形式,账户才是它的真实内容。故选A项。

第二章 核心业务核算

核心考点一：存货（备考指数：★★★★）

一、存货的内容

存货是指企业在日常活动中持有以备出售的产成品或商品、处在生产过程中的在产品、在生产过程或提供劳务过程中耗用的材料和物料等。

二、存货初始成本的确定

存货初始成本包括采购成本、加工成本和其他成本。

1. 采购成本

存货的采购成本包括购买价款、相关税费以及其他可归属于存货采购成本的费用，具体内容如表 2-1 所示。

表 2-1 存货采购成本的具体内容

购买价款	企业购入的材料或商品的发票账单上列明的价款，但不包括按照规定可以抵扣的增值税进项税额
相关税费	企业购买存货发生的进口关税、消费税、资源税和不能抵扣的增值税进项税额等应计入存货采购成本的税费
其他可归属于存货采购成本的费用	在存货采购过程中发生的保险费、运输费、装卸搬运费、仓储费、包装费、运输途中的合理损耗、入库前的挑选整理费用等

2. 加工成本

存货的加工成本是企业在加工存货的过程中发生的生产成本，包括直接材料、直接人工和制造费用，具体内容如表 2-2 所示。

表 2-2 存货加工成本的具体内容

直接材料	企业生产产品过程中所消耗的、直接用于产品生产、构成产品实体的各种材料及主要材料、外购半成品以及有助于产品形成的辅助材料等
直接人工	直接从事产品生产人员的工资、社保、福利费等
制造费用	生产车间发生的各项间接费用，如车间的水电费、设备折旧、车间管理人员的工资、福利费等支出

3. 其他成本

存货的其他成本是指除采购成本、加工成本以外的，使存货达到目前场所和状态所发生的其他支出。例如，为特定客户设计产品所发生的、可直接确定的设计费用应计入存货的成本。

三、发出存货的计价方法

发出存货的计价方法包括实际成本法和计划成本法。实际成本法就是按存货的实际购进价格决定发出存货的价格，包括先进先出法、全月一次加权平均法、移动加权平均法和个别计价法。

四、存货减值

1. 存货跌价准备的计提

资产负债表日，存货应当按照成本与可变现净值孰低的原则计量。其中，成本是指期末存货的实际成本；可变现净值是指在日常活动中，存货的估计售价减去至完工时估计将要发生的成本、估计的销售费用以及估计的相关税费后的金额。

当存货成本低于其可变现净值的，存货按成本计价，无需计提存货跌价准备；当存货成本高于其可变现净值的，表明存货可能发生损失，应在存货销售之前确认这一损失，计入当期损益，并相应的减少存货的账面价值。

计提存货跌价准备时，应作如下分录：

借：资产减值损失
　　贷：存货跌价准备

2. 存货跌价准备的转回

以前减记存货价值的影响因素已经消失的，减记的金额应当予以恢复，并在原已计提的存货跌价准备金额内转回，转回的金额计入当期损益。

借：存货跌价准备
　　贷：资产减值损失

3. 存货跌价准备的转销

对已售存货计提了存货跌价准备的，还应结转已计提的存货跌价准备，冲减当期主营业务成本或其他业务成本，实际上是按已售产成品或商品的账面价值结转至主营业务成本或其他业务成本。

借：存货跌价准备
　　贷：主营业务成本

经典真题

1.（2020 中国邮政储蓄银行秋招·单选题）某房地产开发商通过债务重组方式获得一项土地使用权，准备利用该土地使用权建造商品房，这项土地使用权在房地产开发商的资产负债表中应列示的项目为（ ）。

A. 固定资产　　　　　　　B. 投资性房地产
C. 无形资产　　　　　　　D. 存货

答案 D

解析 房地产开发企业取得的用于建造商品房的土地使用权及建造的商品房其用途是为了出售，属于房地产企业的存货，应列示在资产负债表的"存货"项目中。故选 D 项。

2.（2018 中国邮政储蓄银行秋招·单选题）根据我国会计准则的有关规定，外购存货以其采购成本入账，存货的采购成本不包括（ ）。

A. 保险费　　　　　　　　B. 损失费
C. 相关税费　　　　　　　D. 购货价格

答案 B

解析 存货的采购成本包括购买价款、相关税费以及其他可归属于存货采购成本的费用，其他可归属于存货采购成本的费用包括存货采购过程中发生的保险费、运输费、装卸搬运费、仓储费、包装费、运输途中的合理损耗、入库前的挑选整理费用等。B 项损失费属于非正常消耗的存货，非正常消耗的存货属于可以从供应单位、外部运输机构等收回的物资短缺或其他赔款，应冲减物资的采购成本，属于因遭受意外灾害发生的损失和尚待查明原因的途中损耗，应暂作为"待处理财产损溢"进行核算。故选 B 项。

3.（2018 中国农业发展银行·单选题）某企业购买一批价值 2 万元的库存商品，其中以银行存款支付 5 000 元，其余赊欠，用借贷记账法记账应作的会计记录为（ ）。

A. 借：银行存款：　　　　　　　　　　　　　　　　　5 000
　　　贷：应付账款（负债类）　　　　　　　　　　　15 000
B. 借：库存商品（资产类）　　　　　　　　　　　　20 000
　　　贷：银行存款　　　　　　　　　　　　　　　　 5 000
　　　　　应付账款（负债类）　　　　　　　　　　　15 000
C. 借：银行存款　　　　　　　　　　　　　　　　　 5 000
　　　贷：应付账款（负债类）　　　　　　　　　　　15 000
D. 借：库存商品（资产类）　　　　　　　　　　　　20 000
　　　贷：应付账款（负债类）　　　　　　　　　　　15 000

答案 B

解析 用借贷记账法，上述业务正确的分录为：

借：库存商品　　　　　　　　　　　　　　　　20 000
　　贷：银行存款　　　　　　　　　　　　　　　　5 000
　　　　应付账款　　　　　　　　　　　　　　　15 000

故选 B 项。

核心考点二：固定资产（备考指数：★★★）

一、固定资产的内容

固定资产是企业为生产商品、提供劳务、出租或经营管理而持有的，使用寿命超过一个会计年度的有形资产，包括生产设备、生产经营用的建筑物以及交通工具等。

二、固定资产的取得成本

固定资产的取得方式不同，取得成本也不同。

1. 外购固定资产初始成本

外购固定资产的成本，包括购买价款、相关税费、使固定资产达到预定可使用状态前所发生的可归属于该项资产的运输费、装卸费、安装费和专业人员服务费等。其中，购买价款为不含增值税的价款；相关税费为取得固定资产而交纳的关税、契税、耕地占用税、车辆购置税等相关税费，它不包括可以抵扣的增值税进项税额。

以一笔款项购入多项没有单独标价的固定资产，应当按照各项固定资产公允价值比例对总成本进行分配，分别确定各项固定资产的成本。

2. 投资者投入的固定资产

投资者投入固定资产的成本，应当按照投资合同或协议约定的价值确定，但合同或协议约定价值不公允的除外。

三、固定资产折旧

固定资产折旧是指在固定资产使用寿命内，按照确定的方法对应计折旧额进行系统分摊。与固定资产折旧有关的具体内容如表 2-3 所示。

表 2-3 固定资产折旧的相关概念

影响折旧的因素	固定资产原价、预计净残值、固定资产减值准备、固定资产的使用寿命 【提示】固定资产的使用寿命、预计净残值一经确定，不得随意变更

续表

折旧范围		除以下情况外，应对所有固定资产计提折旧： （1）已提足折旧仍继续使用的固定资产，不计提折旧 （2）按规定单独计价作为固定资产入账的土地，不计提折旧 （3）改扩建期间的固定资产、更新改造过程停止使用的固定资产，应将其账面价值转入在建工程，在改扩建期间不再计提折旧 （4）提前报废的固定资产，不再补提折旧 【提示】大修理期间、季节性停用的、未使用的、不需用的固定资产均应当计提折旧
折旧的时间		固定资产从达到预定可使用状态的次月起计提折旧，即当月增加的固定资产，当月不计提折旧，从下月起计提折旧；当月减少的固定资产，当月仍计提折旧，从下月起不计提折旧
折旧方法	年限平均法（直线法）	年折旧额＝（固定资产原值－预计净残值）÷预计使用年限 　　　　＝固定资产原值×（1－预计净残值率）÷预计使用年限 月折旧额＝年折旧额÷12
	工作量法	单位工作量折旧额＝固定资产原值×（1－净残值率）÷预计总工作量 月折旧额＝固定资产当月工作量×单位工作量折旧额
	双倍余额递减法	年折旧率＝2/预计使用年限×100% 固定资产年折旧额＝固定资产期初净值×年折旧率 　　　　　　　＝（固定资产原值－累计折旧）×年折旧率 固定资产月折旧额＝固定资产年折旧额÷12 【提示】要求在倒数第二年改为年限平均法
	年数总和法	年折旧率＝尚可使用期限/预计使用寿命的年数总和 年折旧额＝（固定资产原值－预计净残值）×年折旧率 月折旧率＝年折旧率÷12 【提示】双倍余额递减法和年数总和法统称为加速折旧法。企业应当根据与固定资产有关的经济利益的预期实现方式，合理选择固定资产折旧方法。固定资产的折旧方法一经确定，不得随意变更
折旧的调整		企业至少应当于每年年度终了时对固定资产的使用寿命、预计净残值和折旧方法进行复核。使用寿命预计数与原先估计数有差异的，应当调整固定资产使用寿命。预计净残值与原先估计数有差异的，应当调整预计净残值。与固定资产有关的经济利益预期实现方式有重大改变的，应当改变固定资产折旧方法。固定资产使用寿命、预计净残值和折旧方法的改变应当作为会计估计变更
累计折旧账务处理		借：制造费用（生产用固定资产折旧） 　　研发支出（技术研发用固定资产折旧） 　　管理费用（行政管理用固定资产折旧、未使用、不需用固定资产折旧） 　　销售费用（销售部门用固定资产折旧） 　　在建工程（用于工程建造的固定资产折旧） 　　其他业务成本（经营出租的固定资产折旧） 　贷：累计折旧

四、固定资产减值

固定资产账面价值小于固定资产的可收回金额，无需计提固定资产减值准备。固定资产账面价值大于固定资产的可收回金额的差额，应当按照差额计提固定资产减值准备。

借：资产减值损失
　　贷：固定资产减值准备

固定资产减值准备一旦计提，以后期间不得转回。

经典真题

1.（2019 中国农业发展银行秋招·单选题）按照折旧的时间范围处理，以下处理的表述不正确的是（　　）。

A. 更新改造项目达到预定可使用状态转为固定资产后，再按照快速折旧方法计提折旧

B. 处于更新改造过程停止使用的固定资产，应将其账面价值转入在建工程，不再计提折旧

C. 因进行大修理而停用的固定资产，应当照提折旧，计提的折旧额应计入相关资产成本或当期损益

D. 已达到预定可使用状态但尚未办理竣工决算的固定资产，应当按照估计价值确定其成本，并计提折旧

答案 A

解析 更新改造项目达到预定可使用状态转为固定资产后，按照重新确定的账面价值、折旧方法和尚可使用年限计提折旧，不一定必须使用快速折旧法。故选 A 项。

2.（2019 中国农业银行秋招·单选题）以下关于固定资产处置的处理中，不符合规定的是（　　）。

A. 企业持有待售的固定资产，应当对其预计净残值进行调整

B. 固定资产的账面价值是固定资产成本扣减累计折旧和累计减值准备后的金额

C. 企业出售、转让、报废固定资产或发生毁损，应当将处置收入金额全部计入当期损益

D. 企业将发生的固定资产后续支出计入固定资产成本的，应当终止确认被替换部分的账面价值

答案 C

解析 A 项企业持有待售的固定资产，不再计提折旧，当发生减值时应当调整净残值；B 项固定资产的账面价值＝固定资产原值－累计折旧－固定资产减值准备；C 项企业出售、转让、报废固定资产或发生固定资产毁损，应当将处置收入扣除账面价值和相关税费后的金额计入当期损益（计入利润表的资产处置损益或营业外收入、营业外支

出项目），而不是将处置收入直接计入当期损益；D 项替换部分被替换后将不再构成固定资产的组成部分，其价值应从固定资产的价值中扣除，也就是终止确认替换部分的价值。故选 C 项。

3.（2018 中国建设银行秋招·单选题）该企业出售一台设备，其原始价值 500 000 元，已经计提折旧 250 000 元，出售获得 300 000 元已经存入银行，并以银行存款支付清理费用 20 000 元，该公司处置设备收到的净现金为（　　）。

A.300 000 元　　　　　　　　B.30 000 元
C.50 000 元　　　　　　　　 D.280 000 元

答案 D

解析 该企业处置设备的净收益=300 000－（500 000－250 000）－20 000=30 000 元；企业处置收到的净现金=300 000－20 000=280 000 元。故选 D 项。

核心考点三：应付职工薪酬（备考指数：★★★）

职工薪酬，是指企业为获得职工提供的服务或解除劳动关系而给予的各种形式的报酬或补偿。

一、职工薪酬的分类

职工薪酬包括短期薪酬、离职后福利、辞退福利和其他长期职工福利。其具体分类如表 2-4 所示。

表 2-4　职工薪酬的具体分类

项目	分类	具体分类
职工薪酬	短期薪酬：是指企业在职工提供相关服务的年度报告期间结束后十二个月内需要全部予以支付的职工薪酬，因解除与职工的劳动关系给予的补偿除外	职工工资、奖金、津贴和补贴
		职工福利费
		医疗保险费、工伤保险费和生育保险费等社会保险费
		住房公积金
		工会经费和职工教育经费
		短期带薪缺勤
		短期利润分享计划
		其他短期薪酬
	离职后福利：企业为获得职工提供的服务而在职工退休或与企业解除劳动关系后，提供的各种形式的报酬和福利，短期薪酬和辞退福利除外	养老保险
		失业保险

续表

项目	分类	具体分类
职工薪酬	辞退福利	企业在职工劳动合同到期之前解除与职工的劳动关系
		为鼓励职工自愿接受裁减而给予职工的补偿
	其他长期职工福利	长期带薪缺勤
		长期残疾福利
		长期利润分享计划

二、应付职工薪酬的账务处理

1. 确认应付职工薪酬

根据受益对象或岗位（谁受益谁买单）：

借：生产成本（生产工人的薪酬）

　　制造费用（车间主任的薪酬）

　　劳务成本（提供劳务人员的薪酬）

　　管理费用（行政管理人员的薪酬）

　　销售费用（销售人员的薪酬）

　　在建工程（在建工程人员的薪酬）

　　研发支出（研发人员的薪酬）

　　贷：应付职工薪酬

2. 发放工资

借：应付职工薪酬

　　贷：库存现金

　　　　银行存款

　　　　应交税费——应交个人所得税（代扣代缴的个人所得税）

　　　　其他应收款（员工垫款和借款的收回）

　　　　其他应付款（代收代缴的社会保险费等）

 经 典 真 题

1.（2015 中国工商银行秋招·单选题）每月 8 号是宏宸宇达发放工资日，9 月 8 日时已计提工资 600 000 元，企业应代扣代缴的个人所得税为 80 000 元，为职工垫付的房租为 20 000 元，对于宏宸宇达来说，以下正确的会计分录是（　　）。

A. 借：应付工资 600 000 元
　　贷：银行存款 600 000 元
B. 借：应付工资 600 000 元
　　贷：应交税金——个人所得税 80 000 元
　　　　银行存款 500 000 元
C. 借：应付工资 600 000 元
　　贷：应交税金——个人所得税 80 000 元
D. 借：应付工资 600 000 元
　　贷：应交税金——个人所得税 80 000 元
　　　　其他应收款 20 000 元
　　　　银行存款 500 000 元

答案 D

解析 本题考查工资发放。正确会计分录如下：
借：应付工资 600 000 元
　　贷：应交税金——个人所得税 80 000 元
　　　　其他应收款 20 000 元
　　　　银行存款 500 000 元
故选 D 项。

2.（2018 浦发银行秋招·多选题）薪酬体系是企业整体人力资源管理体系的重要组成部分，下列属于员工的薪酬体系内容的有（　　）。

A. 分红　　　　　　B. 奖金
C. 基本工资　　　　D. 福利

答案 BCD

解析 薪酬体系是企业整体人力资源管理体系的重要组成部分。薪酬体系是指薪酬的构成和分配方式，即一个人的工作报酬由哪几部分构成。一般而言，员工的薪酬包括基本薪酬、奖金、津贴、福利四大部分，不包括分红。故选 BCD 项。

第三章 财务报表

核心考点一：资产负债表（备考指数：★★★★）

一、资产负债表的概述

资产负债表是指反映企业在某一特定日期的财务状况的报表。资产负债表的格式有账户式和报告式两种，我国企业的资产负债表采用账户式结构，资产按流动性排列，负债和所有者权益按偿还顺序排列。资产负债表的编制依据是"资产＝负债＋所有者权益"。其具体格式如表3-1所示。

表 3-1 资产负债表

编制单位：　　　　　　年　月　日　　　　　　单位：元

资产	期末余额	年初余额	负债和所有者权益（或股东权益）	期末余额	年初余额
流动资产：			流动负债：		
货币资金			短期借款		
交易性金融资产			交易性金融负债		
应收票据及应收账款			应付票据及应付账款		
预付款项			预收款项		
其他应收款			合同负债		
存货			应付职工薪酬		
合同资产			应交税费		
持有待售资产			其他应付款		
一年内到期的非流动资产			持有待售负债		
其他流动资产			一年内到期的非流动负债		
流动资产合计			其他流动负债		
非流动资产：			流动负债合计		
债权投资			非流动负债：		
其他债权投资			长期借款		
长期应收款			应付债券		
长期股权投资			长期应付款		
其他权益工具投资			预计负债		

续表

资产	期末余额	年初余额	负债和所有者权益（或股东权益）	期末余额	年初余额
其他非流动金融资产			递延收益		
投资性房地产			递延所得税负债		
固定资产			其他非流动负债		
在建工程			非流动负债合计		
生产性生物资产			负债合计		
油气资产			所有者权益（或股东权益）：		
无形资产			实收资本（或股本）		
开发支出			其他权益工具		
商誉			其中：优先股		
长期待摊费用			永续股		
递延所得税资产			资本公积		
其他非流动资产			减：库存股		
非流动资产合计			其他综合收益		
			盈余公积		
			未分配利润		
			所有者权益（或股东权益）合计		
资产总计			负债和所有者权益（或股东权益）总计		

二、资产负债表的填列方法

资产负债表的年初数一栏需要根据上期报表的期末数填列；期末余额一栏需要根据相关项目的总账和明细账的期末余额来填列，具体的填列方法包括以下几种：

1. 根据总账科目的余额直接填列

根据总账科目的余额直接填列的项目包括短期借款、应交税费、应付职工薪酬、实收资本、资本公积、盈余公积等。

2. 根据几个总账科目的余额计算填列的项目

货币资金 = 库存现金 + 银行存款 + 其他货币资金

未分配利润 = 本年利润 + 利润分配（借方为负，贷方为正，如为亏损填负数）

3. 根据有关明细科目的余额分析计算填列

应收票据及应收账款 = 应收票据科目期末余额 + 应收账款明细科目借方余额 + 预收账款明细科目借方余额 - 坏账准备

预付款项 = 预付账款明细科目借方余额 + 应付账款明细科目借方余额 - 坏账准备

应付票据及应付账款＝应付票据科目的期末余额＋应付账款明细科目贷方余额＋预付账款明细科目贷方余额

预收款项＝预收账款明细科目贷方余额＋应收账款明细科目贷方余额

4. 根据总账科目和明细账科目的余额分析计算填列

"长期借款"项目，应根据"长期借款"总账科目余额扣除"长期借款"科目所属的明细科目中将在资产负债表日起一年内到期，且企业不能自主地将清偿义务展期的长期借款后的金额计算填列。

5. 根据有关科目余额减去其备抵科目余额后的净额填列

固定资产＝固定资产－累计折旧－固定资产减值准备＋（－）固定资产清理

无形资产＝无形资产－累计摊销－无形资产减值准备

6. 综合运用上述填列方法分析填列

如"存货"项目，需根据材料采购、原材料、低值易耗品、自制半成品、库存商品、包装物、生产成本、委托加工物资、委托代销商品、材料成本差异等科目的期末余额汇总数，再减去"存货跌价准备"备抵科目余额后的金额填列。

经 典 真 题

1.（2017 中国工商银行秋招·单选题）下表为某银行的半年度财务报表：

单位：百万元	2016 年 6 月 30 日	2015 年 12 月 31 日
资产总额	？？	
负债总额	21 656	20 741
所有者权益	1 856	1 689
净利润	？？	
提取盈余公积	14	23
资本公积转增	35	35
分配现金股利	110	172
追加现金投资	30	55
标准普尔	A	A

请回答以下各题：

1.2016 年 6 月底，资产总额（　　）。

A.21 656　　　　　　　　　B.1 856

C.23 512　　　　　　　　　D.22 430

答案 C

解析 由会计等式"资产＝负债＋所有者权益"可知，2016 年 6 月底资产总额＝

21 656+1 856=23 512(百万元)。故选 C 项。

2.2016 年 6 月底,净利润( )。

A.167　　　　　　　　　B.247
C.277　　　　　　　　　D.80

答案 B

解析 年末所有者权益＝年初所有者权益＋净利润＋本年新增投资－分配现金股利,所以 1 856=1 689+净利润+30－110,净利润=247(百万元)。故选 B 项。

核心考点二：利润表(备考指数：★★★★)

一、利润表的含义

利润表又称损益表,是反映企业在一定会计期间经营成果的报表。

我国利润表采用多步式,具体格式如表 3-2 所示。

表 3-2 利润表

编制单位：　　　　　　　年　月　日　　　　　　　单位：元

项目	本期金额	上期金额
一、营业收入		
减：营业成本		
税金及附加		
销售费用		
管理费用		
研发费用		
财务费用		
其中：利息费用		
利息收入		
资产减值损失		
信用减值损失		
加：其他收益		
投资收益（损失以"-"号填列）		
其中：对联营企业和合营企业的投资收益		
公允价值变动收益（损失以"-"号填列）		
资产处置收益（损失以"-"号填列）		
净敞口套期收益（损失"-"号填列）		

续表

项目	本期金额	上期金额
二、营业利润（亏损以"-"号填列）		
加：营业外收入		
减：营业外支出		
三、利润总额（亏损总额以"-"号填列）		
减：所得税费用		
四、净利润（净亏损以"-"号填列）		
……		

二、利润表中的计算

利润按内容不同可以分为营业利润、利润总额和净利润，具体如下：

营业利润＝营业收入－营业成本－税金及附加－销售费用－管理费用－财务费用－研发费用－资产减值损失－信用减值损失＋公允价值变动收益（－公允价值变动损失）＋投资收益（－投资损失）＋资产处置收益（－资产处置损失）＋其他收益＋净敞口套期收益（－净敞口套期损失）；

利润总额＝营业利润＋营业外收入－营业外支出；

净利润＝利润总额－所得税费用。

经典真题

1.（2015 中国工商银行·单选题）宏宸宇达的发展势头很好，去年的税前利润比前年增加了 25%，上缴国家利税 1 200 万元后，还余四分之三，那么前年的税前利润为（　）万元。

A.2 880 B.3 840
C.3 600 D.4 800

答案 B

解析 此题并未说明宏宸宇达适用的税率，则按照一般企业所得税的税率 25% 来进行计算分析。设前年的税前利润为 X，则 $X(1+25\%) \times 25\% = 1\,200$，求得 $X = 3\,840$（万元）。故选 B 项。

2.（2015 中国工商银行·单选题）卢诚仔细审核了宏宸宇达的利润表，利润表的基本要素不包括（　）。

A. 利润 B. 负债
C. 收入 D. 成本

答案 B

解析 利润表是反映一定期间经营成果的报表。利润表的基本要素包括收入、费用和利润,负债属于资产负债表要素。故选 B 项。

核心考点三:附注(备考指数:★★★)

一、附注概述

附注是对资产负债表、利润表、现金流量表和所有者权益变动表等报表中列示项目的文字描述或明细资料,以及对未能在这些报表中列示项目的说明等。

附注主要起到两方面的作用:

第一,附注的披露是对资产负债表、利润表、现金流量表和所有者权益变动表列示项目含义的补充说明,以帮助财务报表使用者更准确地把握其含义。例如,通过阅读附注中披露的固定资产折旧政策的说明,使用者可以掌握报告企业与其他企业在固定资产折旧政策上的异同,以便进行更准确的比较。

第二,附注提供了对资产负债表、利润表、现金流量表和所有者权益变动表中未列示项目的详细或明细说明。例如,通过阅读附注中披露的存货增减变动情况,财务报表使用者可以了解资产负债表中未单列的存货分类信息。

二、附注的主要内容

1)企业的基本情况;
2)财务报表的编制基础;
3)遵循企业会计准则的声明;
4)重要会计政策和会计估计;
5)会计政策和会计估计变更以及差错更正的说明;
6)报表重要项目的说明;
7)或有和承诺事项、资产负债表日后非调整事项、关联方关系及其交易等需要说明的事项;
8)有助于财务报表使用者评价企业管理资本的目标、政策及程序的信息。

经典真题

(2016 中国农业银行·单选题)财务报表附注是为了便于财务报表使用者理解财务报表的内容而对财务报表所作的解释,其主要内容一般不包括( )。

A. 财务报表中有关项目的填写计算方法

B. 财务报表中有关重要项目的明细资料
C. 有助于理解和分析报表需说明的事项
D. 主要会计政策、会计政策的变更情况

【答案】A

【解析】财务报表中有关项目的填写计算方法不属于附注的主要内容，附注的主要内容包括企业的基本情况，财务报表的编制基础；遵循企业会计准则的声明，重要会计政策和会计估计，会计政策和会计估计变更以及差错更正的说明，报表重要项目的说明，或有和承诺事项、资产负债表日后非调整事项、关联方关系及其交易等需要说明的事项，有助于财务报表使用者评价企业管理资本的目标、政策及程序的信息。故选A项。

第四章 财务管理基础

> 核心考点一：货币时间价值（备考指数：★★★★）

一、货币时间价值的概念

货币时间价值也称为资金的时间价值，是指没有风险和没有通货膨胀的情况下，货币经历一定时间的投资和再投资所增加的价值，用没有通货膨胀、无风险情况下资金市场的平均利率表示。

二、单利和复利

1. 单利终值和现值

单利终值和现值的计算公式如表 4-1 所示。

表 4-1 单利终值和现值的计算公式

单利终值	数学表达式：$F = P \times (1 + i \times n)$ 其中，F 代表终值；P 代表现值；i 代表利率；n 代表期数
单利现值	数学表达式：$P = F/(1 + i \times n)$
结论	单利终值与现值的关系：互为逆运算

2. 复利终值和现值

复利终值和现值的计算公式，如表 4-2 所示。

表 4-2 复利终值和现值的计算公式

复利终值	计算公式 $F = P \times (1+i)^n = P \times (F/P, i, n)$
复利现值	计算公式 $P = F \times (1+i)^{-n} = F \times (P/F, i, n)$

三、年金

1. 年金的定义

年金是指间隔期相等的系列等额收付款项。年金的形式有保险费、租金、整存零取的取款额、零存整取的存款额、等额分期收款、等额分期付款等。

年金的间隔期不一定以年为单位，可以是月、季等，表现为系列款项，每次等额。

2. 年金的分类和现值、终值的计算如表 4-3 所示。

表 4-3 年金的分类和计算公式

分类	定义	年金现值计算公式	年金终值计算公式
普通年金	从第一期起，在一定时期内每期期末等额收付的系列款项	$P=A\times(P/A, i, n)$	$F=A\times(F/A, i, n)$
预付年金	从第一期起，在一定时期内每期期初等额发生的系列收付款项即为预付年金	$P=A(P/A, i, n)(1+i)$	$F=A(F/A, i, n)(1+i)$
递延年金	由普通年金递延形成的年金，递延的期数称为递延期	$P=A\times(P/A, i, n)\times(P/F, i, m)=A[(P/A, i, m+n)-(P/A, i, m)]$ 式中 m 表示递延期，在项目投资运用中表示投资期；n 表示实际发生现金流量的期间，在项目投资运用中表示营业期；$m+n$ 表示整个计算期，在项目投资运用中表示项目计算期	$F=A\times(F/A, i, n)$ 终值与递延期无关
永续年金	永续年金是普通年金的极限形式，当普通年金的收付次数为无穷大时即为永续年金	$P=\dfrac{A}{i}$	没有终值

经典真题

1.（2018 中国邮政储蓄银行秋招·单选题）复利是计算利息的一种方法，即每经过一个计息期，要将所生利息加入本金再计利息，逐期滚算，俗称"利滚利"。除非特别指明，计息期为（　）。

A.1 年　　　　　　　　　　B.1 天

C.1 季　　　　　　　　　　D.1 月

答案 A

解析 复利是计算利息的，计息期是指相邻两次计息的时间间隔，如年、月、日等。除非特别指明，计息期为 1 年。故选 A 项。

2.（2015 中国工商银行·单选题）卢诚了解到，在此之前，宏宸宇达发行过一种债券，面值 1 000 万元，票面利率 5%，期限 3 年，每年末支付一次利息，到期一次还本。已知发行时市场利率为 6%，则该债券的发行价格为（　）万元。

A.965.56　　　　　　　　　B.973.27

C.1 133.65　　　　　　　　D.1 150

答案 B

解析 债券的发行价格是债券预计未来现金流量的现值。本题中债券的发行价格=（1 000+50）×（1+6%）$^{-3}$+1 000×5%×（1+6%）$^{-2}$+1 000×5%×（1+6%）$^{-1}$=973.27（万元）。故选 B 项。

3.（2015 中国工商银行·单选题）财务会计部审核自助机具采购合同，发现关于付款有如下约定：设备金额 30 000 元，可在 3 年内结清采购款，期间按 4.25% 的年利率（按复利计算）。如果到期日才付清该笔款项，那么需要付供应商共计（　　）元。

A.31 275　　　　　　　　　　B.33 825

C.33 990　　　　　　　　　　D.93 825

答案 C

解析 此题为已知现值求解终值，根据公式可得终值=30000×（1+4.25%）^{3}≈33 990 元。故选 C 项。

核心考点二：风险与收益（备考指数：★★★★）

一、单项资产收益率

以百分比表示的资产增值称为资产的收益率或报酬率。资产收益率分为实际收益率、预期收益率和必要收益率，具体含义如表 4-4 所示。

表 4-4　资产收益率的类型和含义

收益率的类型	含义
实际收益率	已经实现的或者确定可以实现的资产收益率
预期收益率	也称为期望收益率，是指在不确定的条件下，预测的某资产未来可能实现的收益率
必要收益率	也称为最低报酬或最低要求的收益率，是指投资者对某资产合理要求的最低收益率。其计算公式为： 必要收益率＝无风险收益率＋风险收益率 其中，通常用短期国债的利率近似地代替无风险收益率，无风险收益率＝纯粹利率（资金时间价值）＋通货膨胀补偿率；风险收益率为投资者因承担资产的风险而要求的超过无风险收益率的额外收益

二、单项资产的风险及其衡量

1. 风险的概念

风险是企业在各项财务活动过程中，由于各种难以预料或无法控制的因素作用，企业的实际收益与预期收益发生背离，从而出现蒙受经济损失的可能性，是收益的不确定性。

2. 衡量风险的指标

衡量风险的指标主要有期望值、方差、标准差和标准差率，具体计算公式及结论如表 4-5 所示。

表 4-5 风险的衡量指标及计算公式

指标	计算公式	结论
期望值	$\overline{E}=\sum_{i=1}^{n}X_i P_i$	不能直接衡量风险大小
方差	$\sigma^2=\sum_{i=1}^{n}(X_i-\overline{E})^2 P_i$	期望值相同时，方差越大，风险越大；方差越小，风险越小
标准差	$\sigma=\sqrt{\sum_{i=1}^{n}(X_i-\overline{E})^2 P_i}$	期望值相同时，标准差越大，风险越大，反之则越小
标准差率	$V=\dfrac{\sigma}{\overline{E}}\times 100\%$	标准差率越大，风险越大，反之则越小

三、资产组合的风险及其衡量

1. 资产组合的预期收益率

证券资产组合的预期收益率就是组成证券资产组合的各种资产收益率的加权平均数，其权数为各种资产在整个组合中所占的价值比例。

证券资产组合的预期收益率 $E(R_p)=\sum W_i \times E(R_i)$，其中，$W_i$ 表示每项资产的权重。

例如：某投资公司的一项投资组合中包含 A、B 和 C 三种股票，权重分别为 20%、30% 和 50%，三种股票的预期收益率分别为 15%、12%、10%，要求计算该投资组合的预期收益率。该投资组合的预期收益率 =20%×15%+30%×12%+50%×10%=11.6%。

2. 证券资产组合的风险及其衡量

证券资产组合风险的衡量指标主要有组合方差和组合标准差，其计算公式如表 4-6 所示。

表 4-6 证券资产组合风险的衡量指标及计算公式

指标	公式（两项资产组合）
组合方差	$\sigma_p^2 = W_1^2\sigma_1^2 + W_2^2\sigma_2^2 + 2W_1 W_2 \sigma_{1,2}\sigma_1\sigma_2$
组合标准差	$\sigma_p = \sqrt{W_1^2\sigma_1^2 + W_2^2\sigma_2^2 + 2W_1 W_2 \sigma_{1,2}\sigma_1\sigma_2}$

四、资本资产定价模型

必要收益率 = 无风险收益率 + 风险收益率，即 $R = R_f + \beta(R_m - R_f)$。

其中，R 表示必要收益率；R_f 表示无风险收益率；β 表示系统风险系数；R_m 表示整个市场所有证券组合的平均收益率。

经典真题

1．（2019 中信银行秋招·单选题）计算两项资产投资组合收益率的方差，不需要考虑的因素是（　　）。

A．单项资产的 β 系数　　　　　　　B．单项资产的方差

C．两种资产的相关系数　　　　　　D．单项资产在投资组合中所占的比重

答案 A

解析 两项资产投资组合收益率的方差 $VP=\omega_1\sigma_1+\omega_2\sigma_2+2\omega_1\omega_2\sigma_1\sigma_2\rho_{12}$。$\omega_1$、$\omega_2$ 为第一项资产、第二项资产在投资组合中所占的比重，σ_1、σ_2 为第一项、第二项资产收益率的方差，ρ_{12} 为两项资产收益率的相关系数。因此，不需要考虑的因素是单项资产的 β 系数。故选 A 项。

2．（2018 中国建设银行秋招·单选题）某投资组合由下表两种证券构成，则该投资组合的预期收益率与标准差分别为（　　）。

证券名称	预期收益率	标准差	占组合比重	相关系数
甲	15%	12%	60%	−1
乙	10%	20%	40%	

A．12%；0.8%　　　　　　　　　　B．12%；15.2%

C．13%；0.8%　　　　　　　　　　D．13%；15.2%

答案 C

解析 投资组合的预期收益率等于各证券收益率的加权平均，15%×60%+10%×40%=13%。投资组合的标准差为 =0.8%。故选 C 项。

第五章 财务分析与评价

核心考点一：财务分析的主体（备考指数：★★★）

财务分析的主体包括所有者、债权人、经营者、政府以及其他与企业有利益关系的人士，不同的会计主体需要不同的信息，采用不同的分析程序。其具体内容如表5-1所示。

表5-1 不同主体财务分析的内容

主体	财务分析的内容
所有者	关心其资本的保值和增值状况，主要进行企业盈利能力分析
债权人	关注其投资的安全性，主要进行企业偿债能力分析，同时也关注企业盈利能力分析
经营者	对企业经营理财的各个方面，包括营运能力、偿债能力、盈利及发展能力的全部信息予以详尽地了解和掌握，进行各方面综合分析，并关注企业的财务风险和经营风险
政府	关注点因所具身份不同而异，即是宏观经济管理者，又是国有企业的所有者和重要的市场参与者

经典真题

（2014 交通银行·单选题）会计报表有不同的使用者，他们对会计信息的要求也不相同。相对而言，哪类使用者更为关心企业未来的收益及其稳定性？（ ）

A. 债权人　　　　　　　　B. 投资者
C. 企业员工　　　　　　　D. 管理者

【答案】B

【解析】会计报表有不同的使用者，他们对会计信息的要求也不相同。相对而言，企业的投资者更为关心企业未来的收益及其稳定性；债权人关心企业的偿还债务的能力；企业员工关心企业的盈利和自身的福利；企业管理层需全面关注企业的偿债能力、营运能力、获利能力和发展能力。故选B项。

核心考点二：财务分析的方法（备考指数：★★★）

一、比较分析法

比较分析法是指对两个或两个以上的可比数据进行对比，找出企业财务状况、经营成果中的差异与问题，其分类和具体运用如表 5-2 所示。

表 5-2 比较分析法的分类和具体运用

分类	具体运用
（1）趋势分析法：与本企业的历史比较 （2）横向比较法：与同行业平均水平或竞争对手比较 （3）预算差异分析法：与预算数据比较	（1）重要财务指标的比较： 定基动态比率 =（分析期数额 / 固定基期数额）×100% 环比动态比率 =（分析期数额 / 前期数额）×100% （2）会计报表的比较 （3）会计报表项目构成的比较

二、比率分析法

比率分析法是通过计算各种比率指标来确定财务活动变动程度的方法，其分类如表 5-3 所示。

表 5-3 比率分析法的分类

分类	注意的问题
（1）构成比率 =（某个组成部分的数值 / 总体数值）×100% （2）效率比率 =（所得 / 所费）×100% （3）相关比率 =（某一指标 / 另一相关指标）×100%	（1）对比项目的相关性 （2）对比口径的一致性 （3）衡量标准的科学性

三、因素分析法

因素分析法是依据分析指标与其影响因素的关系，从数量上确定各因素对分析指标影响方向和影响程度的一种方法。因素分析法具体有两种应用：连环替代法和差额分析法，具体内容如表 5-4 所示。

表 5-4 因素分析法的应用

项目	连环替代法	差额分析法
应用	设 $F=A\times B\times C$ 基数（计划、上年、同行业先进水平） $F_0 = A_0 \times B_0 \times C_0$ 实际：$F_1 = A_1 \times B_1 \times C_1$ 基数：$F_0 = A_0 \times B_0 \times C_0$ ① 置换 A 因素：$A_1 \times B_0 \times C_0$ ② 置换 B 因素：$A_1 \times B_1 \times C_0$ ③ 置换 C 因素：$A_1 \times B_1 \times C_1$ ④ ②－①即 A 因素变动对 F 指标的影响 ③－②即 B 因素变动对 F 指标的影响 ④－③即 C 因素变动对 F 指标的影响	A 因素变动对 F 指标的影响： $(A_1-A_0)\times B_0 \times C_0$ B 因素变动对 F 指标的影响： $A_1 \times (B_1-B_0)\times C_0$ C 因素变动对 F 指标的影响： $A_1 \times B_1 (C_1-C_0)$

续表

项目	连环替代法	差额分析法
注意的问题	(1) 因素分解的关联性 (2) 因素替代的顺序性 (3) 顺序替代的连环性 (4) 计算结果的假定性	

经典真题

1.（2018 中国邮政储蓄银行秋招·单选题）在对成本报表整体分析中，通过计算成本报表中各项目占总体的比重或结构，反映报表中的项目与总体的关系及其变动情况，该分析方法称为（　）。

A. 垂直分析法　　　　　　B. 比重分析法

C. 水平分析法　　　　　　D. 趋势分析法

答案 A

解析 垂直分析法是通过计算成本报表中各项目占总体的比重或结构，反映报表中的项目与总体的关系及其变动情况的一种成本分析方法。故选 A 项。

核心考点三：基本的财务报表分析（备考指数：★★★★★）

一、偿债能力分析

1. 短期偿债能力分析（对流动负债的清偿能力）

短期偿债能力分析即对流动负债的清偿能力，计算公式及指标分析如表 5-5 所示。

表 5-5　各短期偿债能力指标的计算公式及指标分析

项目	计算公式	指标分析
营运资金	流动资产 − 流动负债	大于零，企业财务状况稳定，不能偿债的风险较小；小于零，企业部分非流动资产以流动负债作为资金来源，企业不能偿债的风险很大
流动比率	流动资产 / 流动负债	表明每 1 元流动负债有多少流动资产作为保障，流动比率越大通常表明短期偿债能力越强。一般认为，生产企业合理的最低流动比率经验值等于 2，但该指标过大说明企业的机会成本高，资金的使用效率低
速动比率	速动资产 / 流动负债 （速动资产=流动资产 − 存货）	表明每 1 元流动负债有多少速动资产作为偿债保障，一般情况下，速动比率越大通常短期偿债能力越强。一般来讲，剔除存货影响的速动比率至少是 1

续表

项目	计算公式	指标分析
现金比率	（货币资金＋交易性金融资产）/流动负债	表明每1元流动负债有多少现金资产作为偿债保障，最能反映企业直接偿付流动负债的能力。经验研究表明，0.2的现金比率就可以接受

2. 长期偿债能力分析

长期偿债能力指标的计算公式及指标分析如表5-6所示。

表5-6 各长期偿债能力指标的计算公式及指标分析

项目	计算公式	指标分析
资产负债率	负债总额/资产总额×100%	资产负债率越低，表明企业资产对负债的保障能力越高，企业的长期偿债能力较强
产权比率	负债总额/所有者权益总额	产权比率不仅反映了由债权人提供的资本与所有者提供资本的对应关系（资本结构），且反映了债权人资本受股东权益保障的程度，或者是企业清算时对债权人利益的保障程度。一般来说，比率越低，表明企业偿债能力越强，债权人权益保障程度越高
权益乘数	总资产/股东权益	权益乘数表明股东每投入1元钱可实际拥有和控制的金额。在企业存在负债的情况下，权益乘数大于1。企业负债比例越高，权益乘数越大
利息保障倍数	息税前利润/应付利息＝（净利润＋利润表中的利息费用＋所得税）/应付利息 【提示】公式中的分母"应付利息"是指本期发生的全部应付利息，不仅包括财务费用中的利息费用，还应包括计入固定资产成本的资本化利息	利息保障倍数反映支付利息的利润来源（息税前利润）与利息支出之间的关系，该比率越高，长期偿债能力越强。从长期看，利息保障倍数至少要大于1（国际公认标准为3）

二、营运能力分析

营运能力主要指资产运用、循环的效率高低。一般而言，资金周转速度越快，说明企业的资金管理水平越高，资金利用效率越高，企业可以以较少的投入获得较多的收益。因此，营运能力指标是通过投入与产出（主要指收入）之间的关系反映。

1. 流动资产营运能力分析

营运能力指标计算公式及指标分析如表5-7所示。

表 5-7 营运能力指标计算公式及指标分析

比率	计算公式	指标分析
应收账款周转率/周转天数	应收账款周转率（次数）=营业收入/应收账款平均余额=营业收入/[(期初应收账款+期末应收账款)/2] 应收账款周转天数=计算期天数/应收账款周转次数	在一定时期内周转次数多（或周转天数少）表明：企业收账迅速、信用销售管理严格；应收账款流动性强，增强企业短期偿债能力；可以减少收账费用、坏账损失，相对增加企业流动资产的投资收益
存货周转率/周转天数	存货周转率（次数）=营业成本/存货平均余额=营业成本/[(期初存货+期末存货)/2] 存货周转天数=计算期天数÷存货周转次数	存货周转速度越快，表明存货占用水平越低，流动性越强，存货转化为现金或应收账款的速度越快，从而增强企业的短期偿债能力及盈利能力
流动资产周转率/周转天数	流动资产周转率（次数）=营业收入/流动资产平均余额=营业收入/[(期初流动资产+期末流动资产)/2] 流动资产周转天数=计算期天数/流动资产周转次数	流动资产周转率越高，表明企业流动资产的使用效率越高
固定资产周转率/周转天数	固定资产周转率（次数）=营业收入/固定资产平均余额=营业收入/[(期初固定资产+期末固定资产)/2] 固定资产周转天数=计算期天数/固定资产周转次数	固定资产周转次数多，说明企业固定资产投资得当，结构合理，利用效率高；反之，则表明固定资产利用效率不高，提供的生产成果不多，企业的营运能力不强
总资产周转率	总资产周转率（次数）=营业收入/平均资产总额=营业收入/[(期初资产总额+期末资产总额)/2]	总资产周转次数用来衡量企业资产整体的使用效率。总资产由各项资产组成，在营业收入既定的情况下，总资产周转率的驱动因素是各项资产。因此，对总资产周转情况的分析应结合各项资产的周转情况，以发现影响企业资产周转的主要因素

三、盈利能力分析

盈利能力指标计算公式及指标分析如表 5-8 所示。

表 5-8 各盈利能力指标计算公式及指标分析

项目	计算公式	指标分析
营业净利率	营业净利率=净利润/营业收入×100%	营业净利率反映每 1 元营业收入最终赚取了多少利润，用于反映产品最终的盈利能力。将营业净利率按利润的扣除项目进行分解，可以识别影响营业净利率的主要因素

续表

项目	计算公式	指标分析
总资产净利率	总资产净利率＝净利率/平均总资产×100%＝$\dfrac{净利率}{营业收入}\times\dfrac{营业收入}{平均总资产}$＝营业净利率×总资产周转率	总资产净利率衡量企业资产的盈利能力。总资产净利率越高表明企业资产的利用效果越好。影响总资产净利率的因素是营业净利率和总资产周转率
净资产收益率	净资产收益率＝净利润/平均所有者权益×100%＝$\dfrac{净利率}{平均总资产}\times\dfrac{平均总资产}{平均净资产}$＝总资产净利率×权益乘数＝营业净利率×总资产周转率×权益乘数	净资产收益率表示每 1 元权益资本赚取的净利润，反映权益资本经营的盈利能力。该指标是企业盈利能力指标的核心，也是杜邦财务指标体系的核心，更是投资者关注的重点。一般来说，净资产收益率越高，所有者和债权人的利益保障程度越高；净资产收益率不是一个越高越好的概念，分析时要注意企业的财务风险

四、发展能力分析

发展能力指标计算公式及指标分析如表 5-9 所示。

表 5-9 各发展能力指标计算公式及指标分析

项目	计算公式	指标分析
营业收入增长率	营业收入增长率＝本年营业收入增长额/上年营业收入×100%	营业收入增长率反映的是相对化的营业收入增长情况，是衡量企业经营状况和市场占有能力、预测企业经营业务拓展趋势的重要指标。营业收入增长率大于零，表明企业本年营业收入有所增长。该指标值越高，表明企业营业收入的增长速度越快，企业市场前景越好
总资产增长率	总资产增长率＝本年资产增长额/年初资产总额×100%	总资产增长率反映企业本期资产规模的增长情况。总资产增长率越高，表明企业一定时期内资产经营规模扩张的速度越快。但在分析时，需要关注资产规模扩张的质和量的关系，以及企业的后续发展能力，避免盲目扩张
营业利润增长率	营业利润增长率＝本年营业利润增长额/上年营业利润总额×100%	营业利润增长率反映企业营业利润的增减变动情况
资本保值增值率	资本保值增值率＝扣除客观因素影响后的期末所有者权益/期初所有者权益×100%	资本保值增长率也是衡量企业盈利能力的重要指标。这一指标的高低，除了受企业经营成果的影响外，还受企业利润分配政策的影响

经典真题

1.（2019 中国建设银行秋招·多选题）在贷后管理检查中，某银行客户经理小王发现某小企业客户 2017 年账面净利润很多，但是其偿债能力却出观了风险预警（行内风险预警系统显示该小企业客户可能不能偿还当年到期债务）。为查清原因，小王应重点检查该小企业客户的哪些财务指标？（　　）

A. 应收账款周转率　　　　B. 利息保障倍数
C. 存货周转率　　　　　　D. 流动比率

答案 BD

解析 偿债能力是指企业偿还本身所欠债务的能力。偿债能力分析分为短期偿债能力分析和长期偿债能力分析。A 项错误，应收账款周转率反映了企业应收账款周转速度的快慢及应收账款管理效率的高低，是反映流动资产营运能力的指标。B 项正确，利息保障倍数是指企业息税前利润与全部利息费用之比，又称已获利息倍数，用以衡量偿付借款利息的能力。利息保障倍数越大，长期偿债能力就越强。C 项错误，存货周转率是指一定时期内企业销售成本与存货平均资金占用额的比率，是衡量和评价企业购入存货、投入生产、销售收回等各环节管理效率的综合性指标，是反映流动资产营运能力的指标。D 项正确，流动比率是企业流动资产与流动负债之比。流动比率表明：每 1 元流动负债有多少流动资产作为保障，流动比率越大通常短期偿债能力越强。故选 BD 项。

2.（2019 中国建设银行秋招·单选题）甲、乙两家公司同属医疗器械企业。某银行公司客户经理在进行贷前调查时发现两家公司的财务指标如下：

甲公司相关财务指标

营业利润率	总资产周转率	权益乘数
15%	1.25 次	2

乙公司相关财务指标

营业利润率	总资产周转率	权益乘数
28%	0.9 次	1.5

对于甲、乙两家公司在经营战略和财务政策上的差别，下列选项表述正确的是（　　）。

A. 在经营政策上，甲公司采用的是"低盈利、高周转"方针，乙公司采用的是"高盈利、低周转"的方针；财务政策上，乙公司配置的财务杠杆高

B. 在经营政策上，甲公司采用的是"低盈利、高周转"方针，乙公司采用的是"高盈利、低周转"的方针；财务政策上，甲公司配置的财务杠杆高

C. 在经营政策上，从指标来看，乙公司的盈利能力和营运能力都高于甲公司

D. 在经营政策上，从指标来看，甲公司的盈利能力和营运能力都高于乙公司

答案 B

解析 营业利润率是企业评价盈利能力的指标之一，该指标越大，盈利能力越强；总资产周转率是企业评价营运能力的指标之一，总资产周转率越大，总资产周转越快，销售能力越强；权益乘数反应企业财务杠杆的大小，权益乘数越大，说明股东投入的资本在资产中所占的比重越小，财务杠杆越大。由题目可知，甲公司营业利润率小于乙公司，所以甲公司盈利能力不如乙公司；甲公司总资产周转率大于乙公司，所以甲公司营运能力高于乙公司；甲公司权益乘数大于乙公司，所以甲公司财务杠杆较乙公司较高。故选 B 项。

3.（2014 交通银行·单选题）年末企业流动资产总额为 2 000 万元，总资产为 8 000 万元，存货 1 000 万元，流动负债 500 万元，那么该企业的流动比率是（　　）。

A.25%　　　　　　　　　　B.10%

C.4　　　　　　　　　　　　D.2

答案 C

解析 流动比率＝流动资产/流动负债＝2 000/500＝4。故选 C 项。

核心考点四：杜邦分析（备考指数：★★★★）

杜邦分析法是利用各主要财务比率指标间的内在联系，对企业财务状况及经济效益进行综合系统分析评价的方法。杜邦分析关系式为：

净资产收益率（权益净利率）＝净利润÷平均所有者权益

$$=\frac{利润率}{平均总资产}=\frac{平均总资产}{平均净资产}=总资产净利率 \times 权益乘数$$

＝营业净利率 × 总资产周转率 × 权益乘数

净资产收益率是一个综合性最强的财务分析指标，是杜邦分析体系的起点。

经典真题

1.（2019 中国农业发展银行秋招·单选题）上一年度，某银行的每股净收益为 1 元，每股净资产为 3 元，公司每股股利为 0.5 元，则其股利支付率和股东权益收益率为（　　）。

A.50%　33%　　　　　　　B.33%　50%

C.50%　20%　　　　　　　D.20%　50%

答案 A

解析 股利支付率＝每股股利/每股净收益×100%＝0.5/1×100%＝50%；股东权

益收益率＝可分配的利润／股东权益×100%＝1/3×100%＝33%。故选 A 项。

2.（2018 中国建设银行秋招·单选题）该企业 2015 年末和 2016 年末的营业净利率分别为 7% 和 8%，总资产周转率分别为 2 和 1.5，净资产收益率不变，则该企业的资产负债率的变化趋势为（　　）。

A. 变差　　　　　　　　B. 变好
C. 不变　　　　　　　　D. 无法确定

答案 B

解析 净资产收益率＝营业净利率×总资产周转率×权益乘数；权益乘数＝1/(1－资产负债率)。则有：

2015 年末权益乘数＝净资产收益率／(营业净利率×总资产周转率)＝净资产收益率/14%；

2015 年末资产负债率＝1－1/权益乘数＝1－14%/净资产收益率；

2016 年末权益乘数＝净资产收益率／(营业净利率×总资产周转率)＝净资产收益率/12%；

2016 年末资产负债率＝1－12%/净资产收益率。

而且该企业的净资产收益率不变，因此其资产负债率变小。故选 B 项。

模块四 法律

考情介绍

1. 六大行考情分析

银行	年份	具体核心考点
中国工商银行	2020年	宪法（国家机构）、民法（民事主体、民事责任承担、法律行为分类、悬赏广告、遗失物）、经济法（商业银行业务、商业银行会计年度）、商法（公司营业执照）
	2019年	民法（合同履行、要约收购、合同违约责任）、商法（股东出资）
中国农业银行	2020年	民法（民法基本原则）、商法（公司发起人）
	2019年	民法（抵押、举证期限）、商法（承销方式）
中国建设银行	2020年	宪法（人身自由权、权利与义务）、民法（借款合同、背书、质押、保证）、商法（子公司）、（经济法）商业银行业务
	2019年	民法（抵押登记、违约责任）、商法（法人债务承担、票据权利）经济法（纳税人、侵犯商业秘密）、宪法（权利与义务）
中国交通银行	2020年	未考查本模块
	2019年	商法（股东出资）、经济法（消费权益争议解决）
中国银行	2020年	未考查本模块
	2019年	
中国邮政储蓄银行	2020年	经济法（不正当竞争行为、消费者权益保护）、民法（运输合同、合同转让、侵权责任）
	2019年	宪法（宪法与法律）、民法（合同保全）、经济法（劳动合同终止、商业银行责任承担、不正当竞争行为）、（商法）破产取回权

在银行招聘考试中"法律模块"属于重点考查内容。法律模块涉及的内容极其广泛，虽然各银行对本模块的考查在题型题量、考查内容以及考查难度上有所不同，但是根据对近几年各个银行历年真题的深度研究，总结了本模块的几个考查特点。

1）考查题型包括单选题和多选题。大部分银行招聘考试的题型为单选题，个别银行也涉及多选题，如中国建设银行等。题量一般在2~8道之间，建设银行和邮储银行题量较多，交通银行题量较少，其他银行通常为4~5道左右。

2）在考查内容上非常广泛且各个银行的侧重点有所不同。考查内容涉及法的基本理论、宪法、民法、经济法、商法、刑法等。最主要的是考查民法、经济法、商法的内容。民商法一直是银行招考逢考必出的重点，与银行业务相关的银行业法律法规也是考查的重点。具体而言，民法中的物权，尤其是担保物权以及合同的相关内容是必考点；经济法中的商业银行法也是一个必考点。其次是公司法、票据法、保险法、证券法等商法的内容。还会涉及一些关于法的基本理论，国家基本政治、经济制度和国家机构等宪法的内容，税法、反不正当竞争法、消费者权益保护法等经济法的内容，甚至涉及金融类犯罪以及劳动合同的内容。

另外，当年新修订或者新出台的法律法规，以及与经济金融相关的政策也是考查的重点。一是可以直接考查具体内容；二是结合时政热点进行考查。当然这一部分的考查不会太难。

3）在考查难度上，各个银行考查难度不一。一般而言，中国建设银行考查难度较大，考查的知识点理论化比较强，更倾向于采取案例的形式考查，而且趋向于结合社会热点、金融政策考查，考生比较难以把握。而中国邮储银行难度较小，考查方式更直接，侧重考查法条的记忆。其他银行考查难度中等。

2. 备考建议

1）在备考本模块时，应抓住重点，有的放矢，切记一刀切。重点复习民商法以及经济法，其中民法中的合同、物权担保；经济法中商业银行法等银行相关法律法规；商法中的公司法、票据法为考查的重点。

2）结合案例与真题复习，能更好地融会贯通。历年真题真实地反映了各个银行的考查情况，必须引起重视。有些内容比较抽象，如民法理论部分。或者，生活中不太常见、不容易理解的，如票据。因此，可以通过一些案例以及做题就能更好的检测知识点的掌握情况，在题目的环境中加强对内容的理解与掌握。

3）重视新法的修订。密切关注时政，结合时政对新出台的法律法规，尤其是金融相关的法律法规要了熟于心。

第一章 民法

核心考点一：民法总则（备考指数：★★★）

一、民法概述

1. 民法的概念与调整对象

民法是调整平等主体的自然人、法人和非法人组织之间的人身关系和财产关系的法律规范的总称。民法的调整对象，即平等的民事主体之间人身关系和财产关系，如表 1-1 所示。

表 1-1 民法的调整对象

人身关系	人格利益在法律上体现为相应的权利，如生命权、健康权、姓名权、名称权、肖像权、名誉权
	身份利益是指民事主体之间因婚姻、血缘和法律拟制而形成的利益，在法律上体现为配偶权、亲权和监护权等
财产关系	财产所有关系是指民事主体因对财产的占有、使用、收益和处分而发生的社会关系
	财产流转关系是指民事主体因对财产进行交换而发生的社会关系

2. 民法的基本原则

民法的基本原则是指具有普遍法律约束力的一般原则，也包括即使在法律文本中没有写明亦具有法律拘束力的法的一般原则。根据《民法总则》，我国民法的基本原则主要包括平等原则、意思自治原则、公平原则、诚实信用原则、公序良俗原则以及绿色原则，如表 1-2 所示。

表 1-2 民法的基本原则

平等原则	在民事活动中一切当事人法律地位平等，当事人的人格完全平等，任何一方不得将自己的意志强加给对方；同时，法律对当事人提供平等的法律保护
意思自治原则	也称合同自由原则，是指参加民事活动的当事人在法律允许的范围内享有完全的自由，按照自己的自由意思决定缔结民事法律关系，为自己设定权利或对他人承担义务，任何机关、组织和个人不得非法干预
公平原则	主要是针对合同关系而提出的要求，是当事人缔结合同关系，尤其是确定合同内容时，所应遵循的指导性原则

续表

诚实信用原则	奉为现代民法的最高指导原则，谓之"帝王条款"。诚信原则要求一切市场参加者遵循诚实商人和诚实劳动者的道德标准，在不损害他人利益和社会公益的前提下，追求自己的利益
公序良俗原则	要求民事主体从事民事活动，不得违反法律，不得违背公序良俗
绿色原则	要求民事主体从事民事活动，应当有利于节约资源、保护生态环境。"绿色原则"是民事主体从事民事活动、生产活动和消费活动的行为准则

经典真题

1.（2020 中国农业银行·单选题）有学者称"立法者和裁判者在民事立法和司法的过程中应维持民事主体之间的利益均衡"，由此可以推知，他认为民事活动应当遵循（　　）。

A. 公平原则　　　　　　　　B. 平等原则
C. 私法自治原则　　　　　　D. 互不干扰原则

答案 A

解析　公平原则包含两层含义：一是立法者和裁判者在民事立法和司法的过程中应维持民事主体之间的利益均衡（公平原则之核心）；二是民事主体应依据社会公认的公平观念从事民事活动，以维持当事人之间的利益均衡。故选 A 项。

2.（2020 中国光大银行·多选题）民事法律关系包括财产和人身两个方面，关于这两个方面的比较说法正确的是（　　）。

A. 财产法律关系一般可以转让，但人身法律关系不能转让
B. 买卖关系是财产法律关系，而著作权则属于人身法律关系
C. 财产法律关系受到侵害时，一般是通过赔偿等民事责任来保护
D. 人身法律关系受到侵犯时，一般是通过恢复被侵害的权利来保护

答案 ACD

解析　财产法律关系确立的权利是财产权利，它通常是可以转让的；而在人身法律关系中确立的权利与权利主体的人身一般是不可分离的、不能转让的。著作权兼具财产权与人身权的双重属性，著作人身权是与作者的人身密切相关的权利，只能由作者本人享有和行使，不能转让和授权他人许可使用；著作财产权则是作者控制作品的使用而获得相应经济利益的权利。财产法律关系受到破坏时，主要适用财产补救法，通过返还原物、赔偿损失等民事责任的方式加以保护；人身法律关系受到侵害，主要通过恢复被侵害的权利的方式来保护。故选 ACD 项。

二、民事主体

1. 自然人

自然人是依自然规律出生而取得民事主体资格的人。

（1）自然人的民事权利能力

民事权利能力是指自然人依法享有民事权利和承担民事义务的资格。自然人的民事权利能力始于出生，终于死亡。自然人的民事权利能力一律平等。

（2）自然人的民事行为能力

民事行为能力是指自然人能够以自己的行为独立行使民事权利和承担民事义务，并且能够对自己的违法行为独立承担民事责任的能力。

根据自然人的年龄、智力和精神健康状况，《民法总则》将自然人的民事行为能力分为完全民事行为能力、限制民事行为能力和无民事行为能力三种类型，如表1-3所示。

表1-3 自然人的民事行为能力分类

类型	条件	法律后果
完全民事行为能力	（1）年满18周岁 （2）16周岁以上的未成年人但以自己的劳动收入为主要生活来源	可以独立实施民事法律行为
限制民事行为能力	（1）8周岁≤X＜18周岁 （2）不能完全辨认自己行为的成年人	可以独立实施纯获利益的民事法律行为或者与其年龄、智力、健康状况相适应的民事法律行为
无民事行为能力	（1）不满8周岁 （2）完全不能辨认自己行为的成年人	由他的法定代理人代理实施民事法律行为

2. 法人

法人是具有民事权利能力和民事行为能力，依法独立享有民事权利和承担民事义务的组织。法人的民事权利能力和民事行为能力，从法人成立时产生，到法人终止时消灭。法人的民事权利能力与民事行为能力的范围一致。

（1）法人成立应当具备的条件

①依法成立；

②有必要的财产或者经费；

③有自己的名称、组织机构和场所；

④能够独立承担民事责任。

法人以其全部财产独立承担民事责任。法人以其主要办事机构所在地为住所。依法需要办理法人登记的，应当将主要办事机构所在地登记为住所。

（2）法人的分类

《民法总则》将法人分为营利法人、非营利法人以及特别法人三类，如表1-4所示。

表 1-4 法人的分类

营利法人	有限责任公司、股份有限公司和其他企业法人等
非营利法人	事业单位、社会团体、基金会、社会服务机构等
特别法人	机关法人、农村集体经济组织法人、城镇农村的合作经济组织法人、基层群众性自治组织法人

（3）法定代表人

法定代表人是指依照法律或者法人章程的规定，代表法人从事民事活动的负责人。法定代表人以法人名义从事民事活动，其法律后果由法人承受。法人章程或者法人权力机构对法定代表人代表权的限制不得对抗善意相对人。

3. 非法人组织

非法人组织是指不具有法人资格，但是能够依法以自己的名义从事民事活动的组织，包括个人独资企业、合伙企业、不具有法人资格的专业服务机构等。

非法人组织的财产不足以清偿债务的，其出资人或者设立人承担无限责任。法律另有规定的，依照其规定执行。

经典真题

1.（2020 中国光大银行秋招·单选题）根据《民法总则》的规定，完全民事行为能力人包括（　　）。

A.18 周岁以上公民，无法独立进行民事活动

B.16 周岁以上不满 18 周岁公民，以自己的劳动收入为主要生活来源

C.16 周岁以上公民，可独立进行民事活动

D.18 周岁以上公民，依靠父母收入生活，患有病症

答案 B

解析 《民法总则》第 18 条规定，成年人为完全民事行为能力人，可以独立实施民事法律行为。16 周岁以上的未成年人，以自己的劳动收入为主要生活来源的，视为完全民事行为能力人。故选 B 项。

2.（2020 中国工商银行秋招·多选题）下列属于无民事行为能力人的有（　　）。

A. 丙，7 周岁，一切正常

B. 乙，13 周岁，一切正常

C. 丁，20 周岁，不能完全辨认自己行为的精神病人

D. 甲，不能辨认自己行为的精神病人

答案 AD

解析 根据《民法总则》第 22 条规定，不能辨认自己行为的成年人为无民事行为能力人，由其法定代理人代理实施民事法律行为。8 周岁以上的未成年人不能辨认自己

行为的，适用前款规定。根据《民法总则》第 22 条规定，不能完全辨认自己行为的成年人为限制民事行为能力人。故选 AD 项。

三、民事法律行为

民事法律行为是民事主体通过意思表示设立、变更、终止民事法律关系的行为。

1. 民事法律行为的有效条件

1）行为人具有相应的民事行为能力；

2）意思表示真实；

3）不违反法律、行政法规的强制性规定，不违背公序良俗。

2. 无效民事法律行为

1）无民事行为能力人实施的民事法律行为；

2）行为人与相对人以虚假的意思表示实施的民事法律行为无效；

3）违反法律、行政法规的强制性规定的民事法律行为无效，但是该强制性规定不导致该民事法律行为无效的除外；

4）违背公序良俗的民事法律行为无效；

5）行为人与相对人恶意串通，损害他人合法权益的民事法律行为无效。

3. 可撤销的民事法律行为

1）基于重大误解实施的民事法律行为，行为人有权请求人民法院或者仲裁机构予以撤销。

2）一方以欺诈手段，使对方在违背真实意思的情况下实施的民事法律行为，受欺诈方有权请求人民法院或者仲裁机构予以撤销。

3）第三人实施欺诈行为，使一方在违背真实意思的情况下实施的民事法律行为，对方知道或者应当知道该欺诈行为的。

4）一方或第三人以胁迫手段，使对方当事人在违背真实意思表示的情况下为民事法律行为。胁迫人可以是相对人，也可以是第三人。

5）一方利用对方处于危困状态、缺乏判断能力等情形，致使民事法律行为成立时显失公平的，受损害方有权请求人民法院或者仲裁机构予以撤销。

4. 效力待定的民事法律行为

效力待定的民事法律行为包括限制民事行为能力人订立的其依法不能独立实施的行为；无权代理人、法定代表人或负责人超越权限、无处分权人处分他人财产的行为。

5. 附条件的民事法律行为与附期限的民事法律行为

（1）附条件的民事法律行为

附条件的民事法律行为是指附有决定该行为效力发生或者消灭条件的民事法律行为。附生效条件的民事法律行为，自条件成就时生效。附解除条件的民事法律行为，自条件成就时失效。

(2) 附期限的民事法律行为

附期限的民事法律行为是指附有决定该行为效力发生或者消灭期限的民事法律行为。附生效期限的民事法律行为，自期限届至时生效。附终止期限的民事法律行为，自期限届满时失效。

四、代理

代理是指代理人在代理权限范围内，以被代理人的名义与第三人实施民事法律行为，所产生的法律后果直接归属于被代理人的制度。依照法律规定、当事人约定或者民事法律行为的性质，应当由本人亲自实施的民事法律行为，不得代理。

行为人没有代理权、超越代理权或者代理权终止后，仍然实施代理行为，未经被代理人追认的，对被代理人不发生效力。相对人可以催告被代理人自收到通知之日起一个月内予以追认。被代理人未作表示的，视为拒绝追认。行为人实施的行为被追认前，善意相对人有撤销的权利。撤销应当以通知的方式作出。

无权代理人的代理行为客观上存在使相对人相信其有代理权的情况，且相对人主观上为善意且无过失，因而可以向被代理人主张代理的效力。行为人没有代理权、超越代理权或者代理权终止后，仍然实施代理行为，相对人有理由相信行为人有代理权的，代理行为有效。

五、诉讼时效

诉讼时效是指权利人在法定期间内持续不行使其权利即丧失请求人民法院依法保护其民事权利的制度。

1. 分类

(1) 普通诉讼时效期间

向人民法院请求保护民事权利的普通诉讼时效为 3 年。法律另有规定的，依照其规定执行。诉讼时效期间自权利人知道或者应当知道权利受到损害以及义务人之日起计算。

(2) 特别诉讼时效期间

特别诉讼时效为 4 年，包括国际货物买卖合同以及技术进出口合同争议。

(3) 最长诉讼时效期间

最长诉讼时效是自权利受到损害之日起 20 年，20 年后人民法院不予保护，有特殊情况的，人民法院可以根据权利人的申请决定是否延长。

2. 诉讼时效期间的中止、中断

诉讼时效一经开始，便向着完成的方向进行。但由于各种主、客观因素的影响，诉讼时效在进行过程中会发生某些特殊情况，导致诉讼时效期间的中止、中断，如表 1-5 所示。

表 1-5 诉讼时效期间的中止、中断

中止	概念	在诉讼时效期间的最后 6 个月内，因发生了债权人不能主张债权的法定事由，停止计算诉讼时效，自中止时效的原因消除之日起满六个月，诉讼时效期间届满
	事由	（1）不可抗力 （2）无民事行为能力人或者限制民事行为能力人没有法定代理人，或者法定代理人死亡、丧失民事行为能力、丧失代理权 （3）继承开始后未确定继承人或者遗产管理人 （4）权利人被义务人或者其他人控制 （5）其他导致权利人不能行使请求权的障碍
中断	概念	诉讼时效进行中，因发生法定事由，时效期间于中断事由消除后重新起算
	事由	（1）权利人向义务人提出履行请求 （2）义务人同意履行义务 （3）权利人提起诉讼或者申请仲裁 （4）与提起诉讼或者申请仲裁具有同等效力的其他情形

3. 不适用诉讼时效的规定

（1）请求停止侵害、排除妨碍、消除危险；

（2）不动产物权和登记的动产物权的权利人请求返还财产；

（3）请求支付抚养费、赡养费或者扶养费；

（4）依法不适用诉讼时效的其他请求权。

核心考点二：物权法（备考指数：★★★★）

一、物权的概念与特征

物权是指权利人依法对特定物享有直接支配和排他的权利。物权的特征如表 1-6 所示。

表 1-6 物权的特征

物权是绝对权	物权的绝对权又称"对世权"，物权的权利主体是特定的，其他任何人都负有不得非法干涉和侵害权利人所享有的物权的义务
物权属于支配权	物权的权利人不必依赖他人的帮助就能行使其权利，从而实现自己的利益
物权是法定的，物权的设定采用法定主义	物权的种类和基本内容由法律规定，不允许当事人自由创设物权种类，而且物权设定时必须公示，动产所有权以动产的占有为权利象征
物权具有追及效力和优先效力	（1）物权的追及效力。物权的标的物无论辗转流向何处，权利人均得追及于物之所在地行使其权利，依法请求不法占有人返还原物 （2）物权的优先效力是指物权与债权同时存在于同一物上时，物权具有优先于债权的效力，或者同一物之上存在数个物权时，先设立的物权优先于后设立的物权

二、所有权

1. 所有权的概念

所有权人对自己的不动产或者动产,依法享有占有、使用、收益和处分的权利。

2. 所有权的特别取得规定

（1）善意取得

无权处分人在违法将其受托占有的动产或不动产转让给第三人的,如果受让人在取得该物时出于善意,就依法取得对该物的所有权,受让人在取得所有权以后,原所有人不得要求受让人返还财产,而只能请求转让人（占有人）赔偿损失。

（2）拾得遗失物

拾得遗失物应当返还权利人。拾得人应当及时通知权利人领取,或者送交公安等有关部门。拾得人在遗失物送交有关部门前,有关部门在遗失物被领取前,应当妥善保管遗失物。拾得遗失物应归还给失主,若找不到失主应发布招领公告,自发布之日起6个月内无人认领,则归国家所有。

3. 业主的建筑物区分所有权

业主的建筑物区分所有权指业主对建筑物内的住宅、经营性用房等专有部分享有所有权,对专有部分以外的共有部分享有共有和共同管理的权利。业主的建筑物区分所有权,包括了两个方面的基本内容,包括对专有部分的所有权和对建筑区划内的共有部分享有共有权以及对共有部分享有共同管理的权利,如表1-7所示。

表1-7 业主的建筑物区分所有权的内容

专有部分		根据建筑物的结构和功能而分割出来的具有独立建筑构造和独立使用功能的部分。专有部分是通过一定方式对建筑物加以区分而分割出来的可以由特定主体独立使用的部分房屋
共有部分		建筑物的共用部分和附属设施等不具独立使用功能的建筑部分。共有部分包括共用部分及附属物、共用设施等,它们都是区分所有权的客体
	业主共有	（1）建筑区划内的道路,但属于城镇公共道路的除外 （2）建筑区划内的绿地,但属于城镇公共绿地或者明示属于个人的除外 （3）建筑物区划内的其他公共场所、公用设施和物业服务用房 （4）占用业主共有的道路或者其他场地用于停放汽车的车位

三、用益物权

用益物权是对他人所有的不动产或者动产,依法享有占有、使用和收益的权利。物权法上的用益物权包括土地承包经营权、宅基地使用权、建设用地使用权、地役权。

四、担保物权

担保物权是指担保物权人在债务人不履行到期债务或者发生当事人约定的实现担保物权的情形，依法享有就担保财产优先受偿的权利，但法律另有规定的除外。它具有法定性、从属性、不可分性、物上代位性。

担保物权的担保范围包括主债权及其利息、违约金、损害赔偿金、保管担保财产和实现担保物权的费用。当事人另有约定的，按照约定执行。

1. 抵押权

抵押权是指为担保债务的履行，债务人或者第三人不转移财产的占有，将该财产抵押给债权人的，债务人不履行到期债务或者发生当事人约定的实现抵押权的情形，债权人就该财产有优先受偿的权利。

（1）可以抵押的财产

可以抵押的财产包括建筑物和其他土地附着物；建设用地使用权；以招标、拍卖、公开协商等方式取得的荒地等土地承包经营权；生产设备、原材料、半成品、产品；正在建造的建筑物、船舶、航空器；交通运输工具；法律、行政法规未禁止抵押的其他财产。

以建筑物抵押的，该建筑物占用范围内的建设用地使用权一并抵押。以建设用地使用权抵押的，该土地上的建筑物一并抵押。抵押人未依照前款规定一并抵押的，未抵押的财产视为一并抵押。

（2）不得抵押的财产

不得抵押的财产包括土地所有权；耕地、宅基地、自留地、自留山等集体所有的土地的土地使用权，但法律规定可以抵押的除外；学校、幼儿园、医院等以公益为目的的事业单位和社会团体的教育设施、医疗卫生设施和其他社会公益设施；所有权、使用权不明或有争议的财产；依法被查封、扣押、监管的财产；法律、行政法规规定不得抵押的其他财产。

（3）抵押权的设立

不动产设立抵押时，应当办理抵押登记的，抵押权应自登记时设立。动产设立抵押时，抵押权应自抵押合同生效时设立；未经登记不得对抗善意第三人。

需要进行抵押登记的财产：建筑物和其他土地附着物；建设用地使用权；以招标、拍卖、公开协商等方式取得的荒地等土地承包经营权；正在建造的建筑物。

（4）抵押权的实现

债务人不履行到期债务或者发生当事人约定的实现抵押权的情形，抵押权人可以与抵押人协议以抵押财产折价或者以拍卖、变卖该抵押财产所得的价款优先受偿。协议损害其他债权人利益的，其他债权人可以在知道或者应当知道撤销事由之日起一年内请求人民法院撤销该协议。抵押权人与抵押人未就抵押权实现方式达成协议的，抵押权人可以请求人民法院拍卖、变卖抵押财产。抵押财产折价或者变卖的，应当参照市场价格。

2. 质权

质权是指债权人为了担保债权的实现，就债务人或第三人移交占有动产或权利于债务人不履行债务时所享有的优先受偿的权利。当事人应当采取书面形式订立质权合同，质权应自出质人交付质押财产时设立。可以出质的权利包括：

1）汇票、支票、本票；

2）债券、存款单；

3）仓单、提单；

4）可以转让的基金份额、股权；

5）可以转让的注册商标专用权、专利权、著作权等知识产权中的财产权；

6）应收账款；

7）法律、行政法规规定可以出质的其他财产权利。

3. 留置权

留置权是指债权人按照合同约定占有债务人的动产，在债务人不履行基于该动产而发生的债务时有留置该财产并获得该财产优先受偿的权利。它的特征包括：

1）留置权是一种法定的担保物权。留置权的成立无须双方当事人的约定，即使双方当事人在合同中没有任何关于留置权的规定，也不影响留置权的存在，当债务人不履行其债务时债权人可直接基于法律的规定行使留置权。

2）留置权只发生在特定的合同关系中，如保管合同、加工承揽合同等，即留置物必须与所担保的债权存在一定的牵连关系。

3）法律规定或者当事人约定不能留置的动产，不得留置。

同一动产上已设立抵押权或者质权，该动产又被留置的，留置权人优先受偿。

经典真题

1.（2019 中国工商银行·单选题）下列可以作为抵押财产的是（　　）。

A. 正在建造的建筑物、船舶　　B. 土地所有权

C. 医院设备　　D. 大学教学楼

答案 A

解析《物权法》第184条规定，下列财产不得抵押：（1）土地所有权；（2）耕地、宅基地、自留地、自留山等集体所有的土地使用权，但法律规定可以抵押的除外；（3）学校、幼儿园、医院等以公益为目的的事业单位、社会团体的教育设施、医疗卫生设施和其他社会公益设施；（4）所有权、使用权不明或者有争议的财产；（5）依法被查封、扣押、监管的财产；（6）法律、行政法规规定不得抵押的其他财产。故选A项。

2.（2018 中国建设银行多选题）某公司向银行申请贷款，并约定以质押形式提供担保。

下列可作为质押物的有（　　）。

A. 应付账款
B. 厂房及生产设备
C. 某有限责任公司股权
D. 某项技术专利权

答案 CD

解析 《物权法》第223条规定，债务人或者第三人有权处分的下列权利可以出质：（1）汇票、支票、本票；（2）债券、存款单；（3）仓单、提单；（4）可以转让的基金份额、股权；（5）可以转让的注册商标专用权、专利权、著作权等知识产权中的财产权；（6）应收账款；（7）法律、行政法规规定可以出质的其他财产权利。A项，是应收账款，不是应付账款；B项，厂房及生产设备可以抵押不能质押，股权与专利权可以质押。故选CD项。

3.（2019中国邮政储蓄银行·单选题）根据法律规定，一个小区内属于业主共有的是（　　）。

（1）小区内的道路；
（2）小区内的绿地；
（3）小区内的体育场；
（4）小区内的物业服务用房。

A. 只有（2）（3）和（4）
B. 只有（1）（2）和（4）
C. 只有（1）和（2）
D. 四项全都对

答案 D

解析 根据《物权法》第73条规定，建筑区划内的道路属于业主共有，但属于城镇公共道路的除外；建筑区划内的绿地属于业主共有，但属于城镇公共绿地或者明示属于个人的除外；建筑区划内的其他公共场、公用设施和物业服务用房属于业主共有。故选D项。

核心考点三：保证法（备考指数：★★★★★）

一、保证

保证是指保证人和债权人约定，当债务人不履行债务时，保证人按照约定履行债务或者承担责任的行为。

1. 保证人

1）保证人必须是具有代为清偿债务能力的法人、其他组织或者公民。

2）国家机关不得为保证人，但经国务院批准为使用外国政府或者国际经济组织贷款进行转贷的除外。

3）学校、幼儿园、医院等以公益为目的的事业单位、社会团体不得为保证人。

4）企业法人的分支机构、职能部门不得为保证人。企业法人的分支机构有法人书面授权的，可以在授权范围内提供保证。

5）任何单位和个人不得强令银行等金融机构或者企业为他人提供保证；银行等金融机构或者企业对强令其为他人提供保证的行为有权拒绝。

2. 保证方式

（1）一般保证

一般保证是指当事人在保证合同中约定，债务人不能履行债务时，由保证人承担保证责任。一般保证的保证人在主合同纠纷未经审判或者仲裁，并就债务人财产依法强制执行仍不能履行债务前，对债权人可以拒绝承担保证责任。保证人对债权人可以拒绝承担保证责任的权利就是先诉抗辩权。

（2）连带责任保证

连带责任保证的债务人在主合同规定的债务履行期届满没有履行债务的，债权人可以要求债务人履行债务，也可以要求保证人在其保证范围内承担保证责任；在连带责任保证中，保证人不享有先诉抗辩权，保证人的责任是较重的；保证合同当事人双方对保证方式没有约定或者约定不明确的，按照连带责任保证承担保证责任。

二、定金

定金是指合同当事人一方为保证合同的履行，在合同订立时或履行前，给付对方一定数额金钱的担保方式。给付定金的一方不履行约定的债务的，无权要求返还定金；收受定金的一方不履行约定债务的，应当双倍返还定金。

可以就定金的数额进行协商，但约定的定金数额不得超过法律规定的最高限额。《担保法》第91条规定："定金的数额由当事人约定，但不得超过主合同标的额的20%。"若约定的定金数额高于法律规定的最高限额，只认定未超过主合同标的额20%部分的定金的效力，超出的部分，人民法院不予支持。

定金合同是实践合同，定金合同从实际交付定金之日起生效。当事人既约定违约金，又约定定金的，一方违约时，对方可以选择适用违约金或者定金条款。可见，违约金与定金的罚则不可并用，二者只能择其一适用。

📋 经典真题

1.（2018中国建设银行·多选题）杨某因生意资金周转困难向吴某借款人民币4万元，并于借款当日向吴某出具了一张借条，双方在借条上约定了还款时间，张某作为保证人在借条上签名，还款期限届满后，杨某未能履行还款义务。下列说法正确的有（　）。

A. 张某应承担连带保证责任

B. 张某应承担一般保证责任

C. 吴某可要求杨某或张某履行债务，张某履行债务后有权向杨某追偿

D. 吴某要求张某履行债务时，张某享有先诉抗辩权

答案 AC

解析《担保法》第19条规定："当事人对保证方式没有约定或者约定不明确的，按照连带责任保证承担保证责任。"未约定保证方式，因此张某应承担连带保证责任。A项正确，B项错误。第31条规定："保证人承担保证责任后，有权向债务人追偿。"保证人承担连带保证责任，吴某可以请求债务人杨某或保证人张某履行债务，张某履行债务后有权向杨某追偿，C项正确。第17条规定："当事人在保证合同中约定，债务人不能履行债务时，由保证人承担保证责任的，为一般保证。一般保证的保证人在主合同纠纷未经审判或者仲裁，并就债务人财产依法强制执行仍不能履行债务前，对债权人可以拒绝承担保证责任。"只有一般保证的保证人才享有先诉抗辩权，连带保证的保证人不享有先诉抗辩权，D项错误。故选AC项。

2.（2018 中国民生银行·多选题）根据担保法律制度的规定，下列关于定金的表述正确的有（　　）。

A. 定金合同从实际交付定金之日起生效

B. 当事人约定的定金数额不得超过主合同标的额的20%，如果超过20%的，定金合同无效

C. 当事人既约定违约金又约定定金的，一方违约时，对方只能选择适用违约金或者定金条款，不能同时要求适用两个条款

D. 因合同关系以外第三人的过错，致使主合同不能履行的，不适用定金罚则

答案 AC

解析《担保法》第90条规定："定金应当以书面形式约定。当事人在定金合同中应当约定交付定金的期限。定金合同从实际交付定金之日起生效。"A项正确。第91条规定："定金的数额由当事人约定，但不得超过主合同标的额的百分之二十。"《最高人民法院关于适用<担保法>若干问题的解释》第121条规定："当事人约定的定金数额超过主合同标的额百分之二十的，超过的部分人民法院不予支持。"仅仅对超过部分法院不予支持，不会导致定金合同无效，B项错误。《合同法》第116条规定："当事人既约定违约金，又约定定金的，一方违约时，对方可以选择适用违约金或者定金条款。"因此，定金与违约金条款不能同时适用，只能择其一，C项正确。《最高人民法院关于适用<担保法>若干问题的解释》第122条规定："因不可抗力、意外事件致使主合同不能履行的，不适用定金罚则。因合同关系以外第三人的过错，致使主合同不能履行的，适用定金罚则。受定金处罚的一方当事人，可以依法向第三人追偿。"D项错误。故选AC项。

核心考点四：合同法（备考指数：★★★★★）

一、合同的概念

合同是平等主体的自然人、法人、其他组织之间设立、变更、终止民事权利义务关系的协议。

二、合同的订立

合同的订立，是当事人订立合同的行为或过程，包括要约和承诺两个阶段。

1. 要约

（1）概念

要约是当事人一方以订立合同为目的，就合同的主要条款向另一方提出希望和他人订立合同的意思表示。发出要约的人是要约人，接受要约的人为受要约人或相对人。

（2）要约生效的时间

要约在到达受要约人时生效。

（3）要约的法律效力

在要约有效期限内，要约人不得随意改变要约的内容，不得任意撤销要约。受要约人取得了承诺的资格，一旦承诺合同即告成立。

（4）要约的撤回

要约的撤回是指要约人在发出要约后，于要约到达受要约人之前取消其要约的行为。要约可以撤回。撤回要约的通知应当在要约到达受要约人之前或者同时到达受要约人。

（5）要约的撤销

要约的撤销是指在要约发生法律效力后，要约人取消要约从而使要约归于消灭的行为。要约可以撤销，撤销要约的通知应当在受要约人发出承诺通知之前到达受要约人。

2. 承诺

（1）概念

承诺是受要约人同意要约的意思表示。

（2）承诺的方式

承诺应以通知的方式作出。

（3）承诺的生效时间

承诺在承诺期限内到达要约人时生效。

（4）承诺的法律效力

承诺生效时合同成立。

（5）承诺的撤回

承诺可以撤回，但不能撤销。撤回承诺的通知应先于承诺到达要约人或与承诺同时到达要约人才能发生效力。

三、合同的生效要件

依法成立的合同，自成立时生效。其生效的法律要件：
1）主体合格，即行为人具有相应民事行为能力；
2）意思表达真实，即行为人内心意愿自由产生、与表达出来的意思一致；
3）内容与形式合法，不得与法律的强制性或禁止性规范相抵触，合同行为须遵守国家法律、政策，不得违反社会公共利益、不得违背社会的公序良俗。

四、合同履行中的抗辩权

合同履行抗辩权，是指当事人一方在对方提出实现其合同权利的要求时，以法律规定和必要的事实条件对抗对方当事人的履行请求权，暂时中止履行其债务的权利。《合同法》规定了同时履行抗辩权、不安抗辩权和先履行抗辩权，其内容如表1-8所示。

表1-8 合同履行中的抗辩权的内容

同时履行抗辩权	概念	指双务合同中当事人在没有约定先后履行顺序时，一方在对方未进行对待给付之前，有拒绝履行自己的合同义务的权利
	具备要件	当事人互负债务，没有先后履行顺序的，应当同时履行。一方在对方履行之前有权拒绝其履行要求。一方在对方履行债务不符合约定时，有权拒绝其相应的履行要求
不安抗辩权	概念	指在双务合同中有先给付义务的当事人在有证据证明后给付人具有丧失或者可能丧失履行债务能力的情况时，可以中止自己先给付义务的履行
	情形	应当先履行债务的当事人，有确切证据证明对方有下列情形之一的，可以中止履行： （1）经营状况严重恶化 （2）转移财产、抽逃资金，以逃避债务 （3）丧失商业信誉 （4）有丧失或者可能丧失履行债务能力的其他情形 当事人没有确切证据中止履行的，应当承担违约责任
先履行抗辩权	概念	是指在双务合同中履行义务顺序在后的一方当事人，在履行义务顺序在先的一方当事人没有履行或不适当履行义务时，拒绝先履行一方请求其履行义务的权利
	条件	当事人互负债务，有先后履行顺序，先履行一方未履行的，后履行一方有权拒绝其履行要求。先履行一方履行债务不符合约定的，后履行一方有权拒绝其相应的履行要求

五、合同的保全

根据合同保全原则，无论债务人是否实施了违约行为，只要债务人采取不正当的手段处分其财产，并且这种行为直接导致债权人的利益受到危害时，债权人就可以行使保全措施。

1. 债权人的代位权

当债务人怠于行使其对第三人的权利而危害债权实现时，债权人享有以自己名义代位行使债务人权利的权利。债权人的代位权必须通过诉讼方式行使，代位权的范围以债权人的债权为限，行使代位权的必要费用，由债务人负担。

2. 债权人的撤销权

债权人的撤销权是指当债务人所为的减少其财产的行为危害债权实现时，债权人为保全其债权得请求法院撤销债务人该行为的权利。其成立条件如下：

（1）债务人实施了一定的处分财产的行为，即放弃债权或者债权担保、恶意延长到期债权的履行期、无偿转让财产、以明显不合理的低价转让财产或者以明显不合理的高价收购他人财产等；

（2）债务人的处分行为已发生法律效力；

（3）债务人处分财产的行为危害到债权的实现。

由债权人以自己的名义在诉讼中行使，其范围以债权人的债权为限。债权人行使撤销权的必要费用，由债务人负担。

六、违约责任

违约责任，即违反合同的责任，是指合同当事人不履行或不适当履行合同义务所应承担的民事责任。

（1）继续履行，又称强制履行。继续履行既是合同的履行又是一种违约方式。

（2）采取补救措施。采取补救措施是受损害方根据标的性质以及损失的大小，可以合理选择要求对方承担修理、更换、重作、退货、减少价款或者报酬等违约责任。

（3）支付违约金。支付违约金是按照当事人的约定或法律直接规定，一方当事人违约的，应向另一方支付相应的金钱。

（4）赔偿损失。赔偿损失是当事人一方不履行合同义务或者履行合同义务不符合约定，给对方造成损失的，损失赔偿额应当相当于因违约所造成的损失。

（5）定金。定金是当事人一方在合同成立后或履行前，依照约定向对方支付的一笔金钱，给付定金的一方不履行债务的，无权要求返还定金；收受定金的一方不履行债务的，应当双倍返还定金。定金不得超过主合同标的额的20%，超过的部分不予支持。

经典真题

1.（2019 中国工商银行·单选题）当事人订立合同，采取要约、承诺方式。在以下选项中说法不符合法规的是（　）。

　　A. 商业广告都可以视为要约　　B. 要约可以撤回
　　C. 要约到达受要约人时生效　　D. 要约可以撤销

答案 A

解析 商业广告一般属于要约邀请。根据《合同法》第15条规定，要约邀请是希望他人向自己发出要约的意思表示。寄送的价目表、拍卖公告、招标公告、招股说明书、商业广告等为要约邀请。商业广告的内容符合要约规定的，视为要约。故选A项。

2.（2020 中国邮政储蓄银行·单选题）下列选项中，对债权人的效力的表述，不正确的是（　）。

　　A. 债权人行使代位权的请求数额超过次债务人对债务人所负的债务额的，对超出部分人民法院酌情支持
　　B. 诉讼债权人向人民法院起诉债务人后，又向同一人民法院对次债务人提起诉讼，符合条件应立案受理
　　C. 债权人只能在本人债权额内提起代位权诉讼，也不得超出债务人权利的范围
　　D. 在债权人起诉债务人的诉讼裁决发生法律效力以前，应当中止代位权

答案 A

解析 在代位权诉讼中，债权人行使代位权的请求数额超过债务人所负债务额或者超过次债务人对债务人所负债务额的，对超出部分人民法院不予支持，A项错误；债权人向人民法院起诉债务人以后，又向同一人民法院对次债务人提起代位权诉讼，符合《民事诉讼法》规定的起诉条件的，应当立案受理，B项正确；债权人只能在本人债权额内提起代位权诉讼，也不得超出债务人权利的范围，C项正确；受理代位权诉讼的人民法院在债权人起诉债务人的诉讼裁决发生法律效力以前，应当依照规定中止代位权诉讼，D项正确。故选A项。

第二章 刑法

核心考点一：刑法总论（备考指数：★★）

一、刑法概述

刑法是规定犯罪、刑事责任和刑罚的法律。

1. 刑法的基本原则

（1）罪刑法定原则

法律明文规定为犯罪的，依照法律定罪处刑；法律没有明文规定为犯罪的，不得定罪处刑，即法无明文规定不为罪，法无明文规定不处罚。

（2）适用刑法人人平等原则

对任何人犯罪，在适用法律上一律平等，不允许任何人有超越法律的特权。

（3）罪责刑相适应原则

刑罚的轻重，应当与犯罪分子所犯罪行和承担的刑事责任相适应。

2. 犯罪的概念与特征

犯罪是指违反我国刑法、应受刑罚惩罚的危害社会的行为。它的基本特征为：社会危害性，即犯罪是危害社会的行为；刑事违法性，即犯罪是触犯刑法的行为；应受刑罚处罚性，即犯罪是应受刑罚处罚的行为犯罪构成。

3. 犯罪构成

犯罪构成是刑法所规定的，决定某一具体行为的社会危害性及其程度，为该行为构成犯罪所必需的一切主观要件和客观要件的有机统一。

（1）犯罪客体

犯罪客体是我国刑法所保护的、为犯罪行为所侵害的社会关系。

（2）犯罪客观方面

犯罪客观方面，是指刑法规定的、成立犯罪所必需的、人的外在行为表现。它包括危害行为、危害结果、危害行为与危害结果之间的因果关系、犯罪时间、犯罪地点和犯罪方法等说明犯罪客观方面的客观外在特征。

（3）犯罪主体

犯罪主体是指实施危害社会的行为、依法应当负刑事责任的自然人和单位。自然人主体是指达到刑事责任年龄、具备刑事责任能力的自然人。自然人犯罪主体的刑事责任能力是指行为人对自己行为的辨认能力与控制能力。其具体分类如表2-1所示。

表 2-1　自然人犯罪主体的刑事责任能力分类

完全刑事责任能力	年满 16 周岁、精神正常的人
相对无刑事责任能力	已满 14 周岁不满 16 周岁的人，犯故意杀人、故意伤害致人重伤或者死亡、强奸、抢劫、贩卖毒品、放火、爆炸、投放危险物质罪的，负刑事责任
完全无刑事责任能力	不满 14 周岁的人，精神病人在不能辨认或者不能控制自己行为的时候
减轻刑事责任能力	已满 14 周岁不满 18 周岁的未成年人；又聋又哑的人、盲人；尚未完全丧失辨认或者控制能力的精神病人

对单位犯罪，一般采取双罚制原则，即单位犯罪的对单位判处罚金，并对单位直接负责的主管人员和其他直接责任人员判处刑罚。

（4）犯罪主观方面

犯罪故意是指明知自己的行为会发生危害社会的结果，并且希望或者放任这种结果发生，因而构成犯罪的，分为直接故意和间接故意。

犯罪过失是指行为人应当预见自己的行为可能发生危害社会的结果，因疏忽大意而没有预见，或者已经预见而轻信能够避免，以致发生这种结果因而构成犯罪的心理态度，分为疏忽大意的过失与过于自信的过失。

二、正当防卫与紧急避险

1. 正当防卫

正当防卫是指为了使国家、公共利益、本人或者他人的人身、财产和其他权利免受正在进行的不法侵害，对不法侵害人所实施的制止其不法侵害且没有明显超过必要限度的损害行为。

正当防卫明显超过必要限度造成重大损害的，应当负刑事责任，但是应当减轻或者免除处罚。防卫过当不是一个独立罪名，对于防卫过当应当根据其符合的犯罪构成确定罪名。

对正在进行行凶、杀人、抢劫、强奸、绑架以及其他严重危及人身安全的暴力犯罪，采取防卫行为造成不法侵害人伤亡的，不属于防卫过当，不负刑事责任。

2. 紧急避险

紧急避险是指为了使国家、公共利益、本人或者他人的人身财产和其他权利免受正在发生的危险，不得已实施的损害另一个较小合法利益的行为。

紧急避险超过必要限度造成不应有的损害的，应当负刑事责任，但是应当减轻或者免除处罚。避险过当也不是独立罪名，而是一个影响量刑的犯罪情节。

三、故意犯罪的停止形态

1. 犯罪既遂

犯罪既遂通常是指行为人所故意实施的行为已经具备了某种犯罪构成的全部要件。

各国刑法一般均未专门规定既遂犯的特殊处罚原则，而是按照刑法总则的一般量刑原则和刑法分则各具体犯罪的法定刑对其适用。

2. 犯罪预备

犯罪预备是指行为人为了实行犯罪，准备工具和制造条件，但由于行为人意志以外的原因而未能着手实行犯罪的形态。对于预备犯，可以比照既遂犯从轻、减轻或者免除处罚。

3. 犯罪未遂

犯罪未遂是指已经着手实行犯罪，由于犯罪分子意志以外的原因而未得逞的；对于未遂犯，可以比照既遂犯从轻或者减轻处罚。

4. 犯罪中止

犯罪中止是指在犯罪过程中，自动放弃犯罪或者自动有效地防止犯罪结果的发生的；对于犯罪中止犯，没有造成损害的，应当免除处罚；造成损害的应当减轻处罚。

四、刑罚

刑法规定的由国家审判机关依法对犯罪人适用限制或剥夺其某种权益的强制方法。

1. 主刑

主刑是指只能独立适用的主要刑罚方法。只能独立适用，不能附加适用。对于个体犯罪，只能适用一种主刑，不能适用两种以上的主刑。我国刑法规定的主刑包括管制、拘役、有期徒刑、无期徒刑、死刑五种。主刑的种类及其具体内容如表 2-2 所示。

表 2-2 主刑的种类

种类	内容
管制	对犯罪分子不实行关押，依法实行社区矫正的刑罚方法。判处管制的罪犯仍然留在原工作单位或居住地工作或劳动，在劳动中应当同工同酬，期限为 3 个月以上 2 年以下
拘役	短期剥夺犯罪分子人身自由，就近实行劳动改造的刑罚方法。拘役由公安机关在就近的拘役所、看守所或者其他监管场所执行。在执行期间，受刑人每月可以回家一天至两天；参加劳动的，可以酌量发给报酬，期限最短不少于 1 个月，最长不超过 6 个月
有期徒刑	在一定期限内剥夺犯罪分子的人身自由，实行强制劳动改造的刑罚方法
无期徒刑	剥夺犯罪分子终身自由，并强制劳动改造的刑罚方法
死刑	剥夺犯罪分子生命的刑罚方法，包括死刑立即执行和死刑缓期执行两种

2. 附加刑

附加刑是指补充主刑适用的刑罚方法，可以附加主刑适用，也可以独立适用。附加刑的种类及其具体内容如表 2-3 所示。

表 2-3 附加刑的种类

种类	内容
罚金	指由人民法院判决的、强制犯罪分子向国家缴纳一定数额的金钱，从经济上对犯罪分子实行制裁的刑事处罚。罚金的适用对象是经济犯罪、财产犯罪和某些故意犯罪
剥夺政治权利	该附加刑对于犯危害国家安全罪的犯罪分子，以及对故意杀人、强奸、放火、爆炸、投毒、抢劫等严重破坏社会秩序的犯罪分子适用；若独立适用则应当依照《刑法》分则的规定。同时，对于被判处死刑、无期徒刑的犯罪分子应当剥夺政治权利终身
没收财产	适用于犯罪所得巨大或者特别巨大的犯罪，是没收犯罪分子个人所有财产的一部分或者全部的刑罚，但没收全部财产的，应当对犯罪分子及其扶养的家属保留必须的生活费用
驱逐出境	强迫犯罪的外国人离开中国国（边）境的刑罚方法，对于犯罪的外国人可以独立适用或者附加适用驱逐出境

经典真题

1．（2019 中国建设银行·单选题）今年 8 月，江苏昆山的一起街头案件引发了全社会的关注。开车的刘某持刀威胁骑电动车的于某，不想刀子掉落地上，被于某捡起后反捅几刀，最后致使刘某死亡。这起事件引发了网友对正当防卫和防卫过当的热烈讨论。关于正当防卫，下列表述不准确的是（   ）。

A．正当防卫的起因条件是有不法侵害行为发生

B．在特殊情况下，对已经结束的侵害也可以正当防卫

C．正当防卫与防卫过当区别的关键在于是否明显超过必要限度造成重大损害

D．对正在进行的严重危及人身安全的暴力犯罪采取防卫行为，造成不法侵害人重伤、死亡的，不属于防卫过当，不负刑事责任

【答案】B

【解析】根据《刑法》第 20 条规定，为使国家、公共利益、本人或者他人的人身、财产和其他权利免受正在进行中的不法侵害，而采取的制止不法侵害的行为，对不法侵害人造成损害的，属于正当防卫，不负刑事责任。正当防卫所针对的必须是不法侵害，必须是在不法侵害正在进行的时候，不能超越一定限度。防卫过当是指防卫明显超过必要限度造成重大的损害应当负刑事责任的犯罪行为。无限正当防卫，是指对正在进行行凶、杀人、抢劫、强奸、绑架以及其他严重危及人身安全的暴力犯罪而采取防卫行为，造成不法侵害人伤亡的，不属于防卫过当，仍然属于正当防卫，不负刑事责任。故选 B 项。

2．（2018 中国建设银行·单选题）某青年在国庆假期与朋友一起自驾出行，他自恃车技高超、经验丰富，在某路段无视友人劝阻而超速行驶，最终导致重大交通事故发生。在此次事故中，该青年的罪过形式为（   ）。

A. 疏忽大意的过失 B. 间接故意
C. 过于自信的过失 D. 直接故意

【答案】C

【解析】根据《刑法》第 14 条规定，直接故意是指行为人明知自己的行为必然或者可能会发生危害社会的结果，并且希望这种结果发生的心理态度。我国刑法规定的大部分犯罪都可以由直接故意构成。间接故意是指行为人明知自己的行为可能发生危害社会的结果，并且放任这种结果发生的心理态度，AB 项错误。根据《刑法》第 15 条规定，疏忽大意的过失，是指行为人应当预见自己的行为可能发生危害社会的结果，因为疏忽大意而没有预见，以致发生这种结果的主观心理态度。过于自信的过失，是指行为人已经预见到自己的行为可能发生危害结果，但是轻信能够避免，以致发生这种结果的主观心理态度。某青年属于成年人，完全能够预见自己行为将产生的后果，但自恃车技高超、经验丰富，在某路段无视友人劝阻而超速行驶，导致交通事故是属于过于自信的过失。故选 C 项。

核心考点二：重要的罪名（备考指数：★★★）

一、持有、使用假币罪

1. 概念

持有、使用假币罪是指违反货币管理法规，明知是伪造的货币而持有、使用，数额较大的行为。

2. 犯罪构成

1）侵犯的客体应为国家的货币流通管理制度。

2）客观方面表现为持有、使用伪造的货币，数额较大的行为。

3）主体是一般主体，即自然人。

4）主观方面表现为故意，即行为人明知是伪造的货币而持有、使用。

二、信用卡诈骗罪

1. 概念

信用卡诈骗罪是指以非法占有为目的，违反信用卡管理法规，利用信用卡进行诈骗活动，骗取财物数额较大的行为。

2. 犯罪构成

1）侵犯的客体是信用卡管理制度和公私财产所有权。

2）客观方面表现为行为人采用虚构事实或者隐瞒真相的方法，利用信用卡骗取公私财物的行为。行为方式包括：使用伪造的信用卡，或者使用虚假的身份证明骗领信用卡；使用作废的信用卡；冒用他人信用卡；恶意透支。

3）主体是一般主体，自然人可成为犯罪主体。

4）主观方面是故意，必须具有非法占有公私财物的目的。

盗窃信用卡并使用的定盗窃罪，不定信用卡诈骗罪。

三、洗钱罪

1. 概念

明知是毒品犯罪、黑社会性质的组织犯罪、贪污贿赂犯罪、恐怖活动犯罪、走私犯罪、破坏金融管理秩序犯罪、金融诈骗犯罪的违法所得及其收益，为掩饰、隐瞒其来源和性质，通过存入金融机构、投资或者上市流通等手段使非法所得收入合法化的行为。

2. 犯罪构成

1）侵犯的客体是既侵犯了金融秩序，又侵犯了社会经济管理秩序，还侵犯了国家正常的金融管理活动及外汇管理的相关规定。

2）在客观方面表现为提供资金账户；协助将财产转为现金或者金融票据；通过转账或者其他结算方式协助资金转移；协助将资金汇往境外；以其他方式掩饰、隐瞒犯罪的违法所得及其收益的来源和性质。

3）主体为一般主体。

4）主观方面是故意。

四、贷款诈骗罪

1. 概念

贷款诈骗罪是指以非法占有为目的，用虚构事实或者隐瞒真相的方法，骗取银行或者其他金融机构的贷款，数额较大的行为。

2. 行为方式

1）编造引进资金、项目等虚假理由骗取银行或者其他金融机构的贷款；

2）使用虚假的经济合同诈骗银行或者其他金融机构的贷款；

3）使用虚假的证明文件诈骗银行或其他金融机构的贷款，这里所谓证明文件是指向银行或其他金融机构申请贷款时所需要的文件；

4）使用虚假的产权证明作担保或超出抵押物价值重复担保，骗取银行或其他金融机构的贷款；

5）以其他方法诈骗银行或其他金融机构的贷款。

单位实施贷款诈骗的按合同诈骗罪处理。骗取贷款罪没有非法占有的目的，贷款诈骗罪有非法占有的目的。

五、保险诈骗罪

1. 概念

保险诈骗罪是指投保人、被保险人或受益人违反保险法规，用虚构的事实或者隐瞒真相的方法骗取保险金，数额较大的行为。

2. 犯罪构成

1）侵犯客体是国家的保险制度和保险人的财产所有权。

2）客观方面表现为违反保险法规，采取虚构保险标的、保险事故或者制造保险事故等方法，骗取较大数额保险金的行为。其行为方式包括投保人故意虚构保险标的，骗取保险金的；投保人、被保险人或者受益人对发生的保险事故编造虚假的原因或者夸大损失的程度，骗取保险金的；投保人、被保险人或者受益人编造未曾发生的保险事故，骗取保险金的；投保人、被保险人故意造成财产损失的保险事故，骗取保险金的；投保人、受益人故意造成被保险人死亡、伤残或者疾病，骗取保险金的。

3）犯罪主体为个人和单位，具体指投保人、被保险人、受益人。

4）主观方面表现为故意，并具有非法占有保险金的目的。过失不构成本罪。

保险机构工作人员骗取本单位资金归自己所有的，构成贪污罪或职务侵占罪，根据主犯的身份定性。其他人骗取保险金归自己所有的，定为一般的诈骗罪。

保险事故的鉴定人、证明人、财产评估人故意提供虚假证明文件，为他人诈骗提供条件的，以保险诈骗的共犯论处。

故意制造造成人身伤亡或财产损失的保险事故，骗取保险金，同时构成其他犯罪的，数罪并罚。

六、违法发放贷款罪

1. 概念

违法发放贷款罪是指银行或者其他金融机构的工作人员违反国家规定发放贷款，数额巨大或者造成重大损失的行为。

2. 犯罪构成

1）侵犯的客体是国家的金融管理制度。

2）客观方面表现为行为人实施了违反法律、行政法规的规定，玩忽职守或者滥用职权，发放贷款造成重大损失的行为。

3）主体为特殊主体，由商业银行、信托投资公司、企业集团服务公司、金融租赁公司、城乡信用合作社及其他经营贷款业务的金融机构及其工作人员构成。

4）主观方面表现为过失。

七、侵占罪

1. 概念

侵占罪是指以非法占有为目的，将代为保管的他人财物或者将他人的遗忘物、埋藏物非法占为己有，数额较大且拒不退还或者拒不交出的行为。

2. 犯罪构成

1) 侵犯的客体是他人的财产所有权。

2) 客观方面表现为将代为保管的他人财物或者他人的遗忘物、埋藏物非法占为己有，数额较大且拒不退还或者拒不交出的行为。

3) 主体是一般主体，即年满 16 周岁、具有刑事责任能力的自然人。

4) 主观方面是故意，并且以非法占有为目的。

八、贪污罪

1. 概念

贪污罪是指国家工作人员和受国家机关、国有公司、企业、事业单位、人民团体委托管理、经营国有财产的人员，利用职务上的便利侵吞、窃取、骗取或者以其他手段非法占有公共财物的行为。

2. 犯罪构成

1) 侵犯的客体是复杂客体，即同时侵犯了国家工作人员公务行为的廉洁性和公共财产所有权。

2) 在客观方面表现为行为人利用职务上的便利以侵吞、窃取、骗取或者以其他方法非法占有公共财物的行为。

3) 主体是特殊主体，即必须是国家工作人员或者受国家机关、国有公司、企业、事业单位、人民团体委托管理、经营国有财产的人员。

4) 在主观方面表现为故意，并且具有非法占有的目的。

经典真题

（2019 中信银行·单选题）信用卡持卡人甲某，超过信用卡规定限额 5 万元进行透支，利用所得进行挥霍，发卡银行再三催促向其收款，甲某置之不理。经查，甲某现无力偿还，其行为构成（ ）。

A. 盗窃罪 B. 金融诈骗罪

C. 招摇撞骗罪 D. 信用卡诈骗罪

答案 D

解析 《刑法》第 196 条规定，恶意透支信用卡构成信用卡诈骗罪。恶意透支，是指持卡人以非法占有为目的，超过规定限额或者规定期限透支，并且经发卡银行催收后仍不归还的行为。故选 D 项。

第三章 商法

核心考点一：公司法（备考指数：★★★★）

一、公司的概念及分类

1. 概念

公司是指股东依照《公司法》的规定，以其认缴的出资额或认购的股份为限对公司承担责任，公司以其全部法人财产对公司债务承担责任的企业法人。

2. 公司的分类

（1）以公司股东的责任范围为标准，分为无限责任公司、两合公司、股份两合公司、股份有限公司和有限责任公司。

（2）以公司从属关系的不同为标准，分为母公司和子公司。公司可以设立子公司，子公司具有法人资格，依法独立承担民事责任。

（3）以公司的管辖关系为标准，分为本公司和分公司。本公司可以设立分公司。但应当向公司登记机关申请登记，领取营业执照。分公司不具有法人资格，其民事责任由本公司承担。

二、公司的设立条件

1. 符合法定人数

有限责任公司股东为 50 人以下。股份有限公司的发起人为 2 人以上 200 人以下。

2. 股东出资符合法定要求

（1）股东可以用货币出资，也可以用实物、知识产权、土地使用权等用货币估价并可以依法转让的非货币财产作价出资；但是法律、行政法规规定不得作为出资的财产除外。公司成立后，股东不得抽逃出资。

（2）股东不按照规定缴纳出资的，除应当向公司足额缴纳外，还应当向已按期足额缴纳出资的股东承担违约责任。有限责任公司成立后，发现作为设立公司出资的非货币财产的实际价额明显低于公司章程所定价额的，应当由交付该出资的股东补足其差额，公司设立时的其他股东承担连带责任。

（3）股份有限公司的设立可以采取发起设立或者募集设立的方式。股份有限公司有符合公司章程规定的全体发起人认购的股本总额或者募集的股本总额。

3. 制定公司章程

有限责任公司由股东共同制定公司章程。股份有限公司由发起人制订公司章程，采取募集方式设立经创立大会通过。公司的经营范围由公司章程规定，并依法登记。

4. 有公司名称，有符合要求的组织机构

5. 有公司住所

三、公司的组织机构

1. 股东会、股东大会

股东会是公司的最高权力机关，由全体股东组成。股东会会议作出修改公司章程、增加或者减少注册资本的决议，以及公司合并、分立、解散或者变更公司形式的决议，必须经代表三分之二以上表决权的股东通过。

2. 董事会

董事会是股东会的执行机关。股东人数较少或者规模较小的有限责任公司，可以设一名执行董事，不设董事会。董事会的议事方式和表决程序，除公司法有规定的外，由公司章程规定。董事会决议的表决，实行一人一票。

3. 监事会

监事会是公司的监督机关。股东人数较少和规模较小的有限责任公司，不设立监事会，可以设 1 至 2 名监事，行使监事会的职权。监事会由股东代表和适当比例的公司职工代表组成，监事会设主席一人，由全体监事过半数选举产生。监事任期届满，连选可以连任。同时，公司董事和高级管理人员不得兼任监事。

经典真题

1.（2019 中国农业银行·单选题）设立有限责任公司时，股东不可以把（　　）作为出资的财产。

A. 知识产权　　　　　　B. 个人劳务

C. 实物　　　　　　　　D. 土地使用权

答案 B

解析 股东可以用货币出资，也可以用实物、知识产权、土地使用权等用货币估价并可以依法转让的非货币财产作价出资，但是法律、行政法规规定不得作为出资的财产除外。一般情况下，公司股东不得以劳务、信用、商誉、自然人的姓名、特许经营权、设定担保的财产出资。故选 B 项。

2.（2019 中国光大银行单选题）在《公司法》有关公司设立分公司或子公司的规定中，以下选项表述不正确的是（　　）。

A. 分公司独立核算，则独立承担民事责任

B. 公司可以设立子公司，子公司具有法人资格

C. 分公司不具有法人资格，其民事责任由公司承担

D. 公司设立分公司，应当向公司登记机关申请登记，领取营业执照

答案 A

解析 《公司法》第 14 条规定：分公司与子公司可以设立分公司，但应当向公司登记机关申请登记，领取营业执照。分公司不具有法人资格，其民事责任由公司承担。公司可以设立子公司，子公司具有法人资格，依法独立承担民事责任。故选 A 项。

3.（2018 中信银行·多选题）有限责任公司股东会由全体股东组成，股东会是公司的（　　）。

A. 经营机构　　　　　　B. 决策机构

C. 监督机构　　　　　　D. 权力机构

答案 D

解析 《公司法》第 36 条规定：有限责任公司股东会由全体股东组成。股东会是公司的权力机构，依照本法行使职权。故选 D 项。

核心考点二：票据法（备考指数：★★★）

一、票据的概念和特征

1. 概念

票据是指出票人依《票据法》的规定签发的，无条件支付或者委托他人无条件支付一定金额货币给收款人或持票人的有价证券。票据法上的票据包括汇票、本票和支票。

2. 票据有以下特征

票据是完全有价证券；票据是设权证券；票据是无因证券；票据是文义证券；票据是要式证券；票据是流通证券。

二、票据的功能

票据是金融工具的一种，商业信用的载体。票据的多种功能和具体内容如表 3-1 所示。

表 3-1　票据的功能

功能	含义
支付功能	票据可以充当支付工具，代替现金使用
汇兑功能	票据可以代替货币在不同地方之间运送，方便异地之间的支付
信用功能	票据当事人可以凭借自己的信誉，将未来获得的金钱作为现在的金钱使用（商业汇票）
结算功能	互相持有对方签发的票据，可以依法抵销
融资功能	通过票据贴现、转贴现和再贴现实现

三、票据行为

1. 概念

票据行为仅指发生在票据上的债务的法律行为，主要包括出票、背书、承兑和保证四种。承兑仅限于汇票。

2. 必要记载事项

必要记载事项即必须在票据上记载的事项，若欠缺则票据无效，如收款人名称、出票日期、出票金额。

3. 出票

出票是指出票人签发票据并将其交付给收款人的票据行为。出票人签发汇票后，即承担保证该汇票承兑和付款的责任。

4. 背书

背书是指在票据背面或者粘单上记载有关事项并签章的票据行为。以背书转让的汇票，背书应当连续。持票人以背书的连续，证明其汇票权利；非经背书转让，而以其他合法方式取得汇票的，依法举证，证明其汇票权利。背书不得附有条件，附有条件的，所附条件不具有汇票上的效力。背书人在汇票上记载"不得转让"字样，其后手再背书转让的，原背书人对后手的被背书人不承担保证责任。

5. 保证

汇票的债务可以由保证人承担保证责任。保证人由汇票债务人以外的他人担当。保证不得附有条件；附有条件的，不影响对汇票的保证责任。

6. 承兑

承兑是指汇票付款人承诺在汇票到期日支付汇票金额的票据行为。定日付款或者出票后定期付款的汇票，持票人应当在汇票到期日前向付款人提示承兑。见票后定期付款的汇票，持票人应当自出票日起一个月内向付款人提示承兑。汇票未按照规定期限提示承兑的，持票人丧失对其前手的追索权。见票即付的汇票无需提示承兑。

四、票据权利

1. 概念

票据权利是指持票人向票据债务人请求支付票据金额的权利，包括付款请求权和追索权。

2. 票据权利的取得

票据权利的取得方式包括出票取得、转让取得，通过税收、继承、赠与、企业合并等方式取得票据。票据的取得必须给付对价，即应当给付票据双方当事人认可的相对应的代价。因税收、继承、赠与可以依法无偿取得票据的，不受给付对价的限制。但是，所享有的票据权利不得优于其前手的权利。以欺诈、偷盗或者胁迫等手段取得票据的，或者明知有前列情形，出于恶意取得票据的，不得享有票据权利。持票人因重大过失取得不符合本法规定的票据的，也不得享有票据权利。

3. 票据权利的丧失补救

《中华人民共和国票据法》规定了票据丧失后的三种补救措施，即挂失止付、公示催告和普通诉讼。

票据丧失，失票人可以及时通知票据的付款人挂失止付，失票人应当在通知挂失止付后三日内，也可以在票据丧失后，依法向人民法院申请公示催告，或者向人民法院提起诉讼。

4. 票据权利的行使

票据权利的行使，是指票据权利人请求票据义务人履行票据义务的行为，如请求承兑、按期提示、行使追索权等。

经典真题

1.（2020 中国邮政储蓄银行·单选题）根据《中华人民共和国票据法》第二条的规定，我国票据法上的票据分为三种，票据的核心功能是（　　）。

A. 信用功能　　　　　　　　B. 支付功能
C. 汇兑功能　　　　　　　　D. 结算功能

【答案】A

【解析】信用功能是票据的核心功能，被称为"票据的生命"。故选 A 项。

2.（2018 中国建设银行·单选题）下列哪种票据可以挂失止付？（　　）

A. 商业汇票　　　　　　　　B. 支票
C. 银行汇票　　　　　　　　D. 银行本票

【答案】B

【解析】《中华人民共和国票据法》第15条规定，票据丧失，失票人可以及时通知票据的付款人挂失止付，但是未记载付款人或者无法确定付款人及其代理付款人的票据除外。《中国人民银行支付结算办法》第48条规定，已承兑的商业汇票、支票、填明现金字样和代理付款人的银行汇票以及填明现金字样的银行本票丧失，可以由失票人通知付款人或者代理付款人挂失止付。未填明现金字样和代理付款人的银行汇票以及未填明现金字样的银行本票丧失，不得挂失止付。故选 B 项。

核心考点三：证券法（备考指数：★★★）

一、证券法的基本原则

1. 证券的概念

证券是一种权利证明，是发行人为了证明或者设定财产权利，依照法定程序，以书面形式或者电子记账的形式交付给债权人的一种凭证。证券是财产性权利凭证、流通性权利凭证、收益性权利凭证。

2.《证券法》的基本原则

1）公开、公平、公正原则（又称三公原则）；

2）当事人法律地位平等原则；

3）自愿、有偿、诚实信用原则；

4）守法原则；

5）禁止欺诈、内幕交易和操纵证券交易市场原则；

6）证券业与银行业、信托业、保险业分业经营、分业管理原则；

7）统一监督管理证券市场的原则；

8）自律管理与监督管理结合的原则。

二、证券发行

1.证券发行的方式

1）公开发行证券，必须符合法律、行政法规规定的条件，并依法报经国务院证券监督管理机构或者国务院授权的部门注册。未经依法注册，任何单位和个人不得公开发行证券。证券发行注册制的具体范围、实施步骤由国务院规定。有下列情形之一的，为公开发行：

①向不特定对象发行证券；

②向特定对象发行证券累计超过二百人，但依法实施员工持股计划的员工人数不计算在内；

③法律、行政法规规定的其他发行行为。

2）非公开发行证券，不得采用广告、公开劝诱和变相公开方式。

3）发行人申请公开发行股票、可转换为股票的公司债券，依法采取承销方式的，或者公开发行法律、行政法规规定实行保荐制度的其他证券的，应当聘请具有保荐资格的机构担任保荐人。

2.发行新股

公司首次公开发行新股，应当符合下列条件：

1）具备健全且运行良好的组织机构；

2）具有持续经营能力；

3）最近三年财务会计报告被出具无保留意见审计报告；

4）发行人及其控股股东、实际控制人最近三年不存在贪污、贿赂、侵占财产、挪用财产或者破坏社会主义市场经济秩序的刑事犯罪；

5）经国务院批准的国务院证券监督管理机构规定的其他条件。

上市公司发行新股，应当符合经国务院批准的国务院证券监督管理机构规定的条件，具体管理办法由国务院证券监督管理机构规定。

3. 证券承销方式

证券承销业务采取代销或者包销方式。证券代销是指证券公司代发行人发售证券，在承销期结束时，将未售出的证券全部退还给发行人的承销方式。证券包销是指证券公司将发行人的证券按照协议全部购入或者在承销期结束时将售后剩余证券全部自行购入的承销方式。证券的代销、包销期限最长不得超过 90 日。

三、证券交易

1. 证券交易的一般规则

（1）证券交易当事人依法买卖的证券，必须是依法发行并交付的证券。非依法发行的证券不得买卖，依法发行的股票、公司债券及其他证券，法律对其转让期限有限制性规定的，在限定的期限内不得买卖，应当在依法设立的证券交易所上市交易或者在国务院批准的其他证券交易场所转让。

（2）证券在证券交易所上市交易，应当采用公开的集中交易方式或者国务院证券监督管理机构批准的其他方式。证券交易当事人买卖的证券可以采用纸面形式或者国务院证券监督管理机构规定的其他形式。

（3）依法发行的证券，《中华人民共和国公司法》和其他法律对其转让期限有限制性规定的，在限定的期限内不得转让。

上市公司持有百分之五以上股份的股东、实际控制人、董事、监事、高级管理人员，以及其他持有发行人首次公开发行前发行的股份或者上市公司向特定对象发行的股份的股东，转让其持有的本公司股份的，不得违反法律、行政法规和国务院证券监督管理机构关于持有期限、卖出时间、卖出数量、卖出方式、信息披露等规定，并应当遵守证券交易所的业务规则。

2. 禁止的证券交易行为

（1）禁止内幕交易行为；

（2）禁止操纵市场行为；

（3）禁止虚假陈述或信息误导行为；

（4）禁止欺诈客户行为；

（5）禁止法人非法利用他人账户从事证券交易、出借自己或者他人的证券账户；

（6）禁止任何人挪用公款买卖证券。

经典真题

1.（2019中国农业银行单选题）根据我国证券法的规定，证券公司代发行人发售证券，在承销期结束时，将未售出的证券全部退还给发行人的承销方式属于（　）。

　　A. 证券赊销　　　　　　　B. 证券承销
　　C. 证券包销　　　　　　　D. 证券代销

答案 D

解析 根据《证券法》的规定，证券承销是证券公司的主要业务之一，经过国务院证券监督管理机构批准后，证券公司获得证券承销业务的经营资格后，方可接受发行人的证券发行委托。根据《证券法》的规定，证券代销是指证券公司代发行人发售证券，在承销期结束时，将未售出的证券全部退还给发行人的承销方式。证券包销是指证券公司将发行人的证券按照协议全部购入或者在承销期结束时将售后剩余证券全部自行购入的承销方式。没有证券赊销的方式。故选D项。

2.（2018中国工商银行·单选题）《证券法》第八条规定：在国家对证券发行、交易活动实行集中统一监督管理的前提下，依法设立证券业协会，实行自律性管理。关于该条规定体现的证券法基本原则，下列哪一选项是正确的？（　）

　　A. 集中监管与行业自律相结合原则
　　B. 平等、自愿、有偿、诚信原则
　　C. "三公"原则
　　D. 保护投资合法权益的原则

答案 A

解析 目前，我国对证券业的监管分为两个层次：一是政府监管；二是行业自律。它们的目标都是确保国家证券法律、行政法规的实施，维护市场秩序，保护投资者合法权益，促进证券市场健康发展。国务院证券监督管理机构依法对全国证券市场实行集中统一监督管理。国务院证券监督管理机构根据需要可以设立派出机构，按照授权履行监督管理职责。在国家对证券发行、交易活动实行集中统一监督管理的前提下，依法设立证券业协会，实行自律性管理。国家审计机关对证券交易所、证券公司、证券登记结算机构、证券监督管理机构，依法进行审计监督。故选A项。

第四章 经济法

核心考点一：中国人民银行法（备考指数：★★★★）

一、中国人民银行的组织机构

中国人民银行是中华人民共和国的中央银行。中国人民银行在国务院领导下，制定和执行货币政策，防范和化解金融风险，维护金融稳定。

中国人民银行设行长一人，副行长若干人，实行行长负责制。

中国人民银行在全国设立分支机构，作为总行的派出机构，不具备法人资格，不享有独立的权力，由总行统一领导和管理。

二、中国人民银行的主要职责

1) 发布与履行其职责有关的命令和规章；
2) 依法制定和执行货币政策；
3) 发行人民币、管理人民币流通；
4) 监督管理银行间同业拆借市场和银行间债券市场；
5) 实施外汇管理、监督管理银行间外汇市场；
6) 监督管理黄金市场；
7) 持有、管理、经营国家外汇储备、黄金储备；
8) 经理国库；
9) 维护支付、清算系统的正常运行；
10) 指导、部署金融业反洗钱工作，负责反洗钱的资金监测；
11) 负责金融业的统计、调查、分析和预测；
12) 作为国家的中央银行，从事有关的国际金融活动；
13) 国务院规定的其他职责。

三、货币政策工具

执行货币政策的目标是保持货币币值的稳定，并以此促进经济增长。具体的货币政策工具如下：

1) 要求银行业金融机构按照规定的比例交存存款准备金；
2) 确定中央银行基准利率；

3）为在中国人民银行开立账户的银行业金融机构办理再贴现；

4）向商业银行提供贷款；

5）在公开市场上买卖国债、其他政府债券和金融债券及外汇；

6）国务院确定的其他货币政策工具。

四、中国人民银行的业务

1. 中国人民银行的主要业务

1）发行人民币；

2）要求金融机构交存存款准备金；

3）确定中央银行基准利率；

4）为金融机构办理再贴现；

5）向商业银行提供贷款；

6）开展公开市场业务；

7）经理国库；

8）组织或协调组织清算体系，提供清算服务；

9）代理国务院财政部门向各金融机构发行、组织兑付政府债券。

2. 中国人民银行业务的禁止性规定

（1）中国人民银行可以根据需要，为银行业金融机构开立账户，但不得对银行业金融机构的账户透支。

（2）中国人民银行根据执行货币政策的需要，可以决定对商业银行贷款的数额、期限、利率和方式，但贷款的期限不得超过一年。

（3）中国人民银行不得对政府财政透支，不得直接认购、包销国债和其他政府债券。

（4）中国人民银行不得向地方政府、各级政府部门提供贷款，不得向非银行金融机构以及其他单位和个人提供贷款，但国务院决定中国人民银行可以向特定的非银行金融机构提供贷款的除外。

（5）中国人民银行不得向任何单位和个人提供担保。

经典真题

1.（2018中信银行·单选题）《中国人民银行法》规定，我国的货币政策目标是（　　）。

A. 国际收支平衡

B. 充分就业

C. 经济增长

D. 保持货币币值的稳定，并以此促进经济增长

答案 D

解析 《中国人民银行法》第3条规定：货币政策目标是保持货币币值的稳定，并以此促进经济增长。故选D项。

2.（2018民生银行·单选题）根据《中国人民银行法》的规定，中国人民银行可以（ ）。
A. 经营国家黄金储备　　　　　B. 确定市场利率
C. 代理工商信贷业务　　　　　D. 代理政策性银行业务

答案 A

解析 中国人民银行的主要职责之一是持有、管理和经营国家外汇储备和黄金储备。中国人民银行能确定中央银行基准利率，不能确定市场利率，不能直接经营银行业务。故选A项。

核心考点二：银行业监督管理法（备考指数：★★★★）

一、监管对象

1. 银行业金融机构

在中华人民共和国境内设立的商业银行、城市信用合作社、农村信用合作社等吸收公众存款的金融机构以及政策性银行。这些是监督管理的主要对象。

2. 其他金融机构

在中华人民共和国境内设立的金融资产管理公司、信托投资公司、财务公司、金融租赁公司以及经银行业监督管理机构批准设立的其他金融机构。

3. 在境外设立的金融机构

经银行业监督管理机构批准在境外设立的金融机构以及前两种金融机构在境外的业务活动。

二、银行业监督管理的范围

1）制定规章；
2）审批金融机构组织；
3）审查金融机构的股东；
4）审查金融机构的金融产品；
5）对银行业市场准入实施管制；
6）规定金融机构高管的任职资格；
7）制定业务审慎经营规则；
8）对银行业自律组织的活动进行指导和监督；

9）国际交流与合作。

三、银行业监督管理措施

1. 市场准入

银行业金融机构的市场准入主要包括三个方面：机构准入、业务准入和高级管理人员准入。

机构准入是指批准金融机构法人或分支机构的设立和变更；业务准入是指批准金融机构的业务范围以及开办新的产品和服务；高级管理人员准入是指对金融机构董事及高级管理人员的任职资格进行审查核准。

2. 非现场监管

根据履行职责的需要，有权要求银行业金融机构按照规定报送资产负债表、利润表和其他财务会计、统计报表、经营管理资料以及注册会计师出具的审计报告。

3. 现场检查

1）进入银行业金融机构进行检查；

2）询问银行业金融机构的工作人员，要求其对有关检查事项作出说明；

3）查阅、复制银行业金融机构与检查事项有关的文件、资料，对可能被转移、隐匿或者毁损的文件、资料予以封存；

4）检查银行业金融机构运用电子计算机管理业务数据的系统。

进行现场检查，应当经银行业监督管理机构负责人批准。现场检查时，检查人员不得少于二人，并应当出示合法证件和检查通知书；检查人员少于二人或者未出示合法证件和检查通知书的，银行业金融机构有权拒绝检查。

4. 监管谈话

根据履行职责的需要，可以与银行业金融机构董事、高级管理人员进行监督管理谈话，要求就银行业金融机构的业务活动和风险管理的重大事项作出说明。

5. 强制信息披露

银行业监督管理机构应当责令银行业金融机构按照规定如实向社会公众披露财务会计报告、风险管理状况、董事和高级管理人员变更以及其他重大事项等信息。

6. 监管强制措施

银行业金融机构违反审慎经营规则的，国务院银行业监督管理机构或者其省一级派出机构应当责令限期改正；逾期未改正的，或者其行为严重危及该银行业金融机构的稳健运行、损害存款人和其他客户合法权益的，经国务院银行业监督管理机构或者其省一级派出机构负责人批准，可以区别情形，采取下列措施：

1）责令暂停部分业务、停止批准开办新业务；

2）限制分配红利和其他收入；

3）限制资产转让；

4）责令控股股东转让股权或者限制有关股东的权利；

5）责令调整董事、高级管理人员或者限制其权利；

6）停止批准其增设分支机构。

经典真题

（2019 中国光大银行·多选题）除银行业金融机构外，属于银监会监管的还包括（　）等非银行金融机构。

A. 金融资产管理公司
B. 金融租赁公司
C. 企业集团财务公司
D. 融资租赁公司
E. 汽车金融公司

答案 ABCDE

解析 《银行业监督管理法》第 2 条第 2 款规定：对在中华人民共和国境内设立的金融资产管理公司、信托投资公司、财务公司、金融租赁公司以及经国务院银行业监督管理机构批准设立的其他金融机构的监督管理，适用本法对银行业金融机构监督管理的规定。《商务部办公厅关于融资租赁公司、商业保理公司和典当行管理职责调整有关事宜的通知》指出：商务部已将制定融资租赁公司、商业保理公司、典当行业务经营和监管规则职责划给中国银行保险监督管理委员会（以下称银保监会），自 4 月 20 日起，有关职责由银保监会履行。故选 ABCDE 项。

核心考点三：商业银行法（备考指数：★★★★★）

一、商业银行的概念

商业银行是指依法设立的吸收公众存款、发放贷款、办理结算等业务的企业法人。商业银行以其全部法人财产独立承担民事责任。

二、商业银行的经营原则

商业银行以效益性、安全性、流动性为经营原则，实行自主经营，自担风险、自负盈亏、自我约束。商业银行的经营原则是效益性、安全性和流动性。

三、商业银行的设立条件

设立商业银行，应当经银行业监督管理委员会审查批准。

1）达到符合法律规定的注册资本最低限额。

设立商业银行的注册资本最低限额为 10 亿元人民币，城市合作商业银行的注册资本最低限额为 1 亿元人民币，农村合作商业银行的注册资本最低限额为 5000 万元人民币，且该注册资本应是实缴资本。

2）有符合本法与《公司法》规定的章程。

3）有具备任职专业知识与业务工作经验的董事、高级管理人员。

4）有健全的组织机构与管理制度。

四、商业银行的业务范围

1. 商业银行可以从事的业务

1）吸收公众存款；

2）发放短期、中期和长期贷款；

3）办理国内外结算；

4）办理票据承兑与贴现；

5）发行金融债券；

6）代理发行、代理兑付、承销政府债券；

7）买卖政府债券、金融债券；

8）从事同业拆借；

9）买卖、代理买卖外汇；

10）从事银行卡业务；

11）提供信用证服务及担保代理收付款项及代理保险业务；

12）提供保管箱服务。

2. 商业银行的禁止性业务

商业银行不得从事信托投资和证券经营业务，不得向非自用不动产投资或者向非银行金融机构和企业投资，但国家另有规定的除外。

3. 商业银行的经营范围

商业银行的经营范围由商业银行章程规定，报国务院银行业监督管理机构批准。商业银行经中国人民银行批准，可以经营结汇、售汇业务。

五、商业银行的业务规则

1. 存款业务基本规则

商业银行办理个人储蓄存款业务应当遵循存款自愿、取款自由、存款有息以及为存款人保密的原则。

1）对个人储蓄存款，商业银行有权拒绝任何单位或者个人查询、冻结、扣划，但法律另有规定的除外；

2）对单位存款，商业银行有权拒绝任何单位或者个人查询、冻结和扣划，但法律、行政法规另有规定的除外；

3）商业银行应当按照中国人民银行规定的存款利率的上下限确定存款利率，并予以公告；

4）商业银行应当按照中国人民银行的规定，向中国人民银行交存存款准备金，留足备付金；

5）商业银行应当保证存款本金和利息的支付，不得拖延、拒绝支付存款本金和利息。

2. 贷款业务基本规则

1）对借款人的借款用途、偿还能力、还款方式等情况进行严格审查，应当实行审贷分离、分级审批的制度。

2）借款人应当提供担保，严格贷款的资信担保，以担保贷款为主、信用贷款为例外。

3）应当与借款人订立书面合同，合同应当约定贷款种类、借款用途、金额、利率、还款期限、还款方式、违约责任和双方认为需要约定的其他事项。

4）按照中国人民银行规定的贷款利率的上下限，确定贷款利率。

5）应当遵守下列资产负债比例管理的规定：

①资本充足率不得低于百分之八；

②流动性资产余额与流动性负债余额的比例不得低于百分之二十五；

③对同一借款人的贷款余额与商业银行资本余额的比例不得超过百分之十。

6）不得向关系人发放信用贷款，向关系人发放担保贷款的条件不得优于其他借款人同类贷款的条件。其中，关系人是指商业银行的董事、监事、管理人员、信贷业务人员及其近亲属和前项所列人员投资或者担任高级管理职务的公司、企业和其他经济组织。

7）任何单位与个人不得强令商业银行发放贷款或提供担保。

3. 其他业务规则

1）办理票据承兑、汇兑、委托收款等结算业务，应当按照规定的期限兑现，收付入账，不得压单、压票或者违反规定退票。

2）同业拆借应当遵守中国人民银行的规定：禁止利用拆入资金发放固定资产贷款或者用于投资。拆出资金限于交足存款准备金、留足备付金和归还中国人民银行到期贷款之后的闲置资金。拆入资金用于弥补票据结算、联行汇差头寸的不足和解决临时性周转资金的需要。

3）商业银行应当在公告的营业时间内营业，不得擅自停止营业或者缩短营业时间。

4）商业银行办理业务、提供服务，按照规定收取手续费。

5）不得泄露其在任职期间知悉的国家秘密、商业秘密。

经典真题

1.（2019 中国邮政储蓄银行秋招·单选题）根据《中华人民共和国商业银行法》规定，商业银行以其（   ）独立承担民事责任。

A. 股东投资额　　　　　　B. 全部资产

C. 全部法人财产　　　　　D. 全部资本金

答案 C

解析《中华人民共和国商业银行法》第4条第3款规定，商业银行以其全部法人财产独立承担民事责任。故选C项。

2.（2018 中国工商银行·单选题）根据《中华人民共和国商业银行法》规定，商业银行实行自主经营、自担风险、自负盈亏、自我约束。下列选项中，不属于商业银行经营原则的是（   ）。

A. 安全性　　　　　　　　B. 流动性

C. 效益性　　　　　　　　D. 独立性

答案 D

解析《中华人民共和国商业银行法》第4条第1款规定，商业银行以安全性、流动性、效益性为经营原则，实行自主经营、自担风险、自负盈亏、自我约束。故选D项。

3.（2018 中国工商银行·单选题）根据我国《商业银行法》第四十三条的规定，商业银行目前在我国境内可以开展的业务是（   ）。

A. 金融债券买卖　　　　　B. 证券投资业务

C. 信托投资业务　　　　　D. 非自用不动产投资

答案 A

解析《中华人民共和国商业银行法》第43条规定，商业银行在中华人民共和国境内不得从事信托投资和证券经营业务，不得向非自用不动产投资或者向非银行金融机构和企业投资，但国家另有规定的除外。故选A项。

4.（2017 中国建设银行·多选题）下列关于商业银行发放贷款的说法正确的有（   ）。

A. 商业银行发放信用贷款应对保证人的偿还能力，抵押物、质物的权属和价值以及实现抵押权、质权的可行性进行严格审查

B. 商业银行发放信用贷款应对借款人的借款用途、还款方式、偿还能力进行审查

C. 商业银行不得向董事、监事、管理人员、信贷业务人员及近亲属发放信用贷款

D. 商业银行不得向董事监事、管理人员、信贷业务人员及亲属发放担保贷款

答案 BC

解析《中华人民共和国商业银行法》第35条规定，商业银行贷款，应当对借款人的借款用途、偿还能力、还款方式等情况进行严格审查。商业银行贷款，应当实行审贷分离、

分级审批的制度。第36条第1款规定：商业银行贷款，借款人应当提供担保。商业银行应当对保证人的偿还能力，抵押物、质物的权属和价值以及实现抵押权、质权的可行性进行严格审查。根据《贷款通则》的规定，信用贷款是指没有担保、仅依据借款人的信用状况发放的贷款。贷款人发放信用贷款时，必须对借款人进行严格审查、评估，确认其资信具备还款能力。信用贷款因为不提供担保，所以无需对抵押财产进行审查。因此，A项错误，B项正确。第四十条规定：商业银行不得向关系人发放信用贷款；向关系人发放担保贷款的条件不得优于其他借款人同类贷款的条件。前款所称关系人是指：（1）商业银行的董事、监事、管理人员、信贷业务人员及其近亲属；（2）前项所列人员投资或者担任高级管理职务的公司、企业和其他经济组织。因此，C项正确，D项错误。故选BC项。

5.（2017 中国农业银行·单选题）下列选项中表述不准确的一项是（　　）。

A.向其他商业银行借款以解决临时性周转资金

B.商业银行在中华人民共和国境内可以从事信托投资和证券经营业务

C.商业银行应当按照中国人民银行规定的存款利率的上下限确定存款利率，并予以公告

D.商业银行的分立、合并应当经国务院银行业监督管理机构审查

答案 B

解析 商业银行在中华人民共和国境内不得从事信托投资和证券经营业务。但国家有规定的除外。故选B项。

核心考点四：反不正当竞争法（备考指数：★★）

一、不正当竞争行为的概念

经营者以及其他有关市场参与者采取违反公平、诚实信用等公认的无商业道德的手段去争取交易机会，损害消费者和其他经营者的合法权益，扰乱社会经济秩序的行为。

二、不正当竞争行为的主要类别

1.混淆行为

经营者不得实施下列混淆行为，让人误认为是他人商品或者与他人存在特定联系。

1）擅自使用与他人有一定影响的商品名称、包装、装潢等相同或者近似的标识；

2）擅自使用他人有一定影响的企业名称（包括简称、字号等）、社会组织名称（包括简称等）、姓名（包括笔名、艺名、译名等）；

3）擅自使用他人有一定影响的域名主体部分、网站名称、网页等；

4）其他足以让人误认为是他人商品或者与他人存在特定联系的混淆行为。

2. 商业贿赂行为

经营者不得采用财物或者其他手段贿赂下列单位或者个人，以谋取交易机会或者竞争优势。

1）交易相对方的工作人员；

2）受交易相对方委托办理相关事务的单位或者个人；

3）利用职权或者影响力影响交易的单位或者个人。

经营者在交易活动中，可以以明示方式向交易相对方支付折扣，或者向中间人支付佣金。经营者向交易相对方支付折扣、向中间人支付佣金的，应当如实入账。接受折扣、佣金的经营者也应当如实入账。

经营者的工作人员进行贿赂的，应当认定为经营者的行为但是，经营者有证据证明该工作人员的行为与为经营者谋取交易机会或者竞争优势无关的除外。

3. 虚假宣传

1）经营者不得对其商品的性能、功能、质量、销售状况、用户评价、曾获荣誉等作虚假或者引人误解的商业宣传，欺骗、误导消费者。

2）经营者不得通过组织虚假交易等方式，帮助经营者进行虚假或者引人误解的商业宣传。

4. 侵犯商业秘密

商业秘密是指不为公众所知悉、具有商业价值并经权利人采取相应保密措施的技术信息、经营信息等商业信息。经营者不得实施下列侵犯商业秘密的行为：

1）以盗窃、贿赂、欺诈、胁迫或者其他不正当手段获取权利人的商业秘密；

2）披露、使用或者允许他人使用以前项手段获取的权利人的商业秘密；

3）违反约定或者违反权利人有关保守商业秘密的要求，披露、使用或者允许他人使用其所掌握的商业秘密；

4）教唆、引诱、帮助他人违反保密义务或者违反权利人有关保守商业秘密的要求，获取、披露、使用或者允许他人使用权利人的商业秘密。

经营者以外的其他自然人、法人和非法人组织实施前款所列违法行为的，视为侵犯商业秘密。第三人明知或者应知商业秘密权利人的员工、前员工或者其他单位、个人实施本条第一款所列违法行为，仍获取、披露、使用或者允许他人使用该商业秘密的，视为侵犯商业秘密。

5. 不正当有奖销售

经营者进行有奖销售不得存在下列情形：

1）所设奖的种类、兑奖条件、奖金金额或者奖品等有奖销售信息不明确，影响兑奖；

2）采用谎称有奖或者故意让内定人员中奖的欺骗方式进行有奖销售；

3）抽奖式的有奖销售，最高奖的金额超过五万元。

6. 商业诋毁行为

经营者不得编造、传播虚假信息或者误导性信息，损害竞争对手的商业信誉、商品声誉。

7. 互联网不正当竞争行为

经营者不得利用技术手段，通过影响用户选择或者其他方式，实施下列妨碍、破坏其他经营者合法提供的网络产品或者服务正常运行的行为：

1）未经其他经营者同意，在其合法提供的网络产品或者服务中，插入链接、强制进行目标跳转；

2）误导、欺骗、强迫用户修改、关闭、卸载其他经营者合法提供的网络产品或者服务；

3）恶意对其他经营者合法提供的网络产品或者服务实施不兼容；

4）其他妨碍、破坏其他经营者合法提供的网络产品或者服务正常运行的行为。

经典真题

（2017 中国工商银行·单选题）A 公司经过甲介绍成功地向 B 公司销售了一批货物。下列属于不正当竞争行为的是（　　）。

A. A 公司给甲 1 000 元佣金

B. A 公司给 B 公司 10 000 元折扣

C. B 公司给甲 1 000 元佣金

D. A 公司给 B 公司经理 10 000 元回扣

答案 D

解析 商业贿赂行为是指经营者为了推销或者购买商品，采用财务或者其他手段行贿以获得竞争优势的行为。它与合法的"折扣""佣金"的区别在于贿赂所给的财务或其他好处不在对方的正规账目中予以反映。故选 D 项。

核心考点五：税法（备考指数：★★）

一、税法的概述

1. 税法的概念

税法是指国家制定的用以调整国家与纳税人之间在纳税方面的权利及义务关系的法律规范的总称。

2. 税种的分类

目前，我国税收分为商品和劳务税、所得税、资源税、财产和行为税、特定目的税五大类。

1）按课税对象为标准分为流转税、所得税、资源税、财产税、行为税。

2）按税收的计算依据为标准分为从量税与从价税。

3）按税收与价格的关系为标准分为价内税与价外税。
4）按是否有单独的课税对象、对立征收为标准分为正税与附加税。
5）按税收征收权限和收入支配权限分为中央税、地方税与共享税。
6）按管辖对象为标准分为国内税种与涉外税种。

二、税法的要素

税法的构成要素，是指各种单行税法具有的共同的基本要素的总称，一般包括征税人、纳税义务人、征税对象、税目、税率、计税依据、纳税环节、纳税期限、纳税地点、税收优惠减免税和法律责任等项目。其中，纳税义务人、征税对象、税率是构成税法的三个最基本的要素。税法要素的具体内容如表 4-1 所示。

表 4-1 税法要素的内容

构成要素	内容	
征税人	代表国家行使征税权的各级税务机关和其他征税机关，包括各级税务机关、海关，征税人可能因税种的不同而有所不同	
纳税义务人	纳税义务人又称纳税人，是指依法直接负有纳税义务的法人、其他组织和自然人	
征税对象	征税对象即纳税客体，是征纳税双方权利义务共同指向的对象，是区别不同税种的重要标志	
税目	税目是征税对象的具体化	
税率	概念	是计算税额的尺度，是税收法律制度的核心要素
	我国现行税法规定的税率	（1）比例税率（如：企业所得税的基本税率为 25%） （2）累进税率，包括全额累进税率（我国目前不采用） ①超额累进税率（如：个人所得税中"综合所得"适用七级超额累进税率） ②超率累进税率（如：土地增值税适用五级超率累进税率） （3）定额税率（如：甲类啤酒的消费税税额为 250 元 / 吨）
计税依据	（1）从价计征：以计税金额为计税依据 （2）从量计征：以征税对象的数量为计税依据	
纳税环节	税法规定的征税对象从生产到消费的流转过程中应当缴纳税款的环节	
纳税期限	依法缴纳税款的期限，包括纳税义务发生时间、纳税期限、缴库期限	
纳税地点	税法规定的纳税人（包括代征、代扣、代缴义务人）的具体申报缴纳税收的地方	
税收优惠	减税是对应纳税额减少一部分税额	
	免税是对应纳税额全部免征	
	起征点是对征税对象开始征税的数额限定。征税对象的数额没有规定起征点的不征税；达到或超过起征点的，就其全部数额征税	
	免征额，对纳税对象中的一部分给予减免，只就减除后的剩余部分计征税款	
法律责任	税法中的法律责任包括行政责任和刑事责任	

经典真题

1.(2019中国建设银行单选题)范冰冰偷逃税案件落定,相关单位与人员被一一问责。依法纳税是公民的基本义务。下列对"纳税人"的理解,不正确的是( )。

A.只要负有直接纳税的义务,就是纳税人
B.纳税人包括所有法人和自然人
C.纳税人是由税法和企业或个人所处的经济地位决定的
D.不同的税种有不同的纳税人

答案 B

解析 纳税人又称纳税义务人,是指税法规定的直接负有纳税义务的单位与个人,是税收制度的基本构成要素之一,A项正确。纳税人既可以是法人也可以是自然人,一个单位或者个人能否成为纳税人,由税法的规定和企业或个人所处的经济地位决定,并不是所有的法人和自然人都需要纳税,B项错误、C项正确。税收有不同的种类,每个税种都有特定的纳税人、征税对象和计税标准,D项正确。故选B项。

2.(2019中国邮政储蓄银行·单选题)在税收分类中,以下属于流转税的是( )。

A.增值税   B.资源税
C.房产税   D.印花税

答案 A

解析 流转税是以商品生产流转额和非生产流转额为课税对象征收的一类税,我国税制结构中的主体税类,包括增值税、消费税和关税等。故选A项。

模块五 管理与市场营销

考情介绍

1. 六大行考情分析

银行	年份	考查方向
中国工商银行	2020 年	沟通、关键指标
	2019 年	
中国农业银行	2020 年	管理幅度、组织架构、双因素理论、分销渠道、需要层次理论、目标管理、决策、控制、管理创新
	2019 年	
中国建设银行	2019 年	激励理论、消费者市场、管理职能、组织管理
中国交通银行	2020 年	
	2019 年	
中国银行	2020 年	
	2019 年	
中国邮政储蓄银行	2020 年	沟通、计划、控制、决策理论、领导理论
	2019 年	

管理学和市场营销学在所有银行考查中内容涉及并不是特别多，设置考查此部分的银行包括工商银行、农业银行、建设银行、邮政储蓄银行，其中农业银行和邮政储蓄银行考查内容较多，其他银行考查内容较少，部分股份制银行如中信银行、光大银行也有涉及。但整体而言一般在 1~9 题之间，农业银行考查最多，共 9 题。

2. 备考建议

建议广大考生在备考时，以考查方向的内容为主要学习内容，重点掌握管理学的四大职能（包括创新）及市场营销的 4P 策略，侧重对知识点的理解，而非生硬的记忆。对于重点性的概念需要掌握理论概念的提法及别称。

第一章 管理学

核心考点一：管理概论（备考指数：★★★）

一、管理的概念

管理就是管理者在一定的环境和条件下，为了实现特定的目的，动员和运用有效资源而进行的计划、组织、领导和控制等社会活动。

管理的这一定义具有如下含义：

（1）管理是人类有意识有目的的活动；
（2）管理应当是有效的；
（3）管理的本质是协调；
（4）协调是运用各种管理职能的过程。

二、管理的职能和性质

1. 管理的职能

（1）计划

由于组织的存在是为了实现某些目标，因此就需要有人来规定组织要实现的目标和实现目标的方案，这就是管理计划职能应做的工作。计划是管理的首要职能，管理活动从计划工作开始。

（2）组织

组织工作决定组织要完成的任务是什么，谁去完成这些任务，这些任务怎么分类组合，谁向谁报告以及各种决策应在哪一级制定等。

（3）领导

管理的领导职能是指导和协调组织中的成员，包括管理者激励下属，指导他们的活动，选择最有效的沟通渠道，解决组织成员之间的冲突等，其目的是使组织中的全体成员以高昂的士气、饱满的热情投身到组织活动中去。

（4）控制

控制工作过程包括衡量组织成员的工作绩效，发现偏差，采取矫正措施三个步骤，控制不仅是对以前组织活动情况的检查和总结，而且可能要求在某时间点以后对组织的业务活动进行局部甚至全局的调整。因此，控制在整个管理活动中起着承上启下的连接作用。

管理的各项职能不是截然分开的独立活动，它们相互渗透并融为一体。从管理职能在时间上的关系来看，它们通常按照一定的先后顺序发生，即先计划，继而组织，然后领导，最后控制。

2.管理的性质

（1）管理的自然属性

自然属性表现为合理组织生产力，是组织社会化大生产的必要条件。在管理中，质量管理、劳动管理、成本管理、库房管理、财务管理等都属于生产力的范畴。

（2）管理的社会属性

社会属性表现为维护和完善生产关系。在管理中，组织目标、领导作风、激励方式、协调艺术、组织文化等具有较强的意识形态色彩。

三、管理者的角色和技能

1.管理者的角色

根据亨利·明茨伯格的一项被广为引用的研究，管理者扮演十种角色，这十种角色可被归入三大类：人际角色、信息角色和决策角色。具体如下：

人际角色：代表人、领导者、联络者；

信息角色：监督者、传播者、发言人；

决策角色：企业家、干扰应对者、资源分配者、谈判者。

2.管理者的技能

（1）技术技能

技术技能是指"运用管理者所监督的专业领域中的过程、惯例、技术和工具的能力"。技术技能对于基层管理最重要，对于中层管理较重要，对于高层管理较不重要。

（2）人际技能

人际技能是指"成功地与别人打交道并与别人沟通的能力"。人际技能对于所有层次管理的重要性大体相同。

（3）概念技能

概念技能是指"把观点设想出来并加以处理以及将关系抽象化的精神能力"。概念技能对于高层管理最重要，对于中层管理较重要，对于基层管理较不重要。

经典真题

1.（2018建设银行秋招·单选题）"我们需要做什么，我们为什么要去做，这件事由谁去做，什么时候做，在什么地方做，怎么去做"是我们在日常生活和工作中，处理各类事务关系常常谈及的话题。后经人们的不断运用和总结，美国政治学家拉斯维尔将其定义为"5W1H"模式。在管理学中，该模式是下列哪项职能应解决的问题？（　　）

A. 控制职能 B. 领导职能
C. 计划职能 D. 组织职能

答案 C

解析 5W1H 就是对工作进行科学地分析，对某一工作在调查研究的基础上，就其工作内容（What）、责任者（Who）、工作岗位（Where）、工作时间（When）、怎样操作（How）以及为何这样做（Why），进行书面描述，并按此描述进行操作，达到完成职务任务的目标。5W1H 分析法为人们提供了科学的工作分析方法，常常被运用到制定计划草案上和对工作的分析与规划中，属于计划职能应解决的问题。故选 C 项。

2.（2018 中国建设银行秋招·单选题）某旅游公司总经理在市场不景气的情况下，以过人的职业洞察力发现海外度假旅游项目与 25—35 岁新婚家庭消费群体之间的关联性，并针对这部分群体快速设计出一套新的旅游路线和体验项目，在广泛宣传后收到丰硕的订单。但由于涉及与交通管理、签证、保险等机构的协调，新项目一直未能批准，信任危机造成该公司丧失大量的市场机会，公司经营每况愈下。下列哪种说法最能概况该总经理的管理能力？（　）

A. 技术技能和概念技能强，人际技能弱
B. 技术技能和人际技能强，概念技能弱
C. 人际技能和概念技能强，技术技能弱
D. 技术技能强、人际技能和概念技能都弱

答案 A

解析 该公司在市场不景气情况下能够发现新市场并收获大量订单，体现其技术技能和概念技能较强，但是新项目一直未能获得批准，体现其人际技能弱。故选 A 项。

3.（2016 中信银行秋招·多选题）根据管理的二重性的原理，管理具有同（　）相联系的社会属性。

A. 生产力 B. 生产关系
C. 社会化大生产 D. 社会制度

答案 BD

解析 管理二重性是指管理既具有自然属性，又具有社会属性。其中，社会属性又称生产关系属性，是与生产关系和社会制度相联系，涉及"是为谁管理"的问题。故选 BD 项。

核心考点二：管理理论的演变（备考指数：★★★★）

一、古典管理理论

管理理论比较系统的建立是在 19 世纪末 20 世纪初。这个阶段所形成的管理理论称

为"古典管理理论"或"科学管理理论"。

1. 泰罗的科学管理理论

泰罗是科学管理理论的创始人,他的主要观点有:

1) 科学管理的根本目的是谋求最高工作效率;

2) 达到最高工作效率的重要手段,是用科学的管理方法代替旧的经验管理。

3) 实施科学管理的核心问题,是要求管理人员和工人双方在精神上和思想上来一个彻底变革。

根据以上观点,泰罗提出了以下的管理制度:

1) 对工人提出科学的操作方法,以便合理利用工时,提高工效;

2) 在工资制度上实行差别计件制;

3) 对工人进行科学的选择、培训和提高;

4) 制定科学的工艺规程,并用文件形式固定下来以利于推广;

5) 使管理和劳动分离,把管理工作称为计划职能,工人的劳动称为执行职能。

2. 法约尔的组织管理理论

法约尔认为,要经营好一个企业,不仅要改善生产现场的管理,而且应当注意改善有关企业经营的六个方面的职能:

1) 技术职能,即设计制造;

2) 经营职能,即进行采购、销售和交换;

3) 财务职能,即确定资金来源及使用计划;

4) 安全职能,即保证员工劳动安全及设备使用安全;

5) 会计职能,即编制财产目录,进行成本统计;

6) 管理职能:即计划、组织、指挥、协调、控制五项。

法约尔还提出了管理人员解决问题时应遵循的十四条原则:分工、权力与责任、纪律、统一命令、统一领导、个人利益服从集体利益、报酬合理、集权与分权、等级链与跳板、秩序、平等、人员稳定、主动性以及集体精神。

二、西方现代管理思想的发展

1. 人群关系论

"行为科学"的发展是从人群关系论开始的。人群关系论的代表人物是埃尔顿·梅奥。梅奥曾参加 1927 年至 1932 年在芝加哥西方电气公司霍桑工厂进行的试验工作,即引起管理学界重视的"霍桑试验"。梅奥的主要观点包括:

(1) 企业的职工是"社会人";

(2) 满足工人的社会欲望,提高工人的士气,是提高生产效率的关键;

(3) 企业中实际存在着一种"非正式组织";

（4）企业应采用新型的领导方法。

2. 行为科学学派

行为科学学派是在人群关系理论的基础上发展起来的，行为科学从单纯强调感情的因素、搞好人与人之间的关系转向探索人类行为规律，注重善于用人、提倡人力资源开发；强调个人目标和组织目标一致；注重人的尊严，实行民主管理，改变上下级关系，通过支持、引导和参与等，调动人的工作积极性。行为科学学派主要的代表人物及理论有马斯洛的需要层次理论、赫兹伯格的双因素理论、麦格雷戈的"X、Y理论"和麦克利兰的后天需要理论。

（1）需要层次理论

该理论将需求分为五种，分别为：

生理需要——维持人类生存必须的身体需要；

安全需要——保证身心避免受到伤害；

社交需要——包括情感、归属、被接纳、友谊等需要；

尊重需要——内在的尊重（自尊心、成就感等）和外在的尊重（地位、认同、受重视等）；

自我实现的需要——包括个人成长、发挥个人潜能、实现个人理想等。

（2）双因素理论

双因素理论又称激励保健理论，是美国的行为科学家弗雷德里克·赫茨伯格提出来的一种激励模式理论。双因素理论认为引起人们工作动机的因素主要有两个：一是保健因素，二是激励因素。只有激励因素才能够给人们带来满意感，而保健因素只能消除人们的不满，但不会带来满意感。

（3）X、Y理论

X、Y理论是由美国心理学家、行为科学家道格拉斯·麦格雷戈提出的。

X理论的主要内容：一般人天生好逸恶劳，只要有可能，就会逃避工作；人生来就以自我为中心，漠视组织的要求；一般人缺乏进取心，逃避责任，甘愿听从指挥，安于现状，没有创造性；人们通常容易受骗，易受人煽动。持X理论观点管理者在管理工作中对员工采用强制、惩罚、解雇等手段来迫使他们工作。

Y理论的主要内容：人天生并不是好逸恶劳，人们对工作的喜恶取决于对工作带来的满足和惩罚的理解；让人们参与制定自己的工作目标，则有利于实现自我指挥和控制；在适当条件下，一般人是能够主动承担责任；大多数人都具有一定的想象力、独创性和创造力；在现代社会，人的智慧和潜能只发挥了部分。持Y理论观点管理者会主张在管理行为上实行以人为中心的、宽容的、民主的管理方式。

（4）麦克利兰的后天需要理论

美国大卫·麦克利兰认为，人的一生，有些需要不是与生俱来的，而是后天习得的。

这种需要包括成就需要、亲和需要和权力需要。

①成就需要。成就需要是指人们追求卓越，争取做到最好的需要，即渴望完成有难度的任务，期望获得高标准的成功以及掌握复杂的工作技能，以超过别人。成就需要可以通过工作本身获得满足，把个人成就看的比金钱更重要。

②亲和需要。亲和需要（也称交往需要、交际需要）是指人们寻求他人的接纳和友谊的欲望。在工作中，高亲和需求的人希望在平静、和谐的组织而不是竞争激烈的组织中工作，并喜欢与他人保持友善关系，他们高度服从群体规范，忠实可靠。

③权力需要。权力需要是指影响或控制他人的一种欲望或驱力。对于高权力需要者来说，他们更关心的是自己在组织中的威信和影响力，而不是工作绩效。权力需要强烈的人，经常有机会晋升到组织的高级管理者。优秀的管理者应当是高权力需要和低友谊需要的人。

经典真题

1.（2019 中国农业银行秋招·单选题）美国哈佛大学教授戴维·麦克利兰把人的高级需要分为三类，即（　　）。

A. 心理、独立和发展需要　　　　B. 生理、安全和社交需要
C. 权力、交往和成就需要　　　　D. 生存、交际和实现需要

答案 C

解析 美国哈佛大学教授戴维·麦克利兰通过对人的需求和动机进行研究，于20世纪50年代在一系列文章中提出成就需要理论，又称"三种需要理论"，即对成就、权力和亲和的需要。权力需要是指影响或控制他人且不受他人控制的需要；亲和需要，也可称为交往需要，是指建立友好亲密的人际关系，寻求被他人喜爱和接纳的需要；成就需要是指争取成功、追求优越感，希望做得最好的需要。故选C项。

2.（2019 中国工商银行总行秋招·单选题）根据马斯洛的需要层次理论，消费者最低层次的需求是（　　）。

A. 自我实现需求　　　　B. 成就需求
C. 安全需求　　　　　　D. 生理需求

答案 D

解析 马斯洛需要层次将人的需要以低至高分为五种需要，分别是生理需要、安全需要、社交需要、尊重需要、自我实现的需要，生理需要是维持人类生存必须的身体需要，是最低层次的需要。故选D项。

3.（2016 中国银行秋招·单选题）泰罗的科学管理理论出现在（　　）。

A.19 世纪末 20 世纪初　　　　B.20 世纪 30 年代

C.20 世纪 40 年代　　　　　　D.20 世纪 60 年代

答案 A

解析 泰罗的科学管理理论出现在 19 世纪末 20 世纪初。故选 A 项。

4.（2017 中国工商银行春招·多选题）梅奥通过霍桑实验得出的主要结论包括（　　）。

A. 工人是"社会人"而不是"经济人"

B. 在组织中存在大量的非正式组织

C. 对于环境的好奇和兴趣，导致了较佳的业绩

D. 新型的领导在于提高工人的满意度

答案 ABD

解析 C 项不属于梅奥的三大结论之一，而是属于霍桑效应，是指由于受到额外的关注而引起绩效或努力上升的情况，排除。故选 ABD 项。

核心考点三：决策（备考指数：★★★★★）

一、决策的概念

决策是为了达到一个预定的目标，在某种条件下寻求优化目标和优化达到目标的手段，是在若干个有价值的方案中选择一个作为行动方案。

二、决策的类型

1. 按决策目标的影响程度不同

（1）战略决策

战略决策对组织最重要，通常包括组织目标、方针的确定，组织机构的调整，企业产品的更新换代、技术改造等，这些决策牵涉组织的方方面面，具有长期性和方向性。

（2）战术决策

战术决策又称管理决策，是在组织内贯彻的决策，属于战略决策执行过程中的具体决策。属于战术决策范畴的有：企业生产计划和销售计划的制定、设备的更新、新产品的定价以及资金的筹措等。

（3）业务决策

业务决策又称执行性决策，是日常工作中为提高生产效率和工作效率而作出的决策，牵涉范围较窄，只对组织产生局部影响。属于业务决策范畴的有：工作任务的日常分配和检查、工作日常（生产进度）的安排和监督、岗位责任制的制定和执行、库存的控制以及材料的采购等。

2. 按决策问题的重复程度不同

（1）程序化决策

程序化决策，涉及的是例行问题。

(2) 非程序化决策

非程序化决策，涉及的是例外问题。

3. 按决策条件的可控程度不同

(1) 确定型决策

确定型决策是指在稳定可控条件下进行的决策。

(2) 风险型决策

风险型决策也称随机决策。在这类决策中，自然状态不止一种，决策者不能知道哪种自然状态会发生，但能知道有多少种自然状态以及每种自然状态发生的概率。

(3) 不确定型决策

不确定型决策是指在不稳定条件下进行的决策。在不确定型决策中，决策者可能不知道有多少种自然状态，即便知道，也不知道每种自然状态发生的概率。

4. 按参与决策的决策主体不同

(1) 个人决策

(2) 集体决策

三、决策的方法

1. 战略决策方法

(1) 目标管理

目标管理由彼得·德鲁克（Peter F. Drucker）于 1954 年在其著作《管理实践》中最先提出，目标管理也称"成果管理"，俗称责任制，是指组织中的上级和下级一起协商，根据组织的使命确定一定时期内组织的总目标，由此决定上、下级的责任和分目标，并把这些目标作为组织经营、评估和奖励每个单位和个人贡献的标准。

(2) 宏观环境——PESTEL 分析模型

PESTEL 分析模型，是分析宏观环境（一般环境）的有效工具。每一个字母代表一个宏观环境因素，即政治因素（Political）、经济因素（Economic）、社会因素（Social）、技术因素（Technological）、环境因素（Environmental）和法律因素（Legal）。

(3) 行业环境——波特五力分析模型

波特五力分析模型又称波特竞争力模型。"波特五力模型"，由哈佛大学商学院的 Michael E. Porter 于 1979 年最早提出。"五力模型"中竞争的五种主要来源，即：本行业现有竞争者的竞争力、潜在竞争者进入的能力、替代品的替代能力、供应商的议价能力以及购买者的议价能力。

(4) SWOT 分析矩阵

SWOT 是最常用的内外部环境综合分析技术工具，是一种对企业外部环境中存在的机会、威胁和企业内部条件的优势、劣势进行综合分析，据此对备选的战略方案做出系统的评价，最终选择出最佳的竞争战略的方法。

SWOT 中的 S 是指企业内部的优势（Strengths）；W 是指企业内部的劣势（Weaknesses）；O 是指企业外部环境中的机会（Opportunities）；T 是指企业外部环境的威胁（Threats）。按照企业竞争战略的完整概念，战略应是一个企业"能够做的"（即组织的强项和弱项）和"可能做的"（即环境的机会和威胁）之间的有机组合。

（5）有关活动方向的决策方法——经营单位组合分析法

该法由波士顿咨询公司提出，以相对竞争地位和业务增长率为维度，相对竞争地位体现在市场占有率上，决定了企业的销售量、销售额和赢利能力。业务增长率反映业务增长的速度，影响投资的回收期限。

"金牛"业务：市场占有率较高，而业务增长率较低，能从经营中获得高额利润和高额现金回笼。应该将当前市场份额的维护和增加作为经营的主要方向。

"明星"业务：市场占有率和业务增长率都较高，此时应不失时机地投入必要的资金，扩大生产规模。

"幼童"业务：业务增长率较高，市场占有率相对较低。如有前途：投入必要的资金，使其向"明星"型转变；如无前途：及时放弃该领域。

"瘦狗"业务：经营单位市场份额和业务增长率都较低，只能带来很少的现金和利润，甚至可能亏损，此时应采取收缩甚至放弃的战略。

2. 集体决策方法

（1）头脑风暴法

头脑风暴法是将对解决某一问题有兴趣的人集合在一起，在完全不受约束的条件下，敞开思路，畅所欲言。

（2）名义小组技术

在集体决策中，如对问题的性质不完全了解且意见分歧严重，则可采用名义小组技术。在这种技术下，小组成员互不通气，也不在一起讨论、协商，从而小组只是名义上的。

（3）德尔菲技术

德尔菲技术是兰德公司提出的，被用来听取有关专家对某一问题或机会的意见，也被称之为"背靠背"法或专家意见法。

经典真题

1.（2019 中信银行秋招·单选题）（　　）不属于定性分析方法。

A. 产品寿命周期分析法　　B. 德尔菲法
C. 因果预测分析法　　D. 个别专家意见汇集法

答案 C

解析 定性预测法主要包括经验评判法、会议专家法和专家调查法（德尔菲法）、主观概率法、调查访问法等；定量预测法一般包括时间预测法、因果预测分析法等；产品寿命周期分析法是销售定性分析方法。故选 C 项。

2.（2019 中信银行秋招·单选题）与组织中的基层管理人员相比，高层主管人员做出的决策更倾向于（　）。

　　A. 肯定型决策　　　　　　B. 战术型决策
　　C. 非常规决策　　　　　　D. 经验决策

答案 C

解析 越是组织的上层管理人员，所做出的决策越倾向于战略的、非常规的、风险的。故选 C 项。

3.（2019 宁波银行秋招·单选题）决断力是针对各种问题进行快速和有效决策的能力，以下表述不正确的是（　）。

　　A. 具备利用最佳决策及实施时机的能力
　　B. 具备预见、评估、解释和研究风险的意识
　　C. 具备快速和准确评价决策收益的能力
　　D. 善于利用决策理论、决策方法和决策工具

答案 B

解析 决断力是针对战略实施中的各种问题和突发事件而进行快速和有效决策的能力，主要体现为：（1）掌握和善于利用各种决策理论、决策方法和决策工具；（2）具备快速和准确评价决策收益的能力；（3）具备预见、评估、防范和化解风险的意识与能力；（4）具有实现目标所需要的必不可少的资源；（5）具备把握和利用最佳决策及其实施时机的能力。B 项中应为化解风险的能力，研究风险并不能进行化解风险，因此排除。故选 B 项。

4.（2019 中国农业发展银行秋招·单选题）目标管理的目标执行情况，其关键环节不包含（　）。

　　A. 考核　　　　　　　　　B. 验收
　　C. 评估　　　　　　　　　D. 预测

答案 D

解析 目标管理的过程包括 4 个环节：目标设定及分解、组织目标实施、结果检查和评价、结果反馈及改进。目标执行过程中，考核、验收、评估都是目标执行中重要的一环，预测往往在目标设定中存在。故选 D 项。

5.（2016 中国建设银行秋招·单选题）某公司近年来凭借实施低成本战略，其生产的甲产品在本行业已拥有 70% 的市场占有率，成为该行业的龙头企业。今年年初，因某报纸发表的一篇名为《甲产品爆炸伤人》的文章，甲产品 4、5 月份的总销量比上年

同期下降了近 40%。这一事件说明，该公司不可忽视外部环境中的（　　）。

A. 经济环境　　　　　　　B. 技术环境

C. 社会和文化环境　　　　D. 政治和法律环境

答案 C

解析 题目中报纸文章对企业的负面报道，形成一种社会舆论力量，具有较强的社会影响力，影响了企业产品的销售，属于宏观环境因素中的社会和文化环境的影响。故选 C 项。

6.（2020 中国银行秋招·单选题）在商业银行的公司信贷中，波特五力模型常用来进行（　　）。

A. 压力测试　　　　　　　B. 客户评级

C. 竞争力分析　　　　　　D. 债项评级

答案 C

解析 波特五力模型是迈克尔·波特于 20 世纪 80 年代初提出。他认为行业中存在着决定竞争规模和程度的五种力量，这五种力量综合起来影响着产业的吸引力以及现有企业的竞争战略决策。故选 C 项。

核心考点四：组织（备考指数：★★★★）

一、管理幅度、管理层次与组织结构的基本形态

1. 管理幅度与管理层次

管理幅度也称组织幅度，是指组织中上级主管能够直接有效地指挥和领导下属的数量。

管理层级，即组织层级，是由于组织任务存在的递减性，从最高层的直接主管到最低的基层具体工作人员之间形成了的一种层次。

组织层次受到组织规模和组织幅度的影响，它与组织规模呈正比，组织规模越大，包括人员越多，则组织层级也就越多；在组织规模确定的条件下，组织层级与组织幅度呈反比，即上级直接领导的下属越多，组织层级就越少，反之则越多。

组织层级与组织幅度的反比关系决定了两种基本的组织结构形态，一种是扁平式的组织结构，另一种是锥型式的组织结构形态。

（1）扁平式组织结构

优点：由于管理的层级比较少，信息沟通和传递速度比较快，信息失真度比较低，有利于发挥下属人员的积极性和创造性。

缺点：过大的管理幅度增加了主管对下属的监督和协调控制的难度，同时下属也缺少提升机会。

（2）锥型式组织结构

优点：能对下属及时的指导和控制，层级之间的关系比较紧密，有利于工作的衔接，也为下属提供了更多的提升机会。

缺点：信息的传递速度慢，失真度高，增加了管理层之间的沟通难度和沟通成本，也增加了管理工作的复杂性。

二、组织结构

1. 组织结构的含义

组织结构，是指各种职位之间、各种职员之间网络关系的模型及其安排体系，是组织的横向分工关系与纵向隶属关系的总称。组织结构因组织环境、组织战略、技术状况、人员素质、组织规模、组织生命周期等因素的不同而不同。

2. 组织结构的基本类型

（1）直线型组织结构

直线型组织结构也称为单线式组织结构，企业的一切生产经营活动由企业的各级主管人员来直接指挥和管理。直线型组织结构是最早使用，也是最为简单的一种组织结构类型。

（2）职能型组织结构

职能型组织结构也称为多线性组织结构，是当参谋部门有权向直线型经理直接下达指令时所形成的组织结构。

（3）直线－职能参谋型组织结构

它是在直线型组织结构和职能型组织结构的基础上，取长补短，吸取这两种形式的优点而建立起来的，我国目前绝大多数企业都采用这种组织结构形式。直线－职能型组织结构对中小型组织比较适用，但对于规模大、决策时需要考虑的因素复杂的组织则不太适用。

（4）事业部制组织结构

事业部制组织结构是指在总部下面设立有独立经营自主权的事业部来进行管理的一种组织结构形式，是一种分权制的组织结构形式。

（5）矩阵型组织结构

矩阵型组织结构又称为矩阵制结构，是指把按职能划分的部门同按产品划分的小组结合成矩阵的一种组织结构形式。在直线职能制垂直指挥链系统基础上，增设横向指挥链系统，该结构适用于需要集中各方面的专业人员参加完成某个特定的任务和重大项目。

三、集权、分权与授权

1. 集权

集权是指职权在组织层级系统中较高层次上的一定程度的集中。

2. 分权

分权是指职权在组织层级系统中较低层次上的一定程度的分散，是制度分权。

3. 授权

授权是指主管将职权或职责授给某位部属负担，并责令其负责管理性或事务性工作。授予的职权是上级职权的一部分，上级不仅授予权力，且还托付完成该项工作所需的必要责任。

四、组织文化

1. 企业文化的概念

企业文化是组织在长期的实践活动中所形成的并且为组织成员普遍认可和遵循的具有本组织特色的价值观念、团体意识、工作作风、行为规范和思维方式的总和。

2. 企业文化的结构

一般认为，组织文化有三个层次结构，即潜层次、表层和显现层三层。

（1）潜层次的精神层

潜层次的精神层是企业文化中的核心和主体，是广大员工共同而潜在的意识形态，包括管理哲学、敬业精神、人本主义的价值观念、道德观念等。

（2）表层的制度系统

表层的制度系统又称制度层，是体现某个具体企业的文化特色的各种规章制度、道德规范和员工行为准则的总和，也包括企业内部的分工协作关系的组织结构。它是企业文化核心（内隐部分）与显现层的中间层，是由虚体文化（意识形态）向实体文化转化的中介。

（3）显现层的组织文化载体

显现层的组织文化载体又称物质层，是指凝聚着企业文化抽象内容的物质体的外在显现。它既包括了企业整个物质的和精神的活动过程、组织行为、组织产出等外在表现形式，也包括了企业实体性的文化设备、设施等，如带有本组织色彩的工作环境、作业方式、图书馆、俱乐部等。显现层是企业文化最直观的部分，也是人们最易于感知的部分。

📋 经典真题

1.（2017 中国工商银行秋招·单选题）以下关于"企业文化"的说法，错误的是（　　）。

A. 企业文化的核心是企业的精神文明建设

B. 企业文化是一个组织由其价值观、符号、处事方式等

C. 企业文化的管理方式是以柔性管理为主

D. 企业文化的重要任务是增强企业的凝聚力

答案 A

解析 企业文化是组织在长期的实践活动中所形成的并且为组织成员普遍认可和遵循的具有本组织特色的价值观念、团体意识、工作作风、行为规范和思维方式的总和。企业文化的核心是价值观。故选 A 项。

2.（2017中国建设银行秋招多选题）某商业银行优化现有组织架构，进行扁平化改革，精简管理层级，扩大管理跨度，下列说法中，正确的是（　　）。

A.管理跨度太大，会削弱管理效果

B.其他所有条件不变，管理跨度越大，组织就越有效率

C.如果员工训练有素且经验丰富，那么适合更大的管理跨度

D.如果管理者希望提高灵活性、更加贴近客户、提高决策速度，通常会选择减小管理跨度

答案 AC

解析 A、B项管理跨度（管理幅度）是指管理人员有效地监督、管理其直接的下属。管理跨度是有限的，当超过这个限度时，管理效率会随之下降；C项影响管理跨度的因素有：管理者的能力、下属的成熟程度、工作的标准化程度、工作条件、工作环境等；D项近年管理者为了降低成本，更加贴近客户，增强组织灵活性，他们往往选择加宽管理跨度。故选 AC 项。

3.（2017中国工商银行总部秋招·单选题）在企业中，管理者所能直接管理的组织成员的数目被称为（　　）。

A.团队幅度　　　　　　　　　B.管理幅度

C.团队层限　　　　　　　　　D.管理层限

答案 B

解析 管理幅度是指管理人员有效地监督、管理其直接下属的数量。故选 B 项。

核心考点五：领导（备考指数：★★★★）

一、领导方式的基本类型

领导方式的基本类型是由美籍德国心理学家勒温提出来的。他根据领导者控制的力度和影响被领导者的方式不同，把领导方式分为专制型、民主型和自由放任型。

1. 专制型

这种领导方式主要是靠正式的权力和强制命令进行管理。其主要特点是：领导者独断专行，从不考虑别人的意见，完全由自己作出各种决策；上下级之间的沟通很少；领导者的权威是树立在强制性命令或训斥惩罚的基础上的，下属只能服从；领导者与下级

之间保持相当的心理距离。

2. 民主型

民主型领导方式则主要依赖下属的参与。领导者善于同下属进行沟通，对下属完全信任。组织目标和个人目标能够协调统一，而且组织工作是在相互依赖、友好的气氛中深入进行的。

3. 自由放任型

这种类型的领导者很少使用权力，而是给下属以高度的独立性。一般大小事宜均由被领导者个人自行决定，领导者只是向其提供信息、情报，协调各种关系，帮助他们完成任务，实现组织的目标。

勒温的研究结果表明，放任型的领导方式效率低，一般只能实现组织成员的社交目标，但很难完成组织的工作目标；专制型领导可以达成组织的目标，但很容易出现组织成员士气低落、情绪不稳定的弊端；民主型的领导方式效率是最高的，不但可以完成组织的目标，而且能在组织成员之间形成较好的人际关系和融洽的工作环境。

二、领导方式的连续统一体理论

1958 年，坦南鲍姆和施米特在《哈佛商业评论》杂志上发表了《怎样选择一种领导模式》一文，该文提出了领导风格的连续统一体理论。他们认为领导风格可能并不存在严格意义上的划分，而更应该是一种连续变化的过程，也就是说，在专制独裁型和民主参与型极端的领导风格中间，存在着多种过渡型的领导风格。

1）领导者作出并宣布决策。

在这种风格中，领导者独自作出决策，不考虑下属对他决策的想法，而且还要求下属服从他的决定。

2）领导者"推销"决策。

在这种风格中，领导者仍然独自作出决策，但他并不是简单地宣布这个决策，而是说服下属接受他的决策。这表明领导者意识到下属中可能有些反对意见，他企图通过阐明这种决策给下属带来的利益以减除这种反对。

3）领导者提出计划并允许提出问题。

在这种风格中，领导者作出决策，但给下属一个有关他的想法和意图的详细说明，并允许提出问题。这样，下属就可以更好地了解并执行他的意图和计划。

4）领导者提出一个可以修改的临时性决策。

在这种风格中，领导者先对问题进行考虑，并提出一个计划，然后把这个计划交给有关人员讨论，下属可以对决策发挥某些影响，但最后决定权仍由领导者控制。

5）领导者提出问题，征求建议，作出决策。

在这种风格中，提出问题和作出决策仍由领导者进行，但下属可以在领导者提出问题后提供解决问题的各种方案，领导者可以在自己和下属的方案中选择满意的方案。

6）领导者决定界限，让集体作出决策。

在这种风格中，领导者解释需要解决的问题，并给要作的决策规定界限，然后领导者将决策权交给集体。

7）领导者允许下属在规定的界限内行使职权。

在这种风格中，下属可以在更大的范围内参与决策，下属拥有极大的自由，惟一的界限是上级的规定。

领导风格的连续统一体理论描述了从主要以领导为中心到主要以下属为中心的一系列领导风格的转化过程。人们究竟应当选择哪一种因素，应主要考虑以下三个方面的因素：

（1）领导者方面的因素

领导者方面的因素包括领导者自己的价值观，对下属的信赖，对某种领导方式的爱好以及在不确定情况下的安全感。

（2）下属方面的因素

下属方面的因素包括下属人员的独立性需要程度，是否愿意承担责任，对有关问题的关心程度以及对确切意见的容忍程度和下属人员的知识经验和能力。

（3）组织环境方面的因素

组织环境方面的因素包括组织的价值准则和传统，组织的规章，集体的协作经验，决策问题的性质和紧迫程度等。

三、管理方格理论

管理方格理论是美国德克萨斯大学教授罗伯特·布莱克和简·穆顿在他们的《管理方格》一书中提出的。他们认为管理工作应归结为对生产的关心和对人的关心两大方面，并设计出了一张九等分的方格来分析领导行为方式问题。其中，最主要的包括以下5种。

1. 贫乏型（虚弱型）

对工作和对人都极不关心。领导者只做维持自己职务的最低限度的工作，只要不出错，多一事不如少一事，因此被称为"贫乏型的管理"。

2. 任务型

对工作任务极为关心，但忽略对人的关心。这种专权式领导强调有效控制员工，努力完成各项工作，因而被称为"独裁、重任务的管理"。

3. 乡村俱乐部型

特别关心人，但不关心任务，重视人际和谐但管理效果脆弱，因而被称为"乡村俱乐部型的管理"。

4. 中庸型（中间型）

既不过于关心人，也不过于重视任务，程度适中，强调适可而止。这种领导者往往缺乏进取心，乐于维持现状，因此被称为"中庸之道型的管理"。

5. 团队型（协作型、战斗集体型）

关心任务和关心人都达到最高点，人际和谐，任务完成出色，能使组织目标和个人需求最有效地结合起来，因而被称为"战斗集体型的管理"。

四、菲德勒权变理论

美国的管理学家菲德勒在大量研究的基础上提出，任何领导方式均可能有效，而其有效性完全取决于领导方式与所处的环境是否适应，并提出了有效领导的权变模型。这种模型包含三个方面的内容，即三种情景因素、两种基本领导风格和三种情景因素按程度不同组成的八种不同的环境类型。

1. 三种情景因素

（1）领导者和下属之间的关系

领导者和下属之间的关系指领导者是否得到下属的拥护、尊重和信任，是否能吸引并使下属愿意追随他，反映领导者的影响力和吸引力。

（2）任务结构

任务结构指下属工作任务程序化和结构化的程度。其主要是用来反映组织中任务规定的明确程度。如果任务是程序化的、明确的和容易理解的并有章可循，则任务就是明确的或高结构化的，反之就是低结构化的。

（3）职位权力

职位权力是指与领导者职位相关的权力，即领导从上级和整个组织中所得到支持的程度。如果领导者对下属的工作分配、奖惩及职位升迁有决定权，则职位权力就是强的。

2. 两种基本领导风格

菲德勒设计了一种最难共事者调查问卷表（LPC），用来测量领导者的领导风格。他把领导风格分为两大类：关系取向和任务取向。一个领导者如对其最不喜欢的同事仍能给予较高的评价，那么他就是关系型的，他的LPC值就高；如果对其最不喜欢的同事给予很低的评价，则是任务型的，他的LPC值就低。

3. 两种基本领导风格和三种情景因素根据各自程度不同组合成八种不同的类型

菲德勒的研究表明：任务取向型的领导者在非常有利的环境和非常不利的环境下，效果会更好；而关系取向型的领导在中间状态的环境下其效果会更好。据此，菲德勒认为，领导者的领导风格是稳定不变的，要提高领导效果，只有两种途径：一是替换领导者，选用适应新情境的领导者；二是改变情境以适应领导者。

五、领导生命周期理论

领导生命周期理论是由科曼在1966年首先提出，后由保罗·赫西和肯尼斯·布兰查

德予以发展形成,也称情景领导理论,按照领导类型要适应组织成员的成熟度,领导生命周期可以分为四种:

1)高工作—低关系—命令型领导方式—不成熟员工:既无能力也无愿望。

2)高工作—高关系—说服型领导方式—稍成熟员工:有工作积极性但缺乏足够的能力。

3)低工作—高关系—参与型领导方式—较成熟员工:有能力完成工作任务,但缺乏足够的积极性,不愿做。

4)低工作—低关系—授权型领导方式—成熟员工:既有能力也愿意做领导分配的工作。

六、激励的概念、关键要素与本质

1)激励的含义:激励就是调动人积极性的过程。

2)激励的关键因素:需要、努力、组织目标。

3)激励的本质:以未满足的需要为基础,利用各种目标诱因激发动机,驱使和诱导行为,促使实现目标,提高需要满足程度的连续心理和行为的过程。

七、激励理论

1. 马斯洛的需要层次理论

马斯洛认为,人的基本需要可以归纳为由低到高的五个层次,依次为:

1)生理需要。

2)安全需要:指免受身体和感情伤害,包括对当前和未来安全的需要。

3)社交需要(爱与归属的需要):产生于人的社会性,包括归属和被接纳,成为某群体的真正一员的需要和得到别人的爱和关心;关心体贴别人的需要。

4)尊重需要:自尊和他尊(做出贡献时得到他人的认可)。

5)自我实现需要:胜任感和成就感。

2. 期望理论

维克多·弗罗姆于1964年在他的著作《工作与激励》一书中首先提出了比较完备的期望理论。根据这个理论,人们在工作中的积极性或努力程度是效价和期望值的乘积,即:激励力量(M)=效价(V)×期望值(E)。

所谓效价,是个体对他所从事的工作或要达到目标的效用价值的主观估计,即对工作目标有用性的评价。对于个体来说,行为后果的效价取决于两个方面:后果可能导致的结果,以及个体对这些可能性结果的主观需要程度。因此,同一目标或结果对不同的个体来说,可能具有不同的效价。

期望值是指个体对自己能够顺利完成这项工作可能性的估计,即对工作目标能够实现的概率估计。期望值的大小在 0 与 1 之间变动。如果行为主体估计目标实现的可能大时，期望值就接近于 1，反之则趋近于 0。一般来说，即使目标效价很大，但如果期望值极低的话，个体也不会作出较大的努力。

期望理论的上述观点可以为管理人员提供许多有益的启发。为了有效发挥个体在工作中的动机，需要做好以下几个方面的工作：首先，应合理设置工作目标，协调好努力与绩效的关系；其次，贯彻功绩制原则；最后，领导者还应注意了解员工的需求，尽量使报酬与需要相对应。

3. 公平理论

公平理论又叫社会比较理论，是由美国心理学家亚当斯提出来的，主要侧重于研究报酬对个体工作的影响。该理论认为，当一个人作出了成绩并取得报酬以后，他不仅关心自己所得报酬的绝对值，而且关心自己所得报酬的相对量。

相对报酬是指个人所得报酬的比值，主要表现为两个方面：首先，个体考虑的是自己收入与付出的比较，如果觉得满意则称之为纵向公平；其次，他还会同别人的收入与付出之比进行比较，如果也感觉满意，则称之为横向公平。只有当这两方面都感觉满意时，个体才会有公平感，无论哪一个方向的不满意，都会导致个人不公平感的产生，从而影响人们工作积极性的发挥。

4. 强化理论

强化理论是美国心理学家斯金纳提出的。该理论认为，人为了达到某种目的，会采取一定的行为作用于环境。当这种行为的后果对他有利时，这种行为就会在以后重复出现；不利时，这种行为就会减弱或消失。人们可以用这种所谓强化的办法来影响行为的后果，从而修正其行为。

基于该理论，组织的领导者可以采取各种强化手段以使组织成员持续出现组织希望的行为，更有效地达成组织的目标，根据强化的性质和目的可把强化分为正强化和负强化：

（1）正强化

正强化就是奖励那些组织上需要的行为，从而加强这种行为。正强化的方法包括奖金、对成绩的认可、表扬、改善工作条件和人际关系、提升、安排担任挑战性的工作、给予学习和成长的机会等。

（2）负强化

负强化就是惩罚那些与组织不兼容的行为，从而削弱这种行为。负强化的方法包括批评、处分和降级等，有时不给予奖励或少给奖励也是一种负强化。

八、沟通

1. 沟通的含义

沟通是指可理解的信息或思想在两个或两个以上的人群中传递和交换的过程，即信息和想法的传递过程。

2.沟通的重要性

1）沟通是协调各个体、各要素，使企业成为一个整体的凝聚剂。

2）沟通是领导者激励下属，实现领导职能的基本途径。

3）沟通也是企业与外部环境建立联系的桥梁。

3.沟通的类别

1）按照功能，可以分为工具式沟通和感情式沟通。

2）按照方法，可以分为口头沟通、书面沟通、非语言沟通、体态语言沟通、语调沟通及电子媒介沟通等。

3）按照组织系统，可以分为正式沟通和非正式沟通。

4）按照是否进行反馈，可以分为单向沟通和双向沟通。

4.沟通网络

沟通网络是指由各种沟通途径组成的结构形式。在管理过程中，信息沟通途径多种多样，一般包括正式沟通和非正式沟通两种。

（1）正式沟通

正式沟通一般指在组织系统内依据组织明文规定的原则进行的沟通。正式沟通的优点是约束力强、沟通效果好，但其缺点是组织管理层次多、沟通渠道长，因而信息传递速度慢，容易造成信息损失。正式沟通通常有五种形态，即链式、环式、Y式、轮式、全通道式沟通。

1）链式沟通。信息沟通的链式结构是一个平等网络，其特点在于其中居于两端的个体只能与内侧的个体进行联系，而居中间的可以与两侧的个体进行沟通。在一个组织系统中，代表自上而下或自下而上的信息沟通方式。在这种结构中，由于信息层层传递，容易造成信息的遗失和失真，从而导致相互之间的信息差异较大。

2）环式沟通。与链式结构一样，只是两端相互衔接，从而形成一个闭环的信息沟通形态。每一个个体都可以与两侧的个体进行沟通。在这种结构中，组织的集中化程度和领导人的预测程度都较低，信息流动渠道不多，组织成员具有比较一致的满意度，组织士气比较高。

3）Y式沟通。在沟通结构中，有一个个体处于沟通的中心，已成为沟通媒介。在组织中，就相当于从参谋机构到组织领导再到下级的信息沟通形态。这种沟通结构集中化程度比较高，解决问题速度快，一般适合于领导者任务繁重，需要有人协助进行信息的筛选，提供决策的依据，同时又要对组织实施有效控制的情形。但是此种方式易于造成信息的曲解或失真，影响组织成员的士气，阻碍组织工作效率的提高。

4）轮式沟通。有一个个体处于种种信息汇集的中心，相当于一个领导直接管理若干个部门的控制系统。这种沟通集中化程度非常高，解决问题的速度很快，但是沟通的涉外关系较少，组织成员的满意程度低。这种结构形态适于加强组织控制、要求决策效率高而快的组织。

5）全通道式沟通。这是一个开放式的沟通网络系统，其中每一个成员之间都有一定的联系，组织的集中化程度相对较低。由于沟通渠道比较多，从而使成员之间的满意度差异较小，士气高昂，具有良好的合作氛围，但是这种结构易于造成管理上的混乱，有时会影响工作效率。

（2）非正式沟通

非正式沟通是指在正式沟通渠道以外信息的自由传递与交流。这类沟通主要是通过个人之间的接触来进行的，是由组织成员自行选择途径进行的，如员工的生日聚会，工会组织的文娱活动、走访，传播小道消息等。

非正式沟通特点是比较灵活方便，信息交流速度快。但非正式沟通也有一定的片面性，信息容易被夸大或曲解。

九、冲突

1. 冲突的含义

冲突是指由于抵触情绪或对立状态而引起的对差异的心理感知。差异是否真实存在并不重要，只要人们感知到差异的存在，则冲突状态就会产生。冲突的两种极端情况包括微妙、间接、高度控制的抵触状况；明显、直接、公开立场的抵触活动。

2. 冲突产生的三大主要原因

（1）沟通差异

社会制度、意识形态、历史文化等环境背景对沟通习惯和方式的渗透影响的制约性。

（2）结构差异

组织规模扩大，组织结构横向和纵向的不断延伸，信息传递长度和渠道数量增加，组织成员信息依存度高但信息经常不对称，利益不一致，在实际管理问题上看法产生不同，这种沟通差异是由组织结构本身造成的。

（3）个体差异

个人家庭背景、受教育程度、人生阅历、个性修养等，不同的个性特点和不同的生活状况，对组织要求和完成组织任务的理解也不尽相同，个体较大差异容易造成冲突。

3. 冲突的管理

1）回避：从冲突中退出或抑制冲突，微不足道、双方情绪激动需要平静，解决可能招致不良后果的冲突。

2）迁就：在不太重要、无关大局、不想树敌的非原则冲突中树立形象，维持和谐关系。

3）强制：利用职权解决争端，重大事件迅速处理，处理方式忽略其他人态度，必要时可牺牲对方利益。

4）妥协：双方都作出一定有价值的让步如劳资协商劳动合同，适用于时间紧迫，灵活变通的情况。

5）合作：双方都希望互利解决，都能满足自己的利益，且问题十分重要不可能折中。

经典真题

1.（2019 中国邮政储蓄银行春招·单选题）沟通与信息是有关联的，以下有关信息与沟通的说法，不正确的是（　　）。

A. 沟通以信息为基础，因此信息应多多益善
B. 信息是中性的，而沟通背后都隐藏着目的
C. 信息与人无涉，沟通是在人际之间进行的
D. 沟通者和接受者的差异会导致结果不一样

答案 A

解析 信息量越多，信息超载，不利于进行有效的沟通，A 项错误。故选 A 项。

2.（2019 中国邮政储蓄银行春招·单选题）权变理论（Contingency Theory）是管理学中重要的理论，下列关于权变理论的说法错误的是（　　）。

A. 管理与其说是一门理论，不如说是实操性极强的技术
B. 管理与其说是一门科学，不如说它是一门艺术
C. 一名高明的领导者应是一个以不变应万变的人
D. 要根据环境的不同而及时变换自己的领导方式

答案 C

解析 权变理论认为任何领导方式均可能有效，而其有效性完全取决于领导方式与所处的环境是否适应。故选 C 项。

3.（2020 中国光大银行秋招·单选题）领导与管理既有一定的联系又有所区别，下列关于两者说法不正确的是（　　）。

A. 领导和管理无论是在社会活动的实践方面，还是在社会科学的理论方面，都具有较强的独立性和互斥性
B. 领导强调通过与下属的沟通和激励实现组织目标，管理强调下属的服从和组织控制实现组织目标
C. 领导追求组织乃至社会的整体效益，管理则着眼于某项具体效益
D. 领导具有超脱性，领导重在决策，管理重在执行

答案 A

解析 领导和管理的联系包括：（1）领导是从管理中分化再来的。（2）领导和管理无论是在社会活动的实践方面，还是在社会科学的理论方面，都具有较强的相容性和交叉性。领导和管理的区别包括：（1）领导具有战略性。领导侧重于重大方针的决

策和对人、事的统御，强调通过与下属的沟通和激励实现组织目标；管理则侧重于政策的执行，强调下属的服从和组织控制实现组织目标。（2）领导具有超脱性。领导重在决策，管理重在执行。故选 A 项。

4.（2019 中国工商银行总行秋招·单选题）张某是某企业工业设计部的经理，在工作中，他十分重视与下属、上司和同事之间的关系，致力于创造一个友好、温暖的气氛，但忽视了实际的工作产出。根据美国德克萨斯大学的行为科学家罗伯特·布莱克（Robert R.Blake）和简莫顿（Jane S.Mouton）提出的"管理方格理论"（Management Grid Theory），该企业领导的管理类型最接近于（　　）。

A. 贫乏型（Impoverished style）
B. 权威型（Produce or Perish style）
C. 乡村俱乐部型（Country Club style）
D. 中庸型（Middle-of-the-road style）

答案 C

解析 乡村俱乐部型领导特别关心人，但不关心任务，重视人际和谐但管理效果脆弱。题中领导只重视关系塑造不重视任务产出。故选 C 项。

5.（2018 中国工商银行秋招·单选题）组织内部在遇到紧急情况或处理与公司利益关系重大的问题上，最佳的冲突处理方式是（　　）。

A. 强制　　　　　　　　B. 开诚合作
C. 妥协　　　　　　　　D. 回避

答案 A

解析 组织内部紧急情况或者重大事项时一般利用职权解决争端，重大事件迅速处理，处理方式忽略其他人态度，可牺牲对方利益。故选 A 项。

核心考点六：控制（备考指数：★★★★）

一、控制的含义

控制就是按照既定的标准，检查和衡量管理工作是否按计划进行，若有偏差就要分析原因，发出指令并做出改进，以确保组织目标的实现的管理活动过程。控制工作的主要目标在于：

1）限制偏差的扩大。管理控制的一项基本任务就是要及时地发现工作中出现的偏差并加以控制或修正。

2）适应环境的变化。一般说来，管理活动从制定目标到目标得以实现之前，组织的内部条件和外部环境都可能会发生一些变化。有效的管理必须建立一套灵敏的控制系统，以帮助管理人员预测和把握这些变化,并能及时对这些变化和由此带来的影响作出反应。

二、控制的特点

1) 控制具有整体性。控制是组织全体成员的职责。任何组织成员都是控制过程中的一个环节,也都必须作好自己工作活动中的控制工作。

控制的对象是组织的各方面。管理是各个子系统协同运转的系统活动,组织各方面的工作都必须在组织总体战略和系统规划指导下活动。

2) 控制具有动态性管理实践是不断变化发展的,控制标准、方法也不能固定不变,必须动态地根据管理活动的发展变化,作出相应的调整,以提高控制的适应性及有效性。

3) 控制是作为人的控制并主要由人来控制,管理活动的主体是人,管理控制的对象中也有人。管理控制的一个重要任务就是要发现人的这些不稳定性,并通过有效控制来纠正它。

4) 控制是提高职工能力的重要手段。控制不仅是对职工工作活动的一种监督,更重要的是它可以通过确立控制标准、提出纠正措施等对职工的工作进行指导,及时帮助职工调整工作状态,提高工作能力。

三、控制的类型

1. 根据控制活动的性质,控制分为预防性控制和更正性控制

预防性控制是为了防止资金、时间或其他资源的损耗,而采取的一种预防保证措施。一般说来,像法律法规、规章制度、工作程序、人员训练和培养计划等都是预防性控制。

更正性控制往往是由于管理者没有预见问题,或者管理者认为某些事情出现错误之后来进行控制强化更好而使用的一种控制措施。实践中,这种控制的应用也是较为广泛的。

2. 根据控制活动进程的阶段,控制分为预先控制、过程控制和事后控制

预先控制位于管理活动过程的初始端。在这一点上进行控制,可以防止组织使用不合要求的资源,保证组织的投入在数量和质量上达到预定的目标,在整个活动开始之前能剔除那些在管理过程中难于挽回的先天缺陷,如干部的招录考核、入学的考试和体检、领导审查工作方案等。

过程控制是对正在进行的活动给予指导与监督,以保证活动按规定的政策程序和方法进行。这一控制一般都是在现场进行,遥控往往不能取得良好的效果。

事后控制是在管理活动中出现最早,历史最久的控制类型。传统的控制办法几乎都是属于这一类型。

3. 根据控制信息的类型,控制分为反馈控制和前馈控制

反馈控制就是用过去的情况指导现在和将来的工作,从而实现对管理过程的控制。

前馈控制又称指导将来的控制,着眼点是通过预测被控制对象的投入或者产出而进行

控制，以保证获得所期望的产出。前馈控制能够有效地解决反馈控制可能出现的时滞问题。

4. 根据控制的手段，控制分为直接控制和间接控制

直接控制是控制者与被控制对象直接接触进行控制的形式。在等级制度中，厂长对各职能科室的控制就属于直接控制。

间接控制是控制者与被控制对象之间不直接接触，而是通过中间媒介进行控制的形式。

经典真题

1.（2018 中国建设银行秋招·单选题）某银行网点一直以小企业业务为自身优势。但随着当地经济开发区的建立，网点周边的小企业逐渐搬迁，网点负责人制定了两种应对措施：一是跟踪维护原有客户以及深入挖掘周边潜在的小企业客户；二是把业务重心转移到拓展周边个人客户。这两种措施依次分别属于管理中的（　　）。

A. 前馈控制和反馈控制　　B. 反馈控制和前馈控制
C. 调整计划和纠正偏差　　D. 纠正偏差和调整计划

答案 B

解析 反馈控制是指在某一行动和任务完成之后，将实际结果进行比较，从而对下一步行动的进行产生影响，起到控制的作用。前馈控制指通过观察情况、收集整理信息、掌握规律、预测趋势，正确预计未来可能出现的问题，提前采取措施。因此，该公司采取的两种措施依次为反馈控制和前馈控制。故选 B 项。

2.（2019 中国建设银行秋招·单选题）多年来，星巴克坚持直营经营，严格要求经营者认同公司的理念，认同品牌，强调动作、纪律和产品品质的一致性，对咖啡豆、牛奶等原材料的使用都有着严格的标准规定。这体现了下列哪项管理职能？（　　）

A. 组织　　　　　　　　　B. 领导
C. 计划　　　　　　　　　D. 控制

答案 D

解析 控制就是按照既定的标准，检查和衡量管理工作是否按计划进行，若有偏差就要分析原因，发出指令，并做出改进，以确保组织目标的实现的管理活动过程。故选 D 项。

3.（2019 宁波银行秋招·单选题）不是为保证现行决策的完满实现，而是为了有利于下一个环节的工作得以顺利开展的控制属于（　　）。

A. 成果控制　　　　　　　B. 过程控制
C. 前馈控制　　　　　　　D. 预先控制

答案 A

解析 成果控制是指根据预期的目标对实施的结果进行检查，衡量最终结果是否有偏

差,并对出现的问题进行可能的补救。与预先控制和过程控制不同,成果控制主要不是为保证现行决策的完满实现,而是为了有利于下一个环节的工作得以顺利开展。故选 A 项。

核心考点七:创新(备考指数:★★★)

一、创新的含义

创新首先是一种思想及在这种思想指导下的实践,是一种原则以及在这种原则指导下的具体活动,是管理的一种基本职能。维持和创新是管理的本质内容,有效的管理在于适度的维持与适度的创新的组合。

二、创新的类型

1. 目标创新

企业是在一定的经济环境中从事经营活动的,特定的环境要求企业按照特定的方式提供特定的产品。一旦环境发生变化,就会要求企业的生产方向、经营目标以及企业在生产过程中与其他社会经济组织的关系进行相应的调整。

2. 技术创新

技术创新是企业创新的主要内容,企业的技术创新主要表现在要素创新、要素组合方法的创新以及作为要素组合结果的产品的创新。

(1) 要素创新与要素组合创新

要素创新包括材料创新和设备创新两方面。要素组合方法创新包括生产工艺和生产过程的时空组织两个方面。

(2) 产品创新

产品创新包括许多内容,物质产品创新主要包括品种和结构的创新。

品种创新要求企业根据市场需要的变化,根据消费者偏好的转移,及时地调整企业的生产方向和生产结构,不断开发出用户欢迎的适销对路的产品。

产品结构的创新在于不改变原有品种的基本性能,对现在生产的各种产品进行改进和改造,找出更加合理的产品结构,使其生产成本更低、性能更完善、使用更安全,从而更具市场竞争力。

(3) 制度创新

制度创新需要从社会经济角度来分析企业各成员间的正式关系的调整和变革,主要包括产权制度、经营制度和管理制度的创新三个方面。

产权制度主要指企业生产资料的所有制,是决定企业其他制度的根本性制度,它规定着企业最重要的生产要素的所有者对企业的权利、利益和责任。

经营制度是有关经营权的归属及其行使条件、范围、限制等方面的原则规定,经营制度的创新应是不断寻求企业生产资料最有效利用的方式。

管理制度是行使经营权、组织企业日常经营的各种具体规则的总称，包括对材料、设备、人员及资金等各种要素的取得和使用的规定。

（4）组织机构和结构的创新

组织创新的目的在于更合理地组织管理人员的努力，提高管理劳动的效率。

（5）环境创新

环境创新不是指企业为适应外界变化而调整内部结构或活动，而是指通过企业积极的创新活动去改造环境，去引导环境朝着有利于企业经营的方向变化。

市场创新主要是指通过企业的活动去引导消费，创造需求。

经 典 真 题

1.（2018 中国光大银行秋招·多选题）以下有利于组织的管理创新因素有（　　）。

A. 文化实践　　　　　　　　B. 社会惯性
C. 组织的结构　　　　　　　D. 人力资源实践

答案 ACD

解析 从企业组织自身的角度讲，有三类影响因素对于激发组织创新起着重要的作用，即组织结构与资源、组织文化和人力资源等。与社会惯性无关。故选 ACD 项。

2.（2019 中国光大银行秋招·单选题）管理理念与文化价值观在很大程度上受到的制约是（　　）。

A. 政治经济与社会文化因素变化
B. 科学技术与社会理念因素变化
C. 技术经济与社会风俗因素变化
D. 资源环境与社会惯性因素变化

答案 A

解析 企业经营规模的不断扩大和技术层次的不断提高，使得管理理念与文化价值观的更新日趋急迫，成为组织创新的必要条件。而管理理念与文化价值观在很大程度上受到政治经济与社会文化因素变化的制约，例如，政府的政策、法令、法律、规划、战略等，都直接对组织创新行为具有指导意义和约束力。故选 A 项。

第二章 市场营销学

核心考点一：市场营销概述（备考指数：★★★）

一、市场

市场是指商品交换的场所。市场包含三个主要因素，即有某种需要的人、为满足这种需要的购买能力和购买欲望。

二、需求、欲望、需要

需求是指消费者生理及心理的需求，如人们为了生存，需要食物、衣服、房屋等生理需求及安全、归属感、尊重和自我实现等心理需求。市场营销者不能创造需求，而只能适应它。

欲望是指消费者深层次的需求。人的欲望受社会因素及机构因素，诸如职业、团体、家庭、教会等影响。因而，欲望会随着社会条件的变化而变化。市场营销者能够影响消费者的欲望，如建议消费者购买某种产品。

需要是指有支付能力和愿意购买某种物品的欲望。可见，消费者的欲望在有购买力作后盾时就变成为需要。例如许多人想购买奥迪牌轿车，但只有具有支付能力的人才能购买。因此，市场营销者不仅要了解有多少消费者有欲望购买其产品，还要了解他们是否有能力购买。

三、市场营销

市场营销是个人和集体通过创造、出售，并同别人自由交换产品和价值，来获得其所需所欲之物的社会过程。市场营销中最重要的两个概念包括交易和交换。

四、市场营销管理

市场营销管理指企业为了实现目标，创造、建立并保持与目标市场之间的互利交换关系而进行的分析、计划、执行和控制的过程。市场营销管理的实质是需求管理，具体来说需求管理与市场营销之间的关系见表2-1。

表 2-1 需求管理与市场营销

需求状况	含义	营销管理	举例
负需求	绝大多数人对某个产品感到厌恶，甚至愿意出钱回避它的一种需求状况	改变市场营销，将负需求转变为正需求	老年人为预防各种老年疾病不敢吃甜点和肥肉等高胆固醇食品
无需求	目标市场顾客对某种产品从来不感兴趣或漠不关心	刺激市场营销	如不吸烟者对香烟的需求等
潜伏需求	相当一部分消费者对某物有强烈的需求，而现有产品或服务又无法使之满足的一种需求状况	开发市场营销，将潜伏需求变为现实需求	高蛋白低胆固醇的食品、无害香烟、节能汽车、癌症特效药等
下降需求	市场对一个或几个产品的需求呈下降趋势的一种需求状况	重振市场营销，扭转需求下降的趋势	由于移动电话的出现，市场对寻呼机的需求下降
不规则需求	某些物品或服务的市场需求在不同季节、或一周不同的日子，甚至在一天不同时间上下波动很大的一种需求状况	协调市场营销，使供给与需求在时间上协调一致	国内长途话费是 0.07 元/6 秒，而电信运营商将每日 0:00~7:00 的话费下调为 0.04 元/6 秒
充分需求	某种物品或者服务的目前需求水平和时间等于预期的需求水平和时间的一种需求状况	维持市场营销，千方百计维持目前需求水平	日常消费品即为充分需求
过量需求	市场对某种产品或服务的需求水平超过了企业所能供给和愿意供给水平的需求状况	降低市场营销。降低市场营销并不是杜绝需求，而是降低需求水平	著名的风景区在节假日期间会拥挤不堪，游客的食宿需求为过量需求
有害需求	市场对某些有害物品或服务的需求	反市场营销。降低市场营销与反市场营销的区别在于：前者是采取措施减少需求，后者是采取措施消灭需求	人们对烟、毒品、黄色书刊等物品的需求

 经典真题

（2019 宁波银行秋招·单选题）市场营销的核心是（　　）。

A. 获取利润　　　　　　　　B. 选择渠道
C. 促成交换　　　　　　　　D. 产品或服务

答案 C

解析 市场营销是个人和集体通过创造、出售、并同别人自由交换产品和价值，来获得其所需所欲之物的社会过程，核心在于交换。故选 C 项。

核心考点二：市场营销环境（备考指数：★★★）

一、市场营销环境的含义

市场营销环境指影响企业市场营销活动及其目标实现的各种角色和力量。市场营销环境是企业生存与发展的前提条件，企业的市场营销活动是在一定的环境条件下进行的。

二、市场营销环境的构成

根据营销环境与企业营销活动的相关程度，营销环境可分为微观环境和宏观环境。

1. 微观环境

微观环境又称为直接营销环境、具体环境、作业环境，指与企业紧密联系、直接影响企业营销能力的各种参与者，包括企业本身、市场营销渠道企业、顾客、竞争者以及公众。

（1）企业本身

一个企业的市场营销部门不是孤立的，它面对着许多其他职能部门，如高层管理（董事会、总裁等）、财务、研究与发展、采购、制造和会计等部门。

（2）营销渠道企业

通常，一个企业所面临的营销渠道中的企业主要包括供应商、商人中间商（如批发商、零售商）、代理中间商（经纪人、制造商代表）和辅助商（实体分配公司、营销服务公司和财务中介机构）。

（3）顾客

顾客是企业的服务对象，是企业营销活动的出发点。顾客的范围十分广泛，根据购买者及其购买目的进行划分，顾客包括消费者市场、产业市场、中间商市场、非营利市场、政府市场和国际市场。

（4）竞争者

企业要成功，必须在满足消费者需求和欲望方面比竞争者做得更好。根据产品替代的程度，可以把竞争者分为四种：愿望竞争者、属类竞争者、形式竞争者、品牌竞争者。

（5）公众

公众指对企业实现其营销目标的能力有实际或潜在利害关系和影响力的团体或个人，包括融资公众（如银行、证券经纪公司）、媒体公众、政府公众、社团公众、内部公众、一般公众和社区公众等。

2. 宏观环境

宏观环境一般以微观环境为媒介影响和制约企业的营销活动，故被称为间接营销环境，在特定场合也可直接影响企业的营销活动。

（1）人口环境

人口是构成市场的第一因素。人口环境由以下因素决定：人口总量、年龄结构、地理分布、家庭组成、人口性别。

（2）经济环境

经济环境是指影响企业市场营销方式与规模的经济因素，包括消费者的收入状况、储蓄与信贷以及支出状况等。

（3）自然环境

自然环境主要是指营销者所需要或受营销活动所影响的自然资源。

（4）政治法律环境

政治法律环境是指强制和影响社会上各种组织和个人的法律、政府机构和压力集团。

（5）科学技术环境

科学技术环境是指科学技术的进步以及新技术手段的应用对社会进步所产生的作用。

经典真题

（2019 中国光大银行秋招·单选题）在营销的一般环境研究中，微观经济环境包括（　　）。

A. 就业程度　　　　　　　B. 储蓄情况

C. 消费偏好　　　　　　　D. 收入水平

答案 C

解析 微观环境又称为直接营销环境、具体环境、作业环境，是指与企业紧密联系、直接影响企业营销能力的各种参与者，包括企业本身、市场营销渠道企业、顾客、竞争者以及公众。就业程度、储蓄偏好、收入水平属于宏观环境中的经济因素，消费者偏好属于微观环境的顾客因素。故选 C 项。

核心考点三：市场战略选择（备考指数：★★★）

企业制定的市场战略选择包括密集增长战略、一体化增长战略和多元化增长战略。

一、密集增长战略

密集增长战略是指企业在原有业务范围内，充分利用在产品和市场方面的潜力来求得成长的战略，是将企业的营销目标集中到某一特定细分市场，这一特定的细分市场可以是特定的顾客群，可以是特定的地区，也可以是特定用途的产品等。它主要包括市场渗透战略、市场开发战略和产品开发战略三种形式。

1. 市场渗透战略

通过加强调研和宣传，利用现有产品、在现有的市场上争取扩大市场份额、增加销售数量，以达到扩大企业业务为目的的战略。

2. 市场开发战略

通过增加市场开发费用和促销费用，利用现有产品，以现有的市场为基础不断向外扩张，开辟新的市场，以达到扩大业务目的的营销战略。

3. 产品开发战略

通过增加产品开发费用，对现有的产品进行改进，使现有的产品以新的姿态投放到现有市场，以增强竞争力，扩大销售业务的战略。

二、一体化增长战略

一体化增长战略是在现有业务的基础上，通过收购、兼并、联合、参股、控股等方式，向现有业务的上游或者下游方向发展，形成产、供、销一体化，以扩大现有业务的营销战略。一体化增长战略包括后向一体化、前向一体化和水平一体化三种形式。

1. 后向一体化

后向一体化是在现有业务基础上，向上游的业务发展，即通过收买、兼并、联合等形式，拥有或控制企业的原材料、零部件及其他供应系统，实行"供、产"一体化。

2. 前向一体化

前向一体化是在现有的业务基础上，向下游的业务发展，即通过收买、兼并、联合、建立经销系统，形成"产销"一体化，或者是由现有的原材料生产企业向成品生产发展，形成产品生产一体化，进而达到产、供、销一体化。

3. 水平一体化

水平一体化是通过收买、兼并、联合同行业的其他企业，形成一体化经营的战略。

三、多元化增长战略

多元化增长战略是指企业利用现有资源和优势，运用资本营运的各种方式，投资发展不同行业的其他业务的营销战略。根据所利用的资源的不同，多元化增长战略可分为同心多元化、水平多元化和集团多元化三种类型。

1. 同心多元化

面对新市场、新顾客，以原有技术、特长和经验为基础增加新业务，如电脑制造商生产智能手机、数码相机等。

2. 水平多元化

针对现有市场、现有顾客，采用不同的技术增加新业务，如生产拖拉机、农用车的企业，制造农药、化肥等。

3. 集团多元化

以新业务进入新市场，新业务与企业现有技术、市场及业务没有联系。

经 典 真 题

（2017中国建设银行春招·单选题）（ ）就是企业尽量增加产品种类，跨行业生产经营多种产品和服务，扩大企业的生产范围和市场范围，使企业的特长得到充分发挥，人力、物力、财力等资源得到充分利用，从而提高经营效益。

A. 密集增长 B. 一体化增长
C. 多元化增长 D. 直线增长

答案 C

解析 多元化经营，就是企业尽量增大产品大类和品种，跨行业生产经营多种多样的产品或业务，扩大企业的生产经营范围和市场范围，充分发挥企业特长，充分利用企业的各种资源，提高经营效益，保证企业的长期生存与发展的一种战略。故选C项。

 核心考点四：消费者市场（备考指数：★★★★）

一、消费者市场的含义及类型

消费者市场又称最终消费者市场、消费品市场或生活资料市场，是指个人或家庭为满足生活需求而购买或租用商品的市场。在消费者市场中消费者的购买对象一般分为三类。

1. 便利品

便利品又称日用品，是指消费者日常生活所需、需重复购买的商品，诸如粮食、饮料、肥皂、洗衣粉等。消费者在购买这类商品时，一般不愿花很多的时间比较价格和质量，愿意接受其他任何代用品。因此，便利品的生产者，应注意分销的广泛性和经销网点的合理分布，以便消费者能及时就近购买。

2. 选购品

选购品指价格比便利品要贵，消费者购买时愿花较多时间对许多家商品进行比较之后才决定购买的商品，如服装、家电等。消费者在购买前，对这类商品了解不多，因而在决定购买前总是要对同一类型的产品从价格、款式和质量等方面进行比较。选购品的生产者应将销售网点设在商业网点较多的商业区，并将同类产品销售点相对集中，以便顾客进行比较和选择。

3. 特殊品

特殊品是指消费者对其有特殊偏好并愿意花较多时间去购买的商品，如电视机、电冰箱、化妆品等。消费者在购买前对这些商品有了一定的认识，偏爱特定的厂牌和商标，不愿接受代用品。为此，企业应注意争创名牌产品，以赢得消费者的青睐，要加强广告宣传，扩大本企业产品的知名度，同时要切实做好售后服务和维修工作。

二、消费者购买行为分析

1. 影响消费者购买的因素

（1）消费者自身因素

①消费者的经济状况，即消费者的收入、存款与资产、借贷能力等。

②消费者的职业和地位。

③消费者的年龄与性别。

④消费者的性格与自我观念。

（2）文化因素

①文化：一个区域或社群所共同享有的价值观念、道德规范、文字语言、风俗习惯、生活方式等。

②亚文化：民族文化、宗教文化、种族文化、区域文化。

③社会阶层。

（3）社会因素

①参照群体：主要包括直接参照群体和间接参照群体两类，直接参照群体中又可以分为主要参照群体，如家庭，次要参照主体，如宗教组织；间接参照群体分为向往群体和厌恶群体。

②家庭。

③社会角色和地位。

（4）心理因素

心理因素主要包括消费者的动机、知觉、学习及理念与态度等心理因素。

2. 消费者购买行为类型

根据购买者的介入程度和产品品牌之间的差异程度，可将消费者购买行为分为四种类型。

（1）习惯型购买行为

对于价格低廉、经常购买、品牌差异小的产品，消费者不需要花费时间进行选择，也无需经过收集信息、评价产品特点等复杂过程，因而其购买行为最简单。消费者只是被动地接收信息，出于熟悉而购买，也不一定进行购后评价。市场营销者可以采用价格优惠、电视广告、独特包装、销售促进等方式推介商品，鼓励这种类型的消费者试用、购买和再购买。

（2）变换型购买行为

有些产品品牌差异明显，但消费者并不愿花费太多时间来选择和评价，而是不断变换所购产品的品牌。他这样做并不是对产品不满意，而是为了寻求多样化。针对这种类型的购买行为，市场营销者可采用销售促进和占据有利货架位置等办法，保证供应多种产品，鼓励这种类型的消费者购买。

(3) 协调型购买行为

有些产品品牌差异不大，消费者也不经常购买，而且购买时还有一定风险。因此，消费者一般要货比三家，只要价格公道、购买方便、机会合适，消费者就会决定购买。购买以后，消费者也许会感到些许不协调或不满意，但他会主动寻求种种理由来减轻、化解这些不协调，以证明自己的购买决定是正确的。经由不协调到协调的过程，消费者会有一系列的心理变化。针对这种类型的购买行为，市场营销者应注意运用价格策略和人员推销策略，选择最佳销售地点，并向这种类型的消费者提供有关产品信息，使其在购买后相信自己做出了正确的决定。

(4) 复杂型购买行为

当消费者购买一件贵重的、不常买的、有风险的而且又非常有意义的产品时，由于产品品牌差异大，消费者对产品缺乏了解，因而需要有一个学习过程，以广泛了解产品特点和性能，从而对产品产生某种评价，最后决定购买。对于这种复杂的购买行为，市场营销者应采取有效措施尽可能地帮助这种类型的消费者了解产品性能及其相对重要性，并介绍产品的差别优势及其给消费者带来的切实利益，从而影响消费者的最终选择。

经 典 真 题

1.（2015 中国银行春招·单选题） 对消费者购买行为具有最广泛、最深远影响的因素是（ ）。

A. 文化因素　　　　　　　　B. 社会因素
C. 个人因素　　　　　　　　D. 心理因素

答案 A

解析 人的消费行为、购买决策在很大程度上受文化、社会、个人和心理的影响，其中文化因素是人类欲望和行为最基本的因素，对消费者的行为具有最广泛和最深远的影响。故选 A 项。

2.（2018 中国建设银行春招·单选题） 一项研究表明，92% 的消费者对亲朋好友推荐产品的信任程度要远远超过任何形式的广告。于是很多营销者开始在消费者中寻找和培养"意见领袖"，这种方式体现了（ ）对消费者行为的影响。

A. 心理因素　　　　　　　　B. 个人因素
C. 社会因素　　　　　　　　D. 文化因素

答案 C

解析 消费者购买时，往往受到参照主体的影响，参照主体是社会因素之一，主要包括直接参照群体和间接参照群体两类。直接参照群体中又可以分为主要参照群体，如家庭，次要参照主体，如宗教组织；间接参照群体分为向往群体和厌恶群体。故选 C 项。

核心考点五：产品策略（备考指数：★★）

一、产品的整体概念

所谓整体产品是指能够提供给市场以满足需要和欲望的任何东西。按照产品的整体概念，产品是由三个基本层次组成：核心产品、形式产品和附加产品。

1. 核心产品

核心产品也称实质产品，是指消费者在购买产品时希望从产品中得到的基本效用，即购买者追求的核心利益。这是购买的目的所在。核心产品是整体产品概念中最基础的一个层次，也是产品整体概念中的最主要的部分。

2. 形式产品

形式产品是指核心产品所展示的全部外部特征，即呈现在市场上的产品的具体形态或外在表现形式，主要包括产品的款式、质量、特色、品牌、包装等。具有相同效用的产品，其表现形态可能有较大差别。

3. 附加产品（延伸产品）

附加产品是指顾客因购买产品所得到的全部附加服务与利益，包括提供信贷、免费送货、保证、安装以及售后服务等。

二、产品组合

产品组合是指企业生产或经营的全部产品的有机构成方式，或者说是企业生产经营的全部产品的结构。产品组合一般由若干条产品线组成，每条产品线又是由若干产品项目构成的。

企业产品组合的特点一般通过其宽度、长度、深度和关联度来表现。

1）产品组合的宽度（广度）：是指一个企业拥有的产品线的数量。

2）产品组合的长度：是指每条产品线包含的产品项目的总数。

3）产品组合的深度：是指产品线中每种产品品牌拥有的花色、品种和规格。例如，"统一"这个品牌的饮料有四种规格，三种口味，则其深度为4×3，即产品组合深度是12。

4）产品组合的关联度：是指各产品在最终用途、生产条件、所需技术、分销渠道或其他方面相互关联的程度。产品关联度高的企业，有利于实现企业的资源共享，充分发挥协同作用，提高企业的竞争力。产品关联度小的企业，有利于分散风险，但对企业管理人员的素质要求很高。

三、产品生命周期

1. 产品生命周期

产品生命周期是指一种产品从试制成功投放上市开始到被市场淘汰退出市场的过程

所经历的时间。一般可分为四个阶段，即开发期、成长期、成熟期和衰退期。

2.产品生命周期营销策略

（1）开发期

企业应建立新产品的知名度，广泛宣传，大力推销，吸引潜在消费者的注意和试用，争取打通分销渠道，占领市场。

（2）成长期

企业可以通过扩大目标市场、广告宣传转向品牌、商标的宣传，使人们对该商品产生好的印象，产生好感和偏爱、增加销售渠道或加强销售渠道等方式提高市场占有率。

（3）成熟期

企业在这一阶段，不应满足于保持既得利益和地位，而要积极进取，争取稳定市场份额，延长产品的市场生命。

（4）衰退期

该阶段产品的销量和利润呈锐减状态，产品价格显著下降。此时企业应当机立断，弃旧图新，及时实现产品的更新换代。

经典真题

1.（2016华夏银行秋招·单选题）产品生命周期在（　　）购买者一般较多。

A.导入期　　　　　　　　B.成长期

C.成熟期　　　　　　　　D.衰退期

答案 C

解析 产品生命周期具体分为开发期（投入期、导入期）、成长期、成熟期、衰退期四个阶段。其中，成熟期属于产品生命周期的中年期，此时市场成长趋势减缓或饱和，产品已被大多数潜在购买者所接受，利润在达到顶点后逐渐走下坡路。故选C项。

2.（2017交通银行秋招·单选题）典型的产品生命周期一般可以分成四个阶段，产品大批量生产并稳定地进入市场销售，该阶段属于（　　）。

A.介绍期　　　　　　　　B.衰退期

C.成长期　　　　　　　　D.成熟期

答案 C

解析 成长期时顾客对产品已经熟悉，大量的新顾客开始购买，市场逐步扩大。产品大批量生产，生产成本相对降低，企业的销售额迅速上升，利润也迅速增长。故选C项。

核心考点六：定价策略（备考指数：★★★）

一、影响产品定价的主要因素

影响定价的因素是多方面的，包括定价目标、产品成本、市场需求、竞争者的产品和价格及其他市场营销组合因素。

1. 定价目标

企业定价目标主要有以下几种：

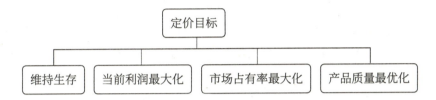

2. 产品成本

1）总成本：是指企业生产一定数量的某种产品所发生的成本总额，是总固定成本和总变动成本之和。

2）总固定成本：是指一定时期内产品固定投入的总和，如厂房费、机器折旧费、一般管理费用、生产者工资等。

3）总变动成本：是指一定时期内产品可变投入成本的总和，如原材料、辅助材料、燃料和动力、计件工资支出等。总变动成本一般随产量增减而按比例增减，产量越大，总变动成本也越大。

4）单位成本：是指单个产品的生产费用总和，是总成本除以产量所得之商。

5）边际成本：是指增加一个单位产量所支付的追加成本，是增加单位产品的总成本增量。

3. 市场需求

企业制定的每一种价格都会产生不同的需求水平。通常情况下，产品的需求量与产品价格成反比（当然，对于某些高档名牌产品来说，其需求量与价格可能成正比）。因此，需求决定产品价格的上限。

4. 竞争者的产品质量和价格

在由需求决定的最高价格与由成本决定的最低价格之间，企业能把价格定多高，则取决于竞争者同种产品的价格水平。因此，企业应该将自己的产品与竞争产品比质比价。

5. 政府的政策法规

企业制定价格还须考虑政府有关政策、法令的规定。在我国，规范企业定价行为的法律和相应法规有《价格法》《反不正当竞争法》《明码标价法》《价格违反行为行政处罚规定》等。

二、定价策略

定价策略是指导企业正确定价的行动准则,又是企业进行价格竞争的方式,它直接为企业的定价目标服务。企业常见的定价策略有以下几种:

1. 新产品定价策略

1)撇脂定价策略:是指在新产品上市时将其定在一个尽可能高的价格,以期获得高额利润。

2)渗透定价策略:是指在产品刚刚推出市场时,给产品制定一个较低的价格,以吸引顾客购买,迅速开拓市场,以实现规模经济,降低成本的定价策略。

3)满意定价策略:即折中价格策略,采用比撇脂价格低,比渗透价格高的适中价格。这种定价策略既能保证企业获得一定的初期利润,又能为消费者所接受。

2. 心理定价策略

1)尾数定价策略:是指利用消费者对数字认知的某种心理,尽可能在价格数字上保留零头,使消费者产生价格低廉和卖主经过认真的成本核算才定价的感觉,从而使消费者对企业产品及其定价产生信任感。

2)声望定价策略:是指企业利用消费者仰慕名牌产品或企业的声望所产生的心理制定产品价格,故意把价格定成整数或高价。该策略一般适用于质量不易鉴别的产品。

3)习惯定价策略:是指按照消费者的习惯性标准来定价。如果某产品在市场上已经形成了习惯价格,企业在定价时最好不要轻易涨价或跌价,否则会使消费者产生抵触情绪。此策略一般适用于消费者需要经常、重复地购买的商品,尤其是家庭生活日常用品。

4)招徕定价策略:是指将产品价格调整到低于价目表价格,甚至低于成本费用,以招徕顾客促进其他产品的销售。此策略一般适用于零售商特意将某几种产品的价格定得很低。

3. 折扣定价策略

企业为了鼓励顾客及早付清货款、大量购买和淡季购买,还可以酌情降低其基本价格。折扣定价策略是通过降低一部分价格以争取顾客的一种定价方法。企业对那些满足企业优惠条件的客户或顾客提供折扣价有如下几种策略:

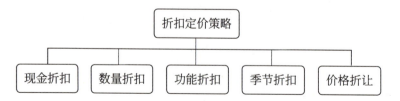

4. 差别定价策略

差别定价策略是根据不同的顾客、产品、地点、时间等制定不同的价格。

1)顾客差别定价:是指同一产品和服务对不同的顾客定不同的价格。

2）产品形式差别定价：是指企业对不同型号或形式的产品分别制定不同的价格。

3）地理差别定价：是指对质量相同、成本费用相等的同一商品按不同的地点定不同的价格。

经典真题

1.（2018 中信银行秋招·单选题）企业为鼓励顾客购买更多物品，给那些大量购买产品的顾客的一种减价称为（　　）。

A. 季节折扣　　　　　　　　B. 功能折扣
C. 现金折扣　　　　　　　　D. 数量折扣

答案 D

解析 现金折扣是指企业给那些当场或提前付清货款的顾客的一种减价；数量折扣是指企业给那些大量购买某种产品的顾客的一种减价，以鼓励顾客购买更多的产品；功能折扣也叫贸易折扣是生产者给某些批发商或零售商的一种额外折扣，促使他们执行某种市场营销功能；季节折扣是企业给那些购买过季商品或服务的顾客的一种减价，使企业的生产和销售在一年四季保持相对稳定。故选 D 项。

2.（2016 中国建设银行秋招·单选题）消费者对价格敏感，生产与销售成本低，竞争者容易进入，商品差异性小的新产品定价，应采用（　　）。

A. 高价策略　　　　　　　　B. 低价策略
C. 满意策略　　　　　　　　D. 折扣策略

答案 B

解析 新产品定价策略主要包括撇脂定价、渗透定价和满意定价法。撇脂定价，一般指产品初推出时，将价格定得较高，迅速收回利润；而渗透定价主要是为了提高市场占有率，在产品初推出时制定较低的价格；满意定价法是选择中价定位。题目中指出消费者对价格比较敏感且商品差异较少，因此必须采取渗透定价的方法。故选 B 项。

核心考点七：分销策略（备考指数：★★★）

一、分销渠道概念

分销渠道也叫"销售渠道"或"通路"，是指促使某种产品或服务顺利经由市场交换过程，转移给消费者（用户）消费使用的一整套相互依存的组织。

二、分销渠道的长度

分销渠道长度，又称为渠道层次，是指渠道层次的数量，即产品在渠道的流通过程中，经过多少中间环节、经过多少层的中间商参与其销售的全过程。商品在分销过程中所经过的环节越多，分销渠道就越长；反之，分销渠道就越短。

分销渠道层次分为零层渠道、一级渠道、二级渠道、三级渠道。

1. 零层渠道

零层渠道又称直接分销渠道，是指企业直接把产品或服务销售给消费者或用户的分销渠道模式。这种直接销售有直接上门推销、邮购、电话推销、电视直销和企业自办专卖店销售五种形式。零层分销渠道是大型或贵重产品以及技术复杂、需要提供专门服务的产品销售采取的主要渠道。

2. 一级渠道

一级渠道是指仅仅经过一个中间环节的分销渠道模式。通常在消费品的营销中，这个中间环节就是零售商；而在生产资料的营销中，则可能是批发商或代理商。

3. 二级渠道

二级渠道是指经过两个中间环节的分销渠道模式。在消费品的营销中，通常由批发商或零售商组成，也可以由代理商和零售商组成；在生产资料的营销中，则由代理商和批发商组成。

4. 三级渠道

三级渠道是指经过三个中间环节的分销渠道模式。这种渠道模式是进出口商品常采用的分销渠道。另外，在一些顾客较为分散的消费品零售市场中，也会适当采用此种渠道模式，如一级批发商、二级批发商和零售商，或代理商、批发商和零售商。

三、分销渠道的宽度

分销渠道宽度是指在任一渠道层次上的竞争程度以及在市场领域中的竞争密度。它一般可以分为三类。

1. 密集分销

生产厂家尽可能通过许多中间商推销其产品。一些日用小商品、生活必需品（如糖果、饼干、牙膏、肥皂、香烟、通用小工具等）和工业品中的通用机具多采用宽渠道的密集分销。

2. 选择分销

生产厂家在某一地区仅通过几个精心挑选的、最合适的中间商推销产品。此种分销方式适用于消费品中的选购品（如时装、鞋帽、家用电器等）和新产品开发的试销阶段。

3. 独家分销

生产厂家在某一地区仅通过一家中间商推销其产品。独家分销在许多情况下是由于产品的特异性（如专利技术、专门用户、牌号优势等）所造成的。

经典真题

（2020中国农业银行秋招单选题）在供应链管理方法中，（　　）是供应链上的生产商、批发商和零售商等通过合作和协调，以更好的质量、更快的速度和更低的成本满足消费者需求的一种管理方法。

A. 准时生产制　　　　　　B. 有效客户响应
C. 快速反应　　　　　　　D. 供应链库存管理

答案 B

解析 有效客户反应(Efficient Consumer Response, ECR)是有效客户反应简称。它是1992年从美国的食品杂货业发展起来的一种供应链管理策略，也是一个由生产厂家、批发商和零售商等供应链成员组成的，各方相互协调和合作，更好、更快并以更低的成本满足消费者需要为目的的供应链管理解决方案。有效客户反应是以满足顾客要求和最大限度降低物流过程费用为原则，能及时做出准确反应，使提供的物品供应或服务流程最佳化的一种供应链管理战略。故选B项。

核心考点八：促销策略（备考指数：★★）

一、促销策略的含义

促销策略是指企业如何通过人员推销、广告、公共关系和营业推广（销售促进）等各种促销方式，向消费者或用户传递产品信息，引起他们的注意和兴趣，激发他们的购买欲望和购买行为，以达到扩大销售的目的。一般是通过两种方式：一是人员推销，即推销员和顾客面对面地进行推销；另一种是非人员推销，即通过大众传播媒介在同一时间向大量顾客传递信息，主要包括广告、公共关系和营业推广等多种方式。

二、促销策略的类型

根据促销手段的出发点与作用的不同，可分为两种促销策略。

1. 推式策略

推式策略即以直接方式，运用人员推销手段，把产品推向销售渠道，其作用过程为，企业的推销员把产品或劳务推荐给批发商，再由批发商推荐给零售商，最后由零售商推荐给最终消费者。

2. 拉式策略

拉式策略采取间接方式，通过广告和公共宣传等措施吸引最终消费者，使消费者对企业的产品或劳务产生兴趣，从而引起需求，主动去购买商品。其作用路线为，企业将消费者引向零售商，将零售商引向批发商，将批发商引向生产企业。

三、促销组合及主要的促销形式

促销组合是把人员销售、广告、销售促进及公共关系四种基本促销方式有机结合，综合运用，最大限度地发挥整体效果从而顺利实现促销目标，主要形式包括人员推销、广告、销售促进、公共关系等。

1. 人员推销

人员推销是指企业推销员直接与顾客接触、洽谈、宣传介绍商品和劳务以实现销售目的的活动过程。它是一种古老的、普遍的但又是最基本的销售方式，其目的在于销售商品或服务和宣传企业，人员推销由于直接沟通信息，反馈意见及时，可当面促成交易。在组织市场中，人员推销是最有效的方式。

2. 广告

广告是指由确认的商业组织、非商业组织或个人支付费用的，旨在宣传构想、商品或者服务的任何大众传播行为。

3. 销售促进

销售促进又称营业推广，是指为刺激需求而采取的，能够迅速激励购买行为的促销方式，配合一定的营业任务而采取的特种推销方式，刺激需求效果显著，但不能长久使用。常见的销售促进包括消费者促销（样品、优惠券、现金返回、价格减价、赠品、奖金、光顾奖励、免费试用、产品保证、产品陈列和示范）、交易促销（购买折让、广告和展示折让、免费产品）及业务和销售员促销。

4. 公共关系

公共关系是指企业为建立传播和维护自身的形象而通过直接或间接的渠道保持与企业外部的有关公众的沟通活动。其核心是交流信息，促进相互了解，宣传企业的经营方针，提高企业的知名度和社会声誉，为企业争取一个良好的外部环境，以推动企业不断向前发展。

经典真题

（2018中国建设银行秋招·单选题）美国营销学者杰罗姆·麦卡锡将诸多市场营销因素概况为产品、定价、分销和促销，即"4P"策略。据此，某银行为高净值客户提供机场绿色通道增值服务属于（　　）。

A. 定价策略　　　　　　　　B. 分销策略
C. 产品策略　　　　　　　　D. 促销策略

答案 D

解析 促销策略是指企业如何通过人员推销、广告、公共关系和营业推广（销售促进）等各种促销方式，向消费者或用户传递产品信息，引起他们的注意和兴趣，激发他们的购买欲望和购买行为，以达到扩大销售的目的。为高净值客户提供绿色通道服务属于销售促进的一种方式。故选D项。

模块六 计算机

考情介绍

1. 六大行考情分析

银行	年份	考查方向
中国工商银行	2020 年	物联网、大数据、通讯技术
	2019 年	
中国农业银行	2020 年	互联网数据中心、软件、物联网、计算机网络、计算机指标、管理系统
	2019 年	
中国建设银行	2019 年	人工智能、数据挖掘算法、计算机网络
中国交通银行	2020 年	计算机网络、Android 系统、编程、云计算、信息、网络、MS 软件、金融科技
	2019 年	
中国银行	2020 年	人脸识别、手机处理器、显卡 SLI、编码、VR 技术、手机操作系统、人工智能、网络安全
	2019 年	
中国邮政储蓄银行	2020 年	电子签证、数据结构、人工智能、MS 软件、计算机网络、计算机软件、信道及信源
	2019 年	

计算机部分近几年在银行笔试中考查内容逐渐增多，特别是信息新技术方面考查的内容和考点的覆盖面涵盖了银行智能、金融科技等角度。就题量而言，除了各行软件开发中心、信息科技部门单独招考计算机题量较大以外，其他银行计算机题量约在 3~10 题之间，需要引起各位考生的重视。

2. 备考建议

由于计算机内容相对比较集中，各位考生可以重点复习计算机的发展、计算机软件系统、计算机网络、信息安全及大数据、云计算、人工智能、区块链等模块的内容，特别是报考计算机科技类岗位的同学，应重点掌握以上几个模块的内容。

第一章 计算机基础知识

核心考点一：计算机的发展与信息技术（备考指数：★★★）

一、计算机的发展

世界上第一台计算机 ENIAC（Electronic Numerical Integrator And Calculator，称为电子数字积分计算机）于 1946 年 2 月诞生于美国。美籍匈牙利科学家冯·诺依曼提出了"存储程序式计算机"的模式，并主持研制了这台名为 EDVAC 的计算机，该机采用二进制代替十进制，并将指令存入计算机内部，这恰恰是现代计算机所采用的工作模式，人们称这种计算机为冯氏机。

从元器件来说，计算机发展大致经历了四代的变化：

第一代为 1946—1958 年，电子管计算机：数据处理。
第二代为 1958—1964 年，晶体管计算机：工业控制。
第三代为 1964—1971 年，中小规模集成电路：小型计算机。
第四代为 1971 年以后，大规模和超大规模集成电路：微型计算机。
1971 年 Intel 公司开发出 Intel 4004（第一块 CPU）微处理器，标志进入了微型机阶段。

二、计算机的分类及特点

1. 计算机的分类

按用途分：通用计算机和专用计算机。

按规模及性能分：巨型计算机、大/中型计算机、小型计算机、微型计算机、工作站和服务器。

按计算机的原理分：模拟式电子计算机、数字电子计算机和数字模拟混合式电子计算机。

2. 计算机的特点

计算机技术的特点主要包括：

1）快速的运算能力；
2）足够高的计算精度；
3）超强的记忆能力；
4）复杂的逻辑判断能力；
5）程序控制方式。

计算机的体系结构仍在继续发展，其发展趋势是智、多、网、巨、微。

三、计算机的主要应用领域

计算机主要应用于科学计算、信息处理、过程控制、计算机辅助系统、人工智能、网络应用和云计算七个方面。

1. 科学计算（数值计算）

科学计算是指利用计算机来完成科学研究和工程技术中提出的数学问题的计算。在现代科学技术工作中，科学计算问题是大量的、复杂的。利用计算机的高速运算、大容量存储和连续运算的能力，可以实现人工无法解决的各种科学计算问题。

2. 数据处理（信息处理）

数据处理是指对各种数据进行收集、存储、整理、分类、统计、加工、利用、传播等。据统计，80%以上的计算机主要用于数据处理。数据处理从简单到复杂经历了三个发展阶段。

1）电子数据处理（Electronic Data Processing，EDP）；

2）管理信息系统（Management Information System，MIS）；

3）决策支持系统（Decision Support System，DSS）。

3. 辅助技术（计算机辅助设计与制造）

1）计算机辅助教学（Computer Aided Instruction，CAI）；

2）计算机辅助设计（Computer Aided Design，CAD）；

3）计算机辅助制造（Computer Aided Manufacturing，CAM）；

4）计算机辅助测试（Computer Assisted Testing，CAT）；

5）计算机集成制造（Computer Integrated Making System，CIMS）。

4. 过程控制（实时控制）

过程控制是利用计算机及时采集检测数据，按最优的数据迅速对控制对象进行自动控制或调节，提高了控制的及时性和准确性，从而改善劳动条件、提高产品质量和合格率。因此，计算机过程控制在机械、冶金、石油、化工、纺织、水电、航天等行业得到广泛的应用。

5. 人工智能

人工智能（Artificial Intelligence，AI）主要研究计算机模拟人类的活动，如感知、判断、理解、学习、问题求解和图像识别等。人工智能的应用领域有：模式识别（图像、文字、手写、指纹、声音）、专家系统以及机器翻译（如金山快译、金山词霸）、智能机器人以及机器博弈等。

6. 网络应用

计算机技术与现代通信技术的结合构成了计算机网络。除了计算机通信，计算机网络的主要目标是实现各种软硬件资源的共享。

7. 云计算

云计算是基于互联网的相关服务的增加、使用和交付模式，通常涉及通过互联网来提供动态易扩展且经常是虚拟化的资源。云是网络、互联网的一种比喻说法。云计算是一种按使用量付费的模式，这种模式提供可用的、便捷的、按需的网络访问，进入可配置的计算资源共享池（资源包括网络，服务器，存储，应用软件，服务），这些资源能够被快速提供，只需投入很少的管理工作，或与服务供应商进行很少的交互。

云计算甚至可以让你体验每秒 10 万亿次的运算能力，拥有这么强大的计算能力可以模拟核爆炸、预测气候变化和市场发展趋势。用户通过电脑、笔记本、手机等方式接入数据中心，按自己的需求进行运算。

云计算的提出对计算机的发展起到了一定的作用，使得网络更加的广泛化。

云计算的四个显著优点：云计算提供了最可靠、最安全的数据存储中心，用户不用担心数据丢失、病毒入侵等麻烦；云计算对用户端的设备要求最低，使用起来也最方便；云计算可以轻松实现不同设备间数据与应用共享；云计算为我们使用网络提供了几乎无限多的可能。

四、信息技术

信息技术（IT）是主要用于管理和处理信息所采用的各种技术的总称。它主要是应用计算机科学和通信技术来设计、开发、安装和实施信息系统及应用软件，也常被称为信息和通信技术。它主要包括传感技术、计算机与智能技术、通信技术和计算机控制系统。

1. 传感技术

从物联网角度看，传感技术是衡量一个国家信息化程度的重要标志。传感技术是关于从自然信源获取信息，并对之进行处理和识别的一门多学科交叉的现代科学与工程技术，它涉及传感器、信息处理和识别的规划设计、开发、制造、测试、应用及评价改进等活动。

2. 计算机与智能技术

计算机与智能技术能存储大量信息和知识，会推理（包括演绎与归纳），具有学习功能，能以自然语言、文字、声音、图形、图像和人交流信息和知识的非冯·诺依曼结构的通用高速并行处理计算机，是现代计算技术、通信技术、人工智能和仿生学的有机结合，供知识处理用的一种工具和技术。

3. 通信技术

通信技术又称通信工程，是电子工程的重要分支，同时也是其中一个基础学科。信号处理是通信工程中一个重要环节，其包括过滤，编码和解码等。专业课程包括计算机网络基础、电路基础、通信系统原理、交换技术、无线技术、计算机通信网、通信电子线路、数字电子技术以及光纤通信等。

4.计算机控制系统

计算机控制系统是应用计算机参与控制并借助一些辅助部件与被控对象相联系，以获得一定控制目的而构成的系统。它通常指数字计算机，可以有各种规模，如从微型到大型的通用或专用计算机，辅助部件主要指输入输出接口、检测装置和执行装置等。

与被控对象的联系和部件间的联系，可以是有线方式，如通过电缆的模拟信号或数字信号进行联系；也可以是无线方式，如用红外线、微波、无线电波、光波等进行联系。

五、信息技术的主要特征

1.技术性

技术性是信息技术的一般特征，具体表现为：方法的科学性，工具设备的先进性，技能的熟练性，经验的丰富性，作用过程的快捷性以及功能的高效性等。

2.信息性

信息性是信息技术区别于其它技术的特征，具体表现为：信息技术的服务主体是信息，核心功能是提高信息处理与利用的效率、效益。由信息的秉性决定信息技术还具有普遍性、客观性、相对性、动态性、共享性以及可变换性等特性。

经典真题

1.（2016 中国建设银行秋招·单选题）与信息技术中的感知与识别技术、通信与存储等技术相比，计算机技术主要用于扩展人的（　　）器官的功能。

A.感觉　　　　　　　　　　B.神经网络
C.思维　　　　　　　　　　D.效应

答案 C

解析 本题考查计算机技术与信息技术的区别，实质上也是考查对计算机技术的特点的理解。计算机技术的特点主要包括：（1）快速的运算能力；（2）足够高的计算精度；（3）超强的记忆能力；（4）复杂的逻辑判断能力；（5）程序控制方式。C 项"思维"是指人的逻辑判断能力。故选 C 项。

2.（2019 中国邮政储蓄银行秋招·单选题）按技术的功能层次不同，通信技术和计算机技术属于（　　）。

A.基础层次的信息技术　　　　B.支撑层次的信息技术
C.应用层次的信息技术　　　　D.主体层次的信息技术

答案 D

解析 信息技术的主体技术层是感知与识别技术、通信技术、计算机技术和控制技术。故选 D 项。

核心考点二：计算机硬件系统（备考指数：★★★★★）

一、计算机系统组成结构

计算机系统主要由硬件系统和软件系统组成，系统组成结构如图 1-1 所示。

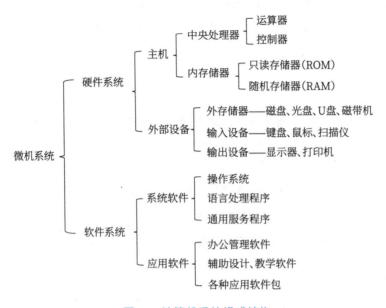

图 1-1 计算机系统组成结构

二、计算机硬件系统

计算机硬件（computer hardware）是指计算机系统中由电子、机械和光电元件等组成的各种物理装置的总称。这些物理装置按系统结构的要求构成一个有机整体为计算机软件运行提供物质基础。

1944 年，美籍匈牙利数学家冯·诺依曼提出了电子计算机中存储程序的概念，并对电子计算机的硬件体系结构进行了定义，这就为以后计算机的发展奠定了理论基础的"冯·诺依曼原理"，冯·诺依曼也因此被称为"电子计算机之父"，直到现在无论计算机如何发展，其理论基础都是冯·诺依曼原理。

1.冯·诺依曼原理主要核心思想

1）使用二进制；

2）存储程序和程序控制；

3）一个完整的计算机硬件系统应该由五个部分组成：运算器、控制器、存储器、输入设备、输出设备。

2.计算机的硬件组成

（1）运算器

运算器是计算机对数据进行加工处理的中心，对二进制数码进行算术运算或逻辑运算，所以也称之为算术逻辑部件。

计算机的运算速度通常是指每秒钟能够执行加法指令的数目。通常用百万次每秒（MIPS）来表示。

(2) 控制器

控制器是计算机的控制中心，由它指挥各个部件自动、协调地工作。运算器与控制器一起组成了中央处理器（CPU），构成了整个计算机的核心。

(3) 存储器

存储器是计算机中存放所有数据和程序的记忆部件，它的基本功能是按指定的地址存（写）入或者取（读）出信息。存储器中的信息用"1"和"0"组成的二进制形式来表示，一个二进制位为 1 bit（位）。

存储器所能容纳的信息量称为存储容量，度量单位是"字节"（B）。1B=8b。常用的单位及相互换算关系如下：1KB=1 024B，1MB=1 024KB，1GB=1 024MB，1TB=1 024GB。

计算机中的存储器可分成两大类：

①内存储器：简称内存或主存。它包括只读存储器和随机存储器。

只读存储器（ROM）：是一种只能读出事先所存数据的固态半导体存储器。其特性是一旦储存资料就无法再将之改变或删除。通常用在不需经常变更资料的电子或电脑系统中，并且资料不会因为电源关闭而消失。

随机存储器（RAM）：存储单元的内容可按需随意取出或存入，且存取的速度与存储单元的位置无关的存储器。这种存储器在断电时将丢失其存储内容，故主要用于存储短时间使用的程序。

高速缓冲存储器（CACHE）：在计算机存储系统的层次结构中，是介于中央处理器和主存储器之间的高速小容量存储器。它和主存储器一起构成一级的存储器。

②外存储器：简称外存或辅助存储器，例如硬盘、U盘、光盘和软盘。存储器的读取速度为：Cache > RAM > ROM > 外存。

(4) 输入设备

输入设备可以将外部信息（如文字、数字、声音、图像、程序、指令等）转变为数据输入到计算机中，以便进行加工、处理。输入设备是用户和计算机系统之间进行信息交换的主要装置之一。键盘、鼠标、摄像头、扫描仪、光笔、手写输入板、游戏杆、语音输入装置等都属于输入设备。

(5) 输出设备

输出设备用于将存放在内存中由计算机处理的结果转变为人们所能接受的形式。常用的输出设备有：显示器、打印机、绘图仪和音箱等。

三、计算机硬件性能指标

衡量计算机硬件性能的指标常有机器字长，内、外存储器容量和运算速度等。

1.CPU 主频（运算速度）

主频也称时钟频率，是描述计算机运算速度最重要的一个指标。通常所说的计算机运算速度是指计算机在每秒钟所能执行的指令条数，即中央处理器在单位时间内平均"运行"的次数，其速度单位为兆赫兹或吉赫兹。

2.内存储器的容量

内存储器是 CPU 可以直接访问的存储器，需要执行的程序与需要处理的数据就是存放在内存中的。内存的性能指标主要包括存储容量和存取速度。

3.字长

一般来说，计算机在同一时间内处理的一组二进制数称为一个计算机的"字"，而这组二进制数的位数就是"字长"在其他指标相同的情况下，字长越长，计算机处理数据的速度就越快。

4.外存储器的容量

外存储器容量通常是指硬盘容量。外存储器容量越大，可存储的信息就越多，可安装的应用软件就越丰富。

经典真题

1.（2017 中国建设银行秋招·多选题）在计算机应用中，对于一般用户来说，评价计算机性能的指标主要有（　　）。

A.外设配置及扩展能力　　B.运算速度

C.存储器容量　　D.字长

【答案】ABCD

【解析】本题考查信息科技常识。计算机的主要性能指标有主频、运算速度、内存容量、字长、存取周期和外部设备的配置及扩展能力。故选 ABCD 项。

2.（2019 交通银行秋招·单选题）一般我们说电脑的型号都会以 CPU 为主要评价标准，比如：PIII800，这里的 800 指的是（　　）。

A.CPU 每秒钟可以运行 800 万条指令

B.CPU 的出厂批次

C.CPU 的时钟频率

D.CPU 支持的最大内存容量

【答案】C

【解析】PIII800 是英特尔奔腾 3 处理器，频率 800 兆赫。A 项错误，CPU 的运算速度可以用 MFLOPS 来衡量，它表示平均每秒可执行百万次运算指令；B 项错误，800 并不是 CPU 的出厂批次。C 项正确，PIII800，这里的 800 指的是 CPU 的主频，主频即 CPU 内核工作的时钟频率；D 项错误，CPU 能支持的最大内存容量，取决于 CPU 的位数。故选 C 项。

核心考点三：计算机软件系统（备考指数：★★★★）

计算机软件（computer software）是指计算机系统中的程序及其文档。软件是用户与硬件之间的接口界面，用户主要是通过软件与计算机进行交流。软件是计算机的灵魂，没有软件的计算机毫无用处。

一、程序与程序设计语言

程序是指按照一定顺序执行的、能够完成某一任务的指令集合（程序 = 算法 + 数据结构）。

程序设计语言是指人们让计算机完成某项任务的语言。它包括：

1) 机器语言：在计算机硬件上直接执行的的语言。
2) 汇编语言：符号语言，需要编译才能执行。
3) 高级语言：接近自然语言（编译方式和解释方式执行）。
4) 非过程化语言：语言的组织不是围绕于过程的，同过程语言的区别是非过程语言编写的程序可以不必遵循计算机执行的实际步骤，使人们无须关心问题的解法和计算过程的描述。

二、计算机软件分类

从用途上看，计算机软件可以分为系统软件和应用软件。

1. 系统软件

系统软件是指控制和协调计算机及外部设备，支持应用软件开发和运行，是无需用户干预的各种程序的集合，主要功能是调度，监控和维护计算机系统；负责管理计算机系统中各种独立的硬件，使得它们可以协调工作。

1) 操作系统，如 windows 系列、Linux、UNIX 等；
2) 语言处理程序，如 C、VB、pascal 等；
3) 数据库管理系统，如 SQL server、DB2、access、VFP 等；
4) 网络管理软件，如 SNMP 等；
5) 常用的服务程序，如 IIS 等。

2. 应用软件

应用软件是在计算机硬件和系统软件的支持下,为解决各类专业和实际问题而设计开发的一类软件,例如,杀毒软件、文字处理、电子表格、多媒体制作工具、各种工程设计和数学计算软件、模拟过程、辅助设计和管理程序等。

三、操作系统

1. 操作系统的概念

操作系统是计算机系统中必不可少的核心系统软件,集中了资源管理功能和控制程序执行功能,是用户和计算机之间的接口。

操作系统是计算机系统中的一个系统软件,能有效地组织和管理计算机系统中的硬件和软件资源,合理组织计算机工作流程,控制程序的执行,并向用户提供各种服务功能,使用户能灵活、方便、有效地使用计算机,并能使整个计算机系统高效运行。

2. 操作系统的特征

作为一种系统软件,操作系统有并发性、共享性和随机性的特征。

(1) 并发性:在多道程序环境下,并发性是指两个或多个事件在同一时间间隔内发生,即宏观上有多道程序同时执行,而微观上,在单处理机系统中每一个时刻仅能执行一道程序。

(2) 共享性:共享指系统中的资源在一个时间段内可被多个并发执行的进程使用。

(3) 随机性:也称不确定性,是指操作系统的运行是在一种随机的环境下进行的,充分考虑各种各样的可能性,稳定、高效地控制资源的使用和程序的运行。

3. 操作系统的主要功能

从资源管理的观点来看,操作系统的功能可以分为进程管理(处理器管理)、存储管理、文件管理、设备管理和作业管理(命令接口)5 大部分。操作系统的 5 大部分通过相互配合、协调工作,以实现对计算机系统中资源的管理,控制任务的运行。

(1) 进程管理:实质是对处理器管理,主要任务是对进程的控制、同步、通信以及调度。

(2) 存储管理:主要任务是管理计算机内存资源。

(3) 文件管理:主要任务是有效地支持文件的存储、检索和修改等操作。

(4) 设备管理:对所有输入、输出设备的管理。

(5) 用户接口:在操作系统中,用户接口包括命令接口、程序接口(系统调用)和图形接口。操作系统提供给编程人员的接口是程序接口,即系统调用。

4. 操作系统的分类

操作系统从最初 20 世纪 50 年代的手工操作阶段,到早期的批处理程序,再到多道批处理系统、分时系统、实时系统,以及后来的个人操作系统、网络操作系统、分布式操作系统、嵌入式操作系统、智能卡操作系统等,经历了较复杂的发展的历程。

按照用户界面的使用环境和功能特征，操作系统分为三种：批处理系统、分时系统、实时系统。

（1）批处理系统

基本工作方式：用户将作业交给操作员，在收到一定数量的作业后，由操作员把这批作业输入到计算机，最后将结果交给用户。

优点：自动化较高，资源利用率高，作业吞吐量大，提高整个系统效率。

缺点：用户不直接与计算机交互，不适合调试程序。

（2）分时系统

基本工作方式：用户通过终端交互式地向系统提出命令，系统接受命令之后，采用时间片轮转方式处理服务请求。时间片是把处理机的响应时间分成若干个大小相等（或不相等）的时间单位。每个终端用户获得CPU，就等于获得一个时间片，该用户程序开始运行，当时间片到（用完），用户程序暂停运行，等待下一次运行。

UNIX、Linux系统是最典型的多用户、分时系统。

（3）实时系统

实时系统是指系统能及时响应外部事件的请求，在规定的时间内，完成对该事件的处理，并控制所有实时任务协调一致地运行。它分为硬实时系统和软实时系统两类。

硬实时系统：实时过程控制，如工业控制、军事控制等操作系统。

软实时系统：实时通信和信息处理，如电信、银行、飞机订票、股市行情等系统。

特征：多路性、独立性、及时性、交互性和可靠性。

随着计算机体系结构的发展，也出现了多类型操作系统如：个人操作系统、网络操作系统、分布式操作系统、嵌入式操作系统、智能卡操作系统。

经典真题

1.（2018中国建设银行秋招·单选题）自20世纪60年代以来，程序设计语言的发展日新月异，在整个发展过程中，程序设计语言可以分为四代。以下四种语言按照先后顺序排列正确的一组是（　　）。

（1）机器语言　（2）汇编语言　（3）高级语言　（4）非过程化语言

A.（3）（2）（1）（4）

B.（4）（1）（3）（2）

C.（1）（3）（4）（2）

D.（1）（2）（3）（4）

答案 D

解析 到目前为止，程序设计语言的发展经过了机器语言、汇编语言、高级语言、第四代语言四个阶段，每一个阶段都使程序设计的效率大大提高。我们常常把机器语言称为第一代程序设计语言，把汇编语言称为第二代程序设计语言，把高级语言称为第三代程序设计语言，把最新的程序设计语言称为第四代语言或非过程化语言。故选 D 项。

2.（2019 交通银行秋招·单选题）华为"鸿蒙"属于（　　）操作系统。

A. 分时 B. 实时
C. 分布式 D. 云计算

答案 C

解析 鸿蒙 OS 是一款"面向未来"的操作系统，一款基于微内核的面向全场景的分布式操作系统，它将适配手机、平板、电视、智能汽车、可穿戴设备等多终端设备。故选 C 项。

3.（2019 交通银行秋招·单选题）操作系统提供给编程人员的接口是（　　）。

A. 汇编语言 B. 库函数
C. 系统调用 D. 机器语言

答案 C

解析 在操作系统中，用户接口包括：命令接口、程序接口（系统调用）、图形接口。操作系统提供给编程人员的接口是程序接口（系统调用）。故选 C 项。

4.（2017 交通银行秋招·单选题）采用功能限制、批处理限制等策略的软件一般属于（　　）。

A. 免费软件 B. 商业软件
C. 付费软件 D. 共享软件

答案 C

解析 付费软件一般通过采用功能限制、批处理限制等策略来限制非授权用户的使用。故选 C 项。

5.（2019 交通银行秋招·多选题）计算机操作系统的主要功能是资源管理，可管理（　　）。

A. 内存管理 B. 文件系统
C. 设备管理 D. 进程管理

答案 ABCD

解析 操作系统提供人与计算机交互使用的平台，具有进程管理、存储管理、设备管理、文件管理和作业管理五大基本功能。故选 ABCD 项。

第二章 计算机网络基础

核心考点一：计算机网络的组成与分类（备考指数：★★）

一、计算机网络的定义与功能

计算机网络技术是通信技术与计算机技术相结合的产物。计算机网络是将不同地理位置的、具有独立功能的多个计算机系统，通过各种通信设备和线路连接起来，在网络协议和软件的支持下进行数据通信，实现信息交换和资源共享的系统。

二、计算机网络的组成

计算机网络的组成从结构上分成两部分：负责数据处理的计算机终端和负责数据通信处理的通信控制处理设备与通信线路。

计算机网络的组成从逻辑功能上分成两部分：资源子网和通信子网。

资源子网由主计算机系统、终端、终端控制器、连网外部设备、各种软件资源与信息资源组成。通信子网负责全网的数据处理业务，负责向网络用户提供各种网络资源与网络服务。

三、计算机网络的分类

1. 按网络的覆盖范围划分

1）局域网（Local Area Network，LAN），联网工作范围在十几米至一千米左右，如：同一个房间、一幢楼房等。

2）城域网（Metropolitan Area Network，MAN），城域网的使用类似于局域网的技术，可能覆盖一个城市，传输速率通常在 10Mb/s 以上，作用距离在 10 到 50 公里之间。

3）广域网（Wide Area Network，WAN），其工作范围在几十公里到几千公里，它可以在一个省、一个国家内，或者跨越几个洲，遍布全世界。

2. 按通信介质划分

1）有线网；

2）无线网。

3. 按网络的使用对象划分

1）专用网；

2）公用网。

4. 按照传递数据所用的结构和技术划分

1) 广播式传输网络；

2) 点对点式传输网络。

5. 按网络的拓扑结构划分（见图 2-2）

1) 总线拓扑网络；

2) 星型拓扑网络；

3) 网状拓扑网络；

4) 环状拓扑网络；

5) 树状拓扑网络。

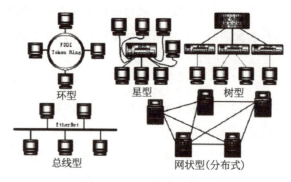

图 2-2 网络的拓扑结构

局域网常用的网络拓扑结构有：环型、总线型、树型、星型和网状型。

经典真题

（2017 中国建设银行秋招·单选题）在计算机网络中，所有的计算机均连接到一条通信传输线路上，在线路两端有防止信号反射的装置。这种连接结构称为（　　）。

A. 总线型拓扑　　　　　　B. 星形拓扑

C. 环形拓扑　　　　　　　D. 树形拓扑

答案 A

解析 总线型拓扑结构采用单根传输线作为传输介质，所有的站点都通过相应的硬件接口直接连到传输介质——总线上。任何一个站点发送的信号都可以沿着介质传播，并且能被所有其他站点接收，且线路两端有防止信号反射的装置。故选 A 项。

核心考点二：网络硬件设备（备考指数：★★★★★）

一、网络传输介质

常见的网络传输介质有双绞线、同轴电缆、光纤和无线介质。其中，光纤是传输速度最快、距离最长、抗干扰能力最强的计算机网络传输介质。

二、网络设备

在一个局域网中，常见的网络硬件有交换机、网桥、路由器、网关和网卡等。

1. 交换机

交换机类似于集线器，交换机的主要功能是增加传输带宽、降低网络传输的延迟，进行网络管理，以及选择网络传输线路。交换机工作在 OSI 参考模型的第二层——数据链路层。

2. 网桥

网桥类似于中继器，网桥要分析帧地址字段，以决定是否把收到的帧转发到另一个网络段上。它也工作在数据链路层。

3. 路由器

路由器处在网络层，是连接因特网中各局域网、广域网的设备，它会根据信道的情况自动选择和设定路由，以最佳路径，按前后顺序发送信号。路由器工作在 OSI 参考模型的第三层——网络层。

4. 网关

网关（Gateway）又称网间连接器、协议转换器。网关在网络层以上实现网络互连，是最复杂的网络互连设备，仅用于两个高层协议不同的网络互连。网关既可以用于广域网互连，也可以用于局域网互连。 网关是一种充当转换重任的计算机系统或设备。使用在不同的通信协议、数据格式或语言，甚至体系结构完全不同的两种系统之间，网关是一个翻译器。与网桥只是简单地传达信息不同，网关对收到的信息要重新打包，以适应目的系统的需求。网关处在应用层。

5. 网卡

计算机接入网络的硬件设备，工作在物理层。其功能是进行串行/并行转换；对数据进行缓存；在计算机的操作系统安装设备驱动程序；实现以太网协议；等等。

6. 调制解调器

实现模拟信号与数字信号的转换。

7. 无线 AP

实现有线和无线网络连接的桥梁。

三、以太网

以太网（Ethernet）是当今现有局域网采用的最通用的通信协议标准。以太网络使用 CSMA/CD（载波监听多路访问及冲突检测）技术，并以 10Mb/s 的速率运行在多种类型的电缆上。它包括标准的以太网（10Mb/s）、快速以太网（100Mb/s）和 10G（10Gb/s）

以太网。它们都符合 IEEE802.3。

IEEE802.3 规定了包括物理层的连线、电信号和介质访问层协议的内容。以太网是当前应用最普遍的局域网技术，它很大程度上取代了其他局域网标准，如令牌环、FDDI 和 ARCNET。历经百兆以太网在 20 世纪末的飞速发展后，千兆以太网甚至 10G 以太网正在国际组织和领导企业的推动下不断拓展应用范围。

常见的 802.3 应用为：

10M: 10base-T（铜线 UTP 模式）；

100M: 100base-TX（铜线 UTP 模式）；

100base-FX（光纤线）；

1000M: 1000base-T（铜线 UTP 模式）。

以太网根据其不同的传输介质与传输速率又分为多种，其命令规则为：X base–Y。

X：表示传输速率，单位 Mb/s。Base 表示信号传输方式（基带传输）。Y：若为数字，表示的最大段的长度（百米计）；若为字母表示传输介质类型，如 T、TX 表示双绞线，F 表示光缆。

例如，10BASE-T：10Mb/s 基带传输的双绞线因特网。

10Base-2：同轴细缆，10Base-5：同轴粗缆；100BASE-F：光缆。

经典真题

1.（2017 中国建设银行秋招·多选题）下列属于光纤通信系统优点的有（ ）。

A. 抗干扰能力强　　　　　　B. 传输频带宽带

C. 机械强度高　　　　　　　D. 抗化学腐蚀能力强

答案 ABD

解析 光纤通信有很多优点：它传输频带宽、通信容量大；传输损耗低、中继距离长；线径细、重量轻，原料为石英，节省金属材料，有利于资源合理使用；绝缘、抗电磁干扰性能强；还具有抗腐蚀能力强、抗辐射能力强、可绕性好、无电火花、泄露小、保密性强等优点，可在特殊环境或军事上使用。故选 ABD 项。

2.（2017 交通银行秋招·单选题）IEEE 802 标准定义了 MAC 子层的物理网络地址，使每一个网络适配器（NTC）具有唯一的地址，其位数为（ ）。

A. 16 位　　　　　　　　　　B. 48 位

C. 32 位　　　　　　　　　　D. 64 位

答案 B

解析 本题考查信息科技常识。IEEE（电气和电子工程师协会）是由业内人士组成的技术协会，这些人普遍对推进整个通信技术具有浓厚的兴趣。这个委员会为所有的

802 标准定义了 48 位的 LAN 站地址，这样每一个适配器就有唯一地址。故选 B 项。

3.（2018 交通银行秋招·单选题）无线局域网（WIFI）是基于（　　）标准发展起来的无线网技术。

A.802.3　　　　　　　　　　B.802.11

C.802.5　　　　　　　　　　D.802.12

答案 B

解析 本题考查信息科技常识。IEEE 802.11 是无线局域网通用的标准，它是由 IEEE 所定义的无线网络通信的标准。故选 B 项。

4.（2018 交通银行秋招·单选题）光纤通信的原理是通过（　　）进行信息的传送。

A.模拟信号和光信号转换　　　B.电信号和数字信号转换

C.电信号和光信号转换　　　　D.数字信号和光信号转换

答案 C

解析 本题考查信息科技常识。光通信的原理：在发送端首先要把传送的信息变成电信号，然后调制到激光器发出的激光束上，并通过光纤发送出去；在接收端，检测器收到光信号后把它变换成电信号，经解调后恢复原信息。故选 C 项。

核心考点三：TCP/IP 协议（备考指数：★★★）

TCP/IP 协议是目前 Internet 中使用最为广泛的协议，也是事实上的"国际标准"。TCP/IP 协议不仅广泛应用于各种类型的局域网络，也用于实现不同类型的网络以及不同类型操作系统的主机之间的通信。

TCP/IP 事实上是一个协议族，目前包括 100 多个协议，包括 ARP、ICMP、IP、TCP、UDP 等多种协议，其中，TCP 协议和 IP 协议是最重要的两个协议。

一、TCP/IP 模型

TCP/IP 是一组用于实现网络互连的通信协议。Internet 网络体系结构以 TCP/IP 为核心。基于 TCP/IP 的参考模型将协议分成四个层次：

应用层：提供应用程序之间的通信、数据处理与加密、建立管理会话等功能。它包含丰富的网络应用协议，如简单电子邮件传输（SMTP）、文件传输协议（FTP）、网络远程访问协议（Telnet）等。

传输层：提供节点间的数据传送服务，建立主机到主机的连接。它包含的网络协议如传输控制协议（TCP）、用户数据报协议（UDP）等，TCP 和 UDP 给数据包加入传输数据并把它传输到下一层中，这一层负责传送数据，并且确定数据已被送达并接收。

网络层：提供寻址和路由选择的功能，负责将数据包传送，让每一块数据包都能够到达目的主机。它包含的协议如网际协议（IP）等。

数据链路层：也称网络接口层，提供介质访问、链路管理，以及数据流物理传输的功能。

二、TCP/IP 协议

1. 网络互连层协议

网络互连层协议主要包括 IP、ICMP、ARP、RARP 等协议，其中 IP 协议是这一层最重要的协议，其最重要的任务是通过互联网传送数据报文。IP 提供的是一种不可靠的无连接报文分组传送服务。

2. 传输层协议

传输层协议主要有 TCP 和 UDP 协议。

TCP（传输控制协议）是传输层的协议，它向下屏蔽 IP 协议的不可靠传输特性，向上提供一种面向连接的、可靠的点到点数据传输。TCP 在可靠性和安全性等上更有保证。

UDP（用户数据包协议）也是传输层协议，它提供的是一种非面向连接的、不可靠的数据传输，这主要是因为有些应用需要更快速的数据传输，比如局域网内的大多数文件传输都是基于 UDP 的。UDP 在传输速率上更快，开销更小。

3. 应用层协议

由于应用种类繁多，应用层协议也有很多。例如：

HTTP（超文本传输协议）：提供网页信息浏览，WWW 服务。

FTP（文件传输协议）：交互式文件传输协议。

DNS（域名系统）：域名解析服务。

SMTP（简单邮件发送协议）：发送 E-Mail。

POP3（邮局协议 3）：接收 E-Mail。

Telnet（远程登录服务协议）：远程登录服务。

NNTP（网络新闻传输协议）：网络新闻传输。

DHCP（动态主机配置协议）：IP 地址自动分配。

BBS（公告牌服务）：公告牌服务。

三、IP 地址

IP 地址是 TCP/IP 网络中实现异种网互联的一个关键技术，是网络层中用于标示通信实体的身份的标识（ID）。

1.IP 地址的组成

IP 的地址长度为 32b，用点分十进制（dotted decimal）表示。通常采用 x.x.x.x 的方式来表示,每个 x 为 8b,每个 x 的值为 0~255,例如,202.113.29.119。

2. IP 地址的结构

IP 地址的结构分为两部分组成:网络号 + 主机号。

网络号表示这个地址所属的网络,主机号表示这个地址在此网络中的具体主机个体标识。

3. IP 地址的分类

由于 IP 地址的网络号与主机号的位数的不同,一般 IP 地址可分为 5 类,如图 2-2 所示。

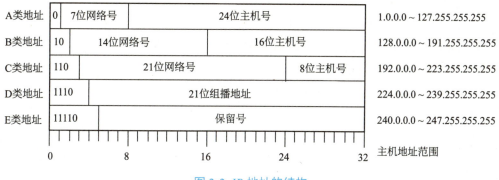

图 2-2 IP 地址的结构

4. 私有地址

在 IP 地址 3 种主要类型里,各保留了 3 个区域作为私有地址,其地址范围如下:

A 类地址:10.0.0.0 ～ 10.255.255.255

B 类地址:172.16.0.0 ～ 172.31.255.255

C 类地址:192.168.0.0 ～ 192.168.255.255

5. IPv6

IPv6 是是互联网工程任务组(IETF)设计的用于替代 IPv4 的下一代 IP 协议,其地址数量号称可以为全世界的每一粒沙子编上一个地址。

由于 IPv4 最大的问题在于网络地址资源有限,严重制约了互联网的应用和发展。IPv6 的优势就在于它大大地扩展了地址的可用空间,IPv6 地址的长度有 128 位。IPv6 的使用,不仅能解决网络地址资源数量的问题,而且也解决了多种接入设备连入互联网的障碍。

IPv6 的地址长度为 128 位,是 IPv4 地址长度的 4 倍。于是 IPv4 点分十进制格式不再适用,采用十六进制表示。IPv6 一般采用冒分十六进制表示法。格式为 X:X:X:X:X:X:X:X,其中每个 X 表示地址中的 16b,以十六进制表示,例如,ABCD:EF01:2345:6789:ABCD:EF01:2345:6789。

经典真题

1.（2016 中国建设银行秋招·单选题）Internet 网络协议的基础是（　　）。

A.Windows NT　　　　　　　　B.NetWare

C.IPX/SPX　　　　　　　　　　D.TCP/IP

答案 D

解析 TCP/IP 即传输控制 / 网际协议，又叫网络通信协议，这个协议是 Internet 最基本的协议，是 Internet 国际互联网络的基础。故选 D 项。

2.（2017 中国邮政储蓄银行秋招·单选题）在 TCP/IP 体系中，IPv6 地址是（　　）。

A.128 位二进制，采用点分十进制记法

B.128 位二进制，采用冒分十六进制记法

C.64 位二进制，采用冒分十进制记法

D.32 位二进制，采用点分十进制记法

答案 B

解析 目前，全球因特网所采用的协议族是 TCP/IP 协议族。IP 是 TCP/IP 协议族中网络层的协议，是 TCP/IP 协议族的核心协议。IPv6 是下一版本的互联网协议，也可以说是下一代互联网的协议，它的提出最初是因为随着互联网的迅速发展，IPv4 定义的有限地址空间将被耗尽，地址空间的不足必将妨碍互联网的进一步发展。为了扩大地址空间，IPv6 中 IP 地址的长度为 128，采用冒分十六进制记法。故选 B 项。

3.（2016 中国农业银行秋招·多选题）下列对网络服务的描述正确的有（　　）。

A.DHCP —— 动态主机配置协议，动态分配 IP 地址

B.DNS —— 域名服务，可将主机域名解析为 IP 地址

C.WINS —— Windows 互联网名称服务，可将主机域名解析为 IP 地址

D.FTP —— 文件传输协议，可提供文件上传、文件下载服务

答案 ABD

解析 WINS 是 Windows Internet Name Systerm 的简称，主要是用来将计算机名（NetBios 名）转化为 IP 地址。DNS 是域名解析服务器，主要用来将域名解析为 IP 地址。故选 ABD 项。

核心考点四：Internet 应用（备考指数：★★）

一、Internet 服务

1.DNS 域名服务

Internet 中的域名地址和 IP 地址是等价的，它们之间是通过域名服务器来完成映射

变换的。DNS 是一种分布式地址信息数据库系统，服务器中包含整个数据库的某部分信息，并供客户查询。域名系统采用的是客户机/服务器模式，整个系统由解析器和域名服务器组成。解析器是客户机方，负责查询域名服务器、解释从服务器返回来的应答、将信息返回给请求方等。域名服务器是服务方，它通常保存一部分域名空间的全部信息。

2. 远程登录服务 Telnet

远程登录服务是在 Telnet 协议的支持下，将用户计算机与远程主机连接起来，在远程主机上运行程序，将相应的屏幕显示传送给本地机器，并将本地的输入送给远程计算机。

Telnet 协议用的 TCP 端口号一般是 23。

3. 万维网 WWW

WWW（World Wide Web）或 WEB 服务是以超文本标记语言（HTML）和超文本传输协议（HTTP）为基础，以超文本方式组织网络多媒体信息提供交互访问的平台。

WWW 网站中的每一个 WEB 页面都有一个唯一的地址（URL）来表示。URL（统一资源定位器）指定什么协议、哪台服务器和哪个文件等。

URL 由三部分组成：协议类型、域名/IP 地址和路径及文件名。

例如，http://（协议类型）ss.edu.cn（域名）/student/1.html（路径和文件名）。

WWW 用的 TCP 端口号默认是 80。

4. 电子邮件 E-mail

电子邮件就是利用计算机进行信息交换的电子媒体信件。电子邮件是互联网中人们交互信息的重要方式，与传统邮件的区别是电子邮件的内容可以是文字、图像、声音等各种形式。

电子邮件地址格式：邮箱名@邮件服务器，例如，local_part@sina.com。

电子邮件的收发可以通过浏览器来实现，也可以通过专门的客户端软件进行邮件的收发。所用的协议有简单邮件传送协议 SMTP（端口号 25）和用于接收邮件的 POP3（端口号 110）协议。

Outlook Express 是一个性能优越的电子邮件软件，专门帮助用户处理有关邮件和电子新闻事务，是一种常用的邮件收发客户端工具。

5. 文件传输服务 FTP

文件传输服务用于在计算机之间传输文件。FTP 是基于客户机/服务器模式的服务系统，它由客户软件、服务器软件和 FTP 通信协议 3 部分组成。FTP 在客户机与服务器的内部建立两条 TCP 连接：一条是控制连接，主要用于传输命令和参数（端口号 21）；另一条是数据连接，主要用于传送文件（端口号 20）。

二、Internet 的应用

1. 浏览器的使用

浏览器是用于浏览 WWW 网站的工具，安装在客户机系统中。浏览器有很多种，如 Internet Explorer 6.0、7.0、360、firefox、猎豹等。浏览器中的"收藏夹"收藏的是地址，而非内容。

2. 电子邮件

电子邮件是互联网中人们交互信息的重要方式，与传统邮件的区别是电子邮件的内容可以是文字、图像、声音等各种形式。

电子邮件地址格式：邮箱名 @ 邮件服务器，例如，localpart@sina.com。

电子邮件的收发可以通过浏览器来实现，也可以通过专门的客户端软件进行邮件的收发。

Outlook Express 是一个性能优越的电子邮件软件，专门帮助用户处理有关邮件和电子新闻事务，是一种常用的邮件收发客户端工具。

三、Internet 的接入方式

Internet 的接入方式通常有专线入网与拨号入网两种方式。专线入网与拨号入网的最大区别是专线用户与 Internet 之间保持着相对永久的通信连接，这样专线用户可以随时访问 Internet，而不需要像拨号入网用户那样临时建立与 Internet 的连接，而且由于专线用户是 Internet 中相对稳定的组成部分，因而专线用户也可以比较方便的向 Internet 的其他用户提供信息服务。

经典真题

1.（2019 中国工商银行秋招·单选题）远程登录是 Internet 提供的基本信息服务之一，是提供远程连接服务的终端仿真协议。它的英文缩写是（　　）。

A.FTP　　　　　　　　　　B.Telnet
C.https　　　　　　　　　　D.Http

答案 B

解析 远程登录的英文缩写是 Telnet。故选 B 项。

第三章 网络与信息安全

核心考点一：网络安全（备考指数：★★★★★）

一、网络安全的概念

计算机网络安全是指计算机、网络系统的硬件、软件以及系统中的数据受到保护，不因偶然的或恶意的原因而遭到破坏、更改、泄露，确保系统能连续和可靠地运行，使网络服务不中断。广义上说，凡是涉及网络上信息的保密性、完整性、可用性、真实性和可控性的相关技术和理论，都是网络安全所要研究的领域。

网络安全涉及的主要内容有运行系统的安全、信息系统的安全、信息传播的安全和信息内容的安全。

信息系统对安全的基本需求为：

1）保密性：保护资源免遭非授权用户"读出"，包括传输信息的加密、存储信息加密。

2）系统完整性、内存及磁盘的完整性、信息交换的真实性和有效性。

3）可用性：保护资源免遭破坏或干扰，包括防止病毒入侵和系统瘫痪、防止信道拥塞及拒绝服务、防止系统资源被非法抢占。

4）可控性：对非法入侵提供检测与跟踪，并能干扰其入侵行为。

5）可核查性：可追查安全事故的责任人，对违反安全策略的事件提供审计手段，能记录和追踪他们的活动。

二、网络安全威胁

网络安全威胁是对网络安全缺陷的潜在利用。这些缺陷可能导致非授权访问、信息泄露、资源耗尽、资源被盗或者被破坏等。

网络安全威胁来自于下列五类：

1）物理威胁：是指计算机硬件和存储介质受到的偷窃、废物搜寻及线路劫取活动的威胁。

2）网络攻击：计算机网络的使用对数据造成了新的安全威胁，攻击者可通过网络利用电子窃听、入侵拨号入网、冒名顶替等方式进行侵入攻击、偷窃和篡改。

3）身份鉴别：由于身份鉴别通常是用设置口令的手段实现的，入侵者可通过口令圈套、密码破译等方式扰乱身份鉴别。

4）编程威胁：是指通过病毒进行攻击的一种方法。

5）系统漏洞：也称系统陷阱或代码漏洞，通常是操作系统设计者有意设置的，目的是为了使用户在失去系统的访问权限时仍然有机会进入系统。入侵者可使用扫描器发现系统漏洞，从而进行攻击。

三、网络安全漏洞

网络安全漏洞主要表现在以下几个方面：

1）物理性安全。凡是能够让非授权机器物理接入的地方，都会存在潜在的安全问题。
2）软件安全漏洞。
3）不兼容使用的安全漏洞。
4）选择自认合适的安全哲理。这是一种对安全概念的理解和直觉。完美的软件、受保护的硬件和兼容部件并不能保证正常而有效地工作，除非用户选择了适当的安全策略和打开了能增加其系统安全的部件。

四、网络攻击

网络攻击是某种安全威胁的具体实现，当信息从信源向信宿流动时，可能受到各种类型的攻击。网络攻击可以分为被动攻击、主动攻击、物理临近攻击、内部人员攻击和分发攻击几类。

1. 被动攻击

被动攻击是对信息的保密性进行攻击，即通过窃听网络上传输的信息并加以分析从而获得有价值的情报，但它并不修改信息的内容。它的目标是获得正在传送的信息，其特点是偷听或监视信息的传递。它主要的预防手段是数据加密等。

2. 主动攻击

主动攻击是攻击信息来源的真实性、信息传输的完整性和系统服务的可用性，有意对信息进行修改、插入和删除。它主要的攻击形式有假冒、重放、欺骗、消息篡改和拒绝服务等。它的主要预防手段是防火墙、入侵检测技术等。

3. 物理临近攻击

未授权者可在物理上接近网络、系统或设备，其目的是修改、收集或拒绝访问信息。

4. 内部人员攻击

有的内部人员被授权在信息安全处理系统的物理范围内，或对信息安全处理系统具有直接访问权，他们可能会攻击网络。

5. 分发攻击

分发攻击是指在软件和硬件开发出来之后和安装之前这段时间，或者当它从一个地方传到另一个地方时，攻击者恶意修改软硬件。

五、网络攻击手段

黑客（hacker）常用的攻击手段主要有口令入侵、放置特洛伊木马、Dos 攻击、端口扫描、网络监听、欺骗攻击以及电子邮件攻击等。

1. 口令入侵

口令入侵是指黑客使用某些合法用户的账号和口令登录到目的主机，然后再实施攻击活动。它的前提是必须先得到该主机上的某个合法用户的账号，然后进行用户口令破译。

2. 特洛伊木马

木马（Trojan）是指通过特定的程序来控制另一台计算机。木马通常有两个可执行程序：控制端（客户端）和被控制端（服务端）。植入对方电脑的是服务端，黑客利用客户端进入服务端电脑。服务端运行木马程序后，会产生一个进程，暗中打开端口，向指定计算机发送数据（如密码、账号等）。

3. Dos 攻击

Dos 即拒绝服务，其攻击目的是使计算机或网络无法提供正常的服务。最常见的 Dos 攻击有计算机网络带宽攻击和连通性攻击。

DDos（分布式拒绝服务攻击）是指借助于客户/服务器技术，将多个计算机联合起来作为攻击平台，对一个或多个目标发动 Dos 攻击，成倍提高了 Dos 攻击的威力，通过大量合法的请求占用大量网络资源，以达到使网络瘫痪的目的。

4. 端口扫描

端口扫描就是利用 Socket 编程与目标主机的某些端口建立 TCP 连接、进行传输协议的验证等，从而获知目标主机的扫描端口是否处于激活状态、主机提供了哪些服务、提供的服务中是否含有某些缺陷等。常用的扫描方式有 TCP Connect 扫描、TCP SYN 扫描、TCP FIN 扫描、IP 段扫描和 FTP 返回攻击等。

5. 网络监听

网络监听是主机的一种工作模式，在这种模式下，主机可以接收到本网段在同一条物理通道上传输的所有信息，而不管这些信息的发送方和接收方是谁。

Sniffer 是一款著名的监听工具，可以监听到网上传输的所有信息。Sniffer 可以是硬件，也可以是软件，主要用来接收在网络上传输的信息。

6. 欺骗攻击

欺骗攻击是指创造一个易于误解的上下文环境，以诱骗受攻击者进入并做出缺乏安全考虑的决策。常见的欺骗攻击有 Web 欺骗、ARP 欺骗、IP 欺骗。

7. 电子邮件攻击

电子邮件攻击主要表现为向目标邮箱发送电子邮件炸弹。所谓电子邮件炸弹实质上就是发送地址不详且容量庞大的垃圾邮件。

经典真题

1.（2016 中国农业银行秋招·单选题）不属于主动攻击的是（ ）。

A. 流量分析　　　　　　　　B. 重放

C. IP 地址欺骗　　　　　　　D. 拒绝服务

答案 A

解析 主动攻击是攻击信息来源的真实性、信息传输的完整性和系统服务的可用性，有意对信息进行修改、插入和删除。主动攻击形式有：假冒、重放、欺骗、消息篡改和拒绝服务等。主要预防手段是防火墙、入侵检测技术等。故选 A 项。

2.（2016 中国农业银行秋招·单选题）以下描述中，（ ）是 IP 欺骗的最基本特征。

A. 对被冒充的主机进行攻击，使其无法对目标主机进行响应

B. 与目标主机进行会话，猜测目标主机的序号规则

C. 冒充受信主机向目标主机发送伪造数据包

D. 向目标主机发送指令，进行会话操作

答案 C

解析 IP 欺骗的最基本特征冒充受信主机向目标主机发送伪造数据包。故选 C 项。

核心考点二：计算机病毒（备考指数：★★★★★）

一、计算机病毒的定义

计算机病毒是指编制或者在计算机程序中插入的破坏计算机功能或者破坏数据，影响计算机使用并且能够自我复制的一组计算机指令或者程序代码。

二、计算机病毒对计算机的危害

1）病毒激发对计算机数据信息的直接破坏作用。

2）非法占用磁盘空间和对信息数据进行破坏。

3）非法占有系统的资源。

4）影响计算机的运行速度。

5）病毒兼容性对于系统运行有影响。

三、计算机病毒的分类

1. 按危害性分

（1）良性病毒

此类病毒制作者的目的在于表现自己，大多数处出于恶作剧。病毒发作时，往往会

占用大量的 CPU 时间和存储资源，降低运行速度，干扰用户工作，但不破坏系统数据，一般不会导致系统瘫痪。例如，"小球"病毒就属于良性病毒。

（2）恶性病毒

这类病毒的目的在于破坏系统的数据资源和文件。病毒发作时，往往会破坏系统数据，甚至删除系统文件，重新格式化磁盘等，其造成的后果十分严重，即使消除了病毒，病毒所造成的破坏也难以恢复，例如，CIH 病毒、"黑色星期五"等。

2. 按病毒感染途径分

（1）引导型病毒

这类病毒先把自身或自身的一部分存放于硬盘的引导区内，而把磁盘原有引导区的内容移到别处。当系统启动时，病毒程序被选择运行，从而获得 CPU 的控制权。

（2）文件型病毒

这类病毒专门感染可执行文件（如后缀为 .com、.exe、.sys 的文件），当运行带有病毒的程序时，文件型病毒会被引入内存并会自身复制到其他未感染的文件中。

（3）复合型病毒

这类病毒既感染硬盘的引导区，又感染可执行文件。

3. 按入侵的方式分

1）操作系统型病毒：当操作系统启动时，病毒就会自动装入内存，用它自己的程序去取代部分操作系统进行工作，因此具有很强的破坏力。

2）源码型病毒：在程序编译前就插入到程序中。

3）外壳型病毒：通常旋转于主程序的周围，一般不对源程序做修改。

4）入侵型病毒：这种病毒把病毒程序段直接插入到现有程序中，入侵后，不破坏现有程序就难以消除病毒。CIH 病毒就是一种典型的入侵型病毒。

四、计算机病毒的特点

1. 传染性

计算机病毒的传染性是指病毒程序在计算机系统中的传播和扩散。计算机病毒通过自我复制，可以迅速地在程序之间、计算机之间以及计算机网络之间传播。

2. 破坏性

计算机病毒可能对计算机系统产生不同程度的损害，主要表现为占用系统资源、破坏文件和数据、干扰程序运行、影响屏幕显示，甚至摧毁系统等。

3. 隐蔽性

病毒程序一般都比较短，技巧性高，极具隐藏性，很难被发现。它通常依附于一定的媒介，不单独存在。

4. 潜伏性

计算机病毒可长期潜伏在文件中，在满足触发条件之前，不会表现出任何症状，只有被触发了特定的条件才会进行传染或对计算机系统进行破坏。

5. 寄生性

病毒可以寄生在正常的程序中，跟随正常程序一起运行。

6. 可触发性

病毒可以在条件成熟时被触发。

五、常见的木马和病毒

1. 木马

木马（Trojan）是指通过特定的程序来控制另一台计算机。木马通常有两个可执行程序：控制端（客户端）和被控制端（服务端）。植入对方电脑的是服务端，黑客利用客户端进入服务端电脑。服务端运行木马程序后，会产生一个进程，暗中打开端口，向指定计算机发送数据（如密码、账号等）。例如，"特洛伊木马"是一种秘密潜伏的能够通过远程网络进行控制的恶意程序，可控制被秘密植入木马的计算机的一切动作和资源，窃取信息；木马程序"冰河"，主要用于远程控制他人计算机。

2. 蠕虫病毒

一般是通过复制自身在互联网环境下进行传播，目标是感染互联网内的所有计算机。如"熊猫烧香"是经过多次变种的蠕虫病毒，主要通过网络下载文件植入计算机系统；"红色代码"是一种新型网络病毒，将蠕虫病毒、木马程序合为一体；"爱虫病毒"是一种可以改写本地及网络硬盘上的某些文件，导致系统崩溃的蠕虫病毒。

3. 宏病毒

寄存在文档或模板的宏中的计算机病毒，可感染 Word、Excel 等文件。

4. CIH 病毒

一种能够破坏计算机系统硬件的恶性病毒，但只在 windows 95/98/Me 系统上发作，影响有限。

六、如何防治计算机病毒

（1）提高尊重知识产权的观念，使用合法正版的软件，抵制盗版软件。

（2）养成备份重要文件的习惯。

（3）不要使用来历不明的软件和碟片，即便要用也要先用杀毒软件扫描。常用的杀毒软件有卡巴斯基、瑞星、360 杀毒、金山毒霸等。

（4）准备一些杀毒和恢复工具，定期使用并且及时更新。

（5）建立正确的防治计算机病毒观念，提高警惕。

经典真题

1.（2018交通银行秋招·单选题）某局域网内可能有部分电脑感染病毒，网管人员此时应首先（　　），来避免病毒的进一步扩散。

A. 断开感染病毒电脑的物理网络连接

B. 启动杀毒软件进行查杀

C. 关闭服务器系统

D. 打开系统的防火墙进行数据包过滤

答案 A

解析 当发现局域网中有电脑有感染病毒迹象时，应该首先立即断开有嫌疑的计算机的物理网络连接，查看病毒的特征，并找到处理办法。故选A项。

2.（2019中国工商银行秋招·单选题）在计算机应用中，宏病毒是相当经典的病毒，下列选项关于共性的叙述，不正确的是（　　）。

A. 宏病毒的存放格式，是一种加密压缩格式

B. 宏病毒专门感染程序文件，即EXE或COM文件

C. 大多数宏病毒中含有AutoOpen等自动宏

D. 病毒宏中必然含有对文档读写操作的宏指令

答案 B

解析 宏病毒专门感染Word、Excel文件及模板，不会感染EXE或COM文件。故选B项。

3.（2018中国建设银行秋招·多选题）关于计算机病毒，下列说法中正确的有（　　）。

A. 把U盘连接电脑后，如果U盘带有病毒，在电脑中双击打开U盘的方式感染病毒的可能性要比单击鼠标右键选择"打开"的方式更高

B. 自我更新性是近几年来计算机病毒的又一新特性，病毒可以借助于网络进行变种更新

C. 按照计算机病毒的破坏情况可分良性和恶性两类计算机病毒，良性病毒是指不包含有立即对计算机系统产生直接破坏作用的代码，对计算机系统不会造成任何损害

D. 计算机病毒是指编程者在计算机程序中插入的破坏计算机功能或者破坏数据，影响计算机使用并且能够自我复制的一组计算机指令或者程序代码

答案 ABD

解析 C项错误，良性病毒是指病毒不对计算机数据进行破坏，但会造成计算机程序工作异常，还会带来一定的损害。故选ABD项。

4.（2018 交通银行秋招·多选题）安全软件主要以预防为主，防治结合，包括（ ）。
A. 杀毒软件　　　　　　　　B. 加密软件
C. 防火墙软件　　　　　　　D. 反流氓软件

答案 ABCD

解析 安全软件分为杀毒软件、系统工具和反流氓软件。安全软件是一种可以对病毒、木马等一切已知的对计算机有危害的程序代码进行清除的程序工具。故选 ABCD 项。

核心考点三：加密与认证技术（备考指数：★★★★）

一、加密技术

加密技术是最常用的安全保密手段，数据加密技术的关键在于加密/解密算法和秘钥管理。数据加密的基本过程就是对原来为明文的文件或数据按某种加密算法进行处理，使其成为不可读的乱码（密文）。密文只能在输入相应的密钥后才能显示出原来的内容。通过这样的途径防止数据被窃取。

数据加密的技术分为两类，即对称加密（私人密钥加密）和非对称加密（公开密钥加密）。对称加密以数据加密标准 DES（Data Encryption Standard）算法为典型代表，非对称加密通常以 RSA（Rivest Shamir Adleman）算法为代表。对称加密的加密密钥和解密密钥相同，而非对称加密的加密密钥和解密密钥不同，加密密钥可以公开而解密密钥需要保密。

1. 对称加密技术

对称加密采用了对称密码编码技术，它的特点是文件加密和解密使用相同的密钥。

2. 非对称加密技术

与对称加密算法不同，非对称加密算法需要两个密钥：公开密钥（publickey）和私有密钥（privatekey）。公开密钥与私有密钥是一对，如果用公开密钥对数据进行加密，只有用对应的私有密钥才能解密；如果用私有密钥对数据进行加密，那么只有用对应的公开密钥才能解密。

3. 优缺点比较

对称加密算法使用起来简单快捷，密钥较短，且破译困难。

非对称加密与对称加密相比，其安全性更好。对称加密的通信双方使用相同的密钥，如果一方的密钥遭泄露，那么整个通信就会被破解，而非对称加密使用一对密钥，一个用来加密，一个用来解密，而且公开密钥是公开的，私有密钥是自己保存的，不需要像对称加密那样在通信之前要先同步密钥。

非对称加密的缺点是加密和解密花费时间长、速度慢，只适合对少量数据进行加密。

二、认证技术

认证技术主要解决网络通信过程中通信双方的身份认可。认证的过程涉及加密和密钥交换。通常，加密可以使用对称加密、非对称加密及两种加密方法的混合方法。认证一般账户名/口令认证、使用摘要算法认证和基于 PKI 的认证。

PKI 是一种遵循既定标准的密钥管理平台，能够为所有网络应用提供加密和数字签名等密码服务和所必需的密钥、证书管理体系。PKI 技术是信息安全技术的核心，也是电子商务的关键和基础技术。PKI 采用证书进行公钥管理，通过第三方的可信任机构（认证中心 CA）把用户的公钥和用户的其他标识信息捆绑在一起，其中包括用户名和电子邮件地址等信息，以在 Internet 上验证用户身份。

数字签名（又称公钥数字签名、电子签章）是一种类似写在纸上的普通的物理签名，但是使用了公钥加密领域的技术实现，用于鉴别数字信息的方法。就是只有信息的发送者才能产生的别人无法伪造的一段数字串，这段数字串同时也是对信息的发送者发送信息真实性的一个有效证明。

一套数字签名通常定义两种互补的运算，一个用于签名，另一个用于验证。是非对称密钥加密技术与数字摘要技术的应用。

数字签名的过程：

1）信息发送者使用一个单向散列函数（Hash 函数）对信息生成信息摘要；

2）信息发送者使用自己的私钥签名信息摘要；

3）信息发送者把信息本身和已签名的信息摘要一起发送出去；

4）信息接收者通过使用与信息发送者使用的同一个 Hash 函数对接收的信息生成新的信息摘要，再使用信息发送者的公钥对信息摘要进行验证，以确认信息发送者的身份和信息是否被修改过。

例如，工商银行的 U 盾是用于网上银行电子签名和数字认证的工具，它内置微型智能卡处理器，采用 1 024 位非对称密钥算法对网上数据进行加密、解密和数字签名，确保网上交易的保密性、真实性、完整性和不可否认性。

经 典 真 题

1.（2019 交通银行秋招·单选题）加密技术通常分为两大类："对称式"和"非对称式"，以下说法正确的是（　　）。

A. 对称式加密就是加密和解密使用的同一个密钥但位数不同

B. 非对称式加密就是加密和解密所使用的不是同一个密钥

C. 对称式加密就是加密和解密使用的不是同一个密钥但位数相同

D. 非对称式加密就是加密和解密所使用的是同一个密钥

答案 B

解析 加密技术是指通过加密算法和加密密钥将明文转变为密文的过程，而解密则是通过解密算法和解密密钥将密文恢复为明文的过程，分为对称加密和非对称加密。对称加密的加密密钥和解密密钥相同，而非对称加密的加密密钥和解密密钥不同，加密密钥可以公开而解密密钥需要保密。对称式加密就是加密和解密使用同一个密钥且位数也相同，非对称式加密就是加密和解密所使用的不是同一个密钥，通常有两个密钥，称为"公钥"和"私钥"，它们两个需配对使用，否则不能打开加密文件。故选 B 项。

2.（2017 交通银行秋招·单选题）在加密和解密技术中，数字签名技术是个加密的过程，主要功能是（　　）。

A. 保证信息传输的私密性、发送者的身份确认、防止交易中的差错发生
B. 保证信息传输的兼容性、发送者的身份校验、防止交易中的抵赖发生
C. 保证信息传输的高效性、发送者的身份识别、防止交易中的差错发生
D. 保证信息传输的完整性、发送者的身份认证、防止交易中的抵赖发生

答案 D

解析 数字签名技术保证信息传输的完整性、发送者的身份认证、防止交易中的抵赖发生。数字签名技术是将摘要信息用发送者的私钥加密，与原文一起传送给接收者。接收者只有用发送者的公钥才能解密被加密的摘要信息，然后用 Hash 函数对收到的原文产生一个摘要信息，与解密的摘要信息对比。如果相同，则说明收到的信息是完整的，在传输过程中没有被修改，否则说明信息被修改过，因此数字签名能够验证信息的完整性。故选 D 项。

核心考点四：防火墙技术（备考指数：★★★★）

一、防火墙

防火墙（Firewall）是建立在内外网络边界上的过滤封锁机制，它认为内部网络是安全和可信赖的，而外部网络是不安全和不可信赖的。防火墙的作用是防止不希望的、未经授权的数据包进出被保护的内部网络，通过边界控制强化内部网络的安全。

二、防火墙的分类

1. 包过滤型防火墙

包过滤型防火墙工作在 OSI 模型的网络层和传输层。通过访问控制表，检查数据流中每个数据包的源地址、目的地址、所用端口号、协议状态等因素，来确定是否允许该数据包通过。

在网络层，对数据包的源及目的 IP 具有识别和控制作用，对于传输层，它只能识别数据包是 TCP 还是 UDP 及所用的端口信息。

2. 代理服务器型防火墙

代理服务器型防火墙又称应用级防火墙，工作在 OSI 模型的应用层，是设置在 Internet 防火墙网关上的应用，是网管员允许或拒绝的特定的应用程序或者服务，同时，还可应用于实施较强的数据流监控、过滤、记录和报告等功能。

应用级防火墙彻底隔断内网与外网的直接通信，内网用户对外网的访问变成防火墙对外网的访问，然后再由防火墙转发给内网用户。

3. 监测型防火墙

新一代的产品，能够对各层的数据进行主动地、实时地监测，并能够在对这些数据进行分析的基础上，有效地判断出各层中的非法入侵。

结合了代理服务器防火墙的安全性和包过滤防火墙高速度等优点，在不损失安全性的基础上，监测型防火墙将代理服务器防火墙的性能提高了 10 倍。

三、典型防火墙的体系结构

一个防火墙系统通常是由过滤路由器和代理服务器组成。典型防火墙的体系结构包括包过滤路由器、双宿主主机、被屏蔽主机和被屏蔽子网等。

四、防火墙的工作模式

1. 透明模式

透明模式只需在网络中像放置网桥一样插入防火墙设备即可，无需修改任何已有的配置。

2.NAT 模式

NAT 模式与第三层交换机（路由器）相似，将绑定到外网区段的 IP 封包包头中的两个组件进行转换：其源地址和源端口号。防火墙用目的地区段接口的 IP 地址替换发送封包的主机的源 IP 地址。另外，它用另一个防火墙生成的任意端口号替换源端口号。

3. 路由模式

路由模式在不同区段转发信息流时不执行 NAT，即当信息穿过防火墙时，IP 封包包头中的源地址和端口号保持不变。与透明模式不同，内网区段中的接口和外网区段中的接口在不同的子网中。

五、防火墙的安全策略

1）禁止外部网络 PING 内部网络。

2）禁止外部网络非法用户访问内部网络和 DMZ 区（安全子网区域）应用服务器。

3）禁止外部网络用户对内部网络 HTTP、FTP、Telnet 等端口访问。

4）禁止 DMZ 区的应用服务器访问内部网络。

（5）允许外部网络用户使用 DMZ 区的应用服务：HTTP、HTTPS、POP3。

（6）允许 DMZ 区的工作站与应用服务器访问 Internet。

（7）允许内部企业网用户访问 DMZ 区的应用服务：DNS、POP3、SMTP、HTTP、HTTPS、FTP 等。

（8）允许内部企业网络访问或通过代理访问外部网络。

经典真题

1．（2017 中国建设银行秋招·单选题）防火墙是在网络和不可信任的外界之间设置的一道屏障，用以保护自身网络的安全性，其目的是（　　）。

A. 保护自身网络不受另一个网络的攻击

B. 保护自身网络不受病毒攻击

C. 使自身网络与另一个网络物理隔离

D. 使自身网络不与外界网络发生数据交换

【答案】A

【解析】防火墙是一种位于内部网络和外部网络之间的网络安全系统，目的是保护自身网络不受另外一个网络的攻击。故选 A 项。

2．（2017 交通银行秋招·单选题）以下可以充当防火墙的服务器是（　　）。

A.DNS Server　　　　　　B.Web Server

C.Proxy Server　　　　　　D.DHCP Server

【答案】C

【解析】代理服务器（Proxy Server）是一种重要的服务器安全功能，它的工作主要在开放系统互联（OSI）模型的会话层，从而起到防火墙的作用。代理服务器大多被用来连接 Internet（国际互联网）和 Local Area Network（局域网）。故选 C 项。

3．（2018 交通银行秋招·单选题）以下关于防火墙的描述，错误的是（　　）。

A. 防火墙是一种位于内部网络与外部网络之间的网络安全系统

B. 防火墙是根据"合法"来判定人和数据是否能够进出网络

C. 最大限度地阻止网络黑客来访问你的网络和消除计算机病毒

D. 防火墙可以是一个由软件和硬件设备组合而成的网络保护"墙"

【答案】C

【解析】所谓防火墙指的是一个由软件和硬件设备组合而成、在内部网和外部网之间、专用网与公共网之间的界面上构造的保护屏障。只有符合安全策略的数据流才能通过防火墙。它能最大限度地阻止网络中的黑客来访问你的网络。但是防火墙并不能消除计算机病毒。故选 C 项。

第四章 信息新技术

核心考点一：大数据（备考指数：★★★★★）

一、大数据

1. 大数据的定义

大数据（big data）是指无法在可承受的时间范围内用常规软件工具进行捕捉、管理和处理的数据集合，是需要新处理模式才能具有更强的决策力、洞察发现力和流程优化能力的海量、高增长率和多样化的信息资产。

2. 大数据的特征

大数据具有规模性（Volume）、高速性（Velocity）、多样性（Variety）和价值密度低（Value）四大特征（4V），这些特征是传统数据处理方法和工具所无法胜任的。

1）规模性（Volume）：大数据主要来源于互联网，数据量非常庞大，主要体现在数据存储量大和计算量大。2006年全球每年制造、复制出的数字信息量共计16.1万PB，当年信息产生量大约是历史上图书信息总量的3 000倍；至2010年，数字信息总量达98.8万PB；专家指出，2020年年度数据将增加43倍。因此，大数据中的数据不再以几GB或几TB为单位来衡量，而是以PB（1 000T）、EB（100万T）或ZB（10亿T）为计量单位。

2）高速性（Velocity）：一方面是指数据在不断更新，增长的速度快，另一方面是指数据存储、传输等处理速度很快。短短60秒，YouTube用户会上传48小时的视频；Google会收到200万次搜索请求并极快地返回结果；Twitter要处理100万条Tweets信息；网购产生27.2万美元的交易；App Store有4.7万次下载；全球新增网页571个。数据处理的速度也要求越来越快，甚至是实时处理，比如灾难的预测，需很快的对灾难发生的程度、影响的区域范围等进行量化。如日本大地震发生后仅9分钟，美国国家海洋和大气管理局（NOAA）就发布了详细的海啸预警。

3）多样性（Variety）：是指数据包含结构化的数据表和半结构化、非结构化的文本、视频和图像等信息，而且数据之间的交互非常频繁和广泛。多样性具体包括三个方面：

①数据来源多，企业所面对的传统数据主要是交易数据，而互联网和物联网的发展，带来了诸如微博、社交网站、传感器等多种数据来源。

②数据类型多，并且以非结构化数据为主。传统的企业中，数据都是以表格的形式保存。而大数据中70%~85%的数据是如图片、音频、视频网络日志、链接信息等非结

构化和半结构化的数据。

③数据之间关联性强，频繁交互。如游客在旅游途中上传的照片和日志，就与游客的位置、行程等信息有了很强的关联性。

4）价值密度低（Value）：大数据的价值往往呈现出稀疏性的特点。大量的不相关信息，不经过处理则价值较低，属于价值密度底的数据。以视频为例，连续不间断监控过程中，可能有用的数据仅仅有一两秒。

3. 大数据的应用

1）洛杉矶警察局和加利福尼亚大学合作利用大数据预测犯罪的发生。

2）google 流感趋势（Google Flu Trends）利用搜索关键词预测禽流感的散布。

3）统计学家内特·西尔弗（Nate Silver）利用大数据预测 2012 美国选举结果。

4）麻省理工学院利用手机定位数据和交通数据建立城市规划。

5）梅西百货的实时定价机制。根据需求和库存的情况，该公司基于 SAS 的系统对多达 7 300 万种货品进行实时调价。

4. 大数据的处理工具

Hadoop 是目前最为流行的大数据处理平台。Hadoop 最先是 Doug Cutting 模仿 GFS MapReduce 实现的一个云计算开源平台，后贡献给 apache。Hadoop 已经发展成为包括文件系统（HDFS）、数据库（HBase、Cassandra）、数据处理（MapReduce）等功能模块在内的完整生态系统（Ecosystem）。在某种程度上可以说 Hadoop 已经成为大数据处理工具事实上的标准。

对 Hadoop 改进并将其应用于各种场景的大数据处理已经成为新的研究热点。其主要的研究成果集中在对 Hadoop 平台性能的改进、高效的查询处理、索引构建和使用、在 Hadoop 之上构建数据仓库 Hadoop 和数据库系统的连接、数据挖掘、推荐系统等。

除了 Hadoop 还有很多针对大数据的处理工具。这些工具有些是完整的处理平台，有些则是专门针对特定大数据的处理平台。

5. 大数据的发展趋势

1）数据的资源化；

2）与云计算的深度结合；

3）科学理论的突破；

4）数据科学和数据联盟的成立；

5）数据泄露泛滥；

6）数据管理成为核心竞争力；

7）数据质量是 BI（商业智能）成功的关键；

8）数据生态系统复合化程度加强。

6. 大数据带来的安全风险

1）大数据成为网络攻击的显著目标；
2）大数据加大了隐私泄露的风险；
3）大数据威胁现有的存储和安防措施；
4）大数据技术成为黑客的攻击手段；
5）大数据成为高级可持续攻击的载体；
6）大数据技术为信息安全提供新支撑。

二、数据挖掘

1. 数据挖掘的定义

数据挖掘（data mining）一般是指从大量的数据中通过算法搜索隐藏于其中信息的过程。数据挖掘通常与计算机科学有关，并通过统计、在线分析处理、情报检索、机器学习、专家系统（依靠过去的经验法则）和模式识别等诸多方法来实现上述目标。

数据挖掘是通过分析每个数据，从大量数据中寻找其规律的技术，主要有数据准备、规律寻找和规律表示三个步骤。数据准备是从相关的数据源中选取所需的数据并整合成用于数据挖掘的数据集；规律寻找是用某种方法将数据集所含的规律找出来；规律表示是尽可能以用户可理解的方式（如可视化）将找出的规律表示出来。数据挖掘的任务有关联分析、聚类分析、分类分析、异常分析、特异群组分析和演变分析等。

2. 数据挖掘步骤

数据挖掘过程模型步骤主要包括定义问题、建立数据挖掘库、分析数据、准备数据、建立模型、评价模型和实施。每个步骤的具体内容如下：

（1）定义问题

在开始知识发现之前最先的也是最重要的要求就是了解数据和业务问题。必须要对目标有一个清晰明确的定义，即决定到底想干什么。比如，想提高电子信箱的利用率时，想做的可能是"提高用户使用率"，也可能是"提高一次用户使用的价值"，要解决这两个问题而建立的模型几乎是完全不同的，必须做出决定。

（2）建立数据挖掘库

建立数据挖掘库包括以下几个步骤：数据收集，数据描述，选择，数据质量评估和数据清理，合并与整合，构建元数据，加载数据挖掘库和维护数据挖掘库。

（3）分析数据

分析数据的目的是找到对预测输出影响最大的数据字段，和决定是否需要定义导出字段。如果数据集包含成百上千的字段，那么浏览分析这些数据将是一件非常耗时和累人的事情，这时需要选择一个具有好的界面和功能强大的工具软件来协助用户完成这些事情。

（4）准备数据

准备数据是建立模型之前的最后一步数据准备工作，可以把此步骤分为四个部分：选择变量，选择记录，创建新变量，转换变量。

（5）建立模型

建立模型是一个反复的过程。需要仔细考查不同的模型以判断哪个模型对面对的商业问题最有用。一般是先用一部分数据建立模型，然后再用剩下的数据来测试和验证这个得到的模型。有时还有第三个数据集，称为验证集，因为测试集可能受模型的特性的影响，这时需要一个独立的数据集来验证模型的准确性。训练和测试数据挖掘模型需要把数据至少分成两个部分，一个用于模型训练，另一个用于模型测试。

（6）评价模型

模型建立好之后，必须评价得到的结果、解释模型的价值。从测试集中得到的准确率只对用于建立模型的数据有意义。在实际应用中，需要进一步了解错误的类型和由此带来的相关费用的多少。经验证明，有效的模型并不一定是正确的模型。造成这一点的直接原因就是模型建立中隐含的各种假定，因此，直接在现实世界中测试模型很重要。先在小范围内应用，取得测试数据，觉得满意之后再大范围推广。

（7）实施

模型建立并经验证之后，可以有两种主要的使用方法。第一种是提供给分析人员做参考；另一种是把此模型应用到不同的数据集上。

3. 数据挖掘分析方法

数据挖掘分析方法分为有指导的数据挖掘和无指导的数据挖掘。有指导的数据挖掘是利用可用的数据建立一个模型，这个模型是对一个特定属性的描述。无指导的数据挖掘是在所有的属性中寻找某种关系。具体而言，分类、估值和预测属于有指导的数据挖掘；关联规则和聚类属于无指导的数据挖掘。

（1）分类

分类是首先从数据中选出已经分好类的训练集，在该训练集上运用数据挖掘技术，建立一个分类模型，再将该模型用于对没有分类的数据进行分类。

（2）估值

估值与分类类似，但估值最终的输出结果是连续型的数值，估值的量并非预先确定。估值可以作为分类的准备工作。

（3）预测

预测是通过分类或估值来进行，通过分类或估值的训练得出一个模型，如果对于检验样本组而言该模型具有较高的准确率，可将该模型用于对新样本的未知变量进行预测。

（4）相关性分组或关联规则

相关性分组或关联规则目的是发现哪些事情总是一起发生。

（5）聚类

聚类是自动寻找并建立分组规则的方法，它通过判断样本之间的相似性，把相似样本划分在一个簇中。

4. 数据挖掘的应用

1）数据挖掘帮助 Credilogros Cía Financiera S.A.（阿根廷第五大信贷公司）改善客户信用评分。通过数据挖掘软件 PASW Modeler，Credilogros 将用于处理信用数据和提供最终信用评分的时间缩短到了 8 秒以内，使该组织能够迅速批准或拒绝信贷请求，仅在实现 3 个月后就帮助 Credilogros 将贷款支付失职率减少了 20%。

2）关联规则挖掘技术已经被广泛应用在西方金融行业企业中，它可以成功预测银行客户需求，改善自身营销。如果数据库中显示，某个高信用限额的客户更换了地址，这个客户很有可能新近购买了一栋更大的住宅，因此会有可能需要更高信用限额，更高端的新信用卡，或者需要一个住房改善贷款，这些产品都可以通过信用卡账单邮寄给客户。当客户打电话咨询的时候，数据库可以有力地帮助电话销售代表。销售代表的电脑屏幕上可以显示出客户的特点，同时也可以显示出顾客会对什么产品感兴趣。

3）一些知名的电子商务站点也从强大的关联规则挖掘中受益。这些电子购物网站使用关联规则中规则进行挖掘，然后设置用户有意要一起购买的捆绑包。也有一些购物网站使用它们设置相应的交叉销售，也就是购买某种商品的顾客会看到相关的另外一种商品的广告。

4）随着网络技术和电信业务的发展，电信市场竞争也日趋激烈，电信业务的发展提出了对数据挖掘技术的迫切需求，以便帮助理解商业行为，识别电信模式，捕捉盗用行为，更好地利用资源，提高服务质量并增强自身的竞争力。如针对用户的行为数据，对用户进行信用等级评定，对于信用等级好的客户可以给予某些优惠服务等，对于信用等级差的用户则不能享受促销等优惠。

经典真题

1.（2017 中国工商银行秋招·单选题）业界通常用 4 个 V（即 Volume、Variety、Value、Velocity）来概括大数据的特征，这 4 个 V 分别是指（　　）。

A. 数据体量巨大、处理速度快、价值密度低、数据类型繁多
B. 数据体量巨大、数据类型繁多、价值密度低、处理速度快
C. 数据体量巨大、处理速度快、价值密度高、数据类型繁多
D. 数据体量巨大、数据类型繁多、价值密度高、处理速度快

答案 B

解析 四个 V 分别指数据体量巨大、数据类型繁多、价值密度低、处理速度快。是大数据区分于传统数据挖掘的最显著特征。根据 IDC 的"数字宇宙"的报告，预计到 2020 年，全球数据使用量将达到 35.2ZB，大数据将是这个时代的超级英雄。故选 B 项。

2.（2018中国建设银行秋招·单选题）数据挖掘算法主要有聚类算法、关联算法、决策树算法和回归分析等，各种算法用于解决不同的实际问题。某分行拟通过对县域机构数量与存款市场竞争力的相关性进行分析，进而建立两者之间的函数表达式，用新思维拓展县域市场，提升县域存款的市场竞争力。则可以采用的是（　　）。

　　A. 关联算法　　　　　　　B. 决策树算法
　　C. 聚类分析　　　　　　　D. 回归分析

【答案】D

【解析】A项错误，关联算法，是指在交易数据、关系数据或者其他信息载体中，查找存在于项目集合或对象集合的模式、关联，或者因果结构；B项错误，决策树算法是一种分类方法，利用归纳算法生成可读的规则和决策树，使用决策对新数据进行分析；C项错误，聚类分析是指把类似的对象组成多个类的分析；D项正确，回归分析是确定两种或两种以上变量间相互依赖的定量关系的一种统计分析方法，研究因变量（目标）和自变量（预测器）之间的关系。故选D项。

3.（2018中国建设银行秋招·单选题）目前，越来越多的银行利用大数据技术进行客户画像。关于客户画像，下列说法错误的是（　　）。

　　A. 客户的星座、血型等信息不具备较大的商业价值
　　B. 依靠海量外部数据就能完全还原客户的内心需要
　　C. 除了精准获客，客户画像还可用于识别高风险客户
　　D. 不同行业对客户画像的要求是不同的

【答案】B

【解析】B项"依靠海量外部数据就能完全还原客户的内心需要"表述过于绝对，本题为选非题。故选B项。

核心考点二：云计算（备考指数：★★★★★）

一、云计算的定义

　　云技术是一个技术群，包含云计算、云存储、云应用、云桌面等，其核心概念是云计算，最大的应用领域是云制造。从IT发展史来看，信息技术中的分布式处理和并行计算用来解决计算资源不足的问题，而云技术则解决了丰富资源的高效利用问题。

　　云技术被称为是继大型计算机、个人计算机、互联网之后的第4次IT产业革命，也是未来3~5年全球范围内最值得期待的技术革命。云技术催生物联网，物联网推动云制造，云制造改变了未来企业的生存形态，引发企业从关注产品到关注服务的变革。当前云技术应用的进展主要由几家大的IT公司来推动和体现，如微软的"云端"、IBM

的"蓝云"、亚马逊的云服务、Google 的云平台等，都推动了云技术的发展与应用，未来云技术将逐步被集团企业所应用和推广，最终实现信息资源共享最大化。

云计算的基本原理是通过使计算分布在大量的分布式计算机上，而非本地计算机或远程服务器中，企业数据中心的运行将更与互联网相似。这使得企业能够将资源切换到需要的应用上，根据需求访问计算机和存储系统。这可是一种革命性的举措，打个比方，这就好比是从古老的单台发电机模式转向了电厂集中供电的模式。它意味着计算能力也可以作为一种商品进行流通，就像煤气、水电一样，取用方便，费用低廉。最大的不同在于，它是通过互联网进行传输的。

云计算的蓝图已经呼之欲出，在未来，只需要一台笔记本或者一个手机，就可以通过网络服务来实现我们需要的一切，甚至包括超级计算这样的任务。从这个角度而言，最终用户才是云计算的真正拥有者。云计算的应用包含这样的一种思想，把力量联合起来，给其中的每一个成员使用。

二、云计算的服务模式

根据云计算服务的部署方式和服务对象范围可以将云分为三类：公有云、私有云和混合云。在公有云中，用户可以在云中租赁资源，也可以租赁基础设施向其他用户提供服务，以保证用户之间的通信和数据共享等安全。在云计算用户间需要设计安全的访问控制机制。

依据云计算的服务类型可以将云分为三层：软件即服务 SaaS（Software as a Service），平台即服务 PaaS（Platform as a Service）和基础设施即服务 IaaS（Infrastructure as a Service）。

一般计算环境都具有软件层、操作系统层和硬件层。云计算提供的 3 种服务模式就对应了一般计算环境的 3 个层面。这 3 种服务模式分别是软件即服务（SaaS）、平台即服务（PaaS）及基础设施即服务（IaaS）。

1）SaaS 即云应用软件，将应用软件进行封装提供给用户。终端用户利用浏览器，通过网络就可以获得所需的或定制的云应用服务。

2）PaaS 是在基础设施与应用之间的重要一层，PaaS 将基础设施资源进行整合，为用户提供应用的开发环境、部署平台等，方便了应用与基础设施之间的交互。

3）IaaS 是将硬件设备等基础设施资源封装成服务提供给用户使用。用户可以在基础设施之上运行任意软件，而服务提供者只负责管理基础设施。

三、云计算的特点

1. 超大规模

超大规模指云平台一般都具有相当的规模，"云"能综合现有庞大规模硬件资源，提供给用户前所未有的计算能力。

2. 虚拟化

虚拟化指云平台一般都通过使用虚拟化技术建立基础资源池，通过在一个服务器上部署多个虚拟机和应用，从而提高资源的利用率。

3. 高可靠性

由于云平台存储时使用了数据多副本容错、计算节点同构、可互换等措施来保障服务的高可靠性，比本地计算机应用更为可靠。

4. 高可扩展性

来源于云平台的规模可以根据应用业务量的大小按需进行资源增加，无需考虑承载业务系统，具有高扩展性，为IT系统的建设和发展提供了极大便利。

5. 按需服务

云平台将计算、存储和网络资源进行综合，将这些硬件资源能力作为服务向外提供，用户可按需购买相应资源，可有效节约成本，形成独特的绿色、低碳IT环境。

经典真题

1.（2018交通银行秋招·单选题）云计算中的云是指（　　）。

A. 互联网和网络　　　　　　B. 电子商务
C. 数据库　　　　　　　　　D. 智能手机

答案 A

解析 云计算是基于互联网的相关服务的增加、使用和交付模式，通常涉及通过互联网来提供动态易扩展且经常是虚拟化的资源。云是网络、互联网的一种比喻说法。故选A项。

2.（2018交通银行秋招·单选题）在当前的互联网中，云管理的核心技术是（　　）。

A.SOA面向计算架构和BPM业务流程重组
B.SOA面向服务架构和BPM业务流程管理
C.OA为核心的ERP等应用技术
D.OA为核心的社交化管理应用

答案 B

解析 云管理是指以云计算技术为依托，以实现经营管理优化为目的，系列软硬件应用方案的总和。有时云管理，也指云计算IT和应用平台的管理。协达软件在《面向服务架构与应用》一书中，定义云管理的核心技术是：SOA面向服务架构和BPM业务流程管理。应用功能主要包括：以OA为核心的社交化管理应用，以及以此为门户的ERP等应用。故选B项。

3.（2018中国工商银行秋招·单选题）"云安全（Cloud Security）"计划是网络时代信息安全的最新体现，它融合了一些新兴技术和概念，但一般不包括（　）。

A. 网格计算　　　　　　　　B. 并行处理
C. 包过滤防火墙　　　　　　D. 未知病毒行为判断

【答案】C

【解析】"云安全（Cloud Security）"计划是网络时代信息安全的最新体现，它融合了并行处理、网格计算、未知病毒行为判断等新兴技术和概念，通过网状的大量客户端（瑞星卡卡用户）对网络中软件行为的异常监测，获取互联网中木马、恶意程序的最新信息，推送到Server端进行自动分析和处理，再把病毒和木马的解决方案分发到每一个客户端。包过滤防火墙不属于新型"云安全"计划内容。故选C项。

核心考点三：人工智能（备考指数：★★★★★）

一、人工智能的定义

人工智能（简称"AI"）是研究使用计算机模拟、延伸和扩展人的智能的理论、方法和技术的新兴科学。作为计算机科学的重要分支，人工智能发展的主要目标是使计算机能够胜任通常需要人类智能才能完成的复杂工作。

二、人工智能的主要应用技术

人工智能在技术层面主要包括算法和利用算法开发的相关应用。神经网络和遗传算法是目前使用较为广泛的算法，建立在上述算法之上的人工智能核心应用技术主要包括深度学习、自然语言处理和计算机视觉。

深度学习是人工智能技术的重要领域，旨在建立可以模拟人脑进行分析学习的神经网络，模仿人脑的机制来解释数据。

自然语言处理是指让计算机能够听懂、理解人类的语言，主要包括语音识别和语义识别。语音识别是让机器能够"听懂、会说"人类的语言，语义识别是让机器能够理解文字后面的真实内涵。

计算机视觉识别技术是人工智能核心技术之一，主要有生物特征识别和物体与场景识别。生物特征识别主要包括人脸识别、指纹识别、虹膜识别等，已广泛应用于金融、安防等领域；物体与场景识别是研究人类如何感知和加工复杂的真实环境信息，主要应用于军事上的武器投射、医疗上的影像扫描辅助诊断及工业上的无人驾驶等领域。

三、人工智能的产业发展情况

2018年，全球人工智能市场规模约2 700亿元，国外科技巨头公司包括谷歌、微软、英特尔、FACEBOOK、IBM 等均已经提前布局人工智能产业链。IBM、谷歌在人工智能核心算法、智能搜索、无人驾驶、医疗诊断等领域率先布局且行业领先；FACEBOOK、微软、苹果侧重于社交应用，重点布局语音识别、图像识别、智能机器人等领域；英伟达、英特尔谋求业务转型，重点研发适合深度学习的 AI 芯片。

2018 年，中国人工智能市场规模快速增长，全年达 380 亿元，预计我国 2020 年人工智能核心产业规模将超过 1500 亿元，带动相关产业规模超过 1 万亿元；2025 年核心产业规模将超过 4000 亿元，相关产业规模超过 5 万亿元；2030 年核心产业规模将超过 1 万亿元，带动相关产业规模超过 10 万亿元。

目前，我国起步较早、技术较为成熟的人工智能技术公司主要以百度、阿里巴巴和腾讯三家互联网企业为代表（以下简称"BAT"）。BAT 不仅开展人工智能技术的基础性研究工作，而且本身具备强大的智能金融应用场景，因此处于人工智能金融生态服务的顶端。阿里巴巴旗下的蚂蚁金服在人工智能金融领域的应用最为深化。

蚂蚁金服已将人工智能运用于互联网小贷、保险、征信、智能投顾、客户服务等多个领域。根据蚂蚁金服公布的数据，网商银行在"花呗"与"微贷"业务上，使用机器学习把虚假交易率降低了近 10 倍；基于深度学习的 OCR 系统使支付宝证件校核时间从 1 天缩短到 1 秒，同时提升了 30% 的通过率。此外，蚂蚁金服联合华为、三星等共同发起了互联网金融身份认证联盟（IFAA），现已成为国内市场上支持设备与用户最多的互联网金融身份认证行业标准。

除 BAT 等金融智能生态企业外，一些传统金融机构、金融科技公司在人工智能领域加大投入，在人工智能的垂直细分领域得到了快速发展。同花顺、网信集团、恒生电子、东方财富、东吴在线等金融科技公司开发的产品已应用于证券行业的智能投顾、量化交易等金融细分领域；第四范式、佳都科技、银之杰、科大讯飞的产品主要应用于风险管理、信用评估、远程开户、票据影像识别等方面。

四、人工智能在金融领域的应用情况

目前，人工智能技术在金融领域应用的范围主要集中在身份识别、量化交易、投资顾问、客服服务和风险管理等方面。

1. 客户身份识别

客户身份识别主要是通过人脸识别、虹膜识别、指纹识别等生物识别技术快速提取客户特征进行高效身份验证的人工智能应用。技术的进步使生物识别技术可广泛应用于银行柜台联网核查、VTM 机自助开卡、远程开户、支付结算、反欺诈管理等业务领域中，可提高银行柜台人员约 30% 的工作效率，缩短客户约 40% 的平均等待时间。互联网银行已将人脸识别技术视为通过互联网拓展客户的决定性手段，传统金融机构也开始重视人脸识别技术的应用。

2. 智能量化交易

量化交易是指通过对财务数据、交易数据和市场数据进行建模，分析显著特征，利用回归分析等算法制定交易策略。传统的量化交易方法严格遵循基本假设条件，模型是静态的，不适应瞬息万变的市场。人工智能量化交易能够使用机器学习技术进行回测，自动优化模型，自动调整投资策略，在规避市场波动下的非理性选择、防范非系统性风险和获取确定性收益方面更具比较优势，因此在证券投资领域得到快速发展。

3. 智能投顾

智能投顾又称机器人投顾（Robo-Advisor），主要是根据投资者的风险偏好、财务状况与理财目标，运用智能算法及投资组合理论，为用户提供智能化的投资管理服务。智能投顾主要服务于长尾客户，它的应用价值在于可代替或部分替代昂贵的财务顾问人工服务，将投资顾问服务标准化、批量化，降低服务成本，降低财富管理的费率和投资门槛，实现普惠金融。

4. 智能客服

智能客服主要是以语音识别、自然语言理解、知识图谱为技术基础，通过电话、网络、APP、短信、微信等渠道与客户进行语音或文本上的互动交流，理解客户需求，语音回复客户提出的业务咨询，并能根据客户语音导航至指定业务模块。智能客服为广大长尾客户提供了更为便捷和个性化的服务，在降低人工服务压力和运营成本的同时进一步增强了用户体验。

5. 征信反欺诈

知识图谱、深度学习等技术应用于征信反欺诈领域，其模式是将不同来源的结构化和非结构化大数据整合在一起，分析诸如企业上下游、合作对手、竞争对手、母子公司、投资等关系数据，使用知识图谱等技术可大规模监测其中存在的不一致性，发现可能存在的欺诈疑点。

6. 信贷决策

在信用风险管理方面，利用"大数据＋人工智能技术"建立的信用评估模型，关联知识图谱可以建立精准的用户画像，支持信贷审批人员在履约能力和履约意愿等方面对用户进行综合评定，提高风险管控能力。

经典真题

1.（2018 中国建设银行秋招·单选题）"阿尔法围棋"（Alpha Go）在几次世界瞩目的人机大战后站在了围棋之巅，现在它又以一种新的方式超越了自己：新版本"从零开始"自学围棋，仅用 3 天就击败其前辈版本，成为新的王者。"阿尔法围棋"主要采用的技术是（　　）。

　　A. 虚拟现实　　　　　　　　B. 仿真技术

C. 人工智能　　　　　　　D. 多媒体技术

答案 C

解析 "阿尔法围棋"主要采用的技术是人工智能。故选 C 项。

2.（2019 中国工商银行秋招·单选题）以下属于经典的人工智能语言是（　　）。

A. basic　　　　　　　　B. pascal

C. fortran　　　　　　　 D. prolog

答案 D

解析 典型的人工智能语言主要有 LISP、Prolog、Smalltalk、C++ 等。故选 D 项。

3.（2020 中国银行秋招·单选题）比特币通过（　　）的技术特性实现其交易安全性。

A. 总账一致性　　　　　　B. 对称加密一致性

C. 数字签名一致性　　　　D. 分布式一致性

答案 A

解析 总账一致性是指对个别节点的账本数据的篡改、攻击不会影响全网总账的安全性，从而实现交易的安全性。故选 A 项。

4.（2020 中国银行秋招·多选题）以下哪些选项属于 Alpha Go 人工智能的核心组件和技术？（　　）

A. 蒙特卡洛树搜索　　　　B. 无监督学习

C. 监督学习　　　　　　　D. 强化学习

答案 ACD

解析 阿尔法围棋用到了很多新技术，如神经网络、深度学习、蒙特卡洛树搜索法等，使其实力有了实质性飞跃。同时结合了监督学习和强化学习的优势。故选 ACD 项。

核心考点四：区块链技术（备考指数：★★★★★）

一、区块链的概念

区块链是一种防篡改的、共享的数字化账本，用于记录公有或私有对等网络中的交易。账本分发给网络中的所有成员节点，在通过哈希密码算法链接的区块的顺序链中，永久记录网络中的对等节点之间发生的资产交易的历史记录。目前各界普遍认为区块链技术是一项不确定性最大，但属于根本性、颠覆性的技术，具有分布式、免信任、时间戳、加密和智能合约等特征。

二、区块链技术基础

区块链技术基础是分布式账本。分布式账本是一种在网络成员之间共享、复制和同步的数据库。分布式账本记录网络参与者之间的交易，比如资产或数据的交换。网络中的参与者根据共识原则来制约和协商对账本中的记录的更新。没有中间的第三方仲裁机构（比如金融机构或票据交换所）的参与。

分布式账本中的每条记录都有一个时间戳和唯一的密码签名，这使得账本成为网络中所有交易的可审计历史记录。分布式账本技术的一种实现是开源 Hyperledger Fabric 区块链。

三、区块链的工作原理

区块链网络中的成员节点不依赖于第三方（比如金融机构）来仲裁交易，它们使用共识协议来协商账本内容，使用哈希加密算法和数字签名来确保交易的完整性。

共识性能确保共享账本是精确副本，并降低了发生交易欺诈的风险，因为篡改需要在许多地方同时执行。哈希加密算法（比如 SHA256 计算算法）能确保对交易输入的任何改动——甚至是最细微的改动，都会计算出一个不同的哈希值，表明交易输入可能被损坏。数字签名确保交易源自发送方（已使用私钥签名）而不是冒名顶替者。

去中心化对等区块链网络可阻止任何单个或一组参与者控制底层基础架构或破坏整个系统。网络中的参与者是平等的，都遵守相同的协议。它们可以是个人、国家代表、企业或所有这三种参与者的组合。

在其核心，该系统会记录交易的时间顺序，而且所有节点都使用选定的共识模型来协商交易的有效性。这会使交易不可逆并被网络中的所有成员接受。

四、区块链技术的目前应用场景

1) 数字货币；
2) 跨境支付与结算；
3) 票据与供应链金融业务；
4) 证券发行交易；
5) 客户征信与反诈欺。

五、比特币

比特币（Bitcoin）是一种全球通用的加密电子货币且完全交由用户们自治的交易工具。比特币是一种 P2P 形式的数字货币。点对点的传输意味着一个去中心化的支付系统。

1. 特点

比特币的概念最初由中本聪在 2009 年提出。与大多数货币不同，比特币不依靠特定货币机构发行，它依据特定算法，通过大量的计算产生，比特币经济使用整个 P2P 网络中众多节点构成的分布式数据库来确认并记录所有的交易行为，并使用密码学的设计来确保货币流通各个环节的安全。

2. 现状

比特币可以用来兑现，可以兑换成大多数国家的货币。使用者可以用比特币购买一些虚拟物品，也可以使用比特币购买现实生活当中的物品。2017年12月11日，比特币期货在芝加哥期权交易所（CBOE）开始交易。

3. 比特币在我国被叫停

2017年9月14日《中国人民银行、中央网信办、工业和信息化部、工商总局、银监会、证监会、保监会发布了《关于防范代币发行融资风险的公告》。

经典真题

（2018中国建设银行秋招·多选题）"区块链"是当下金融科技领域最火热的话题之一。近年来，多国央行、金融机构、IT企业纷纷涌入，在全球范围内掀起了一场研究与投资热潮。下列有关区块链的说法正确的有（　　）。

A. 区块链技术在数字货币、跨境支付结算、供应链金融以及客户征信与反欺诈等多个方面具有广阔的应用前景

B. 尽管区块链的发展前景广阔，但无论是技术研究还是应用设计都处于起步阶段，未来仍面临诸多挑战，如：监管政策模糊、生态系统缺乏等

C. 具有去中心化、分散存储、共识机制和不可篡改等显著特点

D. 简单来说，将交易和对应的验证信息利用加密技术打包成一个数据块，命名为区块；把一系列的区块按照先后次序规则连接起来，就组成了区块链

答案 ABCD

解析 所谓区块链，简单来说就是将交易和对应的验证信息利用加密技术打包成一个数据块，命名为区块，把一系列的区块按照先后次序规则连接起来，就组成了区块链。区块链技术在数字货币、跨境支付结算、供应链金融以及客户征信与反欺诈等多个方面具有广阔的应用前景。具有去中心化、分散存储、共识机制和不可篡改等显著特点。但尽管区块链的发展前景广阔，但无论是技术研究还是应用设计都处于起步阶段，未来仍面临诸多挑战，如监管政策模糊、生态系统缺乏等。故选ABCD项。

模块七 银行特色知识

核心考点一：中国农业银行（备考指数：★★★★）

一、银行概况

中国农业银行（Agricultural Bank of China，简称"ABC"，"农行"）是中国大型上市银行，中国五大银行之一，总行设在北京。2009年1月，农行整体改制为股份有限公司。2010年7月，农行分别在上海证券交易所和香港联合交易所挂牌上市。

二、企业文化

1. 银行图标：

中国农业银行
AGRICULTURAL BANK OF CHINA

2. 客服热线：95599

3. 官方网址：http://www.abchina.com/cn/

4. 宣传口号：大行德广，伴您成长。

5. 使命：面向"三农"，服务城乡，回报股东，成就员工。

6. 愿景：建设国际一流商业银行集团。

7. 核心价值观：诚信立业，稳健行远。

8. 核心价值观指导下的相关理念：

经营理念：以市场为导向，以客户为中心，以效益为目标。

管理理念：细节决定成败，合规创造价值，责任成就事业。

服务理念：客户至上，始终如一。

风险理念：违规就是风险，安全就是效益。

人才理念：德才兼备，以德为本，尚贤用能，绩效为先。

廉洁理念：清正廉洁，风清气正。

经典真题

1.（2020 中国农业银行·单选题）中国农业银行的客户服务电话是（ ）。

A.95566　　　　　　　　B.95533

C.95599　　　　　　　　D.95588

答案 C

解析 中国农业银行的客户服务电话是 95599。故选 C 项。

2.（2020 中国农业银行·单选题）以下（ ）是中国农业银行的英文简称。

A.ICBC　　　　　　　　B.CCB

C.BOC　　　　　　　　D.ABC

答案 D

解析 ABC 是中国农业银行英文名的简称，全称是 Agricultural Bank of China。故选 D 项。

核心考点二：中国工商银行（备考指数：★★★）

一、银行概况

中国工商银行（全称：中国工商银行股份有限公司，Industrial and Commercial Bank of China，简称"ICBC""工行"）。成立于 1984 年 1 月 1 日。2005 年 10 月 28 日，整体改制为股份有限公司。2006 年 10 月 27 日，成功在上交所和香港联交所同日挂牌上市。经过持续努力和稳健发展，中国工商银行已经迈入世界领先大银行之列，连续六年蝉联英国《银行家》全球银行 1000 强、美国《福布斯》全球企业 2000 强及美国《财富》500 强商业银行榜首，并连续三年位列英国 Brand Finance 全球银行品牌价值 500 强榜单榜首。

二、企业文化

1.银行图标：

2.客服热线：95588

3.官方网址：http://www.icbc.com.cn/

4.使命：提供卓越金融服务——服务客户、回报股东、成就员工、奉献社会。

5.愿景：打造"价值卓越、坚守本源、客户首选、创新领跑、安全稳健、以人为本"

的具有全球竞争力的世界一流现代金融企业。

6）价值观：工于至诚，行以致远——诚信、人本、稳健、创新、卓越。

经典真题

1.（2020 中国工商业银行·单选题）中国工商银行的价值观是（ ）。

A. 工于至诚，行以致远

B. 诚信立业，稳健行远

C. 拼搏进取，责任立业，创新超越

D. 诚实，公正，稳健，创造

答案 A

解析 工商银行的企业文化价值观：工于至诚，行以致远。故选 A 项。

2.（2020 中国工商业银行·单选题）中国工商银行成立于（ ）。经过持续努力和稳健发展，已经迈入世界领先大银行之列。

A.1984 年 1 月 1 日　　　　B.1983 年 1 月 1 日

C.1985 年 1 月 1 日　　　　D.1982 年 1 月 1 日

答案 A

解析 中国工商银行成立于 1984 年 1 月 1 日。2005 年 10 月 28 日，整体改制为股份有限公司。故项 A 项。

核心考点三：交通银行（备考指数：★★★）

一、银行概况

交通银行（BANK OF COMMUNICATIONS，简称交行）始建于 1908 年，是中国历史最悠久的银行之一，也是近代中国的发钞行之一。1987 年 4 月 1 日，重新组建后的交通银行正式对外营业，成为中国第一家全国性的国有股份制商业银行，总行设在上海。2005 年 6 月交通银行在香港联合交易所挂牌上市，2007 年 5 月在上海证券交易所挂牌上市。

2019 年 6 月末，交通银行境内分行机构 242 家，其中省分行 30 家，直属分行 7 家，省辖行 205 家，在全国 242 个地级和地级以上城市、162 个县或县级市共设有 3,176 个营业网点。2019 年，交通银行已连续 11 年跻身《财富》（FORTUNE）世界 500 强，营业收入排名第 150 位，较上年提升 18 位。

525

二、企业文化

1. 银行图标：

交通银行 BANK OF COMMUNICATIONS

2. 客服热线：95559

3. 网址：http://www.bankcomm.com

4. 企业使命：提供最佳金融方案，持续创造共同价值。

5. 发展战略：走国际化、综合化道路，建设以财富管理为特色的一流公众持股银行集团。

6. 经营理念：诚信永恒，稳健致远。

7. 服务宗旨：以您为先，灵活稳健。

8. 交行精神：拼搏进取，责任立业，创新超越。

经典真题

1.（2019 交通银行·单选题）交通银行始建于（　）年，是中国历史最悠久的现代商业银行。

A.1908　　　　　　　　　　B.1910

C.1909　　　　　　　　　　D.1912

答案 A

解析 交行创建于1908年，是近代中国成立最早并存续的商业银行之一。故选A项。

2.（2019 交通银行·单选题）交行的精神是（　）。

A. 崇尚信誉、追求卓越、稳健致远

B. 拼搏进取、责任立业、创新超越

C. 价值卓越、国际一流、创新超越

D. 诚信永恒、稳健致远、创新超越

答案 B

解析 交行的精神是"拼搏进取 责任立业 创新超越"。故选B项。

核心考点四：中国银行（备考指数：★★）

一、银行概况

中国银行股份有限公司（BANK OF CHINA，简称"BOC""中行"），是中国大陆的一家综合性商业银行、中国历史最悠久的银行，成立于1912年2月5日，总部设在北京。

中国银行是中国持续经营时间最久的银行。1912年2月，经孙中山先生批准，中国银行正式成立。1994年，中国银行改为国有独资商业银行。2004年8月，中国银行股份有限公司挂牌成立。

二、企业文化

1. 银行标志：

2. 客服热线：95566

3. 官方网址：http://www.boc.cn/

4. 核心价值观：追求卓越、诚信、绩效、责任、创新、和谐

5. 百年发展经验：爱国爱民是办行之魂，改革创新是强行之路；诚信至上是立行之本，以人为本是兴行之基

6. 战略目标：追求卓越，持续增长，建设国际一流的大型跨国经营银行集团。

7. 战略定位：以商业银行为核心、多元化服务、海内外一体化发展。

8. 工作总方针：调结构，扩规模，防风险，上水平。

经典真题

1．（2018 中国银行·单选题）截至目前，中国银行在中国内地及（　　）个国家和地区提供全面的金融服务。

A．49　　　　　　　　　　B．52

C．53　　　　　　　　　　D．54

答案 C

解析 截至 2017 年年末，中国银行在中国内地及 53 个国家和地区提供全面的金融服务。故选 C 项。

2．（2018 中国银行·单选题）中国银行战略目标是（　　）。

A．提供卓越金融服务

B．立足本土，海内外一体化发展

C．最具盈利能力、最优秀、最受尊重

D．建设新时代全球一流银行

答案 D

解析 中国银行的战略目标是追求卓越、持续增长、建设新时代全球一流银行。故选 D 项。

核心考点五：中国建设银行（备考指数：★★）

一、银行概况

中国建设银行（China Construction Bank，简称"建设银行"或"建行"），成立于1954年10月1日（当时行名为中国人民建设银行，1996年3月26日更名为中国建设银行），是国有五大商业银行之一。

中国建设银行股份有限公司是一家中国领先的大型股份制商业银行，总部设在北京，其前身中国建设银行成立于1954年10月。中国建设银行于2005年10月在香港联合交易所挂牌上市（股票代码939），于2007年9月在上海证券交易所挂牌上市（股票代码601939）。中国建设银行2018年末市值约为2,071.79亿美元，居全球上市银行第五位。按一级资本排序，中国建设银行在全球银行中位列第二。

二、企业文化

1. 银行图标：

中国建设银行
China Construction Bank

2. 客服热线：95533

3. 官方网址：http://www.ccb.com/cn

4. 使命：为客户提供更好服务，为股东创造更大价值，为员工搭建广阔的发展平台，为社会承担全面的企业公民责任。

5. 核心价值观：诚实、公正、稳健、创造。

6. 理念：

经营理念：以市场为导向，以客户为中心。

服务理念：客户至上，注重细节。

风险理念：了解客户，理解市场，全员参与，抓住关键。

人才理念：注重综合素质，突出业绩实效。

7. 作风：勤奋严谨，求真务实。

8. 愿景：建设最具价值创造力的国际一流银行集团。

经典真题

1.（2018中国建设银行·单选题）中国建设银行的愿景是（　　）。

A. 与社会同发展，与社会共繁荣

B. 以市场为导向，以客户为中心

C. 诚实　公正　稳健　创造
D. 建设最具价值创造力的国际一流银行

答案 D

解析 中国建设银行的愿景是"建设最具价值创造力的国际一流银行"。故选D项。

2.（2018中国建设银行·多选题）中国建设银行长期以来积极担负社会责任，扎实推进金融精准扶贫工作。为此，专门制订了《中国建设银行"十三五"金融扶贫工作规划》，其中明确要求以（　）等商业可持续模式推动精准扶贫。

A. 信贷扶贫创新　　　　　　B. 电商扶贫先行
C. 普惠金融延伸　　　　　　D. 移动金融覆盖

答案 ABCD

解析 金融助推脱贫攻坚大有可为。建行开发搭建电子商务特色平台等业务，通过移动金融覆盖、电商扶贫先行、信贷扶贫创新、普惠金融延伸等可持续模式推动精准扶贫。故选ABCD项。

核心考点六：中国邮政储蓄银行（备考指数：★★★）

一、银行概况

中国邮政储蓄银行（Postal Savings Bank of China，简称"PSBC""邮储银行"）是中国领先的大型零售银行，定位于服务"三农"、城乡居民和中小企业，致力于为中国经济转型中最具活力的客户群体提供服务。同时，邮储银行积极服务于大型客户并参与重大项目建设，为中国经济发展作出了重要贡献。

2007年3月中国邮政储蓄银行有限责任公司正式成立。2012年1月21日，经国务院同意并经中国银行业监督管理委员会批准，中国邮政储蓄银行有限责任公司依法整体变更为中国邮政储蓄银行股份有限公司。邮储银行拥有近4万个营业网点，服务个人客户达5.87亿户，拥有优异的资产质量和显著的成长潜力。

二、企业文化

1. 银行标志：

2. 客服热线：95580

3. 官方网址：http://www.psbc.com/cn/index.html

4. 服务口号：进步，与您同步。

5. 企业宣传语：同步新时代，与您共进步。

经典真题

1.（2019 中国邮政储蓄银行·单选题）邮储银行的全行营业网点（含代理网点）有（　）个。

A.1 万　　　　　　　　　　　B.2 万

C.3 万　　　　　　　　　　　D.4 万

答案 D

解析 邮储银行拥有近 4 万个营业网点，服务个人客户达 5.65 亿户，拥有优异的资产质量和显著的成长潜力。故选 D 项。

2.（2019 中国邮政储蓄银行·单选题）截至目前，邮储银行服务个人客户达（　）户。

A.5.35 亿　　　　　　　　　　B.5.13 亿

C.5.55 亿　　　　　　　　　　D.5.53 亿

答案 C

解析 根据邮储银行官网最新数据显示：邮储银行拥有近 4 万个营业网点，服务个人客户达 5.65 亿户，拥有优异的资产质量和显著的成长潜力。选项中最接近的数据为 5.55 亿。故选 C 项。

第四篇

英语

第四篇

英语

考情介绍

1. 题型题量与考情分析

2018—2020 年六大银行校园招聘（秋季）考试英语题型及题量

招考银行	2018 年			2019 年			2020 年		
	题型	题量	总题量	题型	题量	总题量	题型	题量	总题量
中国银行	单项选择	50	85	单项选择	50	100	单项选择	30	55
	阅读理解	35		阅读理解	50		阅读理解	25	
农业银行	单项选择	45	80	单项选择	45	80	单项选择	40	70
	阅读理解	35		阅读理解	35		阅读理解	30	
工商银行	阅读理解	20	20	完型填空	5	18	完型填空	10	20
				阅读理解	13		阅读理解	10	
建设银行	阅读理解	15	15	阅读理解	15	15	阅读理解	15	15
交通银行	阅读理解	5	5	阅读理解	5	5	阅读理解	5	5
邮储银行	单项选择	15	35	单项选择	15	35	单项选择	15	35
	阅读理解	20		阅读理解	20		阅读理解	20	

在银行招聘考试中，英语占据着较大的比例，各银行在招考中的题型题量、考试内容和考试难度上有所不同。

1）在考试题型上，各大行的考试题型基本稳定，除了中国工商银行的题型偶尔较为灵活，如 2018 年考查阅读理解，2019 年和 2010 年考查题型中增加了完形填空；其他银行招聘考试的英语基本都是以单项选择题和阅读理解的方式来考查的，如农业银行、建设银行、交通银行、邮储银行等。其中，阅读理解为必考题，完形填空考查较少。在题量上，从上表总结的情况来看，除了题量最大的中国银行和农业银行在 2020 年题量有所减少，但依然都在 50 道以上，其他银行的题量基本都保持稳定，如建设银行 2018 年、2019 年和 2020 年的考查过程中题量都是保持不变的，三篇阅读理解 15 个选择题；交通银行每年都是一篇阅读理解 5 个选择题；邮储银行是单项选择 15 题，阅读理解四篇 20 个选择题，共计 35 题。

2）在考试内容上，单项选择题主要考查考生对词汇、固定搭配和语法的掌握情况，阅读理解主要考查考生对文段细节、主旨大意、语义指代和逻辑推理等的能力，涉及的话题包括银行业务、经济金融、时政热点、生物、科技等内容，要求考生具备良好的词汇、语法及阅读能力。考生备考时需要增加阅读量，涉及不同话题的阅读材料，只有有效的积累，才能在考试中应对自如。

3）在考试的难度上，银行英语考试注重考查考生的英语基础，如基础词汇辨析、基础语法（时态语态、形容词比较级）的运用，另外也会涉及一些金融词汇与知识，所以考试难度适中，但是考试题量大、时间也有限。以中国银行 2019 年考试为例，英语部分共 100 道题，给考生的答题时间只有 60 分钟，平均每道题只有 36 秒，所以对考生的快速作答能力有比较高的要求。

2. 备考建议

（1）日积月累、积沙成塔

英语作为银行招聘考试中的必考科目，其难度介于英语四六级考试之间，所以考生在备考的过程中需要夯实英语基础，增加词汇量，丰富阅读的内容，适当增加一些有关银行业务、经济金融、时政热点、生物、科技等方面的阅读。同时，掌握做题技巧，提高做题速度，才能达到应试水平。另外，阅读的过程不是走马观花，需要通过使用 skimming 和 scanning 的阅读技巧来了解文章的关键句、主旨大意和文章的结构。

（2）知己知彼、百战不殆

在平时的做题训练中，针对词汇题和完形填空，考生需要对自己的错题进行收集整理，词汇和完型填空考的面比较广，比如词汇、语法、固定搭配、逻辑推理等，所以考生在刷题的过程中，把做错的收集起来，然后有针对性的各个击破；针对阅读题，考生要能区分细节题、主旨题、语义指代题、推断题和观点态度题，并根据其主要出题形式、位置、答题技巧来回答。在答题技巧方面，要根据不同题型，使用快速定位法、句子成分分析、选项主体处理法、分布顺序解题法、选项单词替换法和选项排除法等来答题。

（3）举一反三、触类旁通

鉴于考试文章一般来源于英美国家享有较高声誉的权威报刊杂志，所以建议考生平时多注意阅读和积累诸如《新闻周刊》《纽约时报》《美国新闻与世界报道》《经济学家》《时代周刊》等的文章和词汇，多接触和阅读论说文、说明文和新闻报道等相关文章，为银行英语考试做好充分准备。

模块一 单项选择

英语科目的单项选择题是五大行招考中常考的题型，通常考查词汇、词组和语法的运用能力。其中，70%~80% 的考题无需完整阅读文句，只需浏览空格的前后部分就能得出答案，此类题目通常与语法知识相关，如句子成分分析、固定词组搭配以及与代词、连词、强调句等，其余部分的考题则需要大致掌握文意方可正确解答。

第一章 词汇

核心考点一：形似词辨析（备考指数：★★★）

英语词汇中存在着许多词形相似，但是意思不同的单词，如 favorable 和 favorite 是英语考试出题的重难点，需要考生精准掌握并能准确辨别词义。

一、近年真题中的形似词

favorable adj. 有利的、赞成的	luminant adj. 发光体、发光的、发亮的
feverish adj. 发热的、极度兴奋的	luxurious adj. 奢侈的、丰富的
feasible adj. 可行的	luminous adj. 发光的、明亮的、清楚的
favorite adj. 喜爱的、中意的	context n. 环境、上下文
blush v./n. 脸红、感到惭愧	contrast n. 对比、差别
brush v./n. 刷、擦过、掠过	content n. 内容、目录
bluff v./n. 吓唬、愚弄	beneficial adj. 有利的、有益的
temperament n. 气质、性情	beneficent adj. 慈善的、善行的
template n. 模版、样本	rewardful adj. 有报酬的、有酬劳的
temptation n. 引诱、诱惑物	rewarding adj. 有益的、值得的
favor n. 喜欢、好感	mote n. 尘埃、微粒
flavor n. 风味、香料	move v. 移动
factor n. 因素、要素	promote v. 促进、提升
comparably adv. 同等地、可比较地	classic adj. 经典的、最优秀的
comparison n. 比较、对照	classical adj. 古典的、正统的

二、常见的形似词补充

social adj. 社会的 sociable adj. 善社交的	historic adj. 历史上著名的、有历史意义的 historical adj. 历史上的、和历史有关的
electric adj. 用电的、带电的、有电的 electrical adj. 有关电的、电气科学的	distinct adj. 明显的、清晰的 distinctive adj. 独特的、有区别的
principal n. 校长；adj. 主要的 principle n. 原则、原理	considerable adj. 相当多、大的 considerate adj. 体谅的、体贴的、周到的
sensible adj. 可察觉的、明智的 sensitive adj. 敏感的、易受伤害的	quite adv. 相当 quiet adj. 安静的
adapt v. 适应 adopt v. 采用、收养 adept adj. 熟练的、老练的	respectable adj. 值得尊敬的、有名望的 respectful adj. 尊敬人的、有礼貌的 respective adj. 分别的、各自的
potent adj. 强有力的 patent n. 专利 potential adj. 潜在的、可能的	intelligent adj. 有才智的、聪明的 intelligible adj. 易了解的、易领悟的 intellectual adj. 知识的、智力的
politic adj. 精明的、审慎的 political adj. 政治的、党派的	abroad adv. 国外 aboard v. 上（船，飞机）
dessert n. 甜食 desert n. 沙漠，v. 放弃	confident adj. 有信心的、自信的 confidential adj. 机密的
assure v. 保证 insure v. 给…保险	stationery n. 文具 stationary adj. 固定的、稳定的
confirm v. 确认 conform v. 使顺从	contact v. 接触 contract v./n. 合同
expand v. 扩张 expend v. 花费 extend v. 延长	require v. 需要 inquire=enquire v. 询问 acquire v. 获得

📋 经典真题

1.（2018中信银行秋招·单选题）Nobody is above the law, and if there are clear instances of wrongdoing, that people should be _____ just like any ordinary citizen.

  A.protected   B.promoted

  C.prosecuted   D.processed

【答案】C

【解析】本题考查形似词辨析。题目意为"没有人超越法律，如果有明确的证据证明做错了，那么，这些人就应该像普通公民那样被起诉"。A项"保护"；B项"晋升"；D项"处理、加工"；C项"起诉、诉讼"。根据句意表达，C项符合题意。故选C项。

2.（2019 浦发银行秋招·单选题）This documentary is particularly compelling:_____ with previously unseen footage and interviews with Houston's closest confidants.

A.deplete B.depleted
C.replete D.repleted

答案 D

解析 本题考查形似词辨析。题目意为"这部纪录片非常引人注目：充满了前所未见的对休斯顿最亲密的挚友们的采访和镜头。"A、B 项 deplete 为动词，意为"耗尽、用尽"，C、D 项 replete 为形容词，意为"充满的、装满的"。固定搭配"replete with"，表被动关系使用"repleted"，所以 D 项正确。故选 D 项。

3.（2019 中国邮政储蓄银行秋招·单选题）The empirical evidence suggests that _____ extra working hours can have positive effects on labor market outcomes, while others reporting zero or negative effects.

A.absorbing B.adopting
C.abolishing D.abandoning

答案 D

解析 本题考查形似词辨析。题目意为"实验证据表明，_____ 额外的工作时间可以对劳动力市场结果产生积极影响，而其他的则报告是零或为负面影响。"A 项"吸收"；B 项"采用"；C 项"废除"；D 项"放弃，停止进行"。根据题干，停止超时工作，因此 D 项符合题意。故选 D 项。

4.（2018 中国银行秋招·单选题）She was very _____ of our efforts to help.

A.appreciating B.appreciative
C.appreciate D.appreciable

答案 B

解析 本题考查形似词辨析。A 项 appreciating 为动词 -ing 形式，表欣赏、增值；B 项 appreciative 为形容词，表欣赏的、赏识的；C 项 appreciate 为动词，表欣赏、增值；D 项 appreciable 为形容词，表可评估的。题目意为"她对于我们提供帮助所付出的努力是十分赏识的"。very 为副词，修饰形容词。故选 B 项。

核心考点二：近义词辨析（备考指数：★★★）

英语中常有一些词，它们的意思相似，但其侧重点却有所不同，如最常见的 spend 和 cost，这类词也是英语考试出题的重点，考生需要掌握最常见近义词各自不同的特点，才能快速准确地答题。

一、近年真题中的近义词

1.avoid/escape 均有"避免、逃避"的意思

avoid v. 指努力避开被认为是困难和危险的根源

eg:The mistake could have been avoided.

escape v. 指脱离或避开即将来临或近在眼前的伤害、危险、灾祸

eg:She managed to escape from the big fire.

2.accommodate/contain 均有"容纳"的意思

contain v. 强调一个整体内含有某些组成成分

eg:The drink contains alcohol.

accommodate v. 指宽松的容纳能力

eg:Over 80 minutes can be accommodated in one CD.

3.forecast/predict 均有"预言、预测"的意思

forecast v. 根据明显的证据或迹象对近期可能发生事态的预言

eg:Economists are forecasting a recovery in the economy.

predict v. 对远期要发生的事态的预言或预测,且证据或迹象不确定

eg:The trial is predicted to last for months.

4.complex/complicated 均有"复杂的"意思

complex adj. 指构成机器的零件/事件的因素/数学题的元素多,相互的关系复杂

eg:Complex machinery is difficult for human to operate.

complicated adj. 具有 complex 的一切意义,但更强调复杂得难以解释或理解

eg:The instruction is extremely complicated to understand.

5. arrange/plan 均有"安排"的意思

plan n. 指为做某事事先做出的详细的精心安排

eg:Both sides agreed to a detailed plan for keeping peace.

arrange v. 指安排、准备

eg:The part is soon arranged.

6. elaborate/sophisticated 均有"复杂的"意思

elaborate adj. 指计划/制作/装饰精心设计的、阐述详尽的、精美的、精密的

eg:The wife has prepared an elaborate supper.

sophisticated adj. 指系统/结构/流程复杂的、精密的;人老练的、世故的

eg:It is a highly sophisticated computer.

7. immediate/straight/direct 均有"直的"的意思

immediate adj. 直接的，尤指直系亲属或直接上司

eg:immediate family 直系亲属

straight adj. 指径直的、清晰明了的

eg:keep straight 保持直行

direct adj. 指笔直的、直截了当的

eg:direct selling 直接销售

8. variety/diversity 均有"种类多"的意思

variety n. 侧重同一种类东西的多样性

eg:I was surprised by the variety of flowers on show.

diversity n. 侧重多元化，即在本质/性质上完全不同的一些东西

eg:There is a need for greater diversity in education.

9. class/category 均有"种类"的意思

class v./n. 指门类、种类或优劣等级；用于指动植物的分类时，表示"纲"

eg:Immigrant workers can be classed as aliens.

category n. 指在某一类分类系统中特别定义的部分，是书面用词

eg:The result of survey can be divided into three categories.

10. include/contain/comprise 均有"包括、包含"的意思

contain v. 可用于表示包含物的全部或部分

eg:The drink contains alcohol.

include v. 指包含的一部分

eg:The tour includes a visit to the Great Wall.

comprise v. 指由许多部分构成一个整体

eg:Twelve departments comprise this university.

11. bundle/attach/pack 均有"捆、附"的意思

bundle v. 指收集、归拢、额外免费提供，还指成捆出售的电脑软硬件

eg:A further six applications are bundled with the computer.

attach v. 指附加、附带、张贴标签等

eg:Attach your photo at the front of your letter.

pack v. 指打包、把东西紧压便于折叠

eg:He packed some things into the bag and went for a tour.

12. abstract/summary 均有"摘要、梗概"的意思

abstract n. 侧重学术／法律方面文章的摘要

eg:The abstract of a thesis is very important.

summary n. 侧重把一篇文章／一本书的内容或主旨加以概述

eg:This is a two-page summary of government report.

经 典 真 题

1.（2018 中国邮政储蓄银行秋招·单选题）The fire caused a lot of ＿＿＿ to the building and factory machinery.

　　A.damage　　　　　　　　B.harm

　　C.injury　　　　　　　　D.wound

答案 A

解析 本题考查近义词辨析。A 项 damage 既可以做及物动词，也可以做不可数名词；只是针对物的伤害，即其对象只是 sth.，如 bridge/farm/road 等。结构：damage sth.；do/cause damage to sth.，A 项正确。C 项 injury 是指意外事故等对人体机能造成的伤害，如伤腿／手／眼等。它只能做名词，动词是 injure，还有一个形容词 injured。故选 A 项。

2.（2019 中信银行秋招·单选题）Injuries from rear-end ＿＿＿ were down, which could mean more than $45 million saved on accident damage per year.

　　A.collisions　　　　　　　B.combats

　　C.contradictions　　　　　D.conflicts

答案 A

解析 本题考查近义词辨析。A 项意为"碰撞"；B 项意为"战斗"；C 项意为"矛盾"；D 项意为"冲突"。根据题干，题目意为"尾部冲撞造成的伤害有所减少，这可能意味着每年节省下来超过 4 500 万美元的意外事故损失。"rear-end collision 为固定搭配，意为"追尾相撞"。故选 A 项。

3.（2018 中国银行秋招·单选题）The manager said he believed we would win the contract, but I knew that we didn't really stand a/an ＿＿＿ .

　　A.chance　　　　　　　　B.opportunity

　　C.probability　　　　　　D.possibility

答案 A

解析 本题考查近义词辨析。A 项 chance 表示机遇、可能性，stand a chance 表示有可能；B 项 opportunity 表示机会，无此搭配；C 项 probability 和 D 项 possibility 均表示可能性，均无此搭配。题目意为"经理说他相信我们在这次合作中能获胜，但我知道我们其实并没有多大的可能性。"故选 A 项。

4.（2019 广发银行秋招·单选题）The majority researcher tend to use the methods which are _____ or consistent with their prior work.

A.feasible　　　　　　　　B.probable
C.possible　　　　　　　　D.capable

答案 A

解析 本题考查近义词辨析。题目意为"多数研究者倾向于使用与之 _____ 或和先前工作一致的方法"。A 项"可行的"；B 项"可能的"；C 项"可能的"；D 项"能干的，有才能的"。根据题干，A 项更符合题意。故选 A 项。

核心考点三：固定词组搭配（备考指数：★★★）

固定词组搭配是单项选择题中比较常见的考点。考查固定词组搭配时，常考介词、同义词组固定搭配的辨析，因此需要熟悉常考、常用的固定词组搭配。

have a word with 和……说；与……商谈	immediate family 直系亲属
be superior to 优于……	take step to/towards 对……采取行动
a number of 一些 / 许多	the number of 总数
so as not to 以便不做……	such... as... 像……那样的
take/play a part in 参与 / 起……作用	lucrative job 肥差、好工作
look forward to sth./doing sth. 期待、期盼	neither...nor... 既不……也不……
prevent from 阻止、制止	escape from 从……中逃脱
so...that 如此……以至于	depend on/rely on 依赖 / 取决于
in case 万一、假使	in short 总之、简言之
in turn 反过来、依次、轮流	in effect 实际上
make contributions to 为……做出贡献	on average 平均、通常
known for 因……而闻名	in spite of =despite 尽管、不顾
as far as 远到、就……而言	as well as 也、和……一样
instead of 代替	result in 导致、结果是
on account of /because of 因为、由于	make progress 取得进展 / 前进
be committed to 致力于	deprive sb. of sth. 剥夺某人的某种权利
keep on doing sth. 强调时间的间隔性和动作的反复性，今后继续做某事	go on doing sth. 做某一事情因故暂停，尚未做完，会再继续做下去
used to do 过去常常做某事 be used to sth./doing sth. 习惯做某事 be used to do sth. 被用来做某事	

二、常见的固定词组搭配补充

be absent from.... 缺席、不在	on the basis of 根据……；在……基础上
at birth 在出生时	act as 扮演
by birth 在出生上、论出身、按血统	give birth to 生产
on business 出差办事	be busy with sth./doing sth. 忙于某事
in no case 在任何情况下都不	contribute to 有助于
charge sb. with... 控告某人犯有……	accuse...of 指控、控告
in charge of =responsible for 负责某事	in the charge of... 由……管
charge...for 因……索取费用	by comparison 比较起来
compare...with... 把……与……比较	compare...to... 把……比作……
concentrate on /upon 集中、专心	be concerned with =about 与……有关
at all costs 不惜任何代价	at the cost of 以……为代价
be critical of 爱挑毛病的、对……不满	on a diet 节食
be in danger of 处于……危险中	be out of danger 脱离危险
be in debt to sb. 欠……的债	in despair 绝望
have an effect on 对……有影响	be absorbed in 全神贯注
act on 奉行……；按照……行动	act for 代理
in addition to 除……外	in the air 在空中、在谣传中
in advance 预告、事先	ahead of 在……之前、超过……
amount to =to be equal to 总计、等于	apologize to sb. for sth. 为……向……道歉
on behalf of 以……名义	on duty 上班 / 值日
on credit 赊购	in/out of condition 健康状况好 / 差
have confidence in 对……有信心	correspond to 相当于
correspond with 符合、一致	on the decline 在衰退中、在减少中

经典真题

1.（2020 中国农业银行秋招·单选题）A hotel shuttle will be available, but you are also welcome to arrange for your _____ transportation to the conference.

  A.directly   B.besides

  C.own   D.any

  答案 C

  解析 本题考查固定搭配。根据题干意思可知：酒店提供通勤车，但您也可以用您_____交通方式去参加会议。空格处的意思应为"您自己的……"，即"your own+名词"。故选 C 项。

2.（2019 中信银行秋招·单选题）He spent ages _____ for a pay increase, only to resign from his job soon after he'd received it.

A.observing　　　　B.occurring

C.negotiating　　　D.securing

答案 C

解析 本题考查固定搭配。A 项意为"观察"；B 项意为"发生"；C 项意为"谈判"；D 项意为"确保"。根据题干，题目意为"他花了很长时间就加薪进行交涉，只是他得到后不久就辞职了。"negotiate for 意为"就某事进行交涉，谈判"，C 项符合题意。故选 C 项。

3.（2019 广发银行秋招·单选题）And that quest has brought _____ benefits that improve our lives in countless ways.

A.tangible　　　　B.displayed

C.conditional　　 D.proved

答案 A

解析 本题考查固定搭配。题目意为"而这一追求带来了实实在在的好处，以无数方式改善了我们的生活"。A 项"有形的"，B 项"陈列，展示"，C 项"有条件的"，D 项"试验，检验"。根据题干，tangible benefits 为固定搭配，意为"切实利益"，A 项符合题意。故选 A 项。

4.（2018 中国银行秋招·单选题）The manager made it clear that he intended to_____ down some new rules to enforce workplace discipline.

A.laying　　　　B.lay

C.lie　　　　　　D.lying

答案 B

解析 本题考查固定搭配。lie 作动词原形时表示躺、位于、撒谎；lay 作动词原形时表示放置，lay down 表示制定。句中 intend to do 表示打算、意图做某事。题目意为"经理明确表明他打算制定一些新的规则来加强工作中的纪律。"故选 B 项。

核心考点四：名词（备考指数：★★★★★）

名词是表示人、事物、抽象概念等名称的词。一般用来作主语、宾语、表语或者宾语补足语。名词分为可数名词和不可数名词两类：可数名词是指能以数目来计算，可以分成个体的人或物；不可数名词是指不能以数目来计算，不可以分成个体的概念、状态、品质、感情或表示物质材料的东西。

考查方式：考查名词的用途；在句子中所承担的成分；可数名词的变化规则，特别是特殊复合名词的变化规则；不可数名词的特点和数的表示方法；所有格的形式和特殊方式。

解题技巧：了解名词主要考点；熟记相关名词规则。

一、可数名词与不可数名词

1. 可数名词复数变化规则

1）一般情况下可数名词后直接加 s 变复数。

eg:card → cards, map → maps

2）以字母 s，x，ch 或 sh 结尾的单词加 es。

eg:church → churches, brush → brushes, bus → buses, box → boxes

3）以"辅音字母 +y"结尾的单词，变 y 为 i 再加 es。

eg:family → families, country → countries

4）以 f/fe 结尾的词，变 f/fe 为 ves。

eg:life → lives, knife → knives, wife → wives, thief → thieves, leaf → leaves

但 gulf，roof，chief，handkerchief，serf 等直接加 s 变复数。

5）以辅音字母 +o 结尾无生命的名词，直接加 s。

eg:piano → pianos, photo → photos, radio → radios

以辅音字母 +o 结尾有生命的名词，加 es。

eg:potato → potatoes, tomato → tomatoes, hero → heroes

6）可数名词复数不规则变化。

eg:child → children, foot → feet, tooth → teeth, man → men, German → Germans

7）单复数同形。

eg:fish → fish, sheep → sheep, cattle → cattle, deer → deer

2. 复合名词的复数形式

1）以名词 + 名词构成的复合名词变复数时，通常变最后一个名词为复数。

eg:a boy friend → boy friends

2）以可数名词 + 介词 (短语) 构成的复合名词变复数时，把中心名词变复数。

eg:a father-in-law → fathers-in-law

3）以 man 或 woman 加其它名词构成的复合名词变复数时，前后两个名词都变成复数。

eg:woman doctor → women doctors

4）动词 / 过去分词 + 副词构成的复合名词变复数时，在词尾加 s。

eg:a grown-up → grown-ups, a stand-by → stand-bys

3. 不可数名词量的表示

不可数名词无复数形式，前面不能直接加 a/an, 但可以加 some, any, a little 等修饰词或者用量词表示复数。

eg:two pieces of paper, a drop of oil

二、名词的所有格

1. 名词 +'s 或 of+ 名词，表示……的

eg: my father's friend, the title of the novel.

2. 由 and 连接的's 所有格

eg: John's and Anne's 和 John and Anne's

前者表示 John 和 Anne 分别所有的，后者表示 John 和 Anne 共同所有的。

3. 名词所有格表场所、店铺、某人的家等地点，常常省略所有格后面的名词。

eg: a butcher's , a baker's, at White's , a dentist's

4. 表示时间、距离、重量、集体、世界、国家、城市等无生命的名词也可用's 构成所有关系。

eg: twenty minutes' walk = twenty-minute walk

one pound's weight = one-pound weight

5. 双重所有格：of +'s 两种所有格形式相结合，表示整体中的一个或者部分

eg: a friend of mine = one of my friends

经典真题

1.（2020 中国农业银行秋招·单选题）I won't be there for the first round, but I'll need to look over the _____ before attending the second round interview next week.

A. presentation B. paper
C. reference letter D. resume

答案 D

解析 本题考查词义辨析（名词）。题目意为"我不会参加第一轮面试，但是我需要在下周参加第二轮面试之前看一下 _____ 。"找到关键词 interview，得知是参加面试。A 项为"展示"；B 项为"论文"；C 项为"推荐信"；D 项为"简历"。D 项"简历"更符合题意。故选 D 项。

2.（2018 中国银行秋招·单选题）There currently seems to be a large_____ between the number of people employed in service industries, and those employed in the primary sector.

A.different B.differential
C.discrimination D.discrepancy

答案 B

解析 本题考查词义辨析（名词）。A项 different 为形容词，表示不同的。B项 differential 为形容词，表示有差别的；名词，表示差别、微分。C项 discrimination 为名词，表示歧视、辨别。D项 discrepancy 为名词，表示矛盾、差异、不符。题目意为"当前在被应聘上服务行业的人数与被应聘上初级部门的就业人数之间似乎存在着很大的差别。"故选B项。

3.（2019 中国邮政储蓄银行秋招·单选题）The _____ of their years of education was 10.96 with a minimum of 7 and a maximum of 17.

A.mean　　　　　　　　B.median

C.mode　　　　　　　　D.average

答案 B

解析 本题考查词义辨析（名词）。题目意为"他们的 _____ 教育年限是10.96，最少7，最多17。"A项"平均值"；B项"中值"；C项"众数"；D项"平均值"。结合常识，统计中为了避免极值的影响，多采用中位数来计算，因此本题中受教育的中值是10.96年，B项正确。故选B项。

4.（2019 中信银行秋招·单选题）Although the great white shark has a fearsome _____ in a straight fight, it is outclassed by the killer whale.

A.reputation　　　　　　B.imagination

C.aggression　　　　　　D.acquisition

答案 A

解析 本题考查词义辨析（名词）。A项意为"声誉"；B项意为"想象力"；C项意为"侵略"；D项意为"收购"。根据题干，题目意为"虽然大白鲨有一个可怕的声誉，但在直接的战斗中，它被虎鲸击败了。"A项符合题意。故选A项。

5.（2018 中信银行秋招·单选题）On an annual _____, house prices in Scotland are now only 1% lower than they were a year ago, but they are 8% down in Northern Ireland.

A.plan　　　　　　　　B.object

C.found　　　　　　　　D.basis

答案 D

解析 本题考查词义辨析（名词）。题目意为"以年度为基础，苏格兰的房价现在仅比一年前低1%，但是在北爱尔兰下降了8%"。A项"计划"；B项"目标"；C项"创立"；D项"基础"。根据句意表达，D项符合题意。故选D项。

核心考点五：介词（备考指数：★★★）

介词一般位于名词或代词等之前，表示名词、代词等与句中其他词的关系。

考查方式：考查介词的位置（介词 + 名词）；考查介词的介宾搭配；考查常用介词的意义。

解题技巧：熟练掌握介词知识点相关规律知识及各个介词的意义。

一、常用的介词

1. 表示时间的介词

at：表示某一具体的时间点

eg: at 3 o'clock

in：泛指在一般意义的上午、下午或晚上，以及星期 / 月份 / 季节 / 年份等较长的时间

eg: in the morning, in 2004, in two weeks

on：表示在具体的某一天及某天的上午 / 下午 / 晚上

eg: on Sunday, on Sunday morning

by：表示不迟于某个时间

eg: by now

during：表示在时间段内，自始至终的时间。

eg: during 2016

for：表示时间的累计

eg: for ten years

2. 表示地点的介词

at：表示在小地方或在某处

eg: at police office

in：表示在大地方及在内部或某范围内

eg: in Beijing, in the hospital

on：表示在……上面或接壤及在左、右边

eg: on the table, on the left side

outside：表示某范围之外

eg: outside the home

under：在……底下

eg: under a chair

by：表示靠近

eg: by the window

3. 表示方式、方法的介词

with：一般表示用具体的工具和手段

eg: with hands

in：表示用某种语言 / 颜色 / 材料

eg: in Chinese

by：表示以……方法、手段或泛指乘坐某种交通工具

eg: by bike

4. 表示原因的介词（词组）

because of：表示因为或以……为由

eg: because of rain

for：表示动作或活动的目的、意图

eg: for sale

out of：表示起源、缘由、出于

eg: out of work

二、介词短语

介词短语相当于形容词或副词，在句中可作状语、定语和表语。

eg: Anne came down the stairs.（状语）

　　The woman with a long hair is from the America.（定语）

　　The doctor is now with the patients.（表语）

1. 介词 + 名词

by accident 偶然	on account of 因为、由于
in addition 另外	in addition to 除……之外
in the air 在流行中、在传播中	on (the/an) average 平均、一般来说
at (the) best 充其量、至多	for the better 好转、改善
on board 在船 / 车 / 飞机上	out of breath 喘不过气来
on the basis of 根据、在……的基础上	

2. 动词 + 介词

account for 说明原因等	allow for 考虑到
appeal to 呼吁、要求	arrive at 达成、得出
ask after 询问、问候	ask for 请求、要求
attach to 附属于、隶属于	begin with 从开始
break into 闯入	break off 断绝、结束
break through 突破	break up 中止、结束；打碎、折断
bring about 带来、造成	bring down 打倒、挫伤、降低
bring forth 产生	

经 典 真 题

1.（2018 招商银行春招·单选题）In 1913, the states passed the Sixteenth Amendment _____ the Constitution.

A.with B.for

C.to D.at

答案 C

解析 本题考查介词。with 表示"随着，和，跟"；for 表示"为了，倾向于，当作"；to 表示"到，向，关于，属于"；at 表示"在，向，朝"。题目意为"1913年，各州通过了宪法第十六条修正案。"第十六条修正案与宪法是从属关系，C 项为该意，表达"属于"的含义。故选 C 项。

2.（2019 国家开发银行·单选题）Her speech was _____, that is to say, we _____ her speech.

A.impressive; were impressing by

B.impressed; were impressed at

C.impressive; were impressed with

D.impressing; were impressing

答案 C

解析 本题考查介词。题目意为"她的演讲令人印象深刻，也就是说，我们被她的演讲深深感动。"第一个空需要形容词，可以用 impressive 或者 impressing，意思是给他人留下深刻印象。第二个空考查被动语态，需要 be impressed by/with 被……打动。故选 C 项。

3.（2020 中国农业银行秋招·单选题）_____ the brand gains recognition, several farmers who are not immigrants and some refugee farmers have reached out about selling herbs to the startup.

A. Until B. With

C. By D. As

答案 D

解析 本题考查介词。题目意为"_____ 该品牌获得认可，一些非移民农民和一些难民农民开始向这家初创公司出售草药。"由此可以看出，这句话是因果关系，只有 D 项 as 可以表示因果。故选 D 项。

4.（2018 中国银行秋招·单选题）_____their regular daytime job, many people do extra work in the evening.

A.Between   B.Beside
C.Besides   D.By

答案 C

解析 本题考查介词。A项between表在两者之间；B项beside表在……旁边；C项besides表此外；D项by表在……旁边，在……之前。题目意为"除了他们常规的白天的工作以外，很多人都在晚上做着其他的工作。"故选C项。

核心考点六：代词（备考指数：★★）

代词是指代替名词或名词短语的词。代词可以分为人称代词、指示代词、疑问代词、连接代词和不定代词。

考查方式：考查人称代词在句中的成分（作主语、宾语、定语等）；不定代词的辨析。

解题技巧：掌握人称代词的格，分析句中所缺成分便能得出答案；熟练掌握常用的不定代词的用法。

一、人称代词

格	主格	宾格	adj所有格	物主所有格	反身代词
成分	主语	宾语/表语	定语	主语/表语/表语	宾语/表语/同位语
第一人称	I	me	my	mine	myself
第二人称	you	you	your	yours	yourself
第三人称	he	him	his	his	himself
	she	her	her	hers	herself
	it	it	its	its	itself
第一人称复数	we	us	our	ours	ourselves
第二人称复数	you	you	your	yours	yourselves
第三人称复数	they	them	their	theirs	themselves

注意：反身代词表示我自己、你自己、他自己；此类型重点考查固定搭配：dress oneself, teach onself, by oneself 等。

二、指示代词

1.this/these; that/those

this/these 表示近指或下文将提及之事；that/those 表示远指或前文刚提之事；this/that 指单数；these/those 指复数。

2.one/ that/ it

one 表示泛指；that 和 it 表示特指；that 与所指名词为同类，但不是同一个；it 与所指名词为同一个。

三、疑问代词和连接代词

疑问代词：what，where，what，who，when 等。

连接代词：who，where，when，what，who，which，wherever，whatever 等。

四、不定代词

1. some/any

some 用于肯定句、建议/请求的疑问句；any 用于否定句。

2. each/ every

each 强调个体/个别，可做形容词、代词，常与 of 连用；every 强调整体，仅为形容词。

3. both/neither/either

both 指两者都；neither 指两者都不；either 指两者选其一。

4. all/none

all 指三者及以上都；none 指三者及以上都不。

5. another/other/the other

another 指三者及以上的另一个；other 指另外的、其它的；the other 指两者中的另一个。

经典真题

1.（2018 招商银行春招·单选题）Do you mind _____ the door? It's really hot.

A.my opening　　　　　　B.me to open

C.me opening　　　　　　D.my open

答案 A

解析 本题考查代词。题目意为"你介意我把窗户打开吗？实在太热了。"句中动词为 mind，用法为后面加动名词 doing，排除 B、D 项，在动名词前要用形容词性物主代词或名词所有格来修饰，因此是 my doing。故选 A 项。

2.（2019 国家开发银行·单选题）Each man and woman must sign _____ full names before entering the examination room.

A.his　　　　　　　　　　B.her

C.their　　　　　　　　　D.one's

答案 C

解析 本题考查代词。题目意为"所有人，不论男女，在进入考场前必须签上完整的名字。" A、B 项不能指代另一性别，排除；D 项 one 指代带不定冠词的单数可数名词，这里是 each...and... 形式，应该作为复数。故选 C 项。

3.（2018 中国银行秋招·单选题）Your suggestion could only make things worse_____.

A.if anything　　　　　　B.if everything

C.if nothing　　　　　　 D.if something

答案 A

解析 本题考查代词。A 项 if anything 表示如果有什么区别的话；B 项 if everything 无该短语的搭配；C 项 if nothing 表示如果没什么别的；D 项 if something 表示如果某事。题目意为"你的建议，如果有什么的话，那也只能是使得事情变得更加糟糕。"故选 A 项。

核心考点七：连词（备考指数：★★★）

连词是表示某种逻辑关系的虚词，常用来连接词、词组、从句或句子。连词可以表并列、因果、转折、承接、选择、假设、比较、让步等关系。根据连词的不同性质，可以大致把连词分为并列连词和从属连词两类。

考查方式：辨析选项四个连词的词义、表示的关系。

解题技巧：熟练掌握常用连词的词语，根据语境或语句中的关键词解答。

一、并列连词

并列连词用于连接两个及以上的地位平等的词、词组、从句和句子，可以分为三类：转折并列连词、因果关系连词和并列关系连词。

1. 转折并列连词：but，while，however，yet，on the contrary，yet 等

eg: I am sorry, but I have alresdy had another appointment.

2. 因果关系连词：for，so，because 等

eg: Most workers have a good income, so they look very happy.

3. 并列关系连词：and，or，not only...but also...，neither...nor...， on (the) one hand..., on the other hand 等

eg: She likes going out with friends or playing outdoor games.

二、从属连词

从属连词主要用于引导名词性从句和状语从句。引导名词性从句的从属连词主要有

三个：that 无词义，不做成分；if/whether 表达是否的意义，但不做句子成分。大部分从属连词用于引导状语从句，具体如下：

1. 时间状语从句连词：when，while，as，before，after，since，until，till，as soon as，the moment，the minute，the second，the instant，immediately

eg: I didn't realize how special my mother was until I became an adult.

2. 地点状语从句连词：where，wherever，everywhere，anywhere

eg: You should make it a rule to leave things where you can find them again.

3. 原因状语从句连词：because，as，since，seeing that，now that，considering that

eg: Parents should take seriously their children's requests for sunglasses because eye protection is necessary in sunny weather.

4. 条件状语从句连词：if，unless，as /so long as，in case

eg: You must keep on working in the evening unless you are sure you can finish the task in time.

5. 目的状语从句连词：in order that，so that，in case，for fear that

eg: Roses need special care so that they can live through winter.

6. 让步状语从句连词：although，though，even though，even if，while，however，whatever，whoever，whenever

eg: There was never any time for Kate to feel lonely, even though she was an only child.

7. 比较状语从句连词：than，as...as

eg: Mr. Smith owns a larger collection of coins than anyone else I have ever met.

8. 结果状语从句连词：so... that，such ...that

eg: It's such a good chance that we must not miss it.

9. 方式状语从句连词：as，as if，as though，how，the way

eg: When in Rome, do as the Romans do.

经典真题

1.（2018 中国银行秋招·单选题）The office will be closed_____ it is being decorated.

A.throughout　　　　　　B.for

C.while　　　　　　　　D.during

答案 C

解析 本题考查连词。A 项 throughout 为介词，表示贯穿、自始至终；B 项 for 为介词，表示为了；C 项 while 为连词，表示在……期间、尽管；D 项 during 为介词，表示……期间。题目意为在这件办公室装修期间，它将会被关闭。空格后为完整的句子，因此需连词连接前后两个句子。故选 C 项。

2.（2018 中信银行秋招·单选题）_____ natural resources can be of great importance, they are not necessary for an economy to be highly productive in producing goods and services for the existing societies.

  A.Yet   B.But

  C.After all   D.Although

答案 D

解析 本题考查连词。这些连词或副词均含"但是，可是，然而，而"之意。but 为口语常用词，语气较强，泛指与前述情况相反，放句中。however 表示转折关系，语气稍弱于 but，连接性也弱一些，因而常作插入语放句中，常常在前面用逗号。yet 常用于否定句，指不管作出多大努力或让步，仍达不到预期的结果，一般放在句末，前面一般不用加逗号。Although 表示尽管、虽然。故选 D 项。

3.（2018 中国光大银行秋招·单选题）In the experiment , the researcher placed a rat in a maze, _____ it was presented with different smells to see if it can resist the distraction and get to the exit.

  A.what   B.that

  C.where   D.which

答案 C

解析 本题考查状语从句。题目意为"在这个试验中，研究者把一只小白鼠放到迷宫里，迷宫里有一些不同的味道，目的是看小白鼠是否能够抵抗干扰到达出口。"A、D 项用于从句时缺少必要成分，如主语，宾语，表语。而该句中的从句部分已然完整。因此 A、D 项错误；B 项 that 可用于名词性从句，在从句中不充当成分，而如果用 that 做引导词，和主句部分无法构成名词性从句中主从句的关系。that 也可用于定语从句，而因为空格前是逗号，应该构成非限定性定语从句，非限定性定语从句中不可使用 that 作引导词，因此 B 项错误；而 C 项引导词 where 引导从句构成地点状语从句，和主句中的 maze 相呼应。故选 C 项。

核心考点八：形容词/副词（备考指数：★★★★）

  形容词主要用来修饰名词和代词，说明人或事物的性质、特征或状态，一般放在它所修饰的名词前作定语，也可独立作表语或宾语补足语等。副词主要修饰动词、形容词、整个句子、其他副词等，在句中充当状语等。副词可分为地点副词、频率副词、程度副词和方式副词。

  考查方式：考查形容词作定语、表语，副词修饰动词、形容词或整个句子作状语等；考查多个形容词修饰的排序原则；-ed 和 -ing 形容词的区别；形容词和副词的原级、比较级以及最高级。

解题技巧：熟练掌握形容词在句中所做的成分；牢记多个形容词修饰的排序原则和 -ed/-ing 形容词的区别；由标志词判断词级。

一、形容词的形式与用法

1. 形容词的形式

一般以 -able，-al，-ful，-ic，-ish，-less，-ous，-y 等结尾。

eg: responsible, helpful, objective.

特殊的以"ly"结尾。

eg: friendly, deadly, lovely, only, likely, lively, ugly, brotherly.

2. 形容词的用法

the+ 形容词，表示一类人或事物，相当于名词，用作主语及宾语。

eg: The old often think of old things.

少数形容词只能作表语，不能作定语。

eg: ill, asleep, awake, alone, alive, well, worth, glad, unable, afraid

二、副词的用法

1. 副词用来修饰动词、形容词、其他副词或全句，表示时间、地点、程度、方式等

eg: study hard, very high, quite well

2. 副词一般放在在 be 动词、助动词、情态动词之后

eg: He is always asking me this kind of silly questions.

3. enough 作副词时，必须放在所修饰的形容词或副词之后

eg: He is not careful enough with the knife.

三、形容词变副词的一般规律

1. 一般情况下直接加 ly

eg:careful → carefully, quiet → quietly

2. 变"e"为"y"

eg:possible → possibly, comfortable → comfortably

3. 以"y"结尾，发音为 /i/，变 y 为 i 加 ly

eg:easy → easily

发音为 /ai/ 直接加 ly

eg:shy → shyly

4. 形容词和副词同形的词有 fast, high, hard, late 等

注意区分 hard 困难的 / 地和 hardly 几乎不。

四、形容词、副词的原级、比较级和最高级

原级	（1）特殊结构："as+adj/adv 原级 +as" "not as/so+adj/adv 原级 +as" eg: Tom is as honest as Jack./ Tom runs as fast as Jones./ The weather here is not as/so cool as the weather in Harbin./ He didn't come as/so early as Li Lei. （2）修饰原级的词：quite, so, too 等
比较级	（1）标志词：than （2）特殊结构："the+ 比较级…the+ 比较级" eg: The younger you are, the earsiler it is to learn./ The earlier you start, the sooner you'll be back. （3）修饰比较级的词：even, much, far, a little, a bit, a lot, still 等
最高级	标志词："in+ 范围" "of all" "one of the+ 最高级" eg:He is the tallest boy in his class./ Our city is one of the safest cities in the world.

经典真题

1.（2017 交通银行秋招·单选题）While the preliminary research is favorable，it may take years for Bogor Pharma-ceuticals to develop _____ evidence of the drug's effectiveness.

　　A.conclusion　　　　　　　　B.conclusive

　　C.concludes　　　　　　　　D.conclude

答案 B

解析 题目意为"尽管初步研究是有利的，但茂物制药公司可能需要数年时间才能确定药物有效性的确凿证据。"这里需要填形容词做前置定语，四个词当中，只有 conclusive 是形容词，且可以做定语，conclusive evidence "确凿证据"；conclusion（n）"结论"；conclude（v.）得出结论。故选 B 项。

2.（2017 交通银行秋招·单选题）Angus Wienholt's seminar provides a _____ approach to starting a business using resources that are widely available.

　　A.sizable　　　　　　　　　B.variety

　　C.constant　　　　　　　　D.practical

答案 D

解析 本题考查形容词的辨析。A 项 sizable 表示相当大的；B 项 variety 为名词，表示种类；C 项 constant 表示不变的；D 项 practical 表示实用的、可操作性的。题目意为"Angus Wienholt 的研讨会提供了一种通过使用随处可得的资源的实用的方法来开展业务。"故选 D 项。

3.（2018 浦发银行秋招·单选题）The Great Wall, first built 2000 years ago, is a _____ miracle.

　　A.cautious　　　　　　　　B.marvelous

C.numerous	D.serious

答案 B

解析 本题考查形容词的辨析。A 项 cautious 表示谨慎的；B 项 marvelous 表示非凡的；C 项 numerous 表示数量多的；D 项 serious 表示严肃的。题目意为"长城，始建于 2000 年前，是一个了不起的奇迹。"故选 B 项。

4.（2019 浦发银行秋招·单选题）The chewable substance called chicle (糖胶) had _____ until Thomas Adams added licorice and sold it as gumballs.

A.hardly flavored	B.any flavor hardly
C.flavor hardly none	D.hardly any flavor

答案 D

解析 题目意为"叫做糖胶的可嚼物质本身没有什么滋味，直到托马斯·亚当斯加入甘草汁并将其作为口香糖售卖。" hardly 副词，其含义为"几乎不、几乎没有"。固定搭配 hardly any= almost no，hardly any 是个形容词性的短语，表示"几乎没有"，后面接名词，起修饰作用。故选 D 项。

5.（2017 交通银行秋招·单选题）Routine inspections are conducted at the Haldren Paper Factory to ensure that all equipment is functioning _____ .

A.properly	B.literally
C.officially	D.rightfully

答案 A

解析 本题考查副词的辨析。A 项 properly 表示恰当地；B 项 literally 表示逐字地；C 项 officially 表示官方地、正式地；D 项 rightfully 表示正当地、正直地，多用于形容人正直的性格。题目意为"在 Haldren 纸厂进行的常规检查是为了确保所有的设备正常运行。"故选 A 项。

6.（2017 交通银行秋招·单选题）Thank you for your recent order. Although most of your items have_____ shipped,the Full-Spectrum Desk Lamp (model B07) is temporarily out of stock.

A.ever	B.lastly
C.already	D.often

答案 C

解析 本题考查副词的辨析。A 项 ever 表示曾经；B 项 lastly 表示最后、终于；C 项 already 表示已经，常与完成时搭配使用；D 项 often 表表示经常。题目意为"感谢你们近期的订单。尽管你们大多数的货品都已经在运送中，但型号 B07 的桌灯暂时已经没有库存了。"故选 C 项。

核心考点九：动词（备考指数：★★★★★）

动词是表示动作或者状态的词语。动词分为实义动词、系动词、情态动词和助动词四类。在一个完整的句子中，一般都有一个动词，要使用第二个动词时，一般借助非谓语动词、从属连接词或者增加子句的形式。

考查方式：考查情态动词的用法及意义、表推测的情态动词的具体用法；考查动词的时态、语态；考查非谓语动词的特殊用法。

解题技巧：掌握情态动词、动词的时态语态、非谓语动词的知识点；根据标志词解答时态题；根据主语与动词的关系解答语态和非谓语动词题。

一、动词的时态

一般现在时	(1) 经常性/习惯性动作 (2) 标志词：usually, seldom, always, often, sometimes 等 (3) 句式：主语+动词原形/第三人称单数+其他
一般过去时	(1) 过去的动作/习惯/事实 (2) 标志词：ago, just now, yesterday, last week, for+时间段等 (3) 句式：主语+动词过去式+其他
一般将来时	(1) 将来的动作 (2) 标志词：this evening, next month, in a few days 等 (3) 句式：主语+will/ be going to do+其他
现在进行时	(1) 现在正在发生/进行的动作 (2) 标志词：now, at present, at the moment 等 (3) 句式：主语+am/ is/ are doing+其他
过去进行时	(1) 过去某个时刻正在进行的动作 (2) 标志词：一般与表示过去某一时刻的词联系 (3) 句式：主语+was/were doing+其他
现在完成时	(1) 过去的动作持续到现在/对现在有影响 (2) 标志词：already, yet, never, ever, before, for+时间段, since+时间点/句子过去式 (3) 句式：主语+have/has done（延续性动作）+其他
过去完成时	(1) 过去的过去。过去某个时刻之前已完成/存在的动作 (2) 标志词：by/before+过去时间 (3) 句式：主语+had done+其他
现在完成进行时	(1) 过去的动作持续到现在还将持续或此刻仍正在进行 (2) 句式：主+have/has been doing+其他

二、动词的语态

1. 主动语态

主语是动作的执行者。

eg: The teacher told us a story.

2. 被动语态

主语是动作的受动者，用 be+done 形式。

eg: A story is told by the teacher.

3. 不及物动词、系动词无被动形式

（1）不及物动词或不及物动词短语无被动语态

eg:appear, die, disappear, end, fail, happen, last, lie, remain, sit, stand, break out, come true, fall asleep, keep silence, lose heart, take place

eg:After the fire, very little remained of my house.

（2）系动词无被动语态

eg:be 动词：am，is，are

感官系动词：feel，look，smell，sound，taste，seem；

变化类系动词：get，become，turn，grow；

保持类系动词：keep，stay

4. 被动语态的用法

（1）感官动词主动语态的宾语补足语是不带 to 的不定式，变为被动语态时，该不定式前要加 to

eg:We saw him play football on the playground.

He was seen to play football on the playground.

（2）情态动词 + be + 过去分词，构成被动语态

eg:Coal can be used to produce electricity for agriculture and industry.

（3）表示"据说"或"相信"的词组

eg:believe, consider, declare, expect, feel, report, say, see, suppose, think, understand

（4）主动形式表示被动意义

谓语动词为 wash, clean, cook, iron, look, cut, sell, read, wear, feel, draw, write, sell, repair 等

eg:The door needs repairing.= The door needs to be repaired.

（5）被动形式表示主动意义

eg: be determined, be pleased, be graduated from, be prepared for, be occupied in, get married

经典真题

1. （2018 中国光大银行秋招·单选题）The local area network also connects to a wide area network that allow a message _____ across the country or to other countries.

   A.send　　　　　　　　　B.sending
   C.to be sent　　　　　　　D.is sent

   答案 C

   解析 本题考查动词的时态和语态。四个选项皆为 send "发送"的不同形式。而题目意为"局域网连入广域网，就允许在国内或国际间发送信息。"这里指发送信息，信息 message 在动词发送 send 前，所以使用被动形式，即 to be done。D 项出现谓语动词 is，造成动词重复。故选 C 项。

2. （2018 广发银行秋招·单选题）_____ them all up, you can finally get the answer.

   A.Adding　　　　　　　　B.Added
   C.To add　　　　　　　　 D.Add

   答案 C

   解析 本题考查非谓语动词。四个选项都是 add 的不同形式。固定搭配 add up 意为把……加起来，合计。题目意为"把它们都加起来，你就能得到最终答案。"题目中出现逗号，又没有连词，也没有被动语态，所以空格引导的是一个成分而不是一个完整的句子，只能选择非谓语动词形式 doing 或 to do。句中需要条件状语，to do 做条件状语一般位于句首，动名词如果做条件状语要和介词部分一起使用来充当条件状语。故选 C 项。

3. （2019 国家开发银行·单选题）That car is my property; you _____ use it without my permission.

   A.needn't　　　　　　　　B.might not
   C.may not　　　　　　　　D.mustn't

   答案 D

   解析 本题考查情态动词。题目意为"那辆车是我的财产，没有我的允许，你绝不能动用"。A 项"不需要"；BC 项"可能不"；D 项"绝不能"。must 用于否定句时，表示"禁止"，表示说话者的命令，语气比较强烈。故选 D 项。

4. （2019 中国农业银行秋招·单选题）Consequently, a sustainable business model can _____ companies to better adapt to complex environments and achieve sustainable competitive advantages.

   A.render　　　　　　　　 B.enable
   C.cause　　　　　　　　　D.ensure

答案 B

解析 题目意为"因此，一个可持续的商业模式能够使企业更好地适应复杂的环境，实现可持续的竞争优势。"A 项"致使，补偿"；B 项"使能够，使可能"；C 项"引起，造成"；D 项"保证，确保"。空格后面有 to，所以空格填一个能接 to 的动词。固定搭配 enable sb/sth to do sth："使可能"，B 项正确。故选 B 项。

5.（2017 交通银行秋招·单选题）The specialists at Grayson Office Interiors _____ cubicles and other workstations to suit the needs of almost any type of business.

  A.recline   B.satisfy

  C.invest   D.design

答案 D

解析 本题考查动词的辨析。A 项 recline，表示倾斜、依赖；B 项 satisfy 表示使……满意；C 项 invest，表示投资；D 项 design 表示设计。题目意为"在 Grayson Office Interiors 这个公司的专家设计各种小隔间及其他的工作室来满足各种类型经济业务的需要。"故选 D 项。

6.（2017 中国邮政储蓄银行秋招·单选题）Emone Motor Company has not（　　） any delays in production or delivery to dealerships this quarter.

  A. submitted   B. represented

  C. exerted   D. experienced

答案 A

解析 本题考查动词的辨析。A 项 submit 表示提交、服从；B 项 represent 表示代表；C 项 exert 表示发挥、运用；D 项 experience 表示经历。题目意为"这个季度 Emonc 汽车公司没有提交至经销商任何生产或派送的延迟。"故选 A 项。

7.（2018 中国银行秋招·单选题）The decision to _____ the company wasn't an easy one to make, but everyone agreed that there was no other option but to cease trading.

  A.disintegrate   B.dissolve

  C.display   D.distribute

答案 B

解析 A 项 disintegrate 表示瓦解、破裂；B 项 dissolve 表示溶解、消失、终止、解散；C 项 display 表示展示、陈列；D 项 distribute 表示分配、分布。题目意为"解散公司的决定并不是一个很容易做出的选择，但是众人都达成一致，除了停止贸易，别无他选。"故选 B 项。

第二章 语法

核心考点一：定语从句（备考指数：★★★★★）

定语从句是修饰名词、代词的从句，相当于"……的"名词。被修饰的词称为"先行词"。定语从句通过关系词连接，关系词又分为关系代词和关系副词。关系代词在从句中充当成分，关系副词在从句中不充当成分。

考查方式：考查关系代词与关系副词的区别用法；考查关系代词 that/which 的区别；考查混合其它从句的连接词。

解题技巧：掌握定语从句关系代词和关系副词的区别；根据解题思路三步法解题：先行词—从句成分完整与否—确定关系词。

一、限制性定语从句

引导词：分为关系代词和关系副词

关系代词	who（人/主格），whom（人/宾格），whose（人/所有格），which（物），that（人/物），as（非限定性定语从句）
关系副词	when，where，why：分别表示时间、地点、原因

限制性定语是指定语从句紧跟它所修饰的中心名词或代词之后，没有逗号分开。

1. 关系代词引导的定语从句

（1）that: 指代人、事物，作主语、宾语，做宾语时可以省略

eg:The train that has just left is for Shanghai.

（2）who: 指代人，做主语、宾语

eg:The girl who is playing the piano is my daughter.

（3）whom: 指代人，做动宾、介宾，可以省略

eg:The man whom you met just now is my brother.

（4）which: 指代事物，做主语、宾语，做宾语可以省略

eg:The flowers which grow in the garden are very beautiful.

（5）whose: 指代人、物的，做定语，其后直接加名词

eg:He has a friend whose father is a doctor.

2. 关系副词引导的定语从句

（1）where: 指地点，在定语从句中做地点状语

eg:The house where I live ten years ago has been pulled down.

（2）when: 指时间，在定语从句中做时间状语

eg:I still remember the day when I first came to the school.

（3）why: 指原因，在定语从句中做原因状语

eg:Please tell me why you missed the plane.

二、非限制性定语从句

非限制性定语从句的先行词和从句用逗号隔开，既可修饰先行词也可修饰整个主句，对主句所描述的人或物起补充说明作用。如果去掉从句，并不影响它所修饰的先行词的意义。

比较：Mr Zhang has a son who likes to play football.（限制性定语从句）

Mr Zhang has a son, who likes to play football.（非限制性定语从句）

引导词：

1. 关系代词：who，whom，whose，which

1）Who: Professor Wang, who is over sixty, still works hard day and night.

2）Whom: Peter, whom you met in London, lives in Paris now.

3）Whose: The boy, whose father is an engineer, studies very hard.

4）Which: She is always careless, which we should not be.

2. 关系副词：when，where

1）when:Edgar will put off the picnic until May 1st, when he will be free.

2）where:They reached there yesterday, where a negotiation of sale will be held.

3.as 和 which 引导的非限制性定语从句

as 和 which 都可在句子中做主语或宾语，它们指代的是整个句子。as 有"正如、像"之意，可放在主句之前也可放在主句之后，还可分割整个主句。which 引导的非限制性定语从句只能放在主句之后。

经典真题

1.（2018 中国光大银行秋招·单选题）_____ might be expected, the response to the question was very mixed.

A.It B.As

C.That D.What

答案 B

解析 本题考查定语从句。题目意为"正如所预料的那样，对这个问题的回答各

式各样。"as 用作关系代词，引导非限制性定语从句，指代整个主句，在从句充当主语。as 引导的从句位置灵活，可以位于主句前面、中间或者后面，一般用逗号和主句隔开，通常译为"（正）如……一样"。故选 B 项。

2.（2018 招商银行春招·单选题）Uranus, _____ is much more massive than the Earth, seems to have been tipped over so that it lies on its side.

A.what   B.who
C.that   D.which

答案 D

解析 本题考查定语从句中关系代词的选择。定语从句中没有 what 引导词，what 是引导名词性从句的；先行词是人的时候用 who，是物的时候用 which 或 that。题目意为"天王星，比地球大得多，似乎已经倾斜，使它位于它的一边。"先行词是物，且该句子是非限定性定语从句。故选 D 项。

3.（2019 浦发银行秋招·单选题）It's the paintings in Louvre _____ Da Vinci worked on for years _____ have become a fascination to people from all over the world.

A.where; that   B.that; when
C.that; that   D.where; when

答案 C

解析 题目意为"正是在卢浮宫中陈列的那些达·芬奇多年辛苦耕耘的画作，成为世界各地人民为之入迷的胜景。"全句结构为强调句，如果将 it is/was... 与连接词去掉，句子仍然正确，就为强调句型。这时，就选用 that 连接词；否则，就为定语从句，其关系词的选择，应根据先行词与从句的关系而定。由此判断此句为强调句，被强调的成分 the paintings in Louvre _____ Da Vinci worked on for years 是定语从句，从句作定语修饰 paintings，先行词只能用 that。故选 C 项。

4.（2019 浦发银行秋招·单选题）A master of watercolor was John Marin, _____ used the medium to portray the city as a mighty organism.

A.he   B.who
C.his   D.which

答案 B

解析 题目意为"水彩大师是 John Marin，_____ 用这种媒介把这座城市描绘成一个强大的有机体。"题干中，主句是 A master of watercolor was John Marin，空格后面是从句具体修饰 John Marin，主句和从句之间由逗号隔开，可以判断是非限制性定语从句，且先行词为人，因此要用关系代词 who。故选 B 项。

5.（2019 中国农业银行秋招·单选题）There are many fascinating cases _____ people actually dreamt about things which later happened to them.

A. where   B. when
C. which   D. what

答案 A

解析 题目意为"有许多有趣的例子，人们实际上梦到了后来发生在他们身上的事情"。A 项是关系副词，相当于介词+which；B 项是关系副词，一般用来表示时间；C 项是关系代词，一般在定语从句中做主语或宾语；D 项不能用于定语从句中。根据题意，空格处应选择"where"。故选 A 项。

核心考点二：名词性从句（备考指数：★★★★★）

在句子中起名词作用的句子叫名词性从句。名词性从句的功能相当于名词词组，它在复合句中能担任主语、宾语、表语、同位语、介词宾语等。

考查方式：名词性从句的连接词和定语从句的关系词混搭；考查名词性从句的连接词。

解题技巧：掌握名词性从句和定语从句的区别以及两个从句各自的连接词及含义；如何解名词性从句题：确定从句类型——从句成分是否缺——缺什么补什么，不缺的用 that，表达"是否"意义时用 whether 或 if.

名词性从句与定语从句的区别：

eg: What I do is to get a higher salary.（名词性从句充当名词）

This is the pen that I bought yesterday.（定语从句修饰名词）

一、名词性从句的连接词

连词	that 仅起连接作用，无意义；whether 是否，可以引导所有的名词性从句；if 是否，只能引导宾语从句
连接代词	who 谁；主格，whom 谁；宾格，whose 谁的、所有格；which 哪一个；what 什么；等等
连接副词	when 什么时候；where 什么地点；why 为什么；how 怎么样

二、名词性从句的四种类型

主语从句	从句充当主语 eg:What I say is very important.
宾语从句	从句充当宾语 eg:I know that you have worked hard.
表语从句	从句充当表语 eg:The question is how can do it.

续表

| 同位语从句 | 从句充当同位语，对前面的名词进行解释说明，eg:The fact that I won the game is true. the fact= I won the game |

1. 主语从句

基本构成：主语从句＋谓语动词＋其他

主语从句的时态：不受主句的时态影响和限制。

主语从句通常由从属连词that，whether，if和连接代词what，who，which，whatever，whoever以及连接副词how，when，where，why等词引导。that在句中无实际含义，只起连接作用；连接代词和连接副词在句中既保留自己的疑问含义又起连接作用，在从句中充当从句的成分。

2. 宾语从句

基本构成：主语＋及物动词＋宾语从句

1）由连接词that引导的宾语从句。

that在句中不作任何成分，在口语或非正式的文体中常被省去，但如从句是并列句时，第二个分句前的that不可省。

2）用who，whom，which，whose，what，when，where，why，how，whoever，whatever，whichever等关联词引导的宾语从句相当于特殊疑问句，应注意句子语序要用陈述语序。

3）whether或if引导的宾语从句，表示是否，在口语或间接引语中两者可以互换使用，其主语和谓语的顺序也不能颠倒，仍保持陈述句语序。

3. 表语从句

基本构成：主语＋系动词＋表语从句

1）表语从句位于系动词be，seem，appear等后，有时用as if/though和because引导。

eg:My idea is that you should make good use of your time.

2）由从属连词that，whether等引导，if不能引导表语从句。

eg:The question is whether we can make good preparation in such a short time.

3）由who，what，which，when，where，why，how等引导。

eg:The problem is who will stay.

4）why引导表语从句，强调结果。

eg:You don't love me. That's why you go away.

4. 同位语从句

同位语从句一般跟在名词后用以说明其前面名词的具体内容。通常放在answer，belief，decision，evidence，fact，information，news，truth，suggestion等名词后。

eg:The king's decision that the prisoner would be set free surprised all the people.

经典真题

1.（2017 交通银行秋招·单选题）_____ should impress passengers most is the comfort of the reupholstered seating at Liverpool Regional Airport.

A.Who　　　　　　　　　　B.When

C.What　　　　　　　　　　D.Where

答案 C

解析 本题考查主语从句。题干句子中 is 前的成分都为句子的主语，因此为主语从句，在主语从句中 should 缺乏主语，在主语从句中充当主语的只有 A、C 项。题目意"为利物浦地区机场给顾客留下最为深刻印象的是它座椅的舒适度。"故选 C 项。

2.（2018 中国光大银行秋招·单选题）It is of high importance that you _____ at the airport on time.

A.arrive　　　　　　　　　　B.are to arrive

C.must arrive　　　　　　　　D.need to arrive

答案 A

解析 本题考查主语从句。题目意为"准时到达机场至关重要。"名词性从句的主句中如含有表示坚持、要求、建议、命令等名词时，从句的谓语部分应为"should+动词原形"的形式，其中 should 可以省略。故选 A 项。

3.（2018 广发银行秋招·单选题）Do you know where _____ now?

A.he lives　　　　　　　　　B.does he live

C.he lived　　　　　　　　　D.did he live

答案 A

解析 本题考查宾语从句。题目意为"你知道他现在住在哪吗？" where 引导的从句是整个句子的宾语，主句中有时间状语 now，时态为一般现在时，宾语从句语序为陈述语序。故选 A 项。

4.（2018 中国光大银行秋招·单选题）He raised the question of _____ we could find the necessary money.

A.which　　　　　　　　　　B.that

C.whether　　　　　　　　　D.if

答案 C

解析 本题考查宾语从句。题目意为"他提出我们能否筹集到必要的资金这个问题"。根据题干可以看出从句"we could find the necessary money"是一个完整的主谓宾句型，因此作为需要充当句子成分的 A 项 which，是不能应用在该句中的，因此 A 项

567

错误；又根据主句中的"question"可以判断出从句部分应是一个疑问句，而 that 引导的是一个陈述句，因此 B 项错误；C、D 项都是表示"是否"的引导词，但区别在于在介词后面只能用 whether，不能用 if，因此 D 项错误。故选 C 项。

5.（2019 中国农业银行秋招·单选题）The Happy Planet Index(HPI) looks at three different factors to determine _____ people are happy in a certain country.

A.where B.how
C.that   D.if

答案 D

解析 题目意为"快乐星球指数（HPI）考查三个不同的因素，用以确定一个国家的人民是否快乐。"空格处应填表示"是否"意思的宾语从句引导词，因此 D 项正确。故选 D 项。

核心考点三：虚拟语气（备考指数：★★★）

虚拟语气表示虚假的、与事实相反的或难以实现的情况。另外，表达主观愿望或某种强烈情感时也用虚拟语气。

考查方式：考查虚拟语气的与过去、现在、将来相反的时态的用法。

解题技巧：熟记虚拟语气的各个知识点。

一、if 条件从句中的虚拟语气

	形式	例句
与现在事实相反	从句：If+ 主语 +did/were； 主句：should/could/would/might do	If I were you, I would go on foot.
与过去事实相反	从句：If+ 主语 +had done； 主句：should/could/would/might have done	If you had studied hard, you could have entered into the university.
与将来事实相反	从句：1.If+ 主语 +should do 2.If+ 主语 +did 3.If+ 主语 +were to 主句：should/could/would/might do	If it were to rain tomorrow, we would stay at home.

二、其他的虚拟语气

1.as if/as though + 从句

	形式	例句
与现在事实相反	as if/as though+did/were	He looks as if he were a doctor.

568

续表

	形式	例句
与过去事实相反	as if/as though+had done	He talked about the book as if he had read it.
与将来事实相反	as if/ as though+could/ might/ would do	They talked and talked as if they would never meet again

2.wish/if only + 从句

	形式	例句
与现在事实相反	wish/if only +did/were	I wish you visited us. If only I were rich!
与过去事实相反	wish/if only +had done	I wish I had studied hard. If only I had listened to my mom!
与将来事实相反	wish/if only +could/ might/ would do	I wish it would rain tomorrow. If only she would support me!

3.would rather + 从句

	形式	例句
与过去事实相反	would rather +had done	I would rather I had never met you.
与现在/将来事实相反	Would rather +did/were	I'd rather you were happy. I would rather you came next week.

4. It is (high/about) time that sb. did/ should do sth. 是时候要做某事

eg:It is (high) time that you should study hard.

5. 表示坚持、建议、命令、要求的四类动词及相应的名词后面用 that (should) do

此类动词有：想要 (desire)、宁愿 (prefer)、坚持 (insist)、命令 (order, command)、建议 (advise, suggest, propose, recommend)、要求 (demand, require, request, ask)

经典真题

1.（2019 国家开发银行·单选题）Since he suffered a great deal from stomachache, the doctor insisted that he _____ wine any more.

A.did not drink　　　　B.does not drink

C.should not drink　　　D.could not drink

答案 C

解析 本题考查虚拟语气。题目意为"由于他胃痛得厉害，医生坚持要求他不应该再喝酒了。"insist 表示"坚持要求"时，宾语从句中用虚拟语气 (should + 动词原形)，should 有时可省略。故选 C 项。

2.（2019国家开发银行·单选题）If I _____ my essay this afternoon, I will have time to go out tonight.

A.wrote　　　　　　　　B.had written

C.write　　　　　　　　D.have written

答案　C

解析　本题考查虚拟语气。题目意为"如果我今天下午写论文，我今晚就有时间出去了。"根据主句采用一般将来时判断，该句采用的是真实条件句中的虚拟语气，真实条件句所表示的假设是可能发生或实现的。即现在还没到今天下午，如果下午写论文，晚上就能出去。故选C项。

3.（2018中国光大银行秋招·单选题）She would rather that her husband _____ travel during the bad weather, but he insists that he return home today.

A.do not　　　　　　　　B.not

C.must not　　　　　　　D.did not

答案　D

解析　本题考查would rather+从句，是一个常用的虚拟语气句型，谓语一般用过去时来表示现在或将来。其意为"宁愿……，还是……好些""一个人宁愿另一个人做某事"。引导从句的that有时省略。题目意为"她宁愿她的丈夫不要在这么恶劣的天气里赶路，但他坚持要今天赶回家里。"这里用过去式did，但不表示过去而是表示将来。故选D项。

4.（2018广发银行秋招·单选题）But for the storm, the anniversary ceremony of the company_____.

A.would have been held　　B.had been held

C.would be held　　　　　D.is held

答案　A

解析　本题主要考查but for引导的虚拟语气，其意为"要不是……"。题目意为"要不是暴风雨，公司的周年庆典应该已经举行了。"表示的是对已经完成的情况的假设，所以用过去完成时态should(would)have+过去分词。故选A项。

核心考点四：倒装句（备考指数：★★）

为了强调、突出某些句子成分而颠倒原有语序的句式叫做倒装句。倒装句可分为全部倒装和部分倒装两种：全部倒装是指将句子中的谓语全部置于主语之前；部分倒装是指将谓语的一部分如助动词或情态动词倒装至主语之前，而谓语动词无变化。

考查方式：考查完全倒装和部分倒装形式。

解题技巧：掌握完全倒装和部分倒装的条件。

一、全部倒装

1.there be/come/live/stand/lie 等结构

eg:There stands a temple on the top of the mountain.

2. 表示地点、方向、时间的副词或状语置于句首here，away，down，in，off，over，round，up，then，及表示运动的不及物动词 go，come，leave，move，jump 等

eg:Here comes the teacher.

3. 状语与表语位于句首

eg:Among these people was his friend Jim.

4. 分词和不定式位于句首

eg:Standing beside the table was his wife.

二、部分倒装

1. 否定副词 never，rarely，little，hardly，scarcely，few，seldom 等表示几乎不；not until…句型

eg:Seldom have we felt as comfortable as at home.

介词短语：in no way，in no case，by no means，under no circumstances 表示绝不；hardly/scarcely /barely…when… 表示一……就……，no sooner…than… 表示一……就……等放在句首。

2.only+ 状语位于句首

eg:Only in this way did I finish the homework.

3.so / such… that 引导的结果状语从句表示"如此……以至于……"，如果将 so/ such 及其所修饰部分提到句首时要倒装

eg:So difficult did I find it to work out the problem that I decided to ask him for advice.

4.as/ though 引导让步状语从句表"尽管"时，要将表语、状语和动词原形提到句首

eg:Child as he is, he knows a lot.

5.if 引导的虚拟条件句中含有 had, were, should 等，若将 if 省略，则 were，had，should 要提前

eg:Should it rain tomorrow, we would stay at home.

经典真题

1. （2019 国家开发银行·单选题）_____ that the pilot couldn't fly through it.

   A.The storm so severe was　　B.So severe was the storm

   C.So the storm was severe　　D.Such was the storm severe

   答案 B

   解析 本题考查倒装语法。题目意为"暴风雨太猛烈了，飞行员无法飞过它。"在 so...that... 句型中如果 so 被提到句首，紧随其后的应是 so 修饰的那个形容词或副词，so 所在的那句话的主谓应倒装。故选 B 项。

2. （2018 中国邮政储蓄银行秋招·单选题）He had _____ speak _____ the audience interrupted him.

   A.had started to...when　　B.hardly begun to...before

   C.nearly going to...than　　D.just about to...that

   答案 B

   解析 本题考查倒装语法。hardly...when 的结构表示"刚……就……"。含有这种结构的句子常将 hardly 置于句首，而采用部分倒装的语序。此外，hardly 分句中一般采用过去完成时，而 when（或 before）分句中使用过去时。故选 B 项。

3. （2018 中信银行秋招·单选题）Only when humanity began to get its food in a more_____ way was there time for other things, like sports games and entertainment activities.

   A.predictive　　B.provocative

   C.protective　　D.productive

   答案 D

   解析 only... 引导条件状语从句，was there time... 是主句，倒装句式。直译为"只有当人类开始更高效地获取食物时，才有时间做其它的事情"；意译为"仓廪食而知礼节"。A 项意为"预言性的；成为前兆的"；B 项意为"刺激的，挑拨的；气人的"；C 项意为"防护；关切保护的；保护贸易的"；D 项意为"生产的，生产性的；多产的"。根据句意表达，D 项符合题意。故选 D 项。

4. （2019 浦发银行秋招·单选题）Nowhere are the realities of _____ climate change more apparent than at Earth's thawing poles.

   A.human-driving　　B.human-drive

   C.human-driven　　D.human-drived

   答案 C

   解析 题目意为"没有比融化中的南极和北极更能明显反映人为引起气候变化这

一事实的地方了。"由于句子是由 nowhere 此类有否定意思开头的,需要使用部分倒装。空格处意思为"人为引起,人为造成",drive 的过去分词形式 driven 在这里作名词使用,表被动,和 human 组成联合短语共同作为定语修饰后面的内容。故选 C 项。

模块二 阅读理解

在英语模块的考查中，阅读理解是考试范围最广、题量最大的题型，主要考查考生的阅读能力和对细节把握的能力。银行招聘考试的阅读理解涉及到的文章包括一般性题材文章、信函、商务邮件、招聘启事等，需要考生在理解文意的基础上对相关的细节和主旨做出一定的判断，银行的阅读理解题主要有细节题、主旨题、语义猜测与指代题、推理判断题及态度观点题，其中细节题的考查量较大，要求考生在平时的训练中注意对细节描述的敏感性，同时也要训练快速把握文段主旨的能力。

本章将基于银行招聘考试阅读理解部分的五大考点，分别剖析各类题型的出题方式及解题技巧，帮助考生顺利掌握阅读理解的精髓。

核心考点一：细节题（备考指数：★★★★）

细节题是对原文的事实信息进行提问，是阅读理解考查的主体。它主要考查考生的信息检索能力和阅读能力，需要考生培养快速、准确找到答案的能力。

细节题有两种类型：一般细节题和是非细节题。解答这两种类型的题目要根据题目选项的不同及依托阅读做题原则，灵活运用各种阅读技法，快速有效地解题。

一、一般细节题

顺序定位，一般出题都会按照文章段落的顺序出题。

具体定位：如果选项答案有具体的数字、人名、地名、书名等特殊词汇，那么就在原文中找到这些特殊词汇进行定位，再看该部分的中心语成分与题目中心词是否一致。

同义替换原则，一些词有不同的叫法，如果出现同义词替换的地方，往往就是答案所在。如：abandon，leave，give up 这些词或词组都含有"抛弃、放弃"之意，ability，capacity，talent 均可表示能力、才能之意。建议大家在刷题的过程中注意积累这些常见的同义词，这样就可以达到快速定位正确答案的效果。

二、是非对错题

解答是非对错题时，题目如果对具体内容作出说明（限定状语居多时）以题目中的中心词来定位；如果题目只是对某一具体内容的陈述，那么就需要通过选项的中心词来寻找答案。四个选项可能有同一个中心词或者四个选项为四个不同的中心词，需要根据中心词分别到文章中一一对应原文，然后再判定答案。

【Passage 1】（2018 中国工商银行秋招·单选题）

The best-selling sports drink, Zumo, is produced by Zumospa, a food and drinks company based in Valencia, Spain. In the last financial year, Zumo contributed 30 million Euros to Zumospa's annual sales revenue, accounting for 20% of the company's total turnover. It is, in fact, Zumospa's cash cow, generating more revenue than any other of its products.

At present, Zumo is sold only in Europe. However, the sports drink market is the most rapidly growing segment of the world beverage market. Zumospa is now looking outside Spain for markets and would like to make Zumo a global brand.

Zumospa needs to reposition it for the global market. Initial research suggests that Zumo is perceived as a Spanish drink and its close identification with Spain may not be suitable when developing a global brand.

1. What is Zumo?（　　）

A. It is a Spanish food　　　　B. It is a soft drink

C. It is a sports drink　　　　D. It is a food and drinks company

答案　C

解析　本题为细节题。从文章第一段 "The best-selling sports drink, Zumo, is produced by Zumospa, a food and drinks company based in Valencia, Spain." 得知，Zumo 是一种运动饮品。故选 C 项。

2. Approximately what is Zumospa's total turnover?（　　）

A. 100 million euros　　　　B. 150 million euros

C. 20 million euros　　　　D. 30 million euros

答案　B

解析　本题为细节题。从文章第一段 "In the last financial year, Zumo contributed 30 million Euros to Zumospa's annual sales revenue, accounting for 20% of the company's total turnover" 得知，在上一年度中，Zumo 这种饮料的销售额为整个公司的年度销售额贡献了 30 million，占到了整个公司年度营业额的 20%，由此可得，整个公司的年度营业额应为 150 million。故选 B 项。

3. What can be inferred from the article?（　　）

A. Zumo does not need to change its brand name

B. Zumospa only produces sports drinks

C. Zumo is available in Europe and North America

D. Spanish identity is not suitable for Zumo to tap into global market

答案 D

解析 本题为细节推断题。从文章最后一段 "Initial research suggests that Zumo is perceived as a Spanish drink and its close identification with Spain may not be suitable when developing a global brand." 得知，带有西班牙身份的 Zumo 可能并不适合全球化。故选 D 项。

【Passage 2】（2019 广发银行秋招·单选题）

THOMAS WILSON

15 Spring Drive

Sometown, WI 53205

Home: (555)555-5555| tw@somedomain.com

Administrative Assistant

Four years of experience providing top-notch support to VPs, directors and managers

• Administrative: Adeptly handle administrative matters including screening calls, managing calendars, planning meeting, making travel arrangements, composing documents and organizing offices for efficiency.

• Communications: Interact professionally with all levels of staff and maintain the highest level of confidentiality, known for tact and diplomacy in handling sensitive issues.

• Computers: Considered a "power user" of Microsoft Office; quickly learn and master new technology.

EXPERIENCE

ABC COMPANY-Sometown, OR

Administrative Assistant, f 2009 to Present

Provide administrative support to the investment banking group VP and five of her department directors. Answer telephones and promptly and courteously assist clients and employees throughout the organization. Maintain calendars, coordinating extensive appointments, meetings and domestic/international travel.

• Office Management: Overhauled recordkeeping system from manual to computer-based, creating a user-friendly and systematic information management system and reducing data-retrieval time.

• Travel Logistics Management: Coordinate a busy travel calendar that includes six international symposiums annually, ensuring all events are successfully executed.

• Customer Relationship Management: Tapped into the power of PeopleSoft CRM Analytics to track the effectiveness of leads, marketing initiatives and revenues. Generated reports that assisted upper management with decision making and were distributed to 200+ employees department wide. TEMPORARY AGENCY ASSIGNMENTS-Sometown, OR'

Administrative Assistant, 2008 to 2009

Assigned by DEF Temporary Agency and GHI Temporary Agency to serve in administrative support roles for clients in investor relations, high tech, healthcare and real estate sectors.

• Hit the Ground Running: Learned organizational processes, policies and procedures with minimal ramp-up time.

Successfully completed administrative assignments for ABC Co., JKL Co., MNO Co. and PQR Co.

• Service Focus: Adapted to diverse work styles and consistently provided friendly, personable service.

• Excellent Performance: Offered full-time position at the conclusion of temporary assignment at ABC Co.

EDUCATION

ABC TRAINING ACADEMY-Sometown, OR

Certificate in Office Management, 2009

Completed 45-credit certificate program. Focused on business data processing, software applications, basic accounting, business communications and business law.

1. Which of the following is NOT among the administrative matters?（   ）

A.screening calls B.managing calendars

C.photocopying documents D.organizing offices for efficiency

答案 C

解析 本题为细节判断题。本题的问题是"以下哪一项不是行政的工作职责"。文中的主题句为"Administrative: Adeptly handle administrative matters including screening calls, managing calendars, planning meeting, making travel arrangements, composing documents and organizing offices for efficiency.（行政管理：熟练地处理行政事务，包括筛选电话、管理日历、规划会议、安排旅行、编写文件和组织办公室以提高效率）"A项"筛选来电"；B项"日程管理"；C项"复印文件"；D项"组织高效办公"。根据题目中关键词找到主题句，主题句中，A、B、D三个选项均有涉及。故选C项。

2. Which of the following is NOT Thomas' duty at ABC Company?（　　）

A.Provide support to the investment banking group VP

B.Answer telephone

C.Maintain calendars

D.Assist visitors

答案 D

解析 本题为细节判断题。本题的问题是"以下哪一项不是托马斯在ABC公司的工作职责"。文中的主题句为"Answer telephones and promptly and courteously assist clients and employees throughout the organization. Maintain calendars, coordinating extensive appointments, meetings and domestic/international travel.（接听电话，及时礼貌地协助整个组织的客户和员工。保持日历，协调广泛的约会、会议和国内/国际旅行）"A项"为投资银行集团副总裁提供支持"；B项"接听电话"；C项"维护日程"；D项"为访问者提供帮助"。根据题目中关键词找到主题句，主题句中，A、B、C三个选项均有涉及，D项是为客户和员工提供帮助，而不是来访者。故选D项。

3. Which of the following area does NOT include DEF Company's clients?（　　）

A.Medicine　　　　　　B.high tech

C.healthcare　　　　　D.real estate

答案 A

解析 本题为细节判断题。本题的问题是"以下哪一项不包含在DEF公司的客户中"。文中的主题句为"Assigned by DEF Temporary Agency and GHI Temporary Agency to serve in administrative support roles for clients in investor relations, high tech, healthcare and real estate sectors.（由DEF临时机构和GHI临时机构指派，在投资者关系、高科技、医疗和房地产部门为客户提供行政支持）"A项"医药"；B项"高科技"；C项"医疗保健"；D项"房地产"。根据题目中关键词找到主题句，主题句中，B、C、D三个选项均有涉及。故选A项。

4. Which of the following is NOT included in the Office Management program in ABC Training Academy?（　　）

A.business data processing　　　B.software applications

C.advanced accounting　　　　　D.business law

答案 C

解析 本题为细节判断题。本题的问题是"以下哪一项不包括在ABC培训学院的办公管理课程中"。文中的主题句为"Focused on business data processing, software applications, basic accounting, business communications and business law.（专注于商业

数据处理、软件应用、基础会计、商务通信和商法。)"A项"商业数据处理";B项"软件应用";C项"高级会计";D项"商业法"。根据题目中关键词找到主题句,主题句中,A、B、D三个选项均有涉及,C项中会计课程应为基础会计,未涉及。故选C项。

核心考点二：主旨题（备考指数：★★★）

主旨题是是英语阅读中常见的考查形式。考查学生对于文章整体把握的能力，对于考试而言，需要掌握如何在有限的时间内快速掌握文章的主旨。

主题句原则，很多英语文章的思维是开门见山。因此，第一段和每一段的第一句话或最后一句话可能会体现文章的主题还要注意交点重合，即每段重复最多的或者选项中都出现的词。

文章主题题的答案有两种解题方法。如果文章主旨题在该篇阅读中在第一题出现，那么答案一般在段首，依据英语文章结构和出题顺序，特别是信件、备忘录之类都是开门见山指明主题；如果文章主旨句在该篇的最后一题，那么最佳的原则根据前面所做的题目提取文章的主旨。

【Passage 3】（2019 中国农业银行秋招·单选题）

Placing the right type of workers in close proximity to each other can generate up to a 15 percent increase in organizational performance, according to the study from Cornerstone On Demand, a provider of cloud-based learning and talent-management software, and researchers at Harvard Business School in Massachusetts. For businesses with 2,000 employees, this translates into an additional $1 million in profit each year, the study said. For the study, researchers examined data from a two-year period of more than 2,000 employees working at a large technology company with locations in the U.S. and Europe. The study's authors separated workers into three different categories based on the work they produced:

Productive: These employees are very productive, but don't always produce quality work. Quality: These workers produce work of superior quality, but aren't always productive.

Generalists: These employees are average in terms of both productivity and quality.

The researchers defined productivity by how long it takes an employee to finish a task, and effectiveness by how often employees need to ask a co-worker for help completing a task.

1.What's the main idea about the first paragraph?（　　）

A.Cornerstone On Demand is a provider of cloud-based learning and talent-management software

B.Placing the right type of workers together will generate 15% increase in performance

C.Smarter seating can affect company's performance

D.A study about how a firm get additional profit

答案 B

解析 本题的问题是"第一段的主旨大意是什么"。A项"Cornerstone On Demand是基于云的学习和人才管理软件的供应商"；B项"将合适类型的工人放在一起将使绩效提高15%"；C项"明智的座位安排会影响公司的业绩"；D项"关于企业如何获得额外利润的研究"。根据题目中关键词找到主题句，各选项均正确，但最能总结主旨大意的是B项，A项不是主要含义，C、D项不够具体、过于笼统。故选B项。

【Passage 4】（2018中国光大银行秋招·单选题）

Being financially secure in retirement just doesn't happen magically. It takes lots of planning, time and savings. Some scary facts about retirement:

More than 50% of persons do not have enough finances for retirement.

25% do not participate in their company's retirement plan.

The average person spends 20 years in retirement.

Here are some tips to help you plan correctly:

1.Talk to a financial professional. Every few years, it's a good idea to schedule a meeting with a financial planner to get a "check-up". It's just like a doctor's visit, and you should really talk about your present situation and future goals.

2.Save, save, and keep on saving. Make it a habit to save as much as you can

……

1.What's the main theme of the passage?（　　）

A.How to find a good financial professional.

B.The importance of retirement plans.

C.The scary facts about retirement.

D.How to make correct retirement plans.

答案 D

解析 本题为主旨题。题干意为"本文的主题是什么"。文中"Here are some tips to help you plan correctly.（下面是一些帮助你正确制定计划的小窍门。）"A项意为"如何找到一个好的财务专家"；B 项意为"退休计划的重要性"；C 项意为"关于退休可怕的事情"；D 项意为"如何制定正确的退休计划"。故选 D 项。

【Passage 5】（2018 广发银行秋招·单选题）

The market is a concept. If you are growing tomatoes in your backyard for sale you are producing for the market. You might sell some to your neighbor and some to the local manager of the supermarket. But in either case, you are producing for the market. Your efforts are being directed by the market. If people stop buying tomatoes, you will stop producing them.

If you take care of a sick person to earn money, you are producing for the market. If your father is a steel worker or a truck driver or a doctor or a grocer, he is producing goods or service for the market.

When you spend your income, you are buying things from the market. You may spend money in stores, supermarkets, gas stations and restaurants. Still you are buying from the market. When the local grocer hires you to drive the delivery truck, he is buying your labor in the labor market.

The market may be something abstract. But for each person or business that is making and selling something, it is very concrete. If nobody buys your tomatoes, it won't be long before you get the message. The market is telling you something. It is telling you that you are using energies and resources in doing something the market doesn't want you to do.

1. Which of the following would be the best title for the passage?（　　）

A. Selling and Buying

B. What Is the Market?

C. Everything You Do Is Producing for the Market

D. What the Market Can Do for You?

答案 B

解析 本题为主旨题。题目意为"下面哪一项是文章最好的题目？"。第一段"The market is a concept.（市场是一种概念。）"A 项意为"买与卖"；B 项意为"什么是市场"；C 项意为"你做的每件事都是为市场生产商品"；D 项意为"市场能为你做什么"。根据整篇文章讲述的是市场是什么的问题，并通过具体的例子来阐述，只有 B 项符合题意。故选 B 项。

核心考点三：语义和指代题（备考指数：★★★★）

语义和指代题经常考查对某一单词、词组甚至句子在特定文章中所指代的事物、或其含义是什么。有时还考查对某些指代词的指代关系。

解题原则：寻找对应的词，分析定位句的成分，再联系上下文，答案就显而易见。

 经 典 真 题

【Passage 6】（2018 中国建设银行秋招·单选题）

It's an especially notable achievement given that some of the other forces at work in the Chines economy are far from helpful. <u>The expansion of the sharing economy and ever growing role of technology across most sectors is ultimately deflationary.</u> Automation is increasingly displacing manufacturing jobs.

1.What does the underlined sentence mean？（　）

A.We should resist the trend of automation

B.The growth of the economy and technology brings prosperity

C.Technology is double-edged since some jobs will be eliminated

D.The development of technology is devastating

答案 C

解析 划线的句子意思可理解为"共享经济的扩张以及多数行业中科技的作用日益增强，最终将产生通缩影响"。A 项意为"我们应该抵制自动化的趋势"；B 项意为"经济和技术的发展带来繁荣"；C 项意为"技术是双刃剑，因为一些工作岗位将被取消"；D 项意为"技术的发展是毁灭性的"。根据划线部分及前后文的意思，可以推知 C 项正确。故选 C 项。

【Passage 7】（2019 中信银行秋招·单选题）

Fossil evidence helps scientists to reconstruct these trees, but so do morphological and genetic studies. Genetic analysis has yielded striking similarities between chimps and humans. As such, scientists know a last common ancestor of chimps and humans existed, even if we've yet to determine the exact species. Yet paleoanthropologists have found numerous hominid fossils to bridge the evolutionary progression from that unknown common ancestor to modern humans. These finds include such famous East African fossils as Lucy（Australopithecus afarensis）, which strengthened the importance of <u>bipedalism</u> in human evolution and proved an essential milestone on our way to modern Homo sapiens.

1.What does the underlined word "bipedalism" refer to in Para.5? (　　)

A.Hominid and panin.　　B.Chimps and humans.

C.Walking on two legs.　　D.Morphological and genetic studies.

答案 C

解析 题目意为"第五段中划线词 bipedalism 意为什么？"A 项意为"原始人和帕宁"；B 项意为"黑猩猩和人类"；C 项意为"用双腿行走"；D 项意为"形态学和遗传学研究"。根据词语在原文位置，只有 C 项符合文意。故选 C 项。

【Passage 8】（2018 中国农业银行秋招·单选题）

While scales of economy have allowed big China stores in America to offer cheaper prices than niche players, local retailers in China are able to undercut prices because they pay less in salaries, benefits, rent, and electricity. Rampant piracy in China also means local computers shops are willing to install counterfeit Microsoft software in products, which makes it more appealing for customers.

1.The underlined part in the second paragraph means (　　).

A.Illegal　　B.Condemnable

C.Rife　　D.Common

答案 B

解析 第二段划线词"rampant"意为猖獗的盗版，A 项意为"非法的"；B 项意为"应受谴责的"；C 项意为"流行的，普遍的"；D 项意为"普通的"。根据上下文意，只有 B 项与划线部分表达一致。故选 B 项。

【Passage 9】（2019 中国建设银行秋招·单选题）

Officials have also offered them generous allowances, housing, health care and other benefits to move back to China. Today's world not only has the West's American dream but the East's Chinese dream as well.

Officials say about 80% of Chinese students now return after finishing their studies, compared with less than one-third in 2006. Some, known as "seagulls", flit back and forth between East and West. But the trend is clear.

The success of China's plan to create world leaders in cutting-edge industries, known as "Made in China 2025", will need returnees. And indeed they make up nearly half of the "core talents" involved in developing artificial intelligence in China, according to ChinaHR.com. a recruitment website. Growing numbers of them have not only been educated in America but have also gained crucial experience there.

1.The underlined sentence "Today's world not only has the West's American dream but the East's Chinese dream as well." Tells us that（　）.

A. opportunities in China will allow people to achieve their dreams there

B. more people will come to China to pursue their Chinese dream

C. American dream is out dated

D. the word is full of opportunities for people to make their dreams come true

 A

解析 本题是对划线部分意思的理解。该句意为"今天的世界不仅有西方的美国梦，还有东方的中国梦"，紧跟着"Officials have also offered them generous allowances, housing, health care and other benefits to move back to China."说明中国帮助很多人实现了梦想，对应 A 项"中国的机遇将使人们在那里实现梦想"。故选 A 项。

核心考点四：推断题（备考指数：★★★）

推断题考查考生推断的能力。推断题又可分为部分内容的推测（小推）和全文的推测（大推）。

解答推断题时，如果是对于文章部分内容的推断，那么通过结合阅读做题原则和相关阅读技法便能解答；如果是对于全文的推断，那么此题留于最后解答，通过对别的题目的解答，大致把握全文意义，再根据选项特点，便能迅速解答。

经 典 真 题

【Passage 10】（2020 中国农业银行秋招·单选题）

"It's a very small study, so you have to take with a grain of salt," said Stanford neuroradiologist Dr.Max Wintermark, an expert who was not connected with the research. "It's the first study that I read about internet addiction. But there are many studies that link alcohol, drug and other types of addiction to the neurotransmitter changes in the brain."

1.Why does Dr. Max Wintermark mention alcohol, drug addiction?（　）

A. To show there are less studies on phone addiction than on alcohol and drug

B. To claim that phone addiction is worse than alcohol and drug addiction

C. To suggest that we should pay more attention to alcohol and drug addiction

D. To imply that addiction to phones are similar to alcohol and drug addiction

 C

解析 本题是"问为什么 Dr. Max Wintermark 提及酒精和毒品上瘾?"定位原文可知,Dr. Max Wintermark 对前面研究手机上瘾持怀疑态度"It's a very small study, so you have to take with a grain of salt",后面又说道"But there are many studies that link alcohol, drug and other types of addiction to the neurotransmitter changes in the brain." 由此说明对于 Dr. Max Wintermark 来说,酒精和毒品上瘾更值得关注,对应 C 项。故选 C 项。

【Passage 11】(2017 中国工商银行秋招·单选题)

The poverty line is the minimum income that people need for an acceptable standard of living. People with incomes below the poverty line are considered poor. Economists study the causes of poverty in order to find solutions to the problem.

As the general standard of living in the country rises, the poverty line does; too. Therefore, even with today's relatively high standard of living, about 10 percent of the people in the United States are below the poverty line. However, if these people had stable jobs, they could have an acceptable standard of living. Economists suggest several reasons why poor people do not have jobs.

For one thing, more than half of the poor people in the United States are not qualified to work. Over 40 percent of the poor. People are children. By law, children less than 16 years old cannot work in many industries. A large number of poor people are Old. Many companies do not hire people over 65 years old, the normal retirement age.

Some poor adults do not look for jobs for a variety of personal reasons: they are sick, they do not have any motivation, they have family problems, or they do not believe that they can find a job.

Other poor people look for a job but cannot find one. Many poor adults never went to high school. Therefore, when they look for jobs, they have few skills that they can offer.

At the present time, the government thinks it can reduce poverty in the country in the following ways. First, if the national economy grows, businesses and industries hire more workers. Some of the poor who are qualified to look for jobs may find employment. Then they will no longer be below the poverty line. Second, if society invests in the poor, the poor will become more productive. If the government spends money on social programs, education, and training for poor people, the poor will have the skills to offer. Then it is more likely that they can find jobs.

Finally, if the government distributes society's income differently, it raises some poor people above the poverty line. The government collects taxes from the non-poor and gives money to the poor. These payments to the poor are called welfare. In 1975 over 18 million people in the United States received welfare.

Some economists are looking for better solutions to the poverty problem. However, at the present time, many people depend on welfare for a minimally acceptable standard of living.

1.For the time being, what is the last solution to guarantee the basic standard of living？（　　）

A. The growing national economy

B. The tax collections from the non-poor classes

C. More choices of selectable job vacancies

D. Government's investments on the poor to improve their working skills

答案 C

解析 本题为推测题。题干中问到"就眼下而言，最不可能用来保证基本生活标准的措施是哪个？"。A项为不断增长的国民经济，在文中第六段中"First, if the national economy grows, businesses and industries hire more workers"可以找到原话；B项来自于非贫困阶级的税收，从第七段"Finally, if the government distributes society's income differently, it raises some poor people above the poverty line. The government collects taxes from the non-poor and gives money to the poor"可找到原话；C项提供更多可供选择的工作岗位，文章第六段"Some of the poor who are qualified to look for jobs may find employment"只提到部分合格的穷人可能找到工作，但就提供更多选择而言并未提及；D项政府用投资来提高穷人的工作技能，从文章第六段最后一句"If the government spends money on social programs, education, and training for poor people, the poor will have the skills to offer. Then it is more likely that they can find jobs"可找到依据。故选C项。

核心考点五：观点态度题（备考指数：★★）

观点态度题主要是针对作者的写作意图、观点态度和对某些事物的评价等提问的题目，要求考生能够掌握文章基调，通过文章的字里行间揣摩作者的态度。

常见的态度有以下几种：

积极类：impartial（公正的）；helpful（有帮助的）；positive（正确的）；supporting（支持的）；unbiased（没有偏见的）；concerned（关心的）；confident（自信的）；optimistic（乐观的）。

中立类：objective（客观的）；neutral（中立的）；indifferent（不感兴趣的）。

消极类：critical（批评的）；negative（否定的）；doubtful（怀疑的）；pessimistic（悲

观的）；biased（有偏见的）；vicious（恶意的）。

【Passage 12】（2018 中国光大银行秋招·单选题）

Everyone knows airline pricing is based on supply and demand. Fares are more expensive during peak travel seasons like summer and to prime destinations like European capitals. So if a flight to Rome costs more than a flight to Milan, you'd think that demand for Rome must be higher or supply lower.

What's puzzling is that you can pay a high price to a given destination but a dramatically lower price for the exact same flight if you agree to go on to another destination.

Take Alitalia to Rome, for instance, for travel in August. A round-trip, economy flight directly to Rome leaving JFK at 10: 05 p.m. on Alitalia 611 on August 5 costs $1,655 when booked on April 30. Compare that to $903 for a round-trip, economy ticket to Milan (stopping in Rome) leaving JFK on the exact same Alitalia 611 flight at 10: 05 p.m. on August 5. So why is Alitalia willing to fly to Rome for $752 less than it would otherwise, plus give you an extra one-and-a-half-hour flight to Milan?

Airlines have increased their profitability in recent years by segmenting the market for air travel and charging customers different prices for the same product. In this case, the market is segmented based on demand for direct flights. Airlines know most people prefer the shortest route to their destination, so they make customers pay up for the privilege of flying direct. (They also make it a little more inconvenient if you don't pay up for a direct flight, in order to encourage you to fly direct.)

When prices become so obviously illogical, it may be time to revisit why air tickets can't be transferred or resold just like any other normal product. If the airlines are entitled to exploit the free market, shouldn't customers be allowed to do the same thing?

1.What's the author's attitude to the present airline pricing?（　　）

A.Neutral　　　　　　　　B.Positive

C.Negative　　　　　　　D.Not mentioned

答案 C

解析 本题为观点态度题。题目意为"作者对现今机票的态度是什么？"第5段"If the airlines are entitled to exploit the free market, shouldn't customers be allowed to do the same thing?（如果航空公司有权利用自由市场，那么乘客为什么没有权利做同样的事呢？）"A项意为"中立的"；B项意为"积极的"；C项意为"消极的，反对的"；

D 项意为"未提及"。作者首先表达对较远旅程费用较少表示不解，分析了航空公司利用人们喜欢短程旅行的心理，对直飞航线收取较高费用，并故意让转机航线不方便。根据文章最后一段以及主题句，可知作者对现今机票价格的特点是持不满和反对的态度的。故选 C 项。

【Passage 13】（2018 中国农业银行秋招·单选题）

The business announced that revenues had grown by 10.2 percent year-on-year to RMB 18.264 billion ($2.748billion). However, profit fell to RMB 2.866 billion ($431.3 billion), a 17.4 percent decrease from the same period in 2015.

Robbin li, Chairman and CEO of Baidu, said:"The challenges Baidu faced in the second quarter served as a healthy reminder to stay focused on the key drivers of growth, sustainability and leadership; delivering the best user experience and staying at the forefront of technology. As we enter the next chapter of the Internet, led by artificial intelligence, Baidu has never been better positioned to serve our users and work with our customers and partners, and change the world through technology." The business has been rocked by a series of high profits issues with its advertising business this year.Baidu was called out for its practices around selling access to forums early this year. Not long after it also agreed to overhaul the way it delivers its search ads, including the volume of ads served, after a huge public backlash saw Baidu taking some of the blame for the death of a student who died after taking experimental cancer treatment that be found from a search ad.

The overhaul has been welcomed by the industry which believes will create a better experience, particularly on mobile.

The business said the revenue from mobile was growing as it represented 63 percent of total revenues for the second quarter of 2016, compared to 50 percent in 2015. According to Baidu, mobile search monthly active users were 667 million for the month of June 2016, an increase of 6 per cent year-over-year. It said users of its mobile maps service grew by 13 percent and the number of activated Baidu Wallet accounts reached 80 million, representing a 131 percent year-on-year growth.

1.What is the author's attitude towards Baidu？（   ）

A.Subjective   B.Critical

C.Unbiased   D.Supportive

答案 C

解析 此文章为商业报告，数据事实罗列，并无过多的主观色彩加入。A 项意为"主观的"；B 项意为"批判的"；C 项"公正的"；D 项"支持的"。故选 C 项。

模块三 完形填空

近三年的银行招考真题中，只有个别银行的英语部分有完形填空这一题型，如2017、2019年国家开发银行（均为20题），其题量占比分别约为42%、33%；2019工商银行（5题）。该题型在近年来的银行招聘考试英语综合能力测评中考查的较少，但不排除未来不会在其它银行的招考中出现，因此要想保证英语部分的正确率，这一章也不能忽视，备考过程中也要注意相关知识点的积累，做到有备无患。

完形相当于"变形"的单项选择题，根据上下文补充文段中缺失的内容，完形填空题内的核心考点内容与单项选择中的大致相同，该题型与单项选择不同点在其语境：

1. 完形的词汇有时以同义替换或是原词的形式在文中出现，一般会在前后文直接告之；
2. 词汇语境题的答案有时与前后文的句子相关，单项选择题仅与句中相关。

完形填空综合考查考生对词汇、固定搭配、常用句型与语法、常用英文表达方式以及部分常识等知识的掌握程度，以及阅读全文的理解能力，灵活运用所掌握的语言知识，根据上下文内容进行合理的推理、判断、分析、总结的能力。上述能力掌握得越全面，在完形填空中查漏补缺的能力就越强。

要提高完形填空题的正确率，一方面要掌握并熟记相关的词汇、词组固定搭配和语法知识点；另一方面要根据不同的语境，有针对性地答题。

在解题时，切忌贪多，即大多数情况下只读当前题目相邻处的句子即可对该题进行作答。作答排序较后的题目时，已对前文的内容有所了解，适时的进行前文的概括，便可成为后续题目推理判断的依据。

本章内容将从真题入手回归单项选择的考点，以题带点，温故而知新。

核心考点一：辨析题（备考指数：★★★）

完形填空题目中，大部分考查的是考生平时的对英语的积累情况，考查最多的便是在所给的不同选项中不同词语或词组的意思，并代入到原句中看语句是否通顺，是否符合逻辑；亦或是从几个近义词之中选取最佳的答案。

 经 典 真 题

With Democratic leaders increasingly worried about a lack of 21 for Hillary Clinton among young black, President Obama is rolling out a new and more personal campaign message: "It's about me".

21.（2017 国家开发银行·单选题）（ ）

　　A.patience　　　　　　　　B.passion

　　C.understanding　　　　　　D.helping

答案 B

解析 本题考查词义辨析。题目意为"在民主党领导人越来越担心年轻黑人选民对希拉里·克林顿缺乏热情的情况下，美国总统奥巴马发出了一种新的、更具个人色彩的竞选讯息：'这跟我有关'。"A 项意为"耐心"；B 项意为"热情"；C 项意为"了解"；D 项意为"帮助"。故选 B 项。

The Clinton campaign plans to 39 Mr. Obama and the first lady, Michelle Obama, as much as possible in the coming weeks making particular use of the couple in Florida Ohio and North Carolina—in areas of those states that Mr. Obama won 40 in 2008 and 2012.

39.（2017 国家开发银行·单选题）（ ）

　　A.invite　　　　　　　　　B.utilize

　　C.mobilize　　　　　　　　D.employ

答案 D

解析 本题考查词义辨析。题目意为"在接下来的几周里，希拉里竞选团队计划尽可能地利用奥巴马及第一夫人米歇尔，……"A 项意为"邀请"；B 项意为"利用"；C 项意为"动员"；D 项意为"雇佣"。根据句意，后文提到"make particular use of the couple"，已经提到利用了，前文就不能再出现直接表示利用的词了。这里用"雇佣"有一种嘲讽的口吻，暗指他们的合作出于利益驱使。故选 D 项。

40.（2017 国家开发银行·单选题）（ ）

　　A.surely　　　　　　　　　B.expectedly

　　C.handily　　　　　　　　D.naturally

答案 C

解析 本题考查词义辨析。题目意为"……在 2008 年和 2012 年的两次竞选中，奥巴马曾在这些地方轻松赢得胜利。"A 项意为"理所当然地"；B 项意为"期望地"；C 项意为"轻松地（获胜）"；D 项意为"自然地"。故选 C 项。

Most of these sites have .org or .gov domain 31 ,but also includes sites such as www.bookrags.com and www.sparknotes.com. News and portals include sites that have a traditional published 32 ,such as the New York Times, and the Huffington Post. Sites that profit from students selling and exchanging original student papers are called paper mills or cheat sites. Lastly, encyclopedia web sites are __33__ into their own category because of its vast and growing __34__ , including Brittanica.com and Encyclopedia.com and Wikipedia.

31.（2019 国家开发银行·单选题）（ ）

A.restrictions　　　　　　　　B.registrations

C.recognitions　　　　　　　　D.recommendations

答案　B

解析　本题考查形似词辨析。题目意为"这些网站大多有 .org 或 .gov 的域名注册，但也包括 www.bookrags.com 和 www.sparknotes.com 等网站"。A 项意为"限制"；B 项意为"注册"；C 项意为"承认"；D 项意为"推荐"。故选 B 项。

32.（2019 国家开发银行·单选题）（ ）

A.manner　　　　　　　　　　B.model

C.duplicate　　　　　　　　　　D.facsimile

答案　B

解析　本题考查词义辨析。题目意为"新闻和门户网站包括拥有传统出版模式的网站，如《纽约时报》和《赫芬顿邮报》"。A 项意为"方式"；B 项意为"模式"；C 项意为"复制"；D 项意为"传真"。故选 B 项。

33.（2019 国家开发银行·单选题）（ ）

A.classified　　　　　　　　　　B.divided

C.allocated　　　　　　　　　　D.assigned

答案　A

解析　本题考查近义词辨析。题目意为"最后，百科全书网站因其广泛且日益流行而被归类为它们自己的类别，包括 Brittanica.com，Encyclopedia.com 和 Wikipedia"。A 项意为"归类"；B 项意为"划分"；C 项意为"分配"；D 项意为"指派"。故选 A 项。

34.（2019 国家开发银行·单选题）（ ）

A.popularity　　　　　　　　　　B.volume

C.quality　　　　　　　　　　　　D.quantity

答案　A

解析　本题考查近义词辨析。题目意为"最后，百科全书网站因其广泛且日益流行而被归类为它们自己的类别，包括 Brittanica.com，Encyclopedia.com 和 Wikipedia"。A 项意为"流行"；B 项意为"容量"；C 项意为"质量"；D 项意为"数量"。故选 A 项。

核心考点二：常用语法（备考指数：★★）

与单项选择题相类似，完形填空中也有对常用语法部分的考查，包括动词时态、介词、连词、定语从句、状语从句以及名词性从句等。

 经 典 真 题

"My name may not be on the ballot, but our progress is on the ballot," Mr. Obama said 24 Saturday night at the Congressional Black Caucus Foundation gala dinner in Washington where Ms. Clinton also spoke, "Tolerance is on the ballot. Democracy is on the ballot justice is on the ballot."

24.（2017 国家开发银行·单选题）（　　）
A.on   B.in
C.at   D.off

答案 A

解析 本题考查介词。"在星期几"前用介词 on。故选 A 项。

In an analytical study on 22 students find unoriginal content on the Internet, "Plagiarism and the Web: Myths and Realities."

22.（2019 国家开发银行·单选题）（　　）
A.that   B.which
C.where   D.whether

答案 B

解析 本题考查定语从句。题目意为"在一项关于学生在互联网上发现非原创内容的分析研究中"。A 项为关系代词，一般在句子中做主语或宾语，既可指人也可指物；B 项也是关系代词，在句子中做主语或宾语，一般指物，但 on which 相当于 where，在题目句中做状语；C 项为关系副词，在句子中做地点状语，但空格前有介词 on，不选；D 项意为"是否"。通过分析句子成分可知，该句中不缺少主语和宾语，且根据句意，B 项合适。故选 B 项。

One-third of all content matched in the study is from social networks or other question-and-answer sites where users contribute and share information 36 the web. One-quarter of all matched material is from educational web sites, which is more than double the number coming from paper mills or cheat sites. This means that educational sites are a more popular way students tend to plagiarize, 37 paper mills and cheat sites are the third most popular category for matched content.

36. （2019 国家开发银行·单选题）（ ）

A.from   B.due to
C.into   D.over

答案 A

解析 本题考查介词。题目意为"研究中匹配的所有内容中有三分之一来自社交网络或其他问答网站，用户可以在这些网站上贡献和分享来自网络的信息。"A项意为"来自"；B项意为"由于"；C项意为"在……里"；D项意为"在……上方"。故选A项。

37. （2019 国家开发银行·单选题）（ ）

A.otherwise   B.therefore
C.although   D.more over

答案 D

解析 本题考查连词。题目意为"这意味着教育网站是学生剽窃的较流行方式，此外造纸厂和作弊网站是匹配内容的第三大流行类别"。A项意为"否则"；B项意为"因此"；C项意为"尽管"；D项意为"此外。"故选D项。

第五篇

认知个性测试

模块一 认知能力操作

一、认知操作能力的测评角度

认知能力是指人脑加工、储存和提取信息的能力，即人们对事物的构成、性能与他物的关系、发展的动力、发展方向以及基本规律的把握能力。它是人们成功地完成活动最重要的心理条件。知觉、记忆、注意、思维和想象的能力都被认为是认知能力。

由于银行岗位工作中，无论是普通的一线服务或营销岗位，还是中后台的产品设计、审计部门，都需要一定的语言能力、计算能力、空间能力、推理能力，因此在银行的招聘过程中往往会增加对于认知能力的测试，来综合评定没有实践经验的候选人的整体情况。特别是近几年，线上测评工具和测评方法的创新，更推动了银行认知能力测查的开展。

目前，银行在认知能力测评时，一般通过空间记忆容量、粗加工、细加工、知觉目标动态追踪 MOT、躲避障碍物、多任务处理、注意力反应等几个方面来综合衡量报考人员，甚至有些银行还将认知能力赋分至报考人员笔试成绩之中。这些考生都应予以重视，加大对于认知能力的了解。

二、认知操作能力的题型

1. 空间记忆容量

在格子中会出现几个一闪一闪亮晶晶的小星星，然后马上消失，让你勾选出它出现在哪几个位置，以蓝色标记。

如下左右两图：

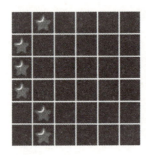 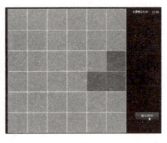

2. 粗加工与细加工

其实，粗加工和细加工都是考查考生的眼力，在规定的时间内找出右边四幅图中与左边样图完全相同的。如下几幅图：

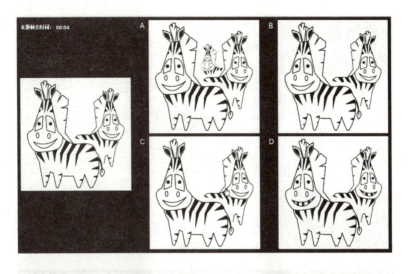
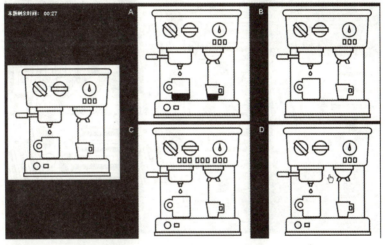
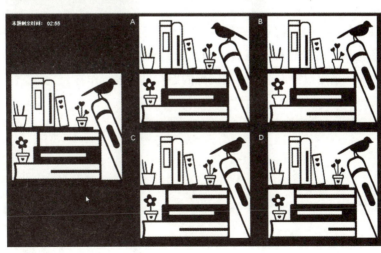

3. 目标动态追击 MOT

屏幕上会呈现 10 个圆球,其中有 3~5 个圆球将闪烁,闪烁的圆球即为需要追踪的目标,请记住他们,追踪目标闪烁后,10 个圆球都会开始运动,当圆球运动停止后他们会变成正方形,请用鼠标点选出之前闪烁的追踪目标进行作答。

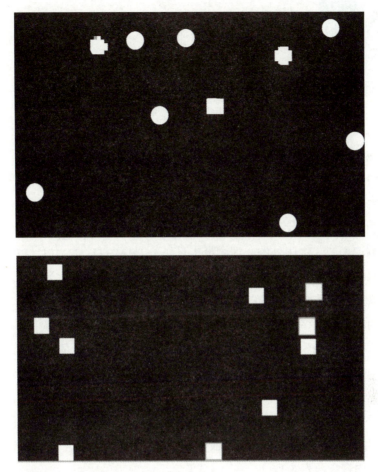

4. 躲避障碍物

你将在屏幕上看到一个圆形区域,在圆形区域中随机分布 6~10 个圆形障碍物和一个几何形状的目标物。找到目标物,用鼠标左键单击目标物,即开始一次任务,移动鼠标,目标物随之移动位置,您需要操作目标物及时躲避障碍物,同时避免触碰到圆形区域的边界。

模块二 心理测试

人才心理测评是心理测量技术在人力资源领域的应用。通过心理测量，针对性地为人力资源管理各个环节如招聘、配置、考核、培训等提供参考依据，降低了人岗不匹配和选人用人的育人成本。

国内自 20 世纪 90 年代引入心理测量技术后，企事业单位、公务员单位相继建设了自己的人才测评中心，在国外的心理测量工具如 16PF.MBTI、MMPI、EPQ、职业倾向测试、个人风格测评问卷、霍兰德职业兴趣量表等的基础上，以此为蓝本，根据中国人心理特点加以适当改造，形成各自的测评量表。

目前，国内的绝大多数银行在校园招聘、社会招聘的录用环节都采用了心理测试项目，但在具体操作过程中由于各自人力资源管理理念的差异，具体的政策迥然不同。一般体现在两种差异上：一是心理测试的时间不同，股份制银行及政策性银行的校园招聘，心理测试一般在笔试机考环节中就开始组织，个别银行在面试前还会安排，而社会招聘基本都会安排在面试前组织；二是心理测试选用的测量技术和测量内容不同，如中国银行 2018 年选用了认知能力测试，建设银行等却选用了心理测试。各个银行校园招聘心理测试的具体内容参照表 5-1。

表 5-1 2018 年主要银行心理测试一览表

银行	测试技术	测试内容
中国银行	认知能力测试	空间记忆、粗加工、细加工、动态追踪
农业银行	个性测试	Saville Focus
工商银行	性格测试	个人行为风格、性格
建设银行	性格测试	兰德心理测试
交通银行	性格测试	个人行为风格、性格
浦发银行	性格测试	兰德心理测试
招商银行	性格测试及职业倾向测试	霍兰德职业兴趣测试 16PF
民生银行	职业倾向测试	职业倾向及职业性格
农业发展银行	个人风格测试	ATA

心理测试主要考查性格是否有偏差以及考生的职业匹配性，目的在于考查报考者的性格特征是否与银行的工作相符合，此部分一般单独进行测试，不计入总分。心理测试的题目比较简单，只要掌握了技巧，大部分考生都能顺利通过。

一、考查方向

银行招聘考试的心理测试林林总总有上百套之多,但究其内容主要测评测试者的人格及心理状态、职业倾向性、职业能力等几个要素:

1. 人格及心理状态

人格及心理状态主要考查被测者的气质、性格、心理健康状态、心态积极程度等,用以衡量其情感、意志、需要、动机、态度价值观、行为习惯。

2. 职业倾向性

职业倾向性主要考查被测者的职业兴趣、职业倾向、工作适应性、工作主动性、成功倾向性、事业成功指数等。

3. 职业能力

职业能力主要考查被测者的学习能力、文字和语言运用能力、数学运用能力、空间判断能力、形体知觉能力、颜色分辨能力、手的灵巧度、手眼协调能力等。

二、测评工具

目前各家银行使用的测评工具主要有九种人格测试、卡特尔16PF人格测试、MBTI性格测试、霍兰德职业兴趣测试、兰德心理测试、DISC性格测试、明尼苏达多项人格量表等。

三、备考建议

1. 调整心态,对标职业要求

由于心理测试时间短、题量大,加之考试现场的考生心理变化,考生往往会在心理测试环节手足无措、无所适从,从而出现乱答、错答,甚至出现放弃的情况。事实上,尽管性格测试会体现各自不同的心理结果,但只要符合人们正常的心理测评要求,基本都可以顺利过关。因此,考生在进行心理测试时,只要树立健康、积极向上的心态,真实反映自己的人格状态即可,不必过分紧张。

在回答明显的职业倾向类题目时,考生应紧扣职业能力的要求进行选择。如"银行的工作对我很有吸引力"。另外需要注意的是,心理测试中还会测评考生的学习能力、记忆能力、逻辑推理能力、快速反应及抗压能力等等,因此要留意题目的考查方向和前后逻辑关系。比如"我是一个喜欢思考新的概念"时,那么你应该选择"是",回答后续问题"从想出很多主意中得到乐趣",你理应也回答"是"。

2. 真诚真实,回避陷阱

绝大对数职业性格测试都会安排一些用来探测效度的题目,这类题目统称为测谎题,是为了检验被测者回答问题的真实性和有效性。这类题目一般在被测题目中穿插出现,并无其他含义,但是如果测谎分数过高,则会首先被淘汰。

被测者在回答测谎题时，往往为了社会赞许不按照自己的真实感受和现状来回答，而是按照社会上公认是好的答案来作答，借以表现自己是一个值得被接受和赞许的人，就很容易中了测评量表设计者的"陷阱"。其实，考生大可不必太过担心，因为实际性格测试过程中，只要能鉴别测谎题的类型，按照相应的技巧回答就能规避这些问题。银行心理测试测谎题主要有几下几类：

（1）答案固定

这类题目有两种特点：一是答案是固定的，考生在作答时不需要顾虑太多，只需要诚实作答即可，思考过多，反而会导致答案出现偏差；二是考生要仔细分辨出题人的语言拿捏，尤其是出现有时、偶尔等字眼，描述并不是经常性的常态，而是合情合理的客观事实，是考生日常生活中肯定会遇到的、无法避免的情况。例如"有时我也讲假话""我有时候发怒"等，理应回答"是"。

（2）题目相同

相同题目一般成对穿插出现在量表前后。有的前后两个题目一字不差，问法完全相同，有的前后两个题目字眼略有变化，问法完全相同，这样的题目不会造成被测者理解的偏差，较少出现前后回答不一致的情况，出错的概率较小。如明尼苏达多项人格测试中的37题与302题、20题与310题等。

（3）题目相反

题目相反一般也是成对穿插出现在量表前后。通常，相反题会从两个相反的方向对一个主题或同一情景进行考查，由于考生在作答时很难分辨这类题目，出错概率较大，考生需要运用逆向思维保持答案前后的高度一致。比如，前面问"我喜欢忙忙碌碌的过日子"，隔几个题后，会再问"我无法忍受闲着无事情可做"。如果前面选择了"喜欢忙忙碌碌过日子"，后一个答案却选择了"忍受闲着无事可做"，这就出现了前后矛盾的现象。

3. 频率选择，注意审题

随着人才测评不断改进，目前银行心理测试出现了一部分疑惑题。这类题目难以判断考查意图，犹如雾里看花，似是而非，考生不知道该从积极和善良的角度往好的方向回答，还是完全按照实际情况回答。

疑惑题的题干看上去似是而非，决定其答案倾向性的往往是频率副词。总体上说，频率副词包括两类：一类词表示的概念非常绝对，如时长、经常、总是、几乎没有、没来没有；另一类表示的概念较为相对，发生的频率比较低，如有时、偶尔等。考生在回答这类题目时，需要注意审题，不要因为没有看清题目而误选答案。比如，"我总是多次确认是否把门锁上"，大多数人都会检查一下是否锁门，这是正常的，但题目中的多次确认，这个行为显然有些过分，从专业的角度看就有强迫症的嫌疑。考生应注意频率题目的主干及选项，以免出现偏差。